U0216169

吉林人民出版社

简体字本二十六史

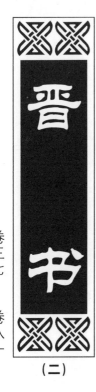

晋书

卷三七——卷八一

（二）

［唐］　房玄龄等　撰

曹文柱等　标点

晋书卷三七
列传第七

宗　室

安平献王孚 　子邕　邕弟义阳成王望

望弟河涧平王洪　洪子威　洪弟随穆王整

整弟音陵王楙　望弟太原成王辅　辅弟翼

翼弟下邳献王晃　晃弟太原烈王环　环弟高阳元王珪

珪弟常山孝王衡　衡弟沛顺王景

彭城穆王权 　孙绂　绂子俊

高密文献王泰 　子孝王略　略兄新蔡武安王腾

腾子庄王确　略弟南阳王模　模子保

范阳康王绥 　子虓　**济南惠王遂**

曾孙勋　**谯刚王逊** 　子闵王承　承子烈王无忌

无忌子敬王恬　恬子忠　王尚之　尚之弟恢之

允之　韩延之　恬弟惜　**高阳王睦**

任城景王陵 　弟顺斌

安平献王孚,字叔达,宣帝次弟也。初,孚长兄朗字伯达,宣帝字仲达,孚弟馗字季达,恂字显达,进字惠达,通字雅达,敏字幼达,俱知名,故时号为"八达"焉。孚温厚廉让,博涉经史。汉末丧乱,与兄弟处危亡之中,箪食瓢饮,而披阅不倦。性通恕,以贞白自立,未尝有怨于人。陈留殷武有名于海内,尝罹谴,孚往省之,遂与同处分食,谈者称焉。

魏陈思王植有俊才,清选官属,以孚为文学掾。植负才陵物,孚每切谏,初不合意,后乃谢之。

迁太子中庶子。魏武帝崩,太子号哭过甚,孚谏曰:"大行晏驾,天下恃殿下为命。当上为宗庙,下为万国,奈何效匹夫之孝乎!"太子良久乃止,曰:"卿言是也。"时群臣初闻帝崩,相聚号哭,无复行列。孚厉声于朝曰:"今大行晏驾,天下震动,当早拜嗣君,以镇海内,而但哭邪!"孚与尚书和洽罢群臣,备禁卫,具丧事,奉太子以即位,是为文帝。

时当选侍中、常侍等官,太子左右旧人颇讽谕主者,便欲就用,不调余人。孚曰:"虽有尧舜,必有稷契。今嗣王新立,当进用海内英贤,犹患不得,如何欲因际会自相荐举邪!官失其任,得者亦不足贵。"遂更他选。转孚为中书郎、给事常侍,宿省内,除黄门侍郎,中骑都尉。

时孙权称藩,请送任子,当遣前将军于禁还,久而不至。天子以问孚,孚曰:"先王设九服之制,诚以要荒难以德怀,不以诸夏礼责也。陛下承绪,远人率贡。权虽未送任子,于禁不至,犹宜以宽待之。畜养士马,以观其变。不可以嫌疑责让,恐伤怀远之义。自孙策至权,奕世相继,惟强与弱,不在一禁。禁之未至,当有他故耳。"后禁至,果以疾迟留,而任子竟不至。大军临江,责其违言,吴遂绝不贡献。后出为河内典农,赐爵关内侯,转清河太守。

初,魏文帝置度支尚书,专掌军国支计,朝议以征讨未息,动须节量。及明帝嗣位,欲用孚,问左右曰:"有兄风不?"答云:"似兄。"天子曰:"吾得司马懿二人,复何忧哉!"转为度支尚书。孚以为擒敌制胜,宜有备预。每诸葛亮入寇关中,边兵不能制敌,中军奔赴,辄不及事机,宜预选步骑二万,以为二部,为讨贼之备。又以关中连遭贼寇，谷帛不足，遣冀州农丁五千屯于上邽，秋冬习战阵，春夏修田桑。由是关中军国有余，待贼有备矣。后除尚书右仆射，进爵昌平亭侯，迁尚书令。及大将军曹爽擅权，李胜、何晏、邓飏等乱政，孚不视庶事，但正身远害而已。及宣帝诛爽，孚与景帝屯司马门，以功进爵长社县侯，加侍中。

时吴将诸葛恪围新城，以孚督诸军二十万防御之。孚次寿春，遣毌丘俭、文钦等进讨。诸将欲速击之，孚曰："夫攻者，借人之力以为功，且当诈巧，不可争力也。"故稽留月余乃进军，吴师望风而退。

魏明悼后崩，议书铭旌，或欲去姓而书魏，或欲两书。孚以为："经典正义，皆不应书。凡帝王皆因本国之名以为天下之号，而与往代相别耳，非为择美名以自光也。天称皇天，则帝称皇帝；地称后土，则后称皇后。此乃所以同天地之大号，流无二之尊名，不待称国号以自表，不俟称氏族以自彰。是以《春秋》隐公三年《经》曰'三月庚戌天王崩'，尊而称天，不曰周王者，所以殊乎列国之君也。'八月庚辰宋公和卒'，书国称名，所以异乎天王也。襄公十五年《经》曰'刘夏逆王后于齐，'不云逆周王后姜氏者，所以异乎列国之夫人也。至乎列国，则曰'夫人姜氏至自齐'，又曰'纪伯姬卒'，书国称姓，此所以异乎天王后也。由此考之，尊称皇帝，赫赫无二，何待于魏乎？尊称皇后，彰以谥号，何待于姓乎？议者欲书魏者，此以为天皇之尊，同于往古列国之君也。或欲书姓者，此以为天皇之后，同于往古之夫人也。乖经典之大义，异乎圣人之明制，非所以垂训将来，为万世不易之式者也。"遂从孚议。

迁司空。代王凌为太尉。及蜀将姜维寇陇右，雍州刺史王经战败，遣孚西镇关中，统诸军事。征西将军陈泰与安西将军邓艾进击维，维退。孚还京师，转太傅。

及高贵乡公遭害，百官莫敢奔赴，孚枕尸于服，哭之恸，曰："杀陛下者臣之罪。"奏推主者。会太后令以庶人礼葬，孚与群公上表，乞以王礼葬，从之。孚性至慎。宣帝执政，常自退损。后逢废立之际，未尝预谋。景、文二帝以孚属尊，亦不敢逼。后进封长乐公。

及武帝受禅，陈留王就金墉城，孚拜辞，执王手，流涕歔欷，不能自胜。曰："臣死之日，固大魏之纯臣也。"诏曰："太傅勋德弘茂，朕所瞻仰，以光导弘训，镇静宇内，愿奉以不臣之礼。其封为安平王，邑四万户。进拜太宰、持节、都督中外诸军事。"有司奏，诸王未之国者，所置官属，权未有备。帝以孚明德属尊，当宣化树教，为群后作则，遂备置官属焉。又以孚内有亲戚，外有交游，惠下之费，而经用不丰，奉绢二千匹。及元会，诏孚乘舆车上殿，帝于阼阶迎拜。既坐，帝亲奉觞上寿，如家人礼。帝每拜，孚跪而止之。又给以云母辇、青盖车。

孚虽见尊宠，不以为荣，常有忧色。临终，遗令曰："有魏贞士河内温县司马孚，字叔达，不伊不周，不夷不惠；立身行道，终始若一。当以素棺单椁，敛以时服。"泰始八年薨，时年九十三。帝于太极东堂举哀三日。诏曰："王勋德超世，尊宠无二，期颐在位，朕之所倚。庶永百龄，诣仰训导，奄忽殂陨，哀慕感切。其以东园温明秘器、朝服一具、衣一袭、绯练百匹、绢布各五百匹、钱百万、谷千斛以供丧事。诸所施行，皆依汉东平献王苍故事。"其家遵孚遗旨，所给器物，一不施用。帝再临丧，亲拜尽哀。及葬，又幸都亭，望柩而拜，哀动左右。给銮辂轻车，介士武贲百人，吉凶导从二千余人，前后鼓吹，配飨太庙。九子：邕、望、辅、翼、晃、瑰、珪、衡、景。

邕，字子魁。初为世子，拜步兵校尉、侍中。先孚卒，追赠辅国将军，谥曰贞。邕子崇，为世孙，又早夭。泰始九年，立崇弟平阳亭侯隆为安平王。立四年，咸宁二年薨，谥曰穆。无子，国绝。

义阳成王望，字子初，出继伯父朗，宽厚有父风。仕郡上计吏，举孝廉，辟司徒掾，历平阳太守、洛阳典农中郎将。从宣帝讨王凌，以功封永安亭侯。迁护军将军，改封安乐乡侯，加散骑常侍。时魏高贵乡公好才爱士，望与裴秀、王沉、钟会并见亲待，数侍宴筵。公性急，秀等居内职，急有召便至。以望外官，特给追锋车一乘，武贲五人。

时景、文相继辅政，未尝朝觐，权归晋室。望虽见宠待，每不自安，由是求出，为征西将军、持节、都督雍凉二州诸军事。在任八年，威化明肃。先是蜀将姜维屡寇关中，及望至，广设方略，维不得为寇，关中赖之。进封顺阳侯。征拜卫将军，领中领军，典禁兵。寻加骠骑将军、开府。顷之，代何曾为司徒。

武帝受禅，封义阳王，邑万户，给兵二千人。泰始三年，诏曰："夫尚贤庸勋，尊宗茂亲，所以体国经化，式是百辟也。且台司之重，存乎天官，故周建六职，政典为首。司徒、中领军，以明德近属，世济其美；祖考创业，翼佐大命，出典方任，入赞朝政，文德既著，武功宣畅。逮朕嗣位，弼道惟明，宜登上司，兼统军戎，内辅帝室，外隆威重。其进位太尉，中领军如故。置太尉军司一人，参军事六人，骑司马五人。又增置官骑十人，并前三十，假羽葆鼓吹。"

吴将施绩寇江夏，边境骚动。以望统中军步骑二万，出屯龙陂，为二方重镇，假节，加大都督诸军事。会荆州刺史胡烈距绩，破之，望乃班师。俄而吴将丁奉寇芍陂，望又率诸军以赴之，未至而奉退。拜大司马。孙皓率众向寿春，诏望统中军二万，骑三千，据淮北。皓退，军罢。

泰始七年薨，时年六十七。赗赠有加。望性俭吝而好聚敛，身亡之后，金帛盈溢，以此获讥。四子：弈、洪、整、楙。

弈，至黄门郎，先望卒。整，亦早亡。以弈子奇袭爵。奇亦好畜聚，不知纪极，遣三部使到交、广商货，为有司所奏。太康九年，诏贬为三纵亭侯。更以章武王威为望嗣。后威诛，复立奇为棘阳王以嗣望。

河间平王洪，字孔业，出继叔父昌武亭侯遗。仕魏，历位典农中郎将、原武太守，封襄贲男。武帝受禅，封河间王。立十二年，咸宁二年薨。二子：威、混。

威嗣，徙封章武。其后威既继义阳王望，更立混为洪嗣。混历位散骑常侍，薨。

及洛阳陷，混诸子皆没于胡。而小子滔，初嗣新蔡王确，亦与其兄俱没。后得南过，与新蔡太妃不协。太兴二年上疏，以兄弟并没在辽东，章武国绝，宜还所生。太妃讼之，事下太常。太常贺循议：
"章武、新蔡俱承一国不绝之统，义不得替其本宗而先后傍亲。按滔
既已被命为人后矣，必须无复兄弟，本国永绝，然后得还所生。今兄
弟在远，不得言无，道里虽阻，复非绝域。且鲜卑恭命，信使不绝。自
宜诏下辽东，依刘群、卢谌等例，发遣令还，继嗣本封。谓滔今未得
便委离所后也。"元帝诏曰："滔虽出养，自有所生母。新蔡太妃相待
甚薄，滔执意如此。如其不听，终当纷纭，更为不可。今便顺其所执，
还袭章武。"

滔历位散骑常侍，薨，子休嗣。休与彭城王雄俱奔苏峻。峻平，
休已战死。弟珍时年八岁，以小弗坐。咸和六年袭爵，位至大宗正。
薨，无。河间王钦以子范之继，位至游击将军。薨，子秀嗣。义熙元
年，为桂阳太守。秀妻桓振之妹，振作逆，秀不自安，谋反，伏诛，国
除。

威，字景曜，初嗣洪。咸宁三年，徙封章武；太康九年，嗣义阳王
望。威凶暴无操行，谄附赵王伦。元康末，为散骑常侍。伦将篡，使
威与黄门郎骆休逼帝夺玺绶，伦以威为中书令。伦败，惠帝反正，
曰："阿皮捩吾指，夺吾玺绶，不可不杀。"阿皮，威小字也。于是诛
威。

随穆王整，兄弈卒，以整为世子。历南中郎将，封清泉侯，先父
望薨，追赠冠军将军。武帝以义阳国一县追封为随县王。子迈嗣。
太康九年，以义阳之平林益迈为随郡王。

竟陵王楙，字孔伟，初封乐陵亭侯。起家参相国军事。武帝受
禅，封东平王，邑三千九十七户。入为散骑常侍、尚书。

楙善谄谀，曲事杨骏。及骏诛，依法当死，东安公繇与楙善，故
得不坐。寻迁大鸿胪，加侍中。繇欲擅朝政，与汝南王亮不平。亮
托以繇讨骏顾望，免繇、楙等官，遣楙就国。楙遂殖财货，奢僭逾制。
赵王伦篡位，召还。及义兵起，伦以楙为卫将军、都督诸军事。伦败，
楙免官。齐王冏辅政，繇复为仆射，举楙为平东将军、都督徐州诸军
事，镇下邳。成都王颖辅政，进楙为卫将军。

会惠帝北征，即以楙为车骑将军，都督如故，使率众赴邺。荡阴之役，东海王越奔于下邳，楙不纳，越乃还国。帝既西幸，越总兵谋迎大驾，楙甚惧。长史王修说曰："东海宗室重望，今将兴义，公宜举徐州以授之，此克让之美也。"楙从之，乃身承制都督兖州刺史、车骑将军，表于天子。时帝在长安，遣使者刘虔即拜焉。

楙虑兖州刺史苟晞不避己，乃给虔兵，使称诏诛晞。晞时已避位，楙在州征求不已，郡县不堪命。范阳王虓遣晞还兖州，徙楙都督青州诸军事。楙不受命，背山东诸侯，与豫州刺史刘乔相结。楙遣将田徽击楙，破之，楙走还国。帝还洛阳，楙乃诣阙。

及怀帝践阼，改封竟陵王，拜光禄大夫。越出牧豫州，留世子毗及其党何伦访察宫省。楙白帝讨越，乃合众袭伦，不克。帝委罪于楙，楙奔窜获免。越薨，乃出。及洛阳倾覆，为乱兵所害。

太原成王辅，魏末为野王太守。武帝受禅，封渤海王，邑五千三百七十九户。泰始二年，之国。后为卫尉，出为东中郎将，转南中郎将。咸宁三年，徙为太原王，监并州诸军事。太康四年入朝，五年薨，追赠镇北将军。永平元年，更赠卫将军、开府仪同三司。子弘立，元康中为散骑常侍，后徙封中丘王。三年薨，子铄立。

翼，字子世。少历显位，官至武贲中郎将。武帝未受禅而卒，以兄邕之支子承为嗣，封南宫县王。薨，子祐嗣立，承遂无后。

下邳献王晃，字子明。魏武封始亭侯，拜黄门侍郎，改封西安男，出为东莞太守。武帝受禅，封下邳王，邑五千一百七十六户，泰始二年就国。

晃孝友贞廉，谦虚下士，甚得宗室之称。后为长水校尉、南中郎将。九年，诏曰："南中郎将、下邳王晃，清亮中正，体行明洁，才周政理，有文武策识。其以晃为使持节、都督宁益二州诸军事、安西将军，领益州刺史。"晃以疾不行，更拜尚书，迁右仆射。久之，出为镇东将军、都督青徐二州诸军事。

惠帝即位，入为车骑将军，加散骑常侍。将诛杨骏，以晃领护军，屯东掖门。寻守尚书令。迁司空，加侍中，如故。咸宁六年薨，追赠太傅。二子：哀、绰。

哀早卒；绰有笃疾，别封良城县王，以太原王辅第三子韩为嗣。官至侍中、尚书，早薨，子韶立。

太原烈王瓌，字子泉。魏长乐亭侯，改封贵寿乡侯。历振威将军、秘书监，封固始子。武帝受禅，封太原王，邑五四百九十六户，泰始二年就国。四年，入朝，赐衮冕之服，迁东中郎将。十年，薨。诏曰："瓌乃心忠笃，智器雅亮。历位文武，有干事之绩。出临封土，夷夏怀附；镇守许都，思谋可纪。不幸早薨，朕甚悼之。今安厝在近，其追赠前将军。"子颙立，徙封河间王，别有传。

高阳元王珪，字子璋。少有才望，魏高阳乡侯。历河南令，进封浈阳子，拜给事黄门侍郎。武帝受禅，封高阳王，邑五千五百七十户。历北中郎将、督邺城守诸军事。泰始六年入朝，以父孚年高，乞留供养。拜尚书，迁右仆射。十年薨，诏遣兼大鸿胪持节监护丧事，赠车骑将军、仪同三司。

珪有美誉于世，而帝甚悼惜之。无子，诏以太原王辅子缉袭爵。缉立五年，咸宁四年薨，谥曰哀。无子，太康二年诏以太原王瓌世子子讼为颙缉后，封真定县侯。

常山孝王衡，字子平。魏封德阳乡侯。进封汝阳子，为驸马都尉。武帝受禅，封常山王，邑三千七百九十户。二年，薨，无子，以安平世子邕第四子敦为嗣。

沛顺王景，字子文。魏乐安亭侯。历谏议大夫。武帝受禅，封沛王，邑三千四百户。立十一年，咸宁元年薨，子韬立。

彭城穆王权，字子舆，宣帝弟魏鲁相东武城侯馗之子也。初袭封，拜冗从仆射。武帝受禅，封彭城王，邑二千九百户。出为北中郎将、都督邺城守诸军事。泰始中入朝，赐衮冕之服。咸宁元年薨，子元王植立。历位后将军，寻拜国子祭酒、太仆卿、侍中、尚书。出为安东将军、都督扬州诸军事，代淮南王允镇寿春，未发。或云植助允攻赵王伦，遂以忧薨。赠车骑将军，增封万五千户。子康王释立，官至南中郎将、持节、平南将军，分鲁国藩、薛二县以益其国，凡二万三千户。薨，子雄立，坐奔苏峻，伏诛，更以释子纮嗣。

纮，字伟德，初封堂邑县公。建兴末，元帝承制，以纮继高密王据。及帝即位，拜散骑侍郎，迁翊军校尉、前将军。雄之诛也，纮入继本宗。拜国子祭酒，加散骑常侍，寻迁大宗正、秘书监。有风疾，性理不恒。或欲上疏陈事，历示公卿。又杜门让还章印貂蝉，著《杜门赋》以显其志。由是更拜光禄大夫，领大宗师，常侍如故。后疾甚，驰骋无度，或攻劫军寺，或打伤官属，丑言悖詈，诽谤上下。又乘车突入端门，至太极殿前。于是，御史中丞车灌奏劾，请免纮官，下其国，严加防录。成帝诏曰："王以明德茂亲，居宗师之重，宜敷道养德，静一其操。而顷游行烦数，冒履风尘。宜令官属已下，各以职奉卫，不得令王复有此劳。内外职司，各慎其局。王可解常侍、光禄、宗师，先所给车牛可录取，赐米布床帐以养疾。"咸康八年薨，赠散骑常侍、金紫光禄大夫。二子：玄、俊。

玄嗣立。会庚戌制不得藏户，玄匿五户，桓温表玄犯禁，收付廷尉，既而宥之。位至中书侍郎。薨，子弘之立，位至散骑常侍。薨，子邵之立。薨，子崇之立。薨，子绲之立。宋受禅，国除。

恭王俊，字道度。出嗣高密王略，官至散骑常侍。薨，子敬王纯之立，历临川内史、司农少府卿、太宰右长史。薨，子恢之立。义熙末，以给事中兼太尉，修谒洛阳园陵。宋受禅，国除。

高密文献王泰，字子舒，彭城穆王权之弟。魏阳亭侯，补阳翟令，迁扶风太守。武帝受禅，封陇西王，邑三千二百户，拜游击将军。出为兖州刺史，加鹰扬将军。迁使持节、都督宁益二州诸军事、安西将军，领益州刺史，称疾不行。转安北将军，代兄权督邺城守事。迁安西将军、都督关中事。太康初，入为散骑常侍、前将军，领邺城门校尉，以疾去官。后代下邳王晃为尚书左仆射。出为镇西将军，领护西戎校尉、假节，代扶风王骏都督关中军事，以疾还京师。永熙初，代石鉴为司空，寻领太子太保。及杨骏诛，泰领骏营，加侍中、给步兵二千五百人,骑五百匹。泰固辞,乃给千兵百骑。

楚王玮之被收,泰严兵将救之,祭酒丁绥谏曰:"公为宰相,不可轻动。且夜中仓卒,宜遣人参审定问。"泰从之。玮既诛,乃以泰录尚书事,迁太尉,守尚书令,改封高密王,邑万户。元康九年,薨,追赠太傅。

泰性廉静,不近声色。虽为宰辅,食大国之租,服饰肴膳如布衣寒士。任真简率,每朝会,不识者不知其王公也。事亲恭谨,居丧哀戚,谦虚下物,为宗室仪表。当时诸王,惟泰及下邳王晃以节制见称。虽并不能振施,其余莫得比焉。泰四子:越、腾、略、模。越自有传。腾出后叔父,弟略立。

孝王略,字元简。孝敬慈顺,小心下士,少有父风。元康初,愍怀太子在东宫,选大臣子弟有名称者以为宾友,略与华恒等并侍左右。历散骑黄门侍郎、散骑常侍、秘书监,出为安南将军、持节、都督沔南诸军事,迁安北将军、都督青州诸军事。略逼青州刺史程牧,牧避之,略自领州。永兴初,蠡令刘根起兵东莱,诳惑百姓,众以万数,攻略于临淄,略不能距,走保聊城。怀帝即位,迁使持节、都督荆州诸军事、征南大将军、开府仪同三司。京兆流人王逌与叟人郝洛聚众数千,屯于冠军。略遣参军崔旷率将军皮初、张洛等讨逌,为逌所谲,战败。略更遣左司马曹摅、绲旷等进逼逌。将大战,旷在后密自退走,摅军无继,战败,死之。略乃赦旷罪,复遣部将韩松又督旷攻逌,逌降。寻进开府,加散骑常侍。永嘉三年薨,追赠侍中、太尉。子据立。薨,无子,以彭城康王子纮为嗣。其后纮归本宗,立纮子俊以奉其祀。

新蔡武哀王腾,字元迈。少拜冗从仆射,封东嬴公,历南阳、魏郡太守,所在称职。征为宗正,迁太常,转持节、宁北将军、都督并州诸军事、并州刺史。惠帝讨成都王颖,六军败绩。腾与安北将军王浚共杀颖所署幽州刺史和演,率众讨颖。颖遣北中郎将王斌距战,浚率鲜卑骑击斌,腾为后系,大破之。颖惧,挟帝归洛阳,进腾位安北将军。永嘉初,迁车骑将军、都督邺城守诸军事,镇邺。又以迎驾之勋,改封新蔡王。

初,腾发并州,次于真定。值大雪,平地数尺,营门前方数丈雪融不积,腾怪而掘之,得玉马,高尺许,表献之。其后公师藩与平阳人汲桑等为群盗,起于清河鄃县,众千余人,寇顿丘。以葬成都王颖为辞,载颖主而行,与张泓故将李丰等将攻邺。腾曰:"孤在并州七年,胡围城不能克。汲桑小贼,何足忧也。"及丰等至,腾不能守,率轻骑而走,为丰所害。四子:虞、矫、绍、确。

虞有勇力,腾之被害,虞逐丰,丰投水而死。是日,虞及矫、绍并钜鹿太守崔曼、车骑长史羊恒、从事中郎蔡克等又为丰余党所害,及诸名家流移依邺者,死亡并尽。

初,邺中虽府库虚竭,而腾资用甚饶。性俭啬,无所振惠,临急,乃赐将士米可数升,帛各丈尺,是以人不为用,遂致于祸。及苟晞救邺,桑乃平阳。于时盛夏,尸烂坏不可复识,腾及三子骸骨不获。庶子确立。

庄王确,字嗣安。历东中郎将、都督豫州诸军事,镇许昌。永嘉末,为石勒所害。无子,初以章武王混子滔奉其祀,其后复以汝南威王祐子弼为确后。太兴元年薨,无子,又以弼弟邈嗣确,位至侍中。薨,子晃立,拜散骑侍郎。桓温废武陵王,免晃为庶人,徙衡阳。孝武帝立晃弟崇继邈后,为奴所害,子恩立。宋受禅,国除。

南阳王模,字元表。少好学,与元帝及范阳王虓俱有称于宗室。初封平昌公。惠帝末,拜冗从仆射,累迁太子庶子、员外散骑常侍。成都王颖奔长安,东海王越以模为为北中郎将,镇邺。永兴初,成都王颖故帐下督公师藩、楼权、郝昌等攻邺,模左右谋应之。广平太守丁邵率众救模,范阳王虓又遣兖州刺史苟晞援之,藩等散走。迁镇东大将军,镇许昌。进爵南阳王。永嘉初,转征西大将军、开府,都督秦雍梁益诸军事,代河间王颙镇关中。模感丁邵之德,敕国人为邵生立碑。

时关中饥荒,百姓相噉,加以疾疠,盗贼公行。模力不能制,及铸铜人钟鼎为釜器以易谷,议者非之。东海王越表征模为司空,遣中书监傅祗之。模谋臣淳于定说模曰："关中天府之国，霸王之地。今以不能绥抚而还，既于声望有亏。又公兄弟唱起大事，而并在朝廷，若自强则有专权之罪，弱则受制于人，非公之利也。"模纳其言，不就征。表遣世子保为西中郎将、东羌校尉，镇上邽，秦州刺史裴苞距之。模使帐下都尉陈安，率众攻苞，苞奔安定。太守贾疋以郡迎苞，模遣军司谢班伐疋，疋退奔卢水。其年，进位太尉、大都督。

洛京倾覆，模使牙门赵染戍浦坂，染求冯翊太守不得，怒，率众降于刘聪。聪使其子粲及染攻长安，模使淳于定距之，为染所败。士众离叛，仓库虚竭，军祭酒韦辅曰："事急矣，早降可以免。"模从之，遂降于染。染箕踞攘袂数模之罪，送诣粲。粲杀之，以模妃刘氏赐胡张本为妻。子保立。

保，字景度。少有文义，好述作。初拜南阳国世子。模遇害，保在上邽。其后贾疋死，裴苞又为张轨所杀，保全有秦州之地。自号大司马，承制置百官。陇右氐羌并从之，凉州刺史张实遣使贡献。及愍帝即位，以保为右丞相，加侍中、都督陕西诸军事。寻进位相国。

模之败也，都尉陈安归于保，保命统精勇千余人以讨羌，宠遇甚厚。保将张春等疾之，潜安有异志，请除之，保不许。春等辄伏刺客以刺安，安被创，驰还陇城，遣使诣保，贡献不绝。

愍帝之蒙尘也，保自称晋王。时上邽大饥，士众窘困，张春奉保之南安。陈安自号秦州刺史，称藩于刘曜。春复奉保奔桑城，将投于张实。实使兵迎保，实御之也。是岁，保病薨，时年二十七。保体质丰伟，尝自称重八百斤。喜睡，瘘疾，不能御妇人。无子，张春立宗室司马瞻奉保后。陈安举兵攻春，春走，瞻降于安，安送诣刘曜，曜杀之。安迎保丧，以天子礼葬于上邽，谥曰元。

范阳康王绥，字子都，彭城王权季弟也。初为谏议大夫。泰始元年，受封，在位十五年。咸宁五年薨，子虓立焉。

虓，字武会。少好学驰誉，研考经记，清辩能言论。以宗室选拜散骑常侍，累迁尚书。出为安南将军、都督豫州诸军事、持节，镇许昌，进位征南将军。

河间王颙表立成都王颖为太弟，为王浚所破，挟天子还洛阳。虓与东平王楙、镇东将军周馥等上言曰："自愍怀被害，皇储不建，委重前相，辄失臣节。是以前年太宰与臣，永惟社稷之贰，不可久空，所以共启成都王颖以为国副。受重之后，而弗克负荷。'小人勿用'，而以为腹心。骨肉宜敦，而猜桃荐至。险诐宜远，而谗说殄行。此皆臣等不聪不明，失所宗赖。遂令陛下谬于降授，虽戮臣等，不足以谢天下。今大驾还宫，文武空旷，制度荒破，靡有孑遗。臣等虽劣，足匡王室。而道路之言，谓张方与臣等不同。既惜所在兴异，又以太宰惇德允元，著于具瞻，每当义节，辄为社稷宗盟之先。张方受其指教，为国效节。昔年之举，有死无二。此即太宰之良将，陛下之忠臣。但以受性强毅，不达变通，遂守前志，已致纷纭。然退思惟，既是其不易之节，且虑事翻之后，为天下所罪，故未即西还耳。原其本事，实无深责。臣闻先代明主，未尝不全护功臣，令福流子孙。自中间以来，陛下功臣初无全者，非独人才皆劣，其于取祸，实由朝廷策之失宜，不相容恕。以一旦之咎，丧其积年之勋，既违《周礼》议功之典，且使天下之人莫敢复为陛下致节者。臣等此言，岂独为一张方，实为社稷远计，欲令功臣长守富贵。臣愚以为宜委太宰以关右之任，一方事重，及自州郡已下，选举授任，一皆仰成。若朝之大事，废兴损益，每辄畴咨。此则二伯述职，周召分陕之义，陛下复行于今时。遣方还郡，令群后申志，时定王室。所加方官，请悉如旧。此则忠臣义士有劝，功臣必全矣。司徒戎，异姓之贤；司空越，公族之望，并忠国爱主，小心翼翼，宜干机事，委以朝政。安北将军王浚，佐命之胤，率身履道，忠亮清正，远近所推。如今日之大举，实有定社稷之勋，此是臣等所以叹息归高也。浚宜特崇重之，以副群望，遂抚幽、朔，长为北藩。臣等竭力扞城，藩屏皇家，陛下垂拱，而四海自正。则四祖之业，必隆于今；日月之晖，昧而复曜。乞垂三思，察臣所言。又可以臣表西示太宰。"

又表曰："成都王失道，为奸邪所误，论王之身，不宜深责。且先帝遗体,陛下群弟,自元康以来,罪戮相寻,实海内所为匈匈,而臣等所以痛心。今废成都,更封一邑,宜其必许。若废黜寻有祸害,既伤陛下矜慈之恩,又令远近恒谓公族无复骨肉之情,此实臣等内省悲惭,无颜于四海也。乞陛下察臣忠款"。于是虓先率众自许屯于荥阳。

会惠帝西迁,虓与从兄平昌公模、长史冯嵩等刑白马,歃血而盟,推东海王越为盟主,虓都督河北诸军事、骠骑将军、持节,领豫州刺史。刘乔不受越等节度,乘虚破许。虓自拔渡河,王浚表虓领冀州刺史,资以兵马。虓入冀州发兵,又南济河,破乔等。河间王颙闻乔败,斩张方,传首于越。越与虓西迎帝,而颙出奔。于是奉天子还都,拜虓为司徒。永兴三年,暴疾薨,时年三十七。无子,养模子黎为嗣。黎随模就国,于长安遇害。

济南惠王遂,字子伯,宣帝弟魏鸿胪丞恂之子也。仕魏关内侯,进封平昌亭侯,历典军郎将。景元二年,转封武城乡侯、督邺城守诸军事、北中郎将。五等建,封祝阿伯,累迁冠军将军。

武帝受禅,封济南王。泰始二年薨。二子:耽、缉。

耽嗣立,咸宁三年,徙为中山王。是年薨。无子,缉继。成都王颖以缉为建威将军,与石熙等率众距王浚,没于阵,薨。无子,国除。

后遂之曾孙勋,字伟长,年十余岁,愍帝末,长安陷,刘曜将令狐泥养为子。及壮,便弓马,能左右射。咸和六年,自关右还,自列云"是大长秋恂之玄孙,冠军将军济南惠王遂之曾孙,略阳太守瓘之子",遂拜谒者仆射,以勇闻。

庾翼之镇襄阳,以梁州刺史援桓宣卒,请勋代之。初屯西城,退守武当。时石季龙死,中国乱,雍州诸豪帅驰告勋。勋率众出骆谷,壁于悬钩,去长安二百里,遣部将刘焕攻长安,又拔贺城。于是关中皆杀季龙太守令长以应勋。勋兵少,未能自固,复还梁州。永和中,张琚据陇东,遣使招勋,勋复入长安。初,京兆人杜洪以豪族陵琚,琚以勇侠侮洪,洪知勋惮琚兵强,因说勋曰:"不杀张琚,关中非国家有也。"勋乃伪请琚,于坐杀之。琚弟走池阳,合众攻勋,频战不利,请和,归梁州。后桓温伐关中,命勋出子午道,而为苻雄所败,退屯于女娲堡。

俄迁征虏将军,监关中军事,领西戎校尉,赐爵通吉亭侯。为政暴酷,至于治中别驾及州之豪右,言语忤意,即于坐枭斩之,或引弓自射。西土患其凶虐。在州常怀据蜀,有僭伪之意。桓温闻之,务相绥怀,以其子康为汉中太守。勋逆谋已成,惮益州刺史周抚,未发。及抚卒,遂拥众入剑阁。梁州别驾雍端、西戎司马隗粹并切谏,勋皆诛之,自号梁益二州牧、成都王。桓温遣朱序讨勋,勋兵溃,为序所获,及息龙子、长史梁惮、司马金壹等送于温,温并斩之,传首京都。

谯刚王逊,字子悌,宣帝弟魏中郎进之子也。仕魏关内侯,改封城阳亭侯,参镇东军事,拜轻车将军、羽林左监。五等建,徙封泾阳男。武帝受禅,封谯王,邑四千四百户。泰始二年薨。二子:随、承。

定王随立。薨,子篆立,没于石勒,元帝以承嗣逊。

愍王承,字敬才。少笃厚有志行。拜奉车都尉、奉朝请,稍迁广威将军、安夷护军,镇安定。从惠帝还雒阳,拜游击将军。永嘉中,天下渐乱,间行依征南将军山简,会简卒,进至武昌。元帝初镇扬州,承归建康,补军谘祭酒。愍帝征为龙骧将军,不行。元帝为晋王,承制更封承为谯王。太兴初,拜屯骑校尉,加辅国将军,领左军将军。

承居官俭约,家无别室。寻加散骑常侍,辅国、左军如故。王敦有无君之心,表疏轻慢。帝夜召承,以敦表示之,曰:"王敦顷年位任足矣,而所求不已,言至于此,将若之何?"承曰:"陛下不早裁之,难将作矣。"帝欲树藩屏,会敦表以宣城内史沈充为湘州,帝谓承曰:"湘州南楚险固,在上流之要,控三州之会,是用武之国也。今以叔父居之,何如?"承曰:"臣幸托末属,身当宿卫,未有驱驰之劳,频受过厚之遇,夙夜自厉,思报天德。君之所命,惟力是视,敢有辞焉!然湘州蜀寇之余，人物凋尽，若上凭天威，得之所莅，比及三年，请从戎役。若未及此，虽复灰身，亦无益也。”于是诏曰：“夫王者体天理物，非群才不足济其务。外建贤哲，以树风声，内睦亲亲，以广藩屏。是以太公封齐，伯禽君鲁，此先王之令典，古今之通义也。我晋开基，列国相望，乃授琅邪武王，镇统东夏；汝南文成，总一淮许；扶风、梁王，迭据关直；爰暨东嬴，作司并州。今公族虽寡，不逮曩时，岂得替旧章乎！散骑常侍、左将军、谯王承，贞素款亮，志存忠恪，便蕃左右，恭肃弥著。今以承监湘州诸军事、南中郎将、湘州刺史。”

初，刘隗以王敦威权大盛，终不可制，劝帝出诸心腹，以镇方隅。故先以承为湘州，续用隗及戴若思等，并为州牧。承行达武昌，释戎备见王敦。敦与之宴，欲观其意，谓承曰：“大王雅素佳士，恐非将帅才也。”承曰：“公未见知耳，铅刀岂不能一割乎！”承以敦欲测其情，故发此言。敦果谓钱凤曰：“彼不知惧而学壮语，此之不武，何能为也。”听承之镇。时湘土荒残，公私困弊，承躬自俭约，乘苇茭车，而倾心绥抚，甚有能名。敦恐其为己患，诈称北伐，悉召承境内船乘。承知其奸计，分半与之。

敦寻构难，遣参军桓罴说承，以刘隗专宠，今便讨击，请承以为军司，以军期上道。承叹曰：“吾其死矣！地荒人鲜，势孤援绝。赴君难，忠也；死王事，义也。惟忠与义，夫复何求！”便欲唱义，而众心疑惑。承曰：“吾受国恩，义无有贰。”府长史虞悝，慷慨有志节，谓承曰：“王敦居分陕之任，而一旦作逆，天地所不容，人神所痛疾。大王宗室藩屏，宁可从其伪邪！便宜电奋，存亡以之。”于是与悝及弟前丞相掾望、建昌太守长沙王循、衡阳太守淮陵刘翼等共盟誓，囚桓罴，驰檄湘州，指期至巴陵。零陵太守尹奉首同义谋，出军营阳。于是一州之内，皆同义举。乃使虞望讨诸不服，斩湘东太守澹。澹，敦姊夫也。

敦遣南蛮校尉魏义、将军李恒、田嵩等甲卒二万以攻承。承且战且守，待救于尹奉、虞望，而城池不固，人情震恐。或劝承南投陶侃，又云可退据零桂。承曰：“吾举义众，志在死节，宁偷生苟免，为奔败之将乎！事之不济，其令百姓知吾心耳。"

初，安南将军甘卓与承书，劝使固守，当以兵出沔口，断敦归路，则湘围自解。承答书曰："季思足下：劳于王事。天纲暂坼，中原丘墟。四海义士，方谋克复。中兴江左，草创始尔，岂图恶逆萌自宠臣。吾以暗短，托宗皇属。仰豫密命，作镇南夏，亲奉中诏，成规在心。伯仁诸贤，扼腕歧路，至止尚浅，凡百茫然。豺狼易惊，遂肆丑毒，闻知骇踊，神气冲越。子来之义，人思自百，不命而至，众过数千。诚足以决一旦之机，摅山海之愤矣。然迫于仓卒，舟楫未备，魏乂、李恒，寻见围逼，是故事与意违，志力未展。猥辱来使，深同大越；嘉谋英算，发自深衷。执读周复，欣无以量。足下若能卷甲电赴，犹或有济；若其狐疑，求我枯鱼之肆矣。兵闻拙速，未睹工迟。季思足下，勉之勉之！书不尽意，绝笔而已。"

卓军次腊口，闻王师败绩，停师不进。乂等攻战日逼，敦又送所得台中人书疏，令乂射以示承。城内知朝廷不守，莫不怅惋。刘翼临阵战死，相持百余日，城遂没。乂槛送承荆州，刺史王廙承敦旨于道中害之，时年五十九。敦平，诏赠车骑将军。子无忌立。

烈王无忌，字公寿。承之难，以年小获免。咸和中，拜散骑侍郎，累迁屯骑校尉、中书、黄门侍郎。江州刺史褚裒当之镇，无忌及丹杨尹桓景等饯于版桥。时王廙子丹杨丞耆之在坐，无忌志欲复仇，拔刀将手刃之，裒、景命左右救捍获免。御史中丞车灌奏无忌欲专杀人，付廷尉科罪。成帝诏曰："王敦作乱，闵王遇祸，寻事原情，今王何责。然公私宪制，亦已有断，王当以体国为大，岂可寻绎由来，以乱朝宪。主者其申明法令，自今已往，有犯必诛。"于是听以赎论。

建元初，迁散骑常侍，转御史中丞，出为辅国将军、长沙相，又领江夏相，寻转南郡、河东二郡太守，将军如故。随桓温伐蜀，以勋赐少子惰爵广晋伯，进号前将军。永和六年薨，赠卫将军。二子：恬、惰。恬立。

敬王恬，字元愉。少拜散骑侍郎，累迁散骑常侍、黄门郎、御史中丞。值海西废，简文帝登阼，未解严，大司马桓温屯中堂，吹警角，恬奏劾温大不敬，请科罪。温视奏叹曰："此儿乃敢弹我，真可畏也。"

恬忠正有干局，在朝惮之。迁右卫将军、司雍秦梁四州大中正，拜尚书，转侍中，领左卫将军，补吴国内史，又领太子詹事。恬既宗室勋望，有才用，孝武帝时深杖之，以为都督兖、青、冀、幽并扬州之晋陵、徐州之南北郡军事，领镇北将军，兖青二州刺史、假节。太元十五年薨，追赠车骑将军。四子：尚之、恢之、允之、休之。尚之立。

忠王尚之，字伯道。初拜秘书郎，迁散骑侍郎。恬镇京口，尚之为振威将军、广陵相，父忧去职。服阕，为骠骑谘议参军。宗室之内，世有人物。王国宝之诛也，散骑常侍刘镇之、彭城内史刘涓子、徐州别驾徐放并以同党被收，将加大辟。尚之言于会稽王道子曰："刑狱不可广，宜释镇之等。"道子以尚之昆季并居列职，每事杖焉，乃从之。

兖州刺史王恭忌其盛也，与豫州刺史庾楷并称兵，以讨尚之为名，南连荆州刺史殷仲堪、南郡公桓玄等。道子命前将军王珣、右将军谢琰讨恭，尚之距楷。允之与楷子鸿战于当利，鸿败走，斩楷将段方，楷单马奔于桓玄。道子以尚之为建威将军、豫州刺史、假节，一依楷故事，寻进号前将军；允之为吴国内史；恢之骠骑司马、丹杨尹；休之襄城太守。各拥兵马，势倾朝廷。后将军元显执政，亦倚以为援。

元显宠幸张法顺，每宴会，坐起无别。尚之入朝，正色谓元显曰："张法顺驱走小人，有何才异，而暴被拔擢。当今圣世，不宜如此。"元显默然。尚之又曰："宗室虽多，匡谏者少，王者尚纳刍荛之言，况下官与使君骨肉不远，蒙眷累世，何可坐视得失而不尽言。"因叱法顺令下。举坐失色，尚之言笑自若，元显深衔之。后符下西府，令出勇力二千人。尚之不与，曰："西藩滨接荒余，寇虏无常，兵止数千，不足戍卫，无复可分彻者。"元显尤怒。会欲伐桓玄，故无他。

及元显称诏西伐，命尚之为前锋，尚之子文仲为宁远将军、宣城内史。桓玄至姑熟，遣冯该等攻历阳，断洞浦，焚尚之舟舰。尚之率步卒九千阵于浦上，先遣武都太守杨秋屯横江。秋奔于玄军，尚之众溃，逃于涂中十余日。谯国人韩连、丁元等以告玄，玄害之于建康市。玄上疏以闵王不宜绝祀，乃更封尚之从弟康之为谯县王。安帝反正，追赠尚之卫将军，以休之长子文思为尚之嗣，袭封谯郡王。

文思，性凶暴，每违轨度，多杀弗辜。好田猎，烧人坟墓，数为有司所纠，遂与群小谋逆。刘裕闻之，诛其党与，送文思付父休之，令自训厉。后与休之同怨望称兵，为裕所败而死，国除。

恢之，字季明。历官骠骑司马、丹杨尹。尚之为桓玄所害，徙恢之等于广州，而于道中害之。安帝反正，追赠抚军将军。

休之，字季预。少任清涂，以平王恭、庾楷功，拜龙骧将军、襄城太守，镇历阳。桓玄攻历阳，休之婴城固守。及尚之战败，休之以五百人出城力战，不捷，乃还城，携子侄奔于慕容超。闻义军起，复还京师。大将军武陵王令曰：“前龙骧将军休之，才干贞审，功业既成。历阳之战，事在几捷。及至势乖力屈，奉身出奔，犹鸠集义徒，崎岖险阻。既应亲贤之举，宜委分陕之重。可监荆益梁宁秦雍六州军事、领护南蛮校尉、荆州刺史、假节。”到镇无几，桓振复袭江陵，休之战败，出奔襄阳。宁朔将军张畅之、高平相刘怀肃自沔攻振，走之。休之还镇，御史中丞王桢之奏休之失戍，免官。朝廷以豫州刺史魏咏之代之，征休之还京师，拜后将军、会稽内史。御史中丞阮歆之奏休之与尚书虞啸父犯禁嬉戏，降号征虏将军，寻复为后将军。

及卢循作逆，加督浙江东五郡军事，坐公事免。刘毅诛，复以休之都督荆雍梁秦宁益六州军事、平西将军、荆州刺史、假节。以子文思为乱，上疏谢曰：“文思不能聿修，自贻罪戾，忧惧震惶，惭愧交集。臣御家无方，威训不振，致使子侄愆法，仰负圣朝。悚赧兼怀，胡颜自处，请解所任，归罪阙庭。”不许。

后以文思事怨望，遂结雍州刺史鲁宗之，将共诛执政。时休之次子文宝及兄子文祖并在都，收付廷尉赐死。刘裕亲自征之，密使遗休之治中韩延之书曰：“文思事意，远近所知。去秋遣康之送还司马君者,推至公之极也。而了无愧心,久绝表疏,此是天地所不容。吾受命西征,止其父子而已。彼土侨旧,为之驱逼,一无所问。往年郗僧施、谢劭、任集之等交构积岁,专为刘毅规谋,所以至此。今卿诸人一时逼迫,本无纤芥。吾虚怀期物,自有由来,今在近路,是诸贤济身之日。若大军相临,交锋接刃,兰艾杂揉,或恐不分。故白此意,并可示同怀诸人。”

延之报曰:“闻亲率戎马,远履西畿,阖境士庶,莫不惬骇。何者?莫知师出之名故也。辱来疏,始委以谯王前事,良增叹息。司马平西体国忠贞,款怀待物。以君有匡复之勋,家国蒙赖,推德委诚,每事询仰。谯王往以微事见劾,犹自逊位,况以大过,而当默然也!但康之前言,有所不尽,故重使胡道,申白所怀。道未及反,已奏表废之,所不尽者命耳。推寄相与,正当如此,有何不可,便及兵戈。自义旗以来,方伯谁敢不先相谘畴,而经表天子,可谓欲加之罪,其无辞乎!刘裕足下,海内之人,谁不见足下此心。而复欲诳国士,‘天地所不容’,在彼不在此矣。来言‘虚怀期物,自有由来’;今伐人之君,咯人以利,真可谓‘虚怀期物,自有由来’矣!刘藩死于阊阖之门,诸葛毙于左右之手。甘言诧语方伯,袭之以轻兵,遂使席上靡款怀之士,阃外无自信诸侯。以是为得算,良可耻也。吾诚鄙劣,尝闻道于君子。以平西之至德,宁可无授命之臣乎!假令天长丧乱,九流浑浊,当与臧洪游于地下耳。”裕得书叹息,以示诸佐曰:“事人当应如此!”

宗之闻裕向荆州,自襄阳就休之共屯江陵。使文思及宗之子轨以兵距裕,战于江津。休之大败,遂与宗之俱奔于姚兴。裕平姚泓,休之将奔于魏,未至,道死。

允之,字季度,出后叔父惜,袭爵广晋伯。历位辅国将军、吴国宣城谯梁内史。王恭、庾楷、桓玄等内伐也,会稽王道子命允之兄弟距楷,破之。元兴初,与兄恢之同徙广州,于道被害。义军起,追赠太常卿。从弟康之以子文惠袭爵。宋受禅,国除。

韩延之,字显宗,南阳赭阳人,魏司徒暨之后也。少以分义称。

安帝时，为建威将军、荆州治中，转平西府录事参军。以刘裕父名翘字显宗，延之遂字显宗，名儿为翘，以示不臣刘氏。与休之俱奔姚兴。刘裕，又奔于魏。

愔，字敬王。初封广晋伯。早卒，无子，兄恬以子允之嗣。

高阳王睦，字子友，谯王逊之弟也。魏安平亭侯，历侍御史。武帝受禅，封中山王，邑五千二百户。睦自表乞依六蓼祀皋陶，郧杞祀相立庙。事下太常，依礼典平议。博士祭酒刘憙等议："《礼记·王制》，诸侯五庙，二昭二穆，与太祖而五。是则立始祖之庙，谓嫡统承重，一人得立耳。假令支弟并为诸侯，始封之君不得立庙也。今睦非为正统，若立祖庙，中山不得并也。后世中山乃得为睦立庙，为后世子孙之始祖耳。"诏曰："礼文不明，此度大事，宜令详审，可下礼官博议，乃处当之。"

咸宁三年，睦遣使募徙国内八县受逋逃、私占及变易姓名、诈冒复除者七百余户。冀州刺史杜友奏睦招诱逋亡，不宜君国。有司奏，事在赦前，应原。诏曰："中山王所行何乃至此，览奏甚用怃然。广树亲戚，将以上辅王室，下惠百姓也。岂徒荣崇其身，而使民逾典宪乎！此事当大论得失，正臧否所在耳。苟不宜君国，何论于赦令之间耶。其贬睦为县侯。"乃封丹水县侯。

及吴平，太康初诏复爵。有司奏封江阳王，帝曰："睦退静思愆，改修其德，今有爵土，不但以赦。江阳险远，其以高阳郡封之。"乃封为高阳王。元康元年，为宗正。薨于位。世子蔚早卒，孙毅立。拜散骑侍郎，永嘉中没于石勒。隆安元年，诏以谯敬王恬次子恢之子文深继毅后。立五年，薨，无嗣，后以高密王纯之子法莲继之。宋受禅，国除。

任城景王陵，字子山，宣帝弟魏司隶从事安城亭侯通之子也。初拜议郎。泰始元年，封北海王，邑四千七百户。三年，转封任城王，之国。咸宁五年薨，子济立。拜散骑侍郎、给事中、散骑常侍、辅国将军。随东海王越在项，为石勒所害，二子俱没。有二弟：顺、斌。

顺，字子思。初封习阳亭侯。及武帝受禅，顺叹曰："事乖唐虞，而假为禅名！"遂悲泣。由是废黜，徙武威姑臧县。虽受罪流放，守意不移而卒。

西河缪王斌，字子政。魏中郎。武帝受禅，封陈王，邑千七百一十户。三年，改封西河。咸宁四年薨，子隐立。薨，子睿立。

史臣曰：泰始之初，天下少事，革魏余弊，遵周旧典，并建宗室以为藩翰。诸父同虞虢之尊，兄弟受鲁卫之社，以为历纪长久，本支百世。安平风度宏邈，器宇高雅，内弘道义，外阐忠贞。洎高贵薨殂，则枕尸流恸；陈留就国，则拜辞陨涕。语曰："疾风彰劲草，"献王其有焉。故能位班上列，享年眉寿，清徽至范，为晋宗英，子孙遵业，世笃其庆。高密风监清远，简素寡欲，孝以承亲，忠以奉上，方诸枝庶，实谓国桢。新蔡、南阳，俱莅方岳。值王室多难，中原芜梗，表义甄节，效绩艰危。于时丑类实繁，凶威日逼，势悬众寡，相继沦亡，悲夫！谯闵沉雄壮勇，作镇南服。属奸回肆乱，称兵内侮。怀忠愤发，建义湘川，荆沔响应，群才致力。虽元勋不立，而诚节克彰，垂裕后昆，奕世贞烈，岂不休哉！勋托末属，禀性凶暴，仍荷朝寄，推毂梁岷，遂弃亲背主，负恩放命。凭庸蜀之饶，苞藏不逞；恃江山之固，奸谋日深。是以缙绅切齿，摅积愤之志；义士思奋，厉亡身之节。天道祸淫，应时荡定。昔汲黯犹在，淮南寝谋，周抚若存，凶渠未发，以邪忌正，异代同规。《诗》云"自贻伊戚"，其勋之谓矣。习阳凭庆枝叶，守约怀逸，栖情尘外，希踪物表，顾匹夫之独善，贵达节之弘规，言出身播，犹为幸也。

赞曰：安平立节，雅性贞亮。高密含和，宗室之望。新蔡遇祸，忠全元丧。谯闵殉义，力屈志扬。勋自贻戚，名陨身亡。顺不恤忌，流播遐方。

晋书卷三八
列传第八

宣五王

平原王幹　琅邪王伷　清惠亭侯京
扶风王骏　梁王肜

文六王

齐王攸　城阳王兆　辽东王定国
广汉王广德　乐安王鉴
乐平王延祚

　　宣帝九男，穆张皇后生景帝、文帝、平原王幹，伏夫人生汝南文成王亮、琅邪武王伷、清惠亭侯京、抚风武王骏，张夫人生梁王肜，柏夫人生越王伦。汝南王亮，亮及伦别有传。

　　平原王幹，字子良。少以公子，魏时封安阳亭侯，稍迁抚军中郎将，进爵平阳乡侯。五等建，改封定陶伯。武帝践阼，封平原王，邑万一千三百户，给鼓吹、驸马二匹，加侍中之服。咸宁初，遣诸王之国，幹有笃疾，性理不恒，而颇清虚静退，简于情欲，故特诏留之。太

康末，拜光禄大夫，加侍中，特假金章紫绶，班次三司。惠帝即位，进
左光禄大夫，侍中如故，剑履上殿，入朝不趋。

　　幹虽王大国，不事其务，有所调补，必以才能。虽有爵禄，若不
在己，秩奉布帛，皆露积腐烂。阴雨则出犊车而内露车，或问其故，
对曰："露者宜内也。"朝士造之，虽通姓名，必令立车马于门外，或
终夕不见。时有得觐，与人物酬接，亦恂恂恭逊，初无阙失。前后爱
妾死，既敛，辄不钉棺，置后空室中，数日一发视，或行淫秽，须其尸
坏乃葬之。

　　赵王伦辅政，以幹为卫将军。惠帝反正，复为侍中，加太保。齐
王冏之平赵王伦也，宗室朝士皆以牛酒劳冏，幹独怀百钱，见冏出
之，曰："赵王逆乱，汝能义举，是汝之功，今以百钱贺汝。虽然，大势
难居，不可不慎。"冏既辅政，幹诣之，冏出迎拜。幹入，踞其床，不命
冏坐，语之曰："汝勿效白女儿。"其意指伦也。及冏诛，幹哭之恸，谓
左右曰："宗室日衰，唯此儿最可，而复害之，从今殆矣！"

　　东海王越兴义，至洛阳，往视幹，幹闭门不通。越驻车良久，幹
乃使人谢遣，而自于门间窥之。当时莫能测其意，或谓之有疾，或以
为晦迹焉。永嘉五年薨，时年八十。会刘聪寇洛，不遑赠谥。有二
子，世子广早卒，次子永以太熙中封安德县公，散骑常侍，皆为善
士。遇难，合门歼灭。

　　琅邪武王伷，字子将。正始初，封南安亭侯。早有才望，起家为
宁朔将军，监守邺城，有绥怀之称。累迁散骑常侍，进封东武乡侯，
拜右将军、监兖州诸军事、兖州刺史。五等初建，封南皮伯。转征虏
将军、假节。武帝践阼，封东莞郡王，邑万六百户。始置二卿，特诏
诸王自选令长。伷表让，不许。入为尚书右仆射、抚军将军，出为镇
东大将军、假节、徐州诸军事，代卫瓘镇下邳。伷镇御有方，得将士
死力，吴人惮之。加开府仪同三司，改封琅邪王，以东莞益其国。

　　平吴之役，率众数万出涂中，孙皓奉笺送玺绶，诣伷请降。诏
曰："琅邪王伷督率所统，连据涂中，使贼不得相救。又使琅邪相刘

弘等进军逼江,贼震惧,遣使奉伪玺绶。又使长史王恒率诸军渡江,破贼边守,获督蔡机,斩首降附五六万计,诸葛靓、孙奕等皆归命请死。功勋茂著,其封子二人为亭侯,各三千户,赐绢六千匹。"顷之,并督青州诸军事,加侍中之服。进拜大将军、开府仪同三司。

伷既戚属尊重,加有平吴之功,克己恭俭,无矜满之色,僚吏尽力,百姓怀化。疾笃,赐床帐、衣服、钱帛、粳粱等物,遣侍中问焉。太康四年薨,时年五十七。临终表求葬母太妃陵次,并乞分国封四子,帝许之。子恭王觐立。又封次子澹为武陵王,繇为东安王,漼为淮陵王。

觐,字思祖。拜冗从仆射。太熙元年薨,时年三十五。子睿立,是为元帝。中兴初,帝以皇子裒为琅邪王,奉恭王祀。裒早薨,更以皇子焕为琅邪王。其日薨,复以皇子昱为琅邪王。咸和之初,既徙封会稽,成帝又以康帝为琅邪王。康帝即位,封成帝长子哀帝为琅邪王。哀帝既位,以废帝为琅邪王。废帝即位,以会稽王摄行琅邪国祀。简文帝登阼,琅邪王无嗣。及帝临崩,封少子道子为琅邪王。道子后为会稽王,更以恭帝为琅邪王。帝既即位,琅邪国除。

武陵庄王澹,字思弘。初为冗从仆射,后封东武公,邑五千二百户。转前将军、中护军。性忌害,无孝友之行。弟东安王繇有令名,为父母所爱,澹恶之如仇,遂谮繇于汝南王亮,亮素与繇有隙,奏废徙之。赵王伦作乱,以澹为领军将军。澹素与河内郭俶、俶弟侃亲善。酒酣,俶等言张华之冤,澹性酗酒,因并杀之,送首于伦,其酗虐如此。

澹妻郭氏,贾后内妹也。初恃势,无礼于澹母。齐王囧辅政,澹母诸葛太妃表澹不孝,乞还繇,由是澹与妻子徙辽东。其子禧年五岁,不肯随去,曰:"要当为父求还,无为俱徙。"陈诉历年,太妃薨,繇被害,然后得还。拜光禄大夫、尚书、太子太傅,改封武陵王。永嘉末,为石勒所害,子哀王喆立。喆字景林,拜散骑常侍,亦为勒所害。无子,其后元帝立皇子为武陵王,以奉澹祀焉。

东安王繇,字思玄。初拜东安公,历散骑黄门侍郎,迁散骑常侍。美须髯，性刚毅，有威望，博学多才，事亲孝，居丧尽礼。诛杨骏之际，繇屯云龙门，兼统诸军，以功拜右卫将军，领射声校尉，进封郡王，邑二万户，加侍中，兼典军大将军，领右卫如故。迁尚书右仆射，加散骑常侍。是日诛赏三百余人，皆自繇出。东夷校尉文俶父钦为繇外祖诸葛诞所杀，繇虑俶为舅家之患，是日亦以非罪诛俶。

繇兄澹屡构繇于汝南王亮，亮不纳。至是，以繇专行诛赏，澹因隙谮之，亮惑其说，遂免繇官，以公就第，坐有悖言，废徙带方。永康初，征繇，复封，拜宗正卿，迁尚书，转左仆射。惠帝之讨成都王颖，时繇遭母丧在邺，劝颖解兵而降。及王师败绩，颖怨繇，乃害之。后立琅邪王觐子长乐亭侯浑为东安王，以奉繇祀。寻薨，国除。

淮陵元王漼，字思冲。初封广陵公，食邑二千九百户。历左将军、散骑常侍。赵王伦之篡也，三王起义，漼与左卫将军王舆攻杀孙秀，因而废伦。以功进封淮陵王，入为尚书，加侍中，转宗正、光禄大夫。薨，子贞王融立。薨，无子，安帝时，立武陵威王孙蕴为淮陵王，以奉元王之祀，位至散骑常侍。薨，无子，以临川王宝子安之为嗣。宋受禅，国除。

清惠亭侯京，字子佐。魏末以公子赐爵。年二十四，薨，追赠射声校尉，以文帝子机字太玄为嗣。泰始元年，封燕王，邑六千六百六十三户。机之国，咸宁初，征为步兵校尉，以渔阳郡益其国，加侍中之服。拜青州都督、镇东将军、假节，以北平、上谷、广宁郡一万三百四十七户增燕国为二万户。薨，无子，齐王冏表以子几嗣。后冏败，国除。

扶风武王骏，字子臧。幼聪惠，年五六岁能书疏，讽诵经籍，见者奇之。及长，清贞守道，宗室之中最为俊望。魏景初中，封平阳亭侯。齐王芳立，骏年八岁，为散骑常侍侍讲焉。寻迁步兵、屯骑校尉，常侍如故。进爵乡侯，出为平南将军、假节、都督淮北诸军事，改封平寿侯，转安东将军。咸熙初，徙封东牟侯，转安东大将军，镇许昌。

武帝践阼，进封汝阴王，邑万户，都督豫州诸军事。吴将丁奉寇芍陂，骏督诸军距退之。迁使持节、都督扬州诸军事，代石苞镇寿春。寻复都督豫州，还镇许昌。迁镇西大将军、使持节、都督雍凉等州诸军事，代汝南王亮镇关中，加兖冕侍中之服。

骏善抚御，有威恩，劝督农桑，与士卒分役，已及僚佐并将帅兵士等人限田十亩，具以表闻。诏遣普下州县，使各务农事。

咸宁初，羌虏树机能等叛，遣众讨之，斩三千余级。进位征西大将军，开府辟召，仪同三司，持节、都督如故。又诏骏遣七千人代凉州守兵。树机能、侯弹勃等欲先劫佃兵，骏命平虏护军文俶督凉、秦、雍诸军各进屯以威之。机能乃遣所领二十部及弹勃，面缚军门，各遣入质子。安定、北地、金城诸胡吉轲罗、侯金多及北虏热冏等二十万口又来降。其年入朝，徙封扶风王，以氐户在国界者增封，给羽葆、鼓吹。太康初，进拜骠骑将军，开府、持节、都督如故。

骏有孝行，母伏太妃随兄亮在官，骏常涕泣思慕，若闻有疾，辄忧惧不食，或时委官定省。少好学，能著论，与荀颛论仁孝先后，文有可称。及齐王攸出镇，骏表谏恳切，以帝不从，遂发病薨。追赠大司马，加侍中、假黄钺。西土闻其薨也，泣者盈路，百姓为之树碑，长老见碑无不下拜，其遗爱如此。有子十人，畅、歆最知名。

畅，字玄舒。改封顺阳王，拜给事中、屯骑校尉、游击将军。永嘉末，刘聪入洛，不知所终。

新野庄王歆，字弘舒。武王薨后，兄畅推恩请分国封歆。太康中，诏封新野县公，邑千八百户，仪比县王。歆虽少贵，而谨身履道。母臧太妃薨，居丧过礼，以孝闻。拜散骑常侍。

赵王伦篡位，以为南中郎将。齐王冏举义，移檄天下，歆未知所从。嬖人王绥曰："赵亲而强，齐疏而弱，公宜从赵。"参军孙洵大言于众曰："赵王凶逆，天下当共讨之，大义灭亲，古之明典。"歆从之。乃使洵诣冏，冏迎执其手曰："使我得成大节者，新野公也。"冏入洛，歆躬贯甲胄，率所领导冏。以勋进封新野郡王，邑二万户。迁使持节、都督荆州诸军事、镇南大将军、开府仪同三司。

歆将之镇,与冏同乘谒陵,因说冏曰:"成都至亲,同建大勋,今宜留之与辅政。若不能尔,当夺其兵权。"冏不从。俄而冏败,歆惧,自结于成都王颖。

歆为政严刻,蛮夷并怨。及张昌作乱于江夏,歆表请讨之。时长沙王乂执政,与成都王颖有隙,疑歆与颖连谋,不听歆出兵,昌众日盛。时孙洵为从事中郎,谓歆曰:"古人有言,一日纵敌,数世之患。公荷藩屏之任,居推毂之重,拜表辄行,有何不可!而使奸凶滋蔓,祸衅不测,岂维翰王室,镇静方夏之谓乎!"歆将出军,王绥又曰:"昌等小贼,偏裨自足制之,不烦违帝命,亲矢石也。"乃止。昌至樊城,歆出距之,众溃,为昌所害。追赠骠骑将军。无子,以兄子劢为后,永嘉末没于石勒。

梁孝王肜,字子徽。清修恭慎,无他才能,以公子封平乐亭侯。及五等建,改封开平子。武帝践阼,封梁王,邑五千三百五十八户。及之国,迁北中郎将,督邺城守事。

时诸王自选官属,肜以汝阴上计吏张蕃为中大夫。蕃素无行,本名雄,妻刘氏解音乐,为曹爽教伎。蕃又往来何晏所,而恣为奸淫。晏诛,徙河间,乃变名自结于肜。为有司所奏,诏削一县。咸宁中,复以陈国、汝南南顿增封为次国。太康中,代孔洵监豫州军事,加平东将军,镇许昌。顷之,又以本官代下邳王晃监青、徐州军事,进号安东将军。

元康初,转征西将军,代秦王柬都督关中军事,领护西戎校尉。加侍中,进督梁州。寻征为卫将军、录尚书事,行太子太保,给千兵百骑。久之,复为征西大将军,代赵王伦镇关中,都督凉、雍诸军事,置左右长史、司马。又领西戎校尉,屯好畤,督建威将军周处、振将军播庐等伐氐贼齐万年于六陌。肜与处有隙,促令进军而绝其后,播又不救之,故处见害。朝廷尤之。寻征拜大将军、尚书令、领军将军、录尚书事。

肜尝大会,谓参军王铨曰:"我从兄为尚书令,不能啖大脔。大裔故难。"铨曰："公在此独嚼,尚难矣。"肜曰："长史大裔为谁?"曰:"卢播是也。"肜曰："是家吏,隐之耳。"铨曰："天下咸是家吏,便恐王法不可复行。"肜又曰："我在长安,作何等不善!"因指单衣补襕以为清。铨答曰："朝野望公举荐贤才,使不仁者远。而位居公辅,以衣补襕,以此为清,无足称也。"肜有惭色。

永康初,共赵王伦废贾后,诏以肜为太宰、守尚书令,增封二万户。赵王伦辅政,有星变,占曰"不利上相"。孙秀惧伦受灾,乃省司徒为丞相,以授肜,猥加崇进,欲以应之。或曰："肜无权,不益也。"肜固让不受。及伦篡位,以肜为阿衡,给武贲百人,轩悬之乐十人。伦灭,诏肜以太宰,领司徒,又代高密王泰为宗师。

永康二年薨,丧葬依汝南文成王亮故事。博士陈留蔡克谥曰:"肜位为宰相,责深任重,属尊亲近,且为宗师,朝所仰望,下所具瞻。而临大节,无不可夺之志;当危事,不能舍生取义;愍怀之废,不闻一言之谏;淮南之难,不能因势辅义;赵王伦篡逆,不能引身去朝。宋有荡氏之乱,华元自以不能居官,曰'君臣之训,我所司也。公室卑而不正,吾罪大矣!'夫以区区之宋,犹有不素餐之臣,而况帝王之朝,而有苟容之相,此而不贬,法将何施!谨案《谥法》'不勤成名曰灵',肜见义不为,不可谓勤,宜谥曰'灵'。"梁国常侍孙霖及肜亲党称枉,台乃下符曰:"贾氏专权,赵王伦篡逆,皆力制朝野,肜势不得去,而责其不能引身去朝,义何所据?"克重议曰:"肜为宗臣,而国乱不能匡,主颠不能扶,非所以为相。故《春秋》讥华元、乐举,谓之不臣。且贾氏之酷烈,不甚于吕后,而王陵犹得杜门;赵王伦之无道,不甚于殷纣,而微子犹得去之。近者太尉陈准,异姓之人,加弟徽有射钩之隙,亦得托疾辞位,不涉伪朝。何至于肜亲伦之兄,而独不得去乎?赵盾入谏不从,出亡不远,犹不免于责,况肜不能去位,北面事伪主乎?宜如前议,加其贬责,以广为臣之节,明事君之道。"于是朝廷从克议。肜故史复追诉不已,故改焉。

无子,以武陵王澹子禧为后,是为怀王。拜征虏将军,与澹俱没于石勒。元帝时,以西阳王羕子悝为肜嗣,早薨,是为殇王。至是怀王子翘自石氏归国得立,是为声王,官至散骑常侍。麤,无子,诏以武陵威王子逢为翘嗣,历永安太仆,与父晞俱废徙新安。麤,太元中复国,子穌立。麤,子珍之立。桓玄篡位,国臣孔璞奉珍之奔于寿阳,义旗初乃归,累迁左卫将军、太常卿。刘裕伐姚泓,请为谘议参军,为裕所害,国除。

文帝九男,文明王皇后生武帝、齐献王攸、城阳哀王兆、辽东悼惠王定国、广汉殇王广德,其乐安平王鉴、燕王机、皇子永祚、乐平王延祚不知母氏。燕王机继清惠亭侯,别有传。永祚早亡,无传。

齐献王攸,字大猷。少而岐嶷。及长,清和平允,亲贤好施,爱经籍,能属文,善尺牍,为世所楷。才望出武帝之右,宣帝每器之。景帝无子,命攸为嗣。从征王凌,封长乐亭侯。及景帝崩,攸年十岁,哀动左右,大见称叹。袭封武阳侯。奉景献羊后于别第,事后以孝闻。复历散骑常侍、步兵校尉,时年十八,绥抚营部,甚有威惠。五等建,改封安昌侯,迁卫将军。

居文帝丧,哀毁过礼,杖而后起。左右以稻米干饭杂理中丸进之,攸泣而不受。太后自往勉喻曰:“若万一加以他疾,将复如何!宜远虑深计,不可专守一志。”常遣人逼进饮食,司马嵇喜又谏曰:“毁不灭性,圣人之教。且大王地即密亲,任惟元辅。匹夫犹惜其命,以为祖宗,况荷天下之大业,辅帝室之重任,而可尽无极之哀,与颜闵争孝!不可令贤人笑,愚人幸也。”喜躬自进食,攸不得已,为之强饭。喜退,攸谓左右曰:“嵇司马将令我不忘居丧之节,得存区区之身耳。”

武帝践阼,封齐王。时朝廷草创,而攸总统军事,抚宁内外,莫不景附焉。诏议藩王令自选国内长吏,攸奏议曰:“昔圣王封建万国,以亲诸侯,轨迹相承,莫之能改。诚以君不世居,则人心偷幸;人无常主,则风俗伪薄。是以先帝深览经远之统,思复先哲之轨,分土画疆,建爵五等,或以进德,或以酬功。伏惟陛下,应期创业,树建亲威,听使藩国自除长史。而今草创,制度初立,虽庸蜀顺轨,吴犹未宾,宜俟清泰,乃议复古之制。"书比三上,辄报不许。

其后国相上长吏缺,典书令请求差选。攸下令曰:"忝受恩礼,不称惟忧。至于官人叙才,皆朝廷之事,非国所宜裁也。其令自上请之。"时王家人衣食皆出御府,攸表租秩足以自供,求绝之。前后十余上,帝又不许。攸虽未之国,文武官属,下至士卒,分租赋以给之,疾病死丧赐与之。而时有水旱,国内百姓则加振贷,须丰年乃责,十减其二,国内赖之。

迁骠骑将军,开府辟召,礼同三司。降身虚己,待物以信。常叹公府不案史,然以董御戎政,复有威克之宜,乃下教曰:"夫先王驭世,明罚饬法,鞭扑作教,以正逋慢。且唐虞之朝,犹须督责。前欲撰次其事,使粗有常。惧烦简之宜,未审其要,故令刘、程二君详定。然思惟之,郑铸刑书,叔向不韪;范宣议制,仲尼讥之。令皆如旧,无所增损。其常节度所不及者,随事处决。请吏各竭乃心,思同在公古人之节。如有所阙,以赖股肱匡救之规,庶以免负。"于是内外祗肃。时骠骑当罢营兵,兵士数千人恋攸恩德,不肯去,遮京兆主言之,帝乃还攸兵。

攸每朝政大议,悉心陈之。诏以比年饥馑,议所节省。攸奏议曰:"臣闻先王之教,莫不先正其本。务农重本,国之大纲。当今方隅清穆,武夫释甲,广分休假,以就农业。然守相不能勤心恤公,以尽地利。昔汉宣叹曰:'与朕理天下者,惟良二千石乎!'勤加赏罚,黜陟幽明,于时翕然,用多名守。计今地有余羡,而不农者众,加附业之人复有虚假,通天下之谋,则饥者必不少矣。今宜严敕州郡,检诸虚诈害农之事,督实南亩,上下同奉所务。则天下之谷可复古政,岂患于暂一水旱,便忧饥馁哉!考绩黜陟,毕使严明,畏威怀惠,莫不自厉。又都邑之内,游食滋多,巧伎末业,服饰奢丽,富人兼美,犹有魏之遗弊,染化日浅,靡财害谷,动复万计。宜申明旧法,必禁绝之。使去奢即俭,不夺农时,毕力稼穑,以实仓廪。则荣辱礼节,由之而生,兴化反本,于兹为盛。"

转镇军大将军,加侍中,羽葆、鼓吹,行太子少傅。数年,授太子太傅,献箴于太子曰:"伊昔上皇,建国立君,仰观天文,俯察地理,创业恢道,以安人承祀,祚延统重,故援立太子。尊以弘道,固以贰己,储德既立,邦有所恃。夫亲仁者功成,迩佞者国倾,故保相之材,必择贤明。昔在周成,旦奭作傅,外以明德自辅,内以亲立固,德以义济,亲则自然。嬴废公族,其崩如山;刘建子弟,汉祚永传。楚以无极作乱,宋以伊戾兴难。张禹佞给,卒危强汉。辅弼不忠,祸及乃躬;匪徒乃躬,乃丧乃邦。无曰父子不间,昔有江充;无曰至亲亲匪贰,或容潘崇。谀言乱真,潜润离亲,骊姬之谗,晋侯疑申。固亲以道,勿固以恩;修身以敬,勿托以尊。自损者有余,自益者弥昏。庶事不可以不恤,大本不可以不敦。见亡戒危,睹安思存。冢子司义,改告在闱。"世以为工。

咸宁二年,代贾充为司空,侍中、太傅如故。初,攸特为文帝所宠爱,每见攸,辄抚床呼其小字曰"此桃符座也",几为太子者数矣。及帝寝疾,虑攸不安,为武帝叙汉淮南王、魏陈思故事而泣。临崩,执攸手以授帝。先是太后有疾,既瘳,帝与攸奉觞上寿,攸以太后前疾危笃,因歔欷流涕,帝有愧焉。攸尝侍帝疾,恒有忧戚之容,时人以此称叹之。及太后临崩,亦流涕谓帝曰:"桃符性急,而汝为兄不慈,我若遂不起,恐必不能相容。以是属汝,勿忘我言。"

及帝晚年,诸子并弱,而太子不令,朝臣内外,皆属意于攸。中书监荀勖、侍中冯紞,皆谄谀自进,攸素疾之。勖等以朝望在攸,恐其为嗣,祸必及己,乃从容言于帝曰:"陛下万岁之后,太子不得立也。"帝曰:"何故?"勖曰:"百僚内外皆归心于齐王,太子焉得立乎!陛下试诏齐王之国,必举朝以为不可,则臣言有征矣。"紞又言曰:"陛下遣诸侯之国,成五等之制者,宜先从亲始。亲莫若齐王。"

帝既信勖言,又纳紞说,太康三年乃下诏曰:"古者九命作伯,或入毗朝政,或出御方岳。周之吕望,五侯九伯,实得征之。侍中、司空、齐王攸,明德清畅,忠允笃诚。以母弟之亲,受台辅之任,佐命立勋,劬劳王室,宜登显位,以称具瞻。其以为大司马、都督青州诸军事,侍中如故,假节,将本营千人,亲骑帐下司马大车皆如旧,增鼓吹一部,官骑满二十人,置骑司马五人。余主者详案旧制施行。"攸不悦,主簿丁颐曰:"昔太公封齐,犹表东海;桓公九合,以长五伯。况殿下诞德钦明,恢弼大藩,穆然东轸,莫不得所。何必绛阙,乃弘帝载!"攸曰:"吾无匡时之用,卿言何多。"

明年,策攸曰:"于戏!惟命不于常,天既迁有魏之祚。我有晋既受顺天明命,光建群后,越造王国于东土,锡兹青社,用藩翼我邦家。茂哉无怠,以永保宗庙。"又诏下太常,议崇锡之物,以济南郡益齐国。又以攸子实为北海王。于是备物典策,设轩县之乐、六佾之舞,黄钺朝车乘舆之副从焉。

攸知勖、统构己,愤怨发疾,乞守先后陵,不许。帝遣御医诊视,诸医希旨,皆言无疾。疾转笃,犹催上道。攸自强入辞,素持容仪,疾虽困,尚自整厉,举止如常,帝益疑无疾。辞出信宿,欧血而薨,时年三十六。帝哭之恸,冯统侍侧曰:"齐王名过其实,而天下归之。今自薨陨,社稷之福也,陛下何哀之过!"帝收泪而止。诏丧礼依安平王孚故事,庙设轩悬之乐,配飨太庙。子冏立,别有传。

攸以礼自拘,鲜有过事。就人借书,必手刊其谬,然后反之。加以至性过人,有触其讳者,辄泫然流涕。虽武帝亦敬惮之,每引之同处,必择言而后发。三子:蕤、赞、实。

蕤,字景回,出继辽东王定国。太康初,徙封东莱王。元康中,历步兵、屯骑校尉。蕤性强暴,使酒,数陵侮弟冏,冏以兄故容之。冏起义兵,赵王伦收蕤及弟北海王实系廷尉,当诛。伦太子中庶子祖纳上疏谏曰:"罪不相及,恶止其身,此先哲之弘谟,百王之达制也。是故鲧既殛死,禹乃嗣兴;二叔诛放,而邢卫无责。逮乎战国,及至秦汉,明恕之道寝,猜嫌之情用,乃立质任以御众,设从罪以发奸。其所由来,盖三代之弊法耳。蕤、实,献王之子,明德之胤,宜蒙特宥,以全穆亲之兴。"会孙秀死,蕤等悉得免。冏拥众入洛,蕤于路迎之。冏不即见,须符付前顿。蕤恚曰:"吾坐尔殆死,曾无友于之情!"

及冏辅政,诏以蕤为散骑常侍,加大将军,领后军、侍中、特进,增邑满二万户。又从冏求开府，冏曰："武帝子吴、豫章尚未开府，宜且须后。"蕤以是益怨，密表冏专擅，与左卫将军王舆谋共废冏。事觉，免为庶人。寻诏曰："大司马以经识明断，高谋远略，猥率同盟，安复社稷。自书契所载，周召之美未足比勋，故授公上宰。东莱王蕤，潜怀忌妒，包藏祸心，与王舆密谋，图欲谮害。收舆之日，蕤与青衣共载，微服奔走，经宿乃还。奸凶赫然，妖惑外内。又前表冏所言深重，虽管蔡失道，牙庆乱宗，不复过也。《春秋》之典，大义灭亲，其徙蕤上庸。"后封微阳侯。永宁初，上庸内史陈钟承冏旨害蕤。冏死，诏诛钟，复蕤封，改葬以王礼。

赞，字景期，继广汉殇王广德后。年六岁，太康元年薨，谥冲王。

实，字景深，初为长乐亭侯。攸以赞薨，又以实继广汉殇王后，改封北海王。永宁初，为平东将军、假节，加散骑常侍，代齐王冏镇许昌。寻进安南将军、都督豫州军事，增邑满二万户。未发，留为侍中、上军将军，给千兵百骑。

城阳哀王兆，字千秋，年十岁而夭。武帝践阼，诏曰："亡弟千秋少聪慧，有凤成之质。不幸早亡，先帝、先后特所哀愍。先后欲绍立其后，而竟未遂，每追遗意，情怀感伤。其以皇子景度为千秋后，虽非典礼，亦近世之所行，且以述先后本旨也。"于是追加兆封谥。景度以泰始六年薨，复以第五子宪继哀王后。薨，复以第六子祗为东海王，继哀王后。薨，咸宁初，又封第十三子遐为清河王，以继兆后。

辽东悼惠王定国，年三岁薨。咸宁初，追加封谥，齐王攸以长子蕤为嗣。蕤薨，子遵嗣。

广汉殇王广德，年二岁薨。咸宁初，追加封谥，齐王攸以第五子赞绍封。薨，攸更以第二子实嗣广德。

乐安平王鉴，字大明。初封临泗亭侯。武帝践阼，封乐安王。帝为鉴及燕王机高选师友，下诏曰："乐安王鉴、燕王机并以长大，宜得辅导师友，取明经儒学，有行义节俭，使足严惮。昔韩起与田苏游而好善，宜必得其人。"

泰始中，拜越骑校尉。咸宁初，以齐之梁邹益封，因之国，服侍中之服。元康初，征为散骑常侍、上军大将军，领射声校尉。寻迁使持节、都督豫州军事、安南将军，代清河王遐镇许昌，以疾不行。七年薨，子殇王籍立。薨，无子，齐王冏以子冰绍鉴后。以济阴万一千二百一十九户改为广阳国，立冰为广阳王。冏败，废。

乐平王延祚，字大思。少有笃疾，不任封爵。太康初，诏曰："弟祚早孤无识，情所哀愍。幼得笃疾，日冀其差，今遂废痼，无复后望，意甚伤之。其封为乐平王，使有名号，以慰吾心。"寻薨，无子。

史臣曰："平原性理不恒，世莫之测。及其处乱离之际，属交争之秋，而能远害全身，享兹介福，其愚不可及已！琅邪武功既畅，饰之以温恭，扶风文教克宣，加之以孝行；抑宗室之可称者也。齐王以两献之亲，弘二南之化，道光雅俗，望重台衡，百辟具瞻，万方属意。既而地疑致逼，文雅见疵，统、勖陈蔓草之邪谋，武皇深翼子之滞爱。遂乃褫龙章于衮职，徙侯服于下藩，未及戒涂，终于愤恚，惜哉！若使天假之年而除其害，奉缀衣之命，膺负图之托，光辅嗣君，允釐邦政，求诸冥兆，或废兴之有期，征之人事，庶胜残之可及，何八王之敢力争，五胡之能竞逐哉！《诗》云"人之云亡，邦国殄瘁"，攸实有之；"谗人罔极，交乱四国，"其荀、冯之谓也。

赞曰：文宣孙子，或贤或鄙。扶风遗爱，琅邪克己。潜谮凶魁，肜参衅始。幹虽静退，性乖恒理。彼美齐献，卓尔不群。自家刑国，纬武经文。木摧于秀，兰烧以薰。

晋书卷三九
列传第九

王沉　子浚　　荀顗　　荀勖　子藩

藩子遂　闿　藩弟组　组子弈　　冯纨

　　王沉,字处道,太原晋阳人也。祖柔,汉匈奴中郎将。父机,魏东郡太守。沉少孤,养于从叔司空昶,事昶如父,奉继母寡嫂以孝义称。好书,善属文。大将军曹爽辟为掾,累迁中书黄门侍郎。及爽诛,以故吏免。后起为治书侍御史,转秘书监。正元中,迁散骑常侍、侍中,典著作。与荀顗、阮籍共撰《魏书》,多为时讳,未若陈寿之实录也。

　　时魏高贵乡公好学,有文才,引沉及裴秀数于东堂讲宴属文,号沉为“文籍先生”,秀为“儒林文人”。及高贵乡公将攻文帝,召沉及王业告之,沉、业驰白帝,以功封安平侯,邑二千户。沉既不忠于主,甚为众论所非。

　　寻迁尚书,出监豫州诸军事、奋武将军、豫州刺史。至镇,乃下教曰:“自古贤圣,乐闻诽谤之言,听舆人之论,刍荛有可录之事,负薪有廊庙之语故也。自至镇日,未闻逆耳之言,岂未明虚心,故令言者有疑。其宣下属城及士庶,若能举逸于林薮,黜奸佞于州国,陈长吏之可否,说百姓之所患,兴利除害,损益昭然者,给谷五百斛。若达一至之言,说刺史得失,朝政宽猛,令刚柔得适者,给谷千斛。谓余不信,明如皎日。”

　　主簿陈廙、褚䂮曰:“奉省教旨,伏用感叹。劳谦日昃,思闻苦言。愚谓上之所好，下无不应。而近未有极谏之辞，远无传言之箴者，诚得失之事将未有也。今使教命班下，示以赏劝，将恐拘介之士，或惮赏而不言；贪赇之人，将慕利而妄举。苟不合宜，赏不虚行，则远听者未知当否之所在，徒见言之不用，谓设有而不行。愚以告下之事，可小须后。”

沉又教曰：“夫德薄而位厚，功轻而禄重，贪夫之所徇，高士之所不处也。若陈至言于刺史，兴益于本州，达幽隐之贤，去祝鮀之佞，立德于上，受分于下，斯乃君子之操，何不言之有！直言至理也。惠加一州，仁也；功成辞赏，廉也。兼斯而行，仁智之事，何故怀其道而迷其国哉！”褚䂮复白曰：“尧、舜、周公所以能致忠谏者，以其款诚之心著也。冰炭不言，而冷热之质自明者，以其有实也。若好忠直，如冰炭之自然，则谔谔之臣，将济济而盈庭；逆耳之言，不求而自至。若德不足以配唐虞，明不足以并周公，实不可以同冰炭，虽悬重赏，忠谏之言未可致也。昔魏绛由和戎之功，蒙女乐之赐，管仲有兴齐之勋，而加上卿之礼，功勋明著，然后赏劝随之。未闻张重赏以待谏臣，悬谷帛以求尽言也。”沉无以夺之，遂从䂮议。

沉探寻善政，案贾逵已来法制禁令，诸所施行，择善者而从之。又教曰：“后生不闻先王之教，而望政道日兴，不可得也。文武并用，长久之道也。俗化陵迟，不可不革。革俗之要，实在敦学。昔原伯鲁不悦学，闵马父知其必亡。将吏子弟，优闲家门，若不教之，必致游戏，伤毁风俗矣。”于是九郡之士，咸悦道教，移风易俗。

迁征虏将军、持节、都督江北诸军事。五等初建，封博陵侯，班在次国。平蜀之役，吴人大出，声为救蜀，振荡边境。沉镇御有方，寇闻而退。转镇南将军。武帝即王位，拜御史大夫，守尚书令，加给事中。沉以才望，显名当世，是以创业之事，羊祜、荀勖、裴秀、贾充等，皆与沉谘谋焉。

及帝受禅，以佐命之勋，转骠骑将军、录尚书事，加散骑常侍，统城外诸军事。封博陵郡公，固让不受，乃进爵为县公，邑千八百户。帝方欲委以万机，泰始二年薨。帝素服举哀，赐秘器朝服一具、衣一袭、钱三十万、布百匹、葬田一顷,谥曰元。

明年,帝追思沉勋,诏曰:"夫表扬往行,所以崇贤垂训,慎终纪远,厚德兴教也。故散骑常侍、骠骑将军、博陵元公沉,蹈礼居正,执心清粹,经纶坟典,才识通洽。入历常伯纳言之位,出干监牧方岳之任,内著谋猷,外宣威略。建国设官,首登公辅,兼统中朝,出纳大命,实有翼亮佐世之勋。其赠沉司空公,以宠灵既往,使没而不朽。又前以翼赞之勋,当受郡公之封,而固辞恳至,嘉其让德,不夺其志。可以郡公官属送葬。沉素清俭,不营产业。其使所领兵作屋五十间。"子浚嗣。后沉夫人荀氏卒,将合葬,沉棺椁已毁,更赐东园秘器。咸宁中,复追封沉为郡公。

浚,字彭祖。母赵氏妇,良家女也,贫贱,出入沉家,遂生浚。沉初不齿之。年十五,沉薨,无子,亲戚共立浚为嗣。拜附马都尉。太康初,与诸王侯俱就国。三年来朝,除员外散骑侍郎。元康初,转员外常侍,迁越骑校尉、右军将军。出补河内太守,以"郡公不得为二千石",转东中郎将,镇许昌。

及愍怀太子幽于许昌,浚承贾后旨,与黄门孙虑共害太子。迁宁北将军、青州刺史。寻徙宁朔将军、持节、都督幽州诸军事。于时,朝廷昏乱,盗贼蜂起,浚为自安之计,结好夷狄,以女妻鲜卑务勿尘,又以一女妻苏恕延。

及赵王伦篡位,三王起义,浚拥众挟两端,遏绝檄书,使其境内士庶不得赴义,成都王颖欲讨之而未暇也。伦诛,进号安北将军。及河间王颙、成都王颖兴兵内向,害长沙王乂,而浚有不平之心。颖表请幽州刺史石堪为右司马,以右司马和演代堪,密使演杀浚,并其众。演与乌丸单于审登谋之,于是与浚期游蓟城南清泉水上。蓟城内西行有二道,演、浚各从一道。演与浚欲合卤簿,因而图之。值天暴雨,兵器沾湿,不果而还。单于由是与其种人谋曰:"演图杀浚,事垂克而天卒雨,使不得果,是天助浚也。违天不祥,我不可久与演同"。乃以谋告浚。浚密严兵,与单于围演。演持白幡诣浚降,遂斩之,自领幽州。大营器械,召务勿尘,率胡晋合二万人,进军讨颖。以主簿祁弘为前锋,遇颖将石超于平棘,击败之。浚乘胜遂克邺城,士众暴掠,死者甚多。鲜卑大略妇女,浚命敢有挟藏者斩,于是沉于易水者八千人。黔庶荼毒,自此始。

浚还蓟,声实益盛。东海王越将迎大驾,浚遣祁弘率乌丸突骑为先驱。惠帝旋洛阳,转浚骠骑大将军、都督东夷河北诸军事,领幽州刺史,以燕国增博陵之封。怀帝即位,以浚为司空,领乌丸校尉,务勿尘为大单于。浚又表封务勿尘辽西郡公,其别部大飘滑及其弟渴末别部大屠瓮等皆为亲晋王。

永嘉中,石勒寇冀州,浚遣鲜卑文鸯讨勒,勒走南阳。明年,勒复寇冀州,刺史王斌为勒所害,浚又领冀州。诏进浚为大司马,加侍中、大都督、督幽冀诸军事。使者未及发,会洛京倾覆,浚大树威令,专征伐,遣督护王昌、中山太守阮豹等,率诸军及务勿尘世子疾陆眷并弟文鸯、从弟末柸,攻石勒于襄国。勒率众来距,昌逆击败之。末柸逐北入其垒门,为勒所获。勒质末柸,遣间使求和,疾陆眷遂以铠马二百四十匹、金银各一簏赎末柸,结盟而退。

其后浚布告天下,称受中诏承制,乃以司空荀藩为太尉,光禄大夫荀组为司隶,大司农华荟为太常,中书令李绲为河南尹。又遣祁弘讨勒,及于广宗。时大雾,弘引军就道,卒与勒遇,为勒所杀。由是刘琨与浚争冀州。琨使宗人刘希还中山合众,代郡、上谷、广宁三郡人皆归于琨。浚患之,遂辍讨勒之师,而与琨相距。浚遣燕相胡矩督护诸军,与疾陆眷并力攻破希。驱略三郡士女出塞,琨不复能争。

浚还,欲讨勒,使枣嵩督诸军屯易水,召疾陆眷,将与之俱攻襄国。浚为政苛暴,将吏又贪残,并广占山泽,引水灌田,溃陷冢墓,调发殷烦,下不堪命,多叛入鲜卑。从事韩咸切谏,浚怒,杀之。疾陆眷自以前后违命,恐浚诛之。勒亦遣使厚赂,疾陆眷等由是不应召。浚怒,以重币诱单于猗卢子右贤王日律孙,令攻疾陆眷,反为所破。

时刘琨大为刘聪所迫,诸避乱游士多归于浚。浚以强盛,乃设坛告类,建立皇太子,备置众官。浚自领尚书令,以枣嵩、裴宪并为尚书,使其子居王官,持节,领护匈奴中郎将,以妻舅崔邃为东夷校尉。又使嵩监司冀并兖诸军事、行安北将军,以田徽为兖州,李恽为青州。恽为石勒所杀,以薄盛代之。

浚以父字处道,为"当涂高应王者"之谶,谋将僭号。胡矩谏浚,盛陈其不可。浚忿之,出矩为魏郡守。前渤海太守刘亮、从子北海太守搏、司空掾高柔并切谏,浚怒,诛之。浚素不平长史燕国王悌,遂因他事杀之。时童谣曰:"十囊五囊入枣郎。"枣嵩,浚之子婿也。浚闻,责嵩而不能罪之也。又谣曰:"幽州城门似藏户,中有伏尸王彭祖。"有狐踞府门,翟雉入听事。时燕国霍原,北州名贤,浚以僭位事示之,原不答,浚遂害之。由是士人愤怨,内外无亲。以矜豪日甚,不亲为政,所任多苛刻;加亢旱灾蝗,士卒衰弱。

浚之承制也,参佐皆内叙,唯司马游统外出。统怨,密与石勒通谋。勒乃诈降于浚,许奉浚为主。时百姓内叛,疾陆眷等侵逼。浚喜勒之附己,勒遂为卑辞以事之,献遗珍宝,使驿相继。浚以勒为诚,不复设备。勒乃遣使克日上尊号于浚,浚许之。

勒屯兵于易水,督护孙纬疑其诈,驰白浚,而引军逆勒。浚不听,使勒直前。众议皆曰:"胡贪而无信,必有诈,请距之。"浚怒,欲斩诸言者,众遂不敢谏。盛张设以待勒。勒至城,便纵兵大掠。浚左右复请讨之,不许。及勒登听事,浚乃走出堂皇,勒众执以见勒。勒遂与浚妻并坐,立浚于前。浚骂曰:"胡奴调汝公,何凶逆如此!"勒数浚不忠于晋,并责以百姓馁乏,积粟五十万斛而不振给。遂遣五百骑先送浚于襄国,收浚麾下精兵万人,尽杀之。停二日而还,孙纬遮击之,勒仅而得免。勒至襄国,斩浚,而浚竟不为之屈,大骂而死。无子。

太元二年,诏兴灭继绝,封沉从孙道素为博陵公。卒,子崇之嗣。义熙十一年,改封东莞郡公。宋受禅,国除。

荀颛,字景倩,颍川人,魏太尉彧之第六子也。幼为姊婿陈群所赏。性至孝,总角知名,博学洽闻,理思周密。魏时以父勋除中郎。

宣帝辅政,见颛奇之,曰"荀令君之子也"。擢拜散骑侍郎,累迁侍中。为魏少帝执经,拜骑都尉,赐爵关内侯。难钟会《易》无互体,又与扶风王骏论仁孝孰先,见称于世。

时曹爽专权,何晏等欲害太常傅嘏,颛营救得免。及高贵乡公立,颛言于景帝曰:"今上践阼,权道非常,宜速遣使宣德四方,且察外志。"毋丘俭、文钦果不服,举兵反。颛预讨俭等有功,进爵万岁亭侯,邑四百户。文帝辅政,迁尚书。帝征诸葛诞,留颛镇守。颛甥陈泰卒,颛代泰为仆射,领吏部,四辞而后就职。颛承泰后,加之淑慎,综核名实,风俗澄正。咸熙中,迁司空,进爵乡侯。

颛年逾耳顺,孝养烝烝,以母忧去职,毁几灭性,海内称之。文帝奏,宜依汉太傅胡广丧母故事,给司空吉凶导从。及蜀平,兴复五等,命颛定礼仪。颛上请羊祜、任恺、庾峻、应贞、孔颢共删改旧文,撰定《晋礼》。

咸熙初,封临淮侯。武帝践阼,进爵为公,食邑一千八百户。又诏曰:"昔禹命九官,契敷五教,所以弘崇王化,示人轨仪也。朕承洪业,昧于大道,思训五品,以康四海。侍中、司空颛,明允笃诚,思心通远,翼亮先皇,遂辅朕躬,实有佐命弼导之勋。宜掌教典,以隆时雍。其以颛为司徒。"寻加侍中,迁太尉、都督城外牙门诸军事,置司马亲兵百人。顷之,又诏曰:"侍中、太尉颛,温恭忠允,至行纯备,博古洽闻,耆艾不殆。其以公行太子太傅,侍中、太尉如故。"

时以《正德》、《大序》雅颂未合,命颛定乐。事未终,以泰始十年薨。帝为举哀,皇太子临丧,二宫赙赠,礼秩有加。诏曰:"侍中、太尉、行太子太傅、临淮公颛,清纯体道,忠允立朝,历司外内,茂绩既崇,训傅东宫,徽猷弘著,可谓行归于周,有始有卒者矣。不幸薨殂,朕甚痛之。其赐温明秘器、朝服一具、衣一袭。谥曰康。"又诏曰:"太尉不恤私门,居无馆宇,素丝之志,没而弥显。其赐家钱二百万,使立宅舍。"咸宁初,诏论次功臣,将配飨宗庙。所司奏颛等十二人铭功太常,配飨清庙。

颛明《三礼》,知朝廷大仪,而无质直之操,唯阿意苟合于荀勖、贾充之间。初,皇太子将纳妃,颙上言贾充女姿德淑茂,可以参选,以此获讥于世。

颙无子,以从孙徽嗣。中兴初,以颙兄玄序为颙后,封临淮公。序卒,又绝,孝武帝又封序子恒继颙后。恒卒,子龙符嗣。宋受禅,国除。

荀勖,字公曾,颍川颍阴人,汉司空爽曾孙也。祖棐,射声校尉。父肸,早亡。勖依于舅氏。岐嶷凤成,年十余岁能属文。从外祖魏太傅钟繇曰:"此儿当及其曾祖。"既长,遂博学,达于从政。仕魏,辟大将军曹爽掾,迁中书通事郎,爽诛,门生故吏无敢往者,勖独临赴,众乃从之。至安阳令,转骠骑从事中郎。勖有遗爱,安阳生为立祠。迁廷尉正,参文帝大将军军事,赐爵关内侯,转从事中郎,领记室。

高贵乡公欲为变,时大将军掾孙佑守阊阖门。帝弟安阳侯幹闻难欲入,佑谓幹曰:"未有入者,可从东掖门。"及幹至,帝迟之,幹以状白,帝欲族诛佑。勖谏曰:"孙佑不纳安阳,诚宜深责。然事有逆顺,用刑不可以喜怒为轻重。今成倅刑止其身,佑乃族诛,恐义士私议。"乃免佑为庶人。

时官骑路遗求为刺客入蜀,勖言于帝曰:"明公以至公宰天下,宜杖正义,以伐违贰。而名以刺客除贼,非所谓刑于四海,以德服远也。"帝称善。

及钟会谋反,审问未至,而外人先告之。帝待会素厚,未之信也。勖曰:"会虽受恩,然其性未可许以见得思义,不可不速为之备。"帝即出镇长安,主簿郭奕、参军王深以勖是会从甥,少长舅氏,劝帝斥出之。帝不纳,而使勖陪乘,待之如初。先是,勖启"伐蜀,宜以卫瓘为监军。"及蜀中乱,赖瓘以济。会平,还洛,与裴秀、羊祜共管机密。

时将发使聘吴,并遣当时文士作书与孙皓,帝用勖所作。皓既报命和亲,帝谓勖曰:"君前作书,使吴思顺,胜十万之众也。"帝即晋王位，以勖为侍中，封安阳子，邑千户。武帝受禅，改封济北郡公。勖以羊祜让，乃固辞为侯。拜中书监，加侍中，领著作，与贾充共定律令。

充将镇关右也，勖谓冯统曰："贾公远放，吾等失势。太子婚尚未定，若使充女得为妃，则不留而自停矣。"勖与统伺帝间并称"充女才色绝世，若纳东宫，必能辅佐君子，有《关雎》后妃之德。"遂成婚。当时甚为正直者所疾，而获佞媚之讥焉。久之，进位光禄大夫。

既掌乐事，又修律吕，并行于世。初，勖于路逢赵贾人牛铎，识其声。及掌乐，音韵未调，乃曰："得赵之牛铎则谐矣。"遂下郡国，悉送牛铎，果得谐者。又尝在帝坐进饭，谓在坐人曰："此是劳薪所炊。"咸未之信。帝遣问膳夫，乃云："实用故车脚。"举世伏其明识。

俄领秘书监，与中书令张华依刘向《别录》，整理记籍。又立书博士，置弟子教习，以钟、胡为法。

咸宁初，与石苞等并为佐命功臣，列于铭飨。及王濬表请伐吴，勖与贾充固谏不可，帝不从，而吴果灭。以专典诏命，论功封子一人为亭侯，邑一千户，赐绢千匹。又封孙显为颍阳亭侯。

及得汲郡冢中古文竹书，诏勖撰次之，以为《中经》，列在秘书。

时议遣王公之国，帝以问勖，勖对曰："诸王公已为都督，而使之国，则废方任。又分割郡县，人心恋本，必用嗷嗷。国皆置军，官兵还当给国，而阙边守。"帝重使勖思之，勖又陈曰："如诏准古方伯选才，使君国各随方面为都督，诚如明旨。至于割正封疆，使亲疏不同，诚为佳矣。然分裂旧土，犹惧多所摇动，必使人心念扰，思惟窃宜如前。若于事不得不时有所转封，而不至分割土域，有所损夺者，可随宜节度。其五等，体国经远，实不成制度。然但虚名，其于实事，略与旧郡县乡亭无异。若造次改夺，恐不能不以为恨。今方了其大者，以为五等，可须后裁度。凡事虽有久而益善者，若临时或有不解，亦不可忽。"帝以勖言为允，多从其意。

时又议"省州郡县半吏以赴农功"，勖议以为："省吏不如省官，省官不如省事，省事不如清心。昔萧、曹相汉，载其清静，致画一之歌,此清心之本也。汉文垂拱,几致刑措,此省事也。光武并合吏员,县官国邑裁置十一,此省官也。魏太和中,遣王人四出,减天下吏员,正始中亦并合郡县,此省吏也。今必欲求之于本,则宜以省事为先。凡居位者,使务思萧、曹之心,以翼佐大化。笃义行,崇敦睦,使昧宠忘本者不得容,而伪行自息,浮华者惧矣。重敬让,尚止足,令贱不妨贵,少不陵长,远不间亲,新不间旧,小不加大,淫不破义,则上下相安,远近相信矣。位不可以进趣得,誉不可以朋党求,则是非不妄而明,官人不惑于听矣。去奇技,抑异说,好变旧以徼非常之利者,必加其诛,则官业有常,人心不迁矣。事留则政稽;政稽则功废。处位者而孜孜不息,奉职司者而夙夜不懈,则虽在掣瓶而守不假器矣。使信若金石,小失不害大政,忍忿捐以容之。简文案,略细苛,令之所施,必使人易视听。愿之如阳春,畏之如雷震。勿使微文烦挠,为百吏所黩,二三之命,为百姓所厌,则吏竭其诚,下悦上命矣。设官分职,委事责成。君子心竞而不力争,量能受任,思不出位,则官无异业,政典不奸矣。凡此皆愚心谓省事之本也。苟此无愆,虽不省吏,天下必谓之省矣。若欲省官私,谓九寺可并于尚书,兰台宜省付三府。然施行历代,世之所习,是以久抱愚怀而不敢言。至于省事,实以为善。若直作大例,皆减其半,恐文武众官郡国职业,及事之兴废,不得皆同。凡发号施令典而当则安,傥有驳者,或致壅否。凡职所临履,先精其得失。使忠信之官,明察之长,各裁其中,先条上言之。然后混齐大体,详宜所省,则令下必行,不可摇动。如其不尔,恐适惑人听。比前行所省,皆须臾辄复,或激而滋繁,亦不可不重。"勖论议损益多此类。

太康中,诏曰:"勖明哲聪达,经识天序,有佐命之功,兼博洽之才。久典内任,著勋弘茂,询事考言,谋猷允诚。宜登大位,毗赞朝政。今以勖为左光禄大夫、仪同三司、开府辟召,守中书监、侍中、侯如故。"时太尉贾充、司徒李胤并薨,太子太傅又缺。勖表陈:"三公保傅,宜得其人。若使杨珧参辅东宫,必当仰称圣意。尚书令卫瓘、吏部尚书山涛皆可为司徒。若以瓘新为令未出者,涛即其人。"帝并从之。

明年秋，诸州郡大水，兖土尤甚。勖陈宜立都水使者。其后，门下启通事令史伊羡、赵咸为舍人，对掌文法。诏以问勖，勖曰："今天下幸赖陛下圣德，六合为一，望道化隆洽，垂之将来。而门下上称程咸、张恽，下称此等，欲以文法为政，皆愚臣所未达。昔张释之谏汉文，谓啬圈啬夫不宜见用；邴吉住车，明调和阴阳之本。此二人岂不知小吏之惠，诚重惜大化也。昔魏武帝使中军司荀攸典刑狱，明帝时犹以付内常侍。以臣所闻，明帝时唯有通事刘泰等官，不过与殿中同号耳。又顷言论者皆云省官减事，而求益吏者相寻矣。多云尚书郎大令史不亲文书，乃委付书令史及干，诚吏多则相倚也。增置文法之职，适恐更耗扰台阁，臣窃谓不可。"

时帝素知太子暗弱，恐后乱国，遣勖及和峤往观之。勖还，盛称太子之德，而峤云太子如初。于是天下贵峤而贱勖。帝将废贾妃，勖与冯纮等谏请，故得不废。时议以勖倾国害时，孙资、刘放之匹。然性慎密，每有诏令大事，虽已宣布，然终不言，不欲使人知己豫闻也。族弟良曾劝勖曰："公大失物情，有所进益者自可语之，则怀恩多矣。"其婿武统亦说勖"宜有所营置，令有归戴者。"勖并默然不应，退而语诸子曰："人臣不密则失身，树私则背公，是大戒也。汝等亦当宦达人间，宜识吾此意。"久之，以勖守尚书令。

勖久在中书，专管机事。及失之，甚罔罔怅怅。或有贺之者，勖曰："夺我凤皇池，诸君贺我邪！"及在尚书，课试令史以下，核其才能，有暗于文法，不能决疑处事者，即时遣出。帝尝谓曰："魏武帝言：'荀文若之进善，不进不止；荀公达之退恶，不退不休'。二令君之美，亦望于君也。"居职月余，以母忧，上还印绶，帝不许。遣常侍周恢喻旨，勖乃奉诏视职。

勖久管机密，有才思，探得人主微旨，不犯颜迕争，故得始终全其宠禄。太康十年卒，诏赠司徒，赐东园秘器、朝服一具、钱五十万、布百匹。遣兼御史持节护丧，谥曰成。勖有十子，其达者：辑、藩、组。

辑嗣，官至卫尉。卒，谥曰简。子畯嗣。卒，谥曰烈。无嫡子，以弟息识为嗣。

辑子绰，字彦舒，博学有才能，撰《晋后书》十五篇，传于世。永嘉末，为司空从事中郎，没于石勒，为勒参军。

藩，字大坚。元康中，为黄门侍郎，受诏成父所治钟磬。以从驾讨齐王冏勋，封西华县公。累迁尚书令。永嘉末，转司空，未拜而洛阳陷没，藩出奔密。王浚承制，奉藩为留台太尉。及愍帝为太子，委藩督摄远近。建兴元年，薨于开封，年六十九，因葬亡所。谥曰成，追赠太保。藩二子：邃、闿。

邃，字道玄。解音乐，善谈论。弱冠辟赵王伦相国掾，迁太子洗马。长沙王乂以为参军。

乂败，成都王为皇太弟，精选僚属，以邃为中舍人。邺城不守，随藩在密。元帝召为丞相从事中郎，以道险不就。愍帝就加左将军、陈留相。父忧去职，服阕，袭封。愍帝欲纳邃女，先征为散骑常侍。邃惧西都危逼，故不应命，而东渡江，元帝以为军谘祭酒。太兴初，拜侍中。邃与刁协婚亲，时协执权，欲以邃为吏部尚书，邃深距之。寻而王敦讨协，协党与并及于难，唯邃以疏协获免。敦表为廷尉，以疾不拜。迁太常，转尚书。苏峻作乱，邃与王导、荀崧并侍天子于石头。峻平后卒，赠金紫光禄大夫，谥曰靖。子汪嗣。

闿，字道明。亦有名称，京都为之语曰："洛中英英荀道明。"大司马、齐王冏辟为掾。冏败，暴尸已二日，莫敢收葬。闿与冏故吏李述、嵇含等露板请葬，朝议听之，论者称焉。为太傅主簿、中书郎。与邃俱渡江，拜丞相军谘祭酒。中兴建，迁右军将军，转少府。明帝尝从容问王廙曰："二荀兄弟孰贤？"廙答以闿才明过邃。帝以语庾亮，亮曰："邃真粹之地，亦闿所不及。"由是议者莫能定其兄弟优劣。历御史中丞、侍中、尚书，封射阳公。太宁二年卒，追赠卫尉，谥曰定。子达嗣。

组，字大章。弱冠，太尉王衍见而称之曰："夷雅有才识。"初为司徒左西属，补太子舍人。司徒王浑请为从事中郎，转左长史，历太子中庶子、荥阳太守。

赵王伦为相国,欲收大名,选海内德望之士,以江夏李重及组为左右长史,东平王堪、沛国刘谟为左右司马。伦篡,以组为侍中。及长沙王乂败,惠帝遣组及散骑常侍闾丘冲诣成都王颖,慰劳其军。帝西幸长安,以组为河南尹。迁尚书,转卫尉,赐爵成阳县男,加散骑常侍、中书监,转司隶校尉,加特进、光禄大夫,常侍如故。于时天下已乱,组兄弟贵盛,惧不容于世,虽居大官,并讽议而已。

永嘉末,复以组为侍中,领太子太保。未拜,会刘曜、王弥逼洛阳,组与藩俱出奔。怀帝蒙尘,司空王浚以组为司隶校尉。组与藩移檄天下,以琅邪王为盟主。

愍帝称皇太子,组即太子之舅,又领司隶校尉,行豫州刺史事,与藩共保荥阳之开封。建兴初,诏藩行留台事,俄而藩薨,帝更以组为司空,领尚书左仆射,又兼司隶,复行留台事,州征郡守皆承制行焉。进封临颍县公,加太夫人、世子印绶。明年,进位太尉,领豫州牧、假节。

元帝承制,以组都督司州诸军,加散骑常侍,余如故。顷之,又除尚书令,表让不拜。及西都不守,组乃遣使移檄天下共劝进。帝欲以组为司徒,以问太常贺循。循曰:"组旧望清重,忠勤显著,迁训五品,实允众望。"于是拜组为司徒。

组逼于石勒,不能自立。太兴初,自许昌率其属数百人渡江,给千兵百骑,组先所领仍皆统摄。顷之,诏组与太保、西阳王羕并录尚书事,各加班剑六十人。永昌初,迁太尉,领太子太保。未拜,薨,年六十五。谥曰元。子奕嗣。

奕,字玄欣。少拜太子舍人、驸马都尉,侍讲东宫。出为镇东参军,行扬武将军、新汲令。愍帝为皇太子,召为中舍人,寻拜散骑侍郎,皆不就。随父渡江。元帝践位,拜中庶子,迁给事黄门郎。父忧去职,服阕,补散骑常侍、侍中。

时将缮宫城,尚书符下陈留王,使出城夫。奕驳曰:"昔虞宾在位,《书》称其美;《诗》咏《有客》,载在《雅》、《颂》。今陈留王位在三公之上,坐在太子之右,故答表曰'书',赐物曰'与'。此古今之所

崇,体国之高义也。谓宜除夫役。"时尚书张闿、仆射孔愉难奕,以
为:"昔宋不城周,《阳秋》所讥。特蠲非体,宜应减夫。"奕重驳,以
为:"《阳秋》之末,文武之道将坠于地,新有子朝之乱,于时诸侯递
替,莫肯率职。宋之于周,实有列国之权。且同已勤王而主之者晋,
客而辞役,责之可也。今之陈留,无列国之势,此之作否,何益有无!
臣以为宜除,于国职为全。"诏从之。

时又通议元会日帝应敬司徒王导不。博士郭熙、杜援等以为礼
无拜臣之文,谓宜除敬。侍中冯怀议曰:"天子修礼,莫盛于辟雍。当
尔之日,犹拜三老,况今先帝师傅。谓宜尽敬。"事下门下,奕议曰:
"三朝之首,宜明君臣之体,则不应敬。若他日小会,自可尽礼。又
至尊与公书手诏则曰'顿首言',中书为诏则云'敬问',散骑优册则
曰'制命'。今诏文尚异,况大会之与小会,理岂得同!"诏从之。

咸和七年卒,追赠太仆,谥曰定。

冯紞,字少胄,安平人也。祖浮,魏司隶校尉。父员,汲郡太守。
紞少博涉经史,识悟机辩。历仕为魏郡太守,转步兵校尉,徙越骑。
得幸于武帝,稍迁左卫将军。承颜悦色,宠爱日隆,贾充、荀勖并与
之亲善。充女之为皇太子妃也,紞有力焉。及妃之将废,紞、勖乾没
救请,故得不废。伐吴之役,紞领汝南太守,以郡兵随王濬入秣陵。
迁御史中丞,转侍中。

帝病笃得愈,紞与勖见朝野之望,属在齐王攸。攸素薄勖。勖
以太子愚劣,恐攸得立,有害于己,乃使紞言于帝曰:"陛下前者疾
若不差,太子其废矣。齐王为百姓所归,公卿所仰,虽欲高让,其得
免乎!宜遣还藩,以安社稷。"帝纳之。及攸薨,朝野悲恨。初,帝友
于之情甚笃,既纳紞、勖邪说,遂为身后之虑,以固储位。既闻攸殒,
哀恸特深。紞侍立,因言曰:"齐王名过于实,今得自终,此乃大晋之
福。陛下何乃过哀!"帝收泪而止。

初谋伐吴,紞与贾充、荀勖同共苦谏不可。吴平,紞内怀惭惧,
疾张华如仇。及华外镇,威德大著,朝论当征为尚书令。紞从容侍

帝,论晋魏故事,因讽帝,言华不可授以重任,帝默然而止。事具《华传》。

太康七年,纮疾,诏以纮为散骑常侍,赐钱二十万,床帐一具。寻卒。二子:播、熊。播,大长秋。熊,字文黑,中书郎。纮兄恢,自有传。

史臣曰:夫立身之道,曰仁与义。动静既形,悔吝斯及。有莘之媵,殊《北门》之情;渭滨之叟,匪西山之节。汤武有以济其功,夏殷不能讥其志。王沉才经文武,早尸人爵,在魏参席上之珍,居晋为帷中之士,桐宫之谋遽泄,武闱之祸遂臻。是知田光之口,岂燕丹之可绝;豫让之形,非智氏之能变。动静之际,有据蒺藜,仁义之方,求之弥远矣。彭祖谒由捧雉,孕本贸丝,因家乏主,遂登显秩。拥北州之士马,偶东京之糜沸,自可感召诸侯,宣力王室。而乘间伺隙,潜图不轨,放肆獯房,迁播乘舆。遂使漳滏萧然,黎元涂地。纵贪夫于藏户,戮高士于燕垂,阻越石之内难,邀世龙之外府。恶稔毒痛,坐致焚燎,假手仇敌,方申凶犷,庆封之戮,慢骂何补哉!公曾,慈明之孙;景倩,文若之子,践隆堂而高视,齐逸轨而长骛。孝敬足以承亲,周慎足以事主,刊姬公之旧典,采萧相之遗法。然而援朱均以贰极,煽褒阎而偶震。虽废兴有在,隆替靡常,稽之人事,乃二荀之力也。至于斗粟兴谣,逾里成咏,勖之阶祸,又已甚焉。冯纮外骋戚施,内穷狙诈,毙攸安贾,交勖仇张,心滔楚费,过逾晋伍。爰丝献寿,空取慰于仁心,纮之陈说,幸收哀于迷虑,投畀之罚无闻,《青蝇》之诗不作矣。

赞曰:处道文林,胡贰尔心?彭祖凶孽,自贻伊戚。临淮翼翼,孝形于色。安阳英英,匪懈其职。倾齐附鲁,是为蝥贼。纮之不臧,交乱罔极。

晋书卷四○
列传第一○

贾充　孙谧　充弟混　族子模　郭彰
杨骏　弟珧济

　　贾充,字公闾,平阳襄陵人也。父逵,魏豫州刺史、阳里亭侯。逵晚始生充,言后当有充闾之庆,故以为名字焉。

　　充少孤,居丧以孝闻。袭父爵为侯。拜尚书郎,典定科令,兼度支考课。辩章节度,事皆施用。累迁黄门侍郎、汲郡典农中郎将。参大将军军事,从景帝讨毌丘俭、文钦于乐嘉。帝疾笃,还许昌,留充监诸军事,以劳增邑三百五十户。

　　后为文帝大将军司马,转右长史。帝新执朝权,恐方镇有异议,使充诣诸葛诞,图欲伐吴,阴察其变。充既论说时事,因谓诞曰:“天下皆愿禅代,君以为如何?”诞厉声曰:“卿非贾豫州子乎,世受魏恩,岂可欲以社稷输人乎!若洛中有难,吾当死之。”充默然。及还,白帝曰:“诞再在扬州,威名夙著,能得人死力。观其规略,为反必也。今征之,反速而事小;不征,事迟而祸大。”帝乃征诞为司空,而诞果叛。复从征诞,充进计曰:“楚兵轻而锐,若深沟高垒以逼贼城,可不战而克也。”帝从之。城陷,帝登垒以劳充。帝先归洛阳,使充统后事。进爵宣阳乡侯,增邑千户。迁廷尉,充雅长法理,有平反之称。

　　转中护军,魏高贵乡公之攻相府也,充率众距战于南阙。军将败,骑督成倅弟太子舍人济谓充曰:“今日之事何如?”充曰:“公等养汝，正拟今日，复何疑！"济于是抽戈犯跸。及常道乡公即位，进封安阳乡侯，增邑千二百户，统城诸军，加散骑常侍。

钟会谋反于蜀，帝假充节，以本官都督关中、陇右诸军事，西据汉中，未至而会死。时军国多事，朝廷机密，皆与筹之。帝甚信重充，与裴秀、王沉、羊祜、荀勖同受腹心之任。帝又命充定法律。假金章，赐甲第一区。五等初建，封临沂侯，为晋元勋，深见宠异，禄赐常优于群官。

充有刀笔才，能观察上旨。初，文帝以景帝恢赞王业，方传位舞阳侯攸。充称武帝宽仁，且又居长，有人君之德，宜奉社稷。及文帝寝疾，武帝请问后事。文帝曰："知汝者贾公闾也。"帝袭王位，拜充晋国卫将军、仪同三司、给事中，改封临颍侯。及受禅，充以建明大命，转车骑将军、散骑常侍、尚书仆射，更封鲁郡公，母柳氏为鲁国太夫人。

充所定新律，既班于天下，百姓便之。诏曰："汉氏以来，法令严峻。故自元成之世，及建安、嘉平之间，咸欲辩章旧典，删革刑书。述作体大，历年无成。先帝愍元元之命陷于密网，亲发德音，厘正名实。车骑将军贾充，奖明圣意，谘询善道。太傅郑冲，又与司空荀颤、中书监荀勖、中军将军羊祜、中护军王业，及廷尉杜友、守河南尹杜预、散骑侍郎裴楷、颍川太守周雄、齐相郭颀、骑都尉成公绥荀辉、尚书郎柳轨等，典正其事。朕每鉴其用心，常慨然嘉之。今法律既成，始班天下，刑宽禁简，足以克当先旨。昔萧何以定律受封，叔孙通以制仪为奉常，赐金五百斤，弟子皆为郎。夫立功立事，古之所重。自太傅、车骑以下，皆加禄赏，其详依故典。"于是赐充子弟一人关内侯，绢五百匹。固让，不许。

后代裴秀为尚书令，常侍、车骑将军如故。寻改常侍为侍中，赐绢七百匹。以母忧去职，诏遣黄门侍郎慰问。又以东南有事，遣典军将军杨嚣宣谕，使六旬还内。

充为政，务农节用，并官省职，帝善之。又以文武异容，求罢所领兵。及羊祜等出镇，充复上表欲立勋边境，帝并不许。从容任职，褒贬在己,颇好进士,每有荐达,必终始经纬之,是以士多归焉。帝舅王恂尝毁充,而充更进恂。或有背充以要权贵者,充皆阳以素意待之。而充无公方之操,不能正身率下,专以谄媚取容。

侍中任恺、中书令庾纯等,刚直守正,咸共疾之。又以充女为齐王妃,惧后益盛。及氐羌反叛,时帝深以为虑,恺因进说,请充镇关中。乃下诏曰:“秦凉二境,比年屡败,胡虏纵暴,百姓荼毒。遂使异类扇动,害及中州。虽复吴蜀之寇,未尝至此。诚由所任不足以内抚夷夏,外镇丑逆,轻用其众而不能尽其力。非得腹心之重,推毂委成,大匡其弊,恐为患未已。每虑斯难,忘寝与食。侍中、守尚书令、车骑将军贾充,雅量弘高,达见明远,武有折冲之威,文怀经国之虑,信结人心,名震域外。使权统方任,绥静西夏,则吾无西顾之念,而远近获安矣。其以充为使持节、都督秦凉二州诸军事,侍中、车骑将军如故,假羽葆、鼓吹,给第一驸马。”朝之贤良欲进忠规献替者,皆幸充此举,望隆惟新之化。

充既外出,自以为失职,深衔任恺,计无所从。将之镇,百僚饯于夕阳亭,荀勖私焉。充以忧告,勖曰:“公,国之宰辅,而为一夫所制,不亦鄙乎!然是行也,辞之实难。独有结婚太子,不顿驾而自留矣。”充曰:“然。孰可寄怀?”对曰:“勖请言之。”俄而侍宴,论太子婚姻事,勖因言充女才质令淑,宜配储宫。而杨皇后及荀颜亦并称之。帝纳其言。会京师大雪,平地二尺,军不得发。既而皇储当婚,遂不西行。诏充居本职。先是,羊祜密启留充,及是,帝以语充。充谢祜曰:“始知君长者。”

时吴将孙秀降,拜为骠骑大将军。帝以充旧臣,欲改班,使车骑居骠骑之右。充固让,见听。寻迁司空,侍中、尚书令、领兵如故。

会帝寝疾,充及齐王攸、荀勖参医药。及疾愈,赐绢各五百匹。初,帝疾笃,朝廷属意于攸。河南尹夏侯和谓充曰:“卿二女婿,亲疏等耳,立人当立德。”充不答。及是,帝闻之,徙和光禄勋,乃夺充兵权,而位遇无替。寻转太尉、行太子太保、录尚书事。咸宁三年,日蚀于三朝,充请逊位,不许。更以沛国之公丘益其封,宠幸愈甚,朝臣咸侧目焉。

河南尹王恂上言："弘训太后入庙，合食于景皇帝，齐王攸不得行其子礼。"充议以为："礼，诸侯不得祖天子，公子不得祢先君，皆谓奉统承祀，非谓不得复其父祖也。攸身宜服三年丧事，自如臣制。"有司奏："若如充议，服子服，行臣制，未有前比。宜如恂表，攸丧服从诸侯之例。"帝从充议。

伐吴之役，诏充为使持节、假黄钺、大都督，总统六师，给羽葆、鼓吹、缇幢、兵万人、骑二千，置左右长史、司马、从事中郎，增参军、骑司马各十人，帐下司马二十人，大车、官骑各三十人。充虑大功不捷，表陈"西有昆夷之患，北有幽并之戍，天下劳扰，年谷不登，兴军致讨，惧非其时。又臣老迈，非所克堪。"诏曰："君不行，吾便自出。"充不得已，乃受节钺，将中军，为诸军节度，以冠军将军杨济为副，南屯襄阳。吴江陵诸守皆降，充乃徙屯项。

王濬之克武昌也，充遣使表曰："吴未可悉定，方夏，江淮下湿，疾疫必起，宜召诸军，以为后图。虽腰斩张华，不足以谢天下。"华豫平吴之策，故充以为言。中书监荀勖奏，宜如充表。帝不从。杜预闻充有奏，驰表固争，言平在旦夕。使及至辕辕，而孙皓已降。吴平，军罢。帝遣侍中程咸犒劳，赐充帛八千匹，增邑八千户；分封从孙畅新城亭侯，盖安阳亭侯；弟阳里亭侯混、从孙关内侯众增户邑。

充本无南伐之谋，固谏不见用。及师出而吴平，大惭惧，议欲请罪。帝闻充当诣阙，豫幸东堂以待之。罢节钺、僚佐，仍假鼓吹、麾幢。充与群臣上告成之礼，请有司具其事。帝谦让不放。

及疾笃，上印绶逊位。帝遣侍臣谕旨问疾，殿中太医致汤药，赐床帐钱帛，自皇太子宗室躬省起居。太康三年四月薨，时年六十六。帝为之恸，使使持节、太常奉策追赠太宰，加衮冕之服、绿绶绶、御剑，赐东园秘器、朝服一具、衣一袭，大鸿胪护丧事，假节钺、前后部羽葆、鼓吹、缇麾、大路、銮路、辒辌车、帐下司马大车，椎斧文衣武贲、轻车介士。葬礼依霍光及安平献王故事，给茔田一顷。与石苞等为王功配飨庙庭，谥曰武。追赠充子黎民为鲁殇公。

　　充妇广城君郭槐,性妒忌。初,黎民年三岁,乳母抱之当阁。黎民见充入,喜笑,充就而拊之。槐望见,谓充私乳母,即鞭杀之。黎民恋念,发病而死。后又生男,过期,复为乳母所抱,充以手摩其头。郭疑乳母,又杀之,儿亦思慕而死。充遂无胤嗣。

　　及薨,槐辄以外孙韩谧为黎民子,奉充后。郎中令韩咸、中尉曹轸谏槐曰:“礼,大宗无后,以小宗支子后之,无异姓为后之文。无令先公怀腆后土,良史书过,岂不痛心。”槐不从。咸等上书求改立嗣,事寝不报。槐遂表陈是充遗意。帝乃诏曰:“太宰、鲁公充,崇德立勋,勤劳佐命,背世殂陨,每用悼心。又胤子早终,世嗣未立。古者列国无嗣,取始封支庶,以绍其统,而近代更除其国。至于周之公旦,汉之萧何,或豫建元子,或封爵元妃,盖尊显勋庸,不同常制。太宰素取外孙韩谧为世子黎民后。吾退而断之,外孙骨肉至近,推恩计情,合于人心。其以谧为鲁公世孙,以嗣其国。自非功如太宰,始封无后如太宰,所取必以己自出不如太宰,皆不得以为比。”

　　及下礼官议充谧,博士秦秀议谧曰荒,帝不纳。博士段畅希旨,建议谧曰武,帝乃从之。自充薨至葬,赙赐二千万。惠帝即位,贾后擅权,加充庙备六佾之乐,母郭为宜城君。及郭氏亡,谧曰宣,特加殊礼。时人讥之,而莫敢言者。

　　初,充前妻李氏淑美有才行,生二女褒、裕,褒一名荃,裕一名濬。父丰诛,李氏坐流徙。后娶城阳太守郭配女,即广城君也。武帝践阼,李以大赦得还,帝特诏充置左右夫人,充母亦敕充迎李氏。郭槐怒,攘袂数充曰:“刊定律令,为佐命之功,我有其分。李那得与我并!”充乃答诏,托以谦冲,不敢当两夫人盛礼,实畏槐也。而荃为齐王攸妃,欲令充遣郭而还其母。时沛国刘含母,及帝舅羽林监王虔前妻,皆毌丘俭孙女。此例既多,质之礼官,俱不能决。虽不遣后妻,多异居私通。充自以宰相为海内准则,乃为李筑室于永年里而不往来。荃、濬每号泣请充,充竟不往。会充当镇关右,公卿供帐祖道,荃、濬俱充遂去,乃排幔出于坐中,叩头流血,白充及群僚陈母应还之意。众以荃王妃,皆惊起而散。充甚愧愕,遣黄门将宫人扶去。既而郭槐女为皇太子妃，帝乃下诏断如李比皆不得还，后荃愤恚而薨。

初，槐欲省李氏，充曰："彼有才气，卿往不如不往。"及女为妃，槐乃盛威仪而去。既入户，李氏出迎，槐不觉脚屈，因遂再拜。自是充每出行，槐辄使人寻之，恐其过李也。初，充母柳见古今重节义，竟不知充与成济事，以济不忠，数追骂之。侍者闻之，无不窃笑。及将亡，充问所欲言，柳曰："我教汝迎李新妇尚不肯，安问他事！"遂无言。及充薨后，李郭二女乃欲令其母祔葬，贾后弗之许也。及后废，李氏乃得合葬。李氏作《女训》行于世。

谧，字长深。母贾午，充少女也。父韩寿，字德真，南阳堵阳人，魏司徒暨曾孙。美姿貌，善容止，贾充辟为司空掾。充每宴宾僚，其女辄于青琐中窥之，见寿而悦焉。问其左右识此人不，有一婢说寿姓字，云是故主人。女大感想，发于寤寐。婢后往寿家，具说女意，并言其女光丽艳逸，端美绝伦。寿闻而心动，便令为通殷勤。婢以白女，女遂潜修音好，厚相赠结，呼寿夕入。寿劲捷过人，逾垣而至，家中莫知，惟充觉其女悦畅异于常日。时西域有贡奇香，一著人则经月不歇，帝甚贵之，惟以赐充及大司马陈骞。其女密盗以遗寿，充僚属与寿宴处，闻其芬馥，称之于充。自是充意知女与寿通，而其门阁严峻，不知所由得入。乃夜中阳惊，托言有盗，因使循墙以观其变。左右白曰："无余异，惟东北角如狐狸行处。"充乃考问女之左右，具以状对。充秘之，遂以女妻寿。寿官至散骑常侍、河南尹。元康初卒，赠骠骑将军。

谧好学，有才思。既为充嗣，继佐命之后，又贾后专恣，谧权过人主，至乃锁系黄门侍郎，其为威福如此。负其骄宠，奢侈逾度，室宇崇僭，器服珍丽，歌僮舞女，选极一时。开阁延宾，海内辐凑，贵游豪戚及浮竞之徒，莫不尽礼事之。或著文章称美谧，以方贾谊。渤海石崇、欧阳建、荥阳潘岳、吴国陆机、陆云、兰陵缪征、京兆杜斌、挚虞、琅邪诸葛诠、弘农王粹、襄城杜育、南阳邹捷、齐国左思、清河崔基、沛国刘瑰、汝南和郁、周恢、安平索秀、颍川陈眕、太原郭彰、高阳许猛、彭城刘讷、中山刘兴、刘琨皆傅会于谧,号曰"二十四友",其余不得预焉。

历位散骑常侍、后军将军。广城君薨,去职。丧未终,起为秘书监,掌国史。先是,朝廷议立《晋书》限断,中书监荀勖谓宜以魏正始起年,著作郎王瓒欲引嘉平已下朝臣尽入晋史,于时依违未有所决。惠帝立,更使议之。谧上议,请从泰始为断。于是事下三府,司徒王戎、司空张华、领军将军王衍、侍中乐广、黄门侍郎嵇绍、国子博士谢衡皆从谧议。骑都尉济北侯荀畯、侍中荀藩、黄门侍郎华混以为宜用正始开元。博士荀熙、刁协谓宜嘉平起年。谧重执奏戎、华之议,事遂施行。

寻转侍中,领秘书监如故。谧时从帝幸武观校猎,设尚书于会中召谧受拜,诚左右勿使人知,于是众疑其有异志矣。谧既亲贵,数入二宫,共愍怀太子游处,无屈降心。常与太子弈棋争道,成都王颖在坐,正色曰:"皇太子,国之储君,贾谧何得无礼!"谧惧,言之于后,遂出颖为平北将军,镇邺。

及为常侍,侍讲东宫,太子意有不悦,谧患之。而其家数有妖异,飘风吹其朝服飞上数百丈,坠于中丞台,又蛇出其被中,夜暴雷震其室,柱陷入地,压毁床帐,谧益恐。及迁侍中,专掌禁内,遂与后成谋,诬陷太子。及赵王伦废后,以诏召谧于殿前,将戮之。走入西钟下,呼曰:"阿后救我!"乃就斩之。韩寿少弟蔚,有器望,及寿兄巩令保、弟散骑侍郎预、吴王友鉴、谧母贾午皆伏诛。

初,充伐吴时,尝屯项城,军中忽失充。帐下都督周勤时昼寝,梦见百余人录充,引入一迳。勤惊觉,闻失充,乃出寻索,忽睹所梦之道,遂往求之。果见充行至一府舍,侍卫甚盛。府公南面坐,声色甚厉,谓充曰:"将乱吾家事,必尔与荀勖,既惑吾子,又乱吾孙。间使任恺黜尔而不去,又使庾纯詈汝而不改。今吴寇当平,汝方表斩张华。汝之暗戆,皆此类也。若不悛慎,当旦夕加罪。"充因叩头流血。公曰:"汝所以延日月而名器如此者,是卫府之勋耳。终当使系嗣死于钟虡之间,大子毙于金酒之中,小子困于枯木之下。荀勖亦宜同,然其先德小浓,故在汝后,数世之外,国嗣亦替。”言毕,命去。充忽然得还营,颜色憔悴,性理昏丧,经日乃复。及是,谧死于钟下,贾后服金酒而死,贾午竟用大杖,终皆如所言。

赵王伦之败,朝廷追述充勋,议立其后。欲以充从孙散骑侍郎众为嗣,众阳狂自免。以子秃后充,封鲁公,又病死。永兴中,立充从曾孙湛为鲁公,奉充后,遭乱死,国除。泰始中,人为充等谣曰:“贾、裴、王,乱纪纲。王、裴、贾,济天下。”言亡魏而成晋也。

充弟混,字宫奇,笃厚自守,无殊才能。太康中,为宗正卿。历镇军将军,领城门校尉,加侍中,封永平侯。卒,赠中军大将军、仪同三司。

充从子彝、遵,并有鉴裁,俱为黄门郎。遵弟模最知名。

模,字思范。少有志尚。颇览载籍,而沉深有智算,礭然难夺。深为充所信爱,每事筹之焉。充年衰疾剧,恒忧己谧传,模曰:“是非久自见,不可掩也。”

起家为邵陵令,遂历仕二宫尚书吏部郎,以公事免,起为车骑司马。豫诛杨骏,封平阳乡侯,邑千户。及楚王玮矫诏害汝南王亮、太保卫瓘,诏使模将中驺三百人救之。

是时,贾后既豫朝政,欲委信亲党,拜模散骑常侍,二日擢为侍中。模乃尽心匡弼,推张华、裴颜同心辅政。数年之中,朝野宁静,模之力也。乃加授光禄大夫。然模潜执权势,外形欲远之,每有启奏贾后事,入辄取急,或托疾以避。至于素有嫌忿,多所中陷,朝廷甚惮之。加贪冒聚敛,富拟王公。但贾后性甚强暴,模每尽言为陈祸福,后不能从,反谓模毁己。于是委任之情日衰,而谗间之徒遂进。模不得志,忧愤成疾。卒,追赠车骑将军、开府仪同三司,谧曰成。

子游,字彦将,嗣。历官太子侍讲、员外散骑侍郎。

郭彰,字叔武,太原人,贾后从舅也。与贾充素相亲遇,充妻待彰若同生。历散骑常侍、尚书、卫将军,封冠军县侯。及贾后专朝,彰豫参权势,物情归附,宾客盈门。世人称为“贾郭,”谓谧及彰也。

卒，谥曰烈。

杨骏，字文长，弘农华阴人也。少以王官为高陆令、骁骑、镇军二府司马。后以后父，超居重位，自镇军将军迁车骑将军，封临晋侯。识者议之曰："夫封建诸侯，所以藩屏王室也。后妃，所以供粢盛，弘内教也。后父始封而以临晋为侯，兆于乱矣。"尚书褚䂮、郭奕并表骏小器，不可以任社稷之重。武帝不从。

帝自太康以后，天下无事，不复留心万机，惟耽酒色，始宠后党，请谒公行。而骏及珧、济，势倾天下，时人有"三杨"之号。

及帝疾笃，未有顾命，佐命功臣，皆已没矣，朝臣惶惑，计无所从。而骏尽斥群公，亲侍左右，因辄改易公卿，树其心腹。会帝小闻，见所用者非，乃正色谓骏曰："何得便尔！"乃诏中书，以汝南王亮与骏夹辅王室。骏恐失权宠，从中书借诏观之，得便藏匿。中书监华廙恐惧，自往索之，终不肯与。信宿之间，上疾遂笃，后乃奏帝以骏辅政，帝颔之。便召中书监华廙、令何劭，口宣帝旨使作遗诏，曰："昔伊望作佐，勋垂不朽；周、霍拜命，名冠往代。侍中、车骑将军、行太子太保、领前将军杨骏，经德履喆，鉴识明远，毗翼二宫，忠肃茂著，宜正位上台，拟迹阿衡。其以骏为太尉、太子太傅、假节、都督中外诸军事，侍中、录尚书、领前将军如故。置参军六人、步兵三千人、骑千人，移止前卫将军珧故府。若止宿殿中宜有翼卫，其差左右卫三部司马各二十人、殿中都尉司马十人给骏，令得持兵仗出入。"诏成，后对廙、劭以呈帝，帝亲视而无言。自是二日而崩，骏遂当寄托之重，居太极殿。梓宫将殡，六宫出辞，而骏不下殿，以武贲百人自卫。不恭之迹，自此而始。

惠帝即位，进骏为太傅、大都督、假黄钺，录朝政，百官总己。虑左右间己，乃以其甥段广、张劭为近侍之职。凡有诏命，帝省讫，入呈太后，然后乃出。骏知贾后情性难制，甚畏惮之。又多树亲党，皆领禁兵。于是公室怨望，天下愤然矣。骏弟珧、济，并有俊才，数相谏止，骏不能用，因废于家。骏暗于古义，动违旧典。武帝崩未逾年而改元，议者咸以为违《春秋》逾年书即位之义。朝廷惜于前失，令史官没之，故明年正月复改年焉。

骏自知素无美望，惧不能缉和远近，乃依魏明帝即位故事，遂大开封赏，欲以悦众。为政严碎，愎谏自用，不允众心。冯翊太守孙楚素与骏厚，说之曰："公以外戚，居伊霍之重，握天权，辅弱主，当仰思古人至公至诚谦顺之道。于周则周召为宰，在汉则朱虚、东牟，未有庶姓专朝，而克终庆祚者也。今宗室亲重，藩王方壮，而公不与共参万机，内怀猜忌，外树私昵，祸至无日矣。"骏不能从。弘训少府蒯钦，骏之姑子，少而相昵，直亮不回，屡以正言犯骏，珧、济为之寒心。钦曰："杨文长虽暗，犹知人之无罪不可妄杀，必当疏我。我得疏外，可以不与俱死。不然，倾宗覆族，其能久乎！"

殿中中郎孟观、李肇，素不为骏所礼，阴构骏将图社稷。贾后欲预政事，而惮骏未得逞其所欲，又不肯以妇道事皇太后。黄门董猛，始自帝之为太子即为寺人监，在东宫给事于贾后。密通消息于猛，谋废太后。猛乃与肇、观潜相结托。贾后又令肇报大司马、汝南王亮，使连兵讨骏。亮曰："骏之凶暴，死亡无日，不足忧也。"肇报楚王玮，玮然之，于是求入朝。骏素惮玮，先欲召入，防其为变，因遂听之。

及玮至，观、肇乃启帝，夜作诏，中外戒严，遣使奉诏废骏，以侯就第。东安公繇率殿中四百人随其后以讨骏。段广跪而言于帝曰："杨骏受恩先帝，竭心辅政。且孤公无子，岂有反理？愿陛下审之。"帝不答。

时骏居曹爽故府，在武库南，闻内有变，召众官议之。太傅主簿朱振说骏曰："今内有变，其趣可知，必是阉竖为贾后谋，不利于公。宜烧云龙门以示威，索造事者首，开万春门，引东宫及外营兵，公自拥翼皇太子，入宫取奸人。殿内震惧，必斩送之，可以免难。"骏素怯懦，不决，乃曰："魏明帝造此大功，奈何烧之！"侍中傅祗夜白骏，请与武茂俱入云龙门观察事势。祗因谓群僚"宫中不宜空"，便起揖，于是皆走。

　　寻而殿中兵出，烧骏府，又令弩士于阁上临骏府而射之，骏兵皆不得出。骏逃于马厩，以戟杀之。观等受贾后密旨，诛骏亲党，皆夷三族，死者数千人。又令李肇焚骏家私书，贾后不欲令武帝顾命手诏闻于四海也。骏既诛，莫敢收者，惟太傅舍人巴西阎纂殡敛之。

　　初，骏征高士孙登，遗以布被。登截被于门，大呼曰："斫斫刺刺"。旬日托疾诈死，及是，其言果验。永熙中，温县有人如狂，造书曰："光光文长，大戟为墙。毒药虽行，戟还自伤。"及骏居内府，以戟为卫焉。

　　永宁初，诏曰："舅氏失道，宗族陨坠，渭阳之思，孔怀感伤。其以务亭侯杨超为奉朝请、骑都尉，以慰《蓼莪》之思焉。"

　　珧，字文琚。历位尚书令、卫将军。素有名称，得幸于武帝，时望在骏前。以兄贵盛，知权宠不可居，自乞逊位，前后恳至，终不获许。初，聘后，珧表曰："历观古今，一族二后，未尝以全，而受覆宗之祸。乞以表事藏之宗庙，若如臣之言，得以免祸。"从之。右军督赵休上书陈："王莽五公，兄弟相代。今杨氏三公，并在大位，而天变屡见，臣窃为陛下忧之。"由此珧益惧，固求逊位，听之，赐钱百万、绢五千匹。

　　珧初以退让称，晚乃合朋党，构出齐王攸。中护军羊琇与北军中候成粲谋欲因见珧而手刃之。珧知而辞疾不出，讽有司奏琇，转为太仆。自是举朝莫敢枝梧，而素论尽矣。珧临刑称冤，云："事在石函，可问张华。"当时皆谓宜为申理，合依钟毓事例。而贾氏族党待诸杨如仇，促行刑者遂斩之，时人莫不嗟叹焉。

　　济，字文通。历位镇南、征北将军，迁太子太傅。济有才艺，尝从武帝校猎北芒下，与侍中王济俱著布裤褶，骑马执角弓在辇前。猛兽突出，帝命王济射之，应弦而倒。须臾复一出，济受诏又射杀之，六军大叫称快。帝重兵官，多授贵戚清望，济以武艺号为称职。与兄珧深虑盛满，乃与诸甥李斌等共切谏。骏斥出王佑为河东太守，建立皇储，皆济谋也。

　　初，骏忌大司马汝南王亮，催使之藩。济与斌数谏止之，骏遂疏济。济谓傅咸曰："若家兄征大司马入，退身避之，门户乃得免耳。不尔，行当赤族。"咸曰："但征还，共崇至公，便立太平，无为避也。夫人臣不可有专，岂独外戚！今宗室疏，因外戚之亲以得安；外戚危，倚宗室之重以为援。所谓唇齿相依，计之善者。"济益惧而问石崇曰："人心云何？"崇曰："贤兄执政，疏外宗室，宜与四海共之。"济曰："见兄，可及此。"崇见骏，及焉，骏不纳。

后与诸兄俱见害。难发之夕，东宫召济。济谓裴楷曰："吾将何之？"楷曰："子为保傅，当至东宫。"济好施，久典兵马，所从四百余人皆秦中壮士，射则命中，皆欲救济。济已入宫，莫不叹恨。

史臣曰：贾充以谄谀陋质，刀笔常材，幸属昌辰，滥叨非据。抽戈犯顺，曾无猜惮之心；杖钺推亡，遽有知难之请，非惟魏朝之悖逆，抑亦晋室之罪人者欤！然犹身极宠光，任兼文武，存荷台衡之寄，没有从享之荣，可谓无德而禄，殃将及矣。逮乎贻厥，乃乞丐之徒，嗣恶稔之余基，纵奸邪之凶德。煽兹哲妇，索彼惟家，虽及诛夷，曷云塞责。昔当涂阙翦，公闾实肆其劳，典午分崩，南风亦尽其力，可谓"君以此始，必以此终"，信乎其然矣。杨骏阶缘宠幸，遂荷栋梁之任，敬之犹恐弗逮，骄奢淫泆，庸可免乎？括母以明智全身，会昆以先言获宥，文琚识同襄烈，而罚异昔人，悲夫！

赞曰：公闾便佞，心乖雅正。邀遇时来，遂阶荣命。乞丐承绪，凶家乱政。琐琐文长，遂居栋梁。据非其位，乃底灭亡。珧虽先觉，亦罹祸殃。

晋书卷四一
列传第一一

魏舒　李憙　刘实　弟智　高光

　　魏舒,字阳元,任城樊人也。少孤,为外家宁氏所养。宁氏起宅,
相者云:"当出贵甥。"外祖母以盛氏甥小而慧,意谓应之。舒曰:"当
为外氏成此宅相。"久乃别居。身长八尺二寸,姿望秀伟,饮酒石余,
而迟钝质朴,不为乡亲所重。从叔父吏部郎衡,有名当世,亦不之
知,使守水碓,每叹曰:"舒堪数百户长,我愿毕矣!"舒亦不以介意。
不修常人之节,不为皎厉之事,每欲容才长物,终不显人之短。性好
骑射,著韦衣,入山泽,以渔猎为事。唯太原王乂谓舒曰:"卿终当为
台辅,然今未能令妻子免饥寒,吾当助卿营之。"常振其匮乏,舒受
而不辞。

　　舒尝诣野王,主人妻夜产,俄而闻车马之声,相问曰:"男也,女
也?"曰:"男,书之,十五以兵死。"复问:"寝者为谁?"曰:"魏公舒。"
后十五载,诣主人,问所生儿何在,曰:"因条桑为斧伤而死。"舒自
知当为公矣。

　　年四十余,郡上计掾察孝廉。宗党以舒无学业,劝令不就,可以
为高耳。舒曰:"若试而不中,其负在我,安可虚窃不就之高以为己
荣乎!"于是自课,百日习一《经》,因而对策升第。除涓池长,迁浚仪
令,入为尚书郎。时欲沙汰郎官,非其才者罢之。舒曰:"吾即其人
也。"补被而出。同僚素无清论者咸有愧色,谈者称之。

　　累迁后将军钟毓长史,毓每与参佐射,舒常为画筹而已。后遇

朋人不足,以舒满数。毓初不知其善射。舒容范闲雅,发无不中,举坐愕然,莫有敌者。毓叹而谢曰:"吾之不足以尽卿才,有如此射矣,岂一事哉!"

转相国参军,封剧阳子。府朝碎务,未尝见是非;至于废兴大事,众人莫能断者,舒徐为筹之,多出众议之表。文帝深器重之,每朝会坐罢,目送之曰:"魏舒堂堂,人之领袖也。"

迁宜阳、荥阳二郡太守,甚有声称。征拜散骑常侍。出为冀州刺史,在州三年,以简惠称。入为侍中。武帝以舒清素,特赐绢百匹。迁尚书,以公事当免官,诏以赎论。舒三娶妻皆亡,是岁自表乞假还本郡葬妻,诏赐葬地一顷,钱五十万。

太康初,拜右仆射。舒与卫瓘、山涛、张华等以六合混一,宜用古典封禅东岳,前后累陈其事,帝谦让不许。以舒为左仆射,领吏部。舒上言:"今选六宫,娉以玉帛,而旧使御府丞奉娉,宣成嘉礼,贽重使轻。以为拜三夫人宜使卿,九嫔使五官中郎将,美人、良人使谒者,于典制为弘。"有诏详之,众议异同,遂寝。加右光禄大夫、仪同三司。

及山涛薨,以舒领司徒,有顷即真。舒有威重德望,禄赐散之九族,家无余财。陈留周震累为诸府所辟,辟书既下,公辄丧亡,金号震为杀公掾,莫有辟者。舒乃命之,而竟无患,识者以此称其达命。

以年老,每称疾逊位。中复暂起,署兖州中正,寻又称疾。尚书左丞郤诜与舒书曰:"公久疾小差,视事是也,唯上所念。何意起讫还卧,曲身回法,甚失具瞻之望。公少立巍巍,一旦弃之,可不惜哉!"舒称疾如初。

后以灾异逊位,帝不听。后因正旦朝罢还第,表送章绶。帝手诏敦勉,而舒执意弥固,乃下诏曰:"司徒、剧阳子舒,体道弘粹,思量经远,忠肃居正,在公尽规。入管铨衡,官人允叙;出赞衮职,敷弘五教。惠训播流,德声茂著,可谓朝之俊义者也。而屡执冲让,辞旨恳诚,申览反覆,省用怃然。盖成人之美,先典所与,难违至情。今听其所执,以剧阳子就第,位同三司,禄赐如前。几杖不朝,赐钱百万，床帐算褥百副。以舍人四人为剧阳子舍人，置官骑十人。使光禄勋奉策，主者详案典礼，令皆如旧制。”于是赐安车驷马，门施行马。舒为事必先行而言，逊位之际，莫有知者。时论以为晋兴以来，三公能辞荣善终者，未之有也。司空卫瓘与舒书曰：“每与足下共论此事，日日未果，可谓瞻之在前，忽焉在后矣。”太熙元年薨，时年八十二。帝甚伤悼，赗赙优厚，谥曰康。

子混，字延广。清惠有才行，为太子舍人。年二十七，先舒卒，朝野咸为舒悲惜。舒每哀恸，退而叹曰：“吾不及庄生远矣，岂以无益自损乎！”于是终服不复哭。诏曰：“舒惟一子，薄命短折。舒告老之年，处穷独之苦，每念怛然，为之嗟悼。思所以散愁养气，可更增滋味品物。仍给阳燧四望繐窗户皂轮车牛一乘，庶出入观望，或足散忧也。”以庶孙融嗣。又早卒，从孙晃嗣。

李憙，字季和，上党铜鞮人也。父佺，汉大鸿胪。憙少有高行，博学研精，与北海管宁以贤良征，不行。累辟三府，不就。宣帝复辟憙为太傅属，固辞疾，郡县扶舆上道。时憙母疾笃，乃窃逾泫氏城而徒还，遂遭母丧，论者嘉其志节。后为并州别驾，时骁骑将军秦朗过并州，州将毕轨敬焉，令乘车至阁。憙固谏以为不可，轨不得已从之。

景帝辅政，命憙为大将军从事中郎，憙到，引见，谓憙曰：“昔先公辟君而君不应，今孤命君而君至，何也？”对曰：“先君以礼见待，憙得以礼进退。明公以法见绳，憙畏法而至。”帝甚重之。转司马，寻拜右长史。从讨毌丘俭还，迁御史中丞。当官正色，不惮强御，百僚震肃焉。荐乐安孙璞，亦以道德显，时人称为知人。寻迁大司马，以公事免。

司马伷为宁北将军，镇邺，以憙为军司。顷之，除凉州刺史，加扬威将军、假节，领护羌校尉，绥御华夷，甚有声绩。羌虏犯塞，憙因其隙会，不及启闻，辄以便宜出军深入，遂大克获，以功重免谴，时人比之汉朝冯、甘焉。于是请还，许之。居家月余，拜冀州刺史，累迁司隶校尉。

及魏帝告禅于晋，憙以本官行司徒事，副太尉郑冲奉策。

泰始初，封祁侯。憙上言："故立进令刘友、前尚书山涛、中山王睦、故尚书仆射武陔，各占官三更稻田，请免涛、睦等官。陔已亡，请贬谥。"诏曰："法者，天下取正，不避亲贵，然后行耳，吾岂将枉纵其间哉！然案此事皆是友所作，侵剥百姓，以缪惑朝士。奸吏乃敢作此，其考竟友以惩邪佞。涛等不贰其过者，皆勿有所问。《易》称"王臣謇謇，匪躬之故"。今憙亢志在公，当官而行，可谓'邦之司直'者矣。光武有云'贵戚且敛手以避二鲍'，岂其然乎！其申敕群僚，各慎所司，宽宥之恩，不可数遇也。"憙为二代司隶，朝野称之。以公事免。

其年，皇太子立，以憙为太子太傅。自魏明帝以后，久旷东宫，制度废阙，官司不具，詹事、左右率、庶子、中舍人诸官并未置，唯置卫率令典兵，二傅并摄众事。憙在位累年，训道尽规。

迁尚书仆射，拜特进、光禄大夫，以年老逊位。诏曰："光禄大夫、特进李憙，杖德居义，当升台司，毗亮朕躬，而以年尊致仕。虽优游无为，可以颐神，而虚心之望，能不怃然！其因光禄之号，改假金紫，置官骑十人，赐钱五十万，禄赐班礼，一如三司，门施行马。"

初，憙为仆射时，凉州虏寇边，憙唱义遣军讨之。朝士谓出兵不易，虏未足为患，竟不从之。后虏果大纵逸，凉州覆没，朝廷深悔焉。以憙清素贫俭，赐绢百匹。及齐王攸出镇，憙上疏谏争，辞甚恳切。

憙自历仕，虽清非异众，而家无储积，亲旧故人乃至分衣共食，未尝私以王官。及卒，追赠太保，谥曰成。子赞嗣。

少子俭，字仲约。历左积弩将军、屯骑校尉。俭子弘，字世彦。少有清节，永憙中，历给事黄门侍郎、散骑常侍。

刘实，字子真，平原高唐人也，汉济北惠王寿之后也。父广，斥丘令。实少贫苦，卖牛衣以自给。然好学，手约绳，口诵书，博通古今。清身洁己，行无瑕玷。郡察孝廉，州举秀才，皆不行。以计吏入洛,渭为河南尹丞,迁尚书郎,廷尉正。后历吏部郎,参文帝相国军事,封循阳子。

　　钟会、邓艾之伐蜀也,有客问实曰:"二将其平蜀乎?"实曰:"破蜀必矣,而皆不还。"客问其故,笑而不答,竟如其言。实之先见,多此类也。

　　以世多进趣,廉逊道缺,乃著《崇让论》以矫之。其辞曰:

　　　　古之圣王之化天下,所以贵让者,欲以出贤才,息争竞也。夫人情莫不皆欲己之贤也,故劝令让贤以自明贤也,岂假让不贤哉!故让道兴,贤能之人不求而自出矣,至公之举自立矣,百官之副亦豫具矣。一官缺,择众官所让最多者而用之,审之道也。在朝之士相让于上,草庐之人咸皆化之,推能让贤之风从此生矣。为一国所让,则一国士也;天下所共推,则天下士也。推让之风行,则贤与不肖灼然殊矣。此道之行,在上者无所用其心,因成清议,随之而已。故曰:荡荡乎尧之为君,莫之能名。言天下自安矣,不见尧所以化之,故不能名也。又曰:舜禹之有天下而不与焉,无为而化者其舜也欤。贤人相让于朝,大才之人恒在大官,小人不争于野,天下无事矣。以贤才化无事,至道兴矣。已仰其成,复何与焉!故可以歌《南风》之诗,弹五弦之琴也。成此功者非有他,崇让之所致耳。孔子曰:能以礼让为国,则不难也。

　　　　在朝之人不务相让久矣,天下化之。自魏代以来,登进辟命之士,及在职之吏,临见受叙,虽自辞不能,终莫肯让有胜己者。夫推让之风息,争竞之心生。孔子曰:上兴让则下不争,明让不兴下必争也。推让之道兴,则贤能之人日见推举;争竞之心生,则贤能之人日见谤毁。夫争者之欲自先,甚恶能者之先,不能无毁也。故孔墨不能免世之谤己,况不及孔墨者乎!议者佥然言,世少高名之才,朝廷不有大才之人可以为大官者。山泽人小官吏亦复云,朝廷之士虽有大官名德,皆不及往时人也。余以为此二言皆失之矣。非时独乏贤也,时不贵让。一人有先众之誉，毁必随之，名不得成使之然也。虽令稷、契复存，亦不复能全其名矣。能否混杂，优劣不分，士无素定之价，官职有缺，主选之吏不知所用，但案官次而举之。同才之人先用者，非势家之子，则必为有势者之所念也。非能独贤，因其先用之资，而复迁之无已。迁之无已，不胜其任之病发矣。观在官之人，政绩无闻，自非势家之子，率多因资次而进也。

向令天下贵让，士必由于见让而后名成，名成而官乃得用之。诸名行不立之人，在官无政绩之称，让之者必矣，官无因得而用之也。所以见用不息者，由让道废，因资用人之有失久矣。故自汉魏以来，时开大举，令众官各举所知，唯才所任，不限阶次，如此者甚数矣。其所举必有当者，不闻时有擢用，不知何谁最贤故也。所举必有不当，而罪不加，不知何谁最不肖也。所以不可得知，由当时之人莫肯相推，贤愚之名不别，令其如此。举者知在上者察不能审，故敢漫举而进之。或举所贤，因及所念，一顿而至，人数猥多，各言所举者贤；加之高状，相似如一，难得而分矣。参错相乱，真伪同贯，更复由此而甚。虽举者不能尽忠之罪，亦由上开听察之路滥，令其尔也。

昔齐王好听竽声，必令三百人合吹而后听之，廪以数人之俸。南郭先生不知吹竽者也，以三百人合吹可以容其不知，因请为王吹竽，虚食数人之俸。嗣王觉而改之，难彰先王之过。乃下令曰："吾之好闻竽声有甚于先王，欲一一列而听之。"先生于此逃矣。推贤之风不立，滥举之法不改，则南郭先生之徒盈于朝矣。才高守道之士日退，驰走有势之门日多矣。虽国有典刑，弗能禁矣。

夫让道不兴之弊，非徒贤人在下位，不得时进也，国之良臣荷重任者，亦将以渐受罪退矣。何以知其然也？孔子以为颜氏之子不贰过耳，明非圣人皆有过。宠贵之地，欲之者多矣，恶贤能者塞其路，过而毁之者亦多矣。夫谤毁之生，非徒空设，必因人之微过而甚之者也。毁谤之言数闻，在上者虽欲弗纳，不能不杖所闻,因事之来而微察之也,无以,其验至矣。得其验,安得不理其罪。若知而纵之,王之威日衰,令之不行自此始矣。知而皆理之,受罪退者稍多,大臣有不自固之心。夫贤才不进,贵臣日疏,此有国者之深忧也。《诗》曰:"受禄不让,至于已斯亡。"不让之人忧亡不暇,而望其益国朝,不亦难乎!

　　窃以为改此俗甚易耳。何以知之?夫一时在官之人,虽杂有凡猥之才,其中贤明者亦多矣,岂可谓皆不知让贤为贵邪!直以其时皆不让,习以成俗,故遂不为耳。人臣初除,皆通表上闻,名之谢章,所由来尚矣。原谢章之本意,欲进贤能以谢国恩也。昔舜以禹为司空,禹拜稽首,让于稷、契及咎繇。使益为虞官,让于朱虎、熊、罴。使伯夷典三礼,让于夔龙。唐虞之时,众官初除,莫不皆让也。谢章之义,盖取于此。《书》记之者,欲以永世作则。季世所用,不贤不能让贤,虚谢见用之恩而已。相承不变,习俗之失也。

　　夫叙用之官得通章表者,其让贤推能乃通,其不能有所让徒费简纸者,皆绝不通。人臣初除,各思推贤能而让之矣,让之文付主者掌之。三司有缺,择三司所让最多者而用之。此为一公缺,三公已豫选之矣。且主选之吏,不必任公而选三公,不如令三公自共选一公为详也。四征缺,择四征所让最多者而用之,此为一征缺,四征已豫选之矣,必详于停缺而令主者选四征也。尚书缺,择尚书所让最多者而用之,此为八尚书共选一尚书,详于临缺令主者选八尚书也。郡守缺,择众郡所让最多者而用之,详于任主者令选百郡守也。

　　夫以众官百郡之让,与主者共相比,不可同岁而论也。虽复令三府参举官,本不委以举选之任,各不能以根其心也。其所用心者裁之不二、三,但令主者案官次而举之,不用精也。贤愚皆让,百姓耳目尽为国耳目。夫人情争则欲毁已所不知,让则竞推于胜已。故世争则毁誉交错,优劣不分,难得而让也。时让则贤智显出,能否之美历历相次,不可得而乱也。当此时也,能退身修己者,让之者多矣。虽欲守贫贱,不可得也。驰骛进趣而欲人见让,犹却行而求前也。夫如此,愚智咸知进身求通,非修之于己则无由矣。游外求者,于此相随而归矣。浮声虚论,不禁而自息矣。人无所用其心,任众人之议,而天下自化矣。不言之化行,巍巍之美于此著矣。让可以致此,岂可不务之哉!

《春秋传》曰:"范宣子之让,其下皆让。栾黡虽汰,弗敢违也。晋国以平,数世赖之。"上世之化也,君子尚能而让其下,小人力农以事其上,上下有礼,谗慝远黜,由不争也。及其乱也,国家之弊,恒必由之。笃论了了如此。在朝君子典选大官,能不以人废言,举而行之,各以让贤举能为先务,则群才猥出,能否殊别,盖世之功,莫大于此。

泰始初,进爵为伯,累迁少府。咸宁中,为太常,转尚书。杜预之伐吴也,实以本官行镇南军司。

初,妻卢氏生子跻而卒,华氏将以女妻之。实弟智谏曰:"华家类贪,必破门户。"

辞之不得,竟婚华氏而生子夏。实竟坐夏受赂,免官。顷之为大司农,又以夏罪免。

实每还州里,乡人载酒肉以候之。实难逆其意,辄共啖而返其余。或谓实曰:"君行高一世,而诸子不能遵。何不旦夕切磋,使知过而自改邪!"实曰:"吾之所行,是所闻见,不相祖习,岂复教诲之所得乎!"世以实言为当。

后起为国子祭酒、散骑常侍。愍怀太子初封广陵王,高选师友,以实为师。元康初,进爵为侯,累迁太子太保,加侍中、特进、右光禄大夫、开府仪同三司,领冀州都督。九年,策拜司空,迁太保,转太傅。

太安初,实以老病逊位,赐安车驷马、钱百万,以侯就第。及长沙、成都之相攻也,实为军人所掠,潜归乡里。

惠帝崩,实赴山陵。怀帝即位,复授太尉。实自陈年老,固辞,不许。左丞刘坦上言曰:"夫堂高级远,主尊相贵。是以古之哲王.

莫不师其元臣,崇养老之教,训示四海,使少长有礼。七十致仕,亦所以优异旧德,厉廉高之风。太尉实,体清素之操,执不渝之洁,悬车告老,二十余年,浩然之志,老而弥笃。可谓国之硕老,邦之宗模。臣闻老者不以筋力为礼,实年逾九十,命在日制,遂自扶舆,冒险而至,展哀山陵,致敬阙庭,大臣之节备矣。圣诏殷勤,必使实正位上台,光饪鼎实,断章敦喻,经涉二年。而实频上露板,辞旨恳诚。臣以为:古之养老,以不事为扰,不以吏之为重,谓宜听实所守。"

三年,诏曰:"昔虞任五臣,致垂拱之化;汉相萧何,兴宁一之誉,故能光隆于当时,垂裕于百代。朕绍天明命,临御万邦,所以崇显政道者,亦赖之于元臣庶尹,毕力股肱,以副至望。而君年耆告老,确然难违。今听君以侯就第,位居三司之上,秩禄准旧,赐几杖不朝及宅一区。国之大政,将就谘于君,副朕意焉。"岁余薨,时年九十一,谥曰元。

实少贫窭,杖策徒行,每所憩止,不累主人,薪水之事,皆自营给。及位望通显,每崇俭素,不尚华丽。尝诣石崇家,如厕,见有绛纹帐,裀褥甚丽,两婢持香囊。实便退,笑谓崇曰:"误入卿内。"崇曰:"是厕耳。"实曰:"贫士未尝得此。"乃更如他厕。虽处荣宠,居无第宅,所得俸禄,赡恤亲故。虽礼教陵迟,而行己以正。丧妻为庐杖之制,终丧不御内。轻薄者笑之,实不以介意。自少及老,笃学不倦,虽居职务,卷弗离手。尤精《三传》,辨正《公羊》,以为卫辄不应辞以王父命,祭仲失为臣之节,举此二端以明臣子之体,遂行于世。又撰《春秋条例》二十卷。

有二子,跻、夏。跻,字景云,官至散骑常侍。夏以贪污,弃放于世。

弟智,字子房。贞素有兄风。少贫窭,每负薪自给,读诵不辍,竟以儒行称。历中书黄门吏部郎,出为颍川太守。平原管辂尝谓人曰:"吾与刘颍川兄弟语,使人神思清发,昏不暇寐。自此之外,殆白日欲寝矣。"入为秘书监,领南阳王师,加散骑常侍,迁侍中、尚书、太常。著《丧服释疑论》,多所辨明。太康末卒,谥曰成。

高光，字宣茂，陈留圉城人，魏太尉柔之子也。光少习家业，明练刑理。初以太子舍人累迁尚书郎，出为幽州刺史、颍州太守。是时，武帝置黄沙狱，以典诏囚。以光历世明法，用为黄沙御史，秩与中丞同。迁廷尉。

元康中，拜尚书，典三公曹。时赵王伦篡逆，光于其际，守道贞全。及伦赐死，齐王冏辅政，复以光为廷尉，迁尚书，加奉车都尉。后从驾讨成都王颖有勋，封廷陵县公，邑千八百户。于时朝廷咸推光明于用法，故频典理官。惠帝为张方所逼，幸长安，朝臣奔散，莫有从者，光独侍帝而西。迁尚书左仆射，加散骑常侍。

光兄诞为上官已等所用，历徐、雍二州刺史。诞性任放无伦次，而决烈过人，与光异操。常谓光"小节"，恒轻侮之，光事诞愈谨。

帝既还洛阳，时太弟新立，重选傅训，以光为少傅，加光禄大夫，常侍如故。及怀帝即位，加光禄大夫金章紫绶，与傅祗并见推崇。寻为尚书令，本官如故。以疾卒，赠司空、侍中。属京洛倾覆，竟未加谥。

子韬，字子远。放佚无检。光为廷尉时，韬受货赇，有司奏案之，而光不知。时人虽非光不能防闲其子，以其用心有素，不以为累。初，光诣长安留台，以韬兼右卫将军。韬与殿省小人交通，及光卒，仍于丧中往来不绝。时东海王越辅政，不朝觐。韬知人心有望，密与太傅参军姜赜、京兆杜概等谋讨越，事泄，伏诛。

史臣曰：下士竞而文，中庸静而质，不若进不足而退有余也。魏舒、刘实发虑精华，结绶登槐，览止成务。季和切问近对，当官正色。诗云"贪人败类"，岂刘夏之谓欤！

赞曰：舒言不矜，意对千乘。子真、宣茂，雅志难陵。进忠能举，退让攸兴。皎皎瑚器，来光玉绳。

晋书卷四二
列传第一二

王浑 子济　王濬　唐彬

　　王浑，字玄冲，太原晋阳人也。父昶，魏司空。浑沉雅有器量。袭父爵京陵侯，辟大将军曹爽掾。爽诛，随例免。起为怀令，参文帝安东军事，累迁散骑黄门侍郎、散骑常侍。咸熙中，为越骑校尉。

　　武帝受禅，加扬烈将军，迁徐州刺史。时年荒岁饥，浑开仓振赡，百姓赖之。泰始初，增封邑千八百户。久之，迁东中郎将，督淮北诸军事，镇许昌。数陈损益，多见纳用。

　　转征虏将军、监豫州诸军事、假节，领豫州刺史。浑与吴接境，宣布威信，前后降附甚多。吴将薛莹、鲁淑众号十万，淑向弋阳，莹向新息。时州兵并放休息，众裁一旅，浮淮潜济，出其不意，莹等不虞晋师之至。浑击破之，以功封次子尚为关内侯。

　　迁安东将军、都督扬州诸军事，镇寿春。吴人大佃皖城，图为边害。浑遣扬州刺史应绰督淮南诸军攻破之，并破诸别屯，焚其积谷百八十余万斛、稻苗四千余顷、舡六百余艘。浑遂陈兵东疆，视其地形险易，历观敌城，察攻取之势。

　　及大举伐吴，浑率师出横江，遣参军陈慎、都尉张乔攻寻阳濑乡，又击吴牙门将孔忠，皆破之，获吴将周兴等五人。又遣殄吴护军李纯据高望城，讨吴将俞恭，破之，多所斩获。吴厉武将军陈代、平虏将军朱明惧而来降。吴丞相张悌、大将军孙震等率众数万指城阳，浑遣司马孙畴、扬州刺史周浚击破之，临陈斩二将，及首虏七千八百级,吴人大震。

孙皓司徒何植、建威将军孙晏送印节诣浑降。既而王濬破石头,降孙皓,威名益振。明日,浑始济江,登建邺宫,酾酒高会。自以先据江上,破皓中军,案甲不进,致在王濬之后。意甚愧恨,有不平之色,频奏濬罪状,时人讥之。帝下诏曰:"使持节、都督扬州诸军事、安东将军、京陵侯王浑,督率所统,遂逼秣陵,令贼孙皓救死自卫,不得分兵上赴,以成西军之功。又摧大敌,获张悌,使皓途穷势尽,面缚乞降。遂平定秣陵,功勋茂著。其增封八千户,进爵为公,封子澄为亭侯、弟湛为关内侯,赐绢八千匹。"

转征东大将军,复镇寿阳。浑不尚刑名,处断明允。时吴人新附,颇怀畏惧。浑抚循羁旅,虚怀绥纳,座无空席,门不停宾。于是江东之士莫不悦附。

征拜尚书左仆射,加散骑常侍。会朝臣立议齐王攸当之藩,浑上书谏曰:"伏承圣诏,宪章古典,进齐王攸为上公,崇其礼仪,遣攸之国。昔周氏建国,大封诸姬,以藩帝室,永世作宪。至于公旦,武王之弟,左右王事,辅济大业,不使归藩。明至亲义著,不可远朝故也。是故周公得以圣德光弼幼主,忠诚著于《金滕》,光述文武仁圣之德。攸于大晋,姬旦之亲也。宜赞皇朝,与闻政事,实为陛下腹心不贰之臣。且攸为人,修洁义信,加以懿亲,志存忠贞。今陛下出攸之国,假以都督虚号,而无典戎干方之实,去离天朝,不预王政。伤母弟至亲之体,亏友于款笃之义,惧非陛下追述先帝、文明太后待攸之宿意也。若以攸望重,于事宜出者,今以汝南王亮代攸。亮,宣皇帝子,文皇帝弟,伷、骏各处方任,有内外之资,论以后虑,亦不为轻。攸今之国,适足长异同之论,以损仁慈之美耳。而令天下窥陛下有不崇亲亲之情,臣窃为陛下不取也。若以妃后外亲,任以朝政,则有王氏倾汉之权,吕产专朝之祸。若以同姓至亲,则有吴楚七国逆乱之殃。历观古今,苟事轻重,所在无不为害也。不可事事曲设疑防,虑方来之患者也,唯当任正道而求忠良。若以智计猜物,虽亲见疑,至于疏远者亦何能自保乎!人怀危惧,非为安之理,此最有国有家者之深忌也。愚以为太子太保缺,宜留攸居之,与太尉汝南王亮,卫将军杨珧共为保傅,干理朝事。三人齐位,足相持正,进有辅纳广义之益,退无偏重相倾之势。今陛下有笃亲亲之恩,使攸蒙仁覆之惠。臣同国休戚,义在尽言,心之所见,不能默已。私慕鲁女存国之志,敢陈愚见,触犯天威。欲陛下事每尽善,冀万分之助。臣而不言,谁当言者。"帝不纳。

太熙初,迁司徒。惠帝即位,加侍中,又京陵置士官,如睢陵比。及诛杨骏,崇重旧臣,乃加浑兵。浑以司徒文官,主吏不持兵,持兵乃吏属绛衣。自以偶因时宠,权得持兵,非是旧典,皆令皂服。论者美其谦而识体。

楚王玮将害汝南王亮等也,公孙宏说玮曰:"昔宣帝废曹爽,引太尉蒋济参乘,以增威重。大王今举非常事,宜得宿望,镇厌众心。司徒王浑,宿有威名,为三军所信服,可请同乘,使物情有凭也。"玮从之。浑辞疾归第,以家兵千余人闭门距玮。玮不敢逼。俄而玮以矫诏伏诛,浑乃率兵赴官。

帝尝访浑元会问郡国计吏方俗之宜,浑奏曰:"陛下钦明圣哲,光于远近,明诏冲虚,询及刍荛,斯乃周文畴咨之求,仲尼不耻下问也。旧三朝元会前计吏诣轩下,侍中读诏,计吏跪受。臣以诏文相承已久,无他新声,非陛下留心方国之意也。可令中书指宣明诏,问方土异同,贤才秀异,风俗好尚,农桑本务,刑狱得无冤滥,守长得无侵虐。其勤心政化兴利除害者,授以纸笔,尽意陈闻。以明圣指垂心四远,不复因循常辞。且察其答对文义,以观计吏人才之实。又先帝时,正会后,东堂见征镇长史司马、诸王国卿、诸州别驾。今若不能别见,可前诣轩下,使侍中宣问,以审察方国,于事为便。"帝然之。又诏浑录尚书事。

浑所历之职,前后著称,及居台辅,声望日减。元康七年薨,时年七十五,谥曰元。长子尚早亡,次子济嗣。

济,字武子。少有逸才,风姿英爽,气盖一时。好弓马,勇力绝人,善《易》及《庄》、《老》,文词俊茂,伎艺过人,有名当世,与姊夫和峤及裴楷齐名。尚常山公主。年二十，起家拜中书郎，以母忧去官。起为骁骑将军，累迁侍中，与侍中孔恂、王恂、杨济同列，为一时秀彦。武帝尝会公卿藩牧于式乾殿，顾济、恂而谓诸公曰："朕左右可谓恂恂济济矣！"每侍见，未尝不谘论人物及万机得失。济善于清言，修饰辞令，讽议将顺，朝臣莫能尚焉。帝益亲贵之。仕进虽速，论者不以主婿之故，咸谓才能致之。然外虽弘雅，而内多忌刻，好以言伤物，侪类以此少之。以其父之故，每排王濬，时议讥焉。

齐王攸当之藩，济既陈请，又累使公主与甄德妻长广公主俱入，稽颡泣请帝留攸。帝怒，谓侍中王戎曰："兄弟至亲，今出齐王，自是朕家事。而甄德、王济连遣妇来生哭人！"以忤旨，左迁国子祭酒，常侍如故。

数年，入为侍中。时浑为仆射，主者处事或不当，济性峻厉，明法绳之。素与从兄佑不平，佑党颇谓济不能顾其父，由是长同异之言。出为河南尹，未拜，坐鞭王官吏免官，而王佑始见委任。而济遂被斥外，于是乃移第北芒山下。

性豪侈，丽服玉食。时洛京地甚贵，济买地为马埒，编钱满之，时人谓为"金沟"。王恺以帝舅奢豪，有牛名"八百里驳"，常莹其蹄角。济请以钱千万与牛对射而赌之。恺亦自恃其能，令济先射。一发破的，因据胡床，叱左右速探牛心来，须臾而至，一割便去。和峤性至俭，家有好李，帝求之，不过数十。济候其上直，率少年诣园，共啖毕，伐树而去。帝尝幸其宅，供馔甚丰，悉贮流离器中。蒸肫甚美，帝问其故，答曰："以人乳蒸之。"帝色甚不平，食未毕而去。济善解马性，尝乘一马，著连乾郭泥，前有水，终不肯渡。济云："此必是惜郭泥。"使人解去，便渡。故杜预谓济有"马癖"。

帝尝谓和峤曰："我将骂济而后官爵之，何如？"峤曰："济俊爽，恐不可屈。"帝因召济，切让之，既而曰："知愧否？"济答曰："尺布斗粟之谣，常为陛下耻之。他人能令亲疏，臣不能使亲亲，以此愧陛下耳。"帝默然。

帝尝与济棋，而孙皓在侧，谓皓曰："何以好剥人面皮？"曰："见无礼于君者则剥之"。济时伸脚局下,皓讥焉。

寻使白衣领太仆。年四十六,先浑卒,追赠骠骑将军。及其将葬,时贤无不毕至。孙楚雅敬济,而后来,哭之甚悲,宾客莫不垂涕。哭毕,向灵床曰:"卿常好我作驴鸣,我为卿作之。"体似声真,宾客皆笑。楚顾曰:"诸君不死,而令王济死乎!"初,济尚主,主两目失明,而妒忌尤甚,然终无子,有庶子二人。卓字文宣,嗣浑爵,拜给事中。次聿,字茂宣,袭公主封敏阳侯。济二弟,澄字道深,汶字茂深,皆辩慧有才藻,并历清显。

王濬,字士治,弘农湖人也。家世二千石。濬博涉坟典,美姿貌,不修名行,不为乡曲所称。晚乃变节,疏通亮达,恢廓有大志。尝起宅,开门前路广数十步。人或谓之何太过,濬曰:"吾欲使容长戟幡旗。"众咸笑之,濬曰:"陈胜有言,燕雀安知鸿鹄之志。"

州郡辟河东从事。守令有不廉洁者,皆望风自引而去。刺史燕国徐邈有女才淑,择夫未嫁。邈乃大会佐吏,令女于内观之。女指濬告母,邈遂妻之。后参征南军事,羊祜深知待之。祜兄子暨白祜:"濬为人志大,奢侈不节,不可专任,宜有以裁之。"祜曰:"濬有大才,将欲济其所欲,必可用也。"转车骑从事中郎,识者谓祜可谓能举善焉。

除巴郡太守。郡边吴境,兵士苦役,生男多不养。濬乃用严其科条,宽其徭课,其产育者,皆与休复,所全活者数千人。转广汉太守,垂惠布政,百姓赖之。濬夜梦悬三刀于其卧屋梁上,须臾又益一刀,濬惊觉,意甚恶之。主簿李毅再拜贺曰:"三刀为州字,又益一者,明府其临益州乎?"及贼张弘杀益州刺史皇甫晏,果迁濬为益州史。濬设方略,悉诛弘等,以勋封关内侯。怀辑殊俗,待以威信,蛮夷徼外,多来归降。征拜右卫将军,除大司农。车骑将军羊祜雅知濬有奇略,乃密表留濬,于是重拜益州刺史。

武帝谋伐吴,诏濬修舟舰。濬乃作大船连舫,方百二十步,受二千余人。以木为城,起楼橹,开四出门,其上皆得驰马来往。又画鹢首怪兽于船首，以惧江神。舟楫之盛，自古未有。濬造船于蜀，其木柿蔽江而下。吴建平太守吴彦取流柿以呈孙皓曰："晋必有攻吴之计，宜增建平兵。建平不下，终不敢渡。"皓不从。寻以谣言拜濬为龙骧将军、监益梁诸军事。语在《羊祜传》。

时朝议咸谏伐吴，濬乃上疏曰："臣数参访吴楚同异，孙皓荒淫凶逆，荆杨贤愚无不嗟怨。且观时运，宜速征伐。若今不伐，天变难预。令皓卒死，更立贤主，文武各得其所，则强敌也。臣作船七年，日有朽败，又臣年已七十，死亡无日。三者一乖，则难图也，诚愿陛下无失事机。"帝深纳焉。贾充、荀勖咸谏，以为不可，唯张华固劝。又杜预表请，帝乃发诏，分命诸方节度。濬于是统兵。先在巴郡之所全育者，皆堪徭役供军，其父母戒之曰："王府君生尔，尔必勉之，无爱死也！"

太康元年正月，濬发自成都，率巴东监军、广武将军唐彬攻吴丹杨，克之，擒其丹杨监盛纪。吴人于江险碛要害之处，并以铁锁横截之，又作铁锥长丈余，暗置江中，以逆距船。先是，羊祜获吴间谍，具知情状。濬乃作大筏数十，亦方百余步，缚草为人，被甲持杖，令善水者以筏先行，筏遇铁锥，锥辄著筏去。又作火炬，长十余丈，大数十围，灌以麻油，在船前，遇锁，然炬烧之，须臾，融液断绝，于是船无所碍。

二月庚申，克吴西陵，获其镇南将军留宪、征南将军成据、宜都太守虞忠。壬戌，克荆门、夷道二城，获监军陆晏。乙丑，克乐乡，获水军督陆景。平西将军施洪等来降。乙亥，诏进濬为平东将军、假节、都督益梁诸军事。

濬自发蜀，兵不血刃，攻无坚城，夏口、武昌，无相支抗。于是顺流鼓棹，径造三山。皓遣游击将军张象率舟军万人御濬，象军望旗而降。皓闻濬军旌旗器甲，属天满江，威势甚盛，莫不破胆。用光禄勋薛莹、中书令胡冲计，送降文于濬曰："吴郡孙皓叩头死罪。昔汉室失御，九州幅裂，先人因时略有江南，遂阻山河，与魏乖隔。大晋龙兴，德覆四海，暗劣偷安，未喻天命。至下今者，猥烦六军，衡盖露

次,远临江渚。举国震惶,假息漏刻,敢缘天朝,含弘光大。谨遣私
署太常张夔等奉所佩玺绶,委质请命。"壬寅,濬入于石头。皓乃备
亡国之礼,素车白马,肉袒面缚,衔璧牵羊,大夫衰服,士舆榇,率其
伪太子瑾、瑾弟鲁王虔等二十一人,造于垒门。濬躬解其缚,受璧焚
榇,送于京师。收其图籍,封其府库,无私焉。帝遣使者犒濬军。

　　初,诏书使濬下建平,受杜预节度,至秣陵,受王浑节度。预至
江陵,谓诸将帅曰:"若濬得下建平,则顺流长驱,威名已著,不宜令
受制于我。若不能克,则无缘得施节度。"濬至西陵,预与之书曰:
"足下既摧其西藩,便当径取秣陵,讨累世之逋寇,释吴人于涂炭。
自江入淮,逾于泗汴,溯河而上,振旅还都,亦旷世之一事也。"濬大
悦,表呈预书。

　　及濬将至秣陵,王浑遣信要令暂过论事,濬举帆直指,报曰:
"风利,不得泊也。"王浑久破皓中军,斩张悌等,顿兵不敢进。而濬
乘胜纳降,浑耻而且忿,乃表濬违诏不受节度,诬罪状之。有司遂案
濬槛车征,帝弗许,诏让濬曰:"伐国事重,宜令有一。前诏使将军受
安东将军浑节度,浑思谋深重,案甲以待将军。云何径前,不从浑
命,违制昧利,甚失大义。将军功勋,简在朕心,当率由诏书,崇成王
法,而于事终恃功肆意,朕将何以令天下?"濬上书自理曰:

　　　　臣前被《庚戌诏书》曰:"军人乘胜,猛气益壮,便当顺流长
　　　　骛,直造秣陵。"臣被诏之日,即便东下。又前被诏书云:"太尉
　　　　贾充总统诸方,自镇东大将军及浑、濬、彬等皆受充节度",无
　　　　令臣别受浑节度之文。

　　　　臣自达巴丘。所向风靡,知孙皓穷穷踧踧,势无所至。十四
　　　　日至牛渚,去秣陵二百里,宿设部分,为攻取节度。前至三山,
　　　　见浑军在北岸,遣书与臣,可暂来过,共有所议,亦不语臣当受
　　　　节度之意。臣水军风发,乘势造贼城,加宿设部分行有次第,无
　　　　缘得于长流之中,回船过浑,令首尾断绝。须臾之间,皓遣使归
　　　　命。臣即报浑书,并写皓笺,具以示浑,使速来,当于石头相待。
　　　　军以日中至秣陵,暮乃被浑所下当受节度之符,欲令臣明十六

日悉将所领,还围石头,备皓越逸。又索蜀兵及镇南诸军人名定见。臣以为皓已来首都亭,无缘共合空围。又兵人定见,不可仓卒,皆非当今之急,不可承用。中诏谓臣忽弃明制,专擅自由。伏读严诏,警怖悚栗,不知躯命当所投厝。岂惟老臣独怀战灼,三军上下咸尽丧气。臣受国恩,任重事大,常恐托付不效,辜负圣朝。故投身死地,转战万里,被蒙宽恕之恩,得从临履之宜。是以凭赖威灵,幸而能济,皆是陛下神策妙算。臣承指授,效鹰犬之用耳,有何勋劳而恃功肆意,宁敢昧利而违圣诏。

臣以十五日至秣陵,而诏书以十二日起洛阳,其间悬阔,不相赴接,则臣之罪责宜蒙察恕。假令孙皓犹有螳螂举斧之势,而臣轻军单入,有所亏丧,罪之可也。臣所统八万余人,乘胜度卷。皓以众叛亲离,无复羽翼,匹夫独立,不能庇其妻子,雀鼠贪生,苟乞一活耳。而江北诸军不知其虚实,不早缚取,自为小误。臣至便得,更见怨恚,并云守贼百日,而令他人得之,言语嗷啫,不可听闻。

案《春秋》之义,大夫出疆,由有专辄。臣虽愚蠢,以为事君之道,唯当竭节尽忠,奋不顾命,量力受任,临事制宜,苟利社稷,死生以之。若其顾护嫌疑,以避咎责,此是人臣不忠之利,实非明主社稷之福也。臣不自料,忘其鄙劣,披布丹心,输写肝脑,欲竭股肱之力,加之以忠贞,庶必扫除凶逆,清一宇宙,愿令圣世与唐虞比隆。陛下粗察臣之愚款,而识其欲自效之诚,是以授臣以方牧之任,委臣以征讨之事。虽燕王之信乐毅,汉祖之任萧何,无以加焉。受恩深重,死且不报,而以顽疏,举错失宜。陛下弘恩,财加切让,惶怖征营,无地自厝,愿陛下明臣赤心而已。

浑又腾周浚书,云濬军得吴宝物。濬复表曰:

被《戊戌诏书》,下安东将军所上扬州刺史周浚书,谓臣诸军得孙皓宝物,又谓衙门将李高放火烧皓伪宫。辄公文上尚书，具列本末。又闻浑案陷上臣。臣受性愚忠，行事举动，信心而前，祈于不负神明而已。秣陵之事，皆如前所表，而恶直丑正，实繁有徒，欲构南箕，成此贝锦，公于圣世，反白为黑。

夫佞邪害国，自古而然。故无极破楚，宰嚭灭吴，及至石显，倾乱汉朝，皆载在典籍，为世作戒。昔乐毅伐齐，下城七十，而卒被谗间，脱身出奔。乐羊既反，谤书满箧。况臣顽疏，能免谗愬之口！然所望全其首领者，实赖陛下圣哲钦明，使浸润之谮不得行焉。然臣孤根独立，朝无党援，久弃遐外，人道断绝，而结恨强宗，取怨豪族。以累卵之身，处雷霆之冲；茧粟之质，当豺狼之路，其见吞噬，岂抗唇齿！

夫犯上干主，其罪可救，乖忤贵臣，则祸在不测。故朱云折槛，婴逆鳞之怒，庆忌救之，成帝不问。望之、周堪违忤石显，虽阖朝嗟叹，而死不旋踵。此臣之所大怖也。今浑之友党姻族外内，皆根据磐牙，并处世位。闻遣人在洛中，专共交构，盗言孔甘，疑惑观听。夫曾参之不杀人，亦以明矣，然三人传之，其母投杼。今臣之信行，未若曾参之著；而谗构沸腾，非徒三夫之对，外内扇助，为二五之应。夫猛兽当途，麒麟恐惧，况臣脆弱，敢不悚悚！

伪吴君臣，今皆生在，便可验问，以明虚实。前伪中郎将孔摅说，去二月武昌失守，水军行至。皓案行石头还，左右人皆跳刀大呼云："要当为陛下一死战决之。"皓意大喜，谓必能然，便尽出金宝，以赐与之。小人无状，得便持走，皓惧，乃图降首。降使适去，左右劫夺财物，略取妻妾，放火烧宫。皓逃身窜首，恐不脱死，臣至，遣参军主者救断其火耳。周浚以十六日前入皓宫，臣时遣记室吏往视书籍，浚使收缚。若有遗宝，则浚前得，不应移踪后人，欲求苟免也。

臣前在三山得浚书云："皓散宝货以赐将士，府库略虚。"而今复言"金银箧笥，动有万计"，疑臣军得之。言语反覆，无复本末。臣复与军司张牧、汝南相冯沈等共入观皓宫，乃无席可坐。后日又与牧等共视皓舟船，浑又先臣一日上其船。船上之物，皆浑所知见。臣之案行，皆出其后，若有宝货，浑应得之。

又臣将军素严，兵人不得妄离部阵间。在秣陵诸军，凡二十万众。臣军先至，为土地之主。百姓之心，皆归仰臣，臣切敕所领，秋毫不犯。诸有市易，皆有伍任证左，明从券契，有违犯者，凡斩十三人，皆吴人所知也。余军纵横，诈称臣军，而臣军类皆蜀人，幸以此自别耳。岂独浚之将士皆是夷齐，而臣诸军悉聚盗跖耶！时有八百余人，缘石头城劫取布帛。臣衙门将军马潜即收得二十余人，并疏其督将姓名，移以付浚，使得自科结，而寂无反报，疑皆纵遣，绝其端绪也。

又闻吴人言，前张悌战时，所杀财有二千人，而浑、浚露布言以万计。以吴刚子为主簿，而遣刚至洛，欲令刚增斩级之数。可具问孙皓及其诸臣，则知其定审。若信如所闻，浚等虚诈，尚欺陛下，岂惜于臣！云臣屯聚蜀人，不时送皓，欲反状。又恐动吴人，言臣皆当诛杀，取其妻子，冀其作乱，得骋私忿。谋反大逆，尚以见加，其余谤咨，故其宜耳。

浑案臣“瓶磬小器，蒙国厚恩，频繁擢叙，遂过其任”。浑此言最信，内省惭惧。今年平吴，诚为大庆，于臣之身，更受咎累。既无孟侧策马之好，而令济济之朝有谗邪之人，亏穆穆之风，损皇代之美。由臣顽疏，使致于此，拜表流汗，言不识次。

浚至京都，有司奏，浚表既不列前后所被七诏月日，又赦后违诏不受浑节度，大不敬，付廷尉科罪。诏曰：“浚前受诏径造秣陵，后乃下受浑节度。诏书稽留，所下不至，便令与不受诏同责，未为经通。浚不即表上被浑宣诏，此可责也。浚有征伐之劳，不足以一眚掩之。”有司又奏，浚赦后烧贼船百三十五艘，辄敕付廷尉禁推。诏曰“勿推”。拜浚辅国大将军，领步兵校尉。旧校唯五，置此营自浚始也。有司又奏，辅国依比，未为达官，不置司马，不给官骑。诏依征镇给五百大车，增兵五百人为辅国营，给亲骑百人，官骑十人，置司马。封为襄阳县侯，邑万户。封子彝杨乡亭侯，邑千五百户，赐绢万匹,又赐衣一袭、钱三十万及食物。

濬自以功大,而为浑父子及豪强所抑,屡为有司所奏,每进见,陈其攻伐之劳,及见枉之状,或不胜忿愤,径出不辞。帝每容恕之。益州护军范通,濬之外亲也,谓濬曰:"卿功则美矣,然恨所以居美者,未尽善也。"濬曰:"何谓也?"通曰:"卿旋旆之日,角巾私第,口不言平吴之事。若有问者,辄曰:'圣主之德,群帅之力,老夫何力之有焉!'如斯,颜老之不伐,龚遂之雅对,将何以过之。蔺生所以屈廉颇,王浑能无愧乎!"濬曰:"吾始惧邓艾之事,畏祸及,不得无言,未能遣诸胸中,是吾褊也。"

时人咸以濬功重报轻,博士秦秀、太子洗马孟康、前温令李密等并表讼濬之屈。帝乃迁濬镇军大将军,加散骑常侍,领后军将军。王浑诣濬,濬严设备卫,然后见之,其相猜防如此。

濬平吴之后,以勋高位重,不复素业自居,乃玉食锦服,纵奢侈以自逸。其有辟引,多是蜀人,示不遗故旧也。后又转濬抚军大将军、开府仪同三司,加特进,散骑常侍、后军将军如故。太康六年卒,时年八十,谥曰武。葬柏谷山,大营茔域,葬垣周四十五里,面别开一门,松柏茂盛。子矩嗣。

矩弟畅,散骑郎。畅子粹,太康十年,武帝诏粹尚颍川公主,仕至魏郡太守。濬有二孙,过江不见齿录。安西将军桓温镇江陵,表言之曰:"臣闻崇德赏功,为政之所先;兴灭继绝,百王之所务。故德参时雍,则奕世承祀;功烈一代,则永锡祚胤。案故抚军王濬,历职内外,任兼文武,料敌制胜,明勇独断,义存社稷之利,不顾专辄之罪。荷戈长骛,席卷万里,僭号之吴,面缚象魏。今皇泽被于九州,玄风洽于区外。襄阳之封,废而莫续;恩宠之号,坠于近嗣。遐迩酸怀,臣窃悼之。濬今有二孙,年出六十,室如悬磬,糊口江滨,四节蒸尝,菜羹不给。昔汉高定业,求乐毅之嗣;世祖旌贤,建葛亮之胤。夫效忠异代,立功异国,尚通天下之善,使不泯弃。况濬建元勋于当年,著嘉庆于身后,灵基托根于南垂,皇祚中兴于江左,旧物克彰,神器重耀,岂不由伊人之功力也哉!诚宜加恩,少垂矜恻,追录旧勋,纂锡茅土。则圣朝之恩,宣畅于上,忠臣之志,不坠于地矣。"卒不见省。

唐彬,字儒宗,鲁国邹人也。父台,太山太守。彬有经国大度,而不拘行检。少便弓马,好游猎,身长八尺,走及奔鹿,强力兼人。晚乃敦悦经史,尤明《易经》,随师受业,还家教授,恒数百人。

初为郡门下掾,转主簿。刺史王沉集诸参佐,盛论距吴之策,以问九郡史。彬与谯郡主簿张恽俱陈吴有可兼之势,沉善其对。又使彬难言吴未可伐者,而辞理皆屈。还迁功曹,举孝廉,州辟主簿,累迁别驾。

彬忠肃公亮,尽规匡救,不显谏以自彰。又奉使诣相府计事,于时僚佐皆当世英彦,见彬莫不钦悦,称之于文帝,荐为掾属。帝以问其参军孔颢,颢忌其能,良久不答。陈骞在坐,敛板而称曰:"彬之为人,胜骞甚远。"帝笑曰:"但能如卿,固未易得,何论于胜。"因辟彬为铠曹属。帝问曰:"卿何以致辟?"对曰:"修业陋巷,观古人之遗迹,言满天下无口过,行满天下无怨恶。"帝顾四坐曰:"名不虚行。"他日,谓孔颢曰:"近见唐彬,卿受蔽贤之责矣。"

初,邓艾之诛也,文帝以艾久在陇右,素得士心,一旦夷灭,恐边情搔动,使彬密察之。彬还,白帝曰:"邓艾忌克诡狭,矜能负才,顺从者谓为见事,直言者谓之触迕。虽长史司马,参佐牙门,答对失指,辄见骂辱。处身无礼,大失人心。又好施行事役,数劳众力。陇右甚患苦之,喜闻其祸,不肯为用。今诸军已至,足以镇压内外,愿无以为虑。"

俄除尚书水部郎。泰始初,赐爵关内侯。出补邺令,彬导德齐礼,期月化成。迁弋阳太守,明设禁防,百姓安之。以母丧去官。益州东接吴寇,监军位缺,朝议用武陵太守杨宗及彬。武帝以问散骑常侍文立,立曰:"宗、彬俱不可失。然彬多财欲,而宗好酒,惟陛下裁之。"帝曰:"财欲可足,酒者难改。"遂用彬。寻又诏彬监巴东诸军事,加广武将军。上征吴之策,甚合帝意。

　　后与王濬共伐吴,彬屯据冲要,为众军前驱。每设疑兵,应机制胜,陷西陵、乐乡,多所擒获。自巴陵、沔口以东,诸贼所聚,莫不震慑,倒戈肉袒。彬知贼寇已殄,孙皓将降,未至建邺二百里,称疾迟留,以示不竞。果有先到者争物,后到者争功,于时有识莫不高彬此举。吴平,诏曰:"广武将军唐彬受任方隅,东御吴寇,南临蛮越,抚宁疆场,有绥御之绩。又每慷慨,志在立功。顷者征讨,扶疾奉命,首启戎行,献俘授馘,勋效显著。其以彬为右将军、都督巴东诸军事。"征拜翊军校尉,改封上庸县侯,食邑六千户,赐绢六千匹。朝有疑议,每参预焉。

　　北虏侵掠北平,以彬为使持节、监幽州诸军事、领护乌丸校尉、右将军。彬既至镇,训卒利兵,广农重稼,震威曜武,宣喻国命,示以恩信。于是鲜卑二部大莫庾、挞何等并遣侍子入贡。兼修学校,诲诱无倦,仁惠广被。遂开拓旧境,却地千里。复秦长城塞,自温城洎于碣石,绵亘山谷且三千里,分军屯守,烽堠相望。由是边境获安,无犬吠之警,自汉魏征镇莫之比焉。鲜卑诸种畏惧,遂杀大莫庾。彬欲讨之,恐列上俟报,虏必逃散,乃发幽、冀车牛。参军许祗密奏之,诏遣御史槛车征彬付廷尉,以事直见释。百姓追慕彬功德,生为立碑作颂。

　　彬初受学于东海阚德,门徒甚多,独目彬有廊庙才。及彬官成,而德已卒,乃为之立碑。

　　元康初,拜使持节、前将军、领西戎校尉、雍州刺史。下教曰:"此州名都,士人林薮。处士皇甫申叔、严舒龙、姜茂时、梁子远等,并志节清妙,履行高洁。践境望风,虚心饥渴,思加延致,待以不臣之典。幅巾相见,论道而已,岂以吏职,屈染高规。郡国备礼发遣,以副于邑之望。"于是四人皆到,彬敬而待之。元康四年卒官,时年六十,谥曰襄,赐绢二百匹,钱二十万。长子嗣,官至广陵太守。少子岐,征虏司马。

　　史臣曰:孙氏负江山之阻隔,恃牛斗之妖氛,奄有水乡,抗衡上国。二王属当戎旅，受律遄征，浑既献捷横江，濬亦克清建邺。于时讨吴之劳，将帅虽多，定吴之劳，此焉为最。向使弘范父之不伐，慕阳夏之推功，上禀庙堂，下凭将士。岂非懋勋懋德，善始善终者欤！此而不存，彼焉是务。或矜功负气，或恃势骄陵，竞构南箕，成兹贝锦。遂乃喧黩宸扆，敦乱彝伦，既为戒于功臣，亦致讥于清论，岂不惜哉！王济遂骄父之褊心，乖争子之明义，俊材虽多，亦奚以为也。唐彬畏避交争，属疾迟留，退让之风，贤于浑、濬远矣。传云"不拘行检"，安得长者之行哉！

赞曰：二王总戎，淮海攸同。浑既害善，濬亦矜功。武子豪桀，夙参朝列。逞欲牛心，纡情"马埒"。儒宗知退，避名全节。

晋书卷四三
列传第一三

山涛 子简　简子遐　王戎 从弟衍　衍弟澄
郭舒　乐广

山涛,字巨源,河内怀人也。父曜,宛句令。涛早孤,居贫,少有器量,介然不群。性好《庄》、《老》,每隐身自晦。与嵇康、吕安善,后遇阮籍,便为竹林之交,著忘言之契。康后坐事,临诛,谓子绍曰:"巨源在,汝不孤矣。"

涛年四十,始为郡主簿、功曹、上计掾。举孝廉,州辟部河南从事。与石鉴共宿,涛夜起蹴鉴曰:"今为何等时而眠邪!知太傅卧何意?"鉴曰:"宰相三不朝,与尺一令归第,卿何虑也!"涛曰:"咄!石生无事马蹄间邪!"投传而去。未二年,果有曹爽之事,遂隐身不交世务。

与宣穆后有中表亲,是以见景帝。帝曰:"吕望欲仕邪?"命司隶举秀才,除郎中。转骠骑将军王昶从事中郎。久之,拜赵国相,迁尚书吏部郎。文帝与涛书曰:"足下在事清明,雅操迈时。念多所乏,今致钱二十万,谷二百斛。"魏帝尝赐景帝春服,帝以赐涛。又以母老,并赐藜杖一枚。

晚与尚书和逌交,又与钟会、裴秀并申款昵。以二人居势争权,涛平心处中,各得其所,而俱无恨焉。迁大将军从事中郎。钟会作乱于蜀,而文帝将西征。时魏氏诸王公并在邺,帝谓涛曰:"西偏吾自了之,后事深以委卿。"以本官行军司马,给亲兵五百人,镇邺。

咸熙初，封新沓子。转相国左长史，典统别营。时帝以涛乡闾宿望，命太子拜之。帝以齐王攸继景帝后，素又重攸，尝问裴秀曰："大将军开建未遂，吾但承奉后事耳。故立攸，将归功于兄，何如？"秀以为不可，又以问涛。涛对曰："废长立少，违礼不祥。国之安危，恒必由之。"太子位于是乃定。太子亲拜谢涛。及武帝受禅，以涛守大鸿胪，护送陈留王诣邺。泰始初，加奉车都尉，进爵新沓伯。

及羊祜执政，时人欲危裴秀，涛正色保持之。由是失权臣意，出为冀州刺史，加宁远将军。冀州俗薄，无相推毂。涛甄拔隐屈，搜访贤才，旌命三十余人，皆显名当时。人怀慕尚，风俗颇革。转北中郎将，督邺城守事。入为侍中，迁尚书。以母老辞职，诏曰："君虽乃心在于色养，然职有上下，旦夕不废医药，且当割情，以隆在公。"涛心求退，表疏数十上，久乃见听。除议郎，帝以涛清俭无以供养，特给日契，加赐床帐茵褥。礼秩崇重，时莫为比。

后除太常卿，以疾不就。会遭母丧，归乡里。涛年逾耳顺，居丧过礼，负土成坟，手植松柏。诏曰："吾所共致化者，官人之职是也。方今风俗陵迟，人心进动，宜崇明好恶，镇以退让。山太常虽尚居谅暗，情在难夺，方今务殷，何得遂其志邪！其以涛为吏部尚书。"涛辞以丧病，章表恳切。会元皇后崩，遂扶舆还洛。逼迫诏命，自力就职。前后选举，周遍内外，而并得其才。

咸宁初，转太子少傅，加散骑常侍；除尚书仆射，加侍中，领吏部。固辞以老疾，上表陈情。章表数十上，久不摄职，为左丞白褭所奏。帝曰："涛以病自闻，但不听之耳。使涛坐执铨衡则可，何必上下邪！不得有所问。"涛不自安，表谢曰："古之王道，正直而已。陛下不可以一老臣为加曲私，臣亦何心屡尘日月。乞如所表，以章典刑。"帝再手诏曰："白褭奏君甚妄，所以不即推，直不喜凶赫耳。君之明度，岂当介意邪！便当摄职，令断章表也。"涛志必欲退，因发从弟妇丧，辄还外舍。诏曰："山仆射近日暂出，遂以微苦未还，岂吾侧席之意。其遣丞掾奉诏谕旨，若体力故未平康者，便以舆车舆还寺舍。"涛辞不获已，乃起视事。

涛再居选职十有余年，每一官缺，辄启拟数人，诏旨有所向，然后显奏，随帝意所欲为先。故帝之所用，或非举首，众情不察，以涛轻重任意。或谮之于帝，故帝手诏戒涛曰："夫用人惟才，不遗疏远单贱，天下便化矣。"而涛行之自若，一年之后众情乃寝。涛所奏甄拔人物，各为题目，时称《山公启事》。

涛中立于朝，晚值后党专权，不欲任杨氏，多有讽谏，帝虽悟而不能改。后以年衰疾笃，上疏告退曰："臣年垂八十，救命旦夕，若有毫末之益，岂遗力于圣时。迫以老耄，不复任事。今四海休息，天下思化，从而静之，百姓自正。但当崇风尚教以敦之耳，陛下亦复何事。臣耳目聋暝，不能自励。君臣父子，其间无文，是以直陈愚情，乞听所请。"乃免冠徒跣，上还印绶。诏曰："天下事广，加吴土初平，九百草创，当共尽意化之。君不深识往心而以小疾求退，岂所望于君耶！朕犹侧席，未得垂拱，君亦何得高尚其事乎！当崇至公，勿复为虚饰之烦。"

涛苦表请退，诏又不许。尚书令卫瓘奏："涛以微苦，久不视职。手诏频烦，犹未顺旨。参议以为无专节之尚，违在公之义。若实沉笃，亦不宜居位。可免涛官。"中诏瓘曰："涛以德素为朝之望，而常深退让，至于恳切。故比有诏，欲必夺其志，以匡辅不逮。主者既不思明诏旨，而反深加诋案，亏崇贤之风，以重吾不德，何以示远近邪！"涛不得已，又起视事。

太康初，迁右仆射，加光禄大夫，侍中、掌选如故。涛以老疾固辞，手诏曰："君以道德为世模表，况自先帝识君远意。吾将倚君以穆风俗，何乃欲舍远朝政，独高其志耶！吾之至怀故不足以喻乎，何来言至恳切也。且当以时自力，深副至望。君不降志，朕不安席。"涛又上表固让，不许。

吴平之后，帝诏天下罢军役，示海内大安，州郡悉去兵，大郡置武吏百人，小郡五十人。帝尝讲武于宣武场，涛时有疾，诏乘步辇从。因与卢钦论用兵之本，以为不宜去州郡武备，其论甚精。于时咸以涛不学孙吴，而暗与之合。帝称之曰："天下名言也。"而不能用。及永宁之后，屡有变难，寇贼焱起，郡国皆以无备不能制，天下遂以大乱，如涛言焉。

后拜司徒，涛复固让。诏曰："君年耆德茂，朝之硕老，是以授君台辅之位。而远崇克让，至于反覆，良用于邑。君当终始朝政，翼辅朕躬。"涛又表曰："臣事天朝三十余年，卒无毫厘以崇大化。陛下私臣无已，猥授三司。臣闻德薄位高，力少任重，上有折足之凶，下有庙门之咎。愿陛下垂累世之恩，乞臣骸骨。"诏曰："君翼赞朝政，保乂皇家，匡佐之勋，朕所倚赖。司徒之职，实掌邦教，故用敬授，以答群望。岂宜冲让以自揖损邪！"已敕断章表，使者乃卧加章绶。涛曰："垂没之人，岂可污官府乎！"舆疾归家。

以太康四年薨，时年七十九。诏赐东园秘器、朝服一具、衣一袭、钱五十万、布百匹，以供丧事，策赠司徒，蜜印紫绶，侍中貂蝉，新沓伯蜜印青朱绶，祭以太牢，谥曰康。将葬，赐钱四十万、布百匹。左长史范晷等上言："涛旧第屋十间，子孙不相容。"帝为之立室。

初，涛布衣家贫，谓妻韩氏曰："忍饥寒，我后当作三公，但不知卿堪公夫人不耳！"及居荣贵，贞慎俭约，虽爵同千乘，而无嫔媵。禄赐俸秩，散之亲故。

初，陈郡袁毅尝为鬲令，贪浊而赂遗公卿，以求虚誉，亦遗涛丝百斤，涛不欲异于时，受而藏于阁上。后毅事露，槛车送廷尉，凡所受赂，皆见推检。涛乃取丝付吏，积年尘埃，印封如初。

涛饮酒至八斗方醉，帝欲试之，乃以酒八斗饮涛，而密益其酒，涛极本量而止。有五子：该、淳、允、谟、简。

该，字伯伦，嗣父爵。仕至并州刺史、太子左率，赠长水校尉。该子玮，字彦祖，翊军校尉。次子世回，吏部郎、散骑常侍。

淳，字子玄，不仕。

允，字叔真，奉车都尉。并少尪病，形甚短小，而聪敏过人。武帝闻而欲见之，涛不敢辞，以问于允。允自以嚷陋，不肯行。涛以为胜己，乃表曰："臣二子嚷病，宜绝人事，不敢受诏。"

谟，字季长，明惠有才智，官至司空掾。

简,字季伦,性温雅,有父风,年二十余,涛不之知也。简叹曰:
"吾年几三十,而不为家公所知!"后与谯国嵇绍、沛郡刘谟、弘农杨
淮齐名。

初为太子舍人,累迁太子庶子、黄门郎,出为青州刺史。征拜侍
中,顷之,转尚书。历镇军将军、荆州刺史,领南蛮校尉,不行,复拜
尚书。光熙初,转吏部尚书。永嘉初,出为雍州刺史、镇西将军。征
为尚书左仆射,领吏部。

简欲令朝臣各举所知,以广得才之路。上疏曰:"臣以为自古兴
替,实在官人;苟得其才,则无物不理。《书》言'知人则哲,惟帝难
之。'唐虞之盛,元恺登庸;周室之隆,济济多士。秦汉已来,风雅渐
丧。至于后汉,女君临朝,尊官大位,出于阿保,斯乱之始也。是以
郭泰、许劭之伦,明清议于草野;陈蕃、李固之徒,守忠节于朝廷。然
后君臣名节,古今遗典,可得而言。自初平之元,讫于建安之末,三
十年中,万姓流散,死亡略尽,斯乱之极也。世祖武皇帝,应天顺人,
受禅于魏。泰始之初,躬亲万机,佐命之臣,咸皆率职。时黄门侍郎
王恂、庾纯始于太极东堂听政,评尚书奏事,多论刑狱,不论选举。
臣以为不先所难,而辨其所易。陛下初临万国,人思尽诚,每于听政
之日,命公卿大臣先议选举,各言所见后进俊才、乡邑尤异、才堪任
用者,皆以名奏,主者随缺先叙。是爵人于朝,与众共之之义也。"朝
廷从之。

永嘉三年,出为征南将军、都督荆湘交广四州诸军事、假节,镇
襄阳。于时四方寇乱,天下分崩,王威不振,朝野危惧。简优游卒岁,
唯酒是耽。诸习氏,荆土豪族,有佳园池,简每出嬉游,多之池上,置
酒辄醉,名之曰"高阳池"。时有童儿歌曰:"山公出何许?往至高阳
池。日夕倒载归,茗酊无所知。时时能骑马,倒著白接篱。举鞭向
葛强:'何如并州儿?'"强家在并州,简爱将也。

寻加督宁、益军事。时刘聪入寇,京师危逼。简遣督护王万率
师赴难,次于涅阳,为宛城贼王如所破,遂婴城自守。及洛阳陷没,
简又为贼严嶷所逼,乃迁于夏口。招纳流亡,江汉归附。时华轶以

江州作难，或劝简讨之。简曰："与彦夏旧友，为之惆怅。简岂利人之机，以为功伐乎！"其笃厚如此。时乐府伶人避难，多奔沔汉，宴会之日，僚佐或劝奏之。简曰："社稷倾覆，不能匡救，有晋之罪人也，何作乐之有！"因流涕慷慨，坐者咸愧焉。

年六十卒，追赠征南大将军、仪同三司。子遐。

遐，字彦林，为余姚令。时江左初基，法禁宽弛，豪族多挟藏户口，以为私附。遐绳以峻法，到县八旬，出口万余。县人虞喜以藏户当弃市，遐欲绳喜。诸豪强莫不切齿于遐，言于执事，以喜有高节，不宜屈辱。又以遐辄造县舍，遂陷其罪。遐与会稽内史何充笺："乞留百日，穷蓝逋逃，退而就罪，无恨也。"充申理，不能得。竟坐免官。

后为东阳太守，为政严猛。康帝诏曰："东阳顷来竟囚，每多入重。岂郡多罪人，将捶楚所求，莫能自固邪！"遐处之自若，郡境肃然。卒于官。

史臣曰：若夫居官以洁其务，将以启天下之方；事亲以终其身，将以劝天下之俗。非山公之具美，其孰能与于此者哉！自东京丧乱，吏曹湮灭，西园有三公之钱，蒲陶有一州之任，贪饕方驾，寺署斯满。时移三代，世历九王，拜谢私庭，此焉成俗。若乃余风稍殄，理或可言。委以铨综，则群情自抑；通乎鱼水，则专用生疑。将矫前失，归诸后正，惠绝臣名，恩驰天口，世称《山公启事》者，岂斯之谓欤！若卢子家之前代，何足算也。

王戎，字濬冲，琅邪临沂人也。祖雄，幽州刺史。父浑，凉州刺史、贞陵亭侯。戎幼而颖悟，神彩秀彻。视日不眩，裴楷见而目之曰："戎眼烂烂，如岩下电。"年六、七岁，于宣武场观戏，猛兽在槛中虓吼震地，众皆奔走，戎独立不动，神色自若。魏明帝于阁上见而奇之。又尝与群儿嬉于道侧，见李树多实，等辈竞趣之，戎独不往。或问其故，戎曰："树在道边而多子，必苦李也。"取之，信然。

阮籍素与浑为友。戎年十五，随浑在郎舍。戎少籍二十岁，而籍与之交。籍每适浑，俄顷辄去，过视戎，良久然后出。谓浑曰："濬冲清赏，非卿伦也。共卿言，不如共阿戎谈。"及浑卒于凉州，故吏赙赠数百万，戎辞而不受，由是显名。为人短小，任率不修威仪，善发谈端，赏其要会。朝贤尝上巳禊洛，或问王济曰："昨游有何言谈？"济曰："张华善说《史》、《汉》；裴𫖳论前言往行，衮衮可听；王戎谈子房、季札之间，超然玄著。"其为识鉴者所赏如此。

戎尝与阮籍饮，时兖州刺史刘昶字公荣在坐，籍以酒少，酌不及昶，昶无恨色。戎异之，他日问籍曰："彼何如人也？"答曰："胜公荣，不可不与饮；若减公荣，则不敢不共饮；惟公荣可不与饮。"戎每与籍为竹林之游，戎尝后至。籍曰："俗物已复来败人意。"戎笑曰："卿辈意亦复易败耳！"

钟会伐蜀，过与戎别，问计将安出。戎曰："道家有言'为而不恃'，非成功难，保之难也。"及会败，议者以为知言。

袭父爵，辟相国掾，历吏部黄门郎、散骑常侍、河东太守、荆州刺史。坐遣吏修园宅，应免官，诏以赎论。迁豫州刺史，加建威将军，受诏伐吴。戎遣参军罗尚、刘乔领前锋，进攻武昌，吴将杨雍、孙述、江夏太守刘朗各率众诣戎降。戎督大军临江，吴牙门将孟泰以蕲春、邾二县降。吴平，进爵安丰县侯，增邑六千户，赐绢六千匹。

戎渡江，绥慰新附，宣扬威惠。吴光禄勋石伟方直，不容皓朝，称疾归家。戎嘉其清节，表荐之。诏拜伟为议郎，以二千石禄终其身。荆土悦服。

征为侍中。南郡太守刘肇赂戎筒中细布五十端，为司隶所纠，以知而未纳，故得不坐，然议者尤之。帝谓朝臣曰："戎之为行，岂怀私苟得，正当不欲为异耳！"帝虽以是言释之，然为清慎者所鄙，由是损名。

戎在职虽无殊能，而庶绩修理。后迁光禄勋、吏部尚书，以母忧去职。性至孝，不拘礼制，饮酒食肉，或观弈棋，而容貌毁悴，杖然后起。裴𫖳往吊之，谓人曰："若使一恸能伤人，濬冲不免灭性之讥也。"时和峤亦居父丧，以礼法自持，量米而食，哀毁不逾于戎。帝谓刘毅曰："和峤毁顿过礼,使人忧之。"毅曰："峤虽寝苦食粥,乃生孝耳。至于王戎,所谓死孝,陛下当先忧之。"戎先有吐疾,居丧增甚。帝遣医疗之,并赐药物,又断宾客。

杨骏执政,拜太子太傅。骏诛之后,东安公繇专断刑赏,威震外内。戎诫繇曰："大事之后,宜深远之。"繇不从,果得罪。转中书令,加光禄大夫,给恩信五十人。迁尚书左仆射,领吏部。

戎始为"甲午制",凡选举皆先治百姓,然后授用。司隶傅咸奏戎,曰："《书》称:'三载考绩,三考黜陟幽明。'今内外群官,居职未期,而戎奏还,既未定其优劣,且送故迎新,相望道路,巧诈由生,伤农害政。戎不仰依尧舜典谟,而驱动浮华,亏败风俗,非徒无益,乃有大损。宜免戎官,以敦风俗。"戎与贾、郭通亲,竟得不坐。寻转司徒。以王政将圮,苟媚取容,属愍怀太子之废,竟无一言匡谏。

裴𫖯,戎之婿也,𫖯诛,戎坐免官。齐王冏起义,孙秀录戎于城内,赵王伦子欲取戎为军司。博士王繇曰:"濬冲谲诈多端,安肯为少年用?"乃止。惠帝反宫,以戎为尚书令。既而河间王颙遣使就说成都王颖,将诛齐王冏。檄书至,冏谓戎曰:"孙秀作逆,天子幽逼。孤纠合义兵,扫除元恶,臣子之节,信著神明。二王听谗,造构大雅,当赖忠谋,以和不协。卿其善为我筹之"。戎曰:"公首举义众,匡定大业,开辟以来,未始有也。然论功报赏,不及有劳,朝野失望,人怀二志。今二王带甲百万,其锋不可当,若以王就第,不失故爵。委权崇让,此求安之计也。"冏谋臣葛旟怒曰:"汉、魏以来,王公就第,宁有得保妻子乎!议者可斩。"于是百官震悚,戎伪药发堕厕,得不及祸。

戎以晋室方乱,慕蘧伯玉之为人,与时舒卷,无蹇谔之节。自经典选,未尝进寒素,退虚名,但与时浮沉,户调门选而已。寻拜司徒,虽位总鼎司,而委事僚宷。间乘小马,从便门而出游,见者不知其三公也。故吏多至大官,道路相遇辄避之。性好兴利,广收八方园田水碓,周遍天下。积实聚钱,不知纪极,每自执牙筹,昼夜算计,恒若不足。而又俭啬,不自奉养,天下人谓之"膏肓之疾"。女适裴𫖯,贷钱数万，久而未还。女后归宁，戎色不悦，女遽还直，然后乃欢。后从子将婚，戎遗其一单衣，婚讫而更责取。家有好李，常出货之，恐人得种，恒钻其核。以此获讥于世。

其后从帝北伐，王师败绩于荡阴，戎后诣邺，随帝还洛阳。车驾之西迁也，戎出奔于郏。在危难之间，亲接锋刃，谈笑自若，未尝有惧容。时召亲宾，欢娱永日。永兴二年，薨于郏县，时年七十二，谥曰元。

戎有人伦鉴识，尝目山涛如璞玉浑金，人皆钦其宝，莫知名其器；王衍神姿高彻，如瑶林琼树，自然是风尘表物。谓裴颜拙于用长，荀勖工于用短，陈道宁缓缓如束长竿。族弟敦有高名，戎恶之。敦每候戎，辄托疾不见。敦后果为逆乱。其鉴赏先见如此。尝经黄公酒垆下过，顾谓后车客曰："吾昔与嵇叔夜、阮嗣宗酣畅于此，竹林之游亦预其末。自嵇、阮云亡，吾便为时之所羁绁。今日视之虽近，邈若山河！"初，孙秀为琅邪郡吏，求品于乡议。戎从弟衍将不许，戎劝品之。及秀得志，朝士有宿怨者皆被诛，而戎、衍获济焉。

子万，有美名。少而大肥，戎令食糠而肥愈甚。年十九卒。有庶子兴，戎所不齿。以从弟阳平太守愔子为嗣。

衍，字夷甫。神情明秀，风姿详雅。总角尝造山涛，涛嗟叹良久，既去，目而送之曰："何物老妪，生宁馨儿！然误天下苍生者，未必非此人也。"父乂，为平北将军，常有公事，使行人列上，不时报。衍年十四，时在京师，造仆射羊祜，申陈事状，辞甚清辩。祜名德贵重，而衍幼年无屈下之色，众咸异之。杨骏欲以女妻焉，衍耻之，遂阳狂自免。武帝闻其名，问戎曰："夷甫当世谁比？"戎曰："未见其比，当从古人中求耳。"

泰始八年，诏举奇才可以安边者，衍初好论纵横之术，故尚书卢钦举为辽东太守。不就，于是口不论世事，唯雅咏玄虚而已。尝因宴集，为族人所怒，举樏掷其面。衍初无言，引王导共载而去。然心不能平，在车中揽镜自照，谓导曰："尔看吾目光乃在牛背上矣。"父卒于北平，送故甚厚，为亲识之所借贷，因以舍之。数年之间，家资罄尽,出就洛城西田园而居焉。后为太子舍人,迁尚书郎。出补元城令,终日清谈,而县务亦理。入为中庶子、黄门侍郎。

魏正始中,何晏、王弼等祖述《老》、《庄》,立论以为:"天地万物皆以无为为本。无也者,开物成务,无往不存者也。阴阳恃以化生,万物恃以成形,贤者恃以成德,不肖恃以免身。故无之为用,无爵而贵矣。"衍甚重之。惟裴颜以为非,著论以讥之,而衍处之自若。

衍既有盛才美貌,明悟若神,常自比子贡。兼声名藉甚,倾动当世。妙善玄言,唯谈《老》、《庄》为事。每捉玉柄尘尾,与手同色。义理有所不安,随即改更,世号"口中雌黄"。朝野翕然,谓之"一世龙门"矣。累居显职,后进之士,莫不景慕放效。选举登朝,皆以为称首。矜高浮诞,遂成风俗焉。衍尝丧幼子,山简吊之。衍悲不自胜,简曰:"孩抱中物,何至于此!"衍曰:"圣人忘情,最下不及于情。然则,情之所钟,正在我辈。"简服其言,更为之恸。

衍妻郭氏,贾后之亲,藉中宫之势,刚愎贪戾,聚敛无厌,好干预人事,衍患之而不能禁。时有乡人幽州刺史李阳,京师大侠也,郭氏素惮之。衍谓郭曰:"非但我言卿不可,李阳亦谓不可。"郭氏为之小损。衍疾郭之贪鄙,故口未尝言钱。郭欲试之,令婢以钱绕床,使不得行。衍晨起见钱,谓婢曰:"举阿堵物却!"其措意如此。

后历北军中候、中领军、尚书令。女为愍怀太子妃,太子为贾后所诬,衍惧祸,自表离婚。贾后既废,有司奏衍,曰:"衍与司徒梁王肜书,写呈皇太子手与妃及衍书,陈见诬之状。肜等伏读,辞旨恳恻。衍备位大臣,应以义责也。太子被诬得罪,衍不能守死善道,即求离婚。得太子手书,隐蔽不出。志在苟免,无忠蹇之操。宜加显责,以厉臣节。可禁锢终身。"从之。

衍素轻赵王伦之为人。及伦篡位,衍阳狂斫婢以自免。及伦诛,拜河南尹,转尚书,又为中书令。时齐王冏有匡复之功,而专权自恣,公卿皆为之拜,衍独长揖焉。以病去官。成都王颖以衍为中军师,累迁尚书仆射,领吏部,后拜尚书令、司空、司徒。衍虽居宰辅之重,不以经国为念,而思自全之计。说东海王越曰:"中国已乱,当赖方伯，宜得文武兼资以任之。”乃以弟澄为荆州，族弟敦为青州。因谓澄、敦曰：“荆州有江汉之固，青州有负海之险，卿二人在外，而吾留此，足以为三窟矣。”识者鄙之。

及石勒、王弥寇京师，以衍都督征讨诸军事、持节、假黄钺以距之。衍使前将军曹武、左卫将军王景等击贼，退之，获其辎重。迁太尉，尚书令如故。封武陵侯，辞封不受。时洛阳危逼，多欲迁都以避其难，而衍独卖车牛以安众心。

越之讨苟晞也，衍以太尉为太傅军司。及越薨，众共推衍为元帅。衍以贼寇锋起，惧不敢当。辞曰：“吾少无官情，随牒推移，遂至于此。今日之事，安可以非才处之。”俄而举军为石勒所破，勒呼王公，与之相见，问衍以晋故。衍为陈祸败之由，云计不在己。勒甚悦之，与语移日。衍自说少不豫事，欲求自免，因劝勒称尊号。勒怒曰：“君名盖四海，身居重任，少壮登朝，至于白首，何得言不豫世事邪！破坏天下，正是君罪。”使左右扶出。谓其党孔苌曰：“吾行天下多矣，未尝见如此人，当可活不？”苌曰：“彼晋之三公，必不为我尽力，又何足贵乎！”勒曰：“要不可加以锋刃也。”使人夜排墙填杀之。衍将死，顾而言曰：“呜呼！吾曹虽不如古人，向若不祖尚浮虚，戮力以匡天下，犹可不至今日。”时年五十六。衍俊秀有令望，希心玄远，未尝语利。王敦过江，常称之曰：“夷甫处众中，如珠玉在瓦石间。”顾恺之作画赞，亦称衍岩岩清峙，壁立千仞。其为人所尚如此。

子玄，字眉子。少慕简旷，亦有俊才，与卫玠齐名。荀藩用为陈留太守，屯尉氏。玄素名家，有豪气，荒弊之时，人情不附，将赴祖逖，为盗所害焉。

澄，字平子。生而警悟，虽未能言，见人举动，便识其意。衍妻郭性贪鄙，欲令婢路上担粪。澄年十四，谏郭以为不可。郭大怒，谓澄曰：“昔夫人临终，以小郎属新妇，不以新妇属小郎。”因捉其衣裾，将杖之。澄争得脱，逾窗而走。

衍有重名于世，时人许以人伦之鉴。尤重澄及王敦、庾敳，尝为天下人士目曰：“阿平第一，子嵩第二，处仲第三。”澄尝谓衍曰：“兄形似道,而神锋太俊。"衍曰:"诚不如卿落落穆穆然也。"澄由是显名。有经澄所题目者,衍不复有言,辄云"已经平子矣"。

少历显位,累迁成都王颖从事中郎。颖嬖竖孟玖谮杀陆机兄弟,天下切齿。澄发玖私奸,劝颖杀玖,颖乃诛之,士庶莫不称善。及颖败,东海王越请为司空长史。以迎大驾勋,封南乡侯。迁建威将军、雍州刺史,不之职。时王敦、谢鲲、庾敳、阮修皆为衍所亲善,号为"四友",而亦与澄狎,又有光逸、故母辅之等亦豫焉。酣宴纵诞,穷欢极娱。

惠帝末,衍白越以澄为荆州刺史、持节、都督,领南蛮校尉,敦为青州。衍因问以方略,敦曰:"当临事制变,不可豫论。"澄辞义锋出,算略无方,一坐嗟服。澄将之镇,送者倾朝。澄见树上鹊巢,便脱衣上树,探𪃟而弄之,神气萧然,傍若无人。刘琨谓澄曰:"卿形虽散朗,而内实动侠,以此处世,难得其死。"澄默然不答。

澄既至镇,日夜纵酒,不亲庶事,虽寇戎急务,亦不以在怀。擢顺阳人郭舒于寒悴之中,以为别驾,委以州府。时京师危逼,澄率众军,将赴国难,而飘风折其节柱。会王如寇襄阳,澄前锋至宜城,遣使诣山简,为如党严嶷所获。嶷伪使人从襄阳来而问之曰:"襄阳拔未?"答云:"昨旦破城,已获山简。"乃阴缓澄使,令得亡去。澄闻襄阳陷,以为信然,散众而还。既而耻之,托粮运不赡,委罪长史蒋俊而斩之,竟不能进。

巴蜀流人散在荆湘者,与土人忿争,遂杀县令,屯聚乐乡。澄使成都内史王机讨之。贼请降,澄伪许之,既而袭之于宠洲,以其妻子为赏,沉八千余人于江中。于是益梁流人四五万家一时俱反,推杜弢为主,南破零桂,东掠武昌,败王机于巴陵。澄亦无忧惧之意,但与机日夜纵酒,投壶博戏,数十局俱起。杀富人李才,取其家资以赐郭舒。南平太守应詹骤谏,不纳。于是上下离心,内外怨叛。澄望实虽损,犹傲然自得。后出军击杜弢,次于作塘。山简参军王冲叛于豫州,自称荆州刺史。澄惧,使杜蕤守江陵。澄迁于沓陵,寻奔沓中。郭舒谏曰:"使君临州,虽无异政,未失众心。今西收华容向义之兵,足以擒此小丑,奈何自弃。"澄不能从。

初,澄命武陵诸郡同讨杜弢,天门太守扈瑰次于益阳。武陵内史武察为其郡吏所害,瑰以孤军引还。澄怒,以杜曾代瑰。夷袁遂,瑰故吏也,托为瑰报仇,遂举兵逐曾,自称平晋将军。澄使司马毌丘邈讨之,为遂所败。会元帝征澄为军谘祭酒,于是赴召。

时王敦为江州,镇豫章,澄过诣敦。澄夙有盛名,出于敦右,士庶莫不倾慕之。兼勇力绝人,素为敦所惮,澄犹以旧意侮敦。敦益忿怒,请澄入宿,阴欲杀之。而澄左右有二十人,持铁马鞭为卫,澄手恒捉玉枕以自防,故敦未之得发。后敦赐澄左右酒,皆醉,借玉枕观之。因下床而谓澄曰:"何与杜弢通信?"澄曰:"事自可验。"敦欲入内,澄手引敦衣,至于绝带。乃登于梁,因骂敦曰:"行事如此,殃将及焉。"敦令力士路戎扼杀之,时年四十四,载尸还其家。刘琨闻澄之死,叹曰:"澄自取之。"及敦平,澄故吏佐著作郎桓稚上表理澄,请加赠谥。诏复澄大官,谥曰宪。

长子詹,早卒。次子徽,右军司马。

郭舒,字稚行。幼请其母从师,岁余便归,粗识大义。乡人少府范晷、宗人武陵太守郭景,咸称舒当为后来之秀,终成国器。始为领军校尉,坐擅放司马彪,系廷尉,世多义之。刺史夏侯含辟为西曹,转主簿。含坐事,舒自系理含,事得释。刺史宗岱命为治中,丧母去职。刘弘牧荆州,引为治中。弘卒,舒率将士推弘子璠为主,讨逆贼郭劢,灭之,保全一州。

王澄闻其名,引为别驾。澄终日酣饮,不以众务在意,舒常切谏之。及天下大乱,又劝澄修德养威,保完州境。澄以为乱自京都起,非复一州所能匡御,虽不能从,然重其忠亮。荆土士人宗庿尝因酒忤澄,澄怒,叱左右棒庿。舒厉色谓左右曰:"使君过醉,汝辈何敢妄动!"澄恚曰:"别驾狂邪,诳言我醉!"因遣掐其鼻,炙其眉头,舒跪而受之。澄意少释,而庿遂得免。

澄之奔败也,以舒领南郡。澄又欲将舒东下,舒曰:"舒为万里纪纲,不能匡正,令使君奔亡,不忍渡江。"乃留屯沌口,采稆湖泽以自给。乡人盗食舒牛，事觉，来谢。舒曰："卿饥，所以食牛耳，余肉可共啖之。"世以此服其弘量。

舒少与杜曾厚，曾尝召之，不往，曾衔之。至是，澄又转舒为顺阳太守，曾密遣兵袭舒，遁逃得免。

王敦召为参军，转从事中郎。襄阳都督周访卒，敦遣舒监襄阳军。甘卓至，乃还。朝廷征舒为右丞，敦留不遣。敦谋为逆，舒谏不从，使守武昌。荆州别驾宗澹忌舒才能，数谮之于王廙。廙疑舒与甘卓同谋，密以白敦，敦不受。高官督护缪坦尝请武昌城西地为营，太守乐凯言于敦曰："百姓久乂此地，种菜自赡，不宜夺之。"敦大怒曰："王处仲不来江湖，当有武昌地不，而人云是我地邪！"凯惧，不敢言。舒曰："公听舒一言。"敦曰："平子以卿病狂，故掐鼻灸眉头，旧疢复发邪！"舒曰："古之狂也直，周昌、汲黯、朱云不狂也。昔尧立诽谤之木，舜置敢谏之鼓，然后事无枉纵。公为胜尧舜邪？乃逆折舒，使不得言，何与古人相远！"敦曰："卿欲何言？"舒曰："缪坦可谓小人，疑误视听，夺人私地，以强陵弱。晏子称：君曰其可，臣献其否，以成其可。是以舒等不敢不言。"敦即使还地，众咸壮之。敦重舒公亮，给赐转丰，数诣其家。表为梁州刺史。病卒。

乐广，字彦辅，南阳淯阳人也。父方，参魏征西将军夏侯玄军事。广时年八岁，玄常见广在路，因呼与语，还谓方曰："向见广神姿朗彻，当为名士。卿家虽贫，可令专学，必能兴卿门户也。"方早卒。广孤贫，侨居山阳，寒素为业，人无知者。性冲约，有远识，寡嗜欲，与物无竞。尤善谈论，每以约言析理，以厌人之心，其所不知，默如也。

裴楷尝引广共谈，自夕申旦，雅相钦挹，叹曰："我所不如也。"王戎为荆州刺史，闻广为夏侯玄所赏，乃举为秀才。楷又荐广于贾充，遂辟太尉掾，转太子舍人。尚书令卫瓘，朝之耆旧，逮与魏正始中诸名士谈论，见广而奇之，曰："自昔诸贤既没，常恐微言将绝，而今乃复闻斯言于君矣。"命诸子造焉，曰："此人之水镜，见之莹然，若披云雾而睹青天也。"王衍自言:"与人语甚简至,及见广,便觉己之烦。"其为识者所叹美如此。

出补元城令,迁中书侍郎,转太子中庶子,累迁侍中、河南尹。广善清言而不长于笔,将让尹,请潘岳为表。岳曰:"当得君意。"广乃作二百句语,述己之志。岳因取次比,便成名笔。时人咸云:"若广不假岳之笔,岳不取广之旨,无以成斯美也。"

尝有亲客,久阔不复来,广问其故,答曰:"前在坐,蒙赐酒,方欲饮,见杯中有蛇,意甚恶之,既饮而疾。"于时河南听事壁上有角,漆画作蛇,广意杯中蛇即角影也。复置酒于前处,谓客曰:"酒中复有所见不?"答曰:"所见如初。"广乃告其所以,客豁然意解,沉疴顿愈。

卫玠总角时,尝问广梦,广云是想。玠曰:"神形所不接而梦,岂是想邪!"广曰:"因也。"玠思之,经月不得,遂以成疾。广闻故,命驾为剖析之,玠病即愈。广叹曰:"此贤胸中当必无膏肓之疾!"

广所在为政,无当时功誉,然每去职,遗爱为人所思。凡所论人,必先称其所长,则所短不言而自见矣。人有过,先尽弘恕,然后善恶自彰矣。广与王衍俱宅心事外,名重于时。故天下言风流者,谓王、乐为称首焉。

少与弘农杨准相善。准之二子曰乔曰髦,皆知名于世。准使先诣裴𬱟,𬱟性弘方,爱乔有高韵。谓准曰:"乔当及卿,髦少减也。"又使诣广,广性清淳,爱髦有神检。谓准曰:"乔自及卿,然髦亦清出。"准笑曰:"我二儿之优劣,乃裴、乐之优劣也。"论者以为乔虽有高韵,而神检不足,乐为得之矣。

是时,王澄、胡毋辅之等,皆亦任放为达,或至裸体者。广闻而笑曰:"名教内自有乐地,何必乃尔!"其居才爱物,动有理中,皆此类也。值世道多虞,朝章紊乱,清己中立,任诚保素而已。时人莫有见其际焉。

先是,河南官舍多妖怪,前尹多不敢处正寝,广居之不疑。尝外户自闭,左右皆惊,广独自若。顾见墙有孔,使人掘墙,得狸而杀之,其怪亦绝。

愍怀太子之废也，诏故臣不得辞送，众官不胜愤叹，皆冒禁拜辞。司隶校尉满奋敕河南中部收缚拜者送狱，广即便解遣。众人代广危惧。孙琰说贾谧曰："前以太子罪恶，有斯废黜，其臣不惧严诏，冒罪而送。今若系之，是彰太子之善，不如释去。"谧然其言，广故得不坐。

迁吏部尚书左仆射，后东安王繇当为仆射，转广为右仆射，领吏部，代王戎为尚书令。始戎荐广，而终践其位，时人美之。

成都王颖，广之婿也，及与长沙王乂遘难，而广既处朝望，群小谗谤之。乂以问广，广神色不变，徐答曰："广岂以五男易一女。"犹以为疑，广竟以忧卒。荀藩闻广之不免也，为之流涕。三子：凯、肇、谟。

凯，字弘绪，大司马齐王掾，参骠骑军事。肇，字弘茂，太傅东海王掾。洛阳陷，兄弟相携南渡江。谟，字弘范，征虏将军、吴郡内史。

史臣曰：汉相清静，见机于旷务；周史清虚，不嫌其尸禄。岂台揆之任，有异于常班者欤！濬冲善发谈端，夷甫仰教方外，登槐庭之显列，顾漆园而高视。彼既凭虚，朝章已乱。戎则取容于世，旁委货财；衍则自保其身，宁论宗稷？及三方构乱，六戎藉手，犬羊之侣，锋镝如云。夷甫区区焉，佞彼凶渠，以求容贷，颓墙之隙，犹有礼也。平子肆情傲物，对境难堪，终失厥生，自贻伊败。且夫衣服表容，圭璋范德，声移宫羽，彩照山华，布武有章，立言成训。澄之箕踞，不已甚矣。若乃解祖登枝，裸形门鹊，以此为达，谓之高致，轻薄是效，风流讵及。道暌将圣，事乖骈指，操情独往，自夭其生者焉。昔晏婴哭庄公之尸，乐令解愍怀之客，岂闻伯夷之风欤，懦夫能立志者也。

赞曰：晋家求士，乃构仙台。陵云切汉，山叟知材。濬冲居鼎，谈优务劣。夷甫两顾，退求三穴。神乱当年，忠乖曩列。平子陵侮，多于用拙。乐令披云，高天澄澈。

晋书卷四四
列传第一四

郑袤 子默 默子珠　李胤　卢钦
子浮 弟琰 琰子志 志子谌　华表 子廙
廙子恒 廙弟峤　石鉴　温羡

郑袤，字林叔，荥阳开封人也。高祖众，汉大司农。父泰，扬州刺史，有高名。袤少孤，早有识鉴。荀攸见之曰："郑公业不亡矣。"随叔父浑避难江东。时华歆为豫章太守，浑往依之，歆素与泰善，抚养袤如己子。年十七，乃还乡里。性清正。时济阴魏讽为相国掾，名重当世，袤同郡任览与结交。袤以讽奸雄，终必为祸，劝览远之。及讽败，论者称焉。

魏武帝初封诸子为侯，精选宾友，袤与徐干俱为临淄侯文学，转司隶功曹从事。司空王朗辟为掾，袤举高阳许允、扶风鲁芝、东莱王基，朗皆命之，后咸至大位，有重名。袤迁尚书郎。出为黎阳令，吏民悦服。太守班下属城，特见甄异，为诸县之最。迁尚书右丞。转济阴太守，下车旌表孝悌，敬礼贤能，兴立庠序，开诱后进。调补大将军从事中郎，拜散骑常侍。会广平太守缺，宣帝谓袤曰："贤叔大匠垂称于阳平、魏郡，百姓蒙惠化。且卢子家、王子雍继踵此郡，使世不乏贤，故复相屈。"表袤在广平，以德化为先，善作条教，郡中爱之。征拜侍中，百姓恋慕，涕泣路隅。迁少府。高贵乡公即位，袤与河南尹王肃备法驾奉迎于元城，封广昌亭侯。徙光禄勋，领宗正。

毌丘俭作乱，景帝自出征之，百官祖送于城东，袤疾病不任会。帝谓中领军王肃曰："唯不见郑光禄为恨。"肃以语袤，袤自舆追帝，及于近道。帝笑曰："故知侯生必来也。"遂与袤共载，曰："计将何先？"袤曰："昔与俭俱为台郎，特所知悉。其人好谋而不达事情，自昔建勋幽州，志望无限。文钦勇而无算。今大军出其不意，江淮之卒锐而不能固，深沟高垒以挫其气，此亚夫之长也。"帝称善。转太常。高贵乡公议立明堂辟雍，精选博士，袤举刘毅、刘实、程咸、庾峻，后并至公辅大位。及常道乡公立，与议定策，进封安城乡侯，邑千户。景元初，疾病失明，屡乞骸骨，不许。拜光禄大夫。五等初建，封密陵伯。

武帝践阼，进爵为侯。虽寝疾十余年，而时贤并相推荐。泰始中，诏曰："光禄大夫、密陵侯袤，履行纯正，守道冲粹，退有清和之风，进有素丝之节，宜登三阶之曜，补袤职之阙。今以袤为司空。"天子临轩，遣五官中郎将国坦就第拜授。袤前后辞让，遣息称上送印绶，至于十数。谓坦曰："魏以徐景山为司空，吾时为侍中，受诏譬旨。徐公语吾曰：'三公当上应天心，苟非其人，实伤和气，不敢以垂死之年，累辱朝廷也。'终于不就。遵大雅君子之迹，可不务乎！"固辞，久之见许。以侯就第，拜仪同三司，置舍人官骑，赐床帐簟褥、钱五十万。

九年薨，时年八十五。帝于东堂发哀，赐秘器、朝服一具、衣一袭、钱三十万，绢布各百匹，以供丧事。谥曰元。有子六人，长子默嗣，次质、舒、诩、称、予，位并列卿。

默，字思元。起家秘书郎，考核旧文，删省浮秽。中书令虞松谓曰："而今而后，朱紫别矣。"转尚书考功郎，专典伐蜀事，封关内侯，迁司徒左长史。武帝受禅，与太原郭奕俱为中庶子。朝廷以太子官属宜称陪臣，默上言："皇太子体皇极之尊，无私于天下。宫臣皆受命天朝，不得同之藩国。"事遂施行。出为东郡太守。值岁荒人饥，默辄开仓振给，乃舍都亭，自表侍罪。朝廷嘉默忧国，诏书褒叹，比之汲黯。班告天下，若郡县有此比者，皆听出给。入为散骑常侍。

初,帝以贵公子当品,乡里莫敢与为辈,求之州内,于是十二郡中正佥共举默。文帝与袤书曰:"小儿得厕贤子之流,愧有窃贤之累。"及武帝出祀南郊,诏使默骖乘,因谓默曰:"卿知何以得骖乘乎?昔州里举卿相辈,常愧有累清谈。"遂问政事,对曰:"劝稼务农,为国之基。选人得才,济世之道。居官久职,政事之宜。明慎黜陟,劝戒之由。崇尚儒素,化导之本。如此而已矣。"帝善之。

后以父丧去官,寻起为廷尉。是时鬲令袁毅坐交通货赂,大兴刑狱。在朝多见引逮,唯默兄弟以洁慎不染其流。迁太常。时仆射山涛欲举一亲亲为博士,谓默曰:"卿似尹翁归,令吾不敢复言。"默为人敦重,柔而能整,皆此类也。

及齐王攸当之国,下礼官议崇锡典制。博士祭酒曹志等并立异议,默容过其事,坐免。寻拜大鸿胪。遭母丧,旧制,既葬还职,默自陈恳至,久而见许。遂改法定令,听大臣终丧,自默始也。服阕,为大司农,转光禄勋。

太康元年卒,时年六十八。谥曰成。尚书令卫瓘奏:"默才行名望,宜居论道,五升九卿,位未称德,宜赠三司。"而后父杨骏先欲以女妻默子豫,默曰:"吾每读《隽不疑传》,常想其人。畏远权贵,奕世所守。"遂辞之。骏深为恨。至此,骏议不同,遂不施行。默宽冲博爱,谦虚温谨,不以才地矜物,事上以礼,遇下以和,虽僮竖斯养不加声色,而犹有嫌怨,故士君子以为居世之难。子球。

球,字子瑜。少辟宰府,入侍二宫。成都王为大将军,起义讨赵王伦,球自顿丘太守为右长史,以功封平寿公。累迁侍中、尚书、散骑常侍、中护军、尚书右仆射,领吏部。永嘉二年卒,追赠金紫光禄大夫。谥曰元。球弟豫,永嘉末为尚书。

李胤,字宣伯,辽东襄平人也。祖敏,汉河内太守,去官还乡里,辽东太守公孙度欲强用之,敏乘轻舟浮沧海,莫知所终。胤父信追求积年,浮海出塞,无所见,欲行丧制服,则疑父尚存,情若居丧而不聘娶。后有邻居故人与其父同年者亡,因行丧制服。燕国徐邈与之州里，以不孝莫大于无后，劝使娶妻。既生胤，遂绝房室，恒如居丧礼，不堪其忧，数年而卒。胤既幼孤，母又改行，有识之后，降食哀戚，亦以丧礼自居。又以祖不知存亡，设木主以事之。由是以孝闻。容貌质素，颓然若不足者，而知度沉邃，言必有则。

初仕郡上计掾，州辟部从事、治中，举孝廉，参镇北军事。迁乐平侯相，政尚清简。入为尚书郎，迁中护军司马、吏部郎，铨综廉平。赐爵关中侯，出补安丰太守。文帝引为大将军从事中郎，迁御史中丞，恭恪直绳，百官惮之。伐蜀之役，为西中郎将、督关中诸军事。后为河南尹，封广陆伯。

泰始初，拜尚书，进爵为侯。胤奏以为："古者三公坐而论道，内参六官之事，外与六卿之教，或处三槐，兼听狱讼，稽疑之典，谋及卿士。陛下圣德钦明，垂心万机，猥发明诏，仪刑古式，虽唐虞畴谘，周文翼翼，无以加也。自今以往，国有大政，可亲延群公，询纳谠言。其军国所疑，延诣省中，使侍中、尚书谘论所宜。若有疾疢，不任观会，临时遣侍臣讯访。"诏从之。迁吏部尚书仆射，寻转太子少傅。诏以胤忠允高亮，有匪躬之节，使领司隶校尉。胤屡自表让，忝傅储宫，不宜兼监司之官。武帝以二职并须忠贤，故每不许。

咸宁初，皇太子出居东宫，帝以司隶事任峻重，而少傅有旦夕辅导之务，胤素羸，不宜久劳之，转拜侍中，加特进。俄迁尚书令，侍中、特进如故。胤虽历职内外，而家至贫俭，儿病无以市药。帝闻之，赐三十万。其后帝以司徒旧丞相之职，诏以胤为司徒。在位五年，简亮持重，称为任职。以吴会初平，大臣多有勋劳，宜有登进，乃上疏逊位。帝不听，遣侍中宣旨，优诏敦谕，绝其章表。胤不得已，起视事。

太康三年薨，诏遣御史持节监丧致祠，谥曰成。皇太子命舍人王赞诔之，文义甚美。帝后思胤清节，诏曰："故司徒李胤、太常彭灌，并履忠清俭，身没，家无余积，赐胤家钱二百万、谷千斛，灌家半之。"三子，固、真长、修。

固，字万基，散骑郎，先胤卒。固子志嗣爵。志，字彦道，历位散骑侍郎、建威将军、阳平太守。

真长，位至太仆卿。

修，黄门侍郎、太弟中庶子。

卢钦，字子若，范阳涿人也。祖植，汉侍中。父毓，魏司空。世以儒业显。钦清澹有远识，笃志经史，举孝廉，不行，魏大将军曹爽辟为掾。爽弟尝有所属请，钦白爽子弟不宜干犯法度，爽深纳之，而罚其弟。除尚书郎。爽诛，免官。后为侍御史，袭父爵大利亭侯，累迁琅邪太守。宣帝为太傅，辟从事中郎，出为阳平太守，迁淮北都督、伏波将军，甚有称绩。征拜散骑常侍、大司农，迁吏部尚书，进封大梁侯。

武帝受禅，以为都督沔北诸军事、平南将军、假节，给追锋辒卧车各一乘、第二驸马二乘、骑具刀器、御府人马铠等，及钱三十万。钦在镇宽猛得中，疆场无虞。入为尚书仆射，加侍中、奉车都尉，领吏部。以清贫，特赐绢百匹。钦举必以材，称为廉平。

咸宁四年卒，诏曰："钦履道清正，执德贞素。文武之称，著于方夏。入跻机衡，惟允庶事。肆勤内外，有匪躬之节。不幸薨没，朕甚悼心。其赠卫将军、开府仪同三司，赐秘器、朝服一具、衣一袭、布五十匹、钱三十万。"谥曰元。又以钦忠清高洁，不营产业，身没之后，家无所庇，特赐钱五十万，为立第舍。复下诏曰："故司空王基、卫将军卢钦、领典军将军杨嚣，并素清贫，身没之后，居无私积。顷者饥馑，闻其家大匮，其各赐谷三百斛。"钦历宰州郡，不尚功名，唯以平理为务。禄俸散之亲故，不营赀产。动循礼典，妻亡，制庐杖，终丧居外。所著诗赋论难数十篇，名曰《小道》。子浮嗣。

浮，字子云。起家太子舍人。病疽截手，遂废。然朝廷器重之，以为国子博士、祭酒、秘书监，皆不就。

钦弟珽，字子笏。卫尉卿。珽子志。

志，字子道。初辟公府掾、尚书郎，出为邺令。成都王颖之镇邺也，爱其才量，委以心膂，遂为谋主。齐王冏起义，遣使告颖。颖召志计事,志曰:"赵王无道,肆行篡逆,四海人神,莫不愤怒。今殿下总率三军,应期电发,子来之众,不召自至。埽夷凶逆,必有征无战。然兵事至重,圣人所慎。宜旌贤任才,以收时望。"颖深然之,改选上佐,高辟掾属,以志为谘议参军,仍补左长史,专掌文翰。颖前锋都督赵骧为伦所败,士众震骇,议者多欲还保朝歌。志曰:"今我军失利,敌新得胜,必有轻易陵轹之情,若顿兵不进,三军畏恤,惧不可用。且战何能无胜负,宜更选精兵,星行倍道,出贼不意,此用兵之奇也。"颖从之。及伦败,志劝颖曰:"齐王众号百万,与张泓等相持不能决,大王迳得济河,此之大勋,莫之与比,而齐王今当与大王共辅朝政。志闻两雄不俱处,功名不并立,今宜因太妃微疾,求还定省,推崇齐王,徐结四海之心,此计之上也。"颖纳之,遂以母疾还藩,委重于冏。由是颖获四海之誉,天下归心。朝廷封志为武强侯,加散骑常侍。

及河间王颙纳李含之说,欲内除二王,树颖储副,遣报颖,颖将应之,志正谏,不从。及冏灭,颖遥执朝权,遂怀觊望之心。以长沙王乂在内,不得恣其所欲,密欲去乂。时荆州有张昌之乱,颖表求亲征,朝廷许之。会昌等平,乃回兵以讨乂。志谏曰:"公前有复皇祚之大勋,及事平,归功于齐,辞九锡之赏,不当朝政之权,振阳翟饥人,葬黄桥白骨,皆盛德之事,四海之人莫不荷赖矣。逆寇纵肆,猾扰荆楚,今公埽清群难,南土以宁,振旅而旋,顿军关外,文服入朝,此霸王者之事也。"颖不纳。

乃乂死,颖表志为中书监,留邺,参署相府事。乘舆败于荡阴,颖遣志督兵迎帝。及王浚攻邺,志劝颖奉天子还洛阳。时甲士尚万五千人,志夜部分,至晓,众皆成列,而程太妃恋邺不欲去,颖未能决。俄而众溃,唯志与子谧、兄子綝、殿中武贲千人而已,志复劝颖早发。时有道士姓黄,号曰"圣人",太妃信之。及使呼入,道士求两杯酒,饮讫,抛杯而去,于是志计始决。而人马复散,志于营阵间寻索,得数乘鹿车,司马督韩玄收集黄门,得百余人。志入,帝问志曰:"何故散败至此?"志曰:"贼去邺尚八十里,而人士一朝骇散,太弟今欲奉陛下还洛阳。"帝曰："甚佳。"于是御犊车便发。屯骑校尉郝昌先领兵八千守洛阳，帝召之，至汲郡而昌至，兵仗甚盛。志喜于复振，启天子宜下赦书，与百姓同其休庆。既达洛阳，志启以满奋为司隶校尉。奔散者多还，百官粗备，帝悦，赐志绢二百匹。绵百斤、衣一袭、鹤绫袍一领。

初，河间王颙闻王浚起兵，遣右将军张方救邺。方闻成都军败，顿兵洛阳，不敢进，纵兵虏掠，密欲迁都长安，将焚宗庙宫室，以绝人心。志说方曰："昔董卓无道，焚烧洛阳，怨毒之声，百年犹存，何为袭之！"乃止。方遂逼天子幸其垒。帝垂泣就舆，唯志侍侧，曰："陛下今日之事，当一从右将军。臣驽怯，无所去补，唯知尽微诚，不离左右而已。"停方垒三日便西，志复从至长安。颖被黜，志亦免官。

及东海王越奉迎大驾，颙启帝复颖还邺，以志为魏郡太守，加左将军，随颖北镇。行达洛阳，而平昌公模遣前锋督护冯嵩距颖。颖还长安，未至而闻颙斩张方，求和于越。颖住华阴，志进长安，诣阙陈谢，即还就颖于武关。奔南阳，复为刘陶所驱，回诣河北。及颖薨，官属奔散，唯志亲自殡送，时人嘉之。越命志为军谘祭酒，迁卫尉。永嘉末，转尚书。洛阳没，志将妻子北投并州刺史刘琨。至阳邑，为刘粲所虏，与次子谧、诜等俱遇害于平阳。长子谌。

谌，字子谅。清敏有理思，好《老》、《庄》，善属文。选尚武帝女荥阳公主，拜驸马都尉，未成礼而公主卒。后州举秀才，辟太尉掾。洛阳没，随志北依刘琨，与志俱为刘粲所虏。粲据晋阳，留谌为参军。琨收散卒，引猗卢骑还攻粲。粲败走，谌得赴琨，先父母兄弟在平阳者，悉为刘聪所害。琨为司空，以谌为主簿，转从事中郎。琨妻即谌之从母，既加亲爱，又重其才地。

建兴末，随琨投段匹磾。匹磾自领幽州，取谌为别驾。匹磾既害琨，寻亦败丧。时南路阻绝，段末波在辽西，谌往投之。元帝之初，末波通使于江左，谌因其使抗表理琨，文旨甚切，于是即加吊祭。累征谌为散骑中书侍郎，而为末波所留，遂不得南渡。末波死，弟辽代立，谌流离世故且二十载。石季龙破辽西，复为季龙所得，以为中书侍郎、国子祭酒、侍中、中书监。属冉闵诛石氏，湛随闵军，于襄国遇害，时年六十七，是岁永和六年也。

谌名家子，早有声誉，才高行洁，为一时所推。值中原丧乱，与清河崔悦、颍川荀绰、河东裴宪、北地傅畅并沦陷非所，虽俱显于石氏，恒以为辱。谌每谓诸子曰："吾身没之后，但称晋司空从事中郎尔。"撰《祭法》，注《庄子》，及文集，皆行于世。

悦，字道儒，魏司空林曾孙，刘琨妻之侄也。与谌俱为琨司空从事中郎，后为末波佐史。没石氏，亦居大官。其绰、宪、畅并别有传。

华表，字伟容，平原高唐人也。父歆，清德高行，为魏太尉。表年二十，拜散骑黄门郎，累迁侍中。正元初，石苞来朝，盛称高贵乡公，以为魏武更生。时闻者流汗沾背，表惧祸作，频称疾归下舍，故免于大难。后迁尚书。五等建，封观阳伯。坐供给丧事不整，免。

泰始中，拜太子少傅，转光禄勋，迁太常卿。数岁，以老病乞骸骨。诏曰："表清贞履素，有老成之美，久干王事，静恭匪懈。而以疾固辞，章表恳至。今听如所上，以为太中大夫，赐钱二十万，床帐褥席禄赐与卿同，门施行马。

表以苦节垂名，司徒李胤、司隶王宏等并叹美表清澹退静，以为不可得贵贱而亲疏也。咸宁元年八月卒，时年七十二，谥曰康，诏赐朝服。有六子：廙、岑、峤、鉴、澹、简。

廙，字长骏。弘敏有才义。妻父卢毓典选，难举姻亲，故廙年三十五不得调，晚为中书通事郎。泰始初，迁冗从仆射。少为武帝所礼，历黄门侍郎、散骑常侍、前军将军、侍中、南中郎将、都督河北诸军事。父疾笃辄还，之遭丧旧例，葬讫复任，廙固辞，违旨。

初，表有赐客在鬲，使廙因县令袁毅录名，三客各代以奴。及毅以货赇致罪，狱辞迷谬，不复显以奴代客，直言送三奴与廙，而毅亦卢氏婿也。又中书监荀勖先为中子求廙女，廙不许，为恨，因密启帝，以袁毅货赇者多，不可尽罪，宜责最所亲者一人，因指廙当之。又缘廙有违忤之咎，遂于丧服中免廙官，削爵土。大鸿胪何遵奏廙免为庶人,不应袭封,请以表世孙混嗣表。有司奏曰:"廙所坐除名削爵,一时之制。廙为世子,著在名簿,不听袭嗣,此为刑罚再加。诸侯犯法,八议平处者,褒功重爵也。嫡统非犯终身弃罪,废之为重,依律应听袭封。"诏曰:"诸侯薨,子逾年即位,此古制也。应即位而废之,爵命皆去矣,何为罪罚再加?且吾之责廙,以肃贪秽,本不论常法也。诸贤不能将明此意,乃更诡易礼律,不顾宪度,君命废之,而群下复之,此为上下正相反也。"于是有司奏免议者官,诏皆以赎论。混以世孙当受封,逃避,断发阳狂,病瘖不能语,故得不拜,世咸称之。

廙栖迟家巷垂十载,教诲子孙,讲诵经典。集经书要事,名曰《善文》,行于世。与陈勰共造腊兰于宅侧,帝尝出视之,问其故,左右以实对,帝心怜之。帝后又登陵云台,望见廙苜蓿园,阡陌甚整,依然咸旧。

太康初大赦,乃得袭封。久之,拜城门校尉,迁左卫将军。数年,以为中书监。惠帝即位,加侍中、光禄大夫、尚书令,进爵为公。廙应杨骏召,不时还,有司奏免官。寻迁太子少傅,加散骑常侍,动遵礼典,得傅导之义。后年衰病笃,诏遣太医疗病,进位光禄大夫、开府仪同三司。时河南尹韩寿因托贾后求以女配廙孙陶,廙距而不许,后深以为恨,故遂不登台司。年七十五卒,谥曰元。三子:混、荟、恒。

混,字敬伦。嗣父爵,清贞简正,历位侍中、尚书,卒官。子陶嗣,补巩令,没于石勒。

荟,字敬叔。为河南尹。与荀藩、荀组俱避贼,至临颍,父子并遇害。

恒,字敬则。博学以清素为称。尚武帝女荥阳长公主,拜驸马都尉。元康初,东宫建,恒以选为太子宾友,赐爵关内侯,食邑百户。辟司徒王浑仓曹掾属,除散骑侍郎,累迁散骑常侍、北军中侯,俄拜领军,加散骑常侍。

愍帝即位,以恒为尚书,进爵苑陵县公。顷之,刘聪逼长安,诏出恒为镇军将军,领颍川太守,以为外援。恒兴合义军,得二千人,未及西赴,而关中陷没。时郡贼方盛,所在州郡相继奔败,恒亦欲弃郡东渡,而从兄轶为元帝所诛,以此为疑。先书与骠骑将军王导,导言于帝。帝曰:"兄弟罪不相及,况群从乎!"即召恒,补光禄勋。恒到,未及拜,更以为卫将军,加散骑常侍、本州大中正。

寻拜太常,议立郊祀。尚书刁协、国子祭酒杜彝议,须还洛乃修郊祀。恒议,汉献帝居许,即便郊柴,宜于此修立。司徒荀组、骠骑将军王导同恒议,遂定郊祀。寻以疾求解,诏曰:"太常职主宗庙,蒸尝敬重,而华恒所疾,不堪亲奉职事。夫子称'吾不预祭,如不祭,'况宗伯之任职所司邪!今转恒为廷尉。"顷之,加特进。

太宁初,迁骠骑将军,加散骑常侍,督石头水陆诸军事。王敦表转恒为护军,疾病不拜。授金紫光禄大夫,又领太子太保。成帝即位,加散骑常侍,领国子祭酒。咸和初,以愍帝时赐爵进封一皆削除,恒更以讨王敦功封苑陵县侯,复领太常。苏峻之乱,恒侍帝左右,从至石头,备履艰危,困悴逾年。

初,恒为州大中正,乡人任让轻薄无行,为恒所黜。及让在峻军中,任势多所杀害,见恒辄恭敬,不肆其虐。钟雅、刘超之死,亦将及恒,让尽心救卫,故得免。

及帝加元服,又将纳后。寇难之后,典籍靡遗,婚冠之礼,无所依据。恒推寻旧典,撰定礼仪,并郊庙辟雍朝廷轨则,事并施用。迁左光禄大夫、开府,常侍如故,固让未拜。会卒,时年六十九。册赠侍中、左光禄大夫、开府,谥曰敬。

恒清恪俭素,虽居显列,常布衣蔬食,年老弥笃。死之日,家无余财,唯有书数百卷,时人以此贵之。子俊嗣,为尚书郎。俊子仰之,大长秋。

峤,字叔骏。才学深博,少有令闻。文帝为大将军,辟为掾属,补尚书郎,转车骑从事中郎。泰始初,赐爵关内侯。迁太子中庶子,出为安平太守。辞亲老不行,更拜散骑常侍,典中书著作,领国子博士,迁侍中。

太康末,武帝颇亲宴乐,又多疾病。属小瘳,峤与侍臣表贺,因微谏曰:"伏惟圣体渐就平和,上下同庆,不觉抃舞。臣等愚戆,窃有微怀,以为收功于所忽,事乃无悔;虑福于垂成,祚乃日新。唯愿陛下深垂圣明,远思所忽之悔,以成日新之福。冲静和气,啬养精神,颐身于清简之宇,留心于虚旷之域。无厌世俗常戒,以忽群下之言,则丰庆日延,天下幸甚!"帝手诏报曰:"辄自消息,无所为虑。"

元康初,封宣昌亭侯。诛杨骏,改封乐乡侯,迁尚书。

后以峤博闻多识,属书典实,有良史之志,转秘书监,加散骑常侍,班同中书。寺为内台,中书、散骑、著作及治礼音律,天文数术,南省文章,门下撰集,皆典统之。

初,峤以《汉纪》烦秽,慨然有改作之意。会为台郎,典官制事,由是得遍观秘籍,遂就其绪。起于光武,终于孝献,一百九十五年,为《帝纪》十二卷、《皇后纪》二卷、十典十卷、传七十卷,及三谱、序传、目录,凡九十七卷。峤以皇后配天作合,前史作《外戚传》以继末编,非其义也,故易为《皇后纪》,以次《帝纪》。又改志为典,以有《尧典》故也。而改名《汉后书》奏之,诏朝臣会议。时中书监荀勖、令和峤、太常张华、侍中王济咸以峤文质事核,有迁、固之规,实录之风,藏之秘府。后太尉汝南王亮、司空卫瓘为东宫傅,列上通讲,事遂施行。峤所著论议难驳诗赋之属数十万言,其所奏官制、太子宜还宫及安边、雩祭、明堂辟雍、浚导河渠,巡禹之旧迹置都水官,修蚕宫之礼置长秋,事多施行。元康三年卒,追赠少府,谥曰简。

峤性嗜酒,率常沉醉。所撰书十典未成而终,秘书监何勖奏峤中子彻为佐著作郎,使踵成之,未竟而卒。后监缪徽又奏峤少子畅为佐著作郎,克成十典,并草魏、晋纪传,与著作郎张载等俱在史官。永嘉丧乱,经籍遗没,峤书存者三十余卷。

峤有三子:颐、彻、畅。颐嗣,官至长乐内史。畅有才思,所著文章数万言。遭寇乱,避难荆州,为贼所害,时年四十。

石鉴,字林伯,乐陵厌次人也。出自寒素,雅志公亮。仕魏,历尚书郎、侍御史、尚书左丞、御史中丞，多所纠正，朝廷惮之，出为并州刺史、假节、护匈奴中郎将。

武帝受禅，封堂阳子。入为司隶校尉，转尚书。时秦凉为虏所败，遣鉴都督陇右诸军事，坐论功虚伪，免官。后为镇南将军、豫州刺史，坐讨吴贼虚张首级。诏曰："昔云中守魏尚，以斩首不实受刑，武牙将军田顺，以诈增虏获自杀，诬罔败法，古今所疾。鉴备大臣，吾所取信。往者西事，公欺朝廷，以败为得，竟不推究。中间黜免未久，寻复授用，冀能补过，而乃与下同诈。所谓大臣，义得尔乎！有司奏是也，顾未忍耳。今遣归田里，终身不得复用，勿削爵土也。"久之，拜光禄勋，复为司隶校尉，稍加特进，迁右光禄大夫、开府，领司徒。前代三公册拜，皆设小会，所以崇宰辅之制也。自魏末已后，废不复行。至鉴，有诏令会，遂以为常。太康末，拜司空，领太子太傅。

武帝崩，鉴与中护军张劭监统山陵。时大司马、汝南王亮为太傅杨骏所疑，不敢临丧，出营城外。时有告亮欲举兵讨骏，骏大惧，白太后令帝为手诏，诏鉴及张劭使率陵兵讨亮。劭，骏甥也，便率所领催鉴速发，鉴以为不然，保持之，遣人密觇视亮，已别道还许昌，于是骏止，论者称之。山陵讫，封昌安县侯。

元康初，为太尉。年八十余，克壮慷慨，自遇若少年，时人美之。寻薨，谥曰元。子陋，字处贱，袭封，历屯骑校尉。

温羡，字长卿，太原祁人，汉护羌校尉序之后也。祖恢，魏扬州刺史。父恭，济南太守。兄弟六人并知名于世，号曰"六龙"。羡少以朗寤见称，齐王攸辟为掾，迁尚书郎。惠帝即位，拜豫州刺史，入为散骑常侍，累迁尚书。及齐王冏辅政，以羡攸之故吏，意特亲之，转吏部尚书。

先是，张华被诛，冏建议欲复其官爵。论者或以为非，羡驳之曰："自天子已下，争臣各有差，不得归罪于一人也。故晏子曰：'为己死亡，非其亲昵，谁能任之？'里克之杀二庶，陈乞之立阳生，汉朝之诛诸吕，皆积年之后乃得立事。未有事主见存，而得其志于数月之内者也。式乾之会,张华独谏。上宰不和,不能承风赞善,望其指麾从命,不亦难乎!况今皇后潜害其子,内难不预,礼非所在。且后体齐于帝,尊同皇极,罪在枉子,事不为逆,义非所讨。今以华不能废枉子之后,与赵盾不讨杀君之贼同,而贬责之,于义不经通也。"华竟得追复爵位。

其后,以从驾讨成都王颖有勋,封大陵县公,邑千八百户。出为冀州刺史,加后将军。范阳王虓败于许昌也,自牧冀州,羡乃避之。惠帝之幸长安,以羡为中书令,不就。及帝还洛阳,征为中书监,加散骑常侍。未拜,会帝崩,怀帝即位,迁左光禄大夫、开府,领司徒,论者佥谓为速。在位未几,病卒,赠司徒,谥曰元。有三子:祗、允、裕。

祗,字敬齐,太傅西曹掾。允,字敬咸,太子舍人。裕,字敬嗣,尚武安长公主,官至左光禄大夫。

史臣曰:晋氏中朝,承累世之资,建兼并之业,衣冠斯盛,英彦如林。此数公者,或以雅望处台槐,或以高名居保傅,自非一时之秀,亦曷能至于斯。惜其参缄于论道之辰,独善于兼济之日,良图鲠议,无足多谈。然退己进贤,林叔弘推让之美;自家刑国,宣伯协恭孝之规。子若之儒素为基,伟容之苦节流誉,庆垂来叶,不亦宜哉!石鉴以公亮升,温羡以明寤显,属于危乱,不陨其名。岁寒见松柏之后雕,斯人之谓矣。

赞曰:让矣密陵,孝哉广陆。钦既博雅,表亦贞肃。鉴绩克宣,温声载穆。同锵玉振,争芬兰郁。

晋书卷四五
列传第一五

刘毅 子嘏 和峤 武陔 任恺
崔洪 郭弈 侯史光 何攀

刘毅,字仲雄,东莱掖人,汉阳城景王章之后。父喈,丞相属。毅幼有孝行,少厉清节,然好藏否人物,王公贵人望风惮之。侨居平阳,太守杜恕请为功曹,沙汰郡吏百余人,三魏称焉。为之谣曰:"但闻刘功曹,不闻杜府君。"

魏末,本郡察孝廉,辟司隶都官从事,京邑肃然。毅将弹河南尹,司隶不许,曰:"攫兽之犬,鼷鼠蹈其背。"毅曰:"既能攫兽,又能杀鼠,何损于犬!"投传而去。同郡王基荐毅于公府,曰:"毅方正亮直,介然不群,言不苟合,行不苟容。往日侨仕平阳,为郡股肱,正色立朝,举纲引墨,朱紫有分,《郑》、《卫》不杂,孝悌著于邦族,忠贞效于三魏。昔孙阳取骐骥于吴坂,秦穆拔百里于商旅。毅未遇知己,无所自呈。前已口白,谨复申请。"

太常郑袤举博士,文帝辟为相国掾,辞疾,积年不就。时人谓毅忠于魏氏,而帝怒其顾望,将加重辟。毅惧,应命,转主簿。

武帝受禅,为尚书郎、附马都尉,迁散骑常侍、国子祭酒。帝以毅忠蹇正直,使掌谏官。转城门校尉,迁太仆,拜尚书,坐事免官。咸宁初,复为散骑常侍、博士祭酒。转司隶尉,纠正豪右,京师肃然。司部守令望风投印绶者甚众,时人以毅方之诸葛丰、盖宽饶。皇太子朝,鼓吹将入东掖门,毅以为不敬,止之于门外,奏劾保傅以下。诏赦之，然后得入。

帝尝南郊，礼毕，喟然问毅曰：“卿以朕方汉何帝也？”对曰：“可方桓、灵。”帝曰：“吾虽德不及古人，犹克己为政。又平吴会，混一天下。方之桓、灵，其已甚乎！”对曰：“桓、灵卖官，钱入官库；陛下卖官，钱入私门。以此言之，殆不如也。”帝大笑曰：“桓、灵之世，不闻此言。今有直臣，故不同也。”散骑常侍邹湛进曰：“世谈以陛下比汉文帝，人心犹不多同。昔冯唐答文帝，云不能用颇、牧而文帝怒，今刘毅言犯顺而陛下欢。然以此相校，圣德乃过之矣。”帝曰：“我平天下而不封禅，焚雉头裘，行布衣礼，卿初无言。今于小事，何见褒之甚？”湛曰：“臣闻猛兽在田，荷戈而出，凡人能之。蜂虿作于怀袖，勇夫为之惊骇，出于意外故也。夫君臣有自然之尊卑，言语有自然之逆顺。向刘毅始言，臣等莫不变色。陛下发不世之诏，出思虑之表，臣之喜庆，不亦宜乎！”

在职六年，迁尚书左仆射。时龙见武库井中，帝亲观之，有喜色。百官将贺，毅独表曰：“昔龙降郑时门之外，子产不贺。龙降夏庭，沫流不禁，卜藏其漦，至周幽王，祸衅乃发。《易》称‘潜龙勿用，阳在下也。’证据旧典，无贺龙之礼。”诏报曰：“正德未修，诚未有以膺受嘉祥。省来示，以为瞿然。贺庆之事，宜详依典义，动静数示。”尚书郎刘汉等议，以为：“龙体既苍，杂以素文，意者大晋之行，戢武兴文之应也。而毅乃引衰世妖异，以疑今之吉祥。又以龙在井为潜，皆失其意。潜之为言，隐而不见。今龙彩质明焕，示人以物，非潜之谓也。毅应推处。”诏不听。后阴气解而复合，毅上言：“必有阿党之臣，奸以事君者，当诛而不诛故也。”

毅以魏立九品，权时之制，未见得人，而有“八损”，乃上疏曰：

臣闻：立政者，以官才为本，官才有“三难”，而兴替之所由也。人物难知，一也；爱憎难防，二也；情伪难明，三也。今立中正，定九品，高下任意，荣辱在手。操人主之威福，夺天朝之权势。爱憎决于心，情伪由于己。公无考校之负，私无告讦之忌。用心百态，求者万端。廉让之风灭，苟且之俗成。天下汹汹，但争品位，不闻推让，窃为圣朝耻之。

夫名状以当才为清，品辈以得实为平，安危之要，不可不明。清平者，政化之美也；枉滥者，乱败之恶也，不可不察。然人才异能，备体者寡。器有大小，达有早晚。前鄙后修，宜受日新之报；抱正违时，宜有质直之称；度远阙小，宜得殊俗之状；任直不饰，宜得清实之誉；行寡才优，宜获器任之用。是以三仁殊涂而同归，四子异行而均义。陈平、韩信笑侮于邑里，而收功于帝王；屈原、伍胥不容于人主，而显名于竹帛，是笃论之所明也。

今之中正，不精才实，务依党利；不均称尺，务随爱憎。所欲与者，获虚以成誉；所欲下者，吹毛以求疵。高下逐强弱，是非由爱憎。随世兴衰，不顾才实，衰则削下，兴则扶上，一人之身，旬日异状。或以货赂自通，或以计协登进，附托者必达，守道者困悴。无报于身，必见割夺；有私于己，必得其欲。是以上品无寒门，下品无势族。暨时有之，皆曲有故。慢主罔时，实为乱源。损政之道一也。

置州都者，取州里清议，咸所归服，将以镇异同，一言议。不谓一人之身，了一州之才，一人不审便坐之。若然，自仲尼以上，至于庖牺，莫不有失，则皆不堪，何独责于中人者哉！若殊不修，自可更选。今重其任而轻其人，所立品格，还访刀攸。攸非州里之所归，非职分之所置。今访之，归正于所不服，决事于所不职，以长逡构之源，以生乖争之兆，似非立都之本旨，理俗之深防也。主者既善刀攸，攸之所下而复选以二千石，已有数人。刘良上攸之所下，石公罪攸之所行，驳违之论横于州里，嫌仇之隙结于大臣。夫桑妾之讼，祸及吴楚；斗鸡之变，难兴鲁邦。况乃人伦交争而部党兴，刑狱滋生而祸根结。损政之道二也。

本立格之体，将谓人伦有序，若贯鱼成次也。为九品者，取下者为格，谓才德有优劣，伦辈有首尾。今之中正，务自远者，则抑割一国,使无上人;秽劣下比,则拔举非次,并容其身。公以为格,坐成其私。君子无小人之怨,官政无绳奸之防。使得上欺明主,下乱人伦。乃使优劣易地,首尾倒错。推贵异之器,使在凡品之下;负戴不肖,越在成人之首。损政之三也。

陛下践阼,开天地之德,弘不讳之诏,纳忠直之言,以览天下之情,太平之基,不世之法也。然赏罚自王公以至于庶人,无不加法。置中正,委以一国之重,无赏罚之防。人心多故,清平者寡,故怨讼者众。听之则告讦无已,禁绝则侵枉无极,与其理讼之烦,犹愈侵枉之害。今禁讼诉,则杜一国之口,培一人之势,使得纵横,无所顾惮。诸受枉者抱怨积直,独不蒙天地无私之德,而长壅蔽于邪人之铨。使上明不大照,下情不上闻。损政之四也。

昔在前圣之世,欲敦风俗,镇静百姓,隆乡党之义,崇六亲之行,礼教庠序以相率,贤不肖于是见矣。然乡老书其善以献天子,司马论其能以官于职,有司考绩以明黜陟。故天下之人退而修本,州党有德义,朝廷有公正,浮华邪佞无所容厝。今一国之士多者千数,或流徙异邦,或取给殊方,面犹不识,况尽其才力!而中正知与不知,其当品状,采誉于台府,纳毁于流言。任己则有不识之蔽,听受则有彼此之偏。所知者,以爱憎夺其平,所不知者,以人事乱其度;既无乡老纪行之誉,又非朝廷考绩之课;遂使进官之人,弃近求远,背本逐末。位以求成,不由行立,品不校功,党誉虚妄。损政五也。

凡所以立品设状者,求人才以理物也,非虚饰名誉,相为好丑。虽孝悌之行,不施朝廷,故门外之事,以义断恩。既以在官,职有大小,事有剧易,各有功报,此人才之实效,功分之所得也。今则反之,于限当报,虽职之高,还附卑品,无绩于官,而获高叙,是为抑功实而隆虚名也。上夺天朝考绩之分,下长浮华朋党之事。损政六也。

凡官不同事,人不同能,得其能则成,失其能则败。今品不状才能之所宜,而以九等为例。以品取人,或非才能之所长;以状取人,则为本品之所限。若状得其实,犹品状相妨,系絷选举,使不得精于才宜。况今九品,所疏则削其长,所亲则饰其短。徒结白论,以为虚誉,则品不料能,百揆何以得理,万机何以得修?损政七也。

前九品诏书,善恶必书,以为褒贬。当时天下,少有所忌。今之九品,所下不彰其罪,所上不列其善,废褒贬之义,任爱憎之断,清浊同流,以植其私。故反违前品,大其形势,以驱动众人,使必归己。进者无功以表劝,退者无恶以成惩。惩劝不明,则风俗污浊,天下人焉得不解德行而锐人事?损政八也。

由此论之,选中正而非其人,授权势而无赏罚,或缺中正而无禁检,故邪党得肆,枉滥纵横。虽职名中正,实为奸府;事名"九品",而有"八损"。或恨结于亲亲,猜生于骨肉,当身困于敌仇,子孙离其殃咎。斯乃历世之患,非徒当今之害也。是以时主观时立法,防奸消乱,靡有常制,故周因于殷,有所损益。至于中正九品,上圣古贤皆所不为,岂蔽于此事而有不周哉,将以政化之宜无取于此也。自魏立以来,未见其得人之功,而生仇薄之累。毁风败俗,无益于化,古今之失,莫大于此。愚臣以为宜罢中正,除九品,弃魏氏之弊法,立一代之美制。

疏奏,优诏答之。后司空卫瓘等亦共表宜省九品,复古乡议里选。竟不施行。

毅夙夜在公,坐而待旦,言议切直,无所曲挠,为朝野之所式瞻。尝散斋而疾,其妻省之,毅便奏加妻罪而请解斋。妻子有过,立加杖捶,其公正如此。然以峭直,故不至公辅。帝以毅清贫,赐钱三十万,日给米肉。年七十,告老。久之,见许,以光禄大夫归第,门施行马,复赐钱百万。

后司徒举毅为青州大中正,尚书以毅悬车致仕,不宜劳以碎务。陈留相乐安孙尹表曰:"礼,凡卑者势劳,尊者居逸,是顺叙之宜也。司徒魏舒、司隶校尉严询与毅年齿相近,往者同为散骑常侍,后分授外内之职，资涂所经，出处一致。今询管四十万户州，兼董司百僚，总摄机要，舒所统殷广，兼执九品，铨十六州论议，主者不以为剧。毅但以知一州，便谓不宜累以碎事，于毅太优，询、舒太劣。若以前听致仕，不宜复与迁授位者，故光禄大夫郑袤为司空是也。夫知人则哲，惟帝难之。尚可复委以宰辅之任，不可诿以人伦之论，臣窃所未安。昔郑武公年过八十，入为周司徒，虽过悬车之年，必有可用。毅前为司隶，直法不挠，当朝之臣，多所按劾。谚曰：‘受尧之诛，不能称尧。’直臣无党，古今所悉。是以汲黯死于淮阳，董仲舒裁为诸侯之相。而毅独遭圣明，不离辇毂，当世之士咸以为荣。毅虽身偏有风疾，而志气聪明，一州品第，不足劳其思虑。毅疾恶之心小过，主者必疑其论议伤物，故高其优礼，令去事实。此为机阁毅，使绝人伦之路也。臣州茂德惟毅，越毅不用，则清谈倒错矣。”

于是青州自二品已上光禄勋石鉴等共奏曰：“谨按陈留相孙尹表及与臣等书如左。臣州履境海岱，而参风齐、鲁，故人俗务本，而世敦德让，今虽不充于旧，而遗训犹存，是以人伦归行，士识所守也。前被司徒符，当参举州大中正。金以光禄大夫毅，纯孝至素，著在乡闾。忠允亮直，竭于事上，仕不为荣，惟期尽节。正身率道，崇公忘私，行高义明，出处同揆。故能令义士宗其风景，州闾归其清流。虽年耆偏疾，而神明克壮，实臣州人士所思准系者矣。诚以毅之明格，不言而信，风之所动，清浊必偃，以称一州咸同之望故也。窃以为礼贤尚德，教之大典，王制夺与，动为开塞，而士之所归，人伦为大。臣等虚劣，虽言废于前，今承尹书，敢不列启。按尹所执，非惟惜名议于毅之身，亦通陈朝宜夺与大准。以为尹言当否，应蒙评议。”

由是毅遂为州都，铨正人流，清浊区别，其所弹贬，自亲贵者始。太康六年卒，武帝抚机惊曰：“失吾名臣，不得生作三公！”即赠仪同三司，使者监护丧事。羽林左监北海王宫上疏曰：“中诏以毅忠允匪躬，赠班台司，斯诚圣朝考绩以毅著勋之美事也。臣谨按，谥者行之迹，而号者功之表。今毅功德并立，而有号无谥，于义不体。臣窃以《春秋》之事求之，谥法主于行而不继爵。然汉、魏相承，爵非列侯，则皆没而高行，不加之谥，至使三事之贤臣，不如野战之将。铭迹所殊，臣愿圣世举《春秋》之远制，改列爵之旧限，使夫功行之实不相掩替，则莫不率赖。若以革旧毁制，非所仓卒，则毅之忠益，虽不攻城略地，论德进爵，亦应在例。臣敢惟行甫请周之义，谨牒毅功行如右。"帝出其表使八坐议之，多同宫议。奏寝不报。二子：暾、总。

暾，字长升。正直有父风。太康初，为博士，会议齐王攸之国，加崇典礼，暾与诸博士坐议迕旨。武帝大怒，收暾等付廷尉。会赦得出，免官。初，暾父毅疾冯统奸佞，欲奏其罪，未果而卒。至是，统位宦日隆，暾慨然曰："使先人在，不令统得无患。"

后为酸枣令，转侍御史。会司徒王浑主簿刘舆狱辞连暾，将收付廷尉。浑不欲使府有过，欲距劾自举之。与暾更相曲直，浑怒，便逊位还第。暾乃奏浑曰："谨按司徒王浑，蒙国厚恩，备位鼎司，不能上佐天日，调和阴阳，下遂万物之宜，使卿大夫各得其所。敢因刘舆拒扞诏使，私欲大府兴长狱讼。昔陈平不答汉文之问，邴吉不问死人之变，诚得宰相之体也。既兴刑狱，怨怼而退，举动轻速，无大臣之节。请免浑官。右长史、杨丘亭侯刘肇，便辟善柔，苟于阿顺。请大鸿胪削爵土。"诸闻暾此奏者，皆叹美之。

其后武库火，尚书郭彰率百人自卫而不救火，暾正色诘之。彰怒曰："我能截君角也。"暾勃然谓彰曰："君何敢恃宠作威作福，天子法冠而欲截角乎！"求纸笔奏之，彰伏不敢言，众人解释，乃止。彰久贵豪侈，每出辄从百余人。自此之后，务从简素。

暾迁太原内史，赵王伦篡位，假征虏将军，不受，与三王共举义。惠帝复阼，暾为左丞，正色立朝，三台清肃。寻兼御史中丞，奏免尚书仆射、东安公繇及王粹、董艾等十余人。朝廷嘉之，遂即真。迁中庶子、左卫将军、司隶校尉，奏免武陵王澹及何绥、刘坦、温畿、李晅等。长沙王乂讨齐王冏，暾豫谋，封朱虚县公，千八百户。乂死，坐免。顷之，复为司隶。

及惠帝之幸长安也，留暾守洛阳。河间王颙遣使鸩羊皇后，暾乃与留台仆射荀藩，河南尹周馥等上表，理后无罪。语在《后传》。颙见表，大怒，遣陈颜、吕朗率骑五千收暾，暾东奔高密王略。会刘根作逆，略以暾为大都督，加镇军将军讨根。

暾战失利，还洛。至酸枣，值东海王越奉迎大驾。及帝还洛，羊后反宫。后遣使谢暾曰："赖刘司隶忠诚之志，得有今日。"以旧勋复封爵，加光禄大夫。

暾妻前卒，先陪陵葬。子更生初婚，家法，妇当拜墓，携宾客亲属数十乘，载酒食而行。先是，洛阳令王稜为越所信，而轻暾，暾每欲绳之，稜以为怨。时刘聪、王弥屯河北，京邑危惧。稜告越，云暾与弥乡亲而欲投之。越严骑将追暾，右长史傅宣明暾不然。暾闻之，未至墓而反，以正义责越，越甚惭。

及刘曜寇京师，以暾为抚军将军、假节、都督城守诸军事。曜退，迁尚书仆射。越惮暾久居监司，又为众情所归，乃以为右光禄大夫，领太子少傅，加散骑常侍。外示崇进，实夺其权。怀帝又诏暾领卫尉，加特进。后复以暾为司隶，加侍中。暾五为司隶，允协物情故也。

王弥入洛，百官歼焉。弥以暾乡里宿望，故免于难。暾因说弥曰："今英雄竞起，九州幅裂，有不世之功者，宇内不容。将军自兴兵已来，何攻不克，何战不胜，而复与刘曜不协，宜思文种之祸，以范蠡为师。且将军可无帝王之意，东王本州，以观时势，上可以混一天下，下可以成鼎峙之事，岂失孙、刘乎！蒯通有言，将军宜图之。"弥以为然，使暾于青州，与曹嶷谋，且征之。暾至东阿，为石勒游骑所获，见弥与嶷书而大怒，乃杀之。暾有二子：佑、白。

佑，为太傅属。白，太子舍人。白果烈有才用，东海王越忌之，窃遣上军何伦率百余人入暾第，为劫取财物，杀白而去。

总，字弘纪。好学直亮，后叔父彪，位至北军中候。

程卫者，字长玄，广平曲周人也。少立操行，强正方严。刘毅闻其名，辟为都官从事。毅奏中护军羊琇犯宪应死。武帝与琇有旧，乃遣齐王攸喻毅，毅许之。卫正色以为不可，径自驰车入护军营，收琇属吏,考问阴私,先奏琇所犯狼籍,然后言于毅。由是名振遐迩,百官厉行。遂辟公府掾,迁尚书郎、侍御史,在职皆以事干显。补洛阳令,历安定、顿丘太守,所莅著绩。卒于官。

和峤,字长舆,汝南西平人也。祖洽,魏尚书令。父逌,魏吏部尚书。峤少有风格,慕舅夏侯玄之为人,厚自崇重。有盛名于世,朝野许其能整风俗,理人伦。袭父爵上蔡伯,起家太子舍人。累迁颍川太守,为政清简,甚得百姓欢心。太傅从事中郎庾顗见而叹曰:"峤森森如千丈松,虽磊砢多节目,施之大厦,有栋梁之用。"贾充亦重之,称于武帝。入为给事黄门侍郎,迁中书令,帝深器遇之。旧监令共车入朝,时荀勖为监,峤鄙勖为人,以意气加之,每同乘,高抗专车而坐。乃使监令异车,自峤始也。

吴平,以参谋议功,赐弟郁爵汝南亭侯。峤转侍中,愈被亲礼,与任恺、张华相善。峤见太子不令,因侍坐曰:"皇太子有淳古之风,而季世多伪,恐不了陛下家事。"帝默然不答。后与荀顗、荀勖同侍,帝曰:"太子近入朝,差长进,卿可俱诣之,粗及世事。"既奉诏而还,顗、勖并称太子明识弘雅,诚如明诏。峤曰:"圣质如初耳!"帝不悦而起。峤退居,恒怀慨叹,知不见用,犹不能已。在御坐言及社稷,未尝不以储君为忧。帝知其言忠,每不酬和。后与峤语,不及来事。或以告贾妃,妃衔之。太康末,为尚书,以母忧去职。

及惠帝即位,拜太子少傅,加散骑常侍、光禄大夫。太子朝西宫,峤从入。贾后使帝问峤曰:"卿昔为我不了家事,今日定云何?"峤曰:"臣昔事先帝,曾有斯言。言之不效,国之福也。臣敢逃其罪乎!"元康二年卒,赠金紫光禄大夫,加金章紫绶,本位如前。永平初,策谥曰简。峤家产丰富,拟于王者,然性至吝,以是获讥于世,杜预以为峤有"钱癖"。

以弟郁子济嗣,位至中书郎。

郁,字仲舆。才望不及峤,而以清干称,历尚书左右仆射、中书令、尚书令。洛阳倾没,奔于荀晞,疾卒。

　　武陔,字元夏,沛国竹邑人也。父周,魏卫尉。陔沉敏有器量,早获时誉,与二弟韶(叔夏)、茂(季夏)并总角知名,虽诸父兄弟及乡闾宿望,莫能觉其优劣。同郡刘公荣有知人之鉴,常造周,周见其三子焉。公荣曰:"皆国士也。元夏最优,有辅佐之才,陈力就列,可为亚公。叔夏、季夏不减常伯、纳言也。"

　　陔小好人伦,与颍川陈泰友善。魏明帝世,累迁下邳太守。景帝为大将军,引为从事中郎,累迁司隶校尉,转太仆卿。初封亭侯,五等建,改封薛县侯。文帝甚亲重之,数与诠论时人。尝问陈泰孰若其父群,陔各称其所长,以为群、泰略无优劣,帝然之。

　　泰始初,拜尚书,掌吏部,迁左仆射、左光禄大夫、开府仪同三司。陔以宿齿旧臣,名位隆重,自以无佐命之功,又在魏已为大臣,不得已而居位,深怀逊让,终始全洁,当世以为美谈。卒于位,谥曰定。子辅嗣。

　　韶,历吏部郎、太子右卫率、散骑常侍。

　　茂,以德素称,名亚于陔。为上洛太守、散骑常侍、侍中、尚书。颍川荀恺年少于茂,即武帝姑子,自负贵戚,欲与茂交,距而不答,由是致怨。及杨骏诛,恺时为仆射,以茂骏之姨弟,陷为逆党,遂见害。茂清正方直,闻于朝野,一旦枉酷,天下伤焉。侍中傅祗上表申明之,后追赠光禄勋。

　　任恺,字元褒,乐安博昌人也。父昊,魏太常。恺少有识量,尚魏明帝女,累迁中书侍郎、员外散骑常侍。晋国建,为侍中,封昌国县侯。

　　恺有经国之干,万机小大多管综之。性忠正,以社稷为己任,帝器而昵之,政事多谘焉。泰始初,郑冲、王祥、何曾、荀颛、裴秀等各以老疾归第。帝优宠大臣,不欲劳以筋力,数遣恺谕旨于诸公,谘以当世大政,参议得失。恺恶贾充之为人也,不欲令久执朝政,每裁抑焉。充病之,不知所为。后承间言恺忠贞局正,宜在东宫,使护太子。

帝从之，以为太子少傅，而侍中如故，充计画不行。会秦、雍寇扰，天子以为忧，恺因曰："秦、凉覆败，关右骚动，此诚国家之所深虑。宜速镇抚，使人心有庇。自非威望重臣有计略者，无以康西土也。"帝曰："谁可任者？"恺曰："贾充其人也。"中书令庾纯亦言之，于是诏充西镇长安。充用荀勖计得留。

充既为帝所遇，欲专名势，而庾纯、张华、温颙、向秀、和峤之徒皆与恺善，杨珧、王恂、华廙等充所亲敬，于是朋党纷然。帝知之，召充、恺宴于式乾殿，而谓充等曰："朝廷宜一，大臣当合。"充、恺各拜谢而罢。既而充、恺等以帝已知之而不责，结怨愈深，外相崇重，内甚不平。或为充谋曰："恺总门下枢要，得与上亲接，宜启令典选，便得渐疏，此一都令史事耳。且九流难精，间隙易乘。"充因称恺才能，宜在官人之职。帝不之疑，谓充举得其才。即日以恺为吏部尚书，加奉车都尉。

恺既在尚书，选举公平，尽心所职，然侍觐转希。充与荀勖、冯统承间浸润，谓恺豪侈，用御食器。充遣尚书右仆射、高阳王珪奏恺，遂免官。有司收太官宰人检核，是恺妻齐长公主得赐魏时御器也。恺既免而毁谤益至，帝渐薄之。然山涛明恺为人通敏有智局，举为河南尹。坐贼发不获，又免官。复迁光禄勋。

恺素有识鉴，加以在公勤恪，甚得朝野称誉。而贾充朋党又讽有司奏恺与立进令刘友交关。事下尚书，恺对不伏。尚书杜友、廷尉刘良并忠公士也，知恺为充所抑，欲申理之，故迟留而未断，以是恺及友、良皆免官。恺既失职，乃纵酒耽乐，极滋味以自奉养。初，何劭以公子奢侈，每食必尽四方珍馔，恺乃逾之，一食万钱，犹云"无可下箸处"。恺时因朝请，帝或慰谕之，恺初无复言，惟泣而已。后起为太仆，转太常。

初，魏舒虽历位郡守，而未被任遇，恺为侍中，荐舒为散骑常侍。至是舒为右光禄、开府，领司徒，帝临轩使恺拜授。舒虽以弘量宽简为称，时以恺有佐世器局，而舒登三公，恺止守散卿，莫不为之愤叹也。恺不得志，竟以忧卒，时年六十一，谥曰元，子罕嗣。

罕,字子伦。幼有门风,才望不及恺,以淑行致称,为清平佳士。历黄门侍郎、散骑常侍、兖州刺史、大鸿胪。

崔洪,字良伯,博陵安平人也。高祖实,著名汉代。父赞,魏吏部尚书、左仆射,以雅量见称。洪少以清厉显名,骨鲠不同于物,人之有过,辄面折之,而退无后言。

武帝世,为御史治书。时长乐冯恢父为弘农太守,爱少子淑,欲以爵传之。恢父终,服阕,乃还乡里,结草为庐,阳瘖不能言,淑得袭爵。恢始仕为博士祭酒,散骑常侍翟婴荐恢高行迈俗,侔继古烈。洪奏恢不敦儒素,令学生番直左右,虽有让侯微善,不得称无伦辈,婴为浮华之目。遂免婴官,朝廷惮之。寻为尚书左,时人为之语曰:"丛生棘刺,来自博陵。在南为鹞,在北为鹰。"

迁吏部尚书,举用甄明,门无私谒。荐雍州刺史郤诜代己为左丞。诜后纠洪,洪谓人曰:"我举郤丞而还奏我,是挽弩自射也。"诜闻曰:"昔赵宣子任韩厥为司马,以军法戮宣子之仆。宣子谓诸大夫曰:'可贺我矣,我选厥也任其事。'崔侯为国举才,我以才见举,惟官是视,各明至公,何故私言乃至此!"洪闻其言而重之。

洪口不言货财,手不执珠玉。汝南王亮常宴公卿,以琉璃钟行酒。酒及洪,洪不执。亮问其故,对曰:"虑有执玉不趋之义故尔。"然实乖其常性,故为诡说。杨骏诛,洪与都水使者王佑亲,坐见黜。后为大司农,卒官。

子廓,散骑侍郎,亦以正直称。

郭奕,字大业,太原阳曲人也。少有重名,山涛称其高简有雅量。初为野王令,羊祜常过之,奕叹曰:"羊叔子何必减郭大业!"少选复往,又叹曰:"羊叔子去人远矣。"遂送祜出界数百里,坐此免官。咸熙末,为文帝相国主簿。时钟会反于蜀,荀勖即会之从甥,少长会家,勖为文帝掾,奕启出之。帝虽不用,然知其雅正。

武帝践阼,初建东宫,以奕及郑默并为中庶子。迁右卫率、骁骑将军,封平陵男。咸宁初,迁雍州刺史、鹰扬将军,寻假赤幢曲盖、鼓吹。弈有寡姊,随其之官,姊下僮仆多有奸犯,而为人所纠。弈省按毕,曰:"大丈夫岂当以老姊求名?"遂遣而不问。时亭长李含有俊才,而门寒为豪族所排,弈用为别驾,含后果有名位,时以弈为知人。

太康中,征为尚书。弈有重名,当世朝臣皆出其下。时帝委任杨骏,弈表骏小器,不可任以社稷。帝不听,骏后果诛。及弈疾病,诏赐钱二十万,日给酒米。太康八年卒,太常上谥为景。有司议以贵贱不同号,谥与景皇同,不可,请谥曰穆。诏曰:"谥所以旌德表行,按谥法:一德不懈为简。弈忠毅清直,立德不渝。"于是遂赐谥曰简。

侯史光,字孝明,东莱掖人也。幼有才悟,受学于同县刘夏。举孝廉,州辟别驾。咸熙初,为洛阳典农中郎将,封关中侯。

泰始初,拜散骑常侍,寻兼侍中。与皇甫陶、荀廙持节循省风俗,及还,奏事称旨,转城门校尉,进爵临海侯。其年诏曰:"光忠亮笃素,有居正执义之心,历职内外,恪勤在公,其以光为御史中丞。虽屈其列校之位,亦所以伸其司直之才。"光在职宽而不纵。太保王祥久疾废朝,光奏请免之,诏优祥而寝光奏。

后迁少府,卒官。诏赐朝服一具,衣一袭、钱三十万,布百匹。及葬,又诏曰:"光厉志守约,有清忠之节。家极贫俭,其赐钱五十万。"光儒学博古,历官著绩,文笔奏议皆有条理。

长子玄嗣,官至玄菟太守。卒,子施嗣,东莞太守。

何攀,字惠兴,蜀郡郫人也。仕州为主簿。属刺史皇甫晏为牙门张弘所害,诬以大逆。时攀适丁母丧,遂诣梁州,拜表证晏不反,故晏冤理得申。王濬为益州,辟为别驾。濬谋伐吴,遣攀奉表诣台,口陈事机,诏再引见,乃令张华与攀筹量进讨之宜。濬兼遣攀过羊祜,面陈伐吴之策。攀善于将命,帝善之,诏攀参濬军事。及孙皓降于濬，而王浑恚于后机，将攻濬，攀劝濬送皓与浑，由是事解。以攀为濬辅国司马，封关内侯。

转荥阳令，上便宜十事，甚得名称。除廷尉平，时廷尉卿诸葛冲以攀蜀士，轻之，及共断疑狱，冲始叹服。迁宣城太守，不行，转散骑侍郎。杨骏执政，多树亲属，大开封赏，欲以恩泽自卫。攀以为非，乃与石崇共立议奏之。语在《崇传》。帝不纳。以豫诛骏功，封西城侯，邑万户，赐绢万匹，弟逢平乡侯，兄子达关中侯。攀固让所封户及绢之半，余所受者分给中外宗亲，略不入己。迁翊军校尉，顷之，出为东羌校尉。征为扬州刺史，在任三年，迁大司农。转兖州刺史，加鹰扬将军，固让不就。太常成粲、左将军卞粹劝攀莅职，中诏又加切厉，攀竟称疾不起。

及赵王伦篡位，遣使召攀，更称疾笃。伦怒，将诛之，攀不得已，扶疾赴召。卒于洛阳，时年五十八。攀居心平允，莅官整肃，爱乐人物，敦儒贵才。为梁、益二州中正，引致遗滞。巴西陈寿、阎乂、犍为费立皆西州名士，并被乡闾所谤，清议十余年。攀申明曲直，咸免冤滥。攀虽居显职，家甚贫素，无妾媵伎乐，惟以周穷济乏为事。子璋嗣，亦有父风。

史臣曰：幽、厉不君，上德犹怀进善；共、䲩在位，大圣之所不堪。况乎志士仁人，宁求苟合！怀其宠秩，所以系其存亡者也。虽复自口销金，投光抚剑，驰书北阙，败车犹践，而谏主不易，讥臣实难。刘毅一遇宽容，任和两遭肤受，详观余烈，亦各其心焉。若夫武陔怀魏臣之志，崔洪爱郤诜之道，长升劝王弥之尊，何攀从赵伦之命，君子之人，观乎临事者也。

赞曰：仲雄初令，忠謇扬庭。身方诸葛，帝拟桓灵。大业非杨，元褒诮贾。和氏条畅，堪施大厦。崔门不谒，声飞朝野。侯史、武陔，辅佐之才。何攀平允，冤滥多回。

晋书卷四六
列传第一六

刘颂　李重

　　刘颂，字子雅，广陵人，汉广陵厉王胥之后也。世为名族。同郡有雷、蒋、谷、鲁四姓，皆出其下。时人为之语曰："雷、蒋、谷、鲁，刘最为祖。"父观，平阳太守。颂少能辨物理，为时人所称。察孝廉，举秀才，皆不就。文帝辟为相府掾，奉使于蜀。时蜀新平，人饥土荒，颂表求振贷，不待报而行，由是除名。

　　武帝践阼，拜尚书三公郎，典科律，申冤讼。累迁中书侍郎。咸宁中，诏颂与散骑郎白褒巡抚荆、扬，以奉使称旨，转黄门郎。迁议郎，守廷尉。时尚书令史扈寅非罪下狱，诏使考竟，颂执据无罪，寅遂得免，时人以颂比张释之。在职六年，号为详平。

　　会灭吴，诸将争功，遣颂校其事，以王浑为上功，王濬为中功。帝以颂持法失理，左迁京兆太守，不行，转任河内。临发，上便宜，多所纳用。郡界多公主水碓，遏塞流水，转为浸害，颂表罢之，百姓获其便利。寻以母忧去职。服阕，除淮南相。在官严整，甚有政绩。旧修芍陂，年用数万人，豪强兼并，孤贫失业。颂使大小戮力，计功受分，百姓歌其平惠。

　　颂在郡上疏曰：

　　臣昔忝河内，临辞受诏："卿所言悉要事，宜小大数以闻。恒苦多事，或不能悉有报，勿以为疑。"臣受诏之日，喜惧交集。益思自竭，用忘其鄙，愿以萤烛，增晖重光。到郡草具所陈如

左,未及书上,会臣婴丁天罚,寝顿累年,今谨封上前事。臣虽
才不经国,言浅多违,犹愿陛下垂省,使臣微诚得经圣鉴,不总
弃于常案。如有足采,冀补万一。

伏见诏书,开启土宇,以支百世,封建戚属,咸出之藩。夫
岂不怀,公理然也。树国全制,始成于今,超秦、汉、魏氏之局
节,绍五帝三代之绝迹。功被无外,光流后裔,巍巍盛美,三五
之君殆有惭德。何则?彼因自然而就之,异乎绝迹之后,更创
之。虽然,封幼稚皇子于吴、蜀,臣之愚虑,谓未尽善。夫吴、越
剽轻,庸蜀险绝,此故变衅之所出,易生风尘之地。且自吴平以
来,东南六州将士更守江表,此时之至患也。又内兵外守,吴人
有不自信之心,宜得壮主以镇抚之,使内外各安其旧。又孙氏
为国,文武众职,数拟天朝,一旦堙替,同于编户。不识所蒙更
生之恩,而灾困逼身,自谓失地,用怀不靖。今得长王以临其
国,随才授任,文武并叙,士卒百役不出其乡,求富贵者取之于
国内。内兵得散,新邦又安,两获其所,于事为宜。宜取同姓诸
王年二十以上人才高者,分王吴、蜀。以其去近就远,割裂土
宇,令倍于旧。以徙封故地,用王幼稚,须皇子长,乃遣君之,于
是无晚也。急所须地,交得长主,此事宜也。臣所陈封建,今大
义已举,然余众事,傥有足采,以参成制,故皆并列本事。

臣闻:不惮危悔之患,而愿献所见者,尽忠之臣也;垂听逆
耳,甘纳苦言者,济世之君也。臣以期运,幸遇无讳之朝,虽当
抗疏陈辞,泛论政体,犹未悉所见,指言得失,徒荷恩宠,不异
凡流。臣窃自愧,不尽忠规,无以上报,谨列所见如左。臣诚未
自许所言必当,然要以不隐为怀为上报之节。若万一足采,则
微臣更生之年;如皆瞽妄,则国之福也。愿陛下缺半日之间,垂
省臣言。

伏惟陛下虽应天顺人,龙飞践阼,为创基之主。然所遇之
时,实是叔世。何则?汉末陵迟,阉竖用事,小人专朝,君子在
野,政荒众散,遂以乱亡。魏武帝以经略之才,拨烦理乱,兼肃

文教,积数十年,至于延康之初,然后吏清下顺,法始大行。逮至文、明二帝,奢淫骄纵,倾殆之主也。然内盛台榭声色之娱,外当三方英豪严敌,事成克举,少有愆违,其故何也? 实赖前绪,以济勋业。然法物政刑,固已渐颓矣。自嘉平之初,晋祚始基,逮于咸熙之末,其间累年。虽铁钺屡断,翦除凶丑,然其存者咸蒙遭时之恩,不轨于法。泰始之初,陛下践阼,其所服乘皆先代功臣之胤,非其子孙,则其曾玄。古人有言,"豪梁之性难正",故曰时遇叔世。当此之秋,天地之位始定,四海洗心整纲之会也。然陛下犹以用才因宜,法宽有由,积之在素,异于汉、魏之先;三祖崛起,易朝之为,未可一旦直绳御下,诚时宜也。然至所以为政,矫世众务,自宜渐出公涂,法正威断,日迁就肃。辟由行舟,虽不横截迅流,然俄向所趋,渐靡而往,终得其济。积微稍著,以至于今,可以言政。而自泰始以来,将三十年,政功美绩,未称圣旨,凡诸事业,不茂既往。以陛下明圣,犹未及叔世之弊,以成始初之隆,传之后世,不无虑乎! 意者,臣言岂不少概圣心夫!

顾惟万载之事,理在二端。天下大器,一安难倾,一倾难正。故虑经后世者,必精目下之政,政安遗业,使数世赖之。若乃兼建诸侯而树藩屏,深根固蒂,则祚延无穷,可以比迹三代。如或当身之政,遗风余烈不及后嗣,虽树亲戚,而成国之制不建,使夫后世独任智力以安大业。若未尽其理,虽经异时,忧责犹追在陛下,将如之何!愿陛下善当今之政,树不拔之势,则天下无遗忧矣。

夫圣明不世及,后嗣不必贤,此天理之常也。故善为天下者,任势而不任人。任势者,诸侯是也;任人者,郡县是也。郡县之察,小政理而大势危;诸侯为邦,近多违而远虑固。圣王推终始之弊,权轻重之理,包彼小违以据大安,然后足以藩固内外,维镇九服。夫武王圣主也,成王贤王也。然武王不恃成王之贤而广封建者,虑经无穷也。且善言今者,必有验之于古。

唐、虞以前，书文残缺，其事难详。至于三代，则并建明德，及兴
王之显亲，列爵五等，开国承家，以藩屏帝室，延祚久长，近者
五六百岁，远者仅将千载。逮至秦氏，罢侯置守，子弟不分尺
土，孤立无辅，二世而亡。汉承周、秦之后，杂而用之，前后二代
各二百余年。揆其封建不用，虽强弱不适，制度舛错，不尽事
中。然迹其衰亡，恒在同姓失职，诸侯微时，不在强盛。昔吕氏
作乱，幸赖齐、代之援，以宁社稷。七国叛逆，梁王捍之，卒弭其
难。自是之后，威权削夺，诸侯止食租奉，甚者至乘牛车。是以
王莽得擅本朝，遂其奸谋，倾荡天下，毒流生灵。光武绍起，虽
封树子弟，而不建成国之制，祚亦不延。魏氏承之，圈闭亲戚，
幽囚子弟，是以神器速倾，天命移在陛下。长短之应，祸福之
微，可见于此。又魏氏虽正位居体，南面称帝，然三方未宾，正
朔有所不加，实有战国相持之势。大晋之兴，宣帝定燕，太祖平
蜀，陛下灭吴，可谓功格天地，土广三王，舟车所至，人迹所及，
皆为臣妾，四海大同，始于今日。宜承大勋之籍，及陛下圣明之
时，开启土宇，使同姓必王，建久安于万载，垂长世于无穷。

　　臣又闻国有任臣则安，有重臣则乱。而王制，人君立子以
适不以长，立适以长不以贤，此事情之不可易者也。而贤明至
少，不肖至众，此固天理之常也。物类相求，感应而至，又自然
也。是以暗君在位，则重臣盈朝；明后临政，则任臣列职。夫任
臣之与重臣，俱执国统而立断者也。然成败相反，邪正相背，其
故何也？重臣假所资以树私，任臣因所籍以尽公。尽公者，政
之本也；树私者，乱之源也。推斯言之，则泰日少，乱日多，政教
渐颓，欲国之无危，不可得也。又非徒唯然而已。借令愚劣之
嗣，蒙先哲之遗绪，得中贤之佐，而树国本根不深，无干辅之
固，则所谓任臣者化而为重臣矣。何则？国有可倾之势，则执
权者见疑，众疑难以自信，而甘受死亡者非人情故也。若乃建
基既厚，藩屏强御，难置幼君赤子而天下不惧，曩之所谓重臣
者，悉令反忠而为任臣矣。何则？理无危势，怀不自猜，忠诚得

著,不愒于邪故也。圣王知贤哲之不世及,故立相持之势以御其臣。是以五等既列,臣无忠慢,同于竭节,以徇其上。群后既建,继体贤鄙,亦均一契,等于无虑。且树国苟固,则所任之臣,得贤益理;次委中智,亦足以安。何则?势固易持故也。

然则建邦苟尽其理,则无向不可。是以周室自成康以下,逮至宣王,宣王之后,到于赧王,其间历载,朝无名臣,而宗庙不陨者,诸侯维持之也。故曰,为社稷计,莫若建国。夫邪正逆顺者,人心之所系服也。今之建置,宜审量事势,使诸侯率义而动,同忿俱奋,令其力足以维带京邑。若包藏祸心,愒于邪而起,孤立无党,所蒙之籍不足独以有为。然齐此甚难,陛下宜与达古今善识事势之士深共筹之。建侯之理,使君乐其国,臣荣其朝,各流福祚,传之无穷;上下一心,爱国如家,视百姓如子,然后能保荷天禄,兼翼王室。今诸王裂土,皆兼于古之诸侯,而君贱其爵,臣耻其位,莫有安志,其故何也?法同郡县,无成国之制故也。今之建置,宜使率由旧章,一如古典。然人心系常,不累十年,好恶未改,情愿未移。臣之愚虑,以为宜早创大制,迟回众望,犹在十年之外,然后能令君臣各安其位,荣其所蒙,上下相持,用成藩辅。如今之为,适足以亏天府之岁,徒弃谷帛之资,无补镇国卫上之势也。

古者封建既定,各有其国,后虽王之子孙,无复尺土,此今事之必不行者也。若推亲疏,转有所废,以有所树,则是郡县之职,非建国之制。今宜豫开此地,令十世之内,使亲者得转处近。十世之远,近郊地尽,然后亲疏相维,不得复如十世之内。然犹树亲有所,迟天下都满,已弥数百千年矣。今方始封而亲疏倒施,甚非所宜。宜更大量天下土田方里之数,都更裂土分人,以王同姓,使亲疏远近不错其宜,然后可以永安。古者封国,大者不过土方百里,然后人数殷众,境内必盈其力,足以备充制度。今虽一国周环近将千里,然力实寡,不足以奉国典。所遇不同,故当因时制宜,以尽事适今。宜令诸王国容少而军容多,然于古典所应有者悉立其制,然非急所须,渐而备之,不得顿设也。须车甲器械既具,群臣乃服缲章;仓廪已实,乃营宫室,百姓已足,乃备官司;境内充实,乃作礼乐。唯宗庙社稷,则先建之。至于境内之政,官人用才,自非内史、国相命于天子,其余众职及死生之断、谷帛资实、庆赏刑威、非封爵者,悉得专之。今臣所举二端,盖事之大较;其所不载,应在二端之属者,以此为率。今诸国本一郡之政耳,若备旧典,则官司以数,事所不须,而以虚制损实力。至于庆赏刑断,所以卫下之权,不重则无以威众人而卫上。故臣之愚虑,欲令诸侯权具,国容少而军容多,然亦终于必备今事为宜。

周之建侯,长享其国,与王者并,远者暨将千载,近者犹数百年;汉之诸王,传祚仅至曾玄。人性不甚相远,古今一揆,而短长甚违,其故何邪?立意本殊而制不同故也。周之封建,使国重于君,公侯之身轻于社稷,故无道之君不免诛放。敦兴灭继绝之义,故国祚不泯。不免诛放,则群后思惧,胤嗣必继,是无亡国也。诸侯思惧,然后轨道,下无亡国,天子乘之,理势自安,此周室所以长在也。汉之树置君国,轻重不殊,故诸王失度,陷于罪戮,国随以亡。不崇兴灭继绝之序,故下无固国。下无固国,天下居上,势孤无辅,故奸臣擅朝,易倾大业。今宜反汉之弊,修周旧迹,国君虽或失道,陷于诛绝,又无子应除,苟有始封支胤,不问远近,必绍其祚。若无遗类,则虚建之,须皇子生,以继其统,然后建国无灭。又班固称"诸侯失国亦犹网密",今又宜宽其检。且建侯之理,本经盛衰,大制都定,班之群后,著誓丹青,书之玉版,藏之金匮,置诸宗庙,副在有司。寡弱小国犹不可危,岂况万乘之主!承难倾之邦而加其上,则自然永久居重固之安,可谓根深华岳而四维之也。臣之愚,愿陛下置天下于自安之地,寄大业于固成之势,则可以无遗忧矣。

今闾阎少名士,官司无高能,其故何也?清议不肃,人不立德,行在取容,故无名士。下不专局,又无考课,吏不竭节,故无高能。无高能，则有疾世事；少名士，则后进无准。故臣思立吏课而肃清议。夫欲富贵而恶贫贱，人理然也。圣王大谙物情，知不可去，故直同公私之利，而诡其求道，使夫欲富者必先由贫，欲贵者必先安贱。安贱则不矜，不矜然后廉耻厉；守贫者必节欲，节欲然后操全。以此处务，乃得尽公。尽公者，富贵之徒也；为无私者终得其私，故公私之利同也。今欲富者不由贫自得富，欲贵者不安贱自得贵，公私之涂既乖，而人情不能无私，私利不可以公得，则恒背公而横务。是以风节日颓，公理渐替，人士富贵，非轨道之所得。以此为政，小在难期。然教颓来既久，难反一朝。又世放都靡，营欲比肩，群士浑然，庸行相似，不可顿肃，甚殊黜陟也。且教不求尽善，善在抑尤，同侪之中，犹有甚泰。使夫昧适情之乐者，捐其显荣之贵，俄在不鲜之地；约己洁素者，蒙俭德之报，列于清官之上。二业分流，令各有蒙。然俗放都奢，不可顿肃，故臣私虑，愿先从事于渐也。

天下至大，万事至众，人君至少，同于天日，故非垂听所得周览。是以圣王之化，执要而已，委务于下而不以事自婴也。分职既定，无所与焉，非惮日昃之勤，而牵于逸豫之虞，诚以政体宜然，事势致之也。何则？夫造创谋始，逆暗是非，以别能否，甚难察也。既以施行，因其成败，以分功罪，甚易识也。易识在考终，难察在造始，故人君恒居其易则安，人臣不处其难则乱。今陛下每精事始而略于考终，故群吏虑事怀成败之惧轻，饰文采以避目下之谴重，此政功所以未善也。今人主能恒居易执要以御其下，然后人臣功罪形于成败之征，无逃其诛赏。故罪不可蔽，功不可诬。则能者劝，罪不可蔽，则违慢日肃，此为国之大略也。臣窃惟陛下圣心，意在尽善，惧政有违，故精事始，以求无失。又以众官胜任者少，故不委务，宁居日昃也。臣之愚虑，窃以为今欲尽善，故宜考终。何则？精始难校故也。又群官多不胜任，亦宜委务，使能者得以成功，不能者得以著败。败著可得而废，功成可得遂任，然后贤能常居位以善事，暗劣不得以尸禄害政。如此不已，则胜任者渐多，经年少久，即群司偏得其人矣。此校才考实，政之至务也。今人主不委事仰成，而与诸下共造事始，则功罪难分。下不专事，居官不久，故能否不别。何以验之？今世士人决不悉良能也，又决不悉疲软也。然今欲举一忠贤，不知所赏；求一负败，不知所罚。及其免退，自以犯法耳，非不能也。登进者自以累资及人间之誉耳，非功实也。若谓不然，则当今之政未称圣旨，此其征也。陛下御今法为政将三十年，而功未日新，其咎安在？古人有言："琴瑟不调，甚者必改而更张。"凡臣所言，诚政体之常，然古今异宜，所遇不同。陛下纵未得尽仰成之理，都委务于下，至于今事应奏御者，蠲除不急，使要事得精可三分之二。

　　古者六卿分职，冢宰为师。秦、汉已来，九列执事，丞相都总。今尚书制断，诸卿奉成，于古制为重，事所不须，然今未能省并。可出众事付外寺，使得专之，尚书为其都统，若丞相之为。惟立法创制，死生之断，除名流徙，退免大事，及连度支之事，台乃奏处。其余外官皆专断之，岁终台阁课功校簿而已。此为九卿造创事始，断而行之，尚书书主，赏罚绳之，其势必愈考成司非而已。于今亲掌者动受成于上，下之所失，不得复以罪下，岁终事功不建，不知所责也。夫监司以法举罪，狱官案劾尽实，法吏据辞守文，大较虽同，然至于施用，监司与夫法狱体宜小异。狱官唯实，法吏唯文，监司则欲举大而略小。何则？夫细过微阙，谬妄之失，此人情之所必有，而悉纠以法，则朝野无立人，此所谓欲理而反乱者也。

　　故善为政者，纲举而网疏，纲举则所罗者广，网疏则小必漏，所罗者广则为政不苛，此为政之要也。而自近世以来，为监司者，类大纲不振而微过必举。微过不足以害政，举之则微而益乱；大纲不振，则豪强横肆。豪强横肆，则百姓失职矣，此错所急而倒所务之由也。今宜令有司反所常之政，使天下可善化。及此非难也，人主不善碎密之案，必责犯强举尤之奏，当以尽公,则害政之奸自然禽矣。夫大奸犯政而乱兆庶之罪者,类出富强,而豪富者其力足惮,其货足欲,是以官长顾势而顿笔。下吏纵奸,惧所司之不举,则谨密网以罗微罪。使奏劾相接,状似尽公,而挠法不亮固已在其中矣。非徒无益于政体,清议乃由此而益伤。古人有言曰:"君子之过,如日之蚀焉。"又曰:"过而能改。"又曰:"不贰过。"凡此数者,皆是贤人君子不能无过之言也。苟不至于害政,则皆天网之所漏,所犯在甚泰,然后王诛所必加,此举罪浅深之大例者也。

故君子得全美以善事,不善者必夷戮以警众,此为政诛赦之准式也。何则?所为贤人君子,苟不能无过,小疵不可以废其身,而辄绳以法,则愧于明时。何则?虽有所犯,轻重甚殊,于士君子之心受责不同而名不异者,故不轨之徒得引名自方,以惑众听,因名可乱,假力取直,故清议益伤也。凡举过弹违,将以肃风论而整世教,今举小过,清议益颓。是以圣人深识人情而达政体,故其称曰:"不以一眚掩大德。"又曰:"赦小过,举贤才。"又曰:"无求备于一人。"故冕而前旒,充纩塞耳,意在善恶之报必取其尤,然后简而不漏,大罪必诛,法禁易全也。何则?害法在犯尤,而谨搜微过,何异放兕豹于公路,而禁鼠盗于隅隙。古人有言,"铁钺不用而刀锯日弊,不可以为政",此言大事缓而小事急也。时政所失,少有此类,陛下宜反而求之,乃得所务也。

夫权制不可以经常,政乖不可以守安,此言攻守之术异也。百姓虽愚,望不虚生,必因时而发。有因而发,则望不可夺;事变异前,则时不可违。明圣达政,应赴之速,不及下车,故能动合事机,大得人情。昔魏武帝分离天下,使人役居户,各在一方;既事势所须,且意有曲为,权假一时,以赴所务,非正典也。然逡巡至今,积年未改,百姓虽身丁其困,而私怨不生,诚以三方未悉荡并,知时未可以求安息故也。是以甘役如归,视险若夷。至于平吴之日,天下怀静,而东南二方,六州郡兵,将士武吏,戍守江表,或给京城运漕,父南子北,室家分离,咸更不宁。又不习水土,运役勤瘁,并有死亡之患,势不可久。此宜大见处分,以副人望。魏氏错役,亦应改旧。此二者各尽其理,然黔首感恩怀德,讴吟乐生必十倍于今也。自董卓作乱以至今,近出百年,四海勤瘁,丁难极矣。六合浑并,始终今日,兆庶思宁,非虚望也。然古今异宜,所遇不同,诚亦未可以希遵在昔,息放马牛,然使受百役者不出其国,兵备待事其乡,实在可为。纵复不得悉然为之,苟尽其理,可尽三分之二,吏役可不出千里之内。但如斯而已,天下所蒙已不訾矣。

政务多端,世事之未尽理者,难遍以疏举,振领总纲,要在三条。凡政欲静,静在息役,息役在无为。仓廪欲实,实在利农,利农在平籴。为政欲著信,著信在简贤,简贤在官久。官久非难也,连其班级,自非才宜,不得傍转以终其课,则事善矣。平籴已有成制,其未备者可就周足,则谷积矣。无为匪他,却功作之勤,抑似益而损之利。如斯而已,则天下静矣。此三者既举,虽未足以厚化,然可以为安有余矣。夫王者之利,在生天地自然之财,农是也。所立为指于此,事诚有功益。苟或妨农,皆务所息,此悉似益而损之谓也。然今天下自有事所必须,不得止已,或用功甚少而所济至重。目下为之,虽少有废,而计终已大益。农官有十百之利,及有妨害,在始似如未急,终作大患,宜逆加功,以塞其渐。如河、汴将合,沉菜苟善,则役不可息。诸如此类,亦不得已已。然事患缓急,权计轻重,自非近如此类,准以为率,乃可兴为,其余皆务在静息。然能善算轻重,权审其宜,知可兴可废,甚难了也,自非上智远才,不干此任。夫创业之美,勋在垂统,使夫后世蒙赖以安。其为安也,虽昏犹明,虽愚若智。济世功者,实在善化之为,要在静国。至夫修饰宫署,凡诸作役务为恒伤过泰,不患不举,此将来所不须于陛下而自能者也。至于仰蒙前绪,所凭日月者,实在遗风系人心,余烈匡幼弱,而今勤所不须,以伤所凭。钧此二者,何务孰急,陛下少垂恩回虑,详择所安,则大理尽矣。

世之私议,窃比陛下于孝文。臣以为圣德隆杀,将在乎后,不在当今。何则?陛下龙飞凤翔,应期践阼,有创业之勋矣。扫灭强吴,奄征南海,又有之矣。以天子之贵,而躬行布衣之所难,孝俭之德,冠于百王,又有之矣。履宜无细,动成轨度,又有之矣。若善当身之政,建藩屏之固,使晋代久长,后世仰瞻遗迹,校功孝事,实与汤武比隆,何孝文足云!臣之此言,非臣下褒上虚美常辞,其事实然。若所以资为安之理,或未尽善,则恐良史书勋,不得远尽弘美,甚可惜也。然不可使夫知政之士得参圣虑,经年少久,终必有成。愿陛下少察臣言。

又论肉刑,见《刑法志》。诏答曰:"得表陈封国之制,宜如古典,任刑齐法,宜复肉刑,及六州将士之役,居职之宜,诸所陈闻,具之知卿乃心为国也。动静数以闻。"

元康初,从淮南王允入朝。会诛杨骏,颂屯卫殿中,其夜,诏以颂为三公尚书。又上疏论律令事,为时论所美。久之,转吏部尚书,建九班之制,欲令百官居职希迁,考课能否,明其赏罚。贾郭专朝,仕者欲速,竟不施行。

及赵王伦之害张华也,颂哭之甚恸。闻华子得逃,喜曰:"茂先,卿尚有种也!"伦党张林闻之,大怒,惮颂持正而不能害也。孙秀等推崇伦功,宜加九锡,百僚莫敢异议。颂独曰:"昔汉之锡魏,魏之锡晋,皆一时之用,非可通行。今宗庙久安,虽婺后被退,势臣受诛,周勃诛诸吕而尊孝文,霍光废昌邑而奉孝宣,并无九锡之命。违旧典而习权变,非先王之制。九锡之议,请无所施。"张林积忿不已,以颂为张华之党,将害之。孙秀曰:"诛张、裴已伤时望,不可复诛颂。"林乃止。于是以颂为光禄大夫,门施行马。寻病卒,使使者吊祭,赐钱二十万、朝服一具,谥曰贞。中书侍郎刘沉议,颂当时少辈,应赠开府。孙秀素恨之,不听。

颂无子,养弟和子雍早卒,更以雍弟诩子鄩为适孙,袭封。永康元年,诏以颂诛贾谧督摄众事有功,追封梁邹县侯,食邑千五百户。

　　颂弟彪，字仲雅，参安东军事。伐吴，获张悌，累官积弩将军。及武库火，彪建计断屋，得出诸实器。历荆州刺史。次弟仲，字世混，历黄门郎、荥阳太守，未之官，卒。

　　初，颂嫁女临淮陈矫，矫本刘氏子，与颂近亲，出养于姑，改姓陈氏。中正刘友讥之，颂曰："舜后姚虞、陈田本同根系，而世皆为婚，礼律不禁。今与此同义，为婚可也。"友方欲列上，为陈骞所止，故得不劾。颂问明法掾陈默、蔡畿曰："乡里谁最屈？"二人俱云："刘友屈。"颂作色呵之，畿曰："友以私议冒犯明府为非，然乡里公论称屈。"友辟公府掾、尚书郎、黄沙御史。

　　李重，字茂曾，江夏钟武人也。父景，秦州刺史、都亭定侯。重少好学，有文辞，早孤，与群弟居，以友爱著称。弱冠为本国中正，逊让不行。后为始平王文学，上疏陈九品曰："先王议制，以时因革，因革之理，唯变所适。九品始于丧乱，军中之政，诚非经国不刊之法也。且其检防转碎，微刑失实，故朝野之论，佥谓驱动风俗，为弊已甚。而至于议改，又以为疑。臣以革法创制，当先尽开塞利害之理，举而错之，使体例大通而无否滞，亦未易故也。古者诸侯之治，分土有常，国有定主，人无异望，乡大夫世禄，仕无出位之思，臣无越境之交，上下体固，人德归厚。秦反斯道，罢侯置守，风俗浅薄，自此来矣。汉革其弊，斟酌周秦，并建侯守，亦使分土有定，而牧司必各举贤，贡士任之乡议，事合圣典，此踪三代。方今圣德之隆，光被四表，兆庶颙颙，欣睹太平。然承魏氏雕弊之迹，人物播越，仕无常朝，人无定处，郎吏蓄于军府，豪右聚于都邑，事体驳错，与古不同。谓九品既除，宜先开移徙，听相并就。且明贡举之法，不滥于境外，则冠带之伦将不分而自均，即土断之实行矣。又建树官司，功在简久。阶级少，则人心定；久其事，则政化成而能否著，此三代所以直道而行也。以为选例九等，当今之要，所宜施用也。圣王知天下之难，常从事于其易，故寄檃括于闾伍，则邑屋皆为有司。若任非所由，事非所核，则虽竭圣智，犹不足以赡其事。由此而观，诚令二者既行，即人思反本,修之于乡,哗竞自息,而礼让日隆矣。"

迁太子舍人,转尚书郎。时太中大夫恬和表陈便宜,称汉孔光、魏徐干等议,使王公已下制奴婢限数,及禁百姓卖田宅。中书启可,属主者为条制。重奏曰:"先王之制,士农工商有分,不迁其业,所以利用厚生,各肆其力也。《周官》以土均之法,经其土地井田之制,而辨其五物九等贡赋之序,然后分私制定,率土均齐。自秦立阡陌,建郡县,而斯制已没。降及汉、魏,因循旧迹,王法所峻者,唯服物车器有贵贱之差,令不僭拟以乱尊卑耳。至于奴婢私产,则实皆未尝曲为之立限也。八年《己巳诏书》申明律令,诸士卒百工以上,所服乘皆不得违制。若一县一岁之中,有违犯者三家,洛阳县十家已上,官长免。如诏书之旨,法制已严。令如和所陈而称光、干之议,此皆衰世逾侈,当时之患。然盛汉之初,不议其制,光等作而不行,非漏而不及,能而不用也。盖以诸侯之轨既减,而井田之制未复,则王者之法不得制人之私。人之田宅既无定限,则奴婢不宜偏制其数,惧徒为之法,实碎而难检。方今圣明垂制,每尚简易,法禁已具,和表无施。"

又司隶校尉石鉴奏,郁林太守介登役使所监,求召还;尚书荀恺以为远郡非人情所乐,奏登贬秩居官。重驳曰:"臣闻立法无制,所以齐众检邪,非必曲寻事情,而理无所遗也。故所滞者寡,而所济者众。今如登郡比者多,若听其贬秩居官,动为准例,惧庸才负远,必有黩货之累,非所以肃清王化,辑宁殊域也。臣愚以为宜听鉴所上,先召登还,且使体例有常,不为远近异制。"诏从之。

太熙初,迁廷尉平。驳廷尉奏邯郸醉等,文多不载。再迁中书郎,每大事及疑议,辄参以经典处决,多皆施行。迁尚书吏部郎,务抑华竞,不通私谒,特留心隐逸,由是群才毕举,拔用北海西郭汤、琅邪刘珩、燕国霍原、冯翊吉谋等为秘书郎及诸王文学,故海内莫不归心。时燕国中正刘沉举霍原为寒素,司徒府不从,沉又抗诣中书奏原,而中书复下司徒参论。司徒左长史荀组以为:"寒素者,当谓门寒身素,无世祚之资。原为列侯,显佩金紫,先为人间流通之事，晚乃务学，少长异业，年逾始立，草野之誉未洽，德礼无闻，不应寒素之目。"重奏曰："案如《癸酉诏书》'廉让宜崇，浮竞宜黜。其有履谦寒素靖恭求己者，应有以先之。'如诏书之旨，以二品系资，或失廉退之士，故开寒素以明尚德之举。司徒总御人伦，实掌邦教，当务峻准评，以一风流。然古之厉行高尚之士，或栖身岩穴，或隐迹丘园，或克己复礼，或耄期称道，出处语默，唯义所在。未可以少长异操，疑其所守之美，而远同终始之责，非所谓拟人必于其伦之义也。诚当考之于邦党之伦，审之于任举之主。沉为中正，亲执铨衡。陈原隐居求志，笃古好学，学不为利，行不要名，绝迹穷山，蕴韣道艺，外无希世之容，内全遁逸之节，行成名立，缙绅慕之，委质受业者千里而应，有孙孟之风，严郑之操。始举原，先咨侍中、领中书监华，前州大中正、后将军婴，河南尹轶。去三年，诸州还朝，幽州刺史许猛特以原名闻，拟之西河，求加征聘。如沉所列，州党之议既举，又刺史班诏表荐，如此而犹谓草野之誉未洽，德礼无闻，舍所征检之实，而无明理正辞，以夺沉所执。且应二品，非所求备。但原定志穷山，修述儒道，义在可嘉。若遂抑替，将负幽邦之望，伤敦德之教。如诏书所求之旨，应为二品。"诏从之。

　　重与李毅同为吏部郎，时王戎为尚书，重以清尚见称，毅淹通有智识，虽二人操异，然俱处要职，戎以识会待之，各得其所。毅，字茂彦。旧史阙其行事。于时内官重，外官轻，兼阶级繁多，重议之，见《百官志》。又上疏曰："凡山林避宠之士，虽违世背时，出处殊轨，而先王许之者，嘉其服膺高义也。昔先帝患风流之弊，而思反纯朴，乃咨询朝众，搜求隐逸。咸宁二年，始以太子中庶子征安定皇甫谧，四年又以博士征南安朱冲，太康元年，复以太子庶子征冲，虽皆以病疾不至，而朝野悦服。陛下远迈先帝礼贤之旨，臣访冲州邑，言其虽年近耄耋，而志气克壮，耽道穷薮，老而弥新，操尚贞纯，所居成化。诚山栖耆德，足以表世笃俗者也。臣以为宜垂圣恩，及其未没，显加优命。"时朝廷政乱，竟不能从。出为行讨虏护军、平阳太守，崇德化，修学校，表笃行，拔贤能，清简无欲，正身率下，在职三年，弹黜四县。弟嶷亡,表去官。

永康初,赵王伦用为相国左司马,以忧逼成疾而卒,时年四十八。家贫,宅宇狭小,无殡敛之地,诏于典客署营丧。追赠散骑常侍,谥曰成。子式,有美名,官至侍中,咸和初卒。

史臣曰:子雅束发登朝,竭诚奉国,广陈封建,深中机宜,详辨刑名,该核政体。虽文惭华婉,而理归切要。游目西京,望贾谊而非远;眷言东国,顾郎颛而有余。逮元康之间,贼臣专命,举朝战慄,苟避俎醢;颂以此时,忠鲠不挠,哭张公之非罪,拒赵王之妄锡,虽古遗直,何以尚兹。至于缘其私议,不平刘友,异夫憎而知善,举不避仇者欤!李重言因革之理,驳田产之制,词惬事当,盖亹亹可观。及锐志铨衡,留心隐逸,濬冲期之识会,岂虚也哉!

赞曰:刘颂刚直,义形于词。自下摩上,彼实有之。李重清雅,志乃无私。推贤拔滞,嘉言在兹。懋哉两哲,邦家之基。

晋书卷四七
列传第一七

傅玄　子咸　咸从父弟祗

　　傅玄，字休奕，北地泥阳人也。祖燮，汉汉阳太守。父韩，魏扶风太守。玄少孤贫，博学善属文，解钟律。性刚劲亮直，不能容人之短。郡上计吏，再举孝廉，太尉辟，皆不就。州举秀才，除郎中，与东海缪施俱以时誉选入著作，撰集魏书。后参安东、卫军军事，转温令，再迁弘农太守，领典农校尉。所居称职，数上书陈便宜，多所匡正。五等建，封鹑觚男。武帝为晋王，以玄为散骑常侍。及受禅，进爵为子，加驸马都尉。

　　帝初即位，广纳直言，开不讳之路。玄及散骑常侍皇甫陶共掌谏职。玄上疏曰：“臣闻先王之临天下也，明其大教，长其义节；道化隆于上，清议行于下，上下相奉，人怀义心。亡秦荡灭先王之制，以法术相御，而义心亡矣。近者魏武好法术，而天下贵刑名；魏文慕通远，而天下贱守节。其后纲维不摄，而虚无放诞之论盈于朝野，使天下无复清议，而亡秦之病复发于今。陛下圣德，龙兴受禅，弘尧舜之化，开正直之路，体夏禹之至俭，综殷周之典文，臣咏叹而已，将又奚言！惟未举清远有礼之臣，以敦风节；未退虚鄙，以惩不恪，臣是以犹敢有言。”诏报曰：“举清远有礼之臣者，此尤今之要也。”乃使玄草诏进之。玄复上疏曰：

　　　　臣闻舜举五臣，无为而化，用人得其要也。天下群司猥多，不可不审得其人也。不得其人，一日则损不赀，况积日乎！《典谟》曰"无旷庶官",言职之不可久废也。诸有疾病满百日不差，宜令去职，优其礼秩而宠存之，既差而后更用。臣不废职于朝，国无旷官之累，此王政之急也。

臣闻先王分士农工商以经国制事，各一其业而殊其务。自士已上子弟，为之立太学以教之，选明师以训之，各随其才优劣而授用之。农以丰其食，工以足其器，商贾以通其货。故虽天下之大，兆庶之众，无有一人游手。分数之法，周备如此。汉、魏不定其分，百官子弟不修经艺而务交游，未知莅事而坐享天禄；农工之业多废，或逐淫利而离其事；徒苟名于太学，然不闻先王之风。今圣明之政资始，而汉、魏之失未改，散官众而学校未设，游手多而亲农者少，工器不尽其宜。臣以为亟定其制，通计而天下若干人为士，足以副在官之吏；若干人为农，三年足有一年之储；若干人为工，足其器用；若干人为商贾，足以通货而已。尊儒尚学，贵农贱商，此皆事业之要务也。

前皇甫陶上事，俗令赐拜散官皆课使亲耕，天下享足食之利。禹稷躬稼，祚流后世，是以《明堂》、《月令》著帝籍之制。伊尹，古之名臣，耕于有莘；晏婴，齐之大夫，避庄公之难，亦耕于海滨。昔者圣帝明王，贤佐俊士，皆尝从事于农矣。王人赐官，冗散无事者，不督使学，则当使耕，无缘放之使坐食百姓也。今文武之官既众，而拜赐不在职者又多，加以服役为兵，不得耕稼，当农者之半，南面食禄者参倍于前。使冗散之官农，而收其租税。家得其实，而天下之谷可以无乏矣。夫家足食，为子则孝，为父则慈，为兄则友，为弟则悌。天下足食，则仁议之教可不令而行也。为政之要，计人而置官，分人而授事，士农工商之分不可斯须废也。若未能精其防制，计天下文武之官足为副贰者使学，其余皆归之于农。若百工商贾有长者，亦皆归之于农。务农若此，何有不赡乎！《虞书》曰："三载考绩，三考黜陟幽明。"是为九年之后，乃有迁叙也。故居官久，则念立慎终之化；居不见久，则竞为一切之政。六年之限，日月浅近，不周黜陟。

陶之所上,义合古制。

夫儒学者,王教之首也。尊其道,贵其业,重其选,犹恐化之不崇;忽而不以为急,臣惧日有陵迟而不觉也。仲尼有言:"人能弘道,非道弘人。"然则尊其道者,非惟尊其书而已,尊其人之谓也。贵其业者,不妄教非其人也。重其选者,不妄用非其人也。若此,而学校之纲举矣。

书奏,帝下诏曰:"二常侍恳恳于所论,可谓乃心欲佐益时事者也。而主者率以常制裁之,岂得不使发愤耶!二常侍所论,或举其大较,而未备其条目,亦可便令作之,然后主者入坐广共研精。凡关言于人主,人臣之所至难。而人主若不能虚心听纳,自古忠臣直士之所慷慨,至使杜口结舌。每念于此,未尝不叹息也。故前诏敢有直言,勿有所距,庶几得以发懵补过,获保高位。苟有言偏善,情在忠益,虽文辞有谬误,言语有失得,皆当旷然恕之。古人犹不拒诽谤,况皆善意在可采录乎!近者孔晁、綦母和皆按以轻慢之罪,所以皆原,欲使四海知区区之朝,无讳言之忌也。"俄迁侍中。

初,玄进皇甫陶,及入而抵,玄以事与陶争,言喧哗,为有司所奏,二人竟坐免官。

泰始四年,以为御史中丞。时颇有水旱之灾,玄复上疏曰:

臣闻圣帝明王受命,天时未必无灾,是以尧有九年之水,汤有七年之旱,惟能济之以人事耳。故洪水滔天而免沉溺,野无生草而不困匮。伏惟陛下圣德钦明,时小水旱,人未大饥,下祗畏之诏,求极意之言,同禹汤之罪己,侔周文之夕惕。臣伏欢喜,上便宜五事:

其一曰:耕夫务多种而耕暵不熟,徒丧功力而无收。又旧兵持官牛者,官得六分,士得四分;自持私牛者,与官中分,施行来久,众心安之。今一朝减持官牛者,官得八分,士得二分;持私牛及无牛者,官得七分,士得三分,人失其所,必不欢乐。臣愚以为,宜佃兵持官牛者与四分,持私牛与官中分,则天下兵作欢然悦乐,爱惜成谷,无有损弃之忧。

其二曰,以二千石虽奉务农之诏,犹不勤心以尽地利。昔汉氏以垦田不实,征杀二千石以十数。臣愚以为,宜兴汉氏旧典,以警戒天下郡县,皆以死刑督之。

其三曰,以魏初未留意于水事,先帝统百揆,分河堤为四部,并本凡五谒者,以水功至大,与农事并兴,非一人所周故也。今谒者一人之力,行天下诸水,无时得遍。伏见河堤谒者车谊不知水势,转为他职,更选知水者代之。可分为五部,使各精其方宜。

其四曰,古以步百为亩,今以二百四十步为一亩,所觉过倍。近魏初课田,不务多其顷亩,但务修其功力,故白田收至十余斛,水田收数十斛。自顷以来,日增田顷亩之课,而田兵益甚,功不能修理,至亩数斛已还,或不足以偿种。非与曩时异天地,横遇灾害也,其病正在于务多顷亩而功不修耳。窃见河堤谒者石恢,甚精练水事及田事,知其利害,乞中书召恢,委曲问其得失,必有所补益。

其五曰,臣以为胡夷兽心,不与华同,鲜卑最甚。本邓艾苟欲取一时之利,不虑后患,使鲜卑数万散居人间,此必为害之势也。秦州刺史胡烈素有恩信于西方,今烈往,诸胡虽已无恶,必且消弭,然兽心难保,不必其可久安也。若后有动衅,烈计能制之。惟恐胡虏适困于讨击,便能东入安定,西赴武威,外名为降,可动复动。此二郡非烈所制,则恶胡东西有窟穴浮游之地,故复为患,无以禁之也。宜更置一郡于高平川,因安定西州都尉募乐徙民,重其复除以充之,以通北道,渐以实边。详议此二郡及新置郡,皆使并属秦州,令烈得专御边之宜。

诏曰:“得所陈便宜,言农事得失及水官兴废,又安边御胡政事宽猛之宜,申省周备,一二具之,此诚为国大本,当今急务也。如所论皆善,深知乃心,广思诸宜,动静以闻也。”

五年,迁太仆。时比年不登,羌胡扰边,诏公卿会议。玄应对所问,陈事切直,虽不尽施行,而常见优容。转司隶校尉。

献皇后崩于弘训宫,设丧位。旧制,司隶于端门外坐,在诸卿上,绝席。其入殿,按本品秩在诸卿下,以次坐,不绝席。而谒者以弘训宫为殿内,制玄位在卿下。玄恚怒,厉声色而责谒者。谒者妄称尚书所处,玄对百僚而骂尚书以下。御史中丞庾纯奏玄不敬,玄又自表不以实,坐免官。然玄天性峻急,不能有所容;每有奏劾,或值日暮,捧白简,整簪带,竦踊不寐,坐而待旦。于是贵游慑伏,台阁生风。寻卒于家,时年六十二,谥曰刚。

玄少时避难于河内,专心诵学,后虽显贵,而著述不废。撰论经国九流及三史故事,评断得失,各为区例,名为《傅子》,为内、外、中篇,凡有四部、六录,合百四十首,数十万言,并文集百余卷行于世。玄初作内篇成,子咸以示司空王沉。沉与玄书曰:“省足下所著书,言富理济,经纶政体,存重儒教,足以塞杨墨之流遁,齐孙孟于往代。每开卷,未尝不叹息也。‘不见贾生,自以过之,乃今不及’,信矣!”

其后追封清泉侯。子咸嗣。

咸,字长虞,刚简有大节。风格峻整,识性明悟,疾恶如仇,推贤乐善,常慕季文子、仲山甫之志。好属文论,虽绮丽不足,而言成规鉴。颍川庾纯常叹曰:“长虞之文近乎诗人之作矣!”

咸宁初,袭父爵,拜太子洗马,累迁尚书右丞。出为冀州刺史,继母杜氏不肯随咸之官,自表解职。三旬之间,迁司徒左长史。时帝留心政事,诏访朝臣政之损益。咸上言曰:“陛下处至尊之位,而修布衣之事,亲览万机,劳心日昃。在昔帝王,躬自菲薄,以利天下,未有逾陛下也。然泰始开元以暨于今,十有五年矣。而军国未丰,百姓不赡,一岁不登便有菜色者,诚由官众事殷,复除猥滥,蚕者多而亲农者少也。臣以顽疏,谬忝近职,每见圣诏以百姓饥馑为虑,无能云补,伏用惭恶,敢不自竭,以对天问。旧都督有四,今并监军,乃盈于十。夏禹敷土,分为九州,今之刺史,几向一倍。户口比汉十分之一,而置郡县更多。空校牙门,无益宿卫,而虚立军府,动有百数。五等诸侯,复坐置官属。诸所宠给,皆生于百姓。一夫不农,有受其饥，今之不农，不可胜计。纵使五稼普收，仅足相接；暂有灾患，便不继赡。以为当今之急，先并官省事，静事息役，上下用心，惟农是务也。"

咸在位多所执正。豫州大中正夏侯俊上言，鲁国小中正、司空司马孔毓，四移病所，不能接宾，求以尚书郎曹馥代毓，旬日复上毓为中正。司徒三却，俊故据正。咸以俊与夺惟意，乃奏免俊大中正。司徒魏舒，俊之姻属，屡却不署，咸据正甚苦。舒终不从，咸遂独上。舒奏咸激讪不直，诏转咸为车骑司马。

咸以世俗奢侈，又上书曰："臣以为谷帛难生，而用之不节，无缘不匮。故先王之化天下，食肉衣帛，皆有其制。窃谓奢侈之费，甚于天灾。古者尧有茅茨，今之百姓竞丰其屋。古者臣无玉食，今之贾竖皆厌粱肉。古者后妃乃有殊饰，今之婢妾被服绫罗。古者大夫乃不徒行，今之贱隶乘轻驱肥。古者人稠地狭而有储蓄，由于节也；今者土广人稀而患不足，由于奢也。欲时之俭，当诘其奢；奢不见诘，转相高尚。昔毛玠为吏部尚书，时无敢好衣美食者。魏武帝叹曰："孤之法不如毛尚书。"令使诸部用心，各如毛玠，风俗之移，在不难矣。"又议移县狱于郡及二社应立，朝廷从之。迁尚书左丞。

惠帝即位，杨骏辅政。咸言于骏曰："事与世变，礼随时宜，谅暗之不行尚矣。由世道弥薄，权不可假，故虽斩焉在疚，而躬览万机也。逮至汉文，以天下体大，服重难久，遂制既葬而除。世祖武皇帝虽大孝烝烝，亦从时释服，制心丧三年，至于万机之事，则有不遑。今圣上欲委政于公，谅暗自居，此虽谦尚之心，而天下未以为善。天下未以为善者，以亿兆颙颙，戴仰宸极，听于冢宰，惧天光有蔽。人心既已若此，而明公处之固未为易也。窃谓山陵之事既毕，明公当思隆替之宜。周公圣人，犹不免谤。以此推之，周公之任既未易而处，况圣上春秋非成王之年乎！得意忘言，言未易尽。苟明公有以察其悾款，言岂在多。"时司隶荀恺从兄丧，自表赴哀，诏听之而未下，恺乃造骏。咸因奏曰："死丧之戚，兄弟孔怀。同堂亡陨，方在信宿，圣恩矜悯，听使临丧。诏未下而便以行造，急陷媚之敬，无友于之情。宜加显贬，以隆风教。”帝以骏管朝政，有诏不问，骏甚惮之。咸复与骏笺讽切之，骏意稍折，渐以不平。由是欲出为京兆、弘农太守，骏甥李斌说骏，不宜斥出正人，乃止。

骏弟济，素与咸善，与咸书曰：“江海之流混混，故能成其深广也。天下大器，非可稍了，而相观每事欲了。生子凝，了官事，官事未易了也。了事正作痴，复为快耳！左丞总司天台，维正八坐，此未易居。以君尽性而处未易居之任，益不易也。想虑破头，故具有白。”咸答曰：“卫公云，酒色之杀人，此甚于作直。坐酒色死，人不为悔。逆畏以直致祸，此由心不直正，欲以苟且为明哲耳！自古以直致祸者，当自矫枉过直，或不忠允，欲以亢厉为声，故致忿耳。安有悾悾为忠益，而当见疾乎！”居无何，骏诛。咸转为太子中庶子，迁御史中丞。

时太宰、汝南王亮辅政，咸致书曰：“咸以为太甲、成王年在蒙幼，故有伊周之事。圣人且犹不免疑，况臣既不圣，王非孺子，而可以行伊周之事乎！上在谅暗，听于冢宰，而杨骏无状，便作伊周，自为居天下之安，所以至死。其罪既不可胜，亦是殿下所见。骏之见讨，发自天聪，孟观、李肇与知密旨耳。至于论功，当归美于上。观等已数千户县侯，圣上以骏死莫不欣悦，故论功宁厚，以叙其欢心。此群下所宜以实裁量，而遂扇动，东安封王，孟、李郡公，余侯、伯、子、男，既妄有加，复又三等超迁。此之熏赫，震动天地。自古以来，封赏未有若此者也。无功而厚赏，莫不乐国有祸，祸起当复有大功也。人而乐祸，其可极乎！作此者，皆由东安公。谓殿下至止，当有以正之。正之以道，众亦何所怒乎！众之所怒，在于不平耳。而今皆更倍论，莫不失望。咸之愚冗，不惟失望而已，窃以为忧。又讨骏之时，殿下在外，实所不综。今欲委重，故令殿下论功。论功之事，实未易可处，莫若坐观得失，有居正之事宜也。”

咸复以亮辅政专权，又谏曰：“杨骏有震主之威，委任亲戚，此天下所以喧哗。今之处重，宜反此失。谓宜静默颐神，有大得失，乃维持之；自非大事，一皆抑遣。比四造诣，及经过尊门，冠盖车马，填塞街衢，此之禽习，既宜弭息。又夏侯长容奉使为先帝请命，祈祷无感，先帝崩背，宜自咎责，而自求请命之劳，而公以为少府。私窃之论，云长容则公之姻，故至于此。一犬吠形，群犬吠声，惧于群吠，遂至叵听也。咸之为人，不能面从而有后言。尝触杨骏，几为身祸；况于殿下，而当有惜！往从驾，殿下见语："卿不识韩非逆鳞之言耶，而欲摩天子逆鳞！"自知所陈，诚额额触猛兽之须耳。所以敢言，庶殿下当识其不胜区区。前摩天子逆鳞，欲以尽忠，今触猛兽之须，非欲为恶，必将以此见怒。"亮不纳。长容者，夏侯骏也。

会景寅，诏群僚举郡县之职以补内官。咸复上书曰："臣咸以为，夫兴化之要，在于官人。才非一流，职有不同。譬诸林木，洪纤枉直，各有攸施。故明扬速于仄陋，畴恣无拘内外之任，出处随宜，中间选用，惟内是隆；外举既颓，复多节目，竞内薄外，遂成风俗。此弊诚宜亟革之，当内外通塞无所偏耳。既使通塞无偏，若选用不平，有以深责；责之苟深，无忧不平也。且胶柱不可以调瑟，况乎官人而可以限乎！伏思所限者，以防选用不能出人。不能出人，当随事而制，无须限法。法之有限，其于致远，无乃泥乎！或谓不制其法，以何为责？臣闻刑惩小人，义责君子，君子之责，在心不在限也。正始中，任何晏以选举，内外之众职各得其才，粲然之美于斯可观。如此，非徒御之以限，法之所致，乃委任之由也。委任之惧，甚于限法。是法之失，非己之尤，尤不在己，责之无惧，所谓"齐之以刑，人免而无耻"者也。苟委任之，一则虑罪之及，二则惧致怨谤。己快则朝野称咏，不善则众恶见归，此之战战，孰与倚限法以苟免乎！"

咸再为本郡中正，遭继母忧去官。顷之，起以议郎，长兼司隶校尉。咸前后固辞，不听，敕使者就拜，咸复送还印绶。公车不通，催使摄职。咸以身无兄弟，丧祭无主，重自陈乞，乃使于官舍设灵坐。咸又上表曰："臣既驽弱，不胜重任。加在哀疚，假息日阕，陛下过意，授非所堪。披露丹款，归穷上闻，谬诏既往，终然无改。臣虽不能灭身以全礼教，义无觍然，虚忝隆宠。前受严诏，视事之日，私心自誓，陨越为报。以货赂流行，所宜深绝，切敕都官，以此为先。而经弥日月，未有所得。斯由陛下有以奖厉，虑于愚戆，将必死系，故自掩检以避其锋耳。在职有日，既无赫然之举，又不应弦垂翅，人谁复惮？故光禄大夫刘毅为司隶，声震内外，远近清肃。非徒毅有王臣匪躬之节，亦由所奏见从，威风得伸也。"诏曰："但当思必应绳中理，威风日伸，何独刘毅！"

时朝廷宽弛，豪右放恣，交私请托，朝野溷淆。咸奏免河南尹澹、左将军倩、廷尉高光、兼河南尹何攀等，京都肃然，贵戚慑伏。咸以"圣人久于其道，天下化成。是以唐虞三载考绩，九年黜陟。其在《周礼》，三年大比。孔子亦云'三年有成'。而中间以来，长吏到官，未几便迁，百姓困于无定，吏卒疲于送迎。"时仆射王戎兼吏部，咸奏："戎备位台辅，兼掌选举，不能谧静风俗，以凝庶绩，至今人心倾动，开张浮竞。中郎李重、李义不相匡正。请免戎等官。"诏曰："政道之本，诚宜久于其职，咸奏是也。戎职在论道，吾所崇委，其解禁止。"御史中丞解结以咸劾戎为违典制，越局侵官，干非其分，奏免咸官。诏亦不许。

咸上事以为"按令，御史中丞督司百僚。皇太子以下，其在行马内，有违法宪者皆弹纠之。虽在行马外，而监司不纠，亦得奏之。如今之文，行马之内有违法宪，谓禁防之事耳。宫内禁防，外司不得而行，故专施中丞。今道路桥梁不修，斗讼屠沽不绝，如此之比，中丞推责州坐，即今所谓行马内语施于禁防。既云中丞督司百僚矣，何复说行马之内乎！既云百僚，而不得复说行马之内者，内外众官谓之百僚，则通内外矣。司隶所以不复说行马内外者，禁防之事已于中丞说之故也。中丞、司隶俱纠皇太子以下，则共对司内外矣，不为中丞专司内百僚，司隶专司外百僚。自有中丞、司隶以来，更互奏内外众官，惟所纠得无内外之限也。而结一旦横挫臣，臣前所以不罗缕者，冀因结奏得从私愿也。今既所愿不从，而敕云但为过耳，非所不及也，以此见原。臣忝司直之任，宜当正己率人，若其有过，不敢受原，是以申陈其愚，司隶与中丞俱共纠皇太子以下，则从皇太子以下无所不纠也。得纠皇太子而不得纠尚书，臣之暗塞既所未譬。

皇太子为在行马之内邪，皇太子在行马之内而得纠之，尚书在行马之内而不得纠，无有此理。此理灼然，而结以此挫臣。臣可无恨耳，其于观听，无乃有怪邪！臣识石公前在殿上脱衣，为司隶荀恺所奏，先帝不以为非，于时莫谓侵官；今臣裁纠尚书，而当有罪乎？”咸累自上称引故事，条理灼然，朝廷无以易之。

吴郡顾荣常与亲故书曰：“傅长虞为司隶，劲直忠果，劾按惊人。虽非周才，偏亮可贵也。”元康四年卒官，时年五十六。诏赠司隶校尉，朝服一具、衣一袭、钱二十万，谥曰贞。有三子：敷、晞、纂。长子敷嗣。

敷，字颖根。清静有道，素解属文。除太子舍人，转尚书郎、太傅参军，皆不起。永嘉之乱，避地会稽，元帝引为镇东从事中郎。素有羸疾，频见敦喻，辞不获免，舆病到职。数月卒。时年四十六。晞亦有才思，为上虞令，甚有政绩，卒于司徒西曹属。

祗，字子庄。父嘏，魏太常。祗性至孝，早知名，以才识明练称。武帝始建东宫，起家太子舍人，累迁散骑黄门郎，赐爵关内侯，食邑三百户。母忧去职。及葬母，诏给太常五等吉凶导从。其后诸卿大夫葬给导从，自此始也。服终，为荥阳太守。自魏黄初大水之后，河济泛溢，邓艾尝著《济河论》，开石门而通之，至是复浸壤。祗乃造沉莱堰，至今兖豫无水患，百姓为立碑颂焉。寻表兼廷尉，迁常侍、左军将军。

及帝崩，梓宫在殡，而太傅杨骏辅政，欲悦众心，议普进封爵。祗与骏书曰：“未有帝王始崩，臣下论功者也。”骏不从。入为侍中。时将诛骏，而骏不之知。祗侍骏坐，而云龙门闭，内外不通。祗请与尚书武茂听国家消息，揖而下阶。茂犹坐，祗顾曰：“君非天子臣邪！今内外隔绝，不知国家所在，何得安坐！”茂乃惊起。骏既伏诛，裴楷息瓒，骏之婿也，为乱兵所害。尚书左仆射荀恺与楷不平，因奏楷是骏亲，收付廷尉。祗证楷无罪，有诏赦之。时又收骏官属，祗复启曰：“昔鲁芝为曹爽司马，斩关出赴爽，宣帝义之，尚迁青州刺史。骏之僚佐不可加罚。”诏又赦之。祗多所维正皆如此。

除河南尹，未拜，迁司隶校尉。以讨杨骏勋，当封郡公八千户，固让，减半，降封灵川县公，千八百户，余二千二百户封少子畅为武乡亭侯。又以本封赐兄子隽为东明亭侯。

楚王玮之矫诏也，祗以闻奏稽留，免官。期年，迁光禄勋，复以公事免。氐人齐万年举兵反，以祗为行安西军司，加常侍，率安西将军夏侯骏讨平之。迁卫尉，以风疾逊位，就拜常侍，食卿禄秩，赐钱及床帐等。寻加光禄大夫，门施行马。

及赵王伦辅政，以为中书监，常侍如故，以镇众心。祗辞之以疾，伦遣御史舆祗就职。王戎、陈准等相与言曰："傅公在事，吾属无忧矣。"其为物所倚信如此。

伦篡，又为右光禄、开府，加侍中。惠帝还宫，祗以经受伪职请退，不许。初，伦之篡也，孙秀与义阳王威等十余人预撰仪式禅文。及伦败，齐王冏收侍中刘逵、常侍骈捷杜育、黄门郎陆机、右丞周导王尊等付廷尉。以禅文出中书，复议处祗罪，会赦得原。后以禅文草本非祗所撰，于是诏复光禄大夫。子宣，尚弘农公主。

寻迁太子少傅，上章逊位还第。及成都王颖为太傅，复以祗为少傅，加侍中。怀帝即位，迁光禄大夫、侍中，未拜，加右仆射、中书监。时太傅东海王越辅政，祗既居端右，每宣君臣谦光之道，由此上下雍穆。祗明达国体，朝廷制度多所经综。历左光禄、开府，行太子太傅，侍中如故。疾笃逊位，不许。迁司徒，以足疾，诏版舆上殿，不拜。

大将军苟晞表请迁都，使祗出诣河阴，修理舟楫，为水行之备。及洛阳陷没，遂共建行台，推祗为盟主，以司徒、持节、大都督诸军事传檄四方。遣子宣将公主与尚书令和郁赴告方伯征义兵，祗自屯盟津小城，宣弟畅行河阴令，以待宣。

祗以暴疾薨，时年六十九。祗自以义诚不终，力疾手笔敕厉其二子宣、畅，辞旨深切，览者莫不感激慷慨。祗著文章驳论，十余万言。

宣，子世弘。年六岁丧继母，哭泣如成人，中表异之。及长，好学,赵王伦以为相国掾、尚书郎、太子中舍人,迁司徒西曹掾。去职,累迁为秘书丞、骠骑从事中郎。惠帝至自长安,以宣为左丞,不就,迁黄门郎。怀帝即位,转吏部郎,又为御史中丞。卒年四十九。无子,以畅子冲为嗣。

畅,字世道。年五岁,父友见而戏之,解畅衣,取其金环与侍者,畅不之惜,以此赏之。年未弱冠,甚有重名。以选入侍讲东宫,为秘书丞。寻没于石勒,勒以为大将军右司马。谙识朝仪,恒居机密,勒甚重之。作《晋诸公赞叙》二十二卷,又为《公卿故事》九卷。咸和五年卒。子咏,过江为交州刺史、太子右率。

史臣曰:武帝鉴观四方,平章百姓,永言启沃,任切争臣。傅玄体强直之姿,怀匪躬之操,抗辞正色,补阙弼违,谔谔当朝,不忝其职者矣。及乎位居三独,弹击是司,遂能使台阁生风,贵戚敛手。虽前代鲍葛,何以加之!然而惟此褊心,乏弘雅之度,骤闻竞爽,为物议所讥,惜哉!古人取戒于韦弦,良有以也。长虞风格凝峻,弗坠家声。及其纳谏汝南,献书临晋,居谅直之地,有先见之明矣。傅祗,名父之子。早树风猷,崎岖危乱之朝,匡救君臣之际,卒能保全禄位,可谓有道存焉。

赞曰:鹑觚贞谅,实惟朝望。志厉强直,性乖夷旷。长虞刚简,无亏风尚。子庄才识,爰膺衮职。忠绩未申,泉途遽逼。

晋书卷四八
列传第一八

向雄　段灼　阎缵

向雄，字茂伯，河内山阳人也。父韶，彭城太守。雄初仕郡为主簿，事太守王经。及经之死也，雄哭之尽哀，市人咸为之悲。后太守刘毅尝以非罪笞雄，及吴奋代毅为太守，又以少遣系雄于狱。司隶钟会于狱中辟雄为都官从事。会死无人殡敛，雄迎丧而葬之。文帝召雄而责之曰："往者王经之死，卿哭王经于东市，我不问也。今钟会躬为叛逆，又辄收葬，若复相容，其如王法何！"雄曰："昔者先王掩骼埋胔，仁流朽骨，当时岂先卜其功罪而后葬之哉！今王诛既加，于法已备。雄感义收葬，教亦无阙。法立于上，教弘于下，何必使雄违生背死以立于时！殿下仇枯骨而捐之中野，为将来仁贤之资，不亦惜乎！"

帝甚悦，与谈宴而遣之。

累迁黄门侍郎。时吴奋、刘毅俱为侍中，同在门下，雄初不交言。武帝闻之，敕雄令复君臣之好。雄不得已，乃诣毅，再拜曰："向被诏命，君臣义绝，如何？"于是即去。帝闻而大怒，问雄曰："我令卿复君臣之好，何以故绝？"雄曰："古之君子进人以礼，退人以礼；今之进人若加诸膝，退人若坠诸川。刘河内于臣不为戎首，亦已幸甚，安复为君臣之好！"帝从之。

泰始中，累迁秦州刺史，假赤幢、曲盖、鼓吹，赐钱二十万。咸宁初，入为御史中丞，迁侍中，又出为征虏将军。太康初，为河南尹，赐爵关内侯。齐王攸将归藩，雄谏曰："陛下子弟虽多，然有名望者少。齐王卧在京邑，所益实深，不可不思。"帝不纳。雄固谏忤旨，起而径出，遂以愤卒。

弟厓，惠帝世为护军将军。

段灼，字休然，敦煌人也。世为西土著姓，果直有才辩。少仕州郡，稍迁邓艾镇西司马，从艾破蜀有功，封关内侯，累迁议郎。武帝即位，灼上疏追理艾曰：

故征西将军邓艾，心怀至忠，而荷反逆之名；平定巴蜀，而受三族之诛，臣窃悼之。惜哉，言艾之反也！以艾性刚急，矜功伐善，而不能协同朋类，轻犯雅俗，失君子之心，故莫肯理之。臣敢冒死言艾所以不反之状。

艾本屯田掌犊人，宣皇帝拔之于农吏之中，显之于宰府之职。处内外之官，据文武之任，所在辄有名绩，固足以明宣皇帝之知人矣。会值洮西之役，官兵失利，刺史王经困于围城之中。当尔之时，二州危惧，陇右懔懔，几非国家之有也。先帝以为深忧重虑，思惟可以安边杀敌莫贤于艾，故授之以兵马，解狄道之围。围解，留屯上邽。承官军大败之后，士卒破胆，将吏无气，仓库空虚，器械殚尽。艾欲积谷强兵，以待有事。是岁少雨，又为区种之法，手执耒耜，率先将士，所统万数，而身不离仆虏之劳，亲执士卒之役。故落门、段谷之战，能以少击多，摧破强贼，斩首万计。遂委艾以庙胜成图，指授长策。艾受命忘身，龙骧麟振，前无坚敌。蜀地阻险，山高谷深，而艾步乘不满二万，束马悬车，自投死地，勇气凌云，将士乘势，故能使刘禅震怖，君臣面缚。军不逾时，而巴蜀荡定，此艾固足以彰先帝之善任矣。

艾功名已成，亦当书之竹帛，传祚万世。七十老公，复何所求哉！艾以禅初降，远郡未附，矫令承制，权安社稷。虽远常科，有合古义，原心定罪，事可详论。故镇西将军钟会，有吞天下之心，恐艾威名，知必不同，因其疑似，构成其事。艾被诏书，即遣

强兵,束身就缚,不敢顾望。诚自知奉见先帝,必无当死之理
也。会受诛之后,艾参佐官属、部曲将史,愚戆相聚,自共追艾,
破坏槛车,解其囚执。艾在困地,是以狼狈失据。夫反非小事,
若怀恶心,即当谋及豪杰,然后乃能兴动大众,不闻艾有腹心
一人。临死口无一言,独受腹背之诛,岂不哀哉!故见之者垂
涕,闻之者叹息。此贾谊所以慷慨于汉文,天下之事可为痛哭
者,良有以也。

　　陛下龙兴,阐弘大度,受诛之家,不拘叙用,听艾立后,祭
祀不绝。昔秦人怜白起之无罪,吴人伤子胥之冤酷,皆为之立
祠。天下之人为艾悼心痛恨,亦由是也。谓可听艾门生故吏收
艾尸柩,归葬旧墓,还其田宅,以平蜀之功,继封其后,使艾阖
棺定谥,死无所恨。赦冤魂于九泉,收信义于后世,则天下徇名
之士,思立功之臣,必投汤火,乐为陛下死矣!

帝省表,甚嘉其意。

灼后复陈时宜曰:

　　臣闻天时不如地利,地利不如人和。三里之城,五里之郭,
圜围而攻之,有不克者,此天时不如地利。城非不高,池非不
深,谷非不多,兵非不利,委而去之,此地利不如人和。然古之
王者,非不先推恩德,结固人心。人心苟和,虽三里之城,五里
之郭,不可攻也。人心不和,虽金城汤池,不能守也。臣推此以
广其义,舜弹五弦之琴,咏《南风》之诗,而天下自理,由尧人可
比屋而封也。曩者多难,奸雄屡起,搅乱众心,刀锯相乘,流死
之孤,哀声未绝。故臣以为陛下当深思远念,杜渐防萌,弹琴咏
诗,垂拱而已。其要莫若推恩以协和黎庶,故推恩足以保四海,
不推恩不足以保妻子。是故唐尧以亲睦九族为先,周文以刑于
寡妻为急,明王圣主莫不先亲后疏,自近及远。臣以为太宰、司
徒、卫将军三王宜留洛中镇守,其余诸王自州征足任者,年十
五以上悉遣之国。为选中郎傅相,才兼文武,以辅佐之。听于
其国缮修兵马,广布恩信。必抚下犹子,爱国如家,君臣分定,

百世不迁，连城开地，为晋、鲁、卫。所谓磐石之宗，天下服其强矣。虽云割地，譬犹囊漏贮中，亦一家之有耳。若虑后世强大，自可豫为制度，使得推恩以分子弟。如此则枝分叶布，稍自削小，渐使转至万国，亦后世之利，非所患也。

昔在汉世，诸吕自疑，内有朱虚、东牟之亲，外有诸侯九国之强，故不敢动摇。于今之宜，诸侯强大，是为太山之固。非我族类，其心必异。而魏法禁锢诸王，亲戚隔绝，不祥莫大焉。间者无故又瓜分天下，立五等诸侯。上不象贤，下不议功，而是非杂揉，例受茅士。似权时之宜，非经久之制，将遂不改，此亦烦扰之人，渐乱之阶也。夫国之兴也，由于九族亲睦，黎庶协和；其衰，在于骨肉疏绝，百姓离心。故夏邦不安，伊尹归殷；殷邦不和，吕氏入周。殷监在于夏后，去事之诫，诚来事之鉴也。

又陈曰：

昔伐蜀，募取凉州兵马、羌胡健儿，许以重报，五千余人，随艾讨贼，功皆第一。而《乙亥诏书》，州郡将督，不与中外军同，虽在上功，无应封者。唯金城太守杨欣所领兵，以逼江由之势，得封者三十人。自金城以西，非在欣部，无一人封者。苟在中军之例，虽下功必侯；如州郡，虽下功高不封，非所谓近不重施，远不遗恩之谓也。

臣闻鱼悬由于甘饵，勇夫死于重报。故荆轲慕燕丹之义，专诸感阖闾之爱，匕首振于秦庭，吴刀耀于鱼腹，视死如归，岂不有由也哉！夫功名重赏，士之所竞，不平致怨，由来久矣。《诗》云："尸鸠在桑，其子七兮。淑人君子，其仪一兮。"臣以为此等宜蒙爵封。

灼前后陈事，辄见省览。然身微宦孤，不见进序，乃取长假还乡里。临去，遣息上表曰：

臣受恩三世，剖符守境，试用无绩，沉伏数年，犬马之力，无所复堪。陛下弘广纳之听，采狂夫之言，原臣侵官之罪，不问干忤之愆，天地恩厚，于臣足矣。臣闻忠臣之于其君，犹孝子之于其亲：进则有欣然之庆，非贪官也；退则有戚然之忧，非怀禄也。其意在于不忘光君荣亲，情所不能已已者也。臣伏自悼，私怀至恨：生长荒裔，而久在外任，自还抱疾，未尝觐见，陛下竟不知臣何人，此臣之恨一也。遭运会之世，值有事之时，而不能垂功名于竹帛，此臣之恨二也。逮事圣明之君，而隙庆羸劣，陈力又不能，当归死于地下，此臣之恨三也。哀二亲早亡陨，兄弟并凋丧，孝敬无复施于家门，此臣之恨四也。夏之日忽以过，冬之夜寻复来，人生百岁，尚以为不足，而臣中年婴灾，此臣之恨五也。惭日月之所养，愧昊苍而无报，此臣之所以怀五恨而欢息，临归路而自悼者也。

语有之曰："华言虚也，至言实也，苦言药也，甘言疾也。"臣欲言天下太平，而灵龟神狐未见，仙芝蓂莆未生，麒麟未游乎灵禽之囿，凤皇未仪于太极之庭，此臣之所以不敢华言而为佞者也。昔汉高祖初定天下，于时戍卒娄敬上书谏曰："陛下取天下不与成周同，而欲比隆成周，臣窃以为不侔。"于是汉祖感悟，深纳其言，赐姓为刘氏。又顾谓陆贾曰："为我著秦所以亡，而吾所以得之者。"贾乃作《新语》之书，述叙前世成败，以为劝戒。又田肯建一言之计，非亲子弟莫可使王齐者，而受千金之赐。故世称汉祖之宽明博纳，所以能成帝业也。

今之言世者，皆曰尧舜复兴，天下已太平矣。臣独以为未，亦窃有所劝焉。且百王垂制，圣贤吐言，来事之明鉴也。孟子曰："尧不能以天下与舜，则舜之有天下也，天与之也。昔舜为相，尧崩，三年之丧毕，舜避尧之子于南河，天下诸侯朝觐者、狱讼者，不之尧之子而之舜。舜曰天也，乃之中国，践天子位焉。若居尧之宫，逼尧之子，非天所与者也。"

曩昔西有不臣之蜀，东有僭号之吴，三主鼎足，并称天下。魏文帝率万乘之众，受禅于灞陂，而自以德同唐虞，以为汉献即是古之尧，自谓即是今之舜，乃谓孟轲、孙卿不通禅代之变，遂作禅代之文，刻石垂戒，班示天下，传之后世，亦安能使将来君子皆晓然心服其义乎！然魏文徒希慕尧舜之名，推新集之魏，欲以同于唐虞之盛，忽骨肉之恩，忘藩屏之固，竟不能使四海宾服，混一皇化，而于时群臣莫有谏者，不其过矣哉！孙卿曰："尧舜禅让，是不然矣。天下者，至重也，非至强莫之能任；至大也，非至辩莫之能分；至众也，非至明莫不能见。此三至者，非圣人莫之能尽。"由此言之，孙卿、孟轲亦各有所不取焉。陛下受禅，从东府入西宫，兵刃耀天，旌旗翳日。虽应天顺人，同符唐虞，然法度损益，则亦不异于昔魏文矣，故宜资三至以强制之。而今诸王有立国之名，而无襟带之实。又蜀地有自然之险，是历世奸雄之所窥阚，逋逃之所聚也，而无亲戚子弟之守，此岂深思远虑，杜渐防萌者乎！

　　昔汉文帝据已成之业，六合同风，天下一家。而贾谊上疏陈当时之势，犹以为譬如抱火厝于积薪之下，而寝其上，火未及然，因谓之安。此言诚存不忘亡，安不忘乱者也。然臣之悈悈，亦窃愿居安思危，无曰高高在上，常念临深之义，不忘履冰之戒。尽除魏世之弊法，绥以新政之大化，使万邦欣欣，喜戴洪惠，昆虫草木，咸蒙恩泽。朝廷咏康哉之歌，山薮无伐檀之人，此固天下所视望者也。陛下自初践阼，发无讳之诏，置箴谏之官，赫然宠异谔谔之臣，以明好直言之信，恐陈事者知直言之不用，皆杜口结舌，祥瑞亦曷由来哉！

　　臣无陆生之才，不在顾问之地，盖闻主圣臣直，义在于有犯无隐。臣不惟疏远，未信而信，敢历论前代隆名之君及亡败之主废兴所由，又博陈举贤之路，广开养老之制，崇必信之道，又张设议者之难，凡五事以闻。臣之所言，皆直陈古今已行故事，非新声异端也。辞义实浅，不足采纳。然臣私心，诚谓有可发起觉悟遗忘。愿陛下察臣愚忠，愍臣狂直，无使天下以言者为戒。疾痛增笃，退念桑梓之诗，惟狐死之义，辄取长休，归近填墓。顾瞻宫阙，系情皇极，不胜丹款，遣息颖表言。

　　其一曰：臣闻善有章也，著在经典；恶有罚也，戒在刑书。

上自远古，下洎秦汉，其明王霸主及亡国暗君，故可得而称；至于忠謇贤相及佞谄奸臣，亦可得而言。故朝有谔谔尽规之臣，无不昌也；任用阿谀唯唯之士，无不亡也。是有国者皆欲求忠以自辅，举贤以自佐；而亡国破家者相继，皆由任失其人。所谓贤者不贤，忠者不忠也。臣谨言前任贤所由兴，任不肖所以亡者。尧之末年，四凶在朝而不去，八元在家而不举，然致天平地宁，四门穆穆，其功固在重华之为相。夏桀放于鸣条，商辛枭于牧野，此俱万乘之主，而国灭身擒，由不能属任贤相，用妇人之言，荒淫无道，肆志沉宴，作靡靡之乐，长夜之饮，于是登糟丘，临酒池，观牛饮，望肉林，龙逢忠而被害，比干谏而剖心，天下之所以归恶者也。太甲暴虐，颠覆汤之典制，于是伊尹放之桐宫，而能改悔反善，三年后归于亳。既已放而复还，殷道微而复兴，诸侯咸服，号称太宗，实赖阿衡之尽忠也。周室既衰，诸侯并争，天王微弱，政遂陵迟。齐桓公，淫乱之主耳；然所以能九合一匡之功，有尊周之名，诚管夷吾之力。及其死也，虫流出门，岂非任竖貂之过乎！且一桓公之身，得管仲，其功如彼；用竖貂，其乱如此。夫荣辱存亡，实在所任，可不审哉！秦本伯翳之后，微微小邑，至秦仲始大，有车马礼乐侍御之好焉。自穆公至于始皇，皆能留心待贤，远求异士，招由余于西戎，致五羖于宛市，取丕豹于晋卿，迎蹇叔于宗里。由是四方雄俊继踵而至，故能世为强国，吞灭诸侯，奄有天下，兼称皇帝，由谋臣之助也。道化未淳，崩于沙丘。胡亥乘虐，用诈自惧，不能弘济统绪，克成堂构，而乃残贼仁义，毒流黔首。故陈胜、吴广，奋臂大呼，而天下响应。于是赵高逆乱，阎乐承指，二世穷迫，自戮望夷。子婴虽立，去帝为王，孤危无辅，四旬而亡。此由邪臣擅命，指鹿为马，所以速秦之祸也。秦失其鹿，豪杰竞逐，项羽既得而失之，其咎在烹韩生，而范增之谋不用。假令羽既距项伯之邪说，斩沛公于鸿门，都咸阳以号令诸侯，则天下无敌矣。而羽距韩生之忠谏，背范增之深计，自谓霸王之业已定，都彭城，还故

乡,为昼被文绣,此盖世俗儿女之情耳,而羽荣之。是故五载为
汉所擒,至此尚不知觉悟,乃曰"天亡我,非战之罪",甚痛矣
哉!且夫士之归仁,犹水之归下,禽之走旷野,故曰"为川驱鱼
者獭也,为薮驱雀者鹯也,为汤武驱人者桀纣也"。汉高祖起于
布衣,提三尺之剑而取天下,用六国之资,无唐虞之禅,岂徒赖
良平之奇谋,尽英雄之智力而已乎,亦由项氏为驱人也。子孙
承基二百余年,逮成帝委政舅家,使权势外移。安昌侯张禹者,
汉之三公,成帝保傅也,帝亲幸其家,拜禹床下,深问天灾人
事。禹当惟大臣之节,为社稷深虑,忠言嘉谋,陈其灾患,则王
氏不得专权宠,王莽无缘乘势位,遂托云龙而登天衢,令汉祚
中绝也。禹佞谄不忠,挟怀私计,徒低仰于五侯之间,苟取容媚
而已。是以朱云抗节求尚方斩马剑,欲以斩禹,以戒其余,可谓
忠矣。而成帝尚复不寤,乃以为居下讪上,廷辱保傅,罪死无
赦,诏御史将云下,欲急烹之。云攀殿折槛,幸赖左将军辛庆忌
叩头流血,以死争之。若不然,则云已摧碎矣。后虽释槛不修,
欲以彰明直臣,诚足以为后世之戒,何益于汉室所由亡也哉!
然世之论者,以为乱臣贼子无道之甚者莫过于莽,此亦犹纣之
不善,不如是之甚也。传称莽始起外戚,折节力行,以要名誉,
宗族称孝,朋友归仁。及其辅政成、哀之际,勤劳国家,动见称
述。然于时人士诣阙上书荐莽者不可称纪,内外群臣莫不归莽
功德。遭遇汉室中微,国嗣三绝,而太后寿考,为之宗主,故莽
得遂策命孺子而夺其位也。昔汤武之兴,亦逆取而顺守之耳。
向莽深惟殷周取守之术,崇道德,务仁义,履信实,去华伪,施
惠天下,十有八年,恩足以感百姓,义足以结英雄,人怀其德,
豪杰并用,如此,宗庙社稷宜未灭也,光武虽复贤才,大业讵可
冀哉!莽即位之后,自谓得天人之助,以为功广三王,德茂唐
虞,乃自骄矜,奋其威诈,班宣符谶,震暴残酷,穷凶极恶,人怨
神怒,冬雷电以惊其耳目,夏地动以惕其心腹。而莽犹不知觉
悟,方复重行不顺时之令,竟连伍之刑,佞媚者亲幸,忠谏者诛

夷。由是天下忿愤，内外俱发，四海分崩，城池不守，身死于匹
夫之手，为天下笑，岂不异哉！其所由然者，非取之过，而守之
非道也。莽既屠肌，六合云扰，刘圣公已立而不辨，盆子承之而
覆败，公孙述又称帝于蜀汉。如此数子，固非所谓应天顺人者，
徒为光武之驱除者耳。夫天下者，盖亦天下之天下，非一人之
天下也。"殷商之旅，其会如林，矢于牧野，维予侯兴。"又曰：
"侯服于周，天命靡常。"由此言之，主非常人也，有德则天下归
之，无德则天下叛之。故古之明王，其劳心远虑，常如临川无津
涯。于是法天地，象四时，隆恩德，敬大臣，近忠直，远佞人。仁
孝著乎宫墙，弘化洽乎兆庶；为平直如砥矢，信义感人神。虽有
椒房外戚之宠，不受其委曲之言；虽有近习受幸之竖，不听其
姑息之辞。四门穆穆，关而不阖，待谏者而无忌。恒战战慄慄，
不忘戒惧，所以欲永终天禄，恐为将来贤圣之驱除也。且臣闻
之，惧危者，常安者也；忧亡者，恒存者也。使夫有国之君能安
不忘危，则本枝百世，长保荣祚，名位与天地无穷，亦何虑乎为
来者之驱除哉！传有之曰："狂夫之言，明主察焉。"

　　其二曰：士之立业，行非一概。吴起贪官，母死不归，杀妻
求将，不孝之甚。然在魏，使秦人不敢东向；在楚，则三晋不敢
南谋。曾参、闵骞，诚孝子也，不能宿夕离其亲，岂肯出身致死，
涉危险之地哉！今大晋应期运之所授，齐圣美于有虞，而吴人
不臣，称帝私附，此亦国之羞也。陛下诚欲致熊罴之士，不二心
之臣，使奋威淮浦、震服蛮荆者，故宜畴咨博采，广开贡士之
路，荐岩穴，举贤才，征命考试，匪俊莫用。今台阁选举，徒塞耳
目，九品访人，唯问中正。故据上品者，非公侯之子孙，则当涂
之昆弟也。二者苟然，则筚门蓬户之俊，安得不有陆沉者哉！

　　其三曰：昔田子方养老马，而穷士知所归，况居天下之广
居，立天下之正位，行天下之大道乎！昔明王圣主，无不养老。
老人众多，未必皆贤，不可悉养。故父事三老，所以明孝；宗事
五更，所以明敬。孟子曰："吾老以及人之老，吾幼以及人之

幼。"今天下虽定,而华山之阳无放马之群,桃林之下未有休息之牛,故以吴人尚未臣服故也。夫饥者易为食,渴者易为饮,天下元元瞻望新政。愿陛下思子方之仁,念犬马之劳,思帷盖之报,发仁惠之诏,广开养老之制。

其四曰:法令赏罚,莫大乎信。古人有言:"人而无信,不知其可。"况有养人以惠,使人以义,而可以不信行之哉!臣前为西郡太守,被州所下《己未诏书》:"羌胡道远,其但募取乐行,不乐勿强。"臣初诏书,辄宣恩广募,示以赏信,所得人名即条言征西。其晋人自可差简丁强,如法调取;至于羌胡,非恩意告谕,则无欲度金城、河西者也。自往每兴军渡河,未曾有变,故刺史郭绥劝帅有方,深加奖厉,要许重报。是以所募感恩利赏,遂立绩效,功在第一。今州郡督将,并已受封,羌胡健儿,或王或侯,不蒙论叙也。晋文犹不贪原而失信,齐桓不惜地而背盟,况圣主乎!

其五曰:昔周汉之兴,树亲建德,周有五等之爵,汉有河山之誓。及其衰也,神器夺于重臣,国祚移于他人。故灭周者秦,非姬姓也;代汉者魏,非刘氏也。于今国家大计,使异姓无裂土专封之邑,同姓并据有连城之地,纵复令诸王后世子孙还自相并,盖亦楚人失繁弱于云梦,尚未为亡其弓也。其于神器不移他族,则始祖不迁之庙,万年亿兆不改其名矣。大晋诸王二十余人,而公侯伯子男五百余国,欲言其国皆小乎,则汉祖之起,俱无尺土之地,况有国者哉!将谓大晋世世贤圣,而诸侯之胤常不肖邪,则放勋钦明而有丹朱,瞽叟顽凶而有虞舜。天下有事无不由兵,而无故多树兵本,广开乱原,臣故曰五等不便也。臣以为可如前表,诸王宜大其国,增益其兵,悉遣守藩,使形势足以相接,则陛下可高枕而卧耳。臣以为诸侯伯子男名号皆宜改易之,使封爵之制,禄奉礼秩,并同天下诸侯之例。

臣闻与覆车同轨者未尝安也,与死人同病者未尝生也,与亡国同法者未尝存也。况夫巍巍大晋,方将登太山,禅梁父,刻石书勋,垂示无穷。宜远鉴往代兴废,深为严防,使著事奋笔,必有纪焉。昔伊尹耻其君不为尧舜,此臣所以私怀慷慨,自忘轻贱者也。

灼书奏,帝览而异焉,擢为明威将军、魏兴太守。卒于官。

阎缵,字续伯,巴西安汉人也。祖圃,为张鲁功曹,劝鲁降魏,封平乐乡侯。父璞,嗣爵,仕吴至牂牁太守。缵侨居河南新安,少游英豪,多所交结,博览坟典,该通物理。父卒,继母不慈,缵恭事弥谨。而母疾之愈甚,乃诬缵盗父时金宝,讼于有司。遂被清议十余年,缵无怨色,孝谨不息。母后意解,更移中正,乃得复品。

为太傅杨骏舍人,转安复令。骏之诛也,缵弃官归,要骏故主簿潘岳、掾崔基等共葬之。基、岳畏罪,推缵为主。墓成,当葬,骏从弟模告武陵王澹,将表杀造意者。众咸惧,填冢而逃,缵独以家财成墓,葬骏而去。国子祭酒邹湛以缵才堪佐著作,荐于秘书监华峤。峤曰:“此职闲廪重,贵势多争之,不暇求其才。”遂不能用。河间王颙引为西戎校尉司马,有功,封平乐乡侯。

愍怀太子之废也,缵舆棺诣阙上书理太子之冤,曰:

伏见赦文及牓下前太子通手疏,以为惊愕。自古以来,臣子悖逆,未有如此之甚也。幸赖天慈,全其首领。臣伏念通生于圣父而至此者,由于长养深宫,沉沦富贵,受饶先帝,父母骄之。每见选师傅下至群吏,率取膏梁击钟鼎食之家,希有寒门儒素如卫绾、周文、石奋、疏广,洗马、舍人亦无汲黯、郑庄之比,遂使不见事父事君之道。臣案古典,太子居以士礼,与国人齿,以此明先王欲令知先贱然后乃贵。自顷东宫亦微太盛,所以致败也。非但东宫,历观诸王师友文学,皆豪族力能得者,率非龚遂、王阳,能以道训。友无亮直三益之节,官以文学为名,实不读书,但共鲜衣好马,纵酒高会,嬉游博弈,岂有切磋,能相长益! 臣常恐公族迟陵,以此叹息。今通可以为戒,恐其被斥,弃逐远郊,始当悔过,无所复及。

　　昔戾太子无状,称兵距命,而壶关三老上书,有田千秋之言,犹曰:"子弄父兵,罪应笞耳!"汉武感悟之,筑思子之台。今遹无状,言语悖逆,受罪之日,不敢失道,犹为轻于戾太子,尚可禁持,重选保傅。如司空张华,道德深远,乃心忠诚,以为之师。光禄大夫刘实,寒苦自立,终始不衰,年同吕望,经籍不废,以为之保。尚书仆射裴颁,明允恭肃,体道居正,以为之友。置游谈文学,皆选寒门孤宦以学行自立者,及取服勤更事、涉履艰难、事君事亲、名行素闻者,使与共处。使严御史监护其家,绝贵戚子弟、轻薄宾客。如此,左右前后,莫非正人。师傅文学,可令十日一讲,使共论议于前。敕使但道古今孝子慈亲,忠臣事君,及思愆改过之义,皆闻善道,庶几可全。

　　昔太甲有罪,放之三年,思庸克复,为殷明王。又魏文帝惧于见废,夙夜自祗,竟能自全。及至明帝,因母得罪,废为平原侯,为置家臣庶子,师友文学,皆取正人,共相匡矫。兢兢慎罚,事父以孝,父没,事母以谨,闻于天下,于今称之。汉高皇帝数置酒于庭,欲废太子,后四皓为师,子房为傅,竟复成就。前事不忘,后事之戒。孟轲有云,"孤臣孽子,其操心也危,虑患也深",故多善功。李斯云:"慈母多败子,严家无格虏。"由陛下骄遹,使至于此,庶其受罪以来,足自思改。方今天下多虞,四夷未宁,将伺国隙。储副大事,不宜空虚。宜为大计,小复停留。先加严诲,依平原侯故事,若不悛改,弃之未晚也。

　　臣素寒门,无力仕宦,不经东宫,情不私遹。念昔楚国处女谏其王曰"有龙无尾",言年四十,未有太子。臣尝备近职,虽未得自结天日,情同阉寺,恽恽之诚,皆为国计。臣老母见臣为表,乃为臣卜卦,云"书御即死"。妻子守臣,涕泣见止。臣独以为频见拔擢,尝为近职,此恩难忘,何以报德?唯当陈诚,以死献忠。辄具棺絮,伏须刑诛。

书御不省。

及张华遇害,贾谧被诛,朝野震悚,缵独抚华尸恸哭曰:"早语君逊位而不肯,今果不免,命也夫!"过叱贾谧尸曰:"小儿乱国之由,诛其晚矣!"

皇太孙立,缵复上疏曰:

臣前上书讼太子之枉,不见省览。昔壶关三老陈卫太子之冤,而汉武筑思子之台。高庙令田千秋上书,不敢正言,托以鬼神之教,而孝武大感,月中三迁,位至丞相,乘车入殿,号曰车氏。恨臣精诚微薄,不能有感,竟使太子流离,没命许昌。向令陛下即纳臣言,不致此祸。天赞圣意,三公献谋,庶人赐死,罪人斯得,太子以明,臣恨其晚,无所复及。诏书慈悼,迎丧反葬,复其礼秩,诚副众望,不意吕霍之变复生于今日!伏见诏书建立太孙,斯诚陛下上顺先典以安社稷,中尉慈悼冤魂之痛,下令万国心有所系。追惟庶人,所为无状,几倾宗庙,赖相国、太宰至忠愤发,潜谋俱断,奉赞圣意,以成神武。虽周诛二叔,汉扫诸吕,未足以喻。臣愿陛下因此大更厘改,以为永制。礼置太子,居以士礼,与国人齿,为置官属,皆如朋友,不为纯臣。既使上厌至望,以崇孝道,又令不相严惮,易相规正。

昔汉武既信奸谗,危害太子,复用望气之言,欲尽诛诏狱中囚。邴吉以皇孙在焉,闭门距命,后遂拥护皇孙,督罚乳母,卒至成人,立为孝宣皇帝。苟志于忠,无往不可。历观古人,虽不避死,亦由世教宽以成节。吉虽距诏书,事在于忠,故宥而不责。自晋兴已来,用法太严,迟速之间,辄加诛斩。一身伏法,犹可强为,今世之诛,动辄灭门。昔吕后临朝,肆意无道。周昌相赵,三召其王而昌不遣,先征昌入,乃后召王。此由汉制本宽,得使为快。假令如今,吕后必谓昌已反,夷其三族,则谁敢复为杀身成义者哉!此法宜改,可使经远。又汉初废赵王张敖,其臣贯高谋弑高祖,高祖不诛,以明臣道。田叔、孟舒十人为奴,髡钳随王,隐亲侍养,故令平安。向使晋法得容为义,东宫之臣得如周昌,固护太子得如邴吉,距诏不坐,伏死谏争,则圣意必变,太子以安。如田叔、孟舒侍从不罪者,则隐亲左右,奸凶毒药无缘得设，太子不夭也。

臣每责东宫臣故无侍从者，后闻颇有于道路望车拜辞，而有司收付洛阳狱，奏科其罪。然臣故莫从，良有以也。又本置三率，盛其兵马，所以宿卫防虞。而使者卒至，莫有警严覆请审者，此由恐畏灭族。今皇孙冲幼，去事多故。若有不虞，强臣专制，奸邪矫诈，虽有相国保训东宫，拥佑之恩同于邴吉，适可使玉体安全，宜开来防，可著于令：自今已后，诸有兴废仓卒，群臣皆得辄严，须录诣殿前，面受口诏，然后为信，得同周昌不遗王节，下听臣子隐亲，得如田叔、孟舒，不加罪责，则永固储副，以安后嗣之远虑也。来事难知，往事可改。臣前每见詹事裴权用心恳恻，舍人秦戢数上疏启谏；而爰情赠以九列，权有忠意，独不蒙赏。谓宜依情为比，以宠其魂。推寻表疏，如秦戢辈及司隶所奏，诸敢拜辞于道路者，明诏称扬，使微异于众，以劝为善，以奖将来也。

缵又陈：

今相国虽已保傅东宫，保其安危。至于旦夕训诲，辅导出入，动静劬劳，宜选寒苦之士，忠贞清正，老而不衰，如城门校尉梁柳、白衣南安朱冲比者，以为师傅。其侍臣以下文武将吏，且勿复取盛戚豪门子弟，若吴太妃家室及贾、郭之党。如此之辈，生而富溢，无念修己，率多轻薄浮华，相驱放纵，皆非所补益于吾少主者也。皆可择寒门笃行、学问素士、更履险易、节义足称者，以备群臣，可轻其礼仪，使与古同，于相切磋为益。

昔魏文帝之在东宫，徐干、刘桢为友，文学相接之道并如气类。吴太子登，顾谭为友，诸葛恪为宾，卧同床帐，行则参乘，交如布衣，相呼以字，此则近代之明比也。天子之子不患不富贵，不患人不敬畏，患于骄盈，不闻其过，不知稼穑之艰难耳。至于甚者，乃不知名六畜，可不勉哉！昔周公亲挞伯禽，曹参答窋二百，圣考慈父皆不伤恩。今不忍小相维持，令至阙失顿相罪责，不亦误哉！

在礼，太子朝夕视膳，昏定晨省，跪问安否，于情得尽。五日一朝，于敬既简，于恩亦疏，易致构间。故曰："一朝不朝，其间容刀。"五日之制，起汉高祖，身为天子，父为庶人，万机事多，故阙私敬耳。今主上临朝，太子无事，专主孝养，宜改此俗。《文王世子》篇曰："王季一饭亦一饭，再饭亦再饭。"安有逸豫五日一觐哉！

缵又陈：

今迎太子神柩，孤魂独行，太孙幼冲，不可涉道。谓可遣妃奉迎远路，令其父衍随行卫护。皇太子初见诬陷，臣家门无祐，三世假亲，具尝辛苦，以家观国，固知太子有变。臣故求副监国，欲依邴吉故事，距违来使，供养拥护，身亲饮食医药，冀足救危。主者以臣名资轻浅，不肯见与。世人见笑，谓为此职进退难居，有必死忧。臣独以为苟全储君，贾氏所诛，甘心所愿。今监国御史直副皆当三族，侍卫无状，实自宜然。臣谓其小人，不足具责。故孔子曰："可以托六尺之孤，临大节而不可夺。"是以圣王慎选。故河南尹向雄，昔能犯难葬故将钟会，文帝嘉之，始拔显用，至于先帝，以为右率。如间之事，若得向雄之比，则岂可触哉！此二使者，但为愚怯，亦非与谋，但可诛身，自全三族。如郭俶、郭斌，则于刑为当。

又东宫亦宜妙选忠直亮正，如向雄比。陛下千秋万岁之后，太孙幼冲，选置兵卫，宜得柱石之士如周昌者。世俗浅薄，士无廉节，贾谧小儿，恃宠恣睢，而浅中弱植之徒，更相翕习，故世号"鲁公二十四友"。又谧前见臣表理太子，曰："阎儿作此为健，然观其意，欲与诸司马家同。"皆为臣寒心。伏见诏书，称明满奋、乐广。侍郎贾胤，与谧亲理，而亦疏达，往免父丧之后，停家五年，虽为小屈，有识贵之。潘岳、缪徵等皆谧父党，共相沉浮，人士羞之，闻其晏然，莫不为怪。今诏书暴扬其罪，并皆遣出，百姓咸云清当，臣独谓非。但岳、徵二十四人，宜皆齐黜，以肃风教。

朝廷善其忠烈，擢为汉中太守。赵王伦死，既葬，缵以车轹其冢。时张华兄子景后徙汉中，缵又表宜还。

缵不护细行，而慷慨好大节。卒于官，时年五十九。缵五子，皆开朗有才力。

长子亨，为辽西太守，属王浚自用其人，亨不得之官。依青州刺史苟晞，刑政苛虐，亨数切谏，为晞所害。

史臣曰：愍怀之废也，天下称其冤。然皆惧乱政之惨夷，慑淫嬖之凶忍，遂使谋臣怀忠而结舌，义士蓄愤而吞声。阎缵伯官既微于侍郎，位不登于执戟，轻生重义，视死如归，伏奏而侍严诛，舆棺以趋鼎镬，察言观行，岂非忠直壮乎！顾视晋朝公卿，曾不得与其徒隶齿也。茂伯笃终，哭王经以全节。休然追远，理邓艾以成名。故得义感明时，仁流枯骨。虽朱勃追论新息，栾布奏事彭王，弗之尚也。

赞曰：感义收会，笃终理艾。道既相侔，名亦俱泰。缵伯区区，舆棺陈谟。逼兹淫嬖，弗遂良图。啜其泣矣，何嗟及乎！

晋书卷四九
列传第一九

阮籍 兄子咸　咸子瞻　瞻弟孚　从子修　族弟放
放弟裕　稽康　向秀　刘伶
谢鲲　胡母辅之 子谦之　毕卓
王尼　羊曼 弟明　光逸

　　阮籍,字嗣宗,陈留尉氏人也。父瑀,魏丞相掾,知名于世。籍
容貌瑰杰,志气宏放,傲然独得,任性不羁,而喜怒不形于色。或闭
户视书,累月不出;或登临山水,经日忘归。博览群籍,尤好《庄》、
《老》。嗜酒能啸,善弹琴。当其得意,忽忘形骸。时人多谓之痴,惟
族兄文业每叹服之,以为胜己,由是咸共称异。
　　籍尝随叔父至东郡,兖州刺史王昶请与相见,终日不开一言,
自以不能测。太尉蒋济闻其有隽才而辟之,籍诣都亭奏记曰:"伏惟
明公以含一之德,据上台之位,英豪翘首,俊贤抗足。开府之日,人
人自以为掾属;辟书始下,而下走为首。昔子夏在于西河之上,而文
侯拥彗,邹子处于黍谷之阴,而昭王陪乘。夫布衣韦带之士,孤居特
立,王公大人所以礼下之者,为道存也。今籍无邹、卜之道,而有其
陋,猥见采择,无以称当。方将耕于东皋之阳,输黍稷之余税。负薪
疲病,足力不强,补吏之召,非所克堪。乞回谬恩,以光清举。"初,济
恐籍不至,得记欣然,遣卒迎之,而籍已去,济大怒。于是乡亲共喻

之,乃就吏。后谢病归。复为尚书郎,少时,又以病免。

及曹爽辅政,召为参军。籍因以疾辞,屏于田里。岁余而爽诛,时人服其远识。宣帝为太傅,命籍为从事中郎。及帝崩,复为景帝大司马从事中郎。高贵乡公即位,封关内侯,徙散骑常侍。

籍本有济世志,属魏晋之际,天下多故,名士少有全者,籍由是不与世事,遂酣饮为常。文帝初欲为武帝求婚于籍,籍醉六十日,不得言而止。钟会数以时事问之,欲因其可否而致之罪,皆以酣醉获免。及文帝辅政,籍尝从容言于帝曰:“籍平生曾游东平,乐其风土。”帝大悦,即拜东平相。籍乘驴到郡,坏府舍屏鄣,使内外相望,法令清简,旬日而还。帝引为大将军从事中郎。有司言有子杀母者,籍曰:“嘻!杀父乃可,至杀母乎!”坐者怪其失言。帝曰:“杀父,天下之极恶,而以为可乎?”籍曰:“禽兽知母而不知父,杀父,禽兽之类也。杀母,禽兽之不若。”众乃悦服。

籍闻步兵厨营人善酿,有贮酒三百斛,乃求为步兵校尉。遗落世事,虽去佐职,恒游府内,朝宴必与焉。会帝让九锡,公卿将劝进,使籍为其辞。籍沉醉忘作,临诣府,使取之,见籍方据案醉眠。使者以告,籍便书案,使写之,无改窜。辞甚清壮,为时所重。

籍虽不拘礼教,然发言玄远,口不臧否人物。性至孝,母终,正与人围棋,对者求止,籍留与决赌。既而饮酒二斗,举声一号,吐血数升。及将葬,食一蒸肫,饮二斗酒,然后临诀,直言穷矣,举声一号,因又吐血数升。毁瘠骨立,殆致灭性。裴楷往吊之,籍散发箕踞,醉而直视,楷吊唁毕便去。或问楷:“凡吊者,主哭,客乃为礼。籍既不哭,君何为哭?”楷曰:“阮籍既方外之士,故不崇礼典。我俗中之士,故以轨仪自居。”时人叹为两得。籍又能为“青白眼”,见礼俗之士,以白眼对之。及嵇喜来吊,籍作白眼,喜不怿而退。喜弟康闻之,乃赍酒挟琴造焉,籍大悦,乃见青眼。由是礼法之士疾之若仇,而帝每保护之。

籍嫂尝归宁,籍相见与别。或讥之,籍曰:“礼岂为我设邪!”邻家少妇有美色,当垆沽酒。籍尝诣饮,醉,便卧其侧。籍既不自嫌,其夫察之,亦不疑也。兵家女有才色,未嫁而死。籍不识其父兄,径往哭之,尽哀而还。其外坦荡而内淳至,皆此类也。时率意独驾,不由径路,车迹所穷,辄恸哭而反。尝登广武,观楚汉战处,叹曰:"时无英雄,使竖子成名!"登武牢山,望京邑而叹,于是赋《豪杰诗》。景元四年冬卒,时年五十四。

籍能属文,初不留思。作《咏怀诗》八十余篇,为世所重。著《达庄论》,叙无为之贵。文多不录。

籍尝于苏门山遇孙登,与商略终古及栖神道气之术,登皆不应,籍因长啸而退。至半岭,闻有声若鸾凤之音,响乎岩谷,乃登之啸也。遂归著《大人先生传》,其略曰:"世之所谓君子,惟法是修,惟礼是克。手执圭璧,足履绳墨。行欲为目前检,言欲为无穷则。少称乡党,长闻邻国。上欲图三公,下不失九州牧。独不见群虱之处裈中,逃乎深缝,匿乎坏絮,自以为吉兆也。行不敢离缝际,动不敢出裈裆,自以为得绳墨也。然炎丘火流,焦邑灭都,群虱处于裈中而不能出也。君子之处域内,何异夫虱之处裈中乎!"此亦籍之胸怀本趣也。

子浑,字长成,有父风。少慕通达,不饰小节。籍谓曰:"仲容已豫吾此流,汝不得复尔!"太康中,为太子庶子。

咸,字仲容。父熙,武都太守。咸任达不拘,与叔父籍为竹林之游,当世礼法者讥其所为。咸与籍居道南,诸阮居道北,北阮富而南阮贫。七月七日,北阮盛晒衣服,皆锦绮粲目。咸以竿挂大布犊鼻于庭,人或怪之,答曰:"未能免俗,聊复尔耳!"

历仕散骑侍郎。山涛举咸典选,曰:"阮咸贞素寡欲,深识清浊,万物不能移。若在官人之职,必绝于时。"武帝以咸耽酒浮虚,遂不用。太原郭奕高爽有识量,知名于时,少所推先,见咸心醉,不觉叹焉。而居母丧,纵情越礼。素幸姑之婢,姑当归于夫家,初云留婢,既而自从去。时方有客,咸闻之,遽借客马追婢,既及,与婢累骑而还,论者甚非之。

咸妙解音律,善弹琵琶。虽处世不交人事,惟共亲知弦歌酣宴而已。与从子修特相善，每以得意为欢。诸阮皆饮酒，咸至，宗人间共集，不复用杯觞斟酌，以大盆盛酒，圆坐相向，大酌更饮。时有群豕来饮其酒，咸直接去其上，便共饮之。群从昆弟莫不以放达为行，籍弗之许。荀勖每与咸论音律，自以为远不及也，疾之，出补始平太守。以寿终。二子：瞻、孚。

瞻，字千里。性清虚寡欲，自得于怀。读书不甚研求，而默识其要，遇理而辩，辞不足而旨有余。善弹琴，人闻其能，多往求听，不问贵贱长幼，皆为弹之。神气冲和，而不知向人所在。内兄潘岳每令鼓琴，终日达夜，无忤色。由是识者叹其恬澹，不可荣辱矣。举止灼然。见司徒王戎，戎问曰："圣人贵名教，老庄明自然，其旨同异？"瞻曰："将无同"。戎咨嗟良久，即命辟之。时人谓之"三语掾"。太尉王衍亦雅重之。瞻尝群行，冒热渴甚，逆旅有井，众人竞趋之，瞻独逡巡在后，须饮者毕乃进，其夷退无竞如此。

东流王越镇许昌，以瞻为记室参军，与王承、谢鲲、邓攸俱在越府。越与瞻等书曰："礼，年八岁出就外傅，明始可以加师训之则；十年曰幼学，明可渐先王之教也。然学之所入浅，礼之所安深。是以闲习礼容，不如式瞻仪度；讽诵遗言，不若亲承音旨。小儿毗既无令淑之质，不闻道德之风，望诸君时以闲豫，周旋诲接。"

永嘉中，为太子舍人。瞻素执无鬼论，物莫能难，每自谓此理足可以辩正幽明。忽有一客通名诣瞻，寒温毕，聊谈名理。客甚有才辩，瞻与之言，良久及鬼神之事，反覆甚苦。客遂屈，乃作色曰："鬼神，古今圣贤所共传，君何得独言无！即仆便是鬼。"于是变为异形，须臾消灭。瞻默然，意色大恶。后岁余，病卒于仓垣，时年三十。

孚，字遥集。其母，即胡婢也。孚之初生，其姑取王延寿《鲁灵光殿赋》曰"胡人遥集于上楹"而以字焉。初辟太傅府，迁骑兵属。避乱渡江，元帝以为安东参军。蓬发饮酒，不以王务婴心。时帝既用申韩以救世，而孚之徒未能弃也。虽然，不以事任处之。转丞相从事中郎。终日酣纵，恒为有司所按，帝每优容之。

琅邪王裒为车骑将军，镇广陵，高选纲佐，以孚为长史。帝谓曰："卿既统军府,郊垒多事,宜节饮也。"孚答曰:"陛下不以臣不才,委之以戎旅之重。臣偓佺从事,不敢有言者,窃以今王莅镇,威风赫然,皇泽遐被,贼寇敛迹,氛祲既澄,日月自朗,臣亦何可爝火不息?正应端拱啸咏,以乐当年耳。"迁黄门侍郎、散骑常侍。尝以金貂换酒,复为所司弹劾,帝宥之。转太子中庶子、左卫率,领屯骑校尉。

明帝即位,迁侍中。从平王敦,赐爵南安县侯。转吏部尚书,领东海王师,称疾不拜。诏就家用之,尚书令郗鉴以为非礼。帝曰:"就用之诚不快,不尔便废才。"及帝疾大渐,温峤入受顾命,过孚,要与同行。升车,乃告之曰:"主上遂大渐,江左危弱,实资群贤,共康世务。卿时望所归,今欲屈卿同受顾托。"孚不答,固求下车,峤不许。垂至台门,告峤内迫,求暂下,便徒步还家。

初,祖约性好财,孚性好屐,同是累而未判其得失。有诣约,见正料财物,客至,屏当不尽,余两小簏,以著背后,倾身障之,意未能平。或有诣阮,正见自蜡屐,因自叹曰:"未知一生当著几量屐!"神色甚闲畅。于是胜负始分。

咸和初,拜丹杨尹。时太后临朝,政出舅族。孚谓所亲曰:"今江东虽累世,而年数实浅。主幼时艰,运终百六,而庾亮年少,德信未孚,以吾观之,将兆乱矣。"会广州刺史刘顗卒,遂苦求出。王导等以孚疏放,非京尹才,乃除都督交广宁三州军事、镇南将军、领平越中郎将、广州刺史、假节。未至镇,卒,年四十九。寻而苏峻作逆,识者以为知几。无子,从孙广嗣。

修,字宣子。好《易》、《老》,善清言。尝有论鬼神有无者,皆以人死者有鬼,修独以为无,曰:"今见鬼者云着生时衣服,若人死有鬼,衣服有鬼邪?"论者服焉。后遂伐社树,或止之,修曰:"若社而为树,伐树则社移;树而为社,伐树则社亡矣。"

性简任,不修人事。绝不喜见俗人,遇便舍去。意有所思,率尔褰裳,不避晨夕,至或无言,但欣然相对。常步行,以百钱挂杖头,至酒店,便独酣畅。虽当世富贵而不肯顾,家无儋石之储,宴如也。与兄弟同志,常自得于林阜之间。

王衍当时谈宗,自以论《易》略尽,然有所未了,研之终莫悟,每云:"不知比没当见能通之者不。"衍族子敦谓衍曰:"阮宣子可与言。"衍曰:"吾亦闻之,但未知其眚眚之处定何如耳!"及与修谈,言寡而旨畅,衍乃叹服焉。

梁国张伟志趣不常,自隐于屠钓,修爱其才美,而知其不真。伟后为黄门郎、陈留内史,果以世事受累。

修居贫,年四十余未有室,王敦等敛钱为婚,皆名士也,时慕之者求入钱而不得。

修所著述甚寡,尝作《大鹏赞》曰:"苍苍大鹏,诞自北溟。假精灵鳞,神化以生。如云之翼,如山之形。海运水击,扶摇上征。翕然层举,背负太清。志存天地,不屑雷霆。鸒鸠仰笑,尺鷃所轻。超世高逝,莫知其情。"

王敦时为鸿胪卿,谓修曰:"卿常无食,鸿胪丞差有禄,能作不?"修曰:"亦复可尔耳!"遂为之。转太傅行参军、太子洗马。避乱南行,至西阳期思县,为贼所害,时年四十二。

放,字思度。祖略,齐郡太守。父颛,淮南内史。放少与孚并知名。中兴,除太学博士、太子中舍人、庶子。时虽戎车屡驾,而放侍太子,常说《老》、《庄》,不及军国。明帝甚友爱之。转黄门侍郎,迁吏部郎,在铨管之任,甚有称绩。

时成帝幼冲,庾氏执政,放求为交州,乃除监交州军事、扬威将军、交州刺史。行达宁浦,逢陶侃将高宝平梁硕自交州还,放设馔请宝,伏兵杀之。宝众击放,败走,保简阳城,得免。到州少时,暴发渴,见宝为祟,遂卒,朝廷甚悼惜之,年四十四。追赠廷尉。

放素知名,而性清约,不营产业,为吏部郎,不免饥寒。王导、庾亮以其名士,常供给衣食。子晞之,南顿太守。

裕,字思旷。宏远不及放。而以德业知名。弱冠辟太宰掾。大将军王敦命为主簿,甚被知遇。裕以敦有不臣之心,乃终日酣觞,以酒废职。敦谓裕非当世实才,徒有虚誉而已,出为溧阳令,复以公事免官。由是得违敦难，论者以此贵之。

咸和初，除尚书郎。时事故之后，公私驰废，裕遂去职还家，居会稽剡县。司徒王导引为从事中郎，固辞不就。朝廷将欲征之，裕知不得已，乃求为王舒抚军长史。舒薨，除吏部郎，不就。即家拜临海太守，少时去职。司空郗鉴请为长史，诏征秘书监，皆以疾辞。复除东阳太守。寻征侍中，不就。还剡山，有肥遁之志。有以问王羲之，羲之曰："此公近不惊宠辱，虽古之沉冥，何以过此！"又云，裕骨气不及逸少，简秀不如真长，韶润不如仲祖，思致不如殷浩，而兼有诸人之美。成帝崩，裕赴山陵，事毕便还。诸人相与追之，裕亦审时流必当逐己，而疾去，至方山不相及。刘惔叹曰："我入东，正当泊安石渚下耳，不敢复近思旷傍。"

裕虽不博学，论难甚精。尝问谢万云："未见《四本论》，君试为言之。"万叙说既毕，裕以傅嘏为长，于是构辞数百言，精义入微，闻者皆嗟味之。裕尝以人不须广学，政应以礼让为先，故终日静默，无所修综，而物自宗焉。在剡曾有好车，借无不给。有人葬母，意欲借而不敢言。后裕闻之，乃叹曰："吾有车而使人不敢借，何以车为！"遂命焚之。

在东山久之，复征散骑常侍，领国子祭酒。俄而复以为金紫光禄大夫，领琅邪王师。经年敦逼，并无所就。御史中丞周闵奏裕及谢安违诏累载，并应有罪，禁锢终身，诏书贳之。或问裕曰："子屡辞征聘，而宰二郡，何邪？"裕曰："虽屡辞王命，非敢为高也。吾少无宦情，兼拙于人间，既不能躬耕自活，必有所资，故曲躬二郡。岂以聘能，私计故耳。"年六十二卒。三子：傅、宁、普。

傅，早卒。宁，鄱阳太守。普，骠骑谘议参军。傅子歆之，中领军。宁子腆，秘书监。腆弟万龄及歆之子弥之，元熙中并列显位。

嵇康，字叔夜，谯国铚人也。其先姓奚，会稽上虞人，以避怨，徙焉。铚有嵇山，家于其侧，因而命氏。兄喜，有当世才，历太仆、宗正。

康早孤，有奇才，远迈不群。身长七尺八寸，美词气，有风仪，而土木形骸,不自藻饰,人以为龙章凤姿,天质自然。恬静寡欲,含垢匿瑕,宽简有大量。学不师受,博览无不该通,长好《老》、《庄》。与魏宗室婚,拜中散大夫。常修养性服食之事。弹琴咏诗,自足于怀。以为神仙禀之自然,非积学所得,至于导养得理,则安期、彭祖之伦可及,乃著《养生论》。

又以为君子无私,其论曰:"夫称君子者,心不措乎是非,而行不违乎道者也。何以言之?夫气静神虚者,心不存于矜尚;体亮心达者,情不系于所欲。矜尚不存乎心,故能越名教而任自然;情不系于所欲,故能审贵贱而通物情。物情顺通,故大道无违;越名任心,故是非无措也。是故言君子则以无措为主,以通物为美;言小人则以匿情为非,以违道为阙。何者?匿情矜吝,小人之至恶;虚心无措,君子之笃行也。是以大道言"及吾无身,吾又何患"。无以生为贵者,是贤于贵生也。由斯而言,夫至人之用心,固不存有措矣。故曰,"君子行道,忘其为身",斯言是矣。君子之行贤也,不察于有度而后行也;任心无邪,不议于善而后正也;显情无措,不论于是而后为也。是故傲然忘贤,而贤与度会;忽然任心,而心与善遇;傥然无措,而事与是俱也。"其略如此。盖其胸怀所寄,以高契难期,每思郢质。所与神交者惟陈留阮籍、河内山涛,豫其流者河内向秀、沛国刘伶、籍兄子咸、琅邪王戎,遂为竹林之游,世所谓"竹林七贤"也。戎自言与康居山阳二十年,未尝见其喜愠之色。

康尝采药游山泽,会其得意,忽焉忘反。时有樵苏者遇之,咸谓神。至汲郡山中见孙登,康遂从之游。登沈默自守,无所言说。康临去,登曰:"君性烈而才俊,其能免乎!"康又遇王烈,共入山,烈尝得石髓如饴,即自服半,余半与康,皆凝而为石。又于石室中见一卷素书,遽呼康往取,辄不复见。烈乃叹曰:"叔夜趣非常而辄不遇,命也!"其神心所感,每遇幽逸如此。

山涛将去选官,举康自代。康乃与涛书告绝,曰:

闻足下欲以吾自代,虽事不行,知足下故不知之也。恐足下羞庖人之独割,引尸祝以自助,故为足下陈其可不。

老子、庄周，吾之师也，亲居贱职；柳下惠、东方朔，达人也，安乎卑位。吾岂敢短之哉！又仲尼兼受，不羞执鞭；子文无欲卿相，而三为令尹，是乃君子思济物之意也。所谓达能兼善而不渝，穷则自得而无闷。以此观之，故知尧舜之居世，许由之岩栖，子房之佐汉，接舆之行歌，其揆一也。仰瞻数君，可谓能遂其志者也。故君子百行，殊涂同致，循性而动，各附所安。故有"处朝廷而不出，入山林而不反"之论。且延陵高子臧之风，长卿慕相如之节，意气所先，亦不可夺也。

吾每读《尚子平》、《台孝威传》，慨然慕之，想其为人。加少孤露，母兄骄恣，不涉经学，又读《老》、《庄》，重增其放，故使荣进之心日颓，任逸之情转笃。阮嗣宗口不论人过，吾每师之，而未能及。至性过人，与物无伤，惟饮酒过差耳。至为礼法之士所绳，疾之如仇雠，幸赖大将军保持之耳。吾以不如嗣宗之资，而有慢弛之阙；又不识物情，暗于机宜；无万石之慎，而有好尽之累；久与事接，疵衅日兴，虽欲无患，其可得乎！

又闻道士遗言，饵术黄精，令人久寿，意甚信之。游山泽，观鱼鸟，心甚乐之。一行作吏，此事便废，安能舍其所乐，而从其所惧哉！

夫人之相知，贵识其天性，因而济之。禹不逼伯成子高，全其长也；仲尼不假盖于子夏，护其短也。近诸葛孔明不迫元直以入蜀，华子鱼不强幼安以卿相，此可谓能相终始，真相知者也。自卜已审，若道尽涂殚则已耳，足下无事冤之令转于沟壑也。

吾新失母兄之欢，意常悽切。女年十三，男年八岁，未及成人，况复多疾，顾此恨恨，如何可言。今但欲守陋巷，教养子孙，时时与亲旧叙离阔，陈说平生，浊酒一杯，弹琴一曲，志意毕矣，岂可见黄门而称贞哉！若趣欲共登王涂，期于相致，时为欢益，一旦迫之，必发狂疾。自非重仇，不至此也。既以解足下，并以为别。

此书既行,知其不可羁屈也。

性绝巧而好锻。宅中有一柳树甚茂,乃激水圜之,每夏月,居其下以锻。东平吕安服康高致,每一相思,辄千里命驾,康友而善之。后安为兄所枉诉,以事系狱,辞相证引,遂复收康。康性慎言行,一旦缧绁,乃作《幽愤诗》,曰:

嗟余薄祐,少遭不造,哀茕靡识,越在襁褓。母兄鞠育,有慈无威,恃爱肆姐,不训不师。爰及冠带,凭宠自放,抗心希古,任其所尚。托好《庄》《老》,贱物贵身,志在守朴,养素全真。

曰予不敏,好善暗人,子玉之败,屡增惟尘。大人含弘,藏垢怀耻。人之多僻,政不由己。惟此褊心,显明臧否;感悟思愆,恒若创痏。欲寡其过,谤议沸腾,性不伤物,频致怨憎。昔惭柳惠,今愧孙登,内负宿心,外恶良朋。仰慕严郑,乐道闲居,与世无营,神气晏如。

咨予不淑,婴累多虞。匪降自天,实由顽疏。理弊患结,卒至图圄。对答鄙讯,絷此幽阻,实耻讼冤,时不我与。虽曰义直,神辱志沮,澡身沧浪,曷云能补。雍雍鸣雁,厉翼北游,顺时而动,得意忘忧。嗟我愤叹,曾莫能畴。事与愿违,遘兹淹留,穷达有命,亦又何求?

古人有言,善莫近名。奉时恭默,咎悔不生。万石周慎,安亲保荣。世务纷纭,祗搅余情,安乐必诫,乃终利贞。煌煌灵芝,一年三秀;予独何为,有志不就。惩难思复,心焉内疚,庶勖将来,无馨无臭。采薇山阿,散发岩岫,永啸长吟,颐神养寿。

初,康居贫,尝与向秀共锻于大树之下,以自赡给。颍川钟会,贵公子也,精练有才辩,故往造焉。康不为之礼,而锻不辍。良久会去,康谓曰:“何所闻而来? 何所见而去?”会曰:“闻所闻而来,见所见而去。”会以此憾之。及是,言于文帝曰:“稽康,卧龙也,不可起。公无忧天下,顾以康为虑耳。”因谮“康欲助毌丘俭,赖山涛不听。昔齐戮华士,鲁诛少正卯,诚以害时乱教,故圣贤去之。康、安等言论放荡,非毁典谟,帝王者所不宜容。宜因衅除之,以淳风俗。”帝既昵听信会,遂并害之。

康将刑东市,太学生三千人请以为师,弗许。康顾视日影,索琴弹之,曰:“昔袁孝尼尝从吾学《广陵散》,吾每靳固之,《广陵散》于今绝矣!”时年四十。海内之士,莫不痛之。帝寻悟而恨焉。初,康尝游乎洛西,暮宿华阳亭,引琴而弹。夜分,忽有客诣之,称是古人,与康共谈音律,辞致清辩,因索琴弹之,而为《广陵散》,声调绝伦,遂以授康,仍誓不传人,亦不言其姓字。

康善谈理,又能属文,其高情远趣,率然玄远,撰上古以来高士为之传赞,欲友其人于千载也。又作《太师箴》,亦足以明帝王之道焉。复作《声无哀乐论》,甚有条理。子绍,别有传。

向秀,字子期,河内怀人也。清悟有远识,少为山涛所知,雅好老庄之学。庄周著内外数十篇,历世才士虽有观者,莫适论其旨统也,秀乃为之隐解,发明奇趣,振起玄风,读之者超然心悟,莫不自足一时也。惠帝之世,郭象又述而广之,儒墨之迹见鄙,道家之言遂盛焉。始,秀欲注,嵇康曰:“此书讵复须注,正是妨人作乐耳。”及成,示康曰:“殊复胜不?”又与康论养生,辞难往复,盖欲发康高致也。

康善锻,秀为之佐,相对欣然,傍若无人。又共吕安灌园于山阳。康既被诛,秀应本郡计入洛。文帝问曰:“闻有箕山之志,何以在此?”秀曰:“以为巢、许狷介之士,未达尧心,岂足多慕。”帝甚悦。秀乃自此役,作《思旧赋》云:

余与嵇康、吕安居止接近,其人并有不羁之才。嵇意远而疏,吕心旷而放,其后并以事见法。嵇博综伎艺,于丝竹特妙,临当就命,顾视日影,索琴而弹之。逝将西迈,经其旧卢。于时日薄虞泉,寒冰凄然。邻人有吹笛者,发声寥亮。追想曩昔游宴之好,感音而叹,故作赋曰:

将命适于远京兮,遂旋反以北徂。济黄河以泛兮,经山阳之旧居。瞻旷野之萧条兮,息余驾乎城隅。践二子之遗迹兮,历穷巷之空庐。欢黍离之愍周兮，悲麦秀于殷墟。追昔以怀今兮，心徘徊以踌躇。栋宇在而弗毁兮，形神逝其焉如。昔李斯之受罪兮，叹黄犬而长吟。悼嵇生之永辞兮，顾日影而弹琴。托运遇于领会兮，寄余命于寸阴。听鸣笛之慷慨兮，妙声绝而复寻。伫驾言其将迈兮，故援翰以写心。

后为散骑侍郎，转黄门侍郎、散骑常侍，在朝不任职，容迹而已。卒于位。二子：纯、悌。

刘伶，字伯伦，沛国人也。身长六尺，容貌甚陋。放情肆志，常以细宇宙齐万物为心。澹默少言，不妄交游，与阮籍、嵇康相遇，欣然神解，携手入林。初不以家产有无介意。常乘鹿车，携一壶酒，使人荷锸而随之，谓曰："死便埋我。"其遗形骸如此。尝渴甚，求酒于其妻。妻捐酒毁器，涕泣谏曰："君酒太过，非摄生之道，必宜断之。"伶曰："善！吾不能自禁，惟当祝鬼神自誓耳。便可具酒肉。"妻从之。伶跪祝曰："天生刘伶，以酒为名。一饮一斛，五斗解酲。妇儿之言，慎不可听。"仍饮酒御肉，隗然复醉。尝醉与俗人相忤，其人攘袂奋拳而往。伶徐曰："鸡肋不足以安尊拳。"其人笑而止。

伶虽陶兀昏放，而机应不差。未尝厝意文翰，惟著《酒德颂》一篇。其辞曰："有大人先生，以天地为一朝，万期为须臾，日月为扃牖，八荒为庭衢。行无辙迹，居无室庐，幕天席地，纵意所如。上则操卮执觚，动则挈榼提壶，惟酒是务，焉知其余。有贵介公子、缙绅处士，闻吾风声，议其所以，乃奋袂攘襟，怒目切齿，陈说礼法，是非蜂起。先生于是方捧罂承槽，衔杯漱醪，奋髯箕踞，枕曲藉糟，无思无虑，其乐陶陶。兀然而醉，怳尔而醒。静听不闻雷霆之声，熟视不睹泰山之形。不觉寒暑之切肌，利欲之感情。俯观万物，扰扰焉若江海之载浮萍。二豪侍侧焉，如蜾蠃之与螟蛉。"

尝为建威参军。泰始初对策，盛言无为之化。时辈皆以高第得调，伶独以无用罢。竟以寿终。

　　谢鲲，字幼舆，陈国阳夏人也。祖缵，典农中郎将。父衡，以儒素显，仕至国子祭酒。鲲少知名，通简有高识，不修威仪，好《老》《易》，能歌善鼓琴，王衍、嵇绍并奇之。

　　永兴中，长沙王乂入辅政，时有疾鲲者，言其将出奔。乂欲鞭之，鲲解衣就罚，曾无怍容。既舍之，又无喜色。太傅东海王越闻其名，辟为掾，任达不拘，寻坐家僮取官稿除名。于时名士王玄、阮修之徒，并以鲲初登宰府，便至黜辱，为之叹恨。鲲闻之，方清歌鼓琴，不以屑意，莫不服其远畅，而恬于荣辱。邻家高氏女有美色，鲲尝挑之，女投梭，折其两齿。时人为之语曰："任达不已，幼舆折齿。"鲲闻之，傲然长啸曰："犹不废我啸歌。"

　　越寻更辟之，转参军事。鲲以时方多故，乃谢病去职，避地于豫章。尝行经空亭中夜宿，此亭旧每杀人。将晓，有黄衣人呼鲲字令开户，鲲憺然无惧色，便于窗中度手牵之，胛断，视之，鹿也，寻血获焉。尔后此亭无复妖怪。

　　左将军王敦引为长史，以讨杜弢功封咸亭侯。母忧去职，服阕，迁敦大将军长史。时王澄在敦坐，见鲲谈话无倦，惟叹谢长史可与言，都不盻敦，其为人所慕如此。鲲不徇功名，无砥砺行，居身于可否之间，虽自处若秽，而动不累高。敦有不臣之迹，显于朝野。鲲知不可以道匡弼，乃优游寄遇，不屑政事，从容讽议，卒岁而已。每与毕卓、王尼、阮放、羊曼、桓彝、阮孚等纵酒，敦以其名高，雅相宾礼。

　　尝使至都，明帝在东宫见之，甚相亲重。问曰："论者以君方庾亮，自谓何如？"答曰："端委庙堂，使百僚准则，鲲不如亮。一丘一壑，自谓过之。"温峤尝谓鲲子尚曰："尊大君岂惟识量淹远，至于神鉴沈深，虽诸葛瑾之喻孙权不过也。"

　　及敦将为逆，谓鲲曰："刘隗奸邪，将危社稷。吾欲除君侧之恶，匡主济时，何如？"对曰："隗诚始祸，然城狐社鼠也。"敦怒曰："君庸才，岂达大理。"出鲲为豫章太守，又留不遣，藉其才望，逼与俱下。

　　敦至石头，叹曰："吾不复得为盛德事矣。"鲲曰："何为其然？但使自今以往，日忘日去耳。"初，敦谓鲲曰："吾当以周伯仁为尚书

令,戴若思为仆射。"及至都,复曰:"近来人情何如?"鲲对曰:"明公
之举,虽欲大存社稷,然悠悠之言,实未达高义。周顗、戴若思,南北
人士之望,明公举而用之,群情帖然矣。"是日,敦遣兵收周、戴,而
鲲弗知,敦怒曰:"君粗疏邪! 二子不相当,吾已收之矣。"鲲与顗素
相亲重,闻之愕然,若丧诸己。参军王峤以敦诛顗,谏之甚切,敦大
怒,命斩峤,时人士畏惧,莫敢言者。鲲曰:"明公举大事,不戮一人。
峤以献替忤旨,便以衅鼓,不亦过乎!"敦乃止。

敦既诛害忠贤,而称疾不朝,将还武昌。鲲喻敦曰:"公大存社
稷,建不世之勋,然天下之心实有未达。若能朝天子,使君臣释然,
万物之心于是乃服。杖众望以顺群情,尽冲退以奉主上,如斯则勋
侔一匡,名垂千载矣。"敦曰:"君能保无变乎?"对曰:"鲲近日入觐,
主上侧席,迟得见公,宫省穆然,必无虞矣。公若入朝,鲲请侍从。"
敦勃然曰:"正复杀君等数百人,亦复何损于时!"竟不朝而去。

是时朝望被害,皆为其忧。而鲲推理安常,时进正言。敦既不
能用,内亦不悦。军还,使之郡,莅政清肃,百姓爱之。寻卒官,时年
四十三。敦死后,追赠太常,谥曰康。子尚嗣,别有传。

胡母辅之,字彦国,泰山奉高人也。高祖班,汉执金吾。父原,
练习兵马,山涛称其才堪边任,举为太尉长史,终河南令。辅之少擅
高名,有知人之鉴。性嗜酒,任纵不拘小节。与王澄、王敦、庾敳俱
为太尉王衍所昵,号曰"四友"。澄尝与人书曰:"彦国吐佳言如锯木
屑,霏霏不绝,诚为后进领袖也。"

辟别驾、太尉掾,并不就。以家贫,求试守繁昌令,始节酒自厉,
甚有能名。迁尚书郎。豫讨齐王冏,赐爵阴平男。累转司徒左长史。
复求外出,为建武将军、乐安太守。与郡人光逸昼夜酣饮,不视郡
事。成都王颖为太弟,召为中庶子,遂与谢鲲、王澄、阮修、王尼、毕
卓俱为放达。

尝过河南门下饮,河南驺王子博箕坐其傍,辅之叱使取火。子
博曰:"我卒也,惟不乏吾事则已,安复为人使!"辅之因就与语,叹

曰："吾不及也!"荐之河南尹乐广,广召见,甚悦之,擢为功曹。其甄
拔人物若此。

东海王越闻辅之名,引为从事中郎,复补振威将军、陈留太守。
王弥经其郡,辅之不能讨,坐免官。寻除宁远将军、扬州刺史,不之
职,越复以为右司马、本州大中正。越薨,避乱渡江,元帝以为安东
将军谘议祭酒,迁扬武将军、湘州刺史、假节。到州未几卒,时年四
十九。子谦之。

谦之,字子光。才学不及父,而傲纵过之。至酣醉,常呼其父字,
辅之亦不以介意,谈者以为狂。辅之正酣饮,谦之窥而厉声曰:"彦
国年老,不得为尔!将令我尻背东壁。"辅之欢笑,呼入与共饮。其
所为如此。年未三十卒。

毕卓,字茂世,新蔡鲖阳人也。父谌,中书郎。卓少希放达,为
胡母辅之所知。太兴末,为吏部郎,常饮酒废职。比舍郎酿熟,卓因
醉夜至其瓮间盗饮之,为掌酒者所缚,明旦视之,乃毕吏部也,遽释
其缚。卓遂引主人宴于瓮侧,致醉而去。

卓尝谓人曰:"得酒满数百斛船,四时甘味置两头,右手持酒
杯,左手持蟹螯,拍浮酒船中,便足了一生矣。"及过江,为温峤平南
长史,卒官。

王尼,字孝孙,城阳人也,或云河内人。本兵家子,寓居洛阳,卓
荦不羁。初为护军府军士,胡母辅之与琅邪王澄、北地傅畅、中山刘
舆、颍川荀邃、河东裴遐迭属河南功曹甄述及洛阳令曹摅请解之。
摅等以制旨所及,不敢。辅之等赍羊酒诣护军门,门吏疏名呈护军,
护军叹曰:"诸名士持羊酒来,将有以也。"尼时以给府养马,辅之等
入,遂坐马厩下,与尼炙羊饮酒,醉饱而去,竟不见护军。护军大惊,
即与尼长假,因免为兵。

东嬴公腾辟为车骑府舍人,不就。时尚书何绥奢侈过度,尼谓
人曰:"绥居乱世,矜豪乃尔,将死不久。"人曰:"伯蔚闻言,必相危

害。"尼曰:"伯蔚比闻我语,已死矣。"未几,缓果为东海王越所杀。初入洛,尼诣越不拜。越问其故,尼曰:"公无宰相之能,是以不拜。"因数之,言甚切。又云:"公负尼物。"越大惊曰:"宁有是也?"尼曰:"昔楚人亡布,谓令尹盗之。今尼屋舍资财,悉为公军人所略,尼今饥冻,是亦明公之负也。"越大笑,即赐绢五十匹。诸贵人闻,竞往饷之。

洛阳陷,避乱江夏。时王澄为荆州刺史,遇之甚厚。尼早丧妇,止有一子。无居宅,惟畜露车,有牛一头,每行,辄使御之,暮则共宿车上。常叹曰:"沧海横流,处不安也。"俄而澄卒,荆土饥荒,尼不得食,乃杀牛坏车,煮肉噉之。既尽,父子俱饿死。

羊曼,字祖延,太傅祜兄孙也。父暨,阳平太守。曼少知名,本州礼命,太傅辟,皆不就。避难渡江,元帝以为镇东参军,转丞相主簿,委以机密。历黄门侍郎、尚书吏部郎、晋陵太守,以公事免。曼任达颓纵,好饮酒。温峤、庾亮、阮放、桓彝同志友善,并为中兴名士。时州里称陈留阮放为"宏伯",高平郗鉴为"方伯",泰山胡母辅之为"达伯",济阴卞壸为"裁伯",陈留蔡谟为"朗伯",阮孚为"诞伯",高平刘绥为"委伯",而曼为"黯伯",凡八人,号"兖州八伯",盖拟古之"八俊"也。

王敦既与朝廷乖贰,羁录朝士,曼为右长史。曼知敦不臣,终日醋醉,讽议而已。敦以其士望,厚加礼遇,不委以事,故得不涉其难。敦败,代阮孚为丹阳尹。时朝士过江初拜官,相饰供馔。曼拜丹阳,客来早者得佳设,日宴则渐罄,不复及精,随客早晚而不问贵贱。有羊固拜临海太守,竟日皆美,虽晚至者犹获盛馔。论者以固之丰腆,乃不如曼之真率。

苏峻作乱,加前将军,率文武守云龙门。王师不振,或劝曼避峻。曼曰:"朝廷破败,吾安所求生?"勒众不动,为峻所害,年五十五。峻平,追赠太常。子贲嗣,少知名,尚明帝女南郡悼公主,除秘书郎,早卒。弟聃。

聃，字彭祖。少不经学，时论皆鄙其凡庸。先是，兖州有"八伯"之号，其后更有"四伯"。大鸿胪陈留江泉以能食为"谷伯"，豫章太守史畴以大肥为"笨伯"，散骑郎高平张嶷以狡妄为"猾伯"，而聃以狼戾为"琐伯"，盖拟古之"四凶"。

聃初辟元帝丞相府，累迁庐陵太守。刚克粗暴，恃国戚，纵恣尤甚，睚眦之嫌辄加刑杀。疑郡人简良等为贼，杀二百余人，诛及婴孩，所惩锁复百余。庾亮执之，归于京都。有司奏聃罪当死，以景献皇后是其祖姑，应八议。成帝诏曰："此事古今所无，何八议之有！犹未忍肆之市朝，其赐命狱所。"兄子贲尚公主，自表求解婚。诏曰："罪不相及，古今之令典也。聃虽极法，于贲何有！其特不听离婚。"琅邪太妃山氏，聃之甥也，入殿叩头请命。王导又启："聃罪不容恕，宜极重法。山太妃忧戚成疾，陛下罔极之恩，宜蒙生全之宥。"于是诏下曰："太妃惟此一舅，发言摧咽，乃至吐血，情虑深重。朕往丁荼毒，受太妃抚育之恩，同于慈亲。若不堪难忍之痛，以致顿弊，朕亦何颜以寄。今便原聃生命，以尉太妃渭阳之恩。"于是除名。顷之，遇疾，恒见简良等为祟，旬日而死。

光逸，字孟祖，乐安人也。初为博昌小史，县令使逸送客，冒寒举体冻湿，还遇令不在，逸解衣炙之，入令被中卧。令还，大怒，将加严罚。逸曰："家贫衣单，沾湿无可代。若不暂温，势必冻死，奈何惜一被而杀一人乎！君子仁爱，必不尔也，故寝而不疑。"令奇而释之。

后为门亭长，迎新令至京师。胡母辅之与荀邃共诣令家，望见逸，谓邃曰："彼似奇才。"便呼上车，与谈良久，果俊器。令怪客不入，吏白与光逸语。令大怒，除逸名，斥遣之。

后举孝廉，为州从事，弃官投辅之。辅之时为太傅越从事中郎，荐逸于越，越以门寒而不召。越后因闲宴，责辅之无所举荐。辅之曰："前举光逸，公以非世家不召，非不举也。"赵即辟焉。书到郡县，皆以为误，审知是逸，乃备礼遣之。

寻以世难，避乱渡江，复依辅之。初至，属辅之与谢鲲、阮放、毕卓、羊曼、桓彝、阮孚散发裸裎，闭室酣饮已累日。逸将排户入，守者不听，逸便于户外脱衣露头于狗窦中窥之而大叫。辅之惊曰："他人决不能尔，必我孟祖也。"遽呼入，遂与饮，不舍昼夜。时人谓之"八达"。

元帝以逸补军谘祭酒。中兴建，为给事中，卒官。

史臣曰：夫学非常道，则物靡不通；理有忘言，则在情斯遣。其进也，抚俗同尘，不居名利；其退也，餐和履顺，以保天真。若乃一其本原，体无为之用，分其华叶，开寓言之道，是以伯阳垂范，鸣谦置式，欲崇诸己，先下于人，犹大乐无声，而跄鸾斯应者也。庄生放达其旨，而弛辩无穷；弃彼荣华，则俯轻爵位，怀其道术，则顾蔑王公；舐痔兼车，鸣鸢吞腐。以兹自口，于焉玩物，殊异虚舟，有同攘臂。嵇、阮竹林之会，刘、毕芳樽之友，弛聘庄门，排登李室。若夫仪天布宪，百官从轨，经礼之外，弃而不存。是以帝尧纵许由于埃埃之表，光武舍子陵于潺湲之濑，松萝低举，用以优贤，岩水澄华，兹焉赐隐；臣行厥志，主有嘉名。至于嵇康遗巨源之书，阮氏创先生之传，军谘散发，吏部盗樽，岂以世疾名流，兹焉自垢？临锻灶而不回，登广武而长叹，则嵇琴绝响，阮气徒存。通其旁径，必凋风俗；召以效官，居然尸素。轨躅之外，或有可观者焉。咸能符契情灵，各敦终始，怆神交于晚笛，或相思而动驾。史臣是以拾其遗事，附于篇云。

赞曰：老篇爱植，孔教提衡。各存其趣，道贵无名。相彼非礼，遵乎达生。秋水扬波，春云敛映。旨酒厥德，凭虚其性。不玩斯风，谁亏王政？

晋书卷五〇
列传第二〇

曹志　庾峻 子珉　珉弟敳　郭象
庾纯 子旉　秦秀

　　曹志,字允恭,谯国谯人,魏陈思王植之孽子也。少好学,以才行称,夷简有大度,兼善骑射。植曰:"此保家主也。"立以为嗣。后改封济北王。

　　武帝为抚军将军,迎陈留王于邺,志夜谒见,帝与语,自暮达旦,甚奇之。及帝受禅,降为鄄城县公。诏曰:"昔在前世,虽历运迭兴,至于先代苗裔,传祚不替,或列藩九服,式序王官。选众命贤,惟德是与,盖至公之道也。魏氏诸王公养德藏器,雍滞旷久,前虽有诏,当须简授,而自顷众职少缺,未得式叙。前济北王曹志,履德清纯,才高行洁,好古博物,为魏宗英,朕甚嘉之。其以志为乐平太守。"志在郡上书,以为宜尊儒重道,请为博士置吏卒。迁章武、赵郡太守。虽累郡职,不以政事为意,昼则游猎,夜诵《诗》、《书》,以声色自娱,当时见者未审其量也。

　　咸宁初,诏曰:"鄄城公曹志,笃行履素,达学通识,宜在儒林,以弘胄子之教。其以志为散骑常侍、国子博士。"帝尝阅《六代论》,问志曰:"是卿先王所作邪?"志对曰:"先王有手所作目录,请归寻按。"还奏曰:"按录无此。"帝曰:"谁作?"志曰:"以臣所闻,是臣族父冏所作。以先王文高名著,欲令书传于后,是以假托。"帝曰:"古来亦多有是。"顾谓公卿曰:"父子证明,足以为审。自今以后,可无复疑。"

后迁祭酒。齐王攸将之国，下太常议崇锡文物。时博士秦秀等以为齐王宜内匡朝政，不可之藩。志又常恨其父不得志于魏，因怆然叹曰："安有如此之才，如此之亲，不得树本助化，而远出海隅？晋朝之隆，其殆乎哉！"乃奏议曰："伏闻大司马齐王当出藩东夏，备物尽礼，同之二伯。今陛下为圣君，稷契为贤臣，内有鲁、卫之亲，外有齐、晋之辅，坐而守安，此万世之基也。古之夹辅王室，同姓则周公其人也，异姓则太公其人也，皆身在内，五世反葬。后虽有五霸代兴，桓文谲主，下有请隧之僭，上有九锡之礼，终于谲而不正，验于尾大不掉，岂与召公之歌《棠棣》，周诗之咏《鸱鸮》同日论哉！今圣朝创业之始，始之不谅，后事难工。干植不强，枝叶不茂；骨鲠不存，皮肤不充。自羲皇以来，岂是一姓之独有！欲结其心者，当有磐石之固。夫欲享万世之利者，当与天下议之。故天之聪明，自我人之聪明。秦魏欲独擅其威，而财得没其身；周汉能分其利，而亲疏为之用。此自圣主之深虑，日月之所照。事虽浅，当深谋之；言虽轻，当重思之。志备位儒官，若言不及礼，是志寇窃。知忠不言，议所不敢。志以为当如博士等议。"议成当上，见其从弟高邑公嘉。嘉曰："兄议甚切，百年之后必书晋史，目下将见责邪。"帝览议，大怒曰："曹志尚不明吾心，况四海乎！"以议者不指答所问，横造异论，策免太常郑默。于是有司奏收志等结罪，诏惟免志官，以公还第，其余皆付廷尉。

顷之，志复为散骑常侍。遭母忧，居丧过礼，因此笃病，喜怒失常。九年卒，太常奏以恶谥。崔褒叹曰："魏颗不从乱，以病为乱故也。今谥曹志而谥其病，岂谓其病不为乱乎！"于是谥为定。

庾峻，字山甫，颍川鄢陵人也。祖乘，才学洽闻，汉司徒辟，有道征，皆不就。伯父嶷，中正简素，仕魏为太仆。父道，廉退贞固，养志不仕。牛马有踶齧者，恐伤人，不货于市。及诸子贵，赐拜太中大夫。

峻少好学，有才思。尝游京师，闻魏散骑常侍苏林老疾在家，往

候之。林尝就乘学，见峻，流涕良久曰："尊祖高才而性退让，慈和泛
爱，清静寡欲，不营当世，惟修德行而已。鄢陵旧五六万户，闻今裁
有数百。君二父孩抱经乱，独至今日，尊伯为当世令器，君兄弟复俊
茂，此尊祖积德之所由也。"

历郡功曹，举计掾，州辟从事。太常郑袤见峻，大奇之，举为博
士。时重《庄》、《老》而轻经史，峻惧雅道陵迟，乃潜心儒典。属高贵
乡公幸太学，问《尚书》义于峻，峻援引师说，发明经旨，申畅疑滞，
对答详悉。迁秘书丞。长安有大狱，久不决，拜峻侍御史，往断之，
朝野称允。

武帝践阼，赐爵关中侯，迁司空长史，转秘书监、御史中丞，拜
侍中，加谏议大夫。常侍帝讲《诗》，中庶子何劭论《风》、《雅》正变之
义，峻起难往反，四坐莫能屈之。

是时风俗趋竞，礼让陵迟。峻上疏曰：

臣闻黎庶之性，人众而贤寡；设官分职，则官寡而贤众。为
贤众而多官，则妨化；以无官而弃贤，则废道。是故圣王之御世
也，因人之性，或出或处，故有朝廷之士，又有山林之士。朝廷
之士，佐主成化，犹人之有股肱心膂，共为一体也。山林之士，
被褐怀玉。太上栖于丘园，高节出于众庶。其次轻爵服，远耻
辱以全志。最下就列位，惟无功而能知止。彼其清劭足以抑贪
污，退让足以息鄙事。故在朝之士闻其风而悦之，将受爵者皆
耻躬之不逮。斯山林之士、避宠之臣所以为美也，先王嘉之。节
虽离世，而德合于主；行虽诡朝，而功同于政。故大者有玉帛之
命，其次有几杖之礼，以厚德载物，出处有地。既廊庙多贤才，
而野人亦不失为君子，此先王之弘也。

秦塞斯路，利出一官。虽有处士之名，而无爵列于朝者，商
君谓之"六蝎"，韩非谓之"五蠹"。时不知德，惟爵是闻。故闾
阎以公乘侮其乡人，郎中以上爵傲其父兄。汉祖反之，大畅斯
否。任萧、曹以天下，重四皓于南山。以张良之勋，而班在叔孙
之后；盖公之贱，而曹相谘之以政。帝王贵德于上，俗亦反本于

下。故田叔等十人，汉廷臣无能出其右者，而未尝干禄于时。以释之之贵，结王生之袜于朝，而其名愈重。自非主臣尚德兼爱，孰能通天下之志，如此其大者乎！

夫不革百王之弊，徒务救世之政，文士竞智而务入，武夫恃力而争先。官高矣，而意未满；功报矣，其求不已。又国无随才任官之制，俗无难进易退之耻。位一高，虽无功而不见下，已负败而后见用。故因前而升，则处士之路塞矣。又仕者黜陟无章，是以普天之下，先竞而后让；举世之士，有进而无退。大人溺于动俗，执政挠于群言，衡石为之失平，清浊安可复分？昔者，先王患向之所以取天下者，今之为弊，是故功成必改其物，业定必易其教。虽以爵禄使下，臣无贪陵之行；虽以甲兵定功，主无穷武之悔也。

臣愚以为古者大夫七十悬车，今自非元功国老，三司上才，可听七十致仕，则士无怀禄之嫌矣。其父母八十，可听终养，则孝莫大于事亲矣。吏历试无绩，依古终身不仕，则官无秕政矣。能小而不能大，可降还莅小，则使人以器矣。人主进人以礼，退人以礼，人臣亦量能受爵矣。其有孝如王阳，临九折而去官，洁如贡禹，冠一免而不著；及知止如王孙，知足如疏广，虽去列位而居东野，与人父言，依于慈，与人子言，依于孝。此其出言合于国检，危行彰于本朝。去势如脱屣，路人为之陨涕；辞宠如金石，庸夫为之兴行。是故先王许之，而圣人贵之。

夫人之性陵上，犹水之趣下也，益而不已必决，升而不已必困。始于匹夫行义不敦，终于皇舆为之败绩，固不可不慎也。下人并心进趣，上宜以退让去其甚者。退让不可以刑罚使，莫若听朝士时时从志，山林往往间出。无使入者不能复出，往者不能复反。然后出处交泰，提衡而立，时靡有争，天下可得而化矣。

又疾世浮华，不修名实，著论以非之，文繁不载。

九年卒。诏赐朝服一具、衣一袭、钱三十万。临终，敕子珉朝卒夕殡，幅巾布衣，葬勿择日。珉奉遵遗命，敛以时服。二子：珉、敳。

敳，字子琚。性淳和好学，行已忠恕。少历散骑常侍、本国中正、侍中，封长岑男。

怀帝之没刘元海也，珉从在平阳。元海大会，因使帝行酒，珉不胜悲愤，再拜上酒，因大号哭，贼恶之。会有告珉及王俊等谋应刘琨者，元海因图弑逆，珉等并遇害。初，洛阳之未陷也，珉为侍中，直于省内，谓同僚许遐曰："世路如此，祸难将及，吾当死乎此屋耳！"及是，竟不免焉。太元末，追谥曰贞。

敳，字子嵩。长不满七尺，而腰带十围，雅有远韵。为陈留相，未尝以事婴心，从容酣畅，寄通而已。处众人中，居然独立。尝读《老》、《庄》，曰："正与人意暗同。"太尉王衍雅重之。

敳见王室多难，终知婴祸，乃著《意赋》以豁情，衍贾谊之《服鸟》也。其词曰："至理归于浑一兮，荣辱固亦同贯。存亡既已均齐兮，正尽死复何叹。物咸定于无初兮，俟时至而后验。若四节之素代兮，岂当今之得远？且安有寿之与夭兮，或者情横多恋。宗统竟初不别兮，大德亡其情愿。蠢动皆神之为兮，痴圣惟质所建。真人都遣秽累兮，性茫荡而无岸。纵驱于辽廓之庭兮，委体乎寂寥之馆。天地短于朝生兮，亿代促于始旦。顾瞻宇宙微细兮，眇若豪锋之半。飘飖玄旷之域兮，深漠畅而靡玩。兀与自然并体兮，融液忽而四散。"从子亮见赋，问曰："若有意也，非赋所尽；若无意也，复何所赋？"答曰："在有无之间耳！"

迁吏部郎。是时天下多故，机变屡起，敳常静默无为。参东海王越太傅军事，转军谘祭酒。时越府多俊异，敳在其中，常自袖手。豫州牧长史河南郭象善《老》、《庄》，时人以为王弼之亚。敳甚知之，每曰："郭子玄何必减庾子嵩。"象后为太傅主簿，任事专势。敳谓象曰："卿自是当世大才，我畴昔之意都已尽矣。"

敳有重名，为缙绅所推，而聚敛积实，谈者讥之。都官从事温峤奏之，敳更器峤，目峤"森森如千丈松，虽礧砢多节，施之大厦，有栋梁之用。"时刘舆见任于越，人士多为所构，惟敳纵心事外，无迹可间。后以其性俭家富，说越令就换钱千万，冀其有吝，因此可乘。越于众坐中问于敳，而敳乃颓然已醉，帻堕机上，以头就穿取，徐答云："下官家有二千万，随公所取矣。"越于是乃服。越甚悦，因曰："不可以小人之虑度君子之心。"王衍不与敳交，敳卿之不置。衍曰："君不得为耳。"敳曰："卿自君我，自卿卿。我自用我家法，卿自用卿家法。"衍甚奇之。

石勒之乱，与衍俱被害，时年五十。

郭象，字子玄。少有才理，好《老》、《庄》，能清言。太尉王衍每云："听象语，如悬河泻水，注而不竭。"州郡辟召，不就。常闲居，以文论自娱。后辟司徒掾，稍至黄门侍郎。东海王越引为太傅主簿，甚见亲委，遂任职当权，熏灼内外，由是素论去之。永嘉末病卒，著碑论十二篇。

先是注《庄子》者数十家，莫能究其旨统。向秀于旧注外而为解义，妙演奇致，大畅玄风，惟《秋水》、《至乐》二篇未竟而秀卒。秀子幼，其义零落，然颇有别本迁流。象为人行薄，以秀义不传于世，遂窃以为己注，乃自注《秋水》、《至乐》二篇，又易《马蹄》一篇，其余众篇或点定文句而已。其后秀义别本出，故今有向、郭二《庄》，其义一也。

庾纯，字谋甫。博学有才义，为世儒宗。郡补主簿，仍参征南府，累迁黄门侍郎，封关内侯，历中书令、河南尹。

初，纯以贾充奸佞，与任敳共举充西镇关中，充由是不平。充尝宴朝士，而纯后至，充谓曰："君行常居人前，今何以在后？"纯曰："且有小市井事不了，是以来后。"世言纯之先尝有伍伯者，充之先有市魁者，充、纯以此相讥焉。充自以位隆望重，意殊不平。及纯行酒，充不时饮。纯曰："长者为寿，何敢尔乎！"充曰："父老不归供养，将何言也！"纯因发怒曰："贾充！天下凶凶，由尔一人。"充曰："充辅佐二世，荡平巴蜀，有何罪而天下为之凶凶？"纯曰："高贵乡公何在?”众坐因罢。充左右欲执纯,中护军羊琇、侍中王济佑之,因得出。充惭怒,上表解职。纯惧,上河南尹、关内侯印绶,上表自劾曰:“司空公贾充请诸卿校并及臣。臣不自量,饮酒过多。醉乱行酒,重酌于公,公不肯饮,言语往来,公遂诃臣父老不归供养,卿为无天地。臣不服罪自引,而更忿怒,厉声名公,临时喧晓,遂至荒越。礼‘八十月制’,诚以衰老之年,变难无常也。臣不惟生育之恩,求养老父,而怀禄贪荣,乌鸟之不若。充为三公,论道兴化,以教义责臣,是也。而以枉错直,居下犯上,醉酒迷荒,昏乱仪度。臣得以凡才,擢授显任。《易》戒濡首,《论》诲酒困,而臣闻义不服,过言盈庭,黩慢台司,违犯宪度,不可以训。请台免臣官,廷尉结罪,大鸿胪削爵土。敕身不谨,伏须罪诛。”御史中丞孔恂劾纯,请免官。诏曰:“先王崇尊卑之礼,明贵贱之序,著温克之德,记沈酗之祸,所以光宣道化,示人轨仪也。昔广汉陵慢宰相,获犯上之刑;汉夫托醉肆忿,致诛毙之罪。纯以凡才,备位卿尹,不惟谦敬之节,不忌覆车之戒,陵上无礼,悖言自口,宜加显黜,以肃朝伦。”遂免纯官。

又以纯父老不求供养,使据礼典正其臧否。太傅何曾、太尉荀颢、骠骑将军齐王攸议曰:“凡断正臧否,宜先稽之礼、律。八十者,一子不从政;九十者,其家不从政。新令亦如之。按纯父年八十一,兄弟六人,三人在家,不废侍养。纯不求供养,其于礼、律未有违也。司空公以纯备位卿尹,望其有加于人。而纯荒醉,肆其忿怒。臣以为纯不远布孝至之行,而近习常人之失,应在讥贬。”司徒石苞议:“纯荣官忘亲,恶闻格言,不忠不孝,宜除名削爵土。”司徒西曹掾刘斌议以为:“敦叙风俗,以人伦为先;人伦之教,以忠孝为主。忠故不忘其君,孝故不遗其亲。若孝必专心于色养,则明君不得而臣;忠必不顾其亲,则父母不得而子也。是以为臣者,必以义断其恩;为子也,必以情割其义。在朝则从君之命,在家则随父之制。然后君父两济,忠孝各序。纯兄峻以父老求归,峻若得归,纯无不归之势;峻不得归,纯无得归之理。纯虽自闻,同不见听。近辽东太守孙和、广汉太守邓良,皆有老母,良无兄弟,授之远郡,辛苦自归,皆不见听。

且纯近为京尹，父在界内，时得自启定省，独于礼法外处其贬默，斌愚以为非理也。礼，年八十，一子不从政。纯有二弟在家，不为违礼。又令，年九十，乃听悉归。今纯父实未九十，不为犯令。骂辱宰相，宜加放斥，以明国典。圣恩恺悌，示加贬退，臣愚无所清议。"河南功曹史庞札等表曰：

　　臣郡前尹关内侯纯，醉酒失常，《戊申诏书》既免尹官，以父笃老不求供养，下五府依礼典正其臧否。臣谨按三王养老之制，八十，一子不从政；九十，其家不从政。斯诚使人无阙孝养之道，为臣不违在公之节也。先王制礼垂训，莫尚于周。当其时也，姬公留周，伯禽之鲁，孝子不匮，典礼无怨。今公府议，七十时制，八十月制，欲以驳夺从政之限，削除爵土。是为公旦立法，还自越之，鲁侯为子，即为罚首也。石奋期颐，四子列郡。近太宰献王诸子，亦在藩外。古今同任，忠孝并济。

　　臣闻悔吝之疵，君子有之。尹性少饮多，遂至沉醉。尹醒闻之，悼恨前失，执谦引罪，深自奏劾，求入重法。今公府不原所由，而谓傲很，是为重罪过醉之言，而没迷复之义也。臣闻父子天性，爱由自然，君臣之交，出自义合，而求忠臣必于孝子。是以先王立礼，敬同于父，原始要终，齐于所生，如此犹患人臣罕能致身。今公府议云，礼律虽有常限，至于疾病归养，不夺其志。如此则为礼禁正直，而陷入以诈，违越王制，开其始原。尹少履清苦，事亲色养，历职内外，公廉无私，此陛下之所以屡发明诏，而尹之所以仍见擢授也。尹行己也恭，率下也敬，先众后己，实是宿心。一旦由醉，责以暴慢。按奏状不忠不孝，群公建议削除爵土，此愚臣所以自悲自悼，抍心泣血也。

　　按今父母年过八十，听令其子不给限外职，诚以得有归来之缘。今尹居在郡内，前每表屡蒙定省。尹昆弟六人，三人在家，孝养不废。兄侍中峻，家之嫡长，往比自表，求归供养，诏喻不听。国体法同，兄弟无异，而虚责尹不求供养如斯，臣惧长假饰之名，而损忠诚之实也。夫礼者，所以经国家，定社稷也。故

陶唐之隆,顺考古典;周成之美,率由旧章。伏惟陛下圣德钦
明,敦礼崇教,畴谘四岳,以详典制。尹以犯违受黜,而所由者
醉。公以教义见责,而所因者忿。积忿以立义,由醉以得罪,礼
律不复为断,文致欲以成法。是以愚臣敢冒死亡之诛,而耻不
伸于盛明之世。惟蒙哀察。

帝复下诏曰:"自中世以来,多为贵重顺意,贱者生情,故令释之,定
国得扬名于前世。今议责庾纯,不惟温克,醉酒沈湎,此责人之齐圣
也。疑贾公亦醉,若其不醉,终不于百客之中责以不去官供养也。大
晋依圣人典礼,制臣子出处之宜,若有八十,皆当归养,亦不独纯
也。古人云:'由醉之言,俾出童羖'明不责醉,恐失度也。所以免纯
者,当为将来之醉戒耳。齐王、刘掾议当矣。"复以纯为国子祭酒,加
散骑常侍。后将军荀眅于朝会中奏纯以前坐不孝免黜,不宜升进。
侍中甄德进曰:"孝以显亲为大,禄养为荣。诏赦纯前愆,擢为近侍,
兼掌教官,此纯召不俟驾之日。而后将军眅敢以私议贬夺公论,抗
言矫情,诬罔朝庭,宜加免黜。"眅坐免官。

初,眅与纯俱为大将军所辟,眅整丽车服,纯率素而已,眅以为
愧恨。至是,毁纯。眅既免黜,纯更以此愧之,亟往慰勉之,时人称
纯通恕。

迁侍中,以父忧去官。起为御史中丞,转尚书。除魏郡太守,不
之官,拜少府。年六十四卒。子旉。

旉,字允臧。少有清节,历位博士。齐王攸之就国也,下礼官议
崇锡之物。旉与博士太叔广、刘暾、缪蔚、郭颐、秦秀、傅珍等上表谏
曰:

《书》称帝尧"克明竣德,以亲九族"。武王光有天下,兄弟
之国十有六人,同姓之国四十人,元勋睦亲,显以殊礼,而鲁、
卫、齐、晋大启土宇,并受分器。所谓惟善所在,亲疏一也。大
晋龙兴,隆唐周之远迹。王室亲属,佐命功臣,咸受爵土,而四
海乂安。今吴会已平,诏大司马齐王出统方岳,当遂抚其国家,
将准古典,以垂永制。

　　昔周之选建明德以左右王室也,则周公为太宰,康叔为司寇,聃季为司空。及召、芮、毕、毛诸国,皆入居公卿大夫之位,明股肱之任重,守地之位轻也,未闻古典以三事之重出之国者,汉氏诸侯王位尊势重,在丞相三公上。其入赞朝政者,乃有兼官,其出之国,亦不复假台司虚名为隆宠也。

　　昔申无宇曰:"五大不在边",先儒以为贵宠公子公孙,累世正卿也。又曰:"五细不在庭",先儒以为贱妨贵,少陵长,远间亲,新间旧,小加大也。不在庭,不在朝廷为政也。又曰:"亲不在外,羁不在内。今弃疾在外,郑丹在内,君其少戒之。"叔向有言"公室将卑,其枝叶先落。"公族,公室之本,而去之,谚所谓庇焉而纵寻斧柯者也。

　　今使齐王贤邪,则不宜以母弟之亲尊,居鲁卫之常职;不贤邪,不宜大启土宇,表建东海也。古礼,三公无职,坐而论道,不闻以方任婴之。惟周室大坏,宣王中兴,四夷交侵,救急朝夕,然后命召穆公征淮夷。故其诗曰"徐方不回,王曰旋归",宰相不得久在外也。今天下已定,六合为家,将数延三事,与论太平之基,而更出之,去王城二千里,违旧章矣。

　　旉草议,先以呈父纯,纯不禁。太常郑默、博士祭酒曹志并过其事。武帝以博士不答所问,答所不问,大怒,事下有司。尚书朱整、褚䂮等奏:"旉等侵官离局,迷罔朝廷,崇饰恶言,假托无讳,请收旉等八人付廷尉科罪。"旉父纯诣廷尉自首:"旉以议草见示,愚浅听之。"诏免纯罪。

　　廷尉刘颂又奏旉等大不敬,弃市论,求平议。尚书又奏请报听廷尉行刑。尚书夏侯骏谓朱整曰:"国家乃欲诛谏臣! 官立八座,正为此时,卿可共驳正之。"整不从,骏怒起,曰"非所望也!"乃独为驳议。左仆射魏舒、右仆射下邳王晃等从骏议。奏留中七日,乃诏曰:"旉等备为儒官,不念奉宪制,不指答所问,敢肆其诬罔之言,以干乱视听。而旉是议主,应为戮首。但旉及家人并自首,大信不可夺。秦秀、傅珍前者虚妄,幸而得免,复不以为惧,当加罪戮,以彰凶匿。

犹复不忍,皆丐其死命。秀、珍、髦等并除名。"后数岁,复起为散骑侍郎。终于国子祭酒。

秦秀,字玄良,新兴云中人也。父朗,魏骁骑将军。秀少敦学行,以忠直知名。咸宁中,为博士。

何曾卒,下礼官议谥。秀议曰:

> 故太宰何曾,虽阶世族之胤,而少以高亮严肃,显登王朝。事亲有色养之名,在官奏科尹模,此二者实得臣子事上之概。然资性骄奢,不循轨则。《诗》云:"节彼南山,惟石岩岩,赫赫师尹,民具尔瞻。"言其德行高峻,动必以礼耳。丘明有言:"俭,德之恭;侈,恶之大也。"大晋受命,劳谦隐约,曾受宠二代,显赫累世。暨乎耳顺之年,身兼三公之位,食大国之租,荷保傅之贵,执司徒之均。二子皆金貂卿校,列于帝侧。方之古人,责深负重,虽举门尽死,犹不称位。而乃骄奢过度,名被九域,行不履道,而享位非常,以古义言之,非惟失辅相之宜,违断金之利也。秽皇代之美,坏人伦之教,生天下之丑,示后生之傲,莫大于此。自近世以来,宰臣辅相,未有受垢辱之声,被有司之劾,父子尘累而蒙恩贷若曾者也。

> 周公吊二季之陵迟,哀大教之不行,于是作谥以纪其终。曾参奉之,启手归全,易箦而没,盖明慎终,死而后已。齐之史氏,乱世陪臣耳,犹书君贼,累死不征。况于皇代守典之官,敢畏强盛,而不尽礼。管子有言:"礼义廉耻,是谓四维,四维不张,国乃灭亡。"宰相大臣,人之表仪,若生极其情,死又无贬,是则帝室无正刑也。王公贵人,复何畏哉!所谓四维,复何寄乎!谨按《谥法》:"名与实爽曰缪,怙乱肆行曰丑。"曾之行己,皆与此同,宜谥缪丑公。

> 时虽不同秀议,而闻者惧焉。

秀性忌谗佞,疾之如仇,素轻鄙贾充,及伐吴之役,闻其为大都督,谓所亲者曰:"充文按小才,乃居伐国大任,吾将哭以送师。"或止秀曰：“昔蹇叔知秦军必败，故哭送其子耳。今吴君无道，国有自亡之形，群率践境，将不战而溃。子之哭也，既为不智，乃不赦之罪。”于是乃止。及孙皓降于王濬，充未知之，方以吴未可平，抗表请班师。充表与告捷同至，朝野以充位居人上，智出人下，佥以秀为知言。

及充薨，秀议曰：“充舍宗族弗授，而以异姓为后，悖礼溺情，以乱大伦。昔鄫养外孙莒公子为后，《春秋》书‘莒人灭鄫’。圣人岂不知外孙亲邪！但以义推之，则无父子耳。又按诏书‘自非功如太宰，始封无后如太宰，所取必己自出如太宰，不得以为比’。然则以外孙为后，自非元功显德，不之得也。天子之礼，盖可然乎？绝父祖之血食，开朝廷之祸门。《谥法》‘昏乱纪度曰荒’请谥荒公。’不从。

王濬有平吴之勋，而为王浑所谮毁。帝虽不从，无明赏罚，以濬为辅国大将军，天下咸为之怨。秀乃上言曰：“自大晋启祚，辅国之号，率以旧恩。此为王濬无功之时，受九列之显位，立功之后更得宠人之辱号也。四海视之，孰不失望！蜀小吴大，平蜀之后，二将皆就加三事，今濬还而降等，天下安得不惑乎！吴之未亡也，虽以三祖之神武，犹躬受其屈。以孙皓之虚名，足以惊动诸夏，每一小出，虽圣心知其垂亡，然中国辄怀惶怖。当尔时，有借天子百万之众，平而有之，与国家结兄弟之交，臣恐朝野实皆甘之耳。今濬举蜀汉之卒，数旬而平吴，虽举吴人之财宝以与之，本非己分有焉，而据与计校乎？”

后与刘暾等同议齐王攸事，忤旨，除名。寻复起为博士。秀性悻直，与物多忤。为博士前后垂二十年，卒于官。

史臣曰：齐献王以明德茂亲，经邦论道，允厘庶绩，式叙彝伦。武帝纳奸谄之邪谋，怀始之远虑，遂乃君兹青土，作牧东藩。远迩惊嗟，朝野失望。曹志等服膺教义，方轨儒门，謇謇匪躬，偻偻体国。故能抗言凤阙，忤犯龙鳞，身虽暂屈，道亦弘矣！庾氏世载清德，见称于世，汝颍之多奇士，斯焉取斯。谋甫素疾佞邪，而发因醉饱，投鼠忌器，岂易由言。窃人之财，犹谓之盗，子玄假誉攘善，将非盗乎！

　　赞曰：魏氏维城，济北知名。颍川多士，峻亦飞英。长岑徇义，祭酒遗荣。谋甫三爵，酗醟斯作。象既攘善，秀惟瘅恶。斝献嘉谋，几趋鼎镬。

晋书卷五一
列传第二一

皇甫谧 子方回　挚虞　束晳
王接

　　皇甫谧,字士安,幼名静,安定朝那人,汉太尉嵩之曾孙也。出后叔父,徙居新安。年二十,不好学,游荡无度,或以为痴。尝得瓜果,辄进所后叔母任氏。任氏曰:"《孝经》云:'三牲之养,犹为不孝'。汝今年余二十,目不存教,心不入道,无以慰我。"因叹曰:"昔孟母三徙以成仁,曾父烹豕以存教,岂我居不择邻,教有所阙,何尔鲁钝之甚也!修身笃学,自汝得之,于我何有!"因对之流涕。谧乃感激,就乡人席坦受书,勤力不怠。居贫,躬自稼穑,带经而农,遂博综典籍百家之言。沈静寡欲,始有高尚之志,以著述为务,自号"玄晏先生"。著《礼乐》、《圣真》之论。后得风痹疾,犹手不辍卷。

　　或劝谧修名广交,谧以为"非圣人孰能兼存出处,居田里之中,亦可以乐尧舜之道,何必崇接世利,事官鞅掌,然后为名乎"。作《玄守论》以答之,曰:

　　　　或谓谧曰:"富贵人之所欲,贫贱人之所恶,何故委形侍于穷而不变乎?且道之所贵者,理世也;人之所美者,及时也。先生年迈齿变,饥寒不赡,转死沟壑,其谁知乎?"谧曰:"人之所至惜者,命也;道之所必全者,形也;性形所不可犯者,疾病也。若扰全道以损性命,安得去贫贱存所欲哉?吾闻食人之禄者,怀人之忧,形强犹不堪,况吾之弱疾乎!且贫者士之常,贱者道之实,处常得实,没齿不忧,孰与富贵扰神耗精者乎!又生为人所不知,死为人所不惜,至矣!喑聋之徒,天下之有道者也。夫一人死而天下号者,以为损也;一人生而四海笑者,以为益也。然则号笑非益死损生也。是以至道不损,至德不益。何哉?体足也。如回天下之念以追损生之祸,运四海之心以广非益之病,岂道德之至乎!夫唯无损,则至坚矣;夫唯无益,则至厚矣。坚故终不损,厚故终不薄。苟能体坚厚之实,居不薄之真,立乎损益之外,游乎形骸之表,则我道全矣。”

遂不仕。耽玩典籍,忘寝与食,时人谓之“书淫”。或有箴其过笃,将损耗精神。谧曰:“朝闻道,夕死可矣,况命之修短分定悬天乎!”

叔父有子既冠,谧年四十丧所生后母,遂还本宗。

城阳太守梁柳,谧从姑子也,当之官,人劝谧饯之。谧曰:“柳为布衣时过吾,吾送迎不出门,食不过盐菜,贫者不以酒肉为礼。今作郡而送之,是贵城阳太守而贱梁柳,岂中古人之道,是非吾心所安也。”

时魏郡召上计掾,举孝廉;景元初,相国辟,皆不行。其后乡亲劝令应命,谧为《释劝论》以通志焉。其辞曰:

相国晋王辟余等三十七人,及泰始登禅,同命之士莫不毕至,皆拜骑都尉,或赐爵关内侯,进奉朝请,礼如侍臣。唯余疾困,不及国宠。宗人父兄及我僚类,咸以为天下大庆,万姓赖之,虽未成礼,不宜安寝,纵其疾笃,犹当致身。余唯古今明王之制,事无巨细,断之以情,实力不堪,岂慢也哉!乃伏枕而叹曰:“夫进者,身之荣也;退者,命之实也。设余不疾,执高箕山,尚当容之,况余实笃!故尧舜之世,士或收迹林泽,或过门不敢入。咎繇之徒两遂其愿者,遇时也。故朝贵致功之臣,野美全志之士。彼独何人哉!今圣帝龙兴,配名前哲,仁道不远,斯亦然乎!客或以常言见逼,或以逆世为虑。余谓上有宽明之主,必有听意之人,天网恢恢,至否一也,何尤于出处哉!”遂究宾主之论,以解难者,名曰《释劝》。

客曰:"盖闻天以悬象致明,地以含通吐灵。故黄钟次序,律吕分形。是以春华发萼,夏繁其实,秋风逐暑,冬冰乃结。人道以之,应机乃发。三材连利,明若符契。故士或同升于唐朝,或先觉于有莘,或通梦以感主,或释钓于渭滨,或叩角以干齐,或解褐以相秦,或冒谤以安郑,或乘驷以救屯,或班荆以求友,或借术于黄神。故能电飞景拔,超次迈伦,腾高声以奋远,抗宇宙之清音。由此观之,进德贵乎及时,何故屈此而不伸?今子以英茂之才,游精于六艺之府、散意于众妙之门者有年矣。既遭皇禅之朝,又投禄利之际,委圣明之主,偶知己之会,时清道真,可以冲迈,此真吾生濯发云汉、鸿渐之秋也。韬光逐薮,含章未曜,龙潜九泉,碌然执高,弃通道之远由,守介人之局操,无乃乖于道之趣乎?

且吾闻招摇昏回则天位正,五教班叙则人理定。如今王命切至,委虑有司,上招迕主之累,下致骇众之疑。达者贵同,何必独异?群贤可从,何必守意?方今同命并臻,饥不待餐,振藻皇涂,咸秩天官。子独栖迟衡门,放形世表,逊遁丘园,不眄华好,惠不加人,行不合道,身婴大疚,性命难保。若其羲和促辔,大火西颓,临川恨晚,将复何阶!夫贵阴贱璧,圣所约也;颠倒衣裳,明所箴也。子其鉴先哲之洪范,副圣朝之虚心,冲灵翼于云路,浴天池以濯鳞,排阊阖,步玉岑,登紫闼,侍北辰,翻然景曜,杂沓英尘。辅唐虞之主,化尧舜之人,宣刑错之政,配殷周之臣,铭功景钟,参叙彝伦,存则鼎食,亡为贵臣,不亦茂哉!而忽金白之辉曜,忘青紫之班瞵,辞容服之光粲,抱弊褐之终年,无乃勤乎!"

主人笑而应之曰:"吁!若宾可谓习外观之晖晖,未睹幽人之仿佛也;见俗人之不容,未喻圣皇之兼爱也;循方圆于规矩,未知大形之无外也。故曰,天玄而清,地静而宁,含罗万类,旁薄群生,寄身圣世,托道之灵。若夫春以阳散,冬以阴凝,泰液含光，元气混蒸，众品仰化，诞制殊征。故进者享天禄，处者安丘陵。是以寒暑相推，四宿代中，阴阳不治，运化无穷，自然分定，两克厥中。二物俱灵，是谓大同；彼此无怨，是谓至通。

若乃衰周之末，贵诈贱诚，牵于权力，以利要荣。故苏子出而六主合，张仪入而横势成，廉颇存而赵重，乐毅去而燕轻，公叔没而魏败，孙膑刖而齐宁，蠡种亲而越霸，屈子疏而楚倾。是以君无常籍，臣无定名，损义放诚，一虚一盈。故冯以弹剑感主，女有反赐之说，项奋拔山之力，蒯陈鼎足之势，东郭劫于田荣，颜阖耻于见逼。斯皆弃礼丧真，苟荣朝夕之急者也，岂道化之本与！

若乃圣帝之创化也，参德乎二皇，齐风乎虞夏，欲温温而和畅，不欲察察而明切也；欲混混若玄流，不欲荡荡而名发也；欲索索而条解，不欲契契而绳结也；欲芒芒而无垠际，不欲区区而分别也；欲暗然而日章，不欲示白若冰雪也；欲醇醇而任德，不欲琐琐而执法也。是以见机者以动成，好遁者无所迫。故曰，一明一昧，得道之概；一弛一张，合礼之方；一浮一沉，兼得其真。故上有劳谦之爱，下有不名之臣；朝有聘贤之礼，野有遁窜之人。是以支伯以幽疾距唐，李老寄迹于西邻，颜氏安陋以成名，原思娱道于至贫，荣期以三乐感尼父，黔娄定谥于布衾，干木偃息以存魏，荆莱志迈于江岑，君平因蓍以道著，四皓潜德于洛滨，郑真躬耕以致誉，幼安发令乎今人。皆持难夺之节，执不回之意，遭拔俗之主，全彼人之志。故有独定之计者，不借谋于众人；守不动之安者，不假虑于群宾。故能弃外亲之华，通内道之真，去显显之明路，入昧昧之埃尘，宛转万情之形表，排托虚寂以寄身，居无事之宅，交释利之人。轻若鸿毛，重若泥沉，损之不得，测之愈深。真吾徒之师表，余迫疾而不能及者也。子议吾失宿而骇众，吾亦怪子较论而不折中也。

夫才不周用，众所斥也；寝疾弥年，朝所弃也。是以胥克之废，丘明列焉；伯牛有疾，孔子斯叹。若黄帝创制于九经，岐伯剖腹以蠲肠，扁鹊造虢而尸起，文挚徇命于齐王，医和显术于秦晋，仓公发秘于汉皇，华佗存精于独识，仲景垂妙于定方。徒恨生不逢乎若人，故乞命诉乎明王。求绝编于天箓，亮我躬之辛苦，冀微诚之降霜，故俟罪而穷处。

其后武帝频下诏敦逼不已，谧上疏自称草莽臣曰："臣以尪弊，迷于道趣，因疾抽簪，散发林阜，人纲不闲，鸟兽为群。陛下披榛采兰，并收蒿艾。是以皋陶振褐，不仁者远。臣惟顽蒙，备食晋粟，犹识唐人击壤之乐，宜赴京城，称寿阙外。而小人无良，致灾速祸，久婴笃疾，躯半不仁，右脚偏小，十有九载。又服寒食药，违错节度，辛苦荼毒，于今七年。隆冬裸袒食冰，当暑烦闷，加以咳逆，或若温疟，或类伤寒，浮气流肿，四肢酸重。于今困劣，救命呼噏，父兄见出，妻息长诀。仰迫天威，扶舆就道，所苦加焉，不任进路，委身待罪，伏枕叹息。臣闻《韶》、《卫》不并奏，《雅》、《郑》不兼御，故郤子入周，祸延王叔；虞丘称贤，樊姬掩口。君子小人，礼不同器，况臣糠麸，糅之雕胡？庸夫锦衣，不称其服也。窃闻同命之士，咸以毕到，唯臣疾疚，抱衅床蓐，虽贪明时，惧毙命路隅。设臣不疾，已遭尧舜之世，执志箕山，犹当容之。臣闻上有明圣之主，下有输实之臣；上有在宽之政，下有委情之人。唯陛下留神垂恕，更旌瑰俊，索隐于傅岩，收钓于渭滨，无令泥滓久浊清流。"谧辞切言至，遂见听许。

岁余，又举贤良方正，并不起。自表就帝借书，帝送一车书与之。谧虽羸疾，而披阅不怠。初服寒食散，而性与之忤，每委顿不伦，尝悲恚，叩刃欲自杀，叔母谏之而止。

济阴太守蜀人文立，表以命士有赘为烦，请绝其礼币，诏从之。谧闻而叹曰："亡国之大夫不可与图存，而以革历代之制，其可乎！夫'束帛戋戋'，《易》之明义，玄纁之赘，自古之旧也。故孔子称凤夜强学以待问，席上之珍以待聘。士于是乎三揖乃进，明致之之难也；一让而退，明去之之易也。若殷、汤之于伊尹，文王之于太公，或身即莘野，或就载以归，唯恐礼之不重，岂吝其烦费哉！且一礼不备，贞女耻之，况命士乎！孔子曰：'赐也，尔爱其羊，我爱其礼。'弃之如何？

政之失贤,于此乎在矣。"

咸宁初,又诏曰:"男子皇甫谧,沉静履素,守学好古,与流俗异趣,其以谧为太子中庶子。"谧固辞笃疾。帝初虽不夺其志,寻复发诏征为议郎,又召补著作郎。司隶校尉刘毅请为功曹,并不应。著论为葬送之制,名曰《笃终》,曰:

玄晏先生以为存亡天下之定制,人理之必至也。故礼六十而制寿,至于九十,各有等差,防终以素,岂流俗之多忌者哉!吾年难未制寿,然婴疚弥纪,仍遭丧难,神气损劣,困顿数矣。常惧夭陨不期,虑终无素,是以略陈至怀。

夫人之所贪者,生也;所恶者,死也。虽贪,不得越期;虽恶,不可逃遁。人之死也,精歇形散,魂无不之,故气属于天;寄命终尽,穷体反真,故尸藏于地。是以神不存体,则与气升降;尸不久寄,与地合形。形神不隔,天地之性也;尸与土并,反真之理也。今生不能保七尺躯,死何故隔一棺之土?然则衣衾所以秽尸,棺椁所以隔真,故桓司马石椁不如速朽;季孙玙璠比之暴骸;文公厚葬,《春秋》以为华元不臣;杨王孙亲土,《汉书》以为贤于秦始皇。如令魂必有知,则人鬼异制,黄泉之亲,死多于生,必将备其器物,用待亡者。今若以存况终,非即灵之意也。如其无知,则空夺生用,损之无益,而启奸心,是招露形之祸,增亡者之毒也。

夫葬者,藏也;藏也者,欲人之不得见也。而大为棺椁,备赠存物,无异于埋金路隅而书表于上也。虽甚愚之人,必将笑之。丰财厚葬以启奸心,或剖破棺椁,或牵曳形骸,或剥臂捋金环,或扪肠求珠玉。焚如之形,不痛于是?自古及今,未有不死之人,又无不发之墓也。故张释之曰:"使其中有欲,虽固南山犹有隙;使其中无欲,虽无石椁,又何戚焉!"斯言达矣,吾之师也。夫赠终加厚,非厚死也,生者自为也。遂生意于无益,弃死者之所属,知者所不行也。《易》称"古之葬者,衣之以薪,葬之中野,不封不树"。是以死得归真,亡不损生。

故吾欲朝死夕葬，夕死朝葬，不设棺椁，不加缠敛，不修沐浴，不造新服，殡唅之物，一皆绝之。吾本欲露形入坑，以身亲土，或恐人情染俗来久，顿革理难，今故惆为之制。奢不石椁，俭不露形。气绝之后，便即时服，幅巾故衣，以蘧蒢裹尸，麻约二头，置尸床上。择不毛之地，穿坑深十尺，长一丈五尺，广六尺，坑讫，举床就坑，去床下尸。平生之物，皆无自随，唯赍《孝经》一卷，示不忘孝道。蘧蒢之外，便以亲土。土与地平，还其故草，使生其上，无种树木、削除，使生迹无处，自求不知。不见可欲，则奸不生心，终始无怵惕，千载不虑患。形骸与后土同体，魂爽与元气合灵，真笃爱之至也。若亡有前后，不得移柎。祔葬自周公来，非古制也。舜葬苍梧，二妃不从，以为一定，何必周礼。无问师工，无信卜筮，无拘俗言，无张神坐，无十五日朝夕上食。礼不墓祭，但月朔于家设席以祭，百日而止。临必昏明，不得以夜。制服常居，不得墓次。夫古不崇墓，智也。今之封树，愚也。若不从此，是戮尸地下，死而重伤。魂而有灵，则冤悲没世，长为恨鬼。王孙之子，可以为诫。死誓难违，幸无改焉！

而竟不仕。太康三年卒，时年六十八。子童灵、方回等遵其遗命。

谧所著诗赋诔颂论难甚多，又撰《帝王世纪》、《年历》、《高士》、《逸士》、《列女》等传、《玄晏春秋》，并重于世。门人挚虞、张轨、牛综、席纯，皆为晋名臣。

方回少遵父操，兼有文才。永嘉初，博士征，不起。避乱荆州，闭门闲居，未尝入城府。蚕而后衣，耕而后食，先人后己，尊贤爱物，南土人士咸崇敬之。刺史陶侃礼之甚厚。侃每造之，著素士服，望门辄下而进。王敦遣从弟廙代侃，迁侃为广州。侃将诣敦，方回谏曰：“吾闻敌国灭，功臣亡。足下新破杜弢，功莫与二，欲无危，其可得乎！”侃不从而行。敦果欲杀侃，赖周访获免。廙既至荆州，大失物情，百姓叛廙迎杜弢。廙大行诛戮以立威，以方回为侃所敬，责其不来诣己，乃收而斩之。荆土华夷，莫不流涕。

挚虞，字仲洽，京兆长安人也。父模，魏太仆卿。虞少事皇甫谧，才学通博，著述不倦。郡檄主簿。

虞尝以死生有命，富贵在天。天之所祐者，义也；人之所助者，信也；履信思顺，所以延福；违此而行，所以速祸。然道长世短，祸福舛错，怵迫之徒，不知所守，荡而积愤，或迷或放。故借之以身，假之以事，先陈处世不遇之难，遂弃彝伦，轻举远游，以极常人罔惑之情，而后引之以正，反之以义，推神明之应于视听之表，崇否泰之运于智力之外，以明天任命之不可违，故作《思游赋》。其辞曰：

有轩辕之遐胄兮，氏仲任之洪裔。敷华颖于末叶兮，晞灵根于上世。准乾坤以干度兮，仪阴阳以定制。匪时运其焉行兮，乘太虚而摇曳。戴朗月之高冠兮，缀太白之明璜。制文霓以为衣兮，袭彩云以为裳。要华电之煜爚兮，珮玉衡之琳琅。明景日以鉴形兮，信焕曜而重光。

至美诡好于凡观兮，修稀合而靡呈。燕石缇袭以华国兮，和璞遥弃于南荆。夏像韬尘于市北兮，瓶罍抗方于两楹。鸾皇耿介而偏栖兮，兰桂背时而独荣。关寒暑以练真兮，岂改容而爽情。

惑昆吾之易越兮，怀晖光之速暮。羡一稔而三春兮，尚含英以容豫。悼曜灵之靡暇兮，限天晷之有度。聆鸣蜩之号节兮，恐陨叶于凝露。希前轨而增骛兮，眷后尘而旋顾。往者倏忽而不逮兮，来者冥昧而未著。二仪泊焉其无央兮，四节环转而靡穷。星鸟逝而时反矣，夕景潜而且融。旻三后之在天兮，叹圣哲之永终。谅道修而命微兮，孰舍盈而戢冲。握隋珠与蕙若兮，时莫悦而未遑。彼未遑其何恤兮，惧独美之有伤。蹇委深而投奥兮，庶芬藻之不彰。芳处幽而弥馨兮，宝在夜而愈光。逼区内之迫胁兮，思摅翼乎八荒。望云阶之崇壮兮，愿轻举而高翔。

造庖羲以问象兮，辨吉繇于姬文。将远游于太初兮，鉴形魄之未分。四灵俨而为卫兮，六气纷以成群。骖白兽于商风兮，御苍龙于景云。简厮徒于灵圉兮，从冯夷而问津。召陵阳于游溪兮，旌王子于柏人。前祝融以掌燧兮，殿玄冥以掩尘。形影影而遂退兮，气亹亹而愈新。挹玉膏于莱隅兮，掇芝英于瀛滨。揖太昊以假憩兮，听赋政于三春。洪范翕而复张兮，百卉陨而更震。睇玉女之纷影晔兮，执懿筐于扶木。览玄象之铧皋兮，仍腾跃乎阳谷。吸朝霞以疗饥兮，降廪泉而濯足。将纵辔以逍遥兮，恨东极之路促。诏纤阿而右回兮，觌朱明之赫戏。苞群神于夏庭兮，回苍梧而结知。缅焦明以承旗兮，驱天马而高驰。谗羲和于丹丘兮，诮倒景之乱仪。寻凯风而南暨兮，谢太阳于炎离。戚潜暑之陶郁兮，余安能乎留斯！闻碧鸡之长晨兮，吾将往乎西游。奥浮鹢于弱水兮，泊舳舻于中流。苟精粹之攸存兮，诚沉羽以泛舟。轶望舒以陵厉兮，羌神漂而气浮。讯硕老于金室兮，采旧闻于前修。讥沦阴于危山兮，问王母于椒丘。观玄鸟之参趾兮，会根壹之神筹。扰毚兔于月窟兮，诘姮娥于蓐收。爰揽辔而旋驱兮，访北叟之倚伏。乘增冰而遂济兮，凌固阴之所溜。探龟蛇于幽穴兮，瞰冈养之潜育。晒倏忽之躁狂兮，丧中黄于耳目，俪烛龙而游衍兮，穷大明于北陆。

攀招摇而上跻兮，忽蹈廓而凌虚。登闾阖而遗眷兮，俯玄黄于地舆。召黔雷以先导兮，觐天帝于清都。观浑仪以寓目兮，拊造化之大炉。爰辨惑于上皇兮，稽吉凶之元符。唐则天而民咨兮，癸乱常而感虞。孔挥涕于西狩兮，臧考祥于娄句。跖肆暴而保乂兮，颜履仁而夙徂。何否泰之靡所兮，眩荣辱之不图？运可期兮不可思，道可知兮不可为。求之者劳兮，欲之者惑，信天任命兮理乃自得。

且也四位为匠，乾巛为均。散而为物，结而为人。阳降阴升，一替一兴。流而为川，滞而为陵。祸不可攘，福不可征。其否兮有豫，其泰兮有数。成形兮未察，灵像兮已固。承明训以发蒙兮，审性命之靡求。将澄神而守一兮，奚飘飘而遐游！

斐陈辞以告退兮，主悖惘而永叹。惟升降之不仍兮，咏别易而会难。愿大响以致好兮，盍息驾于一餐。会司仪于有始兮，延嘉宾于九乾。陈钧天之广乐兮，展万舞之至欢。枉矢铄其在手兮，狼弧翻其斯弯。睨翟犬于帝侧兮，殪熊罴于灵轩。

尔乃清道夙跸，载轮修祖。班命授号，钗辀整旅。兆司郁以届路兮，万灵森而陈庭。丰隆轩其警众兮，钩陈帅以属兵。堪舆竦而进时兮，文昌肃以司行。抗蚩尤之修旃兮，建雄虹之采旄。乘云车电鞭之扶舆委移兮，驾应龙青虬之容裔陆离。俯游光逸景倏烁徽霍兮，仰流旌垂旄焱攸攡缅。前湛湛而摄进兮，后傑傑而方驰。且启行于重阳兮，奄税驾乎少仪。跨列缺兮窥乾巛，挥玉关兮出天门。涉汉津兮望昆仑。经赤霄兮临玄根，观品物兮终复魂，形已消兮气犹存。眺悬舟之离离兮，怀旧都之蔼蔼。仍繁荣而督引兮，将遄降而速迈。华云依霏而翼衡兮，日月炫晃而映盖。蹈烟煴兮辞天衢，心闾易兮识故居。路遂遒兮情欣欣，奄忽归兮反常闾。修中和兮崇彝伦，大道繇兮味琴书。乐自然兮识穷达，澹无思兮心恒娱。

举贤良，与夏侯湛等十七人策为下第，拜中郎。武帝诏曰："省诸贤良答策，虽所言殊涂，皆明于王义，有益政道。欲详览其对，究观贤士大夫用心。"因诏诸贤良方正直言，会东堂策问，曰："顷日食正阳，水旱为灾，将何所修，以变大眚？及法令有不宜于今，为公私所患苦者，皆何事？凡平世在于得才，得才者亦借耳目以听察。若有文武器能有益于时务，而未见申叙者，各举其人。及有负俗谤议，宜先洗濯者，亦各言之。"虞对曰："臣闻古之圣明，原始以要终，体本以正末。故忧法度之不当，而不忧人物之失所；忧人物之失所，而不忧灾害之流行。诚以法得于此，则物理于彼；人和于下，则灾消于上。其有日月之眚，水旱之灾，则反听内视，求其所由，远观诸物，近验诸身。耳目听察，岂或有蔽其聪明者乎？动心出令，岂或有倾其常正者乎？大官大职，岂或有授非其人者乎？赏罚黜陟，岂或有不得其所者乎？河滨山岩，岂或有怀道钓筑而未感于梦兆者乎？方外遐裔，岂或有命世杰出而未蒙膏泽者乎？推此类也，以求其故，询事

考言,以尽其实,则天人之情可得而见,咎征之至可得而救也。若推
之于物则无忤,求之于身则无尤,万物理顺,内外咸宜,祝史正辞,
言不负诚,而日月错行,夭疠不戒,此则阴阳之事,非吉凶所在也。
期运度数,自然之分;固非人事所能供御,其亦振廪散滞,贬食省用
而已矣。是故诚遇期运,则虽陶唐、殷汤有所不变;苟非期运,则宋
卫之君,诸侯之相,犹能有感。唯陛下审其所由,以尽其理,则天下
幸甚。臣生长筚门,不逮异物,虽有贤才,所未接识,不敢瞽言妄举,
无以畴答圣问。"擢为太子舍人,除闻喜令。

时天子留心政道,又吴寇新平,天下乂安,上《太康颂》以美晋
德。其辞曰:

于休上古,人之资始。四隩咸宅,万国同轨。有汉不竞,丧
乱靡纪。畿服外叛,侯卫内圮。天难既降,时惟鞠凶。龙兽争,
分烈遐邦。备僭岷蜀,度逆海东。权乃缘间,割据三江。明明
上帝,临下有赫。乃宣皇威,致天之辟。奋武辽隧,罪人斯获。
抚定朝鲜,奄征韩貊。文既应期,席卷梁益。元憨委命,九夷重
译。邛、冉、哀牢,是焉底绩。

我皇之登,二国既平。靡适不怀,以育群生。吴乃负固,放
命南冥。声教未暨,弗及王灵。皇震其威,赫如雷霆。截彼江
沔,荆舒以清。邈矣圣皇,参乾两离。陶化以正,取乱以奇。耀
武六旬,舆徒不疲。饮至数实,干旄无亏。洋洋四海,率礼和乐。
穆穆宫庙,歌雍咏铄。光天之下,莫匪帝略。穷发反景,承正受
朔。龙马骙骙,风于华阳。弓矢橐服,干戈戢藏。严严南金,业
业余皇。雄剑班朝,造舟为梁。圣明有造,实代天工。天地不
违,黎元时邕。三务斯协,用底厥庸。既远其迹,将明其踪。乔
山惟岳,望帝之封。猗欤圣帝,胡不封哉!

以母忧解职。久之,召补尚书郎。

将作大匠陈勰掘地得古尺,尚书奏:"今尺长于古尺,宜以古为
正。"潘岳以为习用已久,不宜复改。虞驳曰:"昔圣人有以见天下之
赜而拟其形容,象物制器,以存时用。故参天两地,以正算数之纪;

依律计分，以定长短之度。其作之也有则，故用之也有征。考步两仪，则天地无所隐其情；准正三辰，则悬象无所容其谬；施之金石，则音韵和谐；措之规矩，则器用合宜。一本不差而万物皆正，及其差也，事皆反是。今尺长于古尺几于半寸，乐府用之，律吕不合；史官用之，历象失占；医署用之，孔穴乖错。此三者，度量之所由生，得失之所取征，皆缘阂而不得通，故宜改今而从古也。唐虞之制，同律度量衡，仲尼之训，谨权审度。今两尺并用，不可谓之同；知失而行，不可谓之谨。不同不谨，是谓谬法，非所以轨物垂则，示人之极。凡物有多而易改，亦有少而难变，亦有改而致烦，有变而之简。度量是人所常用，而长短非人所恋惜，是多而易改者也。正失于得，反邪于正，一时之变，永世无二，是变而之简者也。宪章成式，不失旧物，季末苟合之制，异端杂乱之用，当以时厘改，贞夫一者也。臣以为宜如所奏。”又表论封禅，见《礼志》。

虞以汉末丧乱，谱传多亡失，虽其子孙不能言其先祖，撰《族姓昭穆》十卷，上疏进之，以为足以备物致用，广多闻之益。以定品违法，为司徒所劾，诏原之。

时太庙初建，诏普增位一等。后以主者承诏失旨，改除之。虞上表曰：“臣闻昔之圣明，不爱千乘之国而惜桐叶之信，所以重至尊之命而达于万国之诚也。前《乙巳赦书》，远称先帝遗惠余泽，普增位一等，以酬四海欣戴之心。驿书班下，被于远近，莫不鸟腾鱼跃，喜蒙德泽。今一旦更以主者思文不审，收既往之诏，夺已澍之施，臣之愚心窃以为不可。”诏从之。

元康中，迁吴王友。时荀颛撰《新礼》，使虞讨论得失而后施行。元皇后崩，杜预奏：“谅暗之制，乃自上古，是以高宗无服丧之文，而唯文称不言。汉文限三十六日。魏氏以降，既虞为节。皇太子与国为体，理宜释服，卒哭便除。”虞答预书曰：“唐称遏密，殷云谅暗，各举事以为名，非既葬有殊降。周室以来，谓之丧服。丧服者，以服表丧。今帝者一日万机，太子监抚之重，以宜夺礼，葬讫除服，变制通理，垂典将来，何必附之于古，使老儒致争哉！”皇太孙尚幼，有司奏

"御服齐衰期"。诏令博士议。虞曰："太子生，举以成人之礼，则殇理除矣。太孙亦体君传重，由位成而服全。非以年也。"从之。虞又议玉辂、两社事，见《舆服志》。

后历秘书监、卫尉卿，从惠帝幸长安。及东军来迎，百官奔散，遂流离鄠、杜之间，转入南山中，粮绝饥甚，拾橡实而食之。后得还洛，历光禄勋、太常卿。时怀帝亲郊。自元康以来，不亲郊祀，礼仪弛废。虞考正旧典，法物粲然。及洛京荒乱，盗窃纵横，人饥相食。虞素清贫，遂以馁卒。

虞撰《文章志》四卷，注解《三辅决录》，又撰古文章，类聚区分为三十卷，名曰《流别集》，各为之论，辞理惬当，为世所重。

虞善观玄象，尝谓友人曰："今天下方乱，避难之国，其唯凉土乎！"性爱士人，有表荐者，恒为其辞。东平太叔广枢机清辩，广谈，虞不能对；虞笔，广不能答；更相嗤笑，纷然于世云。

束皙，字广微，阳平元城人，汉太子太傅疏广之后也。王莽末，广曾孙孟达避难，自东海徙居沙鹿山南，因去疏之足，遂改姓焉。祖混，陇西太守。父龛，冯翊太守，并有名誉。

皙博学多闻，与兄璆俱知名。少游国学，或问博士曹志曰："当今好学者谁乎？"志曰："阳平束广微好学不倦，人莫及也。"还乡里，察孝廉，举茂才，皆不就。璆娶石鉴从女，弃之，鉴以为憾，讽州郡公府不得辟，故皙等久不得调。

太康中，郡界大旱，皙为邑人请雨，三日而雨注，众谓皙诚感，为作歌曰："束先生，通神明，请天三日甘雨零。我黍以育，我稷以生。何以畴之？报束长生。"皙与卫恒厚善，闻恒遇祸，自本郡赴丧。

尝为《劝农》及《饼》诸赋，文颇鄙俗，时人薄之。而性沉退，不慕荣利，作《玄居释》以拟《客难》，其辞曰：

　　束皙闲居，门人并侍。方下帷深谭，隐机而哈，含毫散藻，考撰同异，在侧者进而问之曰："盖闻道尚变通，达者无穷。世乱则救其纷，时泰则扶其隆。振天维以赞百务，熙帝载而鼓皇风。生则率土乐其存,死则宇内哀其终。是以君子屈己伸道,不耻于时。上国有'不索何获'之言,《周易》著'跃以求进'之辞。莘老负金铉以陈烹割之说,齐客当康衢而咏《白水》之诗。今先生耽道修艺,巍然山峙,潜朗通微,洽览深识,夜兼忘寐之勤,昼骋钻玄之思,旷年累稔,不坠其志。鳞翼成而愈伏,术业优而不试。乃欲阖棱辞价,泥蟠深处,永戢琳琅之耀,匿首穷鱼之渚,当唐年而慕长沮,邦有道而反宁武。识彼迷此,愚窃不取。

若乃士以援登,进必待求,附势之党横擢,则林薮之彦不抽,丹墀步纨裤之童,东野遗白颠之叟。盍亦因子都而事博陆,凭鹢首以涉洪流,蹈翠云以骇逸龙,振光耀以惊沉鳝。徒屈蟠于陷井,眄天路而不游,学既积而身困,夫何为乎秘丘。

且岁不我与,时若奔驷,有来无反,难得易失。先生不知盱豫之谶悔迟,而忘夫朋盍之义务疾,亦岂能登海湄而仰东流之水,临虞泉而招西归之日?徒以曲畏为梏,儒学自桎,囚大道于环堵,苦形骸于蓬室。岂若托身权戚,凭势假力,择栖芳林,飞不待翼,夕宿七娥之房,朝享五鼎之食,匡三正则太阶平,赞五教而玉绳直。孰若茹藿餐蔬,终身自匿哉!

束子曰:居! 吾将导尔以君子之道,谕尔以出处之事。尔其明受余讯,谨听余志。

昔元一既启,两仪肇立,离光夜隐,望舒昼载,羽族翔林,蠕蛴赴湿,物从性之所安,士乐志之所执,或背丰荣以岩栖,或排兰闼而求入,在野者龙逸,在朝者凤集。虽其轨迹不同,而道无贵贱,必安其业,交不相羡,稷、契奋庸以宣道,巢、由洗耳以避禅,同垂不朽之称,俱入贤者之流。参名比誉,谁劣谁优? 何必贪与二八为群,而耻为七人之畴乎!且道睽而通,士不同趣,吾窃缀处者之末行,未敢闻子之高喻,将忽蒲轮而不眄,夫何权戚之云附哉!

昔周、汉中衰,时难自托,福兆既开,患端亦作,朝游魏峨之宫,夕坠峥嵘之壑,昼笑夜叹,晨华暮落,忠不足以卫己,祸不可以预度,是士讳登朝而竞赴林薄。或毁名自污,或不食其禄,比从政于匪笥之龟,譬官者于郊庙之牺,公孙泣涕而辞相,杨雄抗论于赤族。

今大晋熙隆,六合宁静。蜂虿止毒,熊罴辍猛,五刑勿用,八纮备整,主无骄肆之怒,臣无忦缳之请,上下相安,率礼从道。朝养触邪之兽,庭有指佞之草,祸戮可以忠逃,宠禄可以顺保。

且夫进无险惧,而惟寂之务者,率其性也。两可俱是,而舍彼趣此者,从其志也。盖无为可以解天下之纷,澹泊可以救国家之急,当位者事有所穷,陈策者言有不入,翟璜不能回西邻之寇,平勃不能正如意之立,干木卧而秦师退,四皓起而戚姬泣。夫如是何舍何执,何去何就?谓山岑之林为芳,谷底之莽为臭。守分任性,唯天所授,鸟不假甲于龟,鱼不假足于兽,何必笑孤竹之贫而羡齐景之富!耻布衣以肆志,宁文袭而拖绣。且能约其躬,则儋石之蓄以丰,苟肆其欲,则海陵之积不足;存道德者,则匹夫之身可荣;忘大伦者,则万乘之主犹辱。将研六籍以训世,守寂泊以镇俗,偶郑老于海隅,匹严叟于僻蜀。且世以太虚为舆,玄卢为肆,神游莫竞之林,心存无营之室,荣利不扰其觉,殷忧不干其寐。捐夸者之所贪,收躁务之所弃,薙圣籍之荒芜,总群言之一至。全素履于丘园,背缨缕而长逸,请子课吾业于千载,无听吾言于今日也。

张华见而奇之。石鉴卒,王戎乃辟璆。华召晳为掾,又为司空、下邳王晃所辟,华为司空,复以为贼曹属。

时欲广农,晳上议曰:

伏见诏书,以仓廪不实,关右饥穷,欲大兴田农,以蕃嘉谷,此诚有虞戒大禹尽力之谓。然农穑可致,所由者三:一曰天时不愆,二曰地利无失,三曰人力咸用。若必春无霡霂之润,秋繁滂沱之患,水旱失中,零襄有请。虽使羲和平秩,后稷亲农,理疆畎于原隰，勤蓑蓑于中田，犹不足以致仓庾盈亿之积也。然地利可以计生，人力可以课致，诏书之旨，亦将欲尽此理乎？

今天下千城，人多游食，废业占空，无田课之实。较计九州，数过万计。可申严此防，令监司精察，一人失课，负及郡县，此人力之可致也。

又州司十郡，土狭人繁，三魏尤甚，而猪羊马牧，布其境内，宜悉破废，以供无业。业少之人，虽颇割徙，在者犹多，田诸菀牧，不乐旷野，贪在人间。故谓北土不宜畜牧，此诚不然。案古今之语，以为马之所生，实在冀北，大贾群羊，取之清渤，放豕之歌，起于钜鹿，是其效也。可悉徙诸牧，以充其地，使马牛猪羊龁草于空虚之田，游食之人受业于赋给之赐，此地利之可致者也。昔骓驱在坰，史克所以颂鲁僖，却马务田，老氏所以称有道，岂利之所以会哉？又如汲郡之吴泽，良田数千顷，泞水停洿，人不垦植。闻其国人，皆谓通泄之功不足为难，鸟卤成原，其利甚重。而豪强大族，惜其鱼捕之饶，构说官长，终于不破。此亦谷口之谣，载在史篇。谓宜复下郡县，以详当今之计。荆、扬、兖、豫，污泥之土，渠坞之宜，必多此类，最是不待天时而丰年可获者也。以其云雨生于畚臿，多稔生于决泄，不必望朝隮而黄潦臻，荣山川而霖雨息。是故两周争东西之流，史起惜漳渠之浸，明地利之重也。宜诏四州刺史，使谨按以闻。

又昔魏氏徙三郡人在阳平顿丘界，今者繁盛，合五六千家。二郡田地逼狭，谓可徙迁西州，以充边土，赐其十年之复，以慰重迁之情。一举两得，外实内宽，增广穷人之业，以辟西郊之田，此又农事之大益也。

转佐著作郎，撰《晋书》《帝纪》、十《志》，迁转博士，著作如故。

初，太康二年，汲郡人不准盗发魏襄王墓，或言安厘王冢，得竹书数十车。其《纪年》十三篇，记夏以来至周幽王为犬戎所灭，以事接之，三家分，仍述魏事至安厘王之二十年。盖魏国之史书，大略与《春秋》皆多相应。其中经传大异，则云夏年多殷；益干启位，启杀之;太甲杀伊尹;文丁杀季历;自周受命,至穆王百年,非穆王寿百岁也;幽王既亡,有共伯和者摄行天子事,非二相共和也。其《易经》二篇,与《周易》上下经同。《易繇阴阳卦》二篇,与《周易》略同,《繇辞》则异。《卦下易经》一篇,似《说卦》而异。《公孙段》二篇,公孙段与邵陟论《易》。《国语》三篇,言楚晋事。《名》三篇,似《礼记》,又似《尔雅》、《论语》、《师春》一篇,书《左传》诸卜筮,"师春"似是造书者姓名也。《琐语》十一篇,诸国卜梦妖怪相书也。《梁丘藏》一篇,先叙魏之世数,次言丘藏金玉事。《缴书》二篇,论弋射法。《生封》一篇,帝王所封。《大历》二篇,邹子谈天类也。《穆天子传》五篇,言周穆王游行四海,见帝台、西王母。《图诗》一篇,画赞之属也。又杂书十九篇:《周食田法》,《周书》,《论楚事》,《周穆王美人盛姬死事》。大凡七十五篇,七篇简书折坏,不识名题。冢中又得铜剑一枚,长二尺五寸。漆书皆科斗字。初发冢者烧策照取宝物,及官收之,多烬简断札,文既残缺,不复诠次。武帝以其书付秘书校缀次第,寻考指归,而以今文写之。皙在著作,得观竹书,随疑分释,皆有义证。迁尚书郎。

武帝尝问挚虞三日曲水之义,虞对曰:"汉章帝时,平原徐肇以三月初生三女,至三日俱亡,村人以为怪,乃招携之水滨洗祓,遂因水以泛觞,其义起此。"帝曰:"必如所谈,便非好事。"皙进曰:"虞小生,不足以知,臣请言之。昔周公成洛邑,因流水以泛酒,故逸诗云'羽觞随波'。又秦昭王以三日置酒河曲,见金人奉水心之剑,曰:'令君制有西夏。'乃霸诸侯,因此立为曲水。二汉相缘,皆为盛集。"帝大悦,赐皙金五十斤。

时有人于嵩高山下得竹简一枚,上两行科斗书,传以相示,莫有知者。司空张华以问皙,皙曰:"此汉明帝显节陵中策文也。"检验果然,时人伏其博识。

赵王伦为相国,请为记室。皙辞疾罢归,教授门徒。年四十卒。元城市里为之废业,门生故人立碑墓侧。

皙才学博通,所著《三魏人士传》,《七代通记》,《晋书》纪、志,遇乱亡失。其《五经通论》、《发蒙记》、《补亡诗》、文集数十篇,行于世云。

王接,字祖游,河东猗氏人,汉京兆尹尊十世孙也。父蔚,世修儒史之学。魏中领军曹羲作《至公论》,蔚善之,而著《至机论》,辞义甚美。官至夏阳侯相。

接幼丧父,哀毁过礼,乡亲皆叹曰:"王氏有子哉!"渤海刘原为河东太守,好奇,以旌才为务。同郡冯收试经为郎,七十余,荐接于原曰:"夫骅骝不总辔,则非隋父之肆;明月不流光,则非隋侯之掌,伏惟明府苞黄中之德,耀重离之明,求贤与能,小无遗错,是以鄙老思献所知。窃见处士王接,岐嶷隽异,十三而孤,居丧尽礼,学过目而知,义触类而长,斯玉镜之妙味,经世之徽猷也。不患玄黎之不启,窃乐春英之及时。"原即礼命,接不受。原乃呼见曰:"君欲慕肥遁之高邪?"对曰:"接薄祐,少孤而无兄弟,母老疾笃,故无心为吏。"及母终,柴毁骨立,居墓次积年。备览众书,多出异义。性简率,不修俗操,乡里大族多不能善之,唯裴頠雅知焉。平阳太守柳澹、散骑侍郎裴遐、尚书仆射邓攸皆与接友善。后为郡主簿,迎太守温宇,宇奇之,转功曹史。州辟部平阳从事。时泰山羊亮为平阳太守,荐之于司隶校尉王堪,出补都官从事。

永宁初,举秀才。友人荥阳潘滔遗接书曰:"挚虞、卞玄仁并谓足下应和鼎味,可无以应秀才行。"接报书曰:"今世道交丧,将遂剥乱,而识智之士钳口韬笔,祸败日深,如火之燎原,其可救乎?非荣斯行,欲极陈所见,冀有觉悟耳。"是岁,三王义举,惠帝复阼,以国有大庆,天下秀才一皆不试,接以为恨。除中郎,补征虏将军司马。

荡阴之役,侍中嵇绍为乱兵所害,接议曰:"夫谋人之军,军败则死之;谋人之国,国危则亡之,古之道也。荡阴之役,百官奔北,唯嵇绍守职以遇不道,可谓臣矣,又可称痛矣。今山东方欲大举,宜明高节,以号令天下。依《春秋》褒三累之义,加绍致命之赏,则遐迩向风,莫敢不肃矣。"朝廷从之。

河间王颙欲迁驾长安,与关东乖异,以接成都王佐,难之,表转临汾公相国。及东海王越率诸侯讨颙,尚书令王堪统行台,上请接补尚书殿中郎,未至而卒,年三十九。

接学虽博通,特精《礼》、《传》。常谓《左氏》辞义赡富,自是一家书,不主为经发。《公羊》附经立传,经所不书,传不妄起,于文为俭,通经为长。任城何休训释甚详,而黜周王鲁,大体乖硋,且志通《公羊》而往往还为《公羊》疾病。接乃更注《公羊春秋》,多有新义。时秘书丞卫恒考正汲冢书,未讫而遭难。佐著作郎束晳述而成之,事多证异义。时东莱太守陈留王庭坚难之,亦有证据。晳又释难,而庭坚已亡。散骑侍郎潘滔谓接曰:"卿才学理议,足解二子之纷,可试论之。"接遂详其得失。挚虞、谢衡皆博物多闻,咸以为允当。又撰《列女后传》七十二人,杂论议、诗赋、碑颂、驳难十余万言,丧乱尽失。

长子愍期,流寓江南,缘父本意,更注《公羊》,又集《列女后传》云。

史臣曰:皇甫谧素履幽贞,闲居养疾,留情笔削,敦悦丘坟,轩冕未足为荣,贫贱不以为耻,确乎不拔,斯固有晋之高人者欤!洎乎《笃终》立论,薄葬昭俭,既戒奢于季氏,亦无取于王孙,可谓达存亡之机矣。挚虞、束晳等并详览载籍,多识旧章,奏议可观,文词雅赡,可谓博闻之士也。或摄官延阁,裁成言事之书;或莅政秩宗,参定禋郊之礼。虞既厄于从理,晳乃年位不充,天之报施,何其爽也!王接才调秀出,见赏知音,惜其夭枉,未申骥足,嗟夫!

赞曰:士安好逸,栖心蓬筚。属意文雅,忘怀荣秩。遗制可称,养生乖术。挚虞博闻,广微绝群。财成礼度,刊缉遗文。魏篇式序,汉册斯分。祖游后出,亦播清芬。

晋书卷五二
列传第二二

郤诜　阮种　华谭 袁甫

郤诜,字广基,济阴单父人也。父晞,尚书左丞。诜博学多才,瑰伟倜傥,不拘细行,州郡礼命,并不应。

泰始中,诏天下举贤良直言之士,太守文立举诜应选。

诏曰:"盖太上以德抚时,易简无文。至于三代,礼乐大备,制度弥繁。文质之变,其理何由?虞夏之际,圣明继踵,而损益不同。周道既衰,仲尼犹曰从周。因革之宜,又何殊也?圣王既没,遗制犹存,霸者迭兴而翼辅之,王道之缺,其无补乎?何陵迟之不反也?岂霸德之浅欤?期运不可致欤?且夷吾之智,而功止于霸,何哉?夫昔人之为政,革乱亡之弊,建不刊之统,移风易俗,刑措不用,岂非化之盛欤?何修而飨兹?朕获承祖宗之休烈,于兹七载,而人未服训,政道阙述。以古况今,何不相逮之远也?虽明之弗及,犹思与群贤虑之,将何以辨所闻之疑昧,获至论于谠言乎?加自顷戎狄内侵,灾害屡作,边氓流离,征夫苦役,岂政刑之谬,将有司非其任欤?各悉乃心,究而论之。上明古制,下切当今。朕之失德,所宜振补。其正议无隐,将敬听之。"

诜对曰:

伏惟陛下以圣德君临,犹垂意于博采,故招贤正之士,而臣等薄陋,不足以降大问也。是以窃有自疑之心,虽致身于阙庭,亦俛俛矣。伏读圣策,乃知下问之旨笃焉。

臣闻上古推贤让位，教同德一，故易简而人化；三代世及，季末相承，故文繁而后整。虞夏之相因，而损益不同，非帝王之道异，救弊之路殊也。周当二代之流，承凋伪之极，尽礼乐之致，穷制度之理，其文详备，仲尼因时宜而曰从周，非殊论也。臣闻圣王之化先礼乐，五霸之兴勤政刑。礼乐之化深，政刑之用浅。勤之则可以小安，堕之则遂陵迟。所由之路本近，故所补之功不倖也。而齐桓失之葵丘，夷吾沦于小器，功止于霸，不亦宜乎！

策曰："建不刊之统，移风易俗，天下洽和，何修而向兹？"臣以为莫大于择人而官之也。今之典刑，匪无一统，宰牧之才，优劣异绩，或以之兴，或以之替，此盖人能弘政，非政弘人也。舍人务政，虽勤何益？臣窃观乎古今，而考其美恶：古人相与求贤，今人相与求爵。古之官人，君责之于上，臣举之于下，得其人有赏，失其人有罚，安得不求贤乎！今之官者，父兄营之，亲戚助之，有人事则通，无人事则塞，安得不求爵乎！贤苟求达，达在修道，穷在失义，故静以待之也。爵苟可求，得在进取，失在后时，故动以要之也。动则争竞，争竞则朋党，朋党则诬罔，诬罔则臧否失实，真伪相冒，主听用惑，奸之所会也。静则贞固，贞固则正直，正直则信让，信让则推贤，推贤不伐，相下无厌，主听用察，德之所趣也。故能使之静，虽曰高枕而人自正；不能禁动，虽复夙夜，俗不一也。且人无愚智，咸慕名官，莫不饰正于外，藏邪于内，故邪正之人难得而知也。任得其正，则众正益至；若得其邪，则众邪亦集。物繁其类，谁能止之！故国亡失世者，未尝不为众邪所积也。方其初作，必始于微，微而不绝，其终乃著。天地不能顿为寒暑，人主亦不能顿为隆替；故寒暑渐于春秋，隆替起于得失。当今之世，宦者无关梁，邪门启矣；朝廷不责贤，正路塞矣。得失之源，何以甚此！所谓责贤，使之相举也；所谓关梁，使之相保也。贤不举则有咎，保不信则有罚。故古者诸侯必贡士，不贡者削，贡而不适亦削。夫士者，难知也；不适者，薄过也。不得不责，强其所不知也；罚其所不适，深其薄过，非恕也。且天子于诸侯，有不纯臣之义，斯责之矣。施刑之道，宁纵不滥之矣。今皆反是，何也？夫贤者天地之纪，品物之宗，其急之矣，故宁滥以得之，无纵以失之也。今则不然，世之悠悠者，各自取辨耳。故其材行并不可必，于公则政事纷乱，于私则污秽狼籍。自顷长吏特多此累，有亡命而被购悬者矣，有缚束而绞戮者矣。贪鄙窃位，不知谁升之者？兽兕出槛，不知谁可咎者？网漏吞舟，何以过此！人之于利，如蹈水火焉。前人虽败，后人复起，如彼此无已，谁止之者？风流日竞，谁忧之者？虽今圣思劳于夙夜，所使为政，恒得此属，欲圣世化美俗平，亦俟河之清耳。若欲善之，宜创举贤之典，峻关梁之防。其制既立，则人慎其举而不苟，则贤者可知。知贤而试，则官得其人矣。官得其人，则事得其序；事得其序，则物得其宜；物得其宜，则生生丰植，人用资给，和乐兴焉。是故寡过而远刑，知耻以近礼，此所以建不刊之统，移风易俗，刑措而不用也。

策曰："自顷夷狄内侵，灾眚屡降，将所任非其人乎？何由而至此？"臣闻蛮夷猾夏，则皋陶作士，此欲善其末，则先其本也。夫任贤则政惠，使能则刑恕。政惠则下仰其施，刑恕则人怀其勇。施以殖其财，勇以结其心。故人居则资赡而知方，动则亲上而志勇。苟思其利而除其害，以生道利之者，虽死不贰；以逸道劳之者，虽勤不怨。故其命可授，其力可竭，以战则克，以攻则拔。是以善者慕德而安服，恶者畏惧而削迹。止戈而武，义实在文，唯任贤然后无患耳。若夫水旱之灾，自然理也。故古者三十年耕必有十年之储，尧汤遭之而人不困，有备故也。自顷风雨虽颇不时，考之万国，或境土相接，而丰约不同；或顷亩相连，而成败异流，固非天之必害于人，人实不能均其劳苦。失之于人，而求之于天，则有司惰职而不劝，百姓怠业而咎时，非所以定人志，致丰年也。宜勤人事而已。

臣诚愚鄙不足以奉对圣朝,犹进之于廷者,将使取诸其怀而献之乎,臣惧不足也。若收不知言以致知言,臣则可矣,是以辞鄙不隐也。

以对策上第,拜议郎。母忧去职。

诜母病,苦无车,及亡,不欲车载枢,家贫无以市马,乃于所住堂北壁外假葬,开户,朝夕拜哭。养鸡种蒜,竭其方术。丧过三年,得马八匹,舆枢至冢,负土成坟。未毕,召为征东参军。徙尚书郎,转车骑从事中郎。

吏部尚书崔洪荐诜为左丞。及在职,尝以事劾洪,洪怨诜,诜以公正距之,语在《洪传》。洪闻而惭服。

累迁雍州刺史。武帝于东堂会送,问诜曰:"卿自以为何如?"诜对曰:"臣举贤良对策,为天下第一,犹桂林之一枝,昆山之片玉。"帝笑。侍中奏免诜官,帝曰:"吾与之戏耳,不足怪也。"诜在任威严明断,甚得四方声誉。卒于官。子延登为州别驾。

阮种,字德猷,陈留尉氏人,汉侍中胥卿八世孙也。弱冠有殊操,为嵇康所重。康著《养生论》,所称阮生,即种也。察孝廉,为公府掾。

是时西虏内侵,灾眚屡见,百姓饥馑,诏三公、卿尹、常伯,牧守各举贤良方正直言之士。于是太保何曾举种贤良。

策曰:"在昔哲王,承天之序,光宅宇宙,咸用规矩乾坤,惠康品类,休风流衍,弥于千载。朕应践洪运统位,七载于今矣。惟德弗嗣,不明于政,宵兴惕厉,未烛厥猷。子大夫韫椟道术,俨然而进,朕甚嘉焉。其各悉乃心,以阐喻朕志,深陈王道之本,勿有所隐,朕虚心以览焉。"种对曰:"夫天地设位,圣人成能,王道至深,所以行化至远。故能开物成务,而功业不匮,近无不听,远无不服,德逮群生,泽被区宇,声施无穷,而典垂百代。故《经》曰:'圣人久于其道,而天下化成。'宜师踪往代,袭迹三五,矫世更俗,以从人望。令率土迁义,下知所适,播醇美之化,杜邪枉之路,斯诚群黎之所欣想盛德而幸望休风也。”

又问政刑不宣,礼乐不立。对曰:“政刑之宣,故由乎礼乐之用。昔之明王,唯此之务,所以防遏暴慢,感动心术,制节生灵,而陶化万姓也。礼以体德,乐以咏功,乐本于和,而礼师于敬矣。”

又问戎蛮猾夏。对曰:“戎蛮猾夏,侵败王略,虽古盛世,犹有此虞。故《诗》称‘猃狁孔炽’,《书》叹‘蛮夷率服’。自魏氏以来,夷虏内附,鲜有桀悍侵渔之患。由是边守遂怠,鄣塞不设。而今丑虏内居,与百姓杂处,边吏扰习,人又忘战。受方任者,又非其材,或以狙诈,侵侮边夷;或干赏喋利,妄加讨戮。夫以微羁而御悍马,又乃操以烦策,其不制者,固其理也。是以群丑荡骇,缘间而动。虽三州覆败,牧守不反,此非胡虏之甚劲,盖用之者过也。臣闻王者之伐,有征无战,怀远以德,不闻以兵。夫兵凶器,而战危事也。兵兴则伤农,众集则费积;农伤则人匮,积费则国虚。昔汉武之世,承文帝之业,资海内之富,役其材臣,以甘心匈奴,竞战胜之功,贪攻取之利,良将劲卒,屈于沙漠,胜败相若,克不过当,夭百姓之命,填饿狼之口。及其以众制寡,令匈奴远迹,收功祁连,饮马瀚海,天下之耗,以过太半矣。夫虚中国以事夷狄,诚非计之得者也。是以盗贼蜂起,山东不振。暨宣元之时,赵充国征西零,冯奉世征南羌,皆兵不血刃,摧抑强暴,擒其首恶,此则折冲厌难,胜败相辨,中世之明效也。”

又问咎征作见。对曰:“阴阳否泰,六沴之灾,则人主修政以御之,思患而防之,建皇极之首,详庶征之用。《诗》曰:‘敬之敬之,天惟显思’,天聪明自我人聪明,是以人主祖承天命,日慎一日也。故能应受多福而永世克祚,此先王之所以退灾消眚也。”

又问经化之务。对曰:“夫王道之本,经国之务,必先之以礼义,而致人于廉耻。礼义立,则君子轨道而让于善;廉耻立,则小人谨行而不淫于制度。赏以劝其能,威以惩其废。此先王所以保乂定功,化洽黎元,而勋业长世也。故上有克让之风,则下有不争之俗;朝有矜节之士,则野无贪冒之人。夫廉耻之于政,犹树艺之有丰壤,良岁之有膏泽,其生物必油然茂矣。若廉耻不存,而惟刑是御,则风俗凋弊，人失其性，锥刀之末，皆有争心，虽峻刑严辟，犹不胜矣。其于政也，犹农者之殖硗野，旱年之望丰稿，必不几矣。此三代所以享德长久，风醇俗美，皆数百年保天之禄。而秦二世而弊者，盖其所由之涂殊也。"

又问："将使武成七德，文济九功，何路而臻于兹？凡厥庶事，曷后曷先？"对曰："夫文武经德，所以成功丕业，咸熙庶绩者，莫先于选建明哲，授方任能。令才当其官而功称其职，则万机咸理，庶僚不旷。《书》曰：'天工人其代之。'然则继天理物，宁国安家，非贤无以成也。夫贤才之畜于国，由良工之须利器，巧匠之待绳墨也。器用利，则斫削易而材不病；绳墨设，则曲直正而众形得矣。是以人主必勤求贤，而佚以任之也。贤臣之于主，进则忠国爱人，退则砥节洁志，营职不干私义，出心必由公涂，明度量以呈其能，审经制以效其功。此昔之圣王所以恭己南面而化于陶钧之上者，以其所任之贤与所贤之信也。方今海内之士皆倾望休光，希心紫极，唯明主之所趣舍。若开四聪之听，广畴咨之求，抽群英，延俊乂，考工授职，呈能制官，朝无素餐之士，如此化流罔极，树功不朽矣。"

时种与邻诜及东平王康俱居上第，即除尚书郎。然毁誉之徒，或言对者因缘假托，帝乃更延群士，庭以问之。诏曰："前者对策，各指答所问，未尽子大夫所欲言，故复延见，其具陈所怀。又比年遭有水旱灾眚，虽战战兢兢，未能究天人之理，当何修以应其变？人遇水旱饥馑者，何以救之？中间多事，未得宁静，思以省息烦务，令百姓不失其所。若人有所患苦者，有宜损益，使公私两济者，委曲陈之。又政在得人，而知之至难，唯有因人视听耳。若有文武隐逸之士，各举所知，虽幽贱负俗，勿有所限。故虚心思闻事实，勿务华辞，莫有所讳也。"

种封曰："伏惟陛下以圣哲玄览，降恤黎蒸，将济元元，同之三代，旁求俊乂，以辅至化，此诚尧舜之用心也。臣猥以顽鲁之质，应清明之举，前者对策，不足以畴塞圣诏，所陈不究，臣诚蒙昧，所以为罪。臣闻天生蒸庶，树君以司牧之；人君道洽，则彝伦攸序，五福来备。若政有愆失，刑理颇僻，则庶征不应，而淫亢为灾。此则天人之理，而兴废之由也。昔之圣王，政道备而制先具，轨人以务，致之于本，是以虽有水旱之眚，而无饥馑之患也。自顷阴阳隔并，水旱为灾，亦犹期运之致。不然，则亦有司之不帅，不能宣承圣德，以赞扬大化，故和气未降而人事未叙也。方今百姓凋弊，公私无储，诚在于休役静人，劝啬务分，此其救也。人之所患，由于役烦网密而信道未孚也。役烦则百姓失业，网密则下背其诚，信道未孚则人无固志。此则损益之至务，安危之大端也。传曰：'始与善，善进，则不善蔑由至。'孔子曰：'视其所以，观其所由，人焉廋哉！'若夫文武隐逸之士，幽贱负俗之才，故非愚臣之所能识。谨竭愚以对。"

策奏，帝亲览焉，及擢为第一。转中书郎。进止有方，正己率下，朝廷咸惮其威容。每为驳议，事皆施用，遂为楷则。

迁平原相。时襄邑卫京自南阳太守迁于河内，与种俱拜，帝望而叹曰："二千石皆若此，朕何忧乎！"种为政简惠，百姓称之，卒于郡。

华谭，字令思，广陵人也。祖融，吴左将军、录尚书事。父谞，吴黄门郎。谭期岁而孤，母年十八，便守节鞠养，勤劳备至。及长，好学不倦，爽慧有口辩，为邻里所重。扬州刺史周浚引为从事史，爱其才器，待以宾友之礼。

太康中，刺史嵇绍举谭秀才，将行，别驾陈总饯之，因问曰："思贤之主以求才为务，进取之士以功名为先，何仲舒不仕武帝之朝，贾谊失分汉文之时？此吴晋之滞论，可辩此理而后别。"谭曰："夫圣人在上，物无弗理，百揆之职，非贤弗居。故山林无匿景，衡门不栖迟。至承统之王，或是中才，或复凡人，居圣人之器，处兆庶之上，是以其教日颓，风俗渐弊。又中才之君，所资者偏，物以类感，必于其党，党言虽非，彼以为是。以所授有颜冉之贤，所用有庙廊之器，居官者日冀元凯之功，在上者日庶尧舜之义，彼岂知其政渐毁哉！朝虽有求贤之名，而无知才之实。言虽当，彼以为诬；策虽奇，彼以为妄。诬则毁己之言入，妄则不忠之责生。岂故为哉？浅明不见深理，近才不睹远体也。是以言不用，计不施，恐死亡之不暇，何论功名之立哉！故上官昵而屈原放，宰嚭宠而伍员戮，岂不哀哉！若仲舒抑于孝武，贾谊失于汉文，盖复是其轻者耳。故白起有云：‘非得贤之难，用之难。非用之难，信之难。’得贤而不能用，用而不能信，功业岂可得而成哉！”

谭至洛阳，武帝亲策之曰：“今四海一统，万里同风，天下有道，莫斯之盛。然北有未羁之虏，西有丑施之氐，故谋夫未得高枕，边人未获晏然，将何以长弭斯患，混清六合？”对曰：“臣闻圣人之临天下也，祖乾纲以流化，顺谷风以兴仁，兼三才以御物，开四聪以招贤。故劳谦日昃，务在择才，宣明岩穴，垂光隐滞。俊乂龙跃，帝道以光；清德凤翔，王化克举。是以皋陶见举，不仁者远；陆贾重汉，远夷折节。今圣朝德音发于帷幄，清风翔乎无外，戎旗南指，江汉席卷；干戈西征，羌蛮慕化，诚阐四门之秋，兴礼教之日也。故髦俊闻声而响赴，殊才望险而云集。虚高馆以俟贤，设重爵以待士，急善过于饥渴，用人疾于应响，杜佞谄之门，废郑声之乐，混清六合，实由乎此。虽西北有未羁之寇，殊漠有不朝之虏，征之则劳师，得之则无益，故班固云：‘有其地不可耕而食，得其人不可臣而畜，来则惩而御之，去则备而守之。’盖安边之术也。”

又策曰：“吴蜀恃险，今既荡平。蜀人服化，无携贰之心；而吴人趑睢，屡作妖寇。岂蜀人敦朴，易可化诱；吴人轻锐，难安易动乎？今将欲绥静新附，何以为先？”对曰：“臣闻汉末分崩，英雄鼎峙，蜀栖岷陇，吴据江表。至大晋龙兴，应期受命，文皇运筹，安乐顺轨；圣上潜谋，归命向化。蜀染化日久，风教遂成；吴始初附，未改其化，非为蜀人敦悫而吴人易动也。然殊俗远境，风土不同，吴阻长江，旧俗轻悍。所安之计，当先筹其人士，使云翔阊阖，进其贤才，待以异礼；明选牧伯，致以威风；轻其赋敛，将顺咸悦，可以永保无穷，长为人臣者也。”

又策曰：“圣人称如有王者，必世而后仁。今天成地平，大化无外，虽匈奴未羁，羌氐骄黠，将修文德以绥之，舞干戚以来之，故兵戈载戢，武夫寝息。如此，已可消锋刃为田器，罢尚方武库之用未邪？"对曰："夫唐尧历载，颂声乃作；文武相承，礼乐大同。清一八纮，绥荡无外，万国顺轨，海内斐然。虽复被发之乡，徒跣之国，皆习章甫而入朝，要衣裳以磬折。夫大舜之德，犹有三苗之征；以周之伐，猃狁为寇。虽有文德，又须武备。备预不虞，古之善教；安不忘危，圣人常诫。无为罢武库之常职，铄锋刃为佃器。自可倒戢干戈，苞以兽皮，将帅之士，使为诸侯，于散乐休风，未为不泰也。"

又策曰："夫法令之设，所以随时制也。时险则峻法以取平，时泰则宽网以将化。今天下太平，四方无事，百姓承德，将就无为而又。至于律令，应有所损益不？"对曰："臣闻王帝殊礼，三王异教，故或禅让以光政，或干戈以攻取。至于兴礼乐以和人，流清风以宁俗，其归一也。今诚风教大同，四海无虞，人皆感化，去邪从正。夫以尧舜之盛，而犹设象刑；殷周之隆，而甫侯制律。律令之存，何妨于政。若乃大道四达，礼乐交通，凡人修行，黎庶励节，刑罚悬而不用，律令存而无施，适足以隆太平之雅化，飞仁风乎无外矣。"

又策曰："昔帝舜以二八成功，文王以多士兴周。夫制化在于得人，而贤才难得。今大统始同，宜搜才实。州郡有贡荐之举，犹未获出群卓越之伦。将时无其人？有而致之未得其理也？"对曰："臣闻兴化立法，非贤无以光其道；平世理乱，非才无以宣其业。上自皇羲，下及帝王，莫不张皇纲以罗远，飞仁风以被物。故得贤则教兴，失人则政废。今四海一统，万里同风，州郡贡秀孝，台府简良才，以八纮之广，兆庶之众，岂当无卓越俊逸之才乎！譬犹南海不少明月之宝，大宛不乏千里之驹也。异哲难见，远数难睹，故尧舜太平之化，二八由舜而甫显；殷汤革王之命，伊尹负鼎而方用。当今圣朝礼亡国之士，接遐裔之人，或貂蝉于帷幄，或剖符于千里，巡狩必有吕公之遇，宵梦必有岩穴之感。贤俊之出，可企踵而待也。"

时九州秀孝策无逮谭者。谭素以才学为东土所推。同郡刘颂时为廷尉，见之叹息曰："不悟乡里乃有如此才也！"博士王济于众中嘲之曰:"五府初开,群公辟命,采英奇于仄陋,拔贤俊于岩穴。君吴楚之人,亡国之余,有何秀异而应斯举?"谭答曰:"秀异固产于方外,不出于中域也。是以明珠文贝,生于江郁之滨;夜光之璞,出乎荆蓝之下。故以人求之,文王生于东夷,大禹生于西羌。子弗闻乎?昔武王克商,迁殷顽民于洛邑,诸君得非其苗裔乎?"济又曰:"夫危而不持,颠而不扶,至于君臣失位,国亡无主,凡在冠带,将何所取哉!"答曰:"吁!存亡有运,兴衰有期,天之所废,人不能支。徐偃修仁义而失国,仲尼逐鲁而逼齐,段干偃息而成名,谅否泰有时,曷人力之所能哉!"济甚礼之。

寻除郎中,迁太子舍人、本国中正。以母忧去职。服阕,为郫城令,过濮水,作《庄子赞》以示功曹。而廷掾张延为作答教,其文甚美。谭异而荐之,遂见升擢。及谭为庐江,延已为淮陵太守。又举寒族周访为孝廉,访果立功名,时以谭为知人。以父墓毁去官。寻除尚书郎。

永宁初,出为郏令。于时兵乱之后,境内饥馑,谭倾心抚恤。司徒王戎闻而善之,出谷三百斛以助之。谭甚有政绩,再迁庐江内史,加绥远将军。时石冰之党陆玞等屯据诸县,谭遣司马褚敦讨平之。又遣别军击冰都督孟徐,获其骁帅。以功封都亭侯,食邑千户,赐绢千匹。

陈敏之乱,吴士多为其所逼。顾荣先受敏官,而潜谋图之。谭不悟荣旨,露檄远近,极言其非,由此为荣所怨。又在郡政严,而与上司多忤。扬州刺史刘陶素与谭不善,因法收谭,下寿阳狱。镇东将军周馥与谭素相亲善,理而出之。及甘卓讨馥,百姓奔散,馥谓谭已去,遣人视之,而更移近馥。馥叹曰:"吾尝谓华令思是臧子源之俦,今果效矣。"甘卓尝为东海王越所捕,下令敢有匿者诛之,卓投谭而免。及此役也,卓遣人求之曰:"华侯安在?吾甘扬威使也。"谭答不知,遗绢二匹以遣之。使反,告卓。卓曰:"此华侯也。"复求之,谭已亡矣。后为纪瞻所荐,而为顾荣所止遏,遂数年不得调。

建兴初,元帝命为镇东军谘祭酒。谭博学多通,在府无事,乃著书三十卷,名曰《辨道》,上笺进之,帝亲自览焉。转丞相军谘祭酒,领郡大中正。谭荐干宝、范珧于朝,乃上笺求退曰:"谭闻霸主远听,以求才为务;僚属量身,以审己为分。故疏广告老,汉宣不违其志;干木偃息,文侯就式其庐。谭无古人之贤,窃有怀远之慕。自登清显,出入二载,执笔无赞事之功,拾遗无补阙之绩;过在纳言,暗于举善;狂寇未宾,复乏谋策。年向七十,志力日衰,素餐无劳,实宜辞退。谨奉还所假左丞相军谘祭酒版。"不听。

建武初,授秘书监,固让不拜。太兴初,拜前军,以疾复转秘书监。自负宿名,恒怏怏不得志。时晋陵朱凤、吴郡吴震并学行清修,老而未调,谭皆荐为著作佐郎。

或问谭曰:"谚言人之相去,如九牛毛,宁有此理乎?"谭对曰:"昔许由、巢父让天子之贵,市道小人争半钱之利,此之相去,何啻九牛毛也!"闻者称善。

戴若思弟邈,则谭女婿也。谭平生时常抑若思而进邈,若思每衔之。殆用事,恒毁谭于帝,由是官涂不至。谭每怀觖望,尝从容言于帝曰:"臣已老矣,将待死秘阁。汲黯之言,复存于今。"帝不怿。久之,加散骑常侍,屡以疾辞。及王敦作逆,谭疾甚,不能入省,坐免。卒于家。赠光禄大夫,金章紫绶,加散骑常侍,谥曰胡。二子:化、茂。

化,字长风。为征虏司马,讨汲桑,战没。茂嗣爵。

淮南袁甫,字公胄。亦好学,与谭齐名,以词辩称。尝诣中领军何勖,自言能为剧县。勖曰:"唯欲宰县,不为台阁职,何也?"甫曰:"人各有能有不能。譬缯中之好莫过锦,锦不可以为幍;谷中之美莫过稻,稻不可以为䴷。是以圣王使人,必先以器,苟非周材,何能悉长!黄霸弛名于州郡,而息誉于京邑。廷尉之材,不为三公,自昔然也。"勖善之,除松滋令。

转淮南国大农、郎中令。石玥问甫曰:"卿名能辩,岂知寿阳已西何以恒旱?寿阳已东何以恒水?"甫曰:"寿阳已东皆是吴人,夫亡国之音哀以思,鼎足强邦,一朝失职,愤叹甚积,积忧成阴,阴积成雨,雨久成水,故其域恒涝也。寿阳已西皆是中国,新平强吴,美宝皆入,志盈心满,用长欢娱。《公羊》有言,鲁僖甚悦,故致旱京师。若能抑强扶弱,先疏后亲,则天下和平,灾害不生矣。"观者叹其敏捷。年八十余,卒于家。

史臣曰:夫缉政厘俗,拔群才以成务;振景观光,俟明主而宣绩。武皇之世,天下久安,朝廷属意于求贤,蔼轴有怀于干禄。邵诜等并韫价州里,衮然应召,对扬天问,高步云衢,求之前哲,亦足称矣。令思行己徇义,志笃周、甘,仁者必勇,抑斯之谓!虽才行夙章,而待终秘阁,积薪之恨,岂独古人乎!

赞曰:邵阮洽闻,含章体政。华生毓德,褫巾应命。鸟路曾飞,龙津沠泳。素业可久,高芬斯盛。

晋书卷五三
列传第二三

愍怀太子遹　子彪　臧尚

愍怀太子遹,字熙祖。惠帝长子,母曰谢才人。幼而聪慧,武帝爱之,恒在左右。尝与诸皇子共戏殿上,惠帝来朝,执诸皇子手,次至太子,帝曰:"是汝儿也。"惠帝乃止。宫中尝夜失火,武帝登楼望之。太子时年五岁,牵帝裾入暗中。帝问其故,太子曰:"暮夜仓卒,宜备非尝,不宜令照见人君也。"由是奇之。尝从帝观豕牢,言于帝曰:"豕甚肥,何不杀以享士,而使久费五谷?"帝嘉其意,即使烹之。因抚其背,谓廷尉傅祗曰:"此儿当兴我家。"尝对群臣称太子似宣帝,于是令誉流于天下。

时望气者言广陵有天子气,故封为广陵王,邑五万户。以刘实为师,孟珩为友,杨准、冯荪为文学。惠帝即位,立为皇太子。盛选德望以为师傅,以何劭为太师,王戎为太傅,杨济为太保,裴楷为少师,张华为少傅,和峤为少保。元康元年,出就东宫,又诏曰:"遹尚幼蒙,今出东宫,惟当赖师傅群贤之训。其游处左右,宜得正人使共周旋,能相长益者。"于是使太保卫瓘息庭、司空泰息略、太子太傅杨济息邈、太子少师裴楷息宪、太子少傅张华息祎、尚书令华廙息恒与太子游处,以相辅导焉。

及长,不好学,惟与左右嬉戏,不能尊敬保傅。贾后素忌太子有令誉,因此密敕黄门阉宦媚谀于太子曰:"殿下诚可及壮时极意所欲,何为恒自拘束?"每见喜怒之际,辄叹曰:"殿下不知用威刑,天下岂得畏服！"太子所幸蒋美人生男，又言宜隆其赏赐，多为皇孙造玩弄之器，太子从之。于是慢弛益彰，或废朝侍，恒在后园游戏。爱埤车小马，令左右驰骑，断其鞦勒，使堕地为乐。或有犯忤者，手自捶击之。性拘小忌，不许缮壁修墙，正瓦动屋。而于宫中为市，使人屠酤，手揣斤两，轻重不差。其母本屠家女也，故太子好之。又令西园卖葵菜、篮子、鸡、面之属，而收其利。东宫旧制，月请钱五十万，备于众用，太子恒探取二月，以供嬖宠。洗马江统陈五事以谏之，太子不纳，语在《统传》。中舍人杜锡以太子非贾后所生，而后性凶暴，深以为忧，每尽忠规劝太子修德进善，远于谗谤。太子怒，使人以针著锡常所坐毡中而刺之。

太子性刚，知贾谧恃后之贵，不能假借之。谧至东宫，或舍之而于后庭游戏。詹事裴权谏曰："贾谧甚有宠于中宫，而有不顺之色，若一旦交构，大事去矣。宜深自谦屈，以防其变，广延贤士，用自辅翼。"太子不能从。

初，贾后母郭槐欲以韩寿女为太子妃，太子亦欲婚韩氏以自固。而寿妻贾午及后皆不听，而为太子聘王衍小女惠风。太子闻衍长女美，而贾后为谧聘之，心不能平，颇以为言。

谧尝与太子围棋，争道，成都王颖见而诃谧，谧意愈不平，因此谮太子于后曰："太子广买田业，多蓄私财以结小人者，为贾氏故也。密闻其言云：'皇后万岁后，吾当鱼肉之。'非但如是也，若宫车晏驾，彼居大位，依杨氏故事，诛臣等而废后于金墉，如反手耳。不如早为之所，更立慈顺者以自防卫。"后纳其言，又宣扬太子之短，布诸远近。于时朝野咸知贾后有害太子意。中护军赵俊请太子废后，太子不听。

九年六月，有桑生于宫西厢，日长尺余，数日而枯。十二月，贾后将废太子，诈称上不和，呼太子入朝。既至，后不见，置于别室，遣婢陈舞赐以酒枣，逼饮醉之。使黄门侍郎潘岳作书草，若祷神之文，有如太子素意，因醉而书之，令小婢承福以纸笔及书草使太子书之。文曰："陛下宜自了；不自了，吾当入了之。中宫又宜速自了；不

了，吾当手了之。并谢妃共要克期而两发，勿疑犹豫，致后患。茹毛
饮血于三辰之下，皇天许当扫除患害，立道文为王，蒋为内主。愿
成，当三牲祠北君，大赦天下。要疏如律令。”太子醉迷不觉，遂依而
写之，其字半不成。既而补成之，后以呈帝。帝幸式乾殿，召公卿入，
使黄门令董猛以太子书及青纸诏曰：“通书如此，今赐死。”遍示诸
公王，莫有言者。惟张华、裴𬱟证明太子。贾后使董猛矫以长广公
主辞白帝曰：“事宜速决，而群臣各有不同，若有不从诏，宜以军法
从事。”议至日西不决。后惧事变，乃表免太子为庶人，诏许之。于
是使尚书和郁持节，解结为副，及大将军梁王肜、镇东将军淮南王
允、前将军东武公澹、赵王伦、太保何劭诣东宫，废太子为庶人。是
日太子游玄圃，闻有使者至，改服出崇贤门，再拜受诏，步出承华
门，乘麤𢂷车。澹以兵仗送太子妃王氏、三皇孙于金墉城，考竟谢淑
妃及太子保林蒋俊。明年正月，贾后又使黄门自首，欲与太子为逆。
诏以黄门首辞班示公卿。又遣澹以千兵防送太子，更幽于许昌宫之
别坊，令治书御史刘振持节守之。先是，有童谣曰：“东宫马子莫聋
空，前至腊月缠汝鬉。”又曰：“南风起兮吹白沙，摇望鲁国郁嵯峨，
千岁髑髅生齿牙。”南风，后名；沙门，太子小字也。

初，太子之废也，妃父王衍表请离婚。太子至许，遗妃书曰：“遹
虽顽愚，心念为善，欲尽忠孝之节，无有恶逆之心。虽非中宫所生，
奉事有如亲母。自为太子以来，敕见禁检，不得见母。自宜城君亡，
不见存恤，恒在空室中坐。去年十二月，道文疾病困笃，父子之情，
实相怜愍。于时表国家乞加徽号，不见听许。疾病既笃，为之求请
恩福，无有恶心。自道文病，中宫三遣左右来视，云：‘天教呼汝。’到
二十八日暮，有短函来，题言东宫发，疏云：‘言天教欲见汝。’即便
作表求入。二十九日早入见国家，须臾遣至中宫。中宫左右陈舞见
语：‘中宫旦来，吐不快。’使住空屋中坐，须臾中宫遣陈舞见语：‘闻
汝表陛下为道文乞王，不得王是成国耳。’中宫遥呼陈舞：‘昨天教
与太子酒枣。’便持三升酒、大盘枣来见与，使饮酒啖枣尽。遹素不
饮酒，即便遣舞启说不堪三升之意。中宫遥呼曰：‘汝常陛下前持酒

可喜，何以不饮？天与汝酒，当使道文差也。'便答中宫：'陛下会同一日见赐，故不敢辞，通日不饮三升酒也。且实未食，恐不堪。又未见殿下，饮此或至颠倒。'陈舞复传语曰：'不孝耶！天与汝酒饮，不肯饮，中有恶物邪？'遂可饮二升，余有一升，求持还东宫饮尽。逼迫不得已，更饮一升。饮已，体中荒迷，不复自觉。须臾有一小婢持封箱来，云：'诏使写此文书。'遹便惊起，视之，有一白纸，一青纸。催促云：'陛下停待。'又小婢承福持笔砚墨黄纸来，使写。急疾不容复视，实不觉纸上语轻重。父母至亲，实不相疑，事理如此，实为见诬，想众人见明也。"

太子既废非其罪，众情愤怨。右卫督司马雅，宗室之疏属也，与常从督许超并有宠于太子，二人深伤之，说赵王伦谋臣孙秀曰："国无适嗣，社稷将危，大臣之祸必起。而公奉事中宫，与贾后亲密，太子之废，皆云豫知，一旦事起，祸必及矣。何不先谋之！"秀言于赵王伦，伦深纳焉。计既定，而秀说伦曰："太子为人刚猛，若得志之日，必肆其情性矣。明公素事贾后，街谈巷议，皆以公为贾氏之党。今虽欲建大功于太子，太子虽将含忍宿忿，必不能加赏于公，当谓公逼百姓之望，翻覆以免罪耳。若有瑕衅，犹不免诛。不若迁延却期，贾后必害太子，然后废贾后，为太子报仇，犹足以为功，乃可以得志。"伦然之。秀因使反间，言殿中人欲废贾后，迎太子。贾后闻之忧怖，乃使太医令程据合巴豆杏仁丸。三月，矫诏使黄门孙虑赍至许昌以害太子。初，太子恐见耽，恒自煮食于前。虑以告刘振，振乃徙太子于小坊中，绝不与食，宫中犹于墙壁上过食与太子。虑乃逼太子以药，太子不肯服，因如厕，虑以药杵椎杀之，太子大呼，声闻于外。时年二十三。将以庶人礼葬之，贾后表曰："遹不幸丧亡，伤其迷悖，又早短折，悲痛之怀，不能自已。妾私心冀其刻肌刻骨，更思孝道，规为稽颡，正其名号。此志不遂，重以酸恨。遹虽罪在莫大，犹王者子孙，便以匹庶送终，情实怜愍，特乞天恩，赐以王礼。妾诚暗浅不识礼义，不胜至情，冒昧陈闻。"诏以广陵王礼葬之。

及贾庶人死，乃诛刘振、孙虑、程据等，册复太子曰："皇帝使使持节、兼司空、卫尉伊策故皇太子之灵曰：呜呼！维尔少资岐嶷之质，荷先帝殊异之宠，大启土宇，奄有淮陵。朕奉遵遗旨，越建尔储副，以光显我祖宗。祗尔德行，以从保傅，事亲孝敬，礼无违者。而朕昧于凶构，致尔于非命之祸，俾申生、孝已复见于今。赖宰相贤明，人神愤怨，用启朕心，讨厥有罪，咸伏其辜。何补于荼毒冤魂酷痛哉？是用切怛悼恨，震动于五内。今追复皇太子丧礼，反葬京畿，祠以太牢。魂而有灵，尚获尔心。”帝为太子服长子斩衰，群臣齐衰，使尚书和郁率东宫官属具吉凶之制，迎太子丧于许昌。

丧之发也，大风雷电，帟盖飞裂。又为哀策曰：“皇帝临轩，使洗马刘务告于皇太子之殡曰：咨尔遹！幼廪英挺，芬馨诞茂。既表髻齓，高明逸秀。昔尔圣祖，嘉尔淑美。显诏仍崇，名振同轨。是用建尔储副，永统皇基。如何凶戾潜构，祸害如兹！哀感和气，痛贯四时。呜呼哀哉！尔之降废，实我不明。牝乱沉栽，衅结祸成。尔之逝矣，谁百其形？昔之申生，含枉莫讼。今尔之负，抱冤于东。悠悠有识，孰不哀恸！壶关干主，千秋悟已。异世同规，古今一理。皇孙启建，隆祚尔子。虽悴前终，庶荣后始。窀穸既营，将宁尔神。华辂电逝，戎车雷震。芒芒羽盖，翼翼缙绅。同悲等痛，孰不酸辛！庶光来叶，永世不泯。”谥曰愍怀。六月己卯，葬于显平陵。帝感阎缵之言，立思子台，故臣江统、陆机并作诔颂焉。太子三子：虨、臧、尚，并与父同幽金墉。

虨，字道文。永康元年正月，薨。四月，追封南阳王。

臧，字敬文。永康元年四月，封临淮王。己巳，诏曰：“昝征数发，奸回作变，遹既逼废，非命而没。今立臧为皇太孙。还妃王氏以母之，称太孙太妃。太子官属即转为太孙官属。赵王伦行太孙太傅。”五月，伦与太孙俱之东宫，太孙自西掖门出，车服侍从皆愍怀之旧也。到铜驼街，宫人哭，侍从者皆哽咽，路人拭泪焉。桑复生于西厢，太孙废，乃枯。永宁元年正月，赵王伦篡位，废为濮阳王，与帝俱迁金墉，寻被害。太安初，追谥曰哀。

尚，字敬仁。永康元年四月，封为襄阳王。永宁元年八月，立为皇太孙。太安元年三月癸卯,薨,帝服齐衰期,谥曰冲太孙。

　　史臣曰:愍怀挺岐嶷之姿,表凤成之质。武皇钟爱,既深诒厥之谋;天下归心,颇有后来之望。及于继明宸极,守器春坊,四教不勤,三朝或厥,豹姿未变,凤德已衰,信惑奸邪,疏斥正士,好屠酤之贱役,耽苑囿之佚游,可谓靡不有初,鲜克有终者也。既而中宫凶忍,久怀危害之心,外戚谄谀,竞进谗邪之说;坎牲之谋已构,毙犬之谮遂行;一人乏探隐之聪,百辟无争臣之节。遂使冤逾楚建,酷甚戾园。虽复礼备哀荣,情深悯恻,亦何补于荼毒者哉!

　　赞曰:愍怀聪颖,谅惟天挺。皇祖钟心,庶僚引领。震宫肇建,储德不恢。掇蜂构隙,归胙生灾。既罹凶忍,徒望归来。

晋书卷五四
列传第二四

陆机 孙拯　弟云　云弟耽 从父兄喜

　　陆机,字士衡,吴郡人也。祖逊,吴丞相。父抗,吴大司马。机身长七尺,其声如钟。少有异才,文章冠世,伏膺儒术,非礼不动。抗卒,领父兵为牙门将。年二十而吴灭,退居旧里,闭门勤学,积有十年。以孙氏在吴,而祖父世为将相,有大勋于江表,深慨孙皓举而弃之,乃论权所以得,皓所以亡,又欲述其祖父功业,遂作《辩亡论》二遍。其上篇曰:

　　　　昔汉氏失御,奸臣窃命,祸基京畿,毒遍宇内,皇纲弛顿,王室遂卑。于是群雄蜂骇,义兵四合。吴武烈皇帝慷慨下国,电发荆南,权略纷纭,忠勇伯世,威棱则夷羿震荡。兵交则丑虏授馘,遂扫清宗祏,蒸禋皇祖。于时云兴之将带州,焱起之师跨邑,哮阚之群风驱,熊罴之族雾合。虽兵以义动,同盟戮力,然皆苞藏祸心,阻兵怙乱,或师无谋律,丧威稔寇。忠规武节,未有如此其著者也。

　　　　武烈既没,长沙桓王逸才命世,弱冠秀发,招揽遗老,与之述业。神兵东驱,奋寡犯众,攻无坚城之将,战无交锋之虏。诛叛柔服,而江外底定;饬法修师,则威德尠赫。宾礼名贤,而张公为之雄;交御豪俊,而周瑜为之杰。彼二君子皆弘敏而多奇,雅达而聪哲,故同方者以类附,等契者以气集,江东盖多士矣。将北伐诸华,诛钼干纪,旋皇舆于夷庚,反帝坐于紫闼,挟天子以令诸侯，清天步而归旧物。戎车既次，群凶侧目，大业未就，中世而殒。

用集我大皇帝，以奇踪袭逸轨，睿心因令图，从政咨于故实，播恶稽乎遗风；而加之以笃敬，申之以节俭，畴咨俊茂，好谋善断，束帛旅于丘园，旌命交乎涂巷。故豪彦寻声而响臻，志士晞光而景骛，异人辐凑，猛士如林。于是张公为师傅；周瑜、陆公、鲁肃、吕蒙之畴，入为腹心，出为股肱；甘宁、凌统、程普、贺齐、朱桓、朱然之徒奋其威，韩当、潘璋、黄盖、蒋钦、周泰之属宣其力；风雅则诸葛瑾、张承、步骘以名声光国，政事则顾雍、潘濬、吕范、吕岱以器任干职，奇伟则虞翻、陆绩、张惇以风义举政，奉使则赵咨、沈珩以敏达延誉，术数则吴范、赵达以机祥协德，董袭、陈武杀身以卫主，骆统、刘基强谏以补过。谋无遗计，举不失策。故遂割据山川，跨制荆吴，而与天下争衡矣。魏氏尝藉战胜之威，率百万之师，浮邓塞之舟，下汉阴之众，羽楫万计，龙跃顺流，锐师千旅，武步原隰，谟臣盈室，武将连衡，喟然有吞江浒之志，壹宇宙之气。而周瑜驱我偏师，黜之赤壁，丧旗乱辙，仅而获免，收迹远遁。汉王亦凭帝王之号，帅巴汉之人，乘危骋变，结垒千里，志报关羽之败，图收湘西之地。而我陆公亦挫之西陵，覆师败绩，困而后济，绝命永安。续以濡须之寇，临川摧锐；蓬茏之战，孑轮不反。由是二邦之将，丧气挫锋，势衄财匮，而吴莞然坐乘其弊，故魏人请好，汉氏乞盟，遂跻天号，鼎峙而立。西界庸、益之郊，北裂淮、汉之涘，东苞百越之地，南括群蛮之表。于是讲八代之礼，搜三王之乐，告类上帝，拱揖群后。武臣毅卒，循江而守；长棘劲铩，望焱而奋。庶尹尽规于上，黎元展业于下，化协殊裔，风衍遐圻。乃俾一介行人，抚巡外域，巨象逸骏，扰于外闲，明珠玮宝，耀于内府，珍瑰重迹而至，奇玩应响而赴，辖轩骋于南荒，冲軿息于朔野；黎庶免干戈之患，戎马无晨服之虞，而帝业固矣。

大皇既没，幼主莅朝，奸回肆虐。景皇聿兴，虔修遗宪，政无大阙,守文之良王也。降及归命之初,典刑未灭,故老犹存。大司马陆公以文武熙朝,左丞相陆凯以謇谔尽规,而施绩、范慎以威重显,丁奉、钟离斐以武毅称,孟宗、丁固之徒为公卿,楼玄、贺邵之属掌机事,元首虽病,股肱犹良。爰逮末叶,群公既丧,然后黔首有瓦解之患,皇家有土崩之衅,历命应化而微,王师蹠运而发,卒散于阵,众奔于邑,城池无藩篱之固,山川无沟阜之势,非有工输云梯之械,智伯灌激之害,楚子筑室之围,燕人济西之队,军未浃辰而社稷夷矣。虽忠臣孤愤,烈士死节,将奚救哉!

　　夫曹刘之将非一世所选,向时之师无曩日之众,战守之道抑有前符,险阻之利俄然未改,而成败贸理,古今诡趣,何哉?彼此之化殊,授任之才异也。

其下篇曰:

　　昔三方之王也,魏人据中夏,汉氏有岷益,吴制荆扬而掩有交广。曹氏虽功济诸华,虐亦深矣,其人怨。刘翁因险以饰智,功已薄矣,其俗陋矣。吴,桓王基之以武,太祖成之以德,聪明睿达。懿度弘远矣。其求贤如弗及,恤人如稚子,接士尽盛德之容,亲仁罄丹府之爱。拔吕蒙于戎行,试潘濬于系房。推诚信士,不恤人之我欺;量能授器,不患权之我逼。执鞭鞠躬,以重陆公之威;悉委武卫,以济周瑜之师。卑宫菲食,丰功臣之赏;披怀虚己,纳谟士之算。故鲁肃一面而自托,士燮蒙险而效命。高张公之德,而省游田之娱;贤诸葛之言,而割情欲之欢;感陆公之规,而除刑法之烦;奇刘基之议,而作三爵之誓;屏气踢踽,以伺子明之疾;分滋损甘,以育凌统之孤;登坛慷忾,归鲁子之功;削投怨言,信子瑜之节。是以忠臣竞尽其谟,志士咸得肆力,洪规远略,固不厌夫区区者也。故百官苟合,庶务未遑。初都建邺,群臣请备礼秩,天子辞而弗许,曰:"天下其谓朕何!"宫室舆服,盖慊如也。爰及中叶,天人之分既定,故百度之缺粗修,虽酖化懿网,未齿乎上代,抑其体国经邦之具,亦足以为政矣。地方几万里，带甲将百万，其野沃，其兵练，其器利，其财丰；东负沧海，西阻险塞，长江制其区宇，峻山带其封域，国家之利未巨有弘于兹者也。借使守之以道，御之有术，敦率遗典，勤人谨政，修定策，守常险，则可以长世永年，未有危亡之患也。

或曰："吴蜀唇齿之国也，夫蜀灭吴亡，理则然矣。"夫蜀，盖藩援之与国，而非吴人之存亡也。其郊境之接，重山积险，陆无长毂之径；川厄流迅，水有惊波之艰。虽有锐师百万，启行不过千夫；轴舻千里，前驱不过百舰。故刘氏之伐，陆公喻之长蛇，其势然也。昔蜀之初亡，朝臣异谋，或欲积石以险其流，或欲机械以御其变。天子总群议以咨之大司马陆公，公以四渎天地之所以节宣其气，固无可遏之理，而机械则彼我所共，彼若弃长技以就所屈，即荆楚而争舟楫之用，是天赞我也，将谨守峡口以待擒耳。逮步阐之乱，凭宝城以延强寇，资重币以诱群蛮。于时大邦之众，云翔电发，悬旆江介，筑垒遵渚，衿带要害，以止吴人之西，巴汉舟师，沿江东下。陆公偏师三万，北据东坑，深沟高垒，按甲养威。反虏跧迹待戮，而不敢北窥生路，强寇败绩宵遁，丧师太半，分命锐师五千，西御水军，东西同捷，献俘万计。信哉贤人之谋，岂欺我哉！自是烽燧罕惊，封域寡虞。陆公没而潜谋兆，吴衅深而六师骇。夫太康之役，众未盛乎曩日之师；广州之乱，祸有愈乎向时之难，而邦家颠覆，宗庙为墟。呜呼！"人之云亡，邦国殄瘁"，不其然欤！

《易》曰"汤武革命顺乎天"，或曰"乱不极则治不形"，言帝王之因天时也。古人有言曰"天时不如地利"，《易》曰"王侯设险以守其国"，言为国之恃险也。又曰"地利不如人和"，"在德不在险"，言守险之在人也。吴之兴也，参而由焉，孙卿所谓合其参者也。及其亡也，恃险而已，又孙卿所谓舍其参者也。夫四州之萌非无众也，大江以南非乏俊也，山川之险易守也，劲利之器易用也，先政之策易修也，功不兴而祸遘，何哉？所以用之者失也。故先王达经国之长规，审存亡之至数，谦己以安百姓，敦惠以致人和，宽冲以诱俊乂之谋，慈和以结士庶之爱。是以其安也，则黎元与之同庆；及其危也，则兆庶与之共患。安与众同庆，则其危不可得也；危与下同患，则其难不足恤也。夫然，故能保其社稷而固其土宇，《麦秀》无悲殷之思，《黍离》无愍周之感也。

至太康末，与弟云俱入洛，造太常张华。华素重其名，如旧相识，曰："伐吴之役，利获二俊。"又尝诣侍中王济，济指羊酪谓机曰："卿吴中何以敌此？"答云："千里莼羹，未下盐豉。"时人称为名对。张华荐之诸公。后太傅杨骏辟为祭酒。会骏诛，累迁太子洗马、著作郎。范阳卢志于众中问机曰："陆逊、陆抗于君近远？"机曰："如君于卢毓、卢珽。"志默然。既起，云谓机曰："殊邦遐远，容不相悉，何至于此！"机曰："我父祖名播四海，宁不知邪！"议者以此定二陆之优劣。

吴王晏出镇淮南，以机为郎中令，迁尚书中兵郎，转殿中郎。赵王伦辅政，引为相国参军。豫诛贾谧功，赐爵关中侯。伦将篡位，以为中书郎。伦之诛也，齐王冏以机职在中书，九锡文及禅诏疑机与焉，遂收机等九人付廷尉。赖成都王颖、吴王晏并救理之，得减死徙边，遇赦而止。

初机有骏犬，名曰"黄耳"，甚爱之。既而羁寓京师，久无家问，笑语犬曰："我家绝无书信，汝能赍书取消息不？"犬摇尾作声。机乃为书以竹筒盛之而系其颈，犬寻路南走，遂至其家，得报还洛。其后因以为常。时中国多难，顾荣、戴若思等咸劝机还吴，机负其才望，而志匡世难，故不从。

冏既矜功自伐，受爵不让，机恶之，作《豪士赋》以刺焉。其序曰：

　　夫立德之基有常，而建功之路不一。何则？修心以为量者存乎我，因物以成务者系乎彼。存乎我者，隆杀止乎其域；系乎彼者，丰约惟所遭遇。落叶俟微飚以陨，而风之力盖寡；孟尝遭雍门以泣,而琴之感以末。何哉?欲陨之叶无所假烈风,将坠之泣不足烦哀响也。是故苟时启于天,理尽于人,庸夫可以济圣贤之功,斗筲可以定烈士之业。故曰"才不半古,功已倍之",盖得之于时世也。历观今古,徼一时之功而居伊尹之位者有矣。

夫我之自我,智士犹婴其累;物之相物,昆虫皆有此情。夫以自我之量而挟非常之勋,神器晖其顾眄,万物随其俯仰,心玩居常之安,耳饱从谀之说,岂识乎功在身外,任出才表者哉!且好荣恶辱,有生之大期;忌盈害上,鬼神犹且不免;人主操其常柄,天下服其大节,故曰天可仇乎?而时有衮服荷戟,立乎庙门之下,援旗誓众,奋于阡陌之上;况乎世主制命,自下裁物者乎!广树恩不足以敌怨,勤兴利不足以补害,故曰代大匠斫者必伤手。且夫政由宁氏,忠臣所以慷慨;祭则寡人,人主所不久堪。是以君奭快快,不悦公旦之举;高平师师,侧目博陆之势。而成王不遗嫌吝于怀,宣帝若负芒刺于背,非其然者欤?

嗟乎!光于四表,德莫富焉;王曰叔父,亲莫昵焉;登帝天位,功莫厚焉;守节没齿,忠莫至焉。而倾侧颠沛,仅而自全,则伊生抱明允以婴戮,文子怀忠敬而齿剑,固其所也。因斯以言,夫以笃圣穆亲,如彼之懿,大德至忠,如此之盛,尚不能取信于人主之怀,止谤于众多之口,过此以往,恶睹其可!安危之理,断可识矣。又况乎饕大名以冒道家之忌,运短才而易圣哲所难者哉!身危由于势过,而不知去势以求安;祸积起于宠盛,而不知辞宠以招福。见百姓之谋己,则申宫警守,以崇不畜之威;惧万方之不服,则严刑峻制,以贾伤心之怨。然后威穷乎震主,而怨行乎上下,众心日陊,危机将发,而方偃仰瞪眄,谓足以夸世,笑古人之未工,忘己事之已拙,知曩勋之可矜,暗成败之有会。是以事穷运尽,必有颠仆;风起尘合,而祸至常酷也。圣人忌功名之过己,恶宠禄之逾量,盖为此也。

夫恶欲之大端,贤愚所共有,而游子殉高位于生前,志士思垂名于身后,受生之分,惟此而已。夫盖世之业,名莫盛焉;率意无违,欲莫顺焉。借使伊人颇览天道,知尽不可益,盈难久持,超然自引,高揖而退,则巍巍之盛,仰邈前贤,洋洋之风,俯观来籍,而大欲不止于身,至乐无怼乎旧,节弥效而德弥广,身逾逸而名逾劭。此之不为,而彼之必昧,然后河海之迹埋为穷流,一匮之崒积成山岳,名编凶顽之条,身厌荼毒之痛,岂不谬哉!故聊为赋焉,庶使百世少有悟云。

罔不之悟,而竟以败。

机又以圣王经国,义在封建,因采其远指,著《五等论》曰:

　　夫体国经野,先王所慎,创制垂基,思隆后叶。然而经略不同,长世异术。五等之制,始于黄唐,郡县之治,创于秦汉,得失成败,备在典谟,是以其详可得而言。

　　夫王者知帝业至重,天下至广。广不可以偏制,重不可以独任;任重必于借力,制广终乎因人。故设官分职,所以轻其任也;并建伍长,所以弘其制也。于是乎立其封疆之典,裁其亲疏之宜,使万国相维,以成磐石之固;宗庶杂居,而定维城之业。又有以见绥世之长御,识人情之大方,知其为人不如厚己,利物不如图身;安上在于悦下,为己存乎利人。故《易》曰"悦以使人,人忘其劳",孙卿曰"不利而利之,不如利而后利之利也"。是以分天下以厚乐,则己得与之同忧,飨天下以丰利,而己得与之共害。利博而思笃,乐远则忧深,故诸侯享食土之实,万国受传世之祚。夫然,则南面之君各务其政,九服之内知有定主,上之子爱于是乎生,下之礼信于是乎结,世平足以敦风,道衰足以御暴。故疆毅之国不能擅一时之势,雄俊之人无所寄霸王之志。然后国安由万邦之思化,主尊赖群后之图身,譬犹众目营方,则天网自昶;四体辞难,而心膂获乂。盖三代所以直道,四王所以垂业也。

　　夫盛衰隆弊,理所固有,教之废兴,系乎其人。原法期于必谅,明道有时而暗。故世及之制弊于强御,厚下之典漏于未折,侵弱之衅遘自三季，陵夷之祸终乎七雄。昔成汤亲照夏后之鉴，公旦目涉商人之戒，文质相济，损益有物。然五等之礼，不革于时，封畛之制，有隆尔者，岂玩二王之祸而暗经世之算乎？固知百世非可悬御，善制不能无弊，而侵弱之辱愈于殄祀，士崩之困痛于陵夷也。是以经始获其多福，虑终取其少祸，非谓侯伯无可乱之符，郡县非兴化之具。故国忧赖其释位，主弱凭于翼戴。及承微积弊，王室遂卑，犹保名位，祚垂后嗣，皇统幽而不辍，神器否而必存者，岂非事势使之然欤！

降及亡秦，弃道任术，惩周之失，自矜其得。寻斧始于所庇，制国昧于弱下，国庆独飨其利，主忧莫与共害。虽速亡趋乱，不必一道，颠沛之衅，实由孤立。是盖思五等之小怨，亡万国之大德，知陵夷之可患，暗土崩之为痛也。周之不竞，有自来矣。国乏令主，十有余世。然片言勤王，诸侯必应，一朝振矜，远国先叛，故强晋收其请隧之图，暴楚顿其观鼎之志，岂刘项之能窥关，胜广之敢号泽哉！借使秦人因循其制，虽则无道，有与共亡，覆灭之祸，岂在曩日！

汉矫秦枉，大启王侯，境土逾溢，不遵旧典，故贾生忧其危，朝错痛其乱。是以诸侯岨其国家之富，凭其士庶之力，势足者反疾，土狭者逆迟，六臣犯其弱纲，七子冲其漏网，皇祖夷于黔徒，西京病于东帝。是盖过正之灾，而非建侯之累也。然吕氏之难，朝士外顾；宋昌策汉，必称诸侯。逮至中业，忌其失节，割削宗子，有名无实，天下旷然，复袭亡秦之轨矣。是以五侯作威，不忌万国；新都袭汉，易于拾遗也。光武中兴，纂隆皇统，而由遵覆车之遗辙，养丧家之宿疾，仅及数世，奸宄充斥。卒有强臣专朝，则天下风靡，一夫从冲，而城池自夷，岂不危哉！

在周之衰，难兴王室，放命者七臣，干位者三子，嗣王委其九鼎，凶族据其天邑，钲鼙震于阃宇，锋镝流于绛阙，然祸止畿甸，害不覃及，天下晏然，以安待危。是以宣王兴于共和，襄惠振于晋郑。岂若二汉阶闼暂扰，而四海已沸，嬖臣朝入，九服夕乱哉!

远惟王莽篡逆之事,近览董卓擅权之际,亿兆悼心,愚智同痛。然周以之存,汉以之亡,夫何故哉?岂世乏暴时之臣,士先无匡合之志欤?盖远绩屈于时异,雄心挫于卑势耳。故烈士扼腕,终委寇仇之手;忠人变节,以助虐国之桀。虽复时有鸠合同志以谋王室,然上非奥主,下皆市人,师旅无先定之班,君臣无相保之志,是以义兵云合,无救劫杀之祸,众望未改,而已见大汉之灭矣。

或以"诸侯世位,不必常全,昏主暴君,有时比迹,故五等所以多乱。今之牧守,皆官方庸能,虽或失之,其得固多,故郡县易以为政"。夫德之休明,黜陟日用,长率连属,咸述其职,而淫昏之君无所容过,何则其不治哉!故先代有以兴矣。苟或衰陵,百度自悖,鬻官之吏以货准财,则贪残之萌皆群后也,安在其不乱哉!故后王有以之废矣。且要而言之,五等之君,为己思政;郡县之长,为吏图物。何以征之?盖企及进取,仕子之常志;修己安人,良士所希及。夫进取之情锐,而安人之誉迟,是故侵百姓以利己者,在位所不惮;损实事以养名者,官长所夙夜也。君无卒岁之图,臣挟一时之志。五等则不然。知国为己土,众皆我民;民安,己受其利;国伤,家婴其病。故前人欲以垂后,后嗣思其堂构,为上无苟且之心,群下知胶固之义。使其并贤居政,则功有厚薄;两愚处乱,则过有深浅。然则八代之制,几可以一理贯;秦汉之典,殆可以一言蔽也。

时成都王颖推功不居,劳谦下士。机既感全济之恩,又见朝廷屡有变难,谓颖必能康隆晋室,遂委身焉。颖以机参大将军军事,表为平原内史。太安初,颖与河间王颙起兵讨长沙王乂,假机后将军、河北大都督,督北中郎将王粹、冠军牵秀等诸军二十余万人。机以三世为将,道家所忌,又羁旅入宦,顿居群士之右,而王粹、牵秀等皆有怨心,固辞都督。颖不许。机乡人孙惠亦劝机让都督于粹,机曰:"将谓吾为首鼠避贼,适所以速祸也。"遂行。颖谓机曰:"若功成事定,当爵为郡公,位以台司,将军勉之矣!"机曰:"昔齐桓任夷吾以建九合之功,燕惠疑乐毅以失垂成之业,今日之事,在公不在机也。"颖左长史卢志心害机宠,言于颖曰:"陆机自比管乐,拟君暗主,自古命将遣师,未有臣陵其君而可以济事者也。"颖默然。机始临戎,而牙旗折,意甚恶之。列军自朝歌至于河桥,鼓声闻数百里,汉魏以来,出师之盛未尝有也。长沙王乂奉天子与机战于鹿苑,机军大败,赴七里涧而死者如积焉,水为之不流,将军贾棱皆死之。

初,宦人孟玖弟超并为颖所嬖宠。超领万人为小都督,未战,纵兵大掠。机录其主者。超将铁骑百余人,直入机麾下夺之,顾谓机曰:"貉奴能作督不!"机司马孙拯劝机杀之,机不能用。超宣言于众曰:"陆机将反。"又还书与玖,言机持两端,军不速决。及战,超不受机节度,轻兵独进而没。玖疑机杀之,遂谮机于颖,言其有异志。将军王阐、郝昌、公师藩等皆玖所用,与牵秀等共证之。颖大怒,使秀密收机。其夕,机梦黑幰绕车,手决不开,天明而秀兵至。机释戎服。著白帢,与秀相见,神色自若,谓秀曰:"自吴朝倾覆,吾兄弟宗族蒙国重恩,入侍帷幄,出剖符竹。成都命吾以重任,辞不获已。今日受诛,岂非命也!"因与颖笺,词甚凄恻。既而叹曰:"华亭鹤唳,岂可复闻乎!"遂遇害于军中,时年四十三。二子蔚、夏亦同被害。机既死非其罪,士卒痛之,莫不流涕。是日昏雾昼合,大风折木,平地尺雪,议者以为陆氏之冤。

机天才秀逸,辞藻宏丽,张华尝谓之曰:"人之为文,常恨才少,而子更患其多。"弟云尝与书曰:"君苗见兄文,辄欲烧其笔砚。"后葛洪著书,称"机文犹玄圃之积玉,无非夜光焉,五河之吐流,泉源如一焉。其弘丽妍赡,英锐漂逸,亦一代之绝乎!"其为人所推服如此。然好游权门,与贾谧亲善,以进趣获讥。所著文章凡三百余篇,并行于世。

孙拯者,字显世,吴都富春人也。能属文,仕吴为黄门郎。孙皓世,侍臣多得罪,惟拯与顾荣以智全。吴平后,为涿令,有称绩。

机既为孟玖等所诬,收拯考掠,两踝骨见,终不变辞。门生费慈、宰意二人诣狱明拯,拯譬遣之曰:“吾义不可诬枉知故,卿何宜复尔?”二人曰:“仆亦安得负君!”拯遂死狱中,而慈、意亦死。

云,字士龙。六岁能属文,性清正,有才理。少与兄机齐名,虽文章不及机,而持论过之,号曰:“二陆”。幼时吴尚书广陵闵鸿见而奇之,曰:“此儿若非龙驹,当是凤雏。”后举云贤良,时年十六。

吴平,入洛。机初诣张华,华问云何在。机曰:“云有笑疾,未敢自见。”俄而云至。华为人多姿制,又好帛绳缠须。云见而大笑,不能自已。先是,尝著衰绖上船,于水中顾见其影,因大笑落水,人救获免。云与荀隐素未相识,尝会华坐,华曰:“今日相遇,可勿为常谈。”云因抗手曰:“云间陆士龙。”隐曰:“日下荀鸣鹤。”鸣鹤,隐字也。云又曰:“既开青云睹白雉,何不张尔弓,挟尔矢?”隐曰:“本谓是云龙騤騤,乃是山鹿野麋。兽微弩强,是以发迟。”华抚手大笑。刺史周浚召为从事,谓人曰:“陆士龙当今之颜子也。”

俄以公府掾为太子舍人,出补浚仪令。县居都会之要,名为难理。云到官肃然,下不能欺,市无二价。人有见杀者,主名不立,云录其妻,而无所问。十许日遣出,密令人随后,谓曰:“其去不出十里,当有男子候之与语,便缚来。”既而果然。问之具服,云:“与此妻通,共杀其夫,闻妻得出,欲与语,惮近县,故远相要候。”于是一县称为神明。郡守害其能,屡遣责之,云乃去官。百姓追思之,图尽形象,配食县社。

寻拜吴王晏郎中令。晏于西园大营第室,云上书曰:“臣窃见世祖武皇帝临朝拱默,训世以俭,即位二十有六载,宫室台榭无所新崇,屡发明诏,厚戒丰奢。国家纂承,务在遵奉,而世俗陵迟,家竞盈溢,渐渍波荡,遂已成风。虽严诏屡宣,而侈俗滋广。每观诏书,众庶叹息。清河王昔起墓宅时,手诏追述先帝节俭之教,恳切之旨,形于四海。清河王毁坏成宅以奉诏命,海内听望,咸用欣然。臣愚以先帝遗教日以陵替,今与国家协崇大化、追阐前踪者,实在殿下。先敦素朴而后可以训正四方;凡在崇丽,一宜节之以制,然后上厌帝心，下允时望。臣以凡才，特蒙拔擢，亦思竭忠效节以报所受之施，是以不虑犯迕，敢陈所怀。如愚臣言有可采，乞垂三省。”

时晏信任部将，使覆察诸官钱帛，云又陈曰：“伏见令书，以部曲将李咸、冯南、司马吴定、给使徐泰等覆校诸官市买钱帛簿。臣愚以圣德龙兴，光有大国，选众官材，庶工肆业。中尉该、大农诞，皆清廉淑慎，恪居所司，其下众官，悉州闾一介，疏暗之咎，虽可日闻，至于处义用情，庶无大戾。今咸、南军旅小人，定、泰士卒厮贱，非有清慎素著，忠公足称。大臣所阙，犹谓未详，咸等督察，然后得信，既非开国勿用之义，又伤殿下推诚旷荡之量。虽使咸等能尽节益国，而功利百倍，至于光辅国美，犹未若开怀信士之无失。况所益不过姑息之利，而使小人用事，大道陵替，此臣所以慷慨也。臣备位大臣，职在献可，苟有管见，敢不尽规。愚以宜发明令，罢此等覆察，众事一付治书，则大信临下，人思尽节矣。”

云爱才好士，多所贡达。移书太常府荐同郡张赡曰：“盖闻在昔圣王，承天御世，殷荐明德，思和人神，莫不崇典谟以教思，兴礼学以陶远。是以帝尧昭焕而道协人天，西伯质文而周隆二代。大晋建皇，崇配天地，区夏既混，礼乐将庸。君侯应历运之会，赞天人之期，博延俊茂，熙隆载典。伏见卫将军舍人同郡张赡，茂德清粹，器思深通。初慕圣门，栖心重切，启涂及阶，遂升枢奥。抽灵匮于秘宫，披金縢于玄夏，思乐百氏，博采其珍；辞迈翰林，言敷其藻。探微集逸，思心洞神；论道属书，篇章光觌。含奇宰府，婆娑公门。栖静隐宝，沦虚藏器；裂裳袭锦，缊衣被玉。曾泉改路，悬车将迈；考盘下位，岁聿屡迁。缙绅之士，具怀忼恨。方今太清辟宇，四门启篱，玄纲括地，天网广罗，庆云兴以招龙，和风起而仪凤，诚岩穴耀颖之秋，河津托乘之日也。而赡沉沦下位，群望悼心。若得端委太学，错综先典；垂缨玉阶，论道紫宫，诚帝室之瑰宝，清庙之伟器。广乐九奏，必登昊天之庭；《韶》《夏》六变，必飨上帝之祀矣。”

入为尚书郎、侍御史、太子中舍人、中书侍郎。成都王颖表为清河内史。颖将讨齐王冏，以云为前锋都督。会冏诛，转大将军右司马。颖晚节政衰,云屡以正言忤旨。孟玖欲用其父为邯郸令,左长史卢志等并阿意从之,而云固执不许,曰:"此县皆公府掾资,岂有黄门父居之邪!"玖深忿怨。张昌为乱,颖上云为使持节、大都督、前锋将军以讨昌。会伐长沙王,乃止。

机之败也,并收云。颖官属江统、蔡克、枣嵩等上疏曰:"统等闻人主圣明,臣下尽规,苟有所怀,不敢不献。昨闻教以陆机后失军期,师徒败绩,以法加刑,莫不谓当。诚足以肃齐三军,威示远近,所谓一人受戮,天下知诫者也。且闻重教,以机图为反逆,应加族诛,未知本末者,莫不疑惑。夫爵人于朝,与众共之;刑人于市,与众弃之。惟刑之恤,古人所慎。今明公兴举义兵,以除国难,四海同心,云合响应,罪人之命,悬于漏刻,太平之期,不旦则夕矣。机兄弟并蒙拔擢,俱受重任,不当背罔极之恩,而向垂亡之寇,去泰山之安,而赴累卵之危也。直以机计虑浅近,不能董摄群帅,致果杀敌,进退之间,事有疑似,故令圣鉴未察其实耳。刑诛事大,言机有反逆之征,宜令王粹、牵秀检校其事。令事验显然,暴之万姓,然后加云等之诛,未足为晚。今此举措,实为太重,得则足令天下情服,失则必使四方心离,不可不令审谛,不可不令详慎。统等区区,非为陆云请一身之命,实虑此举有得失之机,敢竭愚戆,以备诽谤。"颖不纳。统等重请,颖迟回者三日。卢志又曰:"昔赵王杀中护军赵浚,赦其子骧,骧诣明公而击赵,即前事也"。蔡克入至颖前,叩头流血,曰:"云为孟玖所怨,远近莫不闻。今果见杀,罪无彰验,将令群心疑惑,窃为明公惜之。"僚属随克入者数十人,流涕固请,颖恻然有宥云色。孟玖扶颖入,催令杀云。时年四十二。有二女,无男。门生故吏迎丧葬清河,修墓立碑,四时祠祭。所著文章三百四十九篇,又选《新书》十篇,并行于世。

初,云尝行,逗宿故人家,夜暗迷路,莫知所从。忽望草中有火光,于是趣之。至一家,便寄宿,见一年少,美风姿,共谈《老子》,辞致深远。向晓辞去,行十许里,至故人家,云此数十里中无人居,云意始悟。却寻昨宿处,乃王弼冢。云本无玄学,自此谈《老》殊进。

云弟耽，为平东祭酒，亦有清誉，与云同遇害。大将军参军孙惠与淮南内史朱诞书曰："不意三陆相携暗朝，一旦湮灭，道业沦丧，痛酷之深，荼毒难言。国丧俊望，悲岂一人！"其为州里所痛悼如此。后东海王越讨颖，移檄天下，亦以机、云兄弟枉害罪状颖云。

喜，字恭仲。父瑁，吴吏部尚书。喜仕吴，累迁吏部尚书。少有声名，好学有才思。尝为自叙，其略曰："刘向省《新语》而作《新序》，桓谭咏《新序》而作《新论》。余不自量，感子云之《法言》而作《言道》，睹贾子之美才而作《访论》，观子政《洪范》而作《古今历》，览蒋子通《万机》而作《审机》，读《幽通》、《思玄》、《四愁》而作《娱宾》、《九思》，真所谓忍愧者也。"其书近百篇。

吴平，又作《西州清论》传于世，借称诸葛孔明以行其书也。有《较论格品篇》曰："或问予，薛莹最是国士之第一者乎？答曰：'以理推之，在乎四五之间。'问者愕然请问。答曰：'夫孙皓无道，肆其暴虐，若龙蛇其身，沉默其体，潜而勿用，趣不可测，此第一人也。避尊居卑，禄代耕养，玄静守约，冲退澹然，此第二人也。侃然体国思治，心不辞贵，以方见惮，执政不惧，此第三人也。斟酌时宜，在乱犹显，意不忘忠，时献微益，此第四人也。温恭修慎，不为诡首，无所云补，从容保宠，此第五人也。过此已往，不足复数。故第二已上，多沦没而远悔吝，第三已下，有声位而近咎累。是以深识君子，晦其明而履柔顺也。'问者曰：'始闻高论，终年启寤矣。'"

太康中，下诏曰："伪尚书陆喜等十五人，南士归称，并以贞洁不容皓朝，或忠而获罪，或退身修志，放在草野。主者可皆随本位就下拜除，敕所在以礼发遣，须到随才授用。"乃以喜为散骑常侍，寻卒。子育，为尚书郎、弋阳太守。

制曰：古人云："虽楚有才，晋实用之。"观夫陆机、陆云，实荆衡之杞梓，挺圭璋于秀实，驰英华于早年，风鉴澄爽，神情俊迈。文藻宏丽，独步当时；言论慷忾，冠乎终古。高词迥映，如朗月之悬光；叠意回舒，若重岩之积秀。千条析理，则电拆霜开；一绪连文，则珠流璧合。其词深而雅，其义博而显，故足远超枚马，高蹑王刘，百代文宗，一人而已。然其祖考重光，羽楫吴运，文武奕叶，将相连华。而机以廊庙蕴才，瑚琏摽器，宜其承俊义之庆，奉佐时之业，申能展用，保誉流功。属吴祚倾基，金陵毕气，君移国灭，家丧臣迁。矫翮南辞，翻栖火树；飞鳞北逝，卒委汤池。遂使穴碎双龙，巢倾两凤。激浪之心未骋，遽骨修鳞；陵云之意将腾，先灰劲翮。望其翔跃，焉可得哉！夫贤之立身，以功名为本；士之居世，以富贵为先。然则荣利人之所贪，祸辱人之所恶，故居安保名，则君子处焉；冒危履贵，则哲士去焉。是知兰植中涂，必无经时之翠；桂生幽壑，终保弥年之丹。非兰怨而桂亲，岂涂害而壑利？而生灭有殊者，隐显之势异也。故曰，炫美非所，罕有常安；韬奇择居，故能全性。观机、云之行己也，智不逮言矣。睹其文章之诚，何知易而行难？自以智足安时，才堪佐命，庶保名位，无忝前基。不知世属未通，运钟方否，进不能辟昏匡乱，退不能屏迹全身，而奋力危邦，竭心庸主，忠抱实而不谅，谤缘虚而见疑，生在己而难长，死因人而易促。上蔡之犬，不诫于前；华亭之鹤，方悔于后。卒令覆宗绝祀，良可悲夫！然则三世为将，衅钟来叶；诛降不祥，殃及后昆。是知西陵结其凶端，何桥收其祸末，其天意也，岂人事乎！

晋书卷五五
列传第二五

夏侯湛 弟淳 淳子承　　潘岳 从子尼
张载 弟协　协弟亢

　　夏侯湛,字孝若,谯国谯人也。祖威,魏兖州刺史。父庄,淮南太守。湛幼有盛才,文章宏富,善构新词,而美容观,与潘岳友善,每行止同舆接茵,京都谓之"连璧"。

　　少为太尉掾。泰始中,举贤良,对策中第,拜郎中,累年不调,乃作《抵疑》以自广。其辞曰:

　　　　当路子有疑夏侯湛者而谓之曰:"吾闻有其才而不遇者,时也;有其时而不遇者,命也。吾子童幼而岐嶷,弱冠而著德,少而流声,长而垂名。拔萃始立,而登宰相之朝;挥翼初仪,而受卿尹之举。荡典籍之华,谈先王之言。入闛阓,蹑丹墀,染彤管,吐洪辉,干当世之务,触人主之威,有效矣。而官不过散郎,举不过贤良。凤栖五期,龙蟠六年,英耀秃落,羽仪摧残。而独雍容艺文,荡骈儒林,志不辍著述之业,口不释《雅》、《颂》之音,徒费情而耗力,劳神而苦心,此术亦以薄矣。而终莫之辩,宜吾子之陆沉也。且以言乎才,则吾子优矣。以言乎时,则子之所与二三公者,义则骨肉之固,交则明道之观也。富于德,贵于官,其所发明,虽叩牛操筑之客,佣赁抱关之隶,负俗怀讥之士,犹将登为大夫,显为卿尹。于何有宝咳唾之音,爱锱铢之力?向若垂一鳞,回一翼,令吾子攀其飞腾之势,挂其羽翼之末,犹能奋迅于云霄之际,腾骧于四极之外。今乃金口玉音,漠然沉默。使吾子栖迟穷巷,守此困极,心有穷志,貌有饥色。吝江河之流,不以濯舟船之畔;惜东壁之光,不以寓贫妇之目。抑非二三公之蔽贤也,实吾子之拙惑也。”

夏侯子曰:“噫!湛也幸,有过,人必知之矣。吾子所以裒饰之太矣。斟酌之喻,非小丑之所堪也。然过承古人之诲,抑因子大夫之忝在弊室也,敢布其腹心,岂能隐几以览其概乎!”

客曰:“敢祗以听。”

夏侯子曰:“吾闻先大夫孔圣之言:‘德之不修,学之不讲,闻义不能徙,不善不能改,是吾忧也。’四德具而名位不至者,非吾任也。是以君子求诸己,小人求诸人。仆也承门户之业,受过庭之训,是以得接冠带之末,充乎士大夫之列,颇窥《六经》之文,览百家之学。弱年而入公朝,蒙蔽而当显举,进不能拔群出萃,却不能抗排当世,志则乍显乍昧,文则乍幽乍蔚。知之者则谓之欲逍遥以养生,不知之者则谓之欲遑遑以求达,此皆未是仆之所匮也。”

仆又闻,世有道,则士无所执其节;黜陟明,则下不在量其力。是以当举而不辞,入朝而酬问。仆,东野之鄙人,顽直之陋生也。不识当世之便,不达朝廷之情,不能倚靡容悦,出入崎倾,逐巧点妍,呕喁辩佞。随群班之次,伏简墨之后。当此之时,若失水之鱼,丧家之狗,行不胜衣,言不出口,安能干当世之务,触人主之威,适足以露狂简而增尘垢。纵使心有至言,言有偏直,此委巷之诚,非朝廷之欲也。

今天子以茂德临天下,以八方六合为四境,海内无虞,万国玄静,九夷之从王化,犹洪声之收清响;黎苗之乐函夏,若游形之招惠景。乡曲之徒,一介之士,曾讽《急就》、习甲子者,皆奋笔扬文,议制论道,出草苗,起林薮,御青琐,入金墉者,无日不有。充三台之寺,盈中书之阁。有司不能竟其文,当年不能编其籍,此执政之所厌闻也。若乃群公百辟,卿士常伯,被朱佩

紫,耀金带白,坐而论道者,又充路盈寝,黄幄玉阶之内,饱其
尺牍矣。若仆之言,皆粪土之说,消磨灰烂,垢辱招秽,适可充
卫士之爨,盈扫除之器。譬犹投盈寸之胶,而欲使江海易色;烧
一羽之毛,而欲令大炉增势。若燎原之烟,弥天之云,嘘之不益
其热,噏之不减其气。今子见仆入朝暂对,便欲坐望高位,吐言
数百,谓陵崝一世,何吾子之失评也!仆固脂车以须放,秣马以
待却,反耕于枳落,归志乎涡濑,从容乎农夫,优游乎卒岁矣。

古者天子画土以封群后,群后受国以临其邦,悬大赏以乐
其成,列九伐以讨其违,兴衰相形,安危相倾。故在位者以求贤
为务,受任者以进才为急。今也则九州为一家,万国为百郡,政
有常道,法有恒训,因循而礼乐自定,揖让而天下大顺。夫道学
之贵游,闾邑之缙绅,皆高门之子,世臣之胤,弘风长誉,推成
而进,悠悠者皆天下之彦也。讽诂训,传《诗》、《书》,讲儒墨,说
玄虚,仆皆不如也。二三公之简仆于凡庸之肆,显仆于细猥之
中,则为功也重矣;时而清谈,则为亲也周矣。且古之君子,不
知士,则不明不安。是以居逸而思危,对食而肴乾。今也则否。
居位者以善身为静,以寡交为慎,以弱断为重,以怯言为信。不
知士者无公诽,不得士者不私愧。彼在位者皆稷、契、咎、益、
伊、吕、周、召之伦,叔豹、仲熊之俦,稽古则逾黄唐,经纬则越
虞夏,蔑昆吾之功,嗤桓文之勋,抵拟管仲,蹉毷晏婴。其远则
欲升鼎湖,近则欲超太平。方将保重啬神,独善其身,玄白冲
虚,仡尔养真。虽力挟太山,将不举一羽;扬波万里,将不濯一
鳞。咳唾成珠玉,挥袂出风云。岂肯蹩躠鄙事,取才进人,此又
吾子之失言也。子独不闻夫神人乎!噏风饮露,不食五谷。登
太清,游山岳,靡芝草,弄白玉。不因而独备,无假而自足。不
与人路同嗜欲,不与世务齐荣辱。故能入无穷之门,享不死之
年。以此言之,何待进贤!”

客曰:“圣人有言曰:‘邦有道,贫且贱焉,耻也。’今子值有
道之世,当太平之会,不攘袂奋气,发谋出奇。使鸣鹤受和,好

爵见縻。抑乃沉身郎署，约志勤卑，不亦赢哉！且伊尹之干成汤，宁戚之迕桓公，或投己鼎俎，或庸身饭牛，明废兴之机，歌《白水》之流，德入殷王，义感齐侯。故伊尹起庖厨而登阿衡，戚出车下而阶大夫。外无微介，内无请谒，矫身擢手，径蹑名位。吾子亦何不慕贤以自厉，希古以慷慨乎！"

夏侯子曰："呜呼！是何言欤！富与贵是人之所欲，非仆之所恶也。夫干将之剑，陆断狗马，水截蛟龙，而铅刀不能入泥。骐骥骅骝之乘，一日而致千里，而驽蹇不能迈百。百炼之鉴，别须眉之数，而壁土不见泰山。鸿鹄一举，横四海之区，出青云之外，而尺鷃不陵桑榆。此利钝之觉，优劣之决也。夫欲进其身者，不过千万乘，而仆以上朝堂，答世问，不过显所知。仆以竭心思，尽才学，意无雅正可准，论无片言可采，是以顿于鄙劣而莫之能起也。以此言之，仆何为其不自炫哉！子不嫌仆德之不劭，而疑其位之不到，是犹反镜而索照，登木而下钓，仆未以此为不肖也。

若乃伊尹负鼎以干汤，吕尚隐游以徼文，傅说操筑以寤主，宁戚击角以要君，此非仆所能也。庄周驰荡以放言，君平卖卜以自贤，接舆阳狂以蔽身，梅福弃家以求仙，此又非仆之所安也。若乃季札抗节于延陵，杨雄覃思于《太玄》，伯玉和柔于人怀，柳惠三绌于士官，仆虽不敏，窃颇仿佛其清尘。"

后选补太子舍人，转尚书郎，出为野王令。以恤隐为急，而缓于公调。政清务闲，优游多暇，乃作《昆弟诰》。其辞曰：

惟正月才生魄，湛若曰："咨尔弟淳、琬、瑶、谟、总、瞻：古人有言，'孝乎惟孝，友于兄弟。''死丧之戚，兄弟孔怀。'又曰，'周之有至德也，莫如兄弟。'于戏！古之载于训籍，传于《诗》、《书》者，厥乃不思，不可不行。尔其专乃心，一乃听，砥砺乃性，以听我之格言。"淳等拜手稽首。

湛若曰："呜呼！惟我皇乃祖滕公，肇厘厥德厥功，以左右汉祖，弘济于嗣君，用垂祚于后。世世增敷前轨，济其好行美德。明允相继，冠冕胥及。以逮于皇曾祖愍侯，寅亮魏祖，用康义厥世，遂启土宇，以大综厥勋于家。我皇祖穆侯，崇厥基以允厘显志，用恢阐我令业。维我后府君侯，祗服哲命，钦明文思，以熙柔我家道，丕隆我先绪。钦若稽古训，用敷训典籍，乃综其微言。呜呼！自三坟、五典、八索、九丘，图纬六艺，自百家众流，罔不探赜索隐，钩深致远。《洪范》九畴，彝伦攸序。乃命世立言，越用继尼父之大业，斯文在兹。且九龄而我王母薛妃登遐，我后孝思罔极，惟以奉于穆侯之继室蔡姬，以致其子道。蔡姬登遐，隘于穆侯之命，厥礼乃不得成，用不祔于祖姑。惟乃用骋其永慕，厥乃以疾辞位，用逊于厥家，布衣席槁，以终于三载。厥乃古训无文，我后丕孝其心，用假于厥制，以穆于世父使君侯。惟伯后聪明睿智，奕世载德，用慈友于我后。我惟忝忝是虔，罔不克承厥诲，用增茂我敦笃，以播休美于一世，厥乃可不遵。惟我用夙夜匪懈，日钻其道，而仰之弥高，钻之弥坚，我用欲罢不敢。岂唯予躬是惧，实令迹是奉。厥乃昼分而食，夜分而寝。岂唯令迹是畏，实尔犹是仪。呜呼，予其敬哉！俞！予闻之，周之有至德，有妇人焉。我母氏羊姬，宣慈恺悌，明粹笃诚，以抚训群子。厥乃我龀齿，则受厥教于书学，不遑惟宁。敦《诗》《书》礼乐，孳孳弗倦。我有识惟与汝服厥诲，惟仁义、惟孝友是尚，忧深思远，祗以防于微。黳义形于色，厚爱平恕，以济其宽裕。用缉和我七子，训谐我五妹。惟我兄弟姊妹束修慎行，用不辱于冠带，实母氏是凭。予其为政蔑尔，惟母氏仁之不行是威，予其望色思宽。狱之不情，教之不泰是训，予其纳戒思详。呜呼！惟母氏信著于不言，行感于神明。若夫恭事于蔡姬，敦穆于九族，乃高于古之人。古之人厥乃千里承师，矧我惟父惟母世德之余烈，服膺之弗可及，景仰之弗可阶。汝其念哉！俾群弟天祚于我家，俾尔咸休明是履。淳英哉文明柔顺，琬乃沉毅笃固，惟瑶厥清粹平理，谟茂哉俊哲寅亮，总其弘肃简雅，瞻乃纯铄惠和。惟我蒙蔽，极否于义训。嗟尔六弟，汝其滋义洗心,以补予之尤。予乃亦不敢忘汝之阙。呜呼！小子瞻,汝其见予之长于仁,未见予之长于义也。”

瞻曰:“俞！以如何?”湛若曰:“我之肇于总角,以逮于弱冠,暨于今之二毛,受学于先载,纳诲于严父慈母。予其敬忌于厥身,而匡予之纤介,翼予之小疵,使予有过未曾不知,予知之迺改,惟冲子是赖。予亲于心,爱于中,敬于貌。厥乃口无择言,柔惠且直,廉而不刿,肃而不厉,厥其成予哉。用集我父母之训,庶明厉翼,迩可远在兹。”瞻拜手稽首曰:“俞！”湛曰:“都！在修身,在爱人。”瞻曰:“吁！唯圣其难之。”湛曰:“都！厥不行惟难,厥行惟易。”

淳曰:“俞！明而昧,崇而卑,冲而恒,显而贤,同而疑,厉而柔,和而矜。”湛曰:“俞！乃言厥有道。”淳曰:“俞！祗服训。”湛曰:“来！琬,汝亦昌言。”琬曰:“俞！身不及于人,不敢坠于勤,厥故维新。”湛曰:“俞！瑶亦昌言。”瑶曰:“俞！滋敬于己,不滋敬于己,惟敬乃恃,无忘有耻。”湛曰:“俞！谟亦昌言。”谟曰:“俞！无忘于不可不虞,形貌以心,访心于虞。”湛曰:“俞！总亦昌言。”总曰:“俞！若忧厥忧以休。”湛曰:“俞！瞻亦昌言。”瞻曰:“俞！复外惟内,取诸内,不忘诸外。”湛曰:“俞！休哉！”淳等拜手稽首,湛亦拜手稽首。乃歌曰:“明德复哉,家道休哉,世祚悠哉,百禄周哉！”又作歌曰:“讯德恭哉,训翼从哉,内外康哉！”皆拜曰:“钦哉！”

居邑累年,朝野多叹其屈。除中书侍郎,出补南阳相。迁太子仆,未就命,而武帝崩。惠帝即位,以为散骑常侍。元康初,卒,年四十九。著论三十余篇,别为一家之言。

初,湛作《周诗》成,以示潘岳。岳曰:“此文非徒温雅,乃别见孝悌之性。”岳因此遂作《家风诗》。

湛族为盛门,性颇豪侈,侯服玉食,穷滋极珍。及将没,遗命小棺薄敛,不修封树。论者谓湛虽生不砥砺名节,死则俭约令终,是深达存亡之理。

淳,字孝冲。亦有文藻,与湛俱知名。官至弋阳太守。遭中原倾覆,子侄多没胡寇,唯息承渡江。

承,字文子。参安东军事,稍迁南平太守。太兴末,王敦举兵内向,承与梁州刺史甘卓、巴东监军柳纯、宜都太守谭该等,并露檄远近,列敦罪状。会甘卓怀疑不进,王师败绩,敦悉诛灭异己者,收承,欲杀之,承外兄王廙苦请得免。寻为散骑常侍。

潘岳,字安仁,荥阳中牟人也。祖瑾,安平太守。父芘,琅邪内史。岳少以才颖见称,乡邑号为奇童,谓终、贾之俦也。早辟司空太尉府,举秀才。

泰始中,武帝躬耕籍田,岳作赋以美其事,曰:

伊晋之四年正月丁未,皇帝亲率群后籍于千亩之甸,礼也。于是乃使甸师清畿,野庐扫路,封人墐宫,掌舍设桓。青坛郁其岳立兮,翠幕黕以云布。结崇基之灵趾兮,启四涂之广阼。沃野坟腴,膏壤平砥。清洛浊渠,引流激水。遄阡绳直,逵陌如矢。葱犗服于缥轭兮,绀辕缀于黛耜。俨储驾于廛左兮,俟万乘之躬履。百僚先置位以职分,自上下下,具惟命臣。袭春服之萋萋兮,接游车之辚辚。微风生于轻幰兮,纤埃起乎朱轮。森奉璋以阶列兮,望皇轩而肃震。若湛露之晞朝阳兮,众星之拱北辰也。

于是前驱鱼丽,属车鳞萃,阊阖洞启,参涂方驷,常伯陪乘,太仆执辔。后妃献穜稑之种,司农撰播殖之器,挈壶掌升降之节,宫政设门闾之跸。天子乃御玉辇,荫华盖,冲牙铮枪,绡纨绰缛。金根照耀以炯晃兮,龙骥腾骧而沛艾。表朱玄于离坎兮,飞青缟于震兑。中黄晔以发辉兮,方采纷其繁会。五路鸣鸾,九旗扬旆,琼钑入蕊,云罕晻蔼。箫管嘲哳以啾嘈兮,鼓鼙砝磕以砰磕,笋簴嶷以轩翥兮,洪钟越乎区外。震震填填,尘务连天,以幸乎籍田。蝉冕颎以灼灼兮,碧色肃其千千。似夜光之剖荆璞兮,若茂松之依山颠也。

于是我皇乃降灵坛,抚御耦,游场染履,洪縻在手。三推而舍,庶人终亩。贵贱以班,或五或九。于斯时也,居靡都鄙,人无华裔,长幼杂遝以交集,士女颁斌而咸庆。被褐振裾,垂髫总髻,蹑踵侧肩,揎裳连襟。黄尘为之四合,阳光为之潜翳。动容发音而观者,莫不抃舞乎康衢,讴吟乎圣世。情欣乐乎昏作兮,虑尽力乎树艺。靡推督而常勤兮,莫之课而自厉。躬先劳而悦使兮,岂严刑而猛制哉!

有邑老田父,或进而称曰:“盖损益随时,理有常然。高以下为基,人以食为天。正其末者端其本,善其后者慎其先。夫九土之宜弗任,四业之务不壹,野有菜蔬之色,朝乏代耕之秩。无储蓄以虞灾,徒望岁以自必。三代之衰,皆此物也。今圣上昧旦丕显,夕惕若栗,图匮于丰,防俭于逸,钦哉钦哉,惟谷之恤。展三时之弘务,致仓廪于盈溢,固尧汤之用心,而存救之要术也。”若乃庙桃有事,祝宗诹日,簠簋普淖,则此之自实,缩酃萧茅,又于是乎出。黍稷馨香,旨酒嘉栗。宜其时和年登,而神降之吉也。古人有言曰:“圣人之德,无以加于孝乎!”夫孝者,天之性、人之所由灵也。昔者明王以孝治天下,其或继之者,鲜哉希矣!逮我皇晋,实光斯道,仪刑乎于万国,爱敬尽于祖考。故躬稼以供粢盛,所以致孝也;劝稿以足百姓,所以固本也。能本而孝,盛德大业至矣哉!此一役也,二美显焉,不亦远乎,不亦重乎!敢作颂曰:

“思乐甸畿,薄采其芳。大君戾止,言籍其农。其农三推,万国以祗。耦我公田,遂及我私。我簠斯盛,我簋斯齐。我仓如陵,我庾如坻。念兹在兹,永言孝思。人力普存,祝史正辞。神祇攸歆,逸豫无期。一人有庆,兆民赖之。”

岳才名冠世,为众所疾,遂栖迟十年。出为河阳令,负其才而郁郁不得志。时尚书仆射山涛、领吏部王济、裴楷等并为所亲遇,岳内非之,乃题阁道为谣曰:“阁道东,有大牛。王济鞅,裴楷鞧,和峤刺促不得休。”

转怀令。时以逆旅逐末废农,奸淫亡命,多所依凑,败乱法度,敕当除之。十里一官檽,使老小贫户守之,又差吏掌主,依客舍收钱。岳议曰:

谨案:逆旅,久矣其所由来也。行者赖以顿止,居者薄收其直,交易贸迁,各得其所。官无役赋,因人成利,惠加百姓而公无末费。语曰:'许由辞帝尧之命,而舍于逆旅。'《外传》曰:'晋阳处父过宁,舍于逆旅。'魏武皇帝亦以为宜,其诗曰:'逆旅整设,以通商贾。'然则自唐及今,未有不得客舍之法。唯商鞅尤之,固非圣世之所言也。方今四海会同,九服纳贡,八方翼翼,公私满路。近畿辐凑,客舍亦稠。冬有温庐,夏有凉荫,刍秣成行,器用取给。疲牛必投,乘凉近进,发楄写鞍,皆有所憩。

又诸劫盗皆起于迥绝,止乎人众。十里萧条,则奸轨生心;连陌接馆,则寇情震慑。且闻声有救,已发有追,不救有罪,不追有戮,禁暴捕亡,恒有司存。凡此皆客舍之益,而官檽之所乏也。又行者贪路,告籴炊爨,皆以昏晨。盛夏昼热,又兼星夜,既限早闭,不及檽门。或避晚关,进逐路隅,祗是慢藏诲盗之原。苟以客舍多败法教,官守棘檽,独复何人?彼河桥孟津,解券输钱,高弟督察,数人校出,品郎两岸相检,犹惧或失之。故悬以禄利,许以功报。今贱吏疲人,独专檽税,管开闭之权,籍不校之势,此道路之蠹,奸利所殖也。率历代之旧俗,获行留之欢心,使客舍法归,以持征旅择家而息,岂非众庶颙颙之望。"

请曹列上,朝廷从之。

岳频宰二邑,勤于政绩。调补尚书度支郎,迁廷尉评,以公事免。杨骏辅政,高选吏佐,引岳为太傅主簿。骏诛,除名。初,谯人公孙宏少孤贫,客田于河阳,善鼓琴,颇能属文。岳之为河阳,爱其才艺,待之甚厚。至是,宏为楚王玮长史,专杀生之政。时骏纲纪皆当从坐,同署主簿朱振已就戮。岳其夕取急在外,宏言之玮,谓之假吏,故得免。未几,选为长安令,作《西征赋》,述所经人物山水,文清旨诣,辞多不录。征补博士,未召,以母疾辄去官免。寻为著作郎,转散骑侍郎,迁给事黄门侍郎。

岳性轻躁,趋世利,与石崇等谄事贾谧,每候其出,与崇辄望尘而拜。构愍怀之文,岳之辞也。谧二十四友,岳为其首。谧《晋书》限断,亦岳之辞也。其母数诮之曰:"尔当知足,而乾没不已乎?"而岳终不能改。

既仕宦不达,乃作《闲居赋》曰:

岳读《汲黯传》至司马安四至九卿,而良史书之,题以巧宦之目,未曾不慨然废书而叹也。曰:嗟乎!巧诚有之,拙亦宜然。顾常以为士之生也,非至圣无轨微妙玄通者,则必立功立事,效当年之用。是以资忠履信以进德,修辞立诚以居业。仆少窃乡曲之誉,忝司空太尉之命,所奉之主,即太宰鲁武公其人也。举秀才为郎。逮事世祖武皇帝,为河阳、怀令,尚书郎,廷尉评。今天子谅暗之际,领太傅主簿。府诛,除名为民。俄而复官,除长安令。迁博士,未召拜,亲疾,辄去官免。自弱冠涉于知命之年,八徙官而一进阶,再免,一除名,一不拜职,迁者三而已矣。虽通塞有遇,抑亦拙之效也。昔通人和长舆之论余也,固曰"拙于用多"。称多者,吾岂敢;言拙,则信而有征。方今俊乂在官,百工惟时,拙者可以绝意乎宠荣之事矣。太夫人在堂,有羸老之疾,尚何能违膝下色养,而屑屑从斗筲之役?于是览止足之分,庶浮云之志,筑室种树,逍遥自得。池沼足以渔钓,春税足以代耕。灌园鬻蔬,供朝夕之膳;牧羊酤酪,俟伏腊之费。孝乎惟孝,友于兄弟,此亦拙者之为政也。乃作《闲居赋》以歌事遂情焉。其辞曰:

遨坟素之长圃,步先哲之高衢。虽吾颜之云厚,犹内愧于宁蘧。有道余不仕,无道吾不愚。何巧智之不足,而拙艰之有余也!于是退而闲居,于洛之涘。身齐逸民,名缀下士。背京溯伊,面郊后市。浮梁黝以迳度,灵台杰其高峙。窥天文之秘奥,睹人事之终始。其西则有元戎禁营,玄幕绿徽,豀子巨黍,异絭同归,炮石雷骇,激矢虹飞,以先启行,耀我皇威。其东则有明堂辟雍，清穆敞闲，环林萦映，圆海回泉，聿追孝以严父，宗文考以配天，祗圣敬以明顺，养更老以崇年。若乃背冬涉春，阴谢阳施，天子有事于柴燎，以郊祖而展义，张钧天之广乐，备千乘之万骑，服振振以齐玄，管啾啾而并吹，煌煌乎，隐隐乎，兹礼容之壮观，而王制之巨丽也。两学齐列，双宇如一；右延国胄，左纳良逸。祁祁生徒，济济儒术，或升之堂，或入之室。教无常师，道在则是。故髦士投绂，名王怀玺，训若风行，应犹草靡。此里仁所以为美，孟母所以三徙也。

爰定我居，筑室穿池，长杨映沼，芳枳树樆，游鳞瀺灂，菡萏敷披，竹木蓊蔼，灵果参差。张公大谷之梨，梁侯乌椑之柿，周文弱枝之枣，房陵朱仲之李，靡不毕植。三桃表樱胡之别，二柰耀丹白之色，石榴蒲桃之珍，磊落蔓延乎其侧。梅杏郁棣之属，繁荣藻丽之饰，华实照烂，言所不能极也。菜则葱韭蒜芋，青笋紫姜，堇荠甘旨，蓼蕖芬芳，蘘荷依阴，时藿向阳，绿葵含露，白薤负霜。

于是凛秋暑退，熙春寒往，微雨新晴，六合清朗。太夫人乃御版舆，升轻轩，远览王畿，近周家园。体以行和，药以劳宣，常膳载加，旧痾有痊。于是席长筵，列孙子，柳垂荫，车结轨，陆摘紫房，水挂赪鲤，或宴于林，或禊于汜。昆弟班白，儿童稚齿，称万寿以献觞，咸一惧而一喜。寿觞举，慈颜和，浮杯乐饮，丝竹骈罗，顿足起舞，抗音高歌，人生安乐，孰知其他。退求己而自省，信用薄而才劣，奉周任之格言，敢陈力而就列。几陋身之不保，而奚拟乎明哲，仰众妙而绝思，终优游以养拙。

初，岳为琅邪内史，孙秀为小史给岳，而狡黠自喜。岳恶其为人，数挞辱之，秀常衔忿。及赵王伦辅政，秀为中书令。岳于省内谓秀曰："孙令犹忆畴昔周旋不？"答曰："中心藏之，何日忘之。"岳于是自知不免。俄而秀遂诬岳及石崇、欧阳建谋奉淮南王允、齐王冏为乱，诛之，夷三族。岳将诣市，与母别曰："负阿母！"初被收，俱不相知，石崇已送在市，岳后至，崇谓之曰："安仁，卿亦复尔邪！"岳曰："可谓白首同所归。"岳《金谷诗》云："投分寄石友,白首同所归。"乃成其谶。岳母及兄侍御史释、弟燕令豹、司徒掾据、据弟诜、兄弟之子,已出之女,无长幼一时被害,唯释子伯武逃难得免。而豹女与其母相抱号呼不可解,会诏原之。

岳美姿仪,辞藻绝丽,尤善为哀诔之文。少时常挟弹出洛阳道,妇人遇之者,皆连手萦绕,投之以果,遂满车而归。时张载甚丑,每行,小儿以瓦石掷之,委顿而反。岳从子尼。

尼,字正叔。祖勖,汉东海相。父满,平原内史。并以学行称。尼少有清才,与岳俱以文章见知。性静退不竞,唯以勤学著述为事。著《安身论》以明所守,其辞曰:

盖崇德莫大乎安身,安身莫尚乎存正,存正莫重乎无私,无私莫深乎寡欲。是以君子安其身而后动,易其心而后语,定其交而后求,笃其志而后行。然则动者,吉凶之端也;语者,荣辱之主也;求者,利病之几也;行者,安危之决也。故君子不妄动也,动必适其道;不徒语也,语必经于理;不苟求也,求必造于义;不虚行也,行必由于正。夫然,用能免或击之凶,享自天之祐。故身不安则殆,言不从则悖,交不审则惑,行不笃则危。四者行乎中,则忧患接乎外矣。忧患之接,必生于自私,而兴于有欲。自私者不能成其私,有欲者不能济其欲,理之至也。欲苟不济,能无争乎?私苟不从,能无伐乎?人人自私,家家有欲,众欲并争,群私交伐。争,则乱之萌也;伐,则怨之府也。怨乱既构,危害及之,得不惧乎?

然弃本要末之徒,知进忘退之士,莫不饰才锐智,抽锋擢颖,倾侧乎势利之交,驰骋乎当涂之务。朝有冠冠之朋,野有结绶之友,党与炽于前,荣名扇其后。握权,则赴者鳞集;失宠,则散者瓦解;求利,则托刎颈之欢;争路,则构刻骨之隙。于是浮伪波腾,曲辩云沸,寒暑殊声,朝夕异价,驽蹇希奔放之迹,铅刀竞一割之用。至于爱恶相攻,与夺交战,诽谤嚣嗜,毁誉纵横,君子务能,小人伐技,风颓于上,俗弊于下。祸结而恨争也不强,患至而悔伐之未辩,大者倾国丧家,次则覆身灭祀。其故何邪?岂不始于私欲而终于争伐哉!"

君子则不然。知自私之害公也,然后外其身;知有欲之伤德也,故远绝荣利;知争竞之遘灾也,故犯而不校;知好伐之招怨也,故有功而不德。安身而不为私,故身正而私全;慎言而不适欲,故言济而欲从;定交而不求益,故交立而益厚;谨行而不求名,故行成而名美。止则立乎无私之域,行则由乎不争之涂,必将通天下之理,而济万物之性。天下犹我,故与天下同其欲;己犹万物,故与万物同其利。

夫能保其安者,非谓崇生生之厚而耽逸豫之乐也,不忘危而已。有期进者,非谓穷贵宠之荣而藉名位之重也,不忘退而已。存其治者,非谓严刑政之威而明司察之禁也,不忘乱而已。故寝蓬室,隐陋巷,披短褐,茹藜藿,环堵而居,易衣而出,苟存乎道,非不安也。虽坐华殿,载文轩,服黼绣,御方丈,重门而处,成列而行,不得与之齐荣。用天时,分地利,甘布衣,安薮泽,沾体涂足,耕而后食,苟崇乎德,非不进也。虽居高位,飨重禄,执权衡,握机秘,功盖当时,势侔人主,不得与之比逸。遗意虑,没才智,忘肝胆,弃形器,貌若无能,志若不及,苟正乎心,非不治也。虽繁计策,广术艺,审刑名,峻法制,文辩流离,论议绝世,不得与之争功。故安也者,安乎道者也。进也者,进乎德者也。治也者,治乎心者也。未有安身而不能保国家,进德而不能处富贵,治心而不能治万物者也。

然思危所以求安,虑退所以能进,惧乱所以保治,戒亡所以获存也。若乃弱志虚心,旷神远致,徙倚乎不拔之根,浮游乎无垠之外,不自贵于物而物宗焉,不自重于人而人敬焉。可亲而不可慢也,可尊而不可远也。亲之如不足,天下莫之能狎也;举之如易胜,而当世莫之能困也。达则济其道而不荣也,穷则善其身而不闷也,用则立于上而非争也,舍则藏于下而非让也。夫荣之所不能动者,则辱之所不能加也;利之所不能劝者,则害之所不能婴也；誉之所不能益者，则毁之所不能损也。

今之学者诚能释自私之心，塞有欲之求，杜交争之原，去矜伐之态，动则行乎至通之路，静则入乎大顺之门，泰则翔乎寥廓之宇，否则沦乎浑冥之泉，邪气不能干其度，外物不能扰其神，哀乐不能荡其守，死生不能易其真，而以造化为工匠，天地为陶钧，名位为糟粕，势利为埃尘，治其内而不饰其外，求诸己而不假诸人，忠肃以奉上，爱敬以事亲，可以御一体，可以收万民，可以处富贵，可以居贱贫，经盛衰而不改，则庶几乎能安身矣。

初应州辟，后以父老，辞位致养。太康中，举秀才，为太常博士。历高陆令、淮南王允镇东参军。元康初，拜太子舍人，上《释奠颂》。其辞曰：

元康元年冬十二月，上以皇太子富于春秋，而人道之始莫先于孝悌，初命讲《孝经》于崇正殿。实应天纵生知之量，微言奥义，发自圣问，业终而体达。至三年春闰月，将有事于上庠，释奠于先师，礼也。越二十四日景申，侍祠者既齐，兴驾次于太学。太傅在前，少傅在后，恂恂乎弘保训之道；宫臣毕从，三率备卫，济济乎肃翼赞之敬。乃扫坛为殿，悬幕为宫。夫子位于西序，颜回侍于北墉。宗伯掌礼，司仪辨位。二学儒官，缙绅先生之徒，垂缨佩玉，规行矩步者，皆端委而陪于堂下，以待执事之命。设樽篚于两楹之间，陈罍洗于阼阶之左。几筵既布，钟悬既列，我后乃躬拜俯之勤，资在三之义。谦光之美弥劭，阙里之教克崇，穆穆焉，邕邕焉，真先王之徽典，不刊之美业，允不可替已。于是牲馈之事既终，享献之礼已毕，释玄衣，御春服，弛斋禁，反故式。天子乃命内外群司，百辟卿士，蕃王三事，至于学徒国子，咸来观礼，我后皆延而与之燕。金石箫管之音，八佾六代之舞，铿锵阆阆，般辟俯仰，可以征神涤欲，移风易俗者，罔不毕奏。抑淫哇，屏《郑》、《卫》，远佞邪，释巧辩。是日也，人无愚智，路无远迩，离乡越国，扶老携幼，不期而俱萃。皆延颈以视，倾耳以听，希道慕业，洗心革志，想洙泗之风，歌来苏之惠。然后知居室之善，著应乎千里之外；不言之化，洋溢于九有之内。于熙乎若典，固皇代之壮观，万载之一会也。尼昔忝礼官，尝闻俎豆。今厕末列，亲睹盛美，瀸渍徽猷，沐浴芳润，不知手舞口咏，切作颂一篇。义近辞陋，不足测盛德之形容，光圣明之遐度。其辞曰：

三元迭运，五德代微。黄精既亢，素灵乃晖。有皇承天，造我晋畿。祚以大宝，登以龙飞。宣基诞命，景熙遐绪，三分自文，受终惟武。席卷要蛮，荡定荒阻；道济群生，化流率土。后帝承哉，丕隆曾构。奄有万方，光宅宇宙。

笃生上嗣，继期挺秀。圣敬日跻，睿哲闳茂。留精儒术，敦阅古训。遵道让齿，降心下问。铺以金声，光以玉润。如日之升，如乾之运。乃延台保，乃命学臣。圣容穆穆，侍讲訚訚。抽演微言，启发道真。探幽穷赜，温故知新。讲业既终，精义既研。崇圣重师，卜日吉奠。陈其三牢，引其四县。既戒既式，乃盥乃荐。

恂恂孔圣，百王攸希。亹亹颜生，好学无违。曰皇储后，体神合几。兆吉先见，知来洞微。济济二宫，蔼蔼庶僚。俊乂鳞萃，髦士盈朝。如彼和肆，莫匪琼瑶；如彼仪凤，乐我《云》、《韶》。琼瑶谁剖？四门洞开；《云》《韶》奚乐？神人允谐。蝉冕耀庭，绅佩振谐。德以谦光，仁以恩怀。我酒惟清，我肴惟馨。舞以六代，歌以九成。

莘莘胄子，祁祁学生。洗心自百，观国之荣。学由莳苗，化若偃草。博我以文，弘我以道。万邦蝉蜕，矧乃俊造。钻蚌莹珠，剖石摘藻。丝匪玄黄，水罔方圆。引之斯流，染之斯鲜。若金受范，若植在甄。上好如云，下效如川。

昔在周兴，王化之始。曰文曰武，时惟世子。今我皇储，齐圣通理。缉熙重光，于穆不已。于穆伊何？思文哲后。媚兹一人，实副元首。孝洽家邦，光照九有。纯嘏自晋，永世昌阜。微微下臣,过充近侍。猥蹑风云,鸾龙是厕。身澡芳流,目玩盛事。竭诚作颂,祗咏圣志。

出为宛令,在任宽而不纵,恤隐勤政,厉公平而遗人事。入补尚书郎,俄转著作郎。为《乘舆箴》,其辞曰:

《易》称"有天地然后有人伦,有父子然后有君臣"。传曰:"大者天地,其次君臣。"然君臣父子之道,天地人伦之本,未有以先之者也。故天生蒸人而树之君,使司牧之,将以导群生之性,而理万物之情。岂以宠一人之身,极无量之欲,如斯而已哉!夫古之为君者,无欲而至公,故有茅茨土阶之俭;而后之为君,有欲而自利,故有瑶台琼室之侈。无欲者,天下共推之;有欲者,天下共争之。推之之极,虽禅代犹脱屣;争之之极,虽劫杀而不避。故曰"天下非一人之天下,乃天下之天下",安可求而得,辞而已者乎!

夫修诸己而化诸人,出乎迩而见乎远者,言行之谓也。故人主所患,莫甚于不知其过;而所美,莫美于好闻其过。若有君于此,而曰予必无过,唯其言而莫之违,斯孔子所谓其庶几乎一言而丧国者也。盖君子之过,如日月之蚀:过也,人皆见之;更也,人皆仰之。虽以尧、舜、汤、武之盛,必有诽谤之木,敢谏之鼓,盘杅之铭,无讳之史,所以闲其邪僻而纳诸正道,其自维持如此之备。故箴规之兴,将以救过补阙,然犹依违讽喻,使言之者无罪,闻之者足以自诫。先儒既援古义,举内外之殊,而高祖亦序六官,谕成败之要,义正辞约,又尽善矣。自《虞人箴》以至于《百官》,非唯规其所司,诚欲人主斟酌其得失焉。《春秋传》曰"命百官箴王阙",则亦天子之事也。

尼以为王者膺受命之期,当神器之运,总万机而抚四海,简群才而审所授,孜孜于得人,汲汲于闻过,虽廷争面折,犹将祈请而求焉。至于箴规,谏之顺者,曷为独阙之哉?是以不量其学陋思浅,因负担之余,尝试撰而述之。不敢斥至尊之号,故以"乘舆"目篇。盖帝王之事至大,而古今之变至众,文繁而义

诡,意局而辞野,将欲希企前贤,仿佛崇轨,譬犹丘垤之望华岱,恒星之系日月也,其不逮明矣。颂曰:

　　元元遂初,芒芒太始。清浊同流,玄黄错跱。上下弗形,尊卑靡纪。赫胥悠哉,大庭尚矣。皇极启建,两仪既分。彝伦永序,万邦已纷。国事明王,家奉严君。各有攸尊,德不用勤。羲农已降,既于夏殷。或禅或传,乃质乃文。

　　太上无名,下知有之。仁义不存,而人归孝慈。无为无执,何欲何思。忠信之薄,礼刑实滋。既誉既畏,以侮以欺。作誓作盟,而人始叛疑。煌煌四海,蔼蔼万乘,匪誓焉凭?左辅右弼,前疑后承。一日万机,业业兢兢。夫出其言善,则千里是应;而莫余违,亦丧邦有征。枢机之动,式以废兴。殷监不远,若之何勿征!

　　且厚味腊毒,丰屋生灾。辛作琁室,而夏兴瑶台。糟丘酒池,象箸玉杯。厥肴伊何?龙肝豹胎。惟此哲妇,职为乱阶。殷用丧师,夏亦不恢。是以帝尧在位,茅茨不翦。周文日昃,昧旦丕显。夫德辑如毛,而或举之者鲜。故《护》有惭德,《武》未尽善。下世道衰,末俗化浅。耽乐逸游,荒淫沈湎。不式古训,而好是佞辩;不遵王路,而覆车是践。成败之效,载在先典。匪唯陵夷,厥世用殄。故曰树君如之何? 将人是司牧。视之犹伤,而知其寒燠。故能抚之斯柔,而敦之斯睦;无远不怀,靡思不服。夫岂厌纵一人,而玩其耳目;内迷声色,外荒弛逐;不修政事,而终于颠覆?

　　昔唐氏授舜,舜亦命禹。受终纳祖,丕承天序。赦桀惟汤,克殷伊武。故禅代非一姓,社稷无常主。四岳三涂,九州之阻。彭蠡、洞庭,殷商之旅。虞夏之隆,非由尺土。而纣之百克,卒于绝绪。故王者无亲,唯在择人。倾盖惟旧,白首乃新。望由钓夫,伊起有莘。负鼎鼓刀,而谋合圣神。夫岂借官左右,而取介近臣。盖有国有家者,莫云我聪,或此面从;莫谓我智,听受未易。甘言美疾,鲜不为累。由夷逃宠,远于脱屣。奈何人主,位极则侈？

知人则哲，惟帝所难。唐朝既泰，四族作奸。周室既隆，而管、蔡不虔。匪我二圣，孰弭斯患？若九德咸受，隽俊乂在官，君非臣莫治，臣非君莫安。故《书》美康哉，而《易》贵金兰。有皇司国，敢告纳言。

及赵王伦篡位，孙秀专政，忠良之士皆罹祸酷。尼遂疾笃，取假拜扫坟墓。闻齐王冏起义，乃赴许昌。冏引为参军，与谋时务，兼管书记。事平，封安昌公。历黄门侍郎、散骑常侍、侍中、秘书监。永兴末，为中书令。时三王战争，皇家多故，尼职居显要，从容而已。虽忧虞不及，而备尝艰难。永嘉中，迁太常卿。洛阳将没，携家属东出成皋，欲还乡里。道遇贼，不得前，病卒于坞壁，年六十余。

张载，字孟阳，安平人也。父收，蜀郡太守。载性闲雅，博学有文章。太康初，至蜀省父，道经剑阁。载以蜀人恃险好乱，因著铭以作诫曰：

岩岩梁山，积石峨峨。远属荆衡，近缀岷嶓。南通邛僰，北达褒斜。狭过彭碣，高逾嵩华。

惟蜀之门，作固作镇。是曰剑阁，壁立千仞。穷地之险，极路之峻。世浊则逆，道清斯顺。闭由往汉，开自有晋。

秦得百二，并吞诸侯。齐得士一，田生献筹。矧兹狭隘，土之外区。一人荷戟，万夫趑趄。形胜之地，非亲勿居。

昔在武侯，中流而喜。河山之固，见屈吴起。洞庭孟门，二国不祀。兴实由德，险亦难恃。自古及今，天命不易。凭阻作昏，鲜不败绩。公孙既没，刘氏衔璧。覆车之轨，无或重迹。勒铭山河，敢告梁益。

益州刺史张敏见而奇之，乃表上其文，武帝遣使镌之于剑阁山焉。

载又为《榷论》曰：

夫贤人君子将立天下之功，成天下之名，非遇其时，曷由致之哉！故尝试论之：殷汤无鸣条之事，则伊尹，有莘之匹夫也；周武无牧野之阵，则吕牙，渭滨之钓翁也。若兹之类，不可胜纪。盖声发响应，形动影从，时平则才伏，世乱则奇用，岂不信欤！设使秦、莽修三王之法，时致隆平，则汉祖，泗上之健吏；光武，春陵之侠客耳，况乎附丽者哉！故当其有事也，则足非千里，不入于舆；刃非斩鸿，不韬于鞘。是以驽骞望风而退，顽钝未试而废。及其无事也，则牛骥共牢，利钝齐列，而无长涂犀革以决之，此离朱与瞽者同眼之说也。处守平之世，而欲建殊常之勋，居太平之际，而吐违俗之谋，此犹却步而登山，鹭章甫于越也。汉文帝见李广而叹曰："惜子不遇，当高帝时，万户侯岂足道哉！"故智无所运其筹，勇无所奋其气，则勇怯一也；才无所骋其能，辩无所展其说，则顽慧均也。是以吴榜越船，不能无水而浮；青虬赤螭，不能无云而飞。故和璧之在荆山，隋珠之潜重川，非遇其人，焉有连城之价，照车之名乎！青骹繁霜，絷于笼中，何以效其撮东郭于講下也？白猿玄豹，藏于椔槛，何以知其接垂条于千仞也？屠夫与乌获讼力，非龙文赤鼎，无以明之；盖聂政与荆卿争勇，非强秦之威，孰能辨之？故饿夫庸隶，抱关屠钓之伦，一旦而都卿相之位，建金石之号者，或有怀颜、孟之术，抱伊、管之略，没世而不齿者，此言有事之世易为功，无为之时难为名也。若斯湮灭而不称，曾不足以多谈。

况夫庸庸之徒，少有不得意者，则自以为枉伏。莫不饰小辩、立小善以偶时，结朋党、聚虚誉以驱俗。进之无补于时，退之无损于化。而世主相与雷同齐口，吹而煦之，岂不哀哉！今士循常习故，规行矩步，积阶级，累阀阅，碌碌然以取世资。若夫魁梧俊杰，卓跞俶傥之徒，直将伏死嵚岑之下，安能与步骤共争道里乎！至如轩冕黻班之士，苟不能匡化辅政，佐时益世，而徒俯仰取容，要荣求利，厚自封之资，丰私家之积，此沐猴而冠耳，尚焉足道哉！

载又为《濛氾赋》，司隶校尉傅玄见而嗟叹，以车迎之，言谈尽日，为之延誉，遂知名。起家佐著作郎，出补肥乡令。复为著作郎，转太子中舍人，迁乐安相、弘农太守。长沙王乂请为记室督。拜中书侍郎，复领著作。载见世方乱，无复进仕意，遂称疾笃告归，卒于家。

协，字景阳。少有俊才，与载齐名。辟公府掾，转秘书郎，补华阴令、征北大将军从事中郎，迁中书侍郎。转河间内史，在郡清简寡欲。

于时天下已乱，所在寇盗，协遂弃绝人事，屏居草泽，守道不竞，以属咏自娱。拟诸文士作《七命》。其辞曰：

冲漠公子，含华隐曜，嘉遁龙蟠，超世高蹈，游心于浩然，玩志乎众妙，绝景乎大荒之遐阻，吞响乎幽山之穷奥。于是徇华大夫闻而造焉。乃整云辂，骖飞黄，越奔沙，辗流霜，陵扶摇之风，蹑坚冰之津，旌拂霄崿，轨出苍垠，天清泠而无霞，野旷朗而无尘，临重岫而揽辔，顾石室而回轮。遂适冲漠公子之所居。其居也，峥嵘幽蔼，萧瑟虚玄，溟海浑澐涌其后，嶰谷岘嶰张其前，寻竹竦茎荫其墅，百籁群鸣笼其山，冲飙发而回日，飞砾起而洒天。于是登绝巘，溯长风，陈辨惑之辞，命公子于岩中。曰："盖闻圣人不卷道而背时，智士不遗身而匿迹，生必耀华名于玉牒，没则勒鸿伐于金册。今公子违世陆沉，避地独窜，有生之欢灭，资父之义废。愁洽百年，苦溢千载，何异促鳞之游汀泞，短羽之栖翳荟！今将荣子以天人之大宝，悦子以纵性之至娱，穷地而游，中天而居，倾四海之欢，殚九州之腴，钻屈谷之瓠，解疏属之拘，子欲之乎？"公子曰："大夫不遗，来萃荒外，虽在不敏，敬听嘉话。"

大夫曰："寒山之桐，出自太冥，含黄钟以吐干，据苍岑而孤生。既乃琼巘层陵，金岸崒崿，右当风谷，左临云溪，上无陵虚之巢，下无跖实之蹊，摇则峻挺，茗邈樵峣，晞三春之溢露，诉九秋之鸣飙，零雪写其根，霏霜封其条，木既繁而后绿，草未素而先凋。于是构云梯，陟峥嵘，翦蚕宾之阳柯，剖大吕之阴茎。营匠斫其朴,伶伦均其声。器举乐奏,促调高张,音朗号钟,韵清绕梁。追逸响于八风,采奇律于归昌,启中黄之妙宫,发蓐收之变商。若乃龙火西颓,暄气初收,飞霜迎节,高风送秋,羁旅怀土之徒,流宕百罹之俦,抚促柱则酸鼻,挥危弦则涕流。若乃追清哇,赴严节,奏《渌水》,吐《白雪》,激楚回,流风结,悲囊荚之朝落,悼望舒之夕缺。茕厘为之擗摽,孀老为之呜咽,王子拂缨而倾耳,六马嘘天而仰秣。此盖音曲之至妙,子岂能从我而听之乎?"公子曰:"余病未能也。"

　　大夫曰:"兰宫秘宇,雕堂绮栊,云屏烂旰,琼壁青葱,应门八袭,琁台九重,表以百常之阙,阃以万雉之墉。尔乃嶤榭迎风,秀出中天,翠观岑青,彤阁霞连,长翼临云,飞陛陵山,望玉绳而结极,承倒景而开轩。赪素焕烂,枌栱嵯峨。阴虬负檐,阳马承阿。错以瑶英,镂以金华,方疏含秀,圆井吐葩。重殿迭起,交绮对楣。幽堂昼密,明室夜朗。焦冥飞而风生;尺蠖动而成响。若乃目厌常玩,体倦帷幄,携公子而双游,时娱观于林麓。登翠阜,临丹谷,华草锦繁,飞采星烛,阳叶春青,阴条秋绿,华实代新,承意恣观。仰折神蕚,俯采朝兰,愬惠风于蘅薄,眷椒涂于瑶坛。尔乃浮三翼,戏中沚,潜鳃骇,惊翰起,沈丝结,飞矰理,挂归翩于赤霄之表,出华鳞于紫潭之里。然后纵棹随风,弭缉乘波,吹孤竹,抚云和,川客唱淮南之曲,榜人奏《采菱》之歌。歌曰:'乘鹢舟兮为水嬉,临芳洲兮拔灵芝。'乐以忘戚,游以卒时,穷夜为日,毕岁为期。此盖宴居之浩丽,子岂能从我而处之乎?"公子曰:"余病未能也。"

　　大夫曰:"若乃白商素节,月既授衣,天凝地闭,风厉霜飞,柔条夕劲,密叶晨稀,将因气以效杀,临金郊而讲师。尔乃列轻武,整戎刚,建云髦,启雄芒。驾红阳之飞燕,骖唐公之骦骊,屯羽队于外林,纵轻翼于中荒。尔乃张修罠,布飞罗,陵黄岑,挂青峦,画长壑以为限,带流溪以为关。既乃内无疏蹊,外无漏迹,叩钲散校,举麾赞获,彀金机,驰鸣镝,蒐刚豪,落劲翮,连骑竞驽，骈武齐辙，翕忽挥霍，云回风烈，声动响飞，形移影发，举戈林耸，挥锋电灭，仰倾云巢，俯弹地穴。乃有圆文之豻，斑题之貒，鼓鬣风生，怒目电瞚，口咬霜刃，足拨飞锋，瓴林蹶石，扣跋幽丛。于是飞黄奋锐，贲育逞伎。蹴封豨冯豕，抗虓䖟，挫解豸区，钩爪摧，踞牙摆。澜漫狼藉，倾榛倒壑，陨颒挂山，僵踣掩泽，薮为毛林，隰为丹薄。于是彻围顿网，卷斾收鸢；虞人数兽，林衡计鲜；论最犒勤，息马韬弦；肴驷连驱，酒驾方轩，千钟电酌，万燧星繁，陵阜沾流膏，溪谷厌芳烟。欢极乐弹，回节而旋。此亦畋游之壮观，子岂能从我而为之乎？"公子曰："余病未能也。"

　　大夫曰："楚之阳剑，欧冶所营，邪溪之铤，赤山之精，销逾羊头，镰越锻成。乃炼乃铄，万辟千灌。丰隆奋椎，飞廉扇炭，神器化成，阳文阴漫。既乃流绮星连，浮采艳发，光如散电，质如耀雪，霜锷水凝，冰刃露洁，形冠豪曹，名珍巨阙，指郑则三军白首，麾晋则千里流血。岂徒水截蛟鸿，陆洒奔驷，断浮翮以为工，绝重甲而称利云尔而已哉！若其灵宝，则舒辟无方，奇锋异模，形震薛烛，光骇风胡，价兼三乡，声贵二都，或驰名倾秦，或夜飞去吴。是以功冠万载，威曜无穷，挥之者无前，拥之者身雄，可以从服九国，横制八戎，爪牙景附，函夏承风。此盖希世之神兵，子岂能从我而服之乎？"公子曰："余病未能也。"

　　大夫曰："天骥之骏，逸态超越，禀气灵川，受精皎月，眸䁪黑照，玄采绀发，沫如挥红，汗如振血，秦青不能识其众尺，方埋不能睹其若灭。尔乃巾云轩，践朝雾，赴春衢，整秋御，虬踊螭腾，麟超龙翥，望山载奔，视林载赴。气盛怒发，星飞电骇，志陵九州，势越四海。影不及形，尘不暇起，浮箭未移，再践千里。尔乃逾天根，越地隔，过汗漫之所不游，蹑章亥之所未迹，阳乌为之顿羽，夸父为之投策。斯盖天下之俊乘，子岂能从我而御之乎？"公子曰："余病未能也。"

　　大夫曰："大梁之黍，琼山之禾，唐稷播其根，农帝尝其华。

尔乃六禽殊珍，四膳异肴，穷海之错，极陆之毛，伊公爨鼎，庖
子挥刀。味重九沸，和兼芍药，晨凫露鹄，霜鹍黄雀，圆案星乱，
方丈华错。封熊之蹯，翰音之跖，燕髀猩唇，髦残象白，灵川之
龟，莱黄之鲐，丹穴之鹦，玄豹之胎，焯以秋橙，酤以春梅，接以
商王之箸，承以帝辛之杯。范公子鳞，出自九溪，赪尾丹腮，紫
翼青鬐。尔乃命支离，飞霜锷，红肌绮散，素肤雪落，娄子之毫
不能厕其细，秋蝉之翼不足拟其薄。繁肴既阕，亦有嘉羞。商
山之果，汉皋之榛，析龙眼之房，剖椰子之壳。芳旨万选，承意
代奏。乃有荆南乌程、豫北竹叶，浮蚁星沸，飞华萍接，玄石尝
其味，仪氏进其法，倾罍一朝，可以流湎千日；单醪投川，可使
三军告捷。斯人神之所歆羡，观听之所炜晔也，子岂能强起而
御之乎？"公子曰："耽爽口之馔，甘腊毒之味，服腐肠之药，御
亡国之器，虽子大夫之所荣，顾亦吾人之所畏，余病未能也。"

大夫曰："盖有晋之融皇风也，金华启征，大人有作，继明
代照，配天光宅。其基德也，隆于姬公之处岐；其垂仁也，富乎
有殷之在亳。南箕之风不能畅其化，离毕之云无以丰其泽。皇
道昭焕，帝载缉熙。导气以乐，宣德以诗，教清乎云官之世，政
穆乎鸟纪之时。王猷四塞，函夏谧静，丹冥投锋，青徼释警，却
马于粪车之辕，铭德于昆吾之鼎。群萌反素，时人载郁，耕父推
畔，渔竖让陆，樵夫耻危冠之饰，与台笑短后之服。六合时雍，
巍巍荡荡，玄髫巷歌，黄发击壤，解羲皇之绳，错陶唐之象。若
乃华裔之夷，流荒之貊，语不传乎轺轩，地未被乎正朔，莫不骏
奔稽颡，委质重译。于时昆蚑感惠，无思不扰。苑戏九尾之禽，
囿栖三足之鸟，鸣凤在林，伏于黄帝之园；有龙游川，盈于孔甲
之沼。万物烟煴，天地交泰，义怀靡内，化感无外，林无被褐，山
无韦带。皆象刻于百工，兆发乎灵蔡，缙绅济济，轩冕蔼蔼，功
与造化争流，德与二仪比大。"言未终，公子蹶然而兴曰："鄙夫
固陋，守兹狂狷。盖理有毁之，而争宝之讼解；言有怒之，而齐
王之疾瘳。向子诱我以聋耳之乐，栖我蒜家之屋，田游弛荡，利

　　刃骏足,既老氏之攸戒,非吾人之所欲,故靡得而应子。至闻皇
　　风载韙,时圣道醇,举实为秋,摛藻为春,下有可封之人,上有
　　大哉之君,余虽不敏,请从后尘。”

世以为工。

　　永嘉初,复征为黄门侍郎,托疾不就,终于家。

　　亢,字季阳。才藻不逮二昆,亦有属缀,又解音乐伎术。时人谓
载、协、亢、陆机、云曰“二陆三张”。中兴初过江,拜散骑侍郎。秘书
监荀崧举亢领佐著作郎,出补乌程令,入为散骑常侍,复领佐著作。
述《历赞》一篇,见《律历志》。

　　史臣曰:孝若挼蔚春华,时摽丽藻。睹其《抵疑》诠理,本穷通于
自天;作谐敷文,流英声于友悌,旨深致远,殊有大雅之风烈焉。安
仁思绪云骞,词锋景焕,前史侔于贾谊,先达方之士衡。贾论政范,
源王化之幽赜;潘著哀词,贯人灵之情性。机文喻海,韫蓬山而育
芜;岳藻如江,濯美锦而增绚。混三家以通校,为二贤之亚匹矣。然
其挟弹盈果,拜尘趋贵,蔑弃倚门之训,乾没不逞之间,斯才也而有
斯行也,天之所赋,何其驳欤!正叔含咀艺文,履危居正,安其身而
后动,契其心而后言,著论究人道之纲,裁箴悬乘舆之鉴,可谓玉质
而金相者矣。孟阳镂石之文,见奇于张敏;《濛汜》之咏,取重于傅
玄,为名流之所挹,亦当代之文宗矣。景阳摛光王府,棣萼相辉。洎
乎二陆入洛,三张减价。考核遗文,非徒语也。

　　赞曰:湛称弄翰,缛彩雕焕。才高位卑,往哲攸欢。岳实含章,
藻思抑扬。趋权冒势,终亦罹殃。尼摽雅性,凤闻词令。载协飞芳,
棣华增映。

晋书卷五六
列传第二六

江统 子彪 惇 孙楚 子众 洵纂
统弟绰

江统,字应元,陈留圉人也。祖蕤,以义行称,为谯郡太守,封亢父男。父祚,南安太守。统静默有远志,时人为之语曰:"嶷然稀言江应元。"与乡人蔡克俱知名。袭父爵,除山阴令。

时关陇屡为氐羌所扰,孟观西讨,自擒氐帅齐万年。统深惟四夷乱华,宜杜其萌,乃作《徙戎论》。其辞曰:

夫夷蛮戎狄,谓之四海,九服之制,地在要荒。《春秋》之义,内诸夏而外夷狄。以其言事不通,贽币不同,法俗诡异,种类乖殊;或居绝域之外,山河之表,崎岖川谷阻险之地,与中国壤断土隔,不相侵涉,赋役不及,正朔不加,故曰"天子有道,守在四夷"。禹平九土,而西戎即叙。其性气贪婪,凶悍不仁,四夷之中,戎狄为甚。弱则畏服,强则侵叛。虽有贤圣之世,大德之君,咸未能以通化率导,而以恩德柔怀也。当其强也,以殷之高宗而急于鬼方,有周文王而患昆夷、猃狁,高祖困于白登,孝文军于霸上。及其弱也,周公来九译之贡,中宗纳单于之朝,以元成之微,而犹四夷宾服。此其已然之效也。故匈奴求守边塞,而侯应陈其不可;单于屈膝未央,望之议以不臣。是以有道之君收夷狄也,惟以待之有备,御之有常,虽稽颡执贽,而边城不弛固守;为寇贼强暴,而兵甲不加远征,期令境内获安,疆场不侵而已。

及至周室失统,诸侯专征,以大兼小,转相残灭,封疆不固,而利害异心。戎狄乘间,得入中国。或招诱安抚,以为己用。故申缯之祸,颠覆宗周;襄公要秦,遂兴姜戎。当春秋时,义渠、大荔居秦晋之域,陆浑、阴戎处伊洛之间,郹瞒之属害及济东,侵入齐宋,陵虐邢卫,南夷与北狄交侵,中国不绝若线。齐桓攘之,存亡继绝,北伐山戎,以开燕路。故仲尼称管仲之力,嘉左衽之功。逮至春秋之末,战国方盛,楚吞蛮氏,晋翦陆浑,赵武胡服,开榆中之地,秦雄咸阳,灭义渠之等。始皇之并天下也,南兼百越,北走匈奴,五岭长城,戎卒亿计。虽师役烦殷,寇贼横暴,然一世之功,戎虏奔却,当时中国无复四夷也。

汉兴而都长安,关中之郡号曰“三辅”,《禹贡》雍州,宗周丰、镐之旧也。及至王莽之败,赤眉因之,西都荒毁,百姓流亡。建武中,以马援领陇西太守,讨叛羌,徙其余种于关中,居冯翊、河东空地,而与华人杂处。数岁之后,族类蕃息,既恃其肥强,且苦汉人侵之。永初之元,骑都尉王弘使西域,发调羌氐,以为行卫。于是群羌奔骇,互相扇动,二州之戎,一时俱发,覆没将守,屠破城邑。邓骘之征,弃甲委兵,舆尸丧师,前后相继,诸戎遂炽,至于南入蜀汉,东掠赵魏,唐突轵关,侵及河内。及遣北军中侯朱宠将五营士于孟津距羌,十年之中,夷夏俱毙,任尚、马贤仅乃克之。此所以为害深重、累年不定者,虽由御者之无方,将非其才,亦岂不以寇发心腹,害起肘腋,疢笃难疗,疮大迟愈之故哉!自此之后,余烬不尽,小有际会,辄复侵叛。马贤狃怢,终于覆败;段颎临冲,自西徂东。雍州之戎,常为国患,中世之寇,惟此为大。汉末之乱,关中残灭。魏兴之初,与蜀分隔,疆埸之戎,一彼一此。魏武皇帝令将军夏侯妙才讨叛氐阿贵、千万等,后因拔弃汉中,遂徙武都之种于秦川,欲以弱寇强国,扞御蜀虏。此盖权宜之计,一时之势,非所以为万世之利也。今者当之,已受其弊矣。

夫关中土沃物丰,厥田上上,加以泾渭之流溉其舄卤,郑国、白渠灌浸相通,黍稷之饶,亩号一钟,百姓谣咏其殷实,帝王之都每以为居,未闻戎狄宜在此土也。非我族类,其心必异,戎狄志态,不与华同。而因其衰弊,迁之畿服,士庶玩元,侮其轻弱,使其怨恨之气毒于骨髓。至于蕃育众盛,则坐生其心。以贪悍之性,挟愤怒之情,候隙乘便,辄为横逆。而居封域之内,无障塞之隔,掩不备之人,收散野之积,故能为祸滋蔓,暴害不测。此必然之势,已验之事也。当今之宜,宜及兵威方盛,众事未罢,徙冯翊、北地、新平、安定界内诸羌,著先零、罕开、析支之地;徙扶风、始平、京兆之氐,出还陇右,著阴平、武都之界。廪其道路之粮,令足自致,各附本种,反其旧土,使属国、抚夷就安集之。戎晋不杂,并得其所,上合往古既叙之义,下为盛世永久之规。纵有猾夏之心,风尘之警,则绝远中国,隔阂山河,虽为寇暴,所害不广。是以充国、子明能以数万之众制群羌之命,有征无战,全军独克,虽有谋谟深计,庙胜远图,岂不以华夷异处,戎夏区别,要塞易守之故,得成其功也哉!

难者曰:方今关中之祸,暴兵二载,征戍之劳,老师十万,水旱之害,荐饥累荒,疫疠之灾,札瘥夭昏。凶逆既戮,悔恶初附,且款且畏,咸怀危惧,百姓愁苦,异人同虑,望宁息之有期,若枯旱之思雨露,诚宜镇之以安豫。而子方欲作役起徒,兴功造事,使疲悴之众,徙自猜之寇,以无谷之人,迁乏食之虏,恐劳尽力屈,绪业不卒,羌戎离散,心不可一,前害未及弭,而后变复横出矣。

答曰:羌戎狡猾,擅相号署,攻城野战,伤害牧守,连兵聚众,载离寒暑矣。而今异类瓦解,同种土崩,老幼系房,丁壮降散,禽离兽迸,不能相一。子以此等为尚挟馀资,悔恶反善,怀我德惠而来柔附乎?将势穷道尽,智力俱困,惧我兵诛以至于此乎?曰无有馀力,势穷道尽故也。然则我能制其短长之命,而令其进退由己矣。夫乐其业者不易事,安其居者无迁志。方其自疑危惧，畏怖促遽，故可制以兵威，使之左右无违也。迨其死亡散流，离逖未鸠，与关中之人，户皆为仇，故可遐迁远处，令其心不怀土也。夫圣贤之谋事也，为之于未有，理之于未乱，道不著而平，德不显而成。其次则能转祸为福，因败为功，值困必济，遇否能通。今子遭弊事之终而不图更制之始，爱易辙之勤而得覆车之轨，何哉？且关中之人百余万口，率其少多，戎狄居半，处之与迁，必须口实。若有穷乏糁粒不继者，故当倾关中之谷以全其生生之计，必无挤于沟壑而不为侵掠之害也。今我迁之，传食而至，附其种族，自使相赡，而秦地之人得其半谷，此为济行者以廪粮，遗居者以积仓，宽关中之逼，去盗贼之原，除旦夕之损，建终年之益。若惮暂举之小劳，而忘永逸之弘策；惜日月之烦苦，而遗累世之寇敌，非所谓能开物成务，创业垂统，崇基拓迹，谋及子孙者也。

并州之胡，本实匈奴桀恶之寇也。汉宣之世，冻馁残破，国内五裂，后合为二，呼韩邪遂衰弱孤危，不能自存，依阻塞下，委质柔服。建武中，南单于复来降附，遂令入塞，居于漠南，数世之后，亦辄叛戾，故何熙、梁觐戎车屡征。中平中，以黄巾贼起，发调其兵，部众不从，而杀羌渠。由是于弥扶罗求助于汉，以讨其贼。仍值世丧乱，遂乘衅而作，卤掠赵魏，寇至河南。建安中，又使右贤王去卑诱质呼厨泉，听其部落散居六郡。咸熙之际，以一部大强，分为三率。泰始之初，又增为四。于是刘猛内叛，连结外房。近者郝散之变，发于谷远。今五部之众，户至数万，人口之盛，过于西戎。然其天性骁勇，弓马便利，倍于氐羌。若有不虞风尘之虑，则并州之域可为寒心。荥阳句骊本居辽东塞外，正始中，幽州刺史毌丘俭伐其叛者，徙其余种。始徙之时，户落百数，子孙孳息，今以千计，数世之后，必至殷炽。今百姓失职，犹或亡叛，犬马肥充，则有噬啮，况于夷狄，能不为变！但顾其微弱，势力不陈耳。

夫为邦者，患不在贫而在不均，忧不在寡而在不安。以四海之广,士庶之富,岂须夷虏在内,然后取足哉!此等皆可申谕发遣,还其本域,慰彼羁旅怀土之思,释我华夏纤介之忧。惠此中国,以绥四方,德施永世,于计为长。

帝不能用。未及十年,而夷狄乱华,时服其深识。

迁中郎。选司以统叔父春为宜春令,统因上疏曰:"故事,父祖与官职同名,皆得改选,而未有身与官职同名,不改选之例。臣以为父祖改选者,盖为臣子开地,不为父祖之身也。而身名所加,亦施于臣子。佐史系属,朝夕从事,官位之号,发言所称,若指实而语,则违经礼讳尊之义;若诡辞避回,则为废官擅犯宪制。今以四海之广,职位之众,名号繁多,士人殷富,至使有受宠皇朝,出身宰牧,而令佐史不得表其官称,子孙不得言其位号,所以上严君父,下为臣子,体例不通。若易私名以避官职,则违《春秋》不夺人亲之义。臣以为身名与官职同者,宜与触父祖名为比,体例既全,于义为弘。"朝廷从之。

转太子洗马。在东宫累年,甚被亲礼。太子颇阙朝觐,又奢费过度,多诸禁忌,统上书谏曰:

臣闻古之为臣者,进思尽忠,退思补过,献可替否,拾遗补阙。是以人主得以举无失行,言无口过,德音发闻,扬名后世。臣等不逮,无能云补,思竭愚诚,谨陈五事如左,惟蒙一省再省,少垂察纳。

其一曰,六行之义,以孝为首,虞舜之德,以孝为称,故太子以朝夕视君膳为职,左右就养无方。文王之为世子,可谓笃于事亲者也,故能擅三代之美,为百王之宗。自顷圣体屡有疾患,数阙朝侍,远近观听者不能深知其故,以致疑惑。伏愿殿下虽有微苦,可堪扶舆,则宜自力。《易》曰:"君子终日乾乾。"盖自勉强不息之谓也。

其二曰,古之人君虽有聪明之姿,睿哲之质,必须辅弼之助,相导之功,故虞舜以五臣兴,周文以四友隆。及成王之为太子也,则周召为保傅,史佚昭文章,故能闻道早备,登崇大业,刑措不用,流声洋溢。伏惟殿下天授逸才,聪鉴特达,臣谓犹宜时发圣令,宣扬德音,咨询保傅,访逮侍臣,觐见宾客,得令接尽,雍否之情沛然交泰,殿下之美焕然光明。如此,则高朗之风,扇于前人;弘范令轨,永为后式。

其三曰,古之圣王莫不以俭为德,故尧称采掾茅茨,禹称卑宫恶服,汉文身衣弋绨,足履革舄,以身先物,政致太平,存为明主,没见宗祀。及诸侯修之者,鲁僖以躬俭节用,声列《雅》、《颂》;蚡冒以筚路蓝缕,用张楚国。大夫修之者,文子相鲁,妾不衣帛;晏婴相齐,鹿裘不补,亦能匡君济俗,兴国隆家。庶人修之者,颜回以箪食瓢饮,扬其仁声;原宪以蓬户绳枢,迈其清德。此皆圣主明君贤臣智士之所履行也。故能悬名日月,永世不朽,盖俭之福也。及到末世,以奢失之者,帝王则有瑶台琼室,玉杯象箸,肴膳之珍则熊蹯豹胎,酒池肉林。诸侯为之者,至于丹楹刻桷,饩征百牢。大夫有琼弁玉缨,庶人有击钟鼎食。亦罔不亡国丧宗,破家失身,丑名彰闻,以为后戒。窃闻后园镂饰金银,刻磨犀象,画室之巧,课试日精。臣等以为今四海之广,万物之富,以今方古,不足为侈也。然上之所好,下必从之,是故居上者必慎其所好也。昔汉光武皇帝时,有献千里马及宝剑者,马以驾鼓车,剑以赐骑士。世祖武皇帝有上雉头裘者,即诏有司焚之都街。高世之主,不尚尤物,故能正天下之俗,刑四方之风。臣等以为画室之功,可且减省,后园杂作,一皆罢遣,肃然清静,优游道德,则日新之美光于四海矣。

其四曰,以天下而供一人,以百里而供诸侯,故王侯食籍而衣税,公卿大夫受爵而资禄,莫有不赡者也。是以士农工商四业不杂。交易而退,以通有无者,庶人之业也。《周礼》三市,旦则百族,昼则商贾,夕则贩夫贩妇。买贱卖贵,贩鬻菜果,收十百之盈,以救旦夕之命,故为庶人之贫贱者也。樊迟匹夫,请学为圃,仲尼不答;鲁大夫臧文仲使妾织蒲,又讥其不仁;公仪子相鲁,则拔其园葵,言食禄者不与贫贱之人争利也。秦汉以

来,风俗转薄,公侯之尊,莫不殖园圃之田,而收市井之利,渐
冉相放,莫以为耻,乘以古道,诚可愧也。今西园卖葵菜、蓝子、
鸡、面之属,亏败国体,贬损令问。

其五曰,窃见禁土,令不得缮修墙壁,动正屋瓦。臣以为此
既违典彝旧义,且以拘牵小忌而废弘廓大道,宜可蠲除,于事
为宜。

朝廷善之。

及太子废,徙许昌,贾后讽有司不听宫臣追送。统与宫臣冒禁
至伊水,拜辞道左,悲泣流涟。都官从事悉收统等付河南、洛阳狱。
付郡者,河南尹乐广悉散遣之,系洛阳者犹未释。都官从事孙琰说
贾谧曰:"所以废徙太子,以为恶故耳。东宫故臣冒罪拜辞,涕泣路
次,不顾重辟,乃更彰太子之德,不如释之。"谧语洛阳令曹摅,由是
皆免。及太子薨,改葬,统作诔叙哀,为世所重。

后为博士、尚书郎,参大司马、齐王冏军事。冏骄荒将败,统切
谏,文多不载。迁廷尉正,每州郡疑狱,断处从轻。成都王颖请为记
室,多所箴谏。申论陆云兄弟,辞甚切至。以母忧去职。服阕,为司
徒左长史。东海王越为兖州牧,以统为别驾,委以州事,与统书曰:
"昔王子师为豫州,未下车,辟荀慈明;下车,辟孔文举。贵州人士有
堪应此者不?"统举高平郗鉴为贤良,陈留阮修为直言,济北程收为
方正,时以为知人。寻迁黄门侍郎、散骑常侍,领国子博士。永嘉四
年,避难奔于成皋,病卒。凡所造赋颂表奏皆传于后。二子:彪、惇。

彪,字思玄。本州辟举秀才,平南将军温峤以为参军。复为州
别驾,辟司空郗鉴掾,除长山令。鉴又请为司马,转黄门郎。车骑将
军庾冰镇江州,请为长史。冰薨,庾翼以为咨议参军,俄而复补长
史。翼薨,大将干瓒作难,彪讨平之。除尚书吏部郎,仍迁御史中丞、
侍中、吏部尚书。永和中,代桓景为护军将军。出补会稽内史,加右
军将军。代王彪之为尚书仆射。哀帝即位,疑周贵人名号所宜,彪
议见《礼志》。帝欲于殿庭立鸿祀,又欲躬自藉田,彪并以为礼废日
久,仪注不存,中兴以来所不行,谓宜停之。为仆射积年,简文帝为

相，每访政事，彪多所补益。转护军将军，领国子祭酒，卒官。

子敳，历琅邪内史、骠骑谘议。敳子恒，元熙中为西中郎长史。恒弟夷，尚书。

悙，字思俊。孝友淳粹，高节迈俗。性好学，儒玄并综。每以为君子立行，应依礼而动，虽隐显殊途，未有不傍礼教者也。若乃放达不羁，以肆纵为贵者，非但动违礼法，亦道之所弃也。乃著《通道崇检论》，世咸称之。苏峻之乱，避地东阳山，太尉郗鉴檄为兖州治中，又辟太尉掾；康帝为司徒，亦辟焉；征西将军庾亮请为儒林参军；征拜博士、著作郎，皆不就。邑里宗其道，有事必谘而后行。东阳太守阮裕、长山令王濛，皆一时名士，并与悙游处，深相钦重。养志二十余年，永和九年卒，时年四十九，友朋相与刊石立颂，以表德美云。

孙楚，字子荆，太原中都人也。祖资，魏骠骑将军。父宏，南阳太守。楚才藻卓绝，爽迈不群，多所陵傲，缺乡曲之誉。年四十余，始参镇东军事。

文帝遣符劭、孙郁使吴，将军石苞令楚作书遗孙皓曰：

盖见机而作，《周易》所贵；小不事大，《春秋》所诛。此乃吉凶之萌兆，荣辱所由生也。是故许郑以衔璧全国，曹谭以无礼取灭。载籍既记其成败，古今又著其愚智，不复广引譬类，崇饰浮辞。苟以夸大为名，更丧忠告之实。今粗论事要，以相觉悟。

昔炎精幽昧，历数将终，桓灵失德，灾衅并兴，豺狼抗爪牙之毒，生灵罹涂炭之难。由是九州绝贯，王纲解纽，四海萧条，非复汉有。太祖承运，神武应期，征讨暴乱，克宁区夏；协建灵符，天命既集，遂廓弘基，奄有魏域。土则神州中岳，器则九鼎犹存，世载淑美，重光相袭，故知四隩之攸同，帝者之壮观也。昔公孙氏承藉父兄，世居东裔，拥带燕胡，凭陵险远，讲武游盘，不供职贡，内傲帝命，外通南国，乘桴沧海，交酬货贿，葛越布于朔土，貂马延于吴会；自以控弦十万，奔走之力，信能右折燕、齐，左震扶桑，辌辖沙漠，南面称王。宣王薄伐，猛锐长驱，师次辽阳,而城池不安;枹鼓暂鸣,而元凶折首。于是远近疆场,列郡大荒,收离聚散,大安其居,众庶悦服,殊俗款附。自兹以降,九野清泰,东夷献其乐器,肃慎贡其楛矢,旷世不羁,应化而至,巍巍荡荡,想所具闻也。

吴之先祖,起自荆楚,遭时扰攘,潜播江表。刘备震惧,亦逃巴岷。遂因山陵积石之固,三江五湖浩汗无涯,假气游魂,迄兹四纪。两邦合从,东西唱和,互相扇动,距捍中国。自谓三分鼎足之势,可与泰山共相终始也。相国晋王辅相帝室,文武桓桓,志厉秋霜,庙胜之算,应变无穷,独见之鉴,与众绝虑。主上钦明,委以万机,长辔远御,妙略潜授,偏师同心,上下用力,陵威奋伐,深入其阻,并敌一向,夺其胆气。小战江由,由成都自溃;曜兵剑阁,则姜维面缚。开地六千,领郡三十。兵不逾时,梁益肃清,使窃号之雄,稽颡绛阙,球琳重锦,充于府库。夫韩并魏徙,虢灭虞亡,此皆前鉴,后事之表。又南中吕兴,深睹天命,蝉蜕内附,愿为臣妾。外失辅车唇齿之援,内有羽毛零落之渐,而徘徊危国,冀延日月,此由魏武侯却指山河,自以为强,殊不知物有兴亡,则所美非其地也。

方今百僚济济,俊乂盈朝,武臣猛将,折冲万里,国富兵强,六军精练,思复翰飞,饮马南海。自顷国家整修器械,兴造舟楫,简习水战,楼船万艘,千里相望,刳木已来,舟车之用未有如今之殷盛者也。骁勇百万,畜力待时。役不再举,今日之师也。然主相眷眷未便电发者,犹以为爱人治国,道家所尚,崇城遂卑,文王退舍,故先开大信,喻以存亡,殷勤之指,往使所究也。若能审识安危,自求多福,蹶然改容,祇承往锡,追慕南越,婴齐入侍,北面称臣,伏听告策,则世祚江表,永为魏藩,丰功显报,隆于今日矣。若犹侮慢,未顺王命,然后谋力云合,指麾从风,雍梁二州,顺流而东,青徐战士,列江而西,荆、杨、兖、豫,争驱八冲,征东甲卒,武步秣陵,尔乃王舆整驾,六戎徐征,羽校烛日,旌旗星流,龙游曜路,歌吹盈耳,士卒奔迈,其会如林,烟尘俱起,震天骇地,渴赏之士,锋镝争先,忽然一旦,身首横分,宗祀沦履,取戒万世,引领南望,良助寒心!夫疗膏肓之疾者,必进苦口之药;决狐疑之虑者,亦告逆耳之言。如其犹豫,迷而不反,恐俞附见其已死,扁鹊知其无功矣。勉思良图,惟所去就。

劢等至吴,不敢为通。

楚后迁佐著作郎,复参石苞骠骑军事。楚既负其材气,颇侮易于苞,初至,长揖曰:"天子命我参卿军事。"因此而嫌隙遂构。苞奏楚与吴人孙世山共讪毁时政,楚亦抗表自理,纷纭经年,事未判,又与乡人郭奕忿争。武帝虽不显明其罪,然以少贱受责,遂湮废积年。初,参军不敬府主,楚既轻苞,遂制施敬,自楚始也。

征西将军、扶风王骏与楚旧好,起为参军。转梁令,迁卫将军司马。时龙见武库井中,群臣将上贺,楚上言曰:"顷闻武库井中有二龙,群臣或有谓之祯祥而称贺者,或有谓之非祥无所贺者,可谓楚既失之,而齐亦未为得也。夫龙或俯鳞潜乎重泉,或仰攀云汉游乎苍昊,而今蟠于坎井,同于蛙虾者,岂独管库之士或有隐伏,厮役之贤没于行伍?故龙见光景,有所感悟。愿陛下赦小过,举贤才,垂梦于傅岩,望想于渭滨,修学官,起淹滞,申命公卿,举独行君子可惇风厉俗者,又举亮拔秀异之才可以拨烦理难矫世抗言者,无系世族,必先逸贱。夫战胜攻取之势,并兼混一之威,五伯之事,韩白之功耳;至于制礼作乐,阐扬道化,甫是士人出筋力之秋也。伏愿陛下择狂夫之言。"

惠帝初,为冯翊太守。元康三年卒。

初,楚与同郡王济友善,济为本州大中正,访问铨邑人品状,至楚,济曰:"此人非卿所能目,吾自为之。"乃状楚曰:"天才英博,亮拔不群。"楚少时欲隐居,谓济曰:"当欲枕石漱流。"误云"漱石枕流"。济曰:"流非可枕,石非可漱。"楚曰:"所以枕流,欲洗其耳;所以漱石,欲厉其齿。"楚少所推服,惟雅敬济。初,楚除妇服,作诗以示济,济曰:"未知文生于情,情生于文,览之凄然,增伉俪之重。"

三子：众、洵、纂。众及洵俱未仕而早终，惟纂子统、绰并知名。

统，字承公。幼与绰及从弟盛过江。诞任不羁，而善属文，时人以为有楚风。征北将军褚裒闻其名，命为参军，辞不就，家于会稽。性好山水，乃求为鄞令，转在吴宁。居职不留心碎务，纵意游肆，名山胜川，靡不穷究。后为余姚令，卒。

子腾嗣，以博学著称，位至廷尉。

腾弟登，少善名理，注《老子》，行于世，仕至尚书郎，早终。

绰，字兴公。博学善属文，少与高阳许询俱有高尚之志。居于会稽，游放山水，十有余年，乃作《遂初赋》以致其意。尝鄙山涛，而谓人曰："山涛吾所不解，吏非吏，隐非隐，若以元礼门为龙津，则当点额暴鳞矣。"所居斋前种一株松，恒自守护，邻人谓之曰："树子非不楚楚可怜，但恐永无栋梁日耳。"绰答曰："枫柳虽复合抱，亦何所施邪！"绰与询一时名流，或爱询高迈，则鄙于绰，或爱绰才藻，而无取于询。沙门支遁试问绰："君何如许？"答曰："高情远致，弟子早已伏膺；然一咏一吟，许将北面矣。"绝重张衡、左思之赋，每云："《三都》、《二京》，五经之鼓吹也。"尝作《天台山赋》，辞致甚工，初成，以示友人范荣期，云："卿试掷地，当作金石声也。"荣期曰："恐此金石非中宫商。"然每至佳句，辄云："应是我辈语。"除著作佐郎，袭爵长乐侯。

绰性通率，好讥调。尝与习凿齿共行，绰在前，顾谓凿齿曰："沙之汰之，瓦石在后。"凿齿曰："簸之飏之，糠秕在前。"

征西将军庾亮请为参军，补章安令，征拜太学博士，迁尚书郎。扬州刺史殷浩以为建威长史。会稽内史王羲之引为右军长史。转永嘉太守，迁散骑常侍，领著作郎。

时大司马桓温欲经纬中国，以河南粗平，将移都洛阳。朝廷畏温，不敢为异，而北土萧条，人情疑惧，虽并知不可，莫敢先谏。绰乃上疏曰：

伏见征西大将军臣温表"便当躬率三军，讨除二寇，荡涤河、渭，清洒旧京。然后神旗电舒，朝服济江，反皇居于中土，正

玉衡于天极。"斯超世之弘图,千载之盛事。然臣之所怀,窃有
未安,以为帝王之兴,莫不藉地利人和以建功业,贵能以义平
暴,因而抚之。怀、愍不逮,沦胥秦京。遂令胡戎交侵,神州绝
纲,土崩之衅,诚由道丧。然中夏荡荡,一时横流,百郡千城曾
无完郛者,何哉?亦以地不可守,投奔有所故也。天祚未革,中
宗龙飞,非惟信顺协于天人而已,实赖万里长江画而守之耳。
《易》称"王公设险以守其国",险之时义大矣哉!斯已然之明效
也。今作胜谈,自当任道而遗险;校实量分,不得不保小以固
存。自丧乱已来六十余年,苍生殄灭,百不遗一,河洛丘虚,函
夏萧条,井堙木刊,阡陌夷灭,生理茫茫,永无依归。播流江表,
已经数世,存者长子老孙,亡者丘陇成行。虽北风之思感其素
心,目前之哀实为交切。若迁都旋轸之日,中兴五陵,即复缅成
遐域。泰山之安既难以理保,烝烝之思岂不缠于圣心哉!

　　温今此举,诚欲大览始终,为国远图。向无山陵之急,亦未
首决大谋,独任天下之至难也。今发愤忘食,忠慨亮到,凡在有
心,孰不致感!而百姓震骇,同怀危惧者,岂不以反旧之乐赊,
而趣死之忧促哉!何者?植根于江外数十年矣,一朝拔之,顿
驱踧于空荒之地,提挈万里,逾险浮深,离坟墓,弃生业,富者
无三年之量,贫者无一餐之饭,田宅不可复售,舟车无从而得,
舍安乐之国,适习乱之乡,出必安之地,就累卵之危,将顿仆道
涂,飘溺江川,仅有达者。夫国以人为本,疾寇所以为人,众丧
而寇除,亦安所取裁?此仁者所宜哀矜,国家所宜深虑也。自
古今帝王之都,岂有常所,时隆则宅中而图大,势屈则遵养以
待会。使德不可胜,家有三年之积,然后始可谋太平之事耳。今
天时人事,有未至者矣,一朝欲一宇宙,无乃顿而难举乎?

　　臣之愚计,以为且可更遣一将有威名资实者,先镇洛阳,
于陵所筑二垒以奉卫山陵,扫平梁、许,清一河南,运漕之路既
通,然后尽力于开垦,广田积谷,渐为徙者之资。如此,贼见亡
征,势必远窜。如其迷逆不化,复欲送死者,南北诸军风驰电

赴,若身手之救痛痒,率然之应首尾,山陵既固,中夏小康。陛下且端委紫极,增修德政,躬行汉文简朴之至,去小惠,节游费,审官人,练甲兵,以养士灭寇为先。十年行之,无使隳废,则贫者殖其财,怯者充其勇,人知天德,赴死如归,以此致政,犹运诸掌握。何故舍百胜之长理,举天下而一掷哉!陛下春秋方富,温克壮其猷,君臣相与,弘养德业,括囊元吉,岂不快乎!

今温唱高议,圣朝互同,臣以轻微,独献管见。出言之难,实在今日,而臣区区必闻天听者,窃以无讳之朝,狂瞽进说,刍荛之谋,圣贤所察,所以不胜至忧,触冒干陈。若陛下垂神,温少留思,岂非屈于一人而允亿兆之愿哉!如以干忤罪大,欲加显戮,使丹诚上达,退受刑诛,虽没泉壤,尸且不朽。

桓温见绰表,不悦,曰:"至意兴公,何不寻君《遂初赋》,知人家国事邪!"寻转廷尉卿,领著作。

绰少以文才垂称,于时文士,绰为其冠。温、王、郗、庾诸公之薨,必须绰为碑文,然后刊石焉。年五十八,卒。

子嗣,有绰风,文章相亚,位至中军参军,早亡。

史臣曰:江统风检操行,良有可称,陈留多士,斯为其冠。《徙戎》之论,实乃经国远图。然运距中衰,陵替有渐,假其言见用,恐速祸招怨,无救于将颠也。逮愍怀废徙,冒禁拜辞,所谓命轻鸿毛,义贵熊掌。彪位隆端右,竭诚献替,惇遗忽荣利,聿修天爵。虽出处异涂,俱难兄弟矣。孙楚体英绚之姿,超然出类,见知武子,诚无愧色。览其贻皓之书,谅旷代之佳笔也。而负才诞傲,蔑苞忿奕违逊让之道,肆陵愤之气,丁年沉废,盖自取矣。统、绰棣华秀发,名显中兴,可谓无忝尔祖。统竟沦迹下邑,穷观胜地,会其心焉。绰献直论辞,都不惮元子,有匪躬之节,岂徒文雅而已哉!

赞曰:应元蹈义,子荆越俗。江寡悔尤,孙贻摈辱。彪、统昆弟,江左驰声。彬彬藻思,绰冠群英。

晋书卷五七
列传第二七

罗宪 兄子尚　滕修　马隆
胡奋　陶璜　吾彦　张光
赵诱

　　罗宪,字令则,襄阳人也。父蒙,蜀广汉太守。宪年十三,能属文,早知名。师事谯周,周门人称为子贡。性方亮严整,待士无倦,轻财好施,不营产业。仕蜀为太子舍人、宣信校尉。再使于吴,吴人称焉。

　　时黄皓预政,众多附之,宪独介然。皓恚之,左迁巴东太守。时大将军阎宇都督巴东,拜宪领军,为宇副贰。魏之伐蜀,召宇西还,宪守永安城。及成都败,城中扰动,边江长吏皆弃城走,宪斩乱者一人,百姓乃安。知刘禅降,乃率所统临于都亭三日。吴闻蜀败,遣将军盛宪西上,外托救援,内欲袭宪。宪曰:"本朝倾覆,吴为唇齿,不恤我难,而邀其利,吾宁当为降虏乎!"乃归顺。于是缮甲完聚,厉以节义,士皆用命。及钟会、邓艾死,百城无主,吴又使步协西征,宪大破其军。孙休怒,又遣陆抗助协。宪距守经年,救援不至,城中疾疫太半。或劝南出牂柯,北奔上庸,可以保全。宪曰:"夫为人主,百姓所仰,既不能存,急而弃之,君子不为也。毕命于此矣。"会荆州刺史胡烈等救之,抗退。加陵江将军、监巴东军事、使持节,领武陵太守。

　　泰始初入朝,诏曰:"宪忠烈果毅,有才策器干,可给鼓吹。"又赐山玄玉佩剑。泰始六年卒，赠使持节、安南将军、武陵太守，追封西鄂侯，谥曰烈。

初，宪侍宴华林园，诏问蜀大臣子弟，后问先辈宜时叙用者，宪荐蜀人常忌、杜轸等，皆西国之良器，武帝并召而任之。

子袭，历给事中、陵江将军，统其父部曲，至广汉太守。兄子尚。

尚字敬之，一名仲。父式，牂柯太守。尚少孤，依叔父宪。善属文。荆州刺史王戎以尚及刘乔为参军，并委任之。太康末，为梁州刺史。

及赵廞反于蜀，尚表曰："廞非雄才，必无所成，计日听其败耳。"乃假尚节为平西将军、益州刺史、西戎校尉。性贪，少断，蜀人言曰："尚之所爱，非邪则佞；尚之所憎，非忠则正。富拟鲁、卫，家成市里；贪如豺狼，无复极已。"又曰："蜀贼尚可，罗尚杀我。平西将军，反更为祸。"

时李特亦起于蜀，攻蜀，杀赵廞。又攻尚于成都，尚退保江阳。初，尚乞师方岳，荆州刺史宗岱率建平太守孙阜救之，次于江州。岱、阜兵盛，诸为寇所逼者，人有奋志。尚乃使兵曹从事任锐伪降，因出密宣告于外，克日俱击，遂大破之，斩李特，传首洛阳。特子雄僭号，都于郫城。尚遣将军隗伯攻之，不克。俄而尚卒，雄遂据有蜀土。

滕修，字显先，南阳西鄂人也。仕吴为将帅，封西鄂侯。

孙皓时，代熊睦为广州刺史，甚有威惠。征为执金吾。广州部曲督郭马等为乱，皓以修宿有威惠，为岭表所伏，以为使持节、都督广州军事、镇南将军、广州牧以讨之。未克而王师伐吴，修率众赴难。至巴丘而皓已降，乃缟素流涕而还，与广州刺史闾丰、苍梧太守王毅各送印绶，诏以修为安南将军，广州牧、持节、都督如故，封武当侯，加鼓吹，委以南方事。修在南积年，为边夷所附。

太康九年卒，请葬京师，帝嘉其意，赐墓田一顷，谥曰声。修之子并上表曰："亡父修羁绁吴壤，为所驱驰；幸逢开通，沐浴至化，得从俘虏握戎马之要；末觐圣颜，委南藩之重，实由勋劳少闻天听故也。年衰疾笃，屡乞骸骨，未蒙垂哀，奄至薨陨。臣承遗意，舆榇还都，瞻望云阙，实怀痛裂。窃闻博士谥修曰声，直彰流播，不称行绩，不胜愚情，冒昧闻诉。"帝乃赐谥曰忠。

并子含，初为庾冰轻车长史，讨苏峻有功，封夏阳县开国侯，邑千六百户，授平南将军、广州刺史。在任积年，甚有威惠。卒，谥曰戴。含弟子遁，交州刺史。

修曾孙恬之，龙骧将军、魏郡太守，戍黎阳，为翟辽所执，死之。

马隆，字孝兴，东平平陆人。少而智勇，好立名节。魏兖州刺史令狐愚坐事伏诛，举州无敢收者。隆以武吏托称愚客，以私财殡葬，服丧三年，列植松柏，礼毕乃还，一州以为美谈。署武猛从事。

泰始中，将兴伐吴之役，下诏曰："吴会未平，宜得猛士以济武功。虽旧有荐举之法，未足以尽殊才。其普告州郡，有壮勇秀异才力杰出者，皆以名闻，将简其尤异，擢而用之。苟有其人，勿限所取。"兖州举隆才堪良将。稍迁司马督。

初，凉州刺史杨欣失羌戎之和，隆陈其必败。俄而欣为虏所没，河西断绝，帝每有西顾之忧，临朝而叹曰："谁能为我讨此虏通凉州者乎？"朝臣莫对。隆进曰："陛下若能任臣，臣能平之。"帝曰："必能灭贼，何为不任，顾卿方略何如耳。"隆曰："陛下若能任臣，当听臣自任。"帝曰："云何？"隆曰："臣请募勇士三千人，无问所从来，率之鼓行而西，禀陛下威德，丑虏何足灭哉！"帝许之，乃以隆为武威太守。公卿佥曰："六军既众，州郡兵多，但当用之，不宜横设赏募以乱常典。隆小将妄说，不可从也。"帝弗纳。隆募限腰引弩三十六钧、弓四钧，立标简试。自旦至中，得三千五百人，隆曰："足矣。"因请自至武库选杖。武库令与隆忿争，御史中丞奏劾隆，隆曰："臣当亡命战场，以报所受，武库令乃以魏时朽杖见给，不可复用，非陛下使臣灭贼意也。"帝从之，又给其三年军资。

隆于是西渡温水。虏树机能等以众万计，或乘险以遏隆前，或设伏以截隆后。隆依八阵图作偏箱车,地广则鹿角车营,路狭则为木屋施于车上,且战且前,弓矢所及,应弦而倒。奇谋间发,出敌不意。或夹道累磁石,贼负铁铠,行不得前,隆卒悉被犀甲,无所留碍,贼咸以为神。转战千里,杀伤以千数。自隆之西,音问断绝,朝廷忧之,或谓已没。后隆使夜到,帝抚掌欢笑。诘朝,召群臣谓曰:"若从诸卿言,是无秦凉也。"乃诏曰:"隆以偏师寡众,奋不顾难,冒险能济,其假节、宣威将军,加赤幢、曲盖、鼓吹。"隆到武威,虏大人猝跋韩、且万能等率万余落归降,前后诛杀及降附者以万计。又率善戎没骨能等与树机能大战,斩之,凉州遂平。朝议将加隆将士勋赏,有司奏隆将士皆先加显爵,不应更授。卫将军杨珧驳曰:"前精募将士,少加爵命者,此适所以为诱引。今隆全军独克,西土获安,不得便以前授塞此后功,宜皆听许,以明要信。"乃从珧议,赐爵加秩各有差。

太康初,朝廷以西平荒毁,宜时兴复,以隆为平虏护军、西平太守,将所领精兵,又给牙门一军,屯据西平。时南虏成奚每为边患,隆至,帅军讨之。虏据险距守,隆令军士皆负农器,将若田者。虏以隆无征讨意,御众稍息。隆因其无备,进兵击破之。毕隆之政,不敢为寇。

太熙初,封奉高县侯,加授东羌校尉。积十余年,威信震于陇右。时略阳太守冯翊严舒与杨骏通亲,密图代隆,毁隆年老谬耄,不宜服戎,于是征隆,以舒代镇。氐、羌聚结,百姓惊惧。朝廷恐关、陇复扰,乃免舒,遣隆复职,竟卒于官。

子咸嗣,亦骁勇。成都王颖攻长沙王乂,以咸为鹰扬将军,率兵屯河桥中渚,为乂将王瑚所败,没于阵。

胡奋,字玄威,安定临泾人也,魏车骑将军阴密侯遵之子也。奋性开朗,有筹略,少好武事。宣帝之伐辽东也,以白衣侍从左右,甚见接待。还为校尉,稍迁徐州刺史,封夏阳子。匈奴中部帅刘猛叛,使骁骑路蕃讨之,以奋为监军、假节,顿军砭北,为蕃后继。击猛,破之，猛帐下将李恪斩猛而降。以功累迁征南将军、假节、都督荆州诸军事，迁护军，加散骑常侍。奋家世将门，晚乃好学，有刀笔之用，所在有声绩，居边特有威惠。

泰始末，武帝怠政事而耽于色，大采择公卿女以充六宫，奋女选入为贵人。奋唯有一子，为南阳王友，早亡。及闻女为贵人，哭曰："老奴不死，唯有二儿，男入九地之下，女上九天之上。"奋既旧臣，兼有椒房之助，甚见宠待。迁左仆射，加镇军大将军、开府仪同三司。时杨骏以后父骄傲自得，奋谓骏曰："卿恃女更益豪邪？历观前代，与天家婚，未有不灭门者，但早晚事耳。观卿举措，适所以速祸。"骏曰："卿女不在天家乎？"奋曰："我女与卿女作婢耳，何能损益！"时人皆谓之惧。骏虽衔之，而不能害。后卒于官，赠车骑将军，谥曰壮。奋兄弟六人，兄广，弟烈，并知名。

广，字宣祖。位至散骑常侍、少府。广子喜，字林甫，亦以开济为称，仕至凉州刺史、建武将军、假节、护羌校尉。

烈，字武玄。为将伐蜀。钟会之反也，烈与诸将皆被闭。烈子世元，时年十八，为士卒先，攻杀会，名驰远近。烈为秦州刺史，及凉州叛，烈屯于万斛堆，为房所围，无援，遇害。

陶璜，字世英，丹杨秣陵人也。父基，吴交州刺史。璜仕吴历显位。

孙皓时，交阯太守孙谞贪暴，为百姓所患。会察战邓荀至，擅调孔雀三千头，遣送秣陵，既苦远役，咸思为乱。郡吏吕兴杀谞及荀，以郡内附。武帝拜兴安南将军、交阯太守。寻为其功曹李统所杀，帝更以建宁爨谷为交阯太守。谷又死，更遣巴西马融代之。融病卒，南中监军霍弋又遣犍为杨稷代融，与将军毛炅，九真太守董元，牙门孟干、孟通、李松、王业、爨能等，自蜀出交阯，破吴军于古城，斩大都督修则、交州刺史刘俊。吴遣虞汜为监军，薛珝为威南将军、大都督，璜为苍梧太守，距稷，战于分水。璜败，退保合浦，亡其二将。珝怒，谓璜曰："若自表讨贼，而丧二师，其责安在？"璜曰："下官不得行意,诸军不相顺,故致败耳。"翔怒,欲引军还。璜夜以数百兵袭董元,获其宝物,船载而归,翔乃谢之,以璜领交州,为前部督。璜从海道出于不意,径至交阯,元距之。诸将将战,璜疑断墙内有伏兵,列长戟于其后。兵才接,元伪退,璜追之,伏兵果出,长戟逆之,大破元等。以前所得宝船上锦物数千匹遗扶严贼帅梁奇,奇将万余人助璜。元有勇将解系同在城内,璜诱其弟象,使为书与系,又使象乘璜辂车,鼓吹导从而行。元等曰:"象尚若此,系必有去志。"乃就杀之。翔、璜遂陷交阯。吴因用璜为交州刺史。

璜有谋策,周穷好施,能得人心。滕修数讨南贼,不能制,璜曰:"南岸仰吾盐铁,断勿与市,皆坏为田器。如此二年,可一战而灭也。"修从之,果破贼。

初,霍弋之遣稷、炅等,与之誓曰:"若贼围城未百日而降者,家属诛;若过百日救兵不至,吾受其罪。"稷等守未百日,粮尽,乞降,璜不许,给其粮使守。诸将并谏,璜曰:"霍弋已死,不能救稷等必矣,可须其日满,然后受降,使彼得无罪,我受有义,内训百姓,外怀邻国,不亦可乎!"稷等期讫粮尽,救兵不至,乃纳之。修则既为毛炅所杀,则子允随璜南征,城既降,允求复仇,璜不许。炅密谋袭璜,事觉,收炅,呵曰:"晋贼!"炅厉声曰:"吴狗!何等为贼?"允剖其腹,曰:"复能作贼不?"炅犹骂曰:"吾志杀汝孙皓,汝父何死狗也!"璜既擒稷等,并送之。稷至合浦,发病死。孟干、爨能、李松等至建邺,皓将杀之。或劝皓,干等忠于所事,宜宥之以劝边将,皓从其言,将徙之临海。干等志欲北归,虑东徙转远,以吴人爱蜀侧竹弩,言能作之,皓留付作部。后干逃至京都,松、能为皓所杀。干陈伐吴之计,帝乃厚加赏赐,以为日南太守。先是,以杨稷为交州刺史,毛炅为交阯太守,印绶未至而败,即赠稷交州,炅及松能子并关内侯。

九真郡功曹李祚保郡内附,璜遣将攻之,不克。祚舅黎晃随军,劝祚令降。祚答曰:"舅自吴将,祚自晋臣,唯力是视耳。"逾时乃拔。皓以璜为使持节、都督交州诸军事、前将军、交州牧。武平、九德、新昌土地阻险,夷獠劲悍,历世不宾,璜征讨,开置三郡,及九真属国三十余县。征璜为武昌都督，以合浦太守修允代之。交土人请留璜以千数，于是遣还。

皓既降晋，手书遣璜息融敕璜归顺。璜流涕数日，遣使送印绶诣洛阳。帝诏复其本职，封宛陵侯，改为冠军将军。

吴既平，普减州郡兵，璜上言曰："交土荒裔，斗绝一方，或重译而言，连带山海。又南郡去州海行千有余里，外距林邑才七百里。夷帅范熊世为逋寇，自称为王，数攻百姓。且连接扶南，种类猥多，朋党相倚，负险不宾。往隶吴时，数作寇逆，攻破郡县，杀害长吏。臣以尪驽，昔为故国所采，偏戍在南，十有余年。虽前后征讨，翦其魁桀，深山僻穴，尚有逋窜。又臣所统之卒本七千余人，南土温湿，多有气毒，加累年征讨，死亡减耗，其见在者二千四百二人。今四海混同，无思不服，当卷甲消刃，礼乐是务。而此州之人，识义者寡，厌其安乐，好为祸乱。又广州南岸，周旋六千余里，不宾属者乃五万余户，及桂林不羁之辈，复当万户。至于服从官役，才五千余家。二州唇齿，唯兵是镇。又宁州兴古接据上流，去交阯郡千六百里，水陆并通，互相维卫。州兵未宜约损，以示单虚。夫风尘之变，出于非常。臣亡国之余，议不足采，圣恩广厚，猥垂饰擢，蠲其罪衅，改授方任，去辱即宠，拭目更视，誓念投命，以报所受，临履所见，谨冒瞽陈。"又以"合浦郡土地硗确，无有田农，百姓唯以采珠为业，商贾去来，以珠贸米。而吴时珠禁甚严，虑百姓私散好珠，禁绝来去，人以饥困。又所调猥多，限每不充。今请上珠三分输二，次者输一，粗者蠲除。自十月讫二月，非采上珠之时，听商旅往来如旧。"并从之。

在南三十年，威恩著于殊俗。及卒，举州号哭，如丧慈亲。朝廷乃以员外散骑常侍吾彦代璜。彦卒，又以员外散骑常侍顾秘代彦。秘卒，州人逼秘子参领州事。参寻卒，参弟寿求领州，州人不听，固求之，遂领州。寿乃杀长史胡肇等，又将杀帐下督梁硕，硕走得免，起兵讨寿，禽之，付寿母，令鸩杀之。硕乃迎璜子苍梧太守威领刺史，在职甚得百姓心，三年卒。威弟淑，子绥，后并为交州。自基至绥四世，为交州者五人。

璜弟濬，吴镇南大将军、荆州牧。濬弟抗，太子中庶子。濬子淔，字恭之；淔弟猷，字恭豫，并有名。淔至临海太守、黄门侍郎。猷宣城内史，王导右军长史。淔子馥，于湖令，为韩晃所杀，追赠庐江太守。抗子回，自有传。

吾彦，字士则，吴郡吴人也。出自寒微，有文武才干。身长八尺，手格猛兽，旅力绝群。仕吴为通江吏。时将军薛珝杖节南征，军容甚盛，彦观之，慨然而叹。有善相者刘札谓之曰：“以君之相，后当至此，不足慕也。”

初为小将，给吴大司马陆抗。抗奇其勇略，将拔用之，患众情不允，乃会诸将，密使人阳狂拔刀跳跃而来，坐上诸将皆惧而走，唯彦不动，举几御之，众服其勇，乃擢用焉。

稍迁建平太守。时王濬将伐吴，造船于蜀，彦觉之，请增兵为备，皓不从，彦乃辄为铁锁，横断江路。及师临境，缘江诸城皆望风降附，或见攻而拔，唯彦坚守，大众攻之不能克，乃退舍礼之。

吴亡，彦始归降，武帝以为金城太守。帝尝从容问薛莹曰：“孙皓所以亡国者，何也？”莹对曰：“归命侯臣皓之君吴，昵近小人，刑罚妄加，大臣大将无所亲信，人人忧恐，各不自安，败亡之衅，由此而作矣。”其后帝又问彦，对曰：“吴主英俊，宰辅贤明。”帝笑曰：“君明臣贤，何为亡国？”彦曰：“天禄永终，历数有属，所以为陛下擒。此盖天时，岂人事也！”张华时在坐，谓彦曰：“君为吴将，积有岁年，蔑尔无闻，窃所惑矣。”彦厉声曰：“陛下知我，而卿不闻乎？”帝甚嘉之。

转在敦煌，威恩甚著。迁雁门太守。时顺阳王畅骄纵，前后内史皆诬之以罪。及彦为顺阳内史，彦清身率下，威刑严肃，众皆畏惧。畅不能诬，乃更荐之，冀其success职。迁员外散骑常侍。帝尝问彦：“陆喜、陆抗二人谁多也？”彦对曰：“道德名望，抗不及喜；立功立事，喜不及抗。”

会交州刺史陶璜卒，以彦为南中都督、交州刺史。重饷陆机兄弟,机将受之,云曰:"彦本微贱,为先公所拔,而答诏不善,安可受之!"机乃止。因此每毁之。长沙孝廉尹虞谓机等曰:"自古由贱而兴者,乃有帝王,何但公卿。若何元干、侯孝明、唐儒宗、张义允等,并起自寒微,皆内侍外镇,人无讥者。卿以士则答诏小有不善,毁之无已,吾恐南人皆将去卿,卿便独坐也。"于是机等意始解,毁言渐息矣。

初,陶璜之死也,九真戍兵作乱,逐其太守,九真贼帅赵祉围郡城,彦悉讨平之。在镇二十余年,威恩宣著,南州宁靖。自表求代,征为大长秋。卒于官。

张光,字景武,江夏钟武人也。身长八尺,明眉目,美音声。少为郡吏,家世有部曲,以牙门将伐吴有功,迁江夏西部都尉,转北地都尉。

初,赵王伦为关中都督,氐羌反叛,太守张损战没,郡县吏士少有全者。光以百余人戍马兰山北,贼围之百余日。光抚厉将士,屡出奇兵击贼,破之。光以兵少路远,自分败没。会梁王肜遣司马索靖将兵迎光,举军悲泣,遂还长安。肜表光"处绝围之地,有耿恭之忠,宜加甄赏,以明奖劝。"于是擢授新平太守,加鼓吹。

属雍州刺史刘沈被密诏讨河间王颙,光起兵助沈。沈时委任秦州刺史皇甫重,重自以关西大族,心每轻光,谋多不用。及二州军溃,为颙所擒,颙谓光曰:"前起兵欲作何策?"光正色答曰:"但刘雍州不用鄙计,故令大王得有今日也。"颙壮之,引与欢宴弥日,表为右卫司马。

陈敏作乱,除光顺阳太守,加陵江将军,率步骑五千诣荆州讨之。刺史刘弘雅敬重光,称为南楚之秀。时江夏太守陶侃与敏大将钱端相距于长岐,将战,襄阳太守皮初为步军,使光设伏以待之,武陵太守苗光为水军,藏舟舰于沔水。皮初等与贼交战,光发伏兵应之,水陆同奋,贼众大败。弘表光有殊勋,迁材官将军、梁州刺史。

先是,秦州人邓定等二千余家,饥饿流入汉中,保于成固,渐为抄盗。梁州刺史张殷遣巴西太守张燕讨之。定窘急，伪乞降于燕，并馈燕金银，燕喜，为之缓师。定密结李雄，雄遣众救定，燕退，定遂进逼汉中。太守杜正冲东奔魏兴，殷亦弃官而遁。光不得赴州，止于魏兴，乃结诸郡守共谋进取。燕唱言曰："汉中荒败，迫近大贼，克复之事，当俟英雄。"正冲曰："张燕受贼金银，不时进讨，阻兵缓寇，致丧汉中，实燕之罪也。"光于是发怒，呵燕令出，斩之以徇。绥抚荒残，百姓悦服。光于是却镇汉中。

　　时逆贼王如余党李运、杨武等，自襄阳将三千余家入汉中，光遣参军晋邈率众于黄金距之。邈受运重赂，劝光纳运。光从邈言，使居成固。既而邈以运多珍货，又欲夺之，复言于光曰："运之徒属不事佃农，但营器杖，意在难测，可掩而取之。"光又信焉。遣邈众讨运，不克。光乞师于氐王杨茂搜，茂搜遣子难敌助之。难敌求货于光，光不与。杨武乃厚赂难敌，谓之曰："流人宝物悉在光处，今伐我，不如伐光。"难敌大喜，声言助光，内与运同，光弗之知也，遣息援率众助邈。运与难敌夹攻邈等，援为流矢所中死，贼遂大盛。光婴城固守，自夏迄冬，愤激成疾。佐史及百姓咸劝光退据魏兴，光按剑曰："吾受国厚恩，不能翦除寇贼，今得自死，便如登仙，何得退还也！"声绝而卒，时年五十五。百姓悲泣，远近伤惜之。有二子：炅、迈。

　　炅，少辟太宰掾。迈多才略，有父风。州人推迈权领州事，与贼战没。别驾范旷及督护王乔奉光妻息，率其众，还据魏兴。其后义阳太守任愔为梁州，光妻子归本郡。南平太守应詹白都督王敦，称"光在梁州能兴微继绝，威振巴汉。值中原倾覆，征镇失守，外无救助，内阙资储，以寡敌众，经年抗御，厉节不挠，宜应追论显赠，以慰存亡。"敦不能从。

　　赵诱，字元孙，淮南人也。世以将显。州辟主簿。
　　值刺史郤隆被齐王冏檄，使起兵讨赵王伦，隆欲承檄举义，而诸子侄并在洛阳；欲坐观成败，恐为冏所讨，进退有疑，会群吏计议。诱说隆曰："赵王篡逆,海内所病。今义兵风飙起,其败必矣。今为明使君计,莫若自将精兵,径赴许昌,上策也。不然,且可留后,遣猛将将兵会盟,亦中策也。若遣小军随形助胜,下策耳。"隆曰："我受二帝恩,无所偏助,正欲保州而已。"诱与治中留宝、主簿张褒等谏隆:"若无所助,变难将生,州亦不可保也。"隆犹豫不决,遂为其下所害。

诱还家,杜门不出。左将军王敦以为参军,加广武将军,与甘卓、周访共讨华轶,破之。又击杜弢于西湘。太兴初,复与卓攻弢,灭之。累功赐爵平阿县侯,代陶侃为武昌太守。时杜曾迎第五猗于荆州作乱,敦遣诱与襄阳太守朱轨共距之。猗既愍帝所遣,加有时望,为荆楚所归。诱等苦战皆没,敦甚悼惜之,表赠征虏将军、秦州刺史,谥曰敬。

子龚,与诱俱死。元帝为晋王,下令赠新昌太守。

龚弟胤,字伯舒,王敦使周访击杜曾,胤请从行。访惮曾之强,欲先以胤饵曾,使其众疲而后击之。胤多枭首级。王导引为从事中郎。南顿王宗反,胤杀宗,于是王导、庾亮并倚杖之。转冠军将军,迁西豫州刺史,卒于官。

史臣曰:忠为令德,贞曰事君,徇国家而竭身,历夷险而一节。罗宪、滕修,濯缨入仕,指巴东而受脉,出岭峤而扬麾。属鼎命沦胥,本朝失守,届巴丘而流涕,集桑亭而大临。古之忠烈,罕辈于兹!孝兴之智勇,玄威之武艺,灭丑虏于河西,制凶酋于砣北,审杨欣之必败,讥杨骏之速祸。陶璜、吾彦,逸足齐驱,毛炅屈其深谋,陆抗奇其茂略。薪楮之任,清规自远;鼙鼓之臣,厥声弥劭。景武,南楚秀士;元孙,累叶将门,赴死喻于登仙,效诚陈于上策,竟而俱毙,贞则斯存。

赞曰:宪居玉垒,才博流誉。修赴石门,惠政攸著。孝兴、玄威,操履无违。愚坟毕礼,杨门致讥。璜谋超绝,彦材雄杰。潜师袭董,观兵叹薛。惟赵与张,神略多方。作尉北地,立功西湘。

晋书卷五八
列传第二八

周处　子玘　玘弟𤩽　玘弟札　札兄子莚

周访　子抚　抚子楚　楚子琼　琼子㻋　抚弟光

光子仲孙

　　周处，字子隐，义兴阳羡人也。父鲂，吴鄱阳太守。处少孤，未弱冠，膂力绝人，好驰骋田猎，不修细行，纵情肆欲，州曲患之。处自知为人所恶，乃慨然有改励之志，谓父老曰："今时和岁丰，何苦而不乐耶？"父老叹曰："三害未除，何乐之有！"处曰："何谓也？"答曰："南山白额猛兽，长桥下蛟，并子为三矣。"处曰："若此为患，吾能除之。"父老曰："子若除之，则一郡之大庆，非徒去害而已。"处乃入山射杀猛兽，因投水搏蛟，蛟或沉或浮，行数十里，而处与之俱，经三日三夜，人谓死，皆相庆贺。处果杀蛟而反，闻乡里相庆，始知人患己之甚，乃入吴寻二陆。时机不在，见云，具以情告，曰："欲自修而年已蹉跎，恐将无及。"云曰："古人贵朝闻夕改，君前涂尚可，且患志之不立，何忧名之不彰！"处遂励志好学，有文思，志存义烈，言必忠信克己。期年，州府交辟。仕吴为东观左丞。孙皓末，为无难督。

　　及吴平，王浑登建邺宫酾酒，既酣，谓吴人曰："诸君亡国之余，得无戚乎？"处对曰："汉末分崩，三国鼎立，魏灭于前，吴亡于后，亡国之戚，岂唯一人！"浑有惭色。

　　入洛，稍迁新平太守，抚和戎狄，叛羌归附，雍土美之。转广汉太守。郡多滞讼，有经三十年而不决者，处详其枉直，一朝决遣。以母老罢归。寻除楚内史，未之官，征拜散骑常侍。处曰："古人辞大不辞小。"乃先之楚。而郡既经丧乱，新旧杂居，风俗未一，处敦以教义，又检尸骸无主及白骨在野收葬之，然始就征，远近称叹。

及居近侍，多所规讽。迁御史中丞，凡所纠劾，不避宠戚。梁王肜违法，处深文案之。及氐人齐万年反，朝臣恶处强直，皆曰："处，吴之名将子也，忠烈果毅。"乃使隶夏侯骏西征。伏波将军孙秀知其将死，谓之曰："卿有老母，可以此辞也。"处曰："忠孝之道，安得两全！既辞亲事君，父母复安得而子乎？今日是我死所也。"万年闻之，曰："周府君昔临新平，我知其为人，才兼文武，若专断而来，不可当也。如受制于人，此成擒耳。"既而梁王肜为征西大将军、都督关中诸军事。处知肜不平，必当陷己，自以人臣尽节，不宜辞惮，乃悲慨即路，志不生还。中书令陈准知肜将逞宿憾，乃言于朝曰："骏及梁王皆是贵戚，非将率之才，进不求名，退不畏咎。周处吴人，忠勇果劲，有怨无援，将必丧身。宜诏孟观以精兵万人，为处前锋，必能殄寇。不然，肜当使处先驱，其败必也。"朝廷不从。时贼屯梁山，有众七万，而骏逼处以五千兵击之。处曰："军无后继，必至覆败，虽在亡身，为国取耻。"肜复命处进讨，乃与振威将军卢播、雍州刺史解系攻万年于六陌。将战，处军人未食，肜促令速进，而绝其后继。处知必败，赋诗曰："去去世事已，策马观西戎。藜藿甘梁黍，期之克令终。"言毕而战，自旦及暮，斩首万计。弦绝矢尽，播、系不救。左右劝退，处按剑曰："此是吾效节授命之日，何退之为！且古者良将受命，凶门以出，盖有进无退也。今诸军负信，势必不振。我为大臣，以身徇国，不亦可乎！"遂力战而没。追赠平西将军，赐钱百万，葬地一顷，京城地五十亩为第，又赐王家近田五顷。诏曰："处母年老，加以远人，朕每愍念，给其医药酒米，赐以终年。"

处著《默语》三十篇及《风土记》，并撰集《吴书》。时潘岳奉诏作《关中诗》曰："周殉师令，身膏齐斧。人之云亡，贞节克举。"又西戎校尉阎缵亦上诗云："周全其节，令问不已。身虽云没，书名良史。"及元帝为晋王，将加处策谥，太常贺循议曰："处履德清方，才量高出；历守四郡，安人立政；入司百僚，贞节不挠；在戎致身，见危授命：此皆忠贤之茂实，烈士之远节。按谥法执德不回曰孝。"遂以谥焉。有三子：玘、靖、札。靖早卒，玘、札并知名。

玘，字宣佩。强毅沉断有父风，而文学不及。闭门洁己，不妄交游，士友咸望风敬惮焉，故名重一方。弱冠，州郡命，不就。刺史初到，召为别驾从事，虚己备礼，方始应命。累荐名宰府，举秀才，除议郎。

太安初，妖贼张昌、丘沉等聚众于江夏，百姓从之如归。惠帝使监军华宏讨之，败于障山。昌等浸盛，杀平南将军羊伊，镇南大将军、新野王歆等，所在覆没。昌别率封云攻徐州，石冰攻杨州，刺史陈徽出奔，冰遂略有扬土。玘密欲讨冰，潜结前南平内史王矩，共推吴兴太守顾秘都督杨州九郡军事，及江东人士同起义兵，斩冰所置吴兴太守区山及诸长史。冰遣其将羌毒领数万人距玘，玘临阵斩毒。时右将军陈敏自广陵率众助玘，斩冰别率赵龙马于芜湖，因与玘俱前攻冰于建康。冰北走投封云，云司马张统斩云、冰以降，徐扬并平。玘不言功赏，散众还家。

陈敏反于杨州，以玘为安丰太守，加四品将军。玘称疾不行，密遣使告镇东将军刘准，令发兵临江，己为内应，覂发为信。准在寿春，遣督护衡彦率众而东。时敏弟昶为广武将军、历阳内史，以吴兴钱广为司马。玘密讽广杀昶。玘与顾荣、甘卓等以兵攻敏，敏众奔溃，单马北走，获之于江乘界，斩之于建康，夷三族。东海王越闻其名，召为参军。诏补尚书郎、散骑郎，并不行。元帝初镇江左，以玘为仓曹属。

初，吴兴人钱璯亦起义兵讨陈敏，越命为建武将军，使率其属会于京都。璯至广陵，闻刘聪逼洛阳，畏懦不改进。帝促以军期，璯乃谋反。时王敦迁尚书，当应征与璯俱西。璯阴欲杀敦，藉以举事。敦闻之，奔告帝。璯遂杀度支校尉陈丰，焚烧邸阁，自号平西大将军、八州都督，劫孙皓子充，立为吴王，既而杀之。来寇玘县。帝遣将军郭逸、都尉宋典等讨之，并以兵少未敢前。玘复率合乡里义众，与逸等俱进,讨玲,斩之,传首于建康。

　　玘三定江南,开复王略,帝嘉其勋,以玘行建威将军、吴兴太守,封乌程县侯。吴兴寇乱之后,百姓饥馑,盗贼公行。玘甚有威惠,百姓敬爱之。期年之间,境内宁谧。帝以玘频兴义兵,勋诚并茂,乃以阳羡及长城之西乡、丹杨之永世别为义兴郡,以彰其功焉。

　　玘宗族强盛,人情所归,帝疑惮之。于时中州人士佐佑王业,而玘自以为不得调,内怀怨望,复为刁协轻之,耻恚愈甚。时镇东将军祭酒东莱王恢亦为周顗所侮,乃与玘阴谋诛诸执政,推玘及戴若思与诸南士共奉帝以经纬世事。先是,流人帅夏铁等寓于淮泗,恢阴书与铁,令起兵,己当与玘以三吴应之。建兴初,铁已聚众数百人,临淮太守蔡豹斩铁以闻。恢闻铁死,惧罪,奔于玘,玘杀之,埋于豕牢。帝闻而秘之,召玘为镇东司马,未到,复改授建武将军、南郡太守。玘即南行,至芜湖,又下令曰:“玘奕世忠烈,义诚显著,孤所钦喜。今以为军谘祭酒,将军如故,进爵为公,禄秩僚属一同开国之例。”玘忿于回易,又知其谋泄,遂忧愤发背而卒,时年五十六。将卒,谓子瞻曰:“杀我者,诸伧子,能复之,乃吾子也。”吴人谓中州人曰“伧”,故云耳。赠辅国将军,谥曰忠烈。子瞻嗣。

　　瞻,字彦和。常缄父言。时中国亡官失守之士避乱来者,多居显位,驾御吴人,吴人颇怨。瞻因之欲起兵,潜结吴兴郡功曹徐馥。馥家有部曲,瞻使馥矫称叔父札命以合众,豪侠乐乱者翕然附之,以讨王导、刁协为名。孙皓族人弼亦起兵于广德以应之。馥杀吴兴太守袁琇,有众数千,将奉札为主。时札以疾归家,闻而大惊,乃告乱于义兴太守孔侃。瞻知札不同,不敢发兵。馥党惧,攻馥,杀之。孙弼众亦溃,宣城太守陶猷灭之。元帝以周氏奕世豪望,吴人所宗,故不穷治,抚之如旧。瞻为札所责,失志归家,淫侈纵恣,每谓人曰:“人生几时,但当快意耳。”终于临淮太守。

　　瞻弟彝,少知名,元帝辟为丞相掾,早亡。

　　札,字宣季。性矜险,好利,外方内荏。少以豪右自处,州郡辟命皆不就。察孝廉,除郎中、大司马齐王冏参军。出补句容令,迁吴国上军将军。辟东海王越参军，不就。以讨钱玙功，赐爵漳浦亭侯。元帝为丞相，表札为宁远将军、历阳内史，不之职，转从事中郎。徐馥平，以札为奋武将军、吴兴内史，录前后功，改封东迁县侯，进号征虏将军、监扬州江北军事、东中郎将，镇涂中，未之职，转右将军、都督石头水陆军事。札脚疾，不堪拜，固让经年，有司弹奏，不得已乃视职。加散骑常侍。

王敦举兵攻石头，札开门应敦，故王师败绩。敦转札为光禄勋，寻补尚书。顷之，迁右将军、会稽内史。时札兄靖子懋晋陵太守、清流亭侯，懋弟莚征虏将军、吴兴内史，莚弟赞大将军从事中郎、武康县侯，赞弟缙太子文学、都乡侯，次兄子飂临淮太守、乌程公。札一门五侯，并居列位，吴士贵盛，莫与为比，王敦深忌之。后莚丧母，送者千数，敦益惮焉。及敦疾，钱凤以周氏宗强，与沈充权势相伴，欲自托于充，谋灭周氏，使充得专威扬土，乃说敦曰："夫有国者患于强逼，自古衅难恒必由之。今江东之豪莫强周、沈，公万世之后，二族必不静矣。周强而多俊才，宜先为之所，后嗣可安，国家可保耳。"敦纳之。

时有道士李脱者，妖术惑众，自言八百岁，故号"李八百"。自中州至建邺，以鬼道疗病，又署人官位，时人多信事之。弟子李弘养徒灊山，云应谶当王。故敦使庐江太守李恒告札及其诸兄子与脱谋图不轨。时莚为敦谘议参军，即营中杀莚及脱、弘，又遣参军贺鸾就沈充尽掩杀札兄弟子，既而进军会稽，袭札。札先不知，卒闻兵至，率麾下数百人出距之，兵散见杀。札性贪财好色，惟以业产为务。兵至之日，库中有精杖，外白以配兵，札犹惜不与，以弊者给之，其鄙吝如此，故士卒莫为之用。

及敦死，札、莚故吏并诣阙讼周氏之冤，宜加赠谥。事下八坐，尚书卞壸议以"札石头之役开门延寇，遂使贼敦恣乱，札之责也。追赠意所未安。懋、莚兄弟宜复本位。"司徒王导议以"札在石头，忠存社稷，义在亡身。至于往年之事，自臣等有识以上，与札情岂有异！此言实贯于圣鉴。论者见奸逆既彰，便欲征往年已有不臣之渐。即复使尔，要当时众所未悟。既悟其奸萌，札与臣等便以身许国，死而后已，札亦寻取枭夷。朝廷檄命既下，大事既定，便正以为逆党。邪正失所，进退无据，诚国体所宜深惜。臣谓宜与周顗、戴若思等同例。”尚书令郗鉴议曰：“夫褒贬臧否，宜令体明例通。今周、戴以死节复位，周札以开门同例，事异赏均，意所疑惑。如司徒议，谓往年之事自有识以上皆与札不异，此为邪正坦然有在。昔宋文失礼，华乐荷不臣之罚；齐灵婴挈，高厚有从昏之戮。以古况今，谯王、周、戴宜受若此之责，何加赠复位之有乎！今据已显复，则札宜贬责明矣。”导重议曰：“省令君议，必札之开门与谯王、周、戴异。今札开门，直出风言，竟实事邪？便以风言定褒贬，意莫若原情考征也。论者谓札知隗、协乱政，信敦匡救，苟匡救信，奸佞除，即所谓流四凶族以隆人主巍巍之功耳。如此，札所以忠于社稷也。后敦悖谬出所不图，札亦阖门不同，以此灭族，是其死于为义也。夫信敦当时之匡救，不图将来之大逆，恶隗、协之乱政，不失为臣之贞节者，于时朝士岂惟周札邪！若尽谓不忠，惧有诬乎谯王、周、戴。各以死卫国，期亦人臣之节也。但所见有同异，然期之于必忠，故宜申明耳。即如令君议，宋华、齐高其在隗、协矣。昔子纠之难，召忽死之，管仲不死。若以死为贤，则管仲当贬；若以不死为贤，则召忽死为失。先典何以两通之？明为忠之情同也。死虽是忠之一目，亦不必为忠皆当死也。汉祖遗约，非刘氏不王，非功臣不侯，违命天下共诛之。后吕后王诸吕，周勃从之，王陵廷争，可不谓忠乎？周勃诛吕尊文，安汉社稷，忠莫尚焉，则王陵又何足言，而前史两为美谈。固知死与不死，争与不争，苟原情尽意，不可定于一概也。且札阖棺定谥，违逆党顺，受戮凶邪，不负忠义明矣。”鉴又驳不同，而朝廷竟从导议，追赠札卫尉，遣使者祠以少牢。

札长子滔，太宰府掾。次子稚，察孝廉，不行。

莚，卓荦有才干，拜征虏将军、吴兴太守，迁黄门侍郎。徐馥之役，莚族兄续亦聚众应之。元帝议欲讨之，王导以为“兵少则不足制寇，多遣则根本空虚。黄门侍郎周莚忠烈至到，为一郡所敬。意谓直遣莚,足能杀续"。于是诏以力士百人给莚,使轻骑还阳羡。莚即日取道,昼夜兼行。既至郡,将入,遇续于门,莚谓续曰:"宜与君共诣孔府君,有所论。"续不肯入,莚逼牵与俱。坐定,莚谓太守孔侃曰:"府君何以置贼在坐?"续衣里带小刀,便操刃逼莚,莚叱郡传教吴曾:"何不与手!"曾有胆力,便以刀环筑续,杀之。莚因欲诛飚,札拒不许,委罪于从兄邵,诛之。莚不归家省母,遂长驱而去,母狼狈追之。其忠公如此。

迁太子右卫率。及王敦作难,加冠军将军、都督会稽吴兴义兴晋陵东阳军事,率水军三千人讨沈充,未发而王师败绩。莚闻札开城纳敦,愤咤慷慨形于辞色。寻遇害。敦平后,与札同被复官。

初,莚于姑孰立屋五间,而六梁一时跃出堕地,衡独立柱头零节之上,甚危,虽以人功,不能然也。后竟覆族。

莚弟缙,少无行检,尝在建康乌衣道中逢孔氏婢,时与同僚二人共载,便令左右捉婢上车,其强暴若此。

周访,字士达,本汝南安城人也。汉末避地江南,至访四世。吴平,因家庐江寻阳焉。祖纂,吴威远将军。父敏,左中郎将。访少沉毅,谦而能让,果于断割,周穷振乏,家无余财。为县功曹,时陶侃为散吏,访荐为主簿,相与结友,以女妻侃子瞻。访察孝廉,除郎中、上甲令,皆不之官。乡人盗访牛于冢间杀之,访得之,密埋其肉,不使人知。

及元帝渡江,命参镇东军事。时有与访同姓名者,罪当死,吏误收访,访奋击收者,数十人皆散走,而自归于帝,帝不之罪。寻以为扬烈将军,领兵一千二百,屯寻阳鄂陵,与甘卓、赵诱讨华轶。所统厉武将军丁乾与轶所统武昌太守冯逸交通,访收斩之。逸来攻访,访率众击破之。逸遁保柴桑,访乘胜进讨。轶遣其党王约、傅札等万余人助逸,大战于溢口,约等又败。访与甘卓等会于彭泽,与轶水军将朱矩等战,又败之。轶将周广烧城以应访,轶众溃,访执轶,斩之,遂平江州。

帝以访为振武将军、寻阳太守,加鼓吹、曲盖。复命访与诸军共征杜弢。弢作桔槔打官军船舰,访作长岐枨以距之,桔槔不得为害。而贼从青草湖密抄官军,又遣其将张彦陷豫章,焚烧城邑。王敦时镇溢口,遣督护缪蕤、李恒受访节度,共击彦。蕤于豫章石头,与彦交战,彦军退走,访率帐下将李午等追彦,破之,临阵斩彦。时访为流矢所中,折前两齿,形色不变。及暮,访与贼隔水,贼众数倍,自知力不能敌,乃密遣人如樵采者而出,于是结阵鸣鼓而来,大呼曰:"左军至!"士卒皆称万岁。至夜,令军中多布火而食,贼谓官军益至,未晓而退。访谓诸将曰:"贼必引退,然终知我无救军,当还掩人,宜促渡水北。"既渡,断桥讫,而贼果至,隔水不得进,于是遂归湘州。访复以舟师造湘城,军达富口,而弢遣杜弘出海昏。时溢口骚动,访步上柴桑,偷渡,与贼战,斩首数百。贼退保庐陵,访追击败之,贼婴城自守。寻而军粮为贼所掠,退住巴丘。粮廪既至,复围弘于庐陵。弘大掷宝物于城外,军人竞拾之,弘因阵乱突围而出。访率军追之,获鞍马铠杖不可胜数。弘入南康,太守将率兵逆击,又破之,奔于临贺。帝又进访龙骧将军。王敦表为豫章太守。加征讨都督,赐爵寻阳县侯。

时梁州刺史张光卒,愍帝以侍中第五猗为征南大将军,监荆、梁、益、宁四州,出自武关。贼率杜曾、挚瞻、胡混等并迎猗,奉之,聚兵数万,破陶侃于石城,攻平南将军荀崧于宛,不克,引兵向江陵。王敦以从弟廙为荆州刺史,令督护征虏将军赵诱、襄阳太守朱轨、陵江将军黄峻等讨曾,而大败于女观湖,诱、轨并遇害。曾遂逐廙,径造沔口,大为寇害,威震江沔。元帝命访击之。访有众八千,进至沌阳。曾等锐气甚盛,访曰:"先人有夺人之心,军之善谋也。"使将军李恒督左甄,许朝督右甄,访自领中军,高张旗帜。曾果畏访,先攻左右甄。曾勇冠三军,访甚恶之,自于阵后射雉以安众心。令其众曰:"一甄败,鸣三鼓;两甄败,鸣六鼓。"赵胤领其父余兵属左甄,力战,败而复合。胤驰马告访,访怒,叱令更进。胤号哭还战,自旦至申,两甄皆败。访闻鼓音,选精锐八百人,自行酒饮之,敕不得妄动,闻鼓音乃进。贼未至三十步,访亲鸣鼓,将士皆腾跃奔赴,曾遂大溃,杀千余人。访夜追之,诸将请待明日,访曰:"曾骁勇能战,向之败也,彼劳我逸,是以克之。宜及其衰乘之,可灭。"鼓行而进,遂定汉沔。曾等走固武当。访以功迁南中郎将、督梁州诸军、梁州刺史,屯襄阳。访谓其僚佐曰:"昔城濮之役,晋文以得臣不死而有忧色,今不斩曾,祸难未已。"于是出其不意,又击破之,曾遁走。访部将苏温收曾诣军,并获第五猗、胡混、挚瞻等,送于王敦。又白敦,说猗逼于曾,不宜杀。敦不从而斩之。进位安南将军、持节,都督、刺史如故。

初,王敦惧杜曾之难,谓访曰:"擒曾,当相论为荆州刺史。"及是而敦不用。至王廙去职,诏以访为荆州。敦以访名将,勋业隆重,有疑色。其从事中郎郭舒说敦曰:"鄙州虽遇寇难荒弊,实为用武之国,若以假人,将有尾大之患,公宜自领,访为梁州足矣。"敦从之。访大怒。敦手书譬释,并遗玉环玉椀以申厚意。访投椀于地曰:"吾岂贾竖,可以宝悦乎!"阴欲图之。既在襄阳,务农训卒,勤于采纳,守宰有缺辄补,然后言上。敦患之,而惮其强,不敢有异。访威风既著,远近悦服,智勇过人,为中兴名将。性谦虚,未尝论功伐。或问访曰:"人有小善,鲜不自称。卿功勋如此,初无一言,何也?"访曰:"朝廷威灵,将士用命,访何功之有!"士以此重之。访练兵简卒,欲宣力中原,与李矩、郭默相结,慨然有平河洛之志。善于抚纳,士众皆为致死。闻敦有不臣之心,访恒切齿。敦虽怀逆谋,故终访之世,未敢为非。

初,访少时遇善相者庐江陈训,谓访与陶侃曰:"二君皆位至方岳,功名略同,但陶得上寿,周当下寿,优劣更由年耳。"访小侃一岁,太兴三年卒,时年六十一。帝哭之甚恸,诏赠征西将军,谥曰壮,立碑于本郡。二子:抚、光。

抚,字道和。强毅有父风,而将御不及。元帝辟为丞相掾,父丧去官。服阕,袭爵,除鹰扬将军、武昌太守。王敦命为从事中郎,与邓岳俱为敦爪牙。甘卓遇害,敦以抚为沔北诸军事、南中郎将,镇沔

中。及敦作逆，抚领二千人从之。敦败，抚与岳俱亡走。抚弟光将
资遗其兄，而阴欲取岳。抚怒曰："我与伯山同亡，何不先斩我！"会
岳至，抚出门遥谓之曰："何不速去！今骨肉尚欲相危，况他人乎！"
岳回船而走，抚遂共入西阳蛮中，蛮酋向蚕纳之。初，岳为西阳，欲
伐诸蛮，及是诸蛮皆怨，将杀之。蚕不听，曰："邓府君穷来归我，我
何忍杀之！"由是俱得免。明年，诏原敦党，岳、抚诣阙请罪，有诏禁
锢之。

　　咸和初，司徒王导以抚为从事中郎，出为宁远将军、江夏相。苏
峻作逆，率所领从温峤讨之。峻平，迁监沔北军事、南中郎将，镇襄
阳。石勒将郭敬率骑攻抚，抚不能守，率所领奔于武昌，坐免官。寻
迁振威将军、豫章太守，后代毌丘奥监巴东诸军事、益州刺史、假
节，将军如故。寻进征虏将军，加督宁州诸军事。

　　永和初，桓温征蜀，进抚督梁州之汉中巴西梓潼阴平四郡军
事，镇彭模。抚击破蜀余寇隗文、邓定等，斩伪尚书仆射王誓、平南
将军王润，以功迁平西将军。隗文、邓定等复反，立范贤子贲为帝。
初，贤为李雄国师，以左道惑百姓，人多事之，贲遂有众一万。抚与
龙骧将军朱寿击破斩之，以功进爵建城县公。

　　征西督护萧敬文作乱，杀征虏将军杨谨，据涪城，自号益州牧。
桓温使督护邓遐助抚讨之，不能拔，引退。温又令梁州刺史司马勋
等会抚伐之。敬文固守，自二月至于八月，乃出降，抚斩之，传首京
师。

　　升平中，进镇西将军。在州三十余年，兴宁三年卒，赠征西将
军，谥曰襄。子楚嗣。

　　楚，字元孙。起家参征西军事，从父入蜀，拜鹰扬将军、犍为太
守。父卒，以楚监梁益二州、假节，袭爵建城公。世在梁益，甚得物
情。时梁州刺史司马勋作逆，楚与朱序讨平之，进冠军将军。太和
中，蜀盗李金银、广汉妖贼李弘并聚众为寇，伪称李势子，当以圣道
王，年号凤皇。又陇西人李高诈称李雄子，破涪城。梁州刺史杨亮
失守，楚遣其子讨平之。是岁，楚卒，谥曰定。子琼嗣。

琼劲烈有将略，历数郡，代杨亮为梁州刺史、建武将军，领西戎校尉。初，氐人窦冲求降，朝廷以为东羌校尉。后冲反，欲入汉川，安定人皇甫钊、京兆人周勋等谋纳冲，琼密知之，收钊、勋等斩之。寻卒。子虓嗣。

虓，字孟威。少有节操。州召为祭酒，后历位至西夷校尉，领梓潼太守。宁康初，苻坚将杨安寇梓潼，虓固守涪城，遣步骑数千，送母妻从汉水将抵江陵，为坚将朱肜邀而获之，虓遂降于安。坚欲以为尚书郎，虓曰：“蒙国厚恩，以至今日。但老母见获，失节于此。母子获全，秦之惠也。虽公侯之贵，不以为荣，况郎任乎！”坚乃止。自是每入见坚，辄箕踞而坐，呼之为氐贼。坚不悦。属元会，威仪甚整，坚因谓虓曰：“晋家元会何如此？”虓攘袂厉声曰：“戎狄集聚，譬犹犬羊相群，何敢比天子！”及吕光征域，坚出钱之，戎士二十万，旌旗数百里，又问虓曰：“朕众力何如？”虓曰：“戎狄已来，未之有也。”坚党以虓不逊，屡请除之。坚待之弥厚。虓乃密书与桓冲，说贼奸计。太元三年，虓潜至汉中，坚追得之。后又与坚兄子苞谋袭坚，事泄，坚引虓问其状，虓曰：“昔渐离、豫让，燕、智之微臣，犹漆身吞炭，不忘忠节。况虓世荷晋恩，岂敢忘也。生为晋臣，死为晋鬼，复何问乎！”坚曰：“今杀之，适成其名矣。”遂挞之，徙于太原。后坚复陷顺阳、魏兴，获二守，皆执节不挠，坚叹曰：“周孟威不屈于前，丁彦远洁己于后，吉祖冲不食而死，皆忠臣也。”

虓竟以病卒于太原。其子兴迎致其丧，冠军将军谢玄亲临哭之，因上疏曰：“臣闻旌善表功，崇义明节，所以振扬声教，垂美来叶。故西夷校尉、梓潼太守周虓，执心忠烈，厉节寇庭，遂婴祸荒裔，痛置泉壤。臣每悲其志，以为苏武之贤，不复过也。前宣告并州，访求虓丧，并索其家。负荷数千，始得来至。即以资送，还其旧陇。伏愿圣朝追其志心，表其殊节，使负霜之志不坠于地，则荣慰存亡，惠被幽显矣。”孝武帝诏曰：“虓厉志贞亮，无愧古烈。未及拔身，奄陨厥命。甄表义节，国之典也。赠龙骧将军、益州刺史，赙钱二十万，布百匹。”又赡赐其家。

光，少有父风，年十一，见王敦，敦谓曰："贵郡未有将，谁可用者？"光曰："明公不耻下问，窃谓无复见胜。"敦笑以为宁远将军、寻阳太守。及敦举兵，光率千余人赴之。既至，敦已死，光未之知，求见敦。王应秘不言，以疾告。光退曰："今我远来而不得见王公，公其死乎？"遽见其兄抚曰："王公已死，兄何为与钱凤作贼？"众并愕然。其夕，众散，钱凤走出，至阖庐洲，光捕凤，诣阙赎罪，故得不废。苏峻作逆，随温峤力战有功。峻平，赐爵曲江男，卒官。

子仲孙，兴宁初督宁州军事、振武将军、宁州刺史。在州贪暴，人不堪命。桓温以梁益多寇，周氏世有威称，复除仲孙监益州、梁州之三郡。宁康初，杨安寇蜀，仲孙失守，免官。后征为光禄勋，卒。

初，陶侃微时，丁艰，将葬，家中忽失牛而不知所在。遇一老父，谓曰："前岗见一牛眠山污中，其地若葬，位极人臣矣。"又指一山云："此亦其次，当世出二千石。"言讫不见，侃寻牛得之，因葬其处，以所指别山与访。访父死，葬焉，果为刺史，著称宁益，自访以下，三世为益州四十一年，如其所言云。

史臣曰：夫仁义岂有常，蹈之即君子，背之即小人。周子隐以胅弛之材，负不羁之行，比凶蛟猛兽，纵毒乡闾，终能克己厉精，朝闻夕改，轻生重义，徇国亡躯，可谓志节之士也。宣佩奋兹忠勇，屡殄妖氛，威略冠于本朝，庸绩书于王府。既而结憾朝宰，潜构异图，忿不思难，斯为隘矣。终于愤恚，岂不惜哉！札莚等负俊逸之材，以雄豪自许，始见疑于朝廷，终获戾于权右，强弗如弱，信有征矣。而札受委捍城，乃开门揖盗，去顺效逆，彼实有之。后虽假手凶徒，可谓罪人斯得。朝廷议加荣赠，不其僭乎！有晋之刑政陵夷，用此道也。周访器兼文武，任在折冲，截定湘罗，克清江汉，谋孙翼子，杖节拥旄，西蜀仰其威风，中兴推为名将，功成名立，不亦美哉！孟威陷迹虏廷，抗辞伪主，虽图史所载，何以加焉！

赞曰：平西果劲，始邪末正。勇足除残，忠能致命。宣佩懋功，三定江东。札虽启敌，莚实怀忠。寻阳纬武，拥旄持斧。曰子曰孙，重规叠矩。孟威抗烈，心存旧主。

晋书卷五九
列传第二九

汝南王亮 子粹 矩 羕 宗 熙
楚隐王玮　赵王伦　齐王冏
郑方　长沙厉王乂　成都王颖
河间王颙　东海孝献王越

　　自古帝王之临天下也，皆欲广树藩屏，崇固维城。唐虞以前，宪章盖阙，夏殷以后，遗迹可知。然而玉帛会于涂山，虽云万国，至于分疆胙土，犹或未详。洎乎周室，粲焉可观，封建亲贤，并为列国。当其兴也，周召赞其升平；及其衰也，桓文辅其危乱。故得卜世之祚克昌，卜年之基惟永。逮王赧即世，天禄已终，虚位无主，三十余载。爰及暴秦，并吞天下，戒衰周之削弱，忽帝业之远图，谓王室之陵迟，由诸侯之强大。于是罢侯置守，独尊诸己，至乎子弟，并为匹夫，惟欲肆虐陵威，莫顾谋孙翼子。枝叶微弱，宗祜孤危，内无社稷之臣，外阙藩维之助。陈、项一呼，海内沸腾，陨身于望夷，系颈于轵道。事不师古，二世而灭。汉祖勃兴，爰革斯弊。于是分王子弟，利建功臣，锡之山川，誓以带砺。然而矫枉过直，惩羹吹齑，土地封疆，逾越往古。始则韩彭葅醢，次乃吴楚称乱。然虽克灭权逼，犹足维翰王畿。洎成哀之后，戚藩陵替，君臣乘兹间隙，窃位偷安。光武雄略纬天，慷慨下国，遂能除凶静乱，复禹配天，休祉盛于两京，鼎祚隆于四百,宗支继绝之力,可得而言。魏武忘经国之宏规,行忌刻之小数,功臣无立锥之地,子弟君不使之人,徒分茅社,实传虚爵,本根无所庇荫,遂乃三叶而亡。

有晋思改覆车,复隆盘石,或出拥旄节,苞岳牧之荣;入践台阶,居端揆之重。然而付托失所,授任乖方,政令不恒,赏罚斯滥。或有材而不任,或无罪而见诛,朝为伊周,夕为莽卓。机权失于上,祸乱作于下。楚赵诸王,相仍构衅,徒兴晋阳之甲,竟匪勤王之师。始则为身择利,利未加而害及;初乃无心忧国,国非忧而奚拯!遂使昭阳兴废,有甚弈棋;乘舆幽絷,更同羑里。胡羯陵侮,宗庙丘墟,良可悲也。

夫为国之有藩屏,犹济川之有舟楫,安危成败,义实相资。舟楫且完,波涛不足称其险;藩屏式固,祸乱何以成其阶!向使八王之中,一藩繁赖,如梁王之御大敌,若朱虚之除大憝,则外寇焉敢凭陵,内难奚由窃发!纵令天子暗劣,鼎臣奢放,虽或颠沛,未至土崩。何以言之?琅邪譬彼诸王,权轻众寡,度长絜大,不可同年。遂能匹马济江,奄有吴会,存重宗社,百有余年。虽曰天时,抑亦人事。岂如赵伦、齐冏之辈,河间、东海之徒,家国俱亡,身名并灭。善恶之数,此非其效欤!西晋之政乱朝危,虽由时主,然而煽其风,速其祸者,咎在八王,故序而论之,总为其传云耳。

汝南文成王亮,字子翼,宣帝第四子也。少清警有才用,仕魏为散骑侍郎、万岁亭侯,拜东中郎将,进封广阳乡侯。讨诸葛诞于寿春,失利,免官。顷之,拜左将军,加散骑常侍、假节,出监豫州诸军事。五等建,改封祁阳伯,转镇西将军。

武帝践阼,封扶风郡王,邑万户,置骑司马,增参军掾属,持节、都督关中雍凉诸军事。会秦州刺史胡烈为羌虏所害,亮遣将军刘旃、骑督敬琰赴救,不进,坐是贬为平西将军。旃当斩,亮与军司曹同上言,节度之咎由亮而出,乞丐旃死。诏曰:"高平困急,计城中及旃足以相拔,就不能径至,尚当深进。今奔突有投,而坐视覆败,故加旂大戮。今若罪不在旂,当有所在。"有司又奏免亮官,削爵土。诏惟免官。顷之。拜抚军将军。是岁,吴将步阐来降,假亮节都督诸军事以纳之。寻加侍中之服。

咸宁初,以扶风池阳四千一百户为太妃伏氏汤沐邑,置家令丞仆,后改食南郡枝江。太妃尝有小疾。被于洛水,亮兄弟三人侍从,并持节鼓吹,震耀洛滨。武帝登陵云台望见,曰:"伏妃可谓富贵矣。"其年进号卫将军,加侍中。时宗室殷盛,无相统摄,乃以亮为宗师,本官如故,使训导观察,有不遵礼法,小者正以义方,大者随事闻奏。

三年,徙封汝南,出为镇南大将军、都督豫州诸军事、开府、假节,之国,给追锋车、皂轮犊车,钱五十万。顷之,征亮为侍中、抚军大将军,领后军将军,统冠军、步兵、射声、长水等营,给兵五百人,骑百匹。迁太尉、录尚书事、领太子太傅,侍中如故。

及武帝寝疾,为杨骏所排,乃以亮为侍中、大司马、假黄钺、大都督、督豫州诸军事,出镇许昌,加轩悬之乐,六佾之舞。封子羕为西阳公。未发,帝大渐,诏留亮委以后事。杨骏闻之,从中书监华廙索诏视,遂不还。帝崩,亮惧骏疑己,辞疾不入,于大司马门外叙哀而已,表求过葬。骏欲讨亮,亮知之,问计于廷尉何勖。勖曰:"今朝廷皆归心于公,公何不讨人而惧为人所讨!"或说亮率所领入废骏,亮不能用,夜驰赴许昌,故得免。及骏诛,诏曰:"大司马、汝南王亮体道冲粹,通识政理,宣翼之绩显于本朝,《二南》之风流于方夏,将凭远猷,以康王化。其以亮为太宰、录尚书事,入朝不趋,剑履上殿,增掾属十人,给千兵百骑,与太保卫瓘对掌朝政。"亮论赏诛杨骏之功过差,欲以苟悦众心,由是失望。

楚王玮有勋,而好立威,亮惮之,欲夺其兵权。玮甚憾,乃承贾后旨,诬亮与瓘有废立之谋,矫诏遣其长史公孙宏与积弩将军李肇夜以兵围之。帐下督李龙白外有变,请距之,亮不听。俄然楚兵登墙而呼,亮惊曰:"吾无二心,何至于是!若有诏书,其可见乎?"宏等不许,促兵攻之。长史刘准谓亮曰:"观此必是奸谋,府中俊乂如林,犹可尽力距战。"又弗听,遂为肇所执,而叹曰:"我之忠心可破示天下也,如何无道,枉杀不辜!"是时大热,兵人坐亮于车下,时人怜之,为之交扇。将及日中,无敢害者。玮出令曰:"能斩亮者,赏布千匹。"遂为乱兵所害,投于北门之壁,鬓发耳鼻皆悉毁焉。及玮诛,追复亮爵位,给东园温明秘器,朝服一袭,钱三百万,布绢三百匹,丧葬之礼如安平献王孚故事,庙设轩悬之乐。有五:子粹、矩、羕、宗、熙。

粹,字茂弘。早卒。

矩,字延明。拜世子,为屯骑校尉,与父亮同被害。追赠典军将军,谥怀王。子祐立,是为威王。

祐,字永猷。永安中,从惠帝北征。帝迁长安,祐反国。及帝还洛,以征南兵八百人给之,特置四部牙门。永兴初,率众依东海王越,讨刘乔有功,拜扬武将军,以江夏云杜益封,并前二万五千户。越征汲桑,表留祐领兵三千守许昌,加鼓吹、麾旗。越还,祐归国。永嘉末,以寇贼充斥,遂南渡江,元帝命为军谘祭酒。建武初,为镇军将军。太兴末,领左军将军。太宁中,进号卫将军,加散骑常侍。咸和元年,薨,赠侍中、特进。

子恭王统立,以南顿王宗谋反,被废。其后成帝哀亮一门殄绝,诏统复封,累迁秘书监、侍中。薨,追赠光禄勋。子义立,官至散骑常侍。薨,子遵之立。义熙初,梁州刺史刘稚谋反,推遵之为主,事泄,伏诛。弟楷之子连扶立。宋受禅,国除。

羕,字延年。太康末,封西阳县公,拜散骑常侍。亮之被害也,羕时年八岁,镇南将军裴楷与之亲姻,窃之以逃,一夜八迁,故得免。及玮诛,进爵为王,历步兵校尉、左军骁骑将军。元康初,进封郡王。永兴初,拜侍中。以长沙王乂党,废为庶人。惠帝还洛,复羕封,为抚军将军,又以汝南期思、西陵益其国。永嘉初,拜镇军将军,加散骑常侍,领后军将军,复以郯、蕲春益之,并前三万五千户。随东海王越东出鄄城,遂南渡江。

元帝承制,更拜抚军大将军、开府,给千兵百骑。诏与南顿王宗统流人以实中州,江西荒梗,复还。及元帝践阼,进位侍中、太保。以兼属尊,元会特为设床。太兴初,录尚书事,寻领大宗师,加羽葆、斧钺,班剑六十人,进位太宰。及王敦平,领太尉。明帝即位,以兼宗室元老,特为之拜。兼放纵兵士劫钞,所司奏免兼官,诏不问。及帝寝疾,兼与王导同受顾命辅成帝。时帝幼冲,诏兼依安平献王孚故事,设床帐于殿上,帝亲迎拜。咸和初,坐弟南顿王宗免官,降为弋阳县王。及苏峻作乱,兼诣峻称述其勋,峻大悦,矫诏复兼爵位。峻平,赐死。世子播、播弟充及息崧并伏诛,国除。咸康初,复其属籍,以兼孙珉为奉车都尉、奉朝请。

宗,字延祚。元康中,封南顿县侯,寻进爵为公。讨刘乔有功,进封王,增邑五千,并前万户,为征虏将军。与兄兼俱过江。元帝承制,拜散骑常侍。愍帝之在西都,以宗为平东将军。元帝即位,拜抚军将军,领左将军。明帝践阼,加长水校尉,转左卫将军。与虞胤俱为帝所昵,委以禁旅。

宗与王导、庾亮志趣不同,连结轻侠,以为腹心,导、亮并以为言。帝以宗戚属,每容之。及帝疾笃,宗、胤密谋为乱,亮排闼入,升御床,流涕言之,帝始悟。转为骠骑将军。胤为大宗正。宗遂怨望形于辞色。咸和初,御史中丞钟雅劾宗谋反,庾亮使右卫将军赵胤收之。宗以兵距战,为胤所杀,贬其族为马氏,徙妻子于晋安,既而原之。三子:绰、超、演,废为庶人。咸康中,复其属籍。绰为奉车都尉、奉朝请。

熙,初封汝阳公,讨刘乔有功,进爵为王。永嘉末,没于石勒。

楚隐王玮,字彦度,武帝第五子也。初封始平王,历屯骑校尉。太康末,徙封于楚,出之国,都督荆州诸军事、平南将军,转镇南将军。武帝崩,入为卫将军,领北军中侯,加侍中、行太子少傅。

杨骏之诛也,玮屯司马门。玮少年果锐,多立威刑,朝廷忌之。汝南王亮、太保卫瓘以玮性很戾,不可大任,建议使与诸王之国,玮甚忿之。长史公孙宏、舍人岐盛并薄于行,为玮所昵。瓘等恶其为人，虑致祸乱，将收盛。盛知之，遂与宏谋，因积弩将军李肇矫称玮命，诬亮、瓘于贾后。而后不之察，使惠帝为诏曰："太宰、太保欲为伊霍之事，王宜宣诏，令淮南、长沙、成都王屯宫诸门，废二公。"夜使黄门赍以授玮。玮欲覆奏，黄门曰："事恐漏泄，非密诏本意也。"玮乃止。遂勒本军，复矫诏召三十六军，手令告诸军曰："天祸晋室，凶乱相仍。间者杨骏之难，实赖诸君克平祸乱。而二公潜图不轨，欲废陛下以绝武帝之祀。今辄奉诏，免二公官。吾今受诏都督中外诸军。诸在直卫者皆严加警备，其在外营，便相率领，径诣行府。助顺讨逆，天所福也。悬赏开封，以待忠效。皇天后土，实闻此言。"又矫诏使亮、瓘上太宰太保印绶、侍中貂蝉，之国，官属皆罢遣之。又矫诏敕亮、瓘官属曰："二公潜谋，欲危社稷，今免还第。官属以下，一无所问。若不奉诏，便军法从事。能率所领先出降者，封侯受赏。朕不食言"。遂收亮、瓘，杀之。

　　岐盛说玮，可因兵势诛贾模、郭彰，匡正王室，以安天下。玮犹豫未决。会天明，帝用张华计，遣殿中将军王宫赍驺虞幡麾众曰："楚王矫诏。"众皆释杖而走。玮左右无复一人，窘迫不知所为，惟一奴年十四，驾牛车将赴秦王柬。帝遣谒者诏玮还营，执之于武贲署，遂下廷尉。诏以玮矫制害二公父子，又欲诛灭朝臣，谋图不轨，遂斩之，时年二十一。其日大风，雷雨霹雳。诏曰："周公决二叔之诛，汉武断昭平之狱，所不得已者。廷尉奏玮已伏法，情用悲痛，吾当发哀。"玮临死，出其怀中青纸诏，流涕以示监刑尚书刘颂曰："受诏而行，谓为社稷，今更为罪。托体先帝，受枉如此，幸见申列。"颂亦歔欷不能仰视。公孙宏、岐盛并夷三族。

　　玮性开济好施，能得众心，及此莫不陨泪，百姓为之立祠。贾后先恶瓘、亮，又忌玮，故以计相次诛之。永宁元年，追赠骠骑将军，封其子范为襄阳王，拜散骑常侍，后为石勒所害。

　　赵王伦，字子彝，宣帝第九子也，母曰柏夫人。魏嘉平初，封安乐亭侯。五等建，改封东安子，拜谏议大夫。

　　武帝受禅,封琅邪郡王。坐使散骑将刘缉买工所将盗御裘,廷尉杜友正缉弃市,伦尝与缉同罪。有司奏伦爵重属亲,不可坐。谏议大夫刘毅驳曰:“王法赏罚,不阿贵贱,然后可以齐礼制而明典刑也。伦知裘非常,蔽不语吏,与缉同罪,当以亲贵议减,不得阙而不论。宜自于一时法中,如友所正。”帝是毅驳,然以伦亲亲故,下诏赦之。及之国,行东中郎将、宣威将军。咸宁中,改封于赵,迁平北将军、督邺城守事,进安北将军。元康初,迁征西将军、开府仪同三司,镇关中。伦刑赏失中,氐、羌反叛,征还京师。寻拜车骑将军、太子太傅。深交贾、郭,谄事中宫,大为贾后所亲信。求录尚书,张华、裴頠固执不可。又求尚书令,华、頠复不许。

　　愍怀太子废,使伦领右军将军。时左卫司马督司马雅及常从督许超,并尝给事东宫,二人伤太子无罪,与殿中中郎士猗等谋废贾后,复太子,以华、頠不可移,难与图权,伦执兵之要,性贪冒,可假以济事,乃说伦嬖人孙秀曰:“中宫凶妒无道,与贾谧等共废太子。今国无嫡嗣,社稷将危,大臣将起大事。而公名奉事中宫,与贾、郭亲善,太子之废,皆云豫知,一朝事起,祸必相及。何不先谋之乎?”秀许诺,言于伦,伦纳焉。遂告通事令史张林及省事张衡、殿中侍御史殷浑、右卫司督路始,使为内应。事将起,而秀知太子聪明,若还东宫,将与贤人图政,量己必不得志,乃更说伦曰:“太子为人刚猛,不可私请。明公素事贾后,时议皆以公为贾氏之党。今虽欲建大功于太子,太子含宿怒,必不加赏于明公矣。当谓逼百姓之望,翻覆以免罪耳。此乃所以速祸也。今且缓其事,贾后必害太子,然后废后,为太子报仇,亦足以立功,岂徒免祸而已。”伦从之。秀乃微泄其谋,使谧党颇闻之。伦、秀因劝谧等早害太子,以绝众望。

　　太子既遇害,伦、秀之谋益甚,而超、雅惧后难,欲悔其谋,乃辞疾。秀复告右卫佽飞督闾和,和从之,期四月三日景夜一筹,以鼓声为应。至期,乃矫诏敕三部司马曰:“中宫与贾谧等杀吾太子,今使车骑入废中宫。汝等皆当从命,赐爵关中侯。不从,诛三族。”于是众皆从之。伦又矫诏开门夜入。陈兵道南,遣翊军校尉、齐王冏将三部司马百人，排閤而入。华林令骆休为内应，迎帝幸东堂。遂废贾后为庶人，幽之于建始殿。收吴太妃、赵粲及韩寿妻贾午等，付暴室考竟。诏尚书以废后事，仍收捕贾谧等，召中书监、侍中、黄门侍郎、八坐，皆夜入殿，执张华、裴頠、解结、杜斌等，于殿前杀之。尚书始疑诏有诈，郎师景露版奏请手诏。伦等以为沮众，斩之以徇。明日，伦坐端门，屯兵北向，遣尚书和郁持节送贾庶人于金墉。诛赵粲叔父中护军赵浚及散骑侍郎韩豫等，内外群官多所黜免。伦寻矫诏自为使持节、大都督、督中外诸军事、相国、侍中、王如故，一依宣文辅魏故事，置左右长史、司马、从事中郎四人、参军十人，掾属二十人、兵万人。以其世子散骑常侍荂领冗从仆射；子馥前将军，封济阳王；虔黄门郎，封汝阴王；诩散骑侍郎，封霸城侯。孙秀等封皆大郡，并据兵权，文武官封侯者数千人，百官总己听于伦。

　　伦素庸下，无智策，复受制于秀，秀之威权振于朝廷。天下皆事秀而无求于伦。秀起自琅邪小史，累官于赵国，以谄媚自达。既执机衡，遂恣其奸谋，多杀忠良，以逞私欲。司隶从事游颢与殷浑有隙，浑诱颢奴晋兴，伪告颢有异志。秀不详察，即收颢及襄阳中正李迈，杀之，厚待晋兴，以为己部曲督。前卫尉石崇、黄门郎潘岳皆与秀有嫌，并见诛。于是京邑君子不乐其生矣。

　　淮南王允、齐王冏以伦、秀骄僭，内怀不平。秀等亦深忌焉，乃出冏镇许，夺允护军。允发愤，起兵讨伦。允既败灭，伦加九锡，增封五万户。伦伪为饰让，诏遣百官诣府敦劝，侍中宣诏，然后受之。加荂抚军将军、领军将军，馥镇军将军、领护军将军，虔中军将军、领右卫将军，诩为侍中。又以孙秀为侍中、辅国将军、相国司马，右率如故。张林等并居显要。增相府兵为二万人，与宿卫同，又隐匿兵士，众过三万。起东宫三门四角华橹，断宫东西道为外徼。或谓秀曰："散骑常侍杨准、黄门侍郎刘逵欲奉梁王肜以诛伦。"会有星变，乃徙肜为丞相，居司徒府，转准、逵为外官。

　　伦无学，不知书；秀亦以狡黠小才，贪淫昧利；所共立事者，皆邪佞之徒，惟竞荣利，无深谋远略。荂浅薄鄙陋，馥、虔暗狠强戾，诩愚嚚轻诐，而各乖异，互相憎毁。秀子会，年二十，为射声校尉，尚帝女河东公主。公主母丧未期，便纳聘礼。会形貌短陋，奴仆之下者，初与富室儿于城西贩马，百姓忽闻其尚主，莫不骇愕。

伦、秀并惑巫鬼，听妖邪之说。秀使牙门赵奉诈为宣帝神语，命伦早入西宫。又言宣帝于北芒为赵王佐助，于是别立宣帝庙于芒山。谓逆谋可成。以太子詹事裴劭、左军将军卞粹等二十人为从事中郎，掾属又二十。秀等部分诸军，分布腹心，使散骑常侍、义阳王威兼侍中，出纳诏命，矫作禅让之诏，使使持节、尚书令满奋，仆射崔随为副，奉皇帝玺绶以禅位于伦。伦伪让不受。于是宗室诸王、群公卿士咸假称符瑞天文以劝进，伦乃许之。左卫王舆与前军司马雅等率甲士入殿，譬喻三部司马，示以威赏，皆莫敢违。其夜，使张林等屯守诸门。义阳王威及骆休等逼夺天子玺绶。夜漏未尽，内外百官以乘舆法驾迎伦。惠帝乘云母车，卤簿数百人，自华林西门出居金墉城。尚书和郁，兼侍中、散骑常侍、琅邪王睿，中书侍郎陆机从，到城下而反。使张衡卫帝，实幽之也。

伦从兵五千人，入自端门，登太极殿，满奋、崔随、乐广进玺绶于伦，乃僭即帝位，大赦，改元建始。是岁，贤良方正、直言、秀才、孝廉、良将皆不试；计吏及四方使命之在京邑者，太学生年十六以上及在学二十年，皆署吏；郡县二千石令长赦曰在职者，封侯郡；纲纪并为孝廉，县纲纪为廉吏。以世子荂为太子，馥为侍中、大司农、领护军、京兆王，虔为侍中、大将军领军、广平王，诩为侍中、抚军将军、霸城王，孙秀为侍中、中书监、骠骑将军、仪同三司，张林等诸党皆登卿将，并列大封。其余同谋者咸超阶越次，不可胜纪，至于奴卒厮役亦加以爵位。每朝会，貂蝉盈坐，时人为之谚曰："貂不足，狗尾续。"而以苟且之惠取悦人情，府库之储不充于赐，金银冶铸不给于印，故有"白版之侯"，君子耻服其章，百姓亦知其不终矣。

伦亲祠太庙，还，遇大风，飘折麾盖。孙秀既立非常之事，伦敬重焉。秀住文帝为相国时所居内府，事无巨细，必谘而后行。伦之诏令，秀辄改革，有所与夺，自书青纸为诏，或朝行夕改者数四，百官转易如流矣。时有雉入殿中,自太极东阶上殿,驱之,更飞西钟下,有顷,飞去。又伦于殿上得异鸟,问皆不知名,累日向夕,宫西有素衣小儿言是服刘鸟。伦使录小儿并鸟闭置牢室,明旦开视,户如故,并失人鸟所在。伦目上有瘤,时以为妖焉。

时齐王冏、河间王颙、成都王颖并拥强兵,各据一方。秀知冏等必有异图,乃选亲党及伦故吏为三王参佐及郡守。

秀本与张林有隙,虽外相推崇,内实忌之。及林为卫将军,深怨不得开府,潜与荂笺,具说秀专权,动违众心,而功臣皆小人,挠乱朝廷,可一时诛之。荂以书白伦,伦以示秀。秀劝伦诛林,伦从之。于是伦请宗室会于华林园,召林、秀及王舆入,因收林,杀之,诛三族。

及三王起兵讨伦檄至,伦、秀始大惧,遣其中坚孙辅为上军将军,积弩李严为折冲将军,率兵七千自延寿关出,征虏张泓、左率蔡璜、前军闾和等率九千人自崿坂关出,镇军司马雅、扬威莫原等率八千人自成皋崿出。召东平王楙为使持节、卫将军,都督诸军以距义师。使杨珍昼夜诣宣帝别庙祈请,辄言宣帝谢陛下,某日当破贼。拜道士胡沃为太平将军,以招福祐。秀家日为淫祀,作厌胜之文,使巫祝选择战日。又令近亲于嵩山著羽衣,诈称仙人王乔,作神仙书,述伦祚长久以惑众。秀欲遣馥、虔领兵助诸军战,馥、虔不肯。虔素亲爱刘舆,秀乃使舆说虔,虔然后率众八千为三军继援。而泓、雅等连战虽胜,义军散而辄合,雅等不得前。许超等与成都王颖军战于黄桥,杀伤万余人。泓径造阳翟,又于城南破齐王冏辎重,杀数千人,遂据城保邸阁。而冏军已在颍阴,去阳翟四十里。冏分军渡颍,攻泓等不利。泓乘胜至于颍上,夜临颍而阵。冏纵轻兵击之,诸军不动,而孙辅、徐建军夜乱,径归洛自首。辅、建之走也,不知诸军督尚存,乃云:"齐王兵盛,不可当,泓等已没。"伦大震,秘之,而召虔及超还。会泓败冏露布至,伦大喜,乃复遣超,而虔还已至庾仓。超还济河,将士疑阻,锐气内挫。泓等悉其诸军济颍,进攻冏营,冏出兵击其别率孙髦、司马谭、孙辅,皆破之,士卒散归洛阳,泓等收众还营。秀等知三方日急,诈传破阿营,执得阿,以诳惑其众,令百官皆贺,而士猗、伏胤、孙会皆杖节各不相从。伦复授太子詹事刘琨节,督河北将军,率步骑千人催诸军战。会等与义军战于激水,大败,退保河上,刘琨烧断河桥。

自义兵之起,百官将士咸欲诛伦、秀以谢天下。秀知众怒难犯,不敢出省。及闻河北军悉败,忧懑不知所为。义阳王威劝秀至尚书省与八坐议征战之备,秀从之。使京城四品以下子弟年十五以上,皆诣司隶,从伦出战。内外诸军悉欲劫杀秀,咸惧,自崇礼闼走还下舍。许超、士猗、孙会等军既并还,乃与秀谋,或欲收余卒出战,或欲焚烧宫室,诛杀不附己者,挟伦南就孙旂、孟观等,或欲乘船东走入海,计未决。王舆反之,率营兵七百余人自南掖门入,敕宫中兵守卫诸门,三部司马为应于内。舆自往攻秀,秀闭中书南门。舆放兵登墙烧屋,秀及超、猗遽走出,左卫将军赵泉斩秀等以徇。收孙奇于右卫营,付廷尉诛之。执前将军谢惔、黄门令骆休、司马督王潜,皆于殿中斩之。三部司马兵于宣化闼中斩孙弼以徇。时司马馥在秀坐,舆使将士囚之于散骑省,以大戟守省合。八坐皆入殿中,坐东除树下。王舆屯云龙门,使伦为诏曰:“吾为孙秀等所误,以怒三王。今已诛秀,其迎太上复位,吾归老于农亩。”传诏以驺虞幡敕将士解兵。文武官皆奔走,莫敢有居者。黄门将伦自华林东门出,及荂皆还汶阳里第。于是以甲士数千迎天子于金墉,百姓咸称万岁。帝自端门入,升殿,御广室,送伦及荂等付金墉城。

初,秀惧西军至,复召虔还。是日宿九曲,诏遣使者免虔官,虔惧,弃军将数十人归于汶阳里。

梁王肜表伦父子凶逆,宜伏诛。百官会议于朝堂,皆如肜表。遣尚书袁敞持节赐伦死,饮以金屑苦酒。伦惭,以巾覆面,曰:“孙秀误我!孙秀误我!”于是收荂、馥、虔、诩付廷尉狱,考竟。馥临死谓虔曰:“坐尔破家也!”百官是伦所用者,皆斥免之,台省府卫仅有存者。自兵兴六十余日,战所杀害仅十万人。

凡与伦为逆豫谋大事者:张林为秀所杀;许超、士猗、孙弼、谢愉、殷浑与秀为王舆所诛;张衡、闾和、孙辈、高越自阳翟还,伏胤战败还洛阳,皆斩于东市;蔡璜自阳翟降齐王冏,还洛自杀;王舆以功免诛,后与东莱王蕤谋杀冏,又伏法。

齐武闵王冏,字景治,献王攸之子也。少称仁惠,好振施,有父风。初,攸有疾,武帝不信,遣太医诊候,皆言无病。及攸薨,帝往临丧,冏号踊诉父病为医所诬,诏即诛医。由是见称,遂得为嗣。

元康中,拜散骑常侍,领左军将军、翊军校尉。赵王伦密与相结,废贾后,以功转游击将军。冏以位不满意,有恨色。孙秀微觉之,且惮其在内,出为平东将军、假节,镇许昌。伦篡,迁镇东大将军、开府仪同三司,欲以宠安之。

冏因众心怨望,潜与离狐王盛、颍川王处穆谋起兵诛伦。伦遣腹心张乌觇之,乌反,曰:"齐无异志。"冏既有成谋未发,恐事泄,乃与军司管袭杀穆,送首于伦,以安其意。谋定,乃收袭杀之。遂与豫州刺史何勖、龙骧将军董艾等起军,遣使告成都、河间、常山、新野四王,移檄天下征镇、州郡县国,咸使闻知。杨州刺史郗隆承檄,犹豫未决,参军王邃斩之,送首于冏。冏屯军阳翟,伦遣其将闾和、张泓、孙辅出堮坂,与冏交战。冏军失利,坚垒自守。会成都军破伦众于黄桥,冏乃出军攻和等,大破之。及王舆废伦,惠帝反正,冏诛讨贼党既毕,率众入洛,顿军通章署,甲士数十万,旌旗器械之盛,震于京都。天子就拜大司马,加九锡之命,备物典策,如宣、景、文、武辅魏故事。

冏于是辅政,居攸故宫,置掾属四十人。大筑第馆,北取五谷市,南开诸署,毁坏庐舍以百数,使大匠营制,与西宫等。凿千秋门墙以通西阁,后房施钟悬,前庭舞八佾,沉于酒色,不入朝见。坐拜百官,符敕三台,选举不均,惟宠亲昵。以车骑将军何勖领中领军。封葛旟为牟平公,路秀小黄公,卫毅阴平公,刘真安乡公,韩泰封丘公,号曰"五公",委以心膂。殿中御史桓豹奏事,不先经冏府,即考竟之。于是朝廷侧目,海内失望矣。南阳处士郑方露版极谏,主簿王豹屡有箴规,冏并不能用,遂奏豹杀之。有白头公入大司马府大呼,言有兵起,不出甲子旬。即收杀之。

冏骄恣日甚,终无悛志。前贼曹属孙惠复上谏曰:

惠闻天下五难,四不可,而明公皆以居之矣。捐宗庙之主,忽千乘之重,躬贯甲胄,犯冒锋刃,此一难也。奋三百之卒,决全胜之策,集四方之众,致英豪之士,此二难也。舍殿堂之尊,居单幕之陋,安器尘之惨,同将士之劳,此三难也。驱乌合之众,当凶强之敌,任神武之略,无疑阻之惧,此四难也。橄六合之内,著盟信之誓,升幽宫之帝,复皇祚之业,此五难也。大名不可久荷,大功不可久任,大权不可久执,大威不可久居。未有行其五难而不以为难,遗其不可而谓之为可。惠窃所不安也。

自永熙以来,十有一载,人不见德,惟戮是闻。公族构篡夺之祸,骨肉遭枭夷之刑,群王被囚槛之困,妃主有离绝之哀。历观前代,国家之祸,至亲之乱,未有今日之甚者也。良史书过,后嗣何观!天下所以不去于晋,符命长存于世者,主无严虐之暴,朝无酷烈之政,武帝余恩,献王遗爱,圣慈惠和,尚经人心。四海所系,实在于兹。

今明公建不世之义,而未为不世之让,天下惑之,思求所悟。长沙、成都,鲁、卫之密,国之亲亲,与明公计功受赏,尚不自先。今公宜放桓文之勋,迈臧札之风,刍狗万物,不仁其化,崇亲推近,功遂身退,委万机于二王,命方岳于群后,燿义让之旗,鸣思归之銮,宅大齐之墟,振泱泱之风,垂拱青徐之域,高枕营丘之藩。金石不足以铭高,八音不足以赞美,姬文不得专圣于前,大伯不得独贤于后。今明公忘亢极之悔,忽穷高之凶,弃五岳之安,居累卵之危,外以权势受疑,内以百揆损神。虽处高台之上,逍遥重仞之墉,及其危亡之忧,过于颍翟之虑。群下悚战,莫之敢言。

惠以衰亡之余,遭阳九之运,甘矢石之祸,赴大王之义,脱褐冠胄,从戎于许。契阔战阵,功无可记,当随风尘,待罪初服。

屈原放斥，心存南郢；乐毅适赵，志恋北燕。况惠受恩，偏蒙识养，虽复暂违，情隆二臣，是以披露血诚，冒昧干迕。言入身戮，义让功举，退就铁锧，此惠之死贤于生也。

冏不纳，亦不加罪。

翊军校尉李含奔于长安，诈云受密诏，使河间王颙诛冏，因导以利谋。颙从之，上表曰：

王室多故，祸难罔已。大司马冏虽唱义有兴复皇位之功，而定都邑，克宁社稷，实成都王之勋力也。而冏不能固守臣节，实协异望。在许昌营有东西掖门，官置治书侍御史，长史、司马直立左右，如侍臣之仪。京城大清，篡逆诛夷，而率百万之众来绕洛城。阻兵经年，不一朝觐，百官拜伏，晏然南面。坏乐官市署，用自增广。辄取武库秘杖，严列不解。故东莱王蕤知其逆节，表陈事状，而见诬陷，加罪黜徙。以树私党，僭立官属。幸妻嬖妾，名号比之中宫。沉湎酒色，不恤群黎。董艾放纵，无所畏忌，中丞按奏，而取退免。张伟惚恫，拥停诏可；葛旟？小竖，维持国命。操弄王爵，货赂公行。群奸聚党，擅断杀生。密署腹心，实为货谋。斥罪忠良，伺窥神器。

臣受重任，蕃卫方岳，见冏所行，实怀激愤。即日翊军校尉李含乘驲奄至，宣腾诏旨。臣伏读感切，五情若灼。《春秋》之义，君亲无将。冏拥强兵，树置私党，权官要职，莫非腹心。虽复重责之诛，恐不义服。今辄勒兵，精卒十万，与州征并协忠义，共会洛阳。骠骑将军长沙王乂，同奋忠诚，废冏还第。有不顺命，军法从事。成都王颖明德茂亲，功高勋重，往岁去就，允合众望，宜为宰辅，代冏阿衡之任。

颙表既至，冏大惧，会百僚曰："昔孙秀作逆，篡逼帝王，社稷倾覆，莫能御难。孤纠合义众，扫除元恶，臣子之节，信著神明。二王今日听信谗言，造构大难，当赖忠谋以和不协耳。"司徒王戎、司空东海王越说冏委权崇让。冏从事中郎葛旟怒曰："赵庶人听任孙秀，移天易日，当时喋喋，莫敢先唱。公蒙犯矢石，躬贯甲胄，攻围陷阵，得济今日。计功行封，事殷未遍。三台纳言不恤王事，赏报稽缓，责不在府。谗言僭逆，当共诛讨，虚承伪书，令公就第。汉魏以来，王侯就第宁有得保妻子者乎！议者可斩。"于是百官震悚，无不失色。

长沙王乂径入宫，发兵攻冏府。冏遣董艾陈兵宫西。乂又遣宋洪等放火烧诸观阁及千秋、神武门。冏令黄门令王湖悉盗驺虞幡，唱云："长沙王矫诏。"乂又称："大司马谋反，助者诛五族。"是夕，城内大战，飞矢雨集，火光属天。帝幸上东门，矢集御前。群臣救火，死者相枕。明日，冏败，乂擒冏至殿前，帝恻然，欲活之。乂叱左右促牵出，冏犹再顾，遂斩于阊阖门外，徇首六军。诸党属皆夷三族。幽其子淮陵王超、乐安王冰、济阳王英于金墉。暴冏尸于西明亭，三日而莫敢收敛。冏故掾属荀闿等表乞殡葬，许之。

初，冏之盛也，有一妇人诣大司马府求寄产。吏诘之，妇人曰："我截齐便去耳。"识者闻而恶之。时又谣曰："著布袙腹，为齐持服。"俄而冏诛。

永兴初，诏以冏轻陷重刑，前勋不宜埋没，乃赦其三子超、冰、英还第，封超为县王，以继冏祀，历员外散骑常侍。光熙初，追册冏曰："咨故大司马、齐王冏：王昔以宗藩穆胤绍世，绪于东国，作翰许京，允镇静我王室。诞率义徒，同盟触泽，克成元勋，大济颍东。朕用应嘉茂绩，谓笃尔劳，俾式先典，以畴兹显懿。廓土殊分，跨兼吴、楚，崇礼备物，宠侔萧、霍，庶凭翼戴之重，永隆邦家之望。而恭德不建，取侮二方，有司过举，致王于戮。古人有言曰：'用其法，犹思其人。'况王功济朕身，勋存社稷，追惟既往，有悼于厥心哉！今复王本封，命嗣子还统厥绪，礼秩典度，一如旧制。使使持节、大鸿胪即墓赐策，祠以太牢。魂而有灵，祗服朕命，肆宁尔心，嘉兹宠荣。"子超嗣爵。

永嘉中，怀帝下诏，重述冏唱义元勋，还赠大司马，加侍中、假节，追谥。及洛阳倾覆，超兄弟皆没于刘聪，冏遂无后。

太元中，诏以故南顿王宗子柔之袭封齐王，绍攸、冏之祀，历散骑常侍。元兴初，会稽王道子将讨桓玄，诏柔之兼侍中，以驺虞幡宣告江、荆二州,至姑孰,为玄前锋所害。赠光禄勋。子建之立。宋受禅,国除。

郑方者,字子回。慷慨有志节,博涉史传,卓荦不常,乡闾有识者叹其奇,而未能荐达。及冏辅政专恣,方发愤步诣洛阳,自称"荆楚逸民",献书于冏曰:"方闻圣明辅世,夙夜祗惧,泰而不骄,所以长守贵也。今大王安不虑危,耽于酒色,燕乐过度,其失一也。大王矫命,当使天下穆如清风,宗室骨肉永无纤介,今则不然,其失二也。四夷交侵,边境不静,大王自以功业兴隆,不以为念,其失三也。大王兴义,群庶竞赴,天下虽宁,人劳穷苦,不闻大王振救之令,其失四也。又与义兵歃血而盟,事定之后,赏不逾时,自清泰已来,论功未分,此则食言,其失五也。大王建非常之功,居宰衡之任,谤声盈涂,人怀忿怨,方以狂愚,冒死陈诚。"冏含忍答之云:"孤不能致五阙,若无子,则不闻其过矣。"未几而败焉。

长沙厉王乂字士度,武帝第六子也。太康十年,受封,拜员外散骑常侍。及武帝崩,乂时年十五,孺慕过礼。会楚王玮奔丧,诸王皆近路迎之,乂独至陵所,号恸以俟玮。拜步兵校尉。及玮之诛二公也,乂守东掖门。会驰虞幡出,乂投弓流涕曰:"楚王被诏,是以从之,安知其非!"玮既诛,乂以同母,贬为常山王,之国。

乂身长七尺五寸,开朗果断,才力绝人,虚心下士,甚有名誉。三王之举义也,乂率国兵应之,过赵国,房子令距守,乂杀之,进军为成都后系。常山内史程恢将贰于乂,乂到邺,斩恢及其五子。至洛,拜抚军大将军,领左军将军。顷之,迁骠骑将军、开府,复本国。

乂见齐王冏渐专权,尝与成都王颖俱拜陵,因谓颖曰:"天下者,先帝之业也,王宜维之。"时闻其言者皆惮之。及河间王颙将诛冏,传檄以乂为内主。冏遣其将董艾袭乂,乂将左右百余人,手斫车辕,露乘驰赴宫,闭诸门,奉天子与冏相攻,起火烧冏府。连战三日,冏败,斩之,并诛诸党与二千余人。

颙本以乂弱冏强,冀乂为冏所擒,然后以乂为辞,宣告四方共讨之，因废帝立成都王，已为宰相，专制天下。既而乂杀冏，其计不果，乃潜使侍中冯荪、河南尹李含、中书令卞粹等袭乂。乂并诛之。颙遂与颖同伐京都。颖遣刺客图乂，时长沙国左常侍王矩侍直，见客色动，遂杀之。诏以乂为大都督以距颙。连战自八月至十月，朝议以乂、颖兄弟，可以辞说而释，乃使中书令王衍行太尉，光禄勋石陋行司徒，使说颖，令与乂分陕而居，颖不从。乂因致书于颖曰：“先帝应乾抚运，统摄四海，勤身苦己，克成帝业，六合清泰，庆流子孙。孙秀作逆，反易天常，卿兴义众，还复帝位。齐王恃功，肆行非法，上无宰相之心，下无忠臣之行，遂其谗恶，离逖骨肉，主上怨伤，寻已荡除。吾之与卿，友于十人，同产皇室，受封外都，各不能阐敷王教，经济远略。今卿复与太尉共起大众，阻兵百万，重围宫城。群臣同忿，聊即命将，示宣国威，未拟摧殄。自投沟涧，荡平山谷，死者日万，酷痛无罪。岂国恩之不慈，则用刑之有常。卿所遣陆机不乐受卿节钺，将其所领，私通国家。想来逆者，当前一尺，却行一丈。卿宜还镇，以宁四海，令宗族无羞，子孙之福也。如其不然，念骨肉分裂之痛，故复遣书。”

　　颖复书曰：“文景受图，武皇乘运，庶几尧舜，共康政道，恩隆洪业，本枝百世。岂期骨肉豫祸，后族专权，杨、贾纵毒，齐、赵内篡。幸以诛夷，而未静息。每忧王室，心悸肝烂。羊玄之、皇甫商等恃宠作祸，能不兴慨！于是征西羽檄，四海云应。本谓仁兄同其所怀，便当内擒商等，收级远送。如何迷惑，自为戎首！上矫君诏，下离爱弟，推移辇毂，妄动兵威，还任豺狼，弃戮亲善。行恶求福，如何自勉！前遣陆机董督节钺，虽黄桥之退，而温南收胜，一彼一此，未足增庆也。今武士百万，良将锐猛，要当与兄整顿海内。若能从太尉之命，斩商等首，投戈退让，自求多福，颖亦自归邺都，与兄同之。奉览来告，缅然慷慨。慎哉大兄，深思进退也！”

　　乂前后破颖军，斩获六、七万人。战久粮乏，城中大饥，虽曰疲弊，将士同心，皆愿效死。而乂奉上之礼未有亏失，张方以为未可克，欲还长安。而东海王越虑事不济，潜与殿中将收乂送金墉城，乂表曰："陛下笃睦,委臣朝事。臣小心忠孝,神祇所鉴。诸王承谬,率众见责,朝臣无正,各虑私困,收臣别省,送臣幽宫。臣不惜躯命,但念大晋衰微,枝党欲尽,陛下孤危。若臣死国宁,亦家之利。但恐快凶人之志,无益于陛下耳。"

殿中左右恨乂功垂成而败,谋劫出之,更以距颖。越惧难作,欲遂诛乂。黄门郎潘滔劝越密告张方,方遣部将郅辅勒兵三千,就金墉收乂,至营,炙而杀之。乂冤痛之声达于左右,三军莫不为之垂涕。时年二十八。

乂将殡于城东,官属莫敢往,故掾刘佑独送之,步持丧车,悲号断绝,哀感路人。张方以其义士,不之问也。初,乂执权之始,洛下谣曰:"草木萌牙杀长沙。"乂以正月二十五日废,二十七日死,如谣言焉。永嘉中,怀帝以乂子硕嗣,拜散骑常侍,后没于刘聪。

成都王颖,字章度,武帝第十六子也。太康末受封,邑十万户。后拜越骑校尉,加散骑常侍、车骑将军。

贾谧尝与皇太子博,争道。颖在坐,厉声呵谧,曰:"皇太子,国之储君,贾谧何得无礼!"谧惧,由此出颖为平北将军,镇邺。转镇北大将军。

赵王伦之篡也。进征北大将军,加开府仪同三司。及齐王冏举义,颖发兵应冏,以邺令卢志为左长史,顿丘太守郑琰为右长史,黄门郎程牧为左司马,阳平太守和演为右司马。使兖州刺史王彦,冀州刺史李毅,督护赵骧、石超等为前锋。羽檄所及,莫不响应。至朝歌,众二十余万。赵骧至黄桥,为伦将士猗、许超所败,死者八千余人,士众震骇。颖欲退保朝歌,用卢志、王彦策,又使赵骧率众八万,与王彦俱进。伦复遣孙会、刘琨等率三万人,与猗、超合兵距骧等,精甲耀日,铁骑前驱。猗既战胜,有轻骧之心。未及温十余里,复大战,猗等奔溃。颖遂过河,乘胜长驱。左将军王舆杀孙秀,幽赵王伦,迎天子反正。及颖入京都,诛伦。使赵骧、石超等助齐王冏攻张泓于阳翟,泓等遂降。冏始率众入洛,自以首建大谋,遂擅威权。颖营于太学,及入朝,天子亲劳焉。颖拜谢曰:"此大司马臣冏之勋,臣无豫焉。"见讫,即辞出,不复还营,便谒太庙,出自东阳城门,遂归邺。遣信与冏别,冏大惊,驰出送颖,至七里涧及之。颖住车言别,流涕,不及时事,惟以太妃疾苦形于颜色,百姓观者莫不倾心。

至邺,诏遣兼太尉王粹加九锡殊礼,进位大将军、都督中外诸军事、假节、加黄钺、录尚书事,入朝不趋,剑履上殿。颖拜受徽号,让殊礼九锡。表论兴义功臣卢志、和演、董洪、王彦、赵骧等五人,皆封开国公侯。又表称:"大司马前在阳翟,与强贼相持既久,百姓创痍,饥饿冻馁,宜急振救。乞差发郡县车,一时运河北邸阁米十五万斛,以振阳翟饥人。"卢志言于颖曰:"黄桥战亡者有八千余人,既经夏暑,露骨中野,可为伤恻。"昔周王葬枯骨,故《诗》云'行有死人,尚或墐之'。况此等致死王事乎!"颖乃造棺八千余枚,以成都国秩为衣服,敛祭,葬于黄桥北,树枳篱为之茔域。又立都祭堂,刊石立碑,纪其赴义之功,使亡者之家四时祭祀有所。仍表其门闾,加常战亡二等。又命河内温县埋藏赵伦战死士卒万四千余人。颖形美而神昏,不知书,然器性敦厚,委事于志,故得成其美焉。

及齐王冏骄侈无礼,于是众望归之。诏遣侍中冯荪、中书令卞粹喻颖入辅政,并使受九锡。颖犹让不拜。寻加太子太傅。颖嬖人孟玖不欲还洛,又程太妃爱恋邺都,以此议久不决。留义募将士既久,咸怨旷思归,或有辄去者,乃题邺城门云:"大事解散蚕欲遽。请且归,赴时务。昔以义来,今以义去。若复有急更相语。"颖知不可留,因遣之,百姓乃安。及冏败,颖悬执朝政,事无巨细,皆就邺谘之。后张昌扰乱荆土,颖拜表南征,所在响赴。既恃功骄奢,百度弛废,甚于冏时。

颖方恣其欲,而惮长沙王乂在内,遂与河间王颙表请诛后父羊玄之、左将军皇甫商等,檄乂使就第。乃与颙将张方伐京都,以平原内史陆机为前锋都督、前将军、假节。颖次朝歌,每夜矛戟有光若火,其垒井中皆有龙象。进军屯河南,阻清水为垒,造浮桥以通河北,以大木函盛石,沉之以系桥,名曰石鳖。陆机战败,死者甚众,机又为孟玖所潜，颖收机斩之，夷其三族，语在《机传》。于是进攻京城。时常山人王舆合众万余，欲袭颖。会乂被执，其党斩舆降。颖既入京师，复旋镇于邺，增封二十郡，拜丞相。河间王颙表颖宜为储副，遂废太子覃，立颖为皇太弟，丞相如故，制度一依魏武故事，乘舆服御皆迁于邺。表罢宿卫兵属相府，更以王官宿卫。颖僭侈日甚，有无君之心，委任孟玖等，大失众望。

永兴初，左卫将军陈眕，殿中中郎逯苞、成辅及长沙故将上官巳等，奉大驾讨颖，驰檄四方，赴者云集。军次安阳，众十余万，邺中震惧。颖欲走，其掾步熊有道术，曰："勿动！南军必败。"颖会其众间计，东安王繇乃曰："天子亲征，宜罢甲，缟素出迎请罪。"司马王混、参军崔旷劝颖距战，颖从之，乃遣奋武将军石超率众五万，次于荡阴。眕二弟匡、规自邺赴王师，云："邺中皆已离散。"由是不甚设备。超众奄至，王师败绩，矢及乘舆，侍中嵇绍死于帝侧，左右皆奔散，乃弃天子于槁中。超遂奉帝幸邺。颖改元建武，害东安王繇，署置百官，杀生自己，立郊于邺南。

安北将军王浚、宁北将军东嬴公腾杀颖所置幽州刺史和演，颖征浚，浚屯冀州不进，与腾及乌丸羯朱袭颖。候骑至邺，颖遣幽州刺史王斌及石超、李毅等距浚，为羯朱等所败。邺中大震，百僚奔走，士卒分散。颖惧，将帐下数十骑，拥天子，与中书监卢志单车而走，五日至洛。羯朱追至朝歌，不及而还。河间王颙遣张方率甲卒二万救颖，至洛，方乃挟帝，拥颖及豫章王并高光、卢志等归于长安。颙废颖归藩，以豫章王为皇太弟。

颖既废，河北思之，邺中故将公师藩、汲桑等起兵以迎颖，众情翕然。颙复拜颖镇军大将军、都督河北诸军事，给兵千人，镇邺。颖至洛，而东海王越率众迎大驾，所在锋起。颖以北方盛强，惧不可进，自洛阳奔关中。值大驾还洛，颖自华阴趋武关，出新野。帝诏镇南将军刘弘、南中郎将刘陶收捕颖，于是弃母妻，单车与二子庐江王普、中都王廓渡河赴朝歌，收合故将士数百人，欲就公师藩。顿丘太守冯嵩执颖及普、廓送邺，范阳王虓幽之，而无他意。属虓暴薨，虓长史刘舆见颖为邺都所服，虑为后患，秘不发丧，伪令人为台使，称诏夜赐颖死。颖谓守者田徽曰："范阳王亡乎?"徽曰："不知。"颖曰："卿年几?"徽曰："五十。"颖曰："知天命不?"徽曰："不知。"颖曰："我死之后，天下安乎不安乎?我自放逐，于今三年，身体手足不见洗沐，取数斗汤来!"其二子号泣，颖敕人将去。乃散发东首卧，命徽缢之，时年二十八。二子亦死。邺中哀之。

颖之败也，官属并奔散，惟卢志随从不怠，论者称之。其后汲桑害东嬴公腾，称为颖报仇，遂出颖棺，载之于军中，每事启灵，以行军令。桑败，弃棺于故井中。颖故臣收之，改葬于洛阳，怀帝加以县王礼。

颖死后数年，开封间有传颖子年十余岁，流离百姓家，东海王越遣人杀之。永嘉中，立东莱王蕤子遵为颖嗣，封华容县王。后没于贼，国除。

河间王颙，字文载，安平献王孚孙，太原烈王瑰之子也。初袭父爵，咸宁二年就国。三年，改封河间。少有清名，轻财爱士。与诸王俱来朝，武帝叹颙可以为诸国仪表。元康初，为北中郎将，监邺城。九年，代梁王肜为平西将军，镇关中。"石函之制"，非亲亲不得都督关中，颙于诸王为疏，特以贤举。

及赵王伦篡位，齐王冏谋讨之。前安西参军夏侯奭自称侍御史，在始平合众，得数千人，以应冏，遣信要颙。颙遣主簿房阳、河间国人张方讨擒奭，及其党十数人，于长安市腰斩之。及冏檄至，颙执冏使，送之于伦。伦征兵于颙，颙遣方率关右健将赴之。方至华阴，颙闻二王兵盛，乃加长史李含龙骧将军，领督护席薳等追方军回，以应二王。义兵至潼关，而伦、秀已诛，天子反正，含、方各率众还。及冏论功，虽怒颙初不同，而终能济义，进位侍中、太尉，加三赐之礼。

后含为翊军校尉，与冏参军皇甫商、司马赵骧等有憾，遂奔颙，诡称受密诏伐冏，因说利害。颙纳之，便发兵，遣使邀成都王颖。以

含为都督,率诸军屯阴盘,前锋次于新安,去洛百二十里。檄长沙王
乂讨冏。及冏败,颙以含为河南尹,使与冯荪、卞粹等潜图害乂。商
知含前矫妄及与颙阴谋,具以告乂。乂乃诛含等。颙闻含死,即起
兵以讨商为名,使张方为都督,领精卒七万向洛。方攻商,商距战而
溃,方遂进攻西明门。乂率中军左右卫击之,方众大败,死者五千余
人。方初于驶水桥西为营,于是筑垒数重,外引廪谷,以足军资。乂
复从天子出攻方,战辄不利。及乂死,方还长安。诏以颙为太宰、大
都督、雍州牧。颙废皇太子覃,立成都王颖为太弟,改年,大赦。

左卫将军眕陈奉天子伐颖,颙又遣方率兵二万救邺。天子已幸
邺。方屯兵洛阳。及王浚等伐颖,颖挟天子归洛阳。方将兵入殿中,
逼帝幸其垒,掠府库,将焚宫庙以绝众心。卢志谏,乃止。方又逼天
子幸长安。颙乃选置百官,改秦州为定州。

及东海王越起兵徐州,西迎大驾,关中大惧,方谓颙曰:“方所
领犹有十余万众,奉送大驾还洛宫,使成都王反邺,公自留镇关中,
方北讨博陵。如此,天下可小安,无复举手者。”颙虑事大难济,不
许。乃假刘乔节,进位镇东大将军,遣成都王颖总统楼褒、王阐等诸
军,据河桥以距越。王浚遣督护刘根,将三百骑至河上。阐出战,为
根所杀。颖顿军张方故垒,范阳王虓遣鲜卑骑与平昌、博陵众袭河
桥,楼褒西走,追骑至新安,道路死者不可胜数。

初,越以张方劫迁车驾,天下怨愤,唱义与山东诸侯克期奉迎,
先遣说颙,令送帝还都,与颙分陕而居。颙欲从之,而方不同。及东
军大捷,成都等败,颙乃令方亲信将郅辅夜斩方,送首以示东军。寻
变计,更遣刁默守潼关,乃咎辅杀方,又斩辅。颙先遣将吕朗等据荥
阳,范阳王虓司马刘琨以方首示朗,于是朗降。时东军既盛,破刁默
以入关,颙惧,又遣马瞻、郭伟于霸水御之,瞻等战败散走。颙乘单
马,逃于太白山。东军入长安,大驾旋,以太弟太保梁柳为镇西将
军,守关中。马瞻等出诣柳,因共杀柳于城内。瞻等与始平太守梁
迈合从,迎颙于南山。颙初不肯入府,长安令苏众、记室督朱永劝颙
表称柳病卒,辄知方事。弘农太守裴廙、秦国内史贾龛、安定太守贾

疋等起义讨颙，斩马瞻、梁迈等。东海王越遣督护麋晃率国兵伐颙。至郑，颙将牵秀距晃，晃斩秀，并其二子。义军据有关中，颙保城而已。

永嘉初，诏书以颙为司徒，乃就征。南阳王模遣将梁臣于新安雍谷车上扼杀之，并其三子。诏以彭城元王植子融为颙嗣，改封乐成县王。薨，无子。建兴中，元帝又以彭城康王释子钦为融嗣。

东海孝献王越，字元超，高密王泰之次子也。少有令名，谦虚持布衣之操，为中外所宗。初以世子为骑都尉，与驸马都尉杨邈及琅邪王伷子繇俱侍讲东宫，拜散骑侍郎，历左卫将军，加侍中。讨杨骏有功，封五千户侯。迁散骑常侍、辅国将军、尚书右仆射，领游击将军。复为侍中，加奉车都尉，给温信五十人，别封东海王，食六县。永康初，为中书令，徙侍中，迁司空，领中书监。

成都王颖攻长沙王乂，乂固守洛阳，殿中诸将及三部司马疲于战守，密与左卫将军朱默夜收乂别省，逼越为主，启惠帝免乂官。事定，越称疾逊位。帝不许，加守尚书令。太安初，帝北征邺，以越为大都督。六军败，越奔下邳，徐州都督、东平王楙不纳，越径还东海。成都王颖以越兄弟宗室之美，下宽令招之，越不应命，帝西幸，以越为太傅，与太宰颙夹辅朝政，让不受。东海中尉刘洽劝越发兵以备颖，越以洽为左司马，尚书曹馥为军司。既起兵，楙惧，乃以州与越。越以司空领徐州都督，以楙领兖州刺史。越三弟并据方任征伐，辄选刺史守相，朝士多赴越。而河间王颙挟天子，发诏罢越等，皆令就国。越唱义奉迎大驾，还复旧都，率甲卒三万，西次萧县。豫州刺史刘乔不受越命，遣子祐距之，越军败。范阳王虓遣督护田徽以突骑八百迎越，遇祐于谯，祐众溃，越进屯阳武。山东兵盛，关中大惧，颙斩送张方首求和，寻变计距越。越率诸侯及鲜卑许扶历、驹次宿归等步骑迎惠帝反洛阳。诏越以太傅录尚书，以下邳、济阳二郡增封。

及怀帝即位，委政于越。吏部朗周穆，清河王覃舅，越之姑子也，与其妹夫诸葛玫共说越曰："主上之为太弟，张方意也。清河王本太子,为群凶所废。先帝暴崩,多疑东宫。公盍思伊霍之举,以宁社稷乎?"言未卒,越曰:"此岂宜言邪!"叱左右斩之。以玫、穆世家,罪止其身,因此表除三族之法。帝始亲万机,留心庶事,越不悦,求出藩,帝不许。越遂出镇许昌。

永嘉初,自许昌率苟晞及冀州刺史丁劭讨汲桑,破之。越还于许,长史潘滔说之曰:"兖州天下枢要,公宜自牧。"乃转苟晞为青州刺史,由是与晞有隙。

寻诏越为丞相,领兖州牧,督兖、豫、司、冀、幽、并六州。越辞丞相不受,自许迁于鄄城。越恐清河王覃终为储副,矫诏收付金墉城,寻害之。

王弥入许,越遣左司马王斌率甲士五千人入卫京都。鄄城自坏,越恶之,移屯濮阳,又迁于荥阳。召田甄等六率,甄不受命,越遣监军刘望讨甄。

初,东嬴公腾之镇邺也,携并州将田甄、甄弟兰、任祉、祁济、李恽、薄盛等部众万余人至邺,遣就谷冀州,号为"乞活"。及腾败,甄等邀破汲桑于赤桥,越以甄为汲郡,兰为钜鹿太守。甄求魏郡,越不许,甄怒,故召不至。望既渡河,甄退。李恽、薄盛斩田兰,率其众降,甄、祉、济弃军奔上党。

越自荥阳还洛,以太学为府。疑朝臣贰己,乃诬帝舅王延等为乱,遣王景率甲士三千人入宫收延等,付廷尉杀之。越解兖州牧,领司徒。越既与苟晞构怨,又以顷兴事多由殿省,乃奏宿卫有侯爵者皆罢之。时殿中武官并封侯,由是出者略尽,皆泣涕而去。乃以东海国上军将军何伦为右卫将军,王京为左卫将军,领国兵数百人宿卫。

越自诛王延等,大失众望,而多有猜嫌。散骑侍郎高韬有忧国之言,越诬以讪谤时政害之,而不自安。乃戎服入见,请讨石勒,且镇集兖、豫以援京师。帝曰:"今逆虏侵逼郊畿,王室蠢蠢,莫有固志。朝廷社稷,倚赖于公,岂可远出以孤根本!"对曰:"臣今率众邀贼,势必灭之。贼灭则不逞消殄,东诸州职贡流通。此所以宣畅国威,藩屏之宜也。若端坐京辇以失据会,则衅弊日滋,所忧逾重。"遂行。留妃裴氏,世子、镇军将军毗,及龙骧将军李恽并何伦等守卫京都。表以行台随军,率甲士四万东屯于项,王公卿士随从者甚众。诏加九锡。越乃羽檄四方曰:"皇纲失御,社稷多难,孤以弱才,备当大任。自项胡寇内逼,偏裨失利,帝乡便为戎州,冠带奄成殊域,朝廷上下,以为忧惧。皆由诸侯蹉跎,遂及此难。投袂忘履,讨之已晚。人情奉本,莫不义奋。当须合会之众,以俟战守之备,宗庙主上,相赖匡救。檄至之日,便望风奋发,忠臣战士效诚之秋也。"所征皆不至。而苟晞又表讨越,语在《晞传》。越以豫州刺史冯嵩为左司马,自领豫州牧。

越专擅威权,图为霸业,朝贤素望,选为佐吏,名将劲卒,充于己府,不臣之迹,四海所知。而公私罄乏,所在寇乱,州郡携贰,上下崩离,祸结衅深,遂忧惧成疾。永嘉五年,薨于项。秘不发丧。以襄阳王范为大将军,统其众。还葬东海。石勒追及于苦县宁平城,将军钱端出兵距勒,战死,军溃。勒命焚越柩曰:"此人乱天下,吾为天下报之,故烧其骨以告天地。"于是数十万众,勒以骑围而射之,相践如山。王公士庶死者十余万。王弥弟璋焚其余众,并食之。天下归罪于越。帝发诏贬越为县王。

何伦、李恽闻越之死,秘不发丧,奉妃裴氏及毗出自京邑,从者倾城,所经暴掠。至洧仓,又为勒所败,毗及宗室三十六王俱没于贼。李恽杀妻子奔广宗,何伦走下邳。裴妃为人所略,卖于吴氏,太兴中,得渡江,欲招魂葬越。元帝诏有司详议,博士傅纯曰:"圣人制礼,以事缘情,设冢椁以藏形,而事之以凶;立庙祧以安神,而奉之以吉。送形而往,迎精而还。此墓庙之大分,形神之异制也。至于室庙寝庙祊祭非一处,所以广求神之道,而独不于墓,明非神之所处也。今乱形神之别,错庙墓之宜,违礼制义,莫大于此。"于是下诏不许。裴妃不奉诏,遂葬越于广陵。太兴末,墓毁,改葬丹徒。

初,元帝镇建邺,裴妃之意也,帝深德之,数幸其第,以第三子冲奉越后。薨,无子,成帝以少子弈继之。哀帝徙弈为琅邪王,而东海无嗣。隆安初，安帝更以会稽忠王次子彦璋为东海王，继冲为曾孙。为桓玄所害，国除。

史臣曰：昔高辛抚运，衅起参商；宗周嗣历，祸缠管、蔡。详观襄册，邃听前古，乱臣贼子，昭鉴在焉。有晋郁兴，载崇藩翰，分茅锡瑞，道光恒典；仪台饰衮，礼备彝章。汝南以纯和之姿，失于无断；楚隐习果锐之性，遂成凶很。或位居朝右，或职参近禁，俱为女子所诈，相次受诛，虽曰自贻，良可哀也！伦实庸琐，见欺孙秀，潜构异图，煽成奸慝。乃使元良遘怨酷，上宰陷诛夷，乾耀以之暂倾，皇纲于焉中圮。遂裂冠毁冕，幸百六之会；绾玺扬纛，窥九五之尊。夫神器焉可偷安，鸿名岂容妄假！而欲托兹淫祀，享彼天年，凶暗之极，未之有也。冏名父之子，唱义勤王，摧伪业于既成，拯皇舆于已坠，策勋考绩，良足可称。然而临祸忘忧，逞心纵欲，曾不知乐不可极，盈难久持，笑古人之未工，忘己事之已拙。向若采王豹之奇策，纳孙惠之嘉谋，高谢衮章，永表东海，虽古之伊、霍，何以加焉！长沙材力绝人，忠概迈俗，投弓掖门，落落摽壮夫之气；驰车魏阙，懔懔怀烈士之风。虽复阳九数屯，在三之情无夺。抚其遗节，终始可观。颖既入总大权，出居重镇，中台藉以成务，东夏资其宅心，乃协契河间，共图进取。而颙任李含之狙诈，杖张方之陵虐，遂使武闵丧元，长沙授首，逞其无君之志，矜其不义之强。銮驾北巡，异乎有征无战；乘舆西幸，非由望秩观风。若火燎原，犹可扑灭，矧兹安忍，能无及乎！东海纠合同盟，创为义举，匡复之功未立，陵暴之衅已彰，罄彼车徒，固求出镇。既而帝京寡弱，狡寇凭陵，遂令神器劫迁，宗祐颠覆，数十万众并垂饵于豺狼，三十六王咸陨身于锋刃。祸难之极，振古未闻。虽及焚如，犹为幸也。自惠皇失政，难起萧墙，骨肉相残，黎元涂炭，胡尘惊而天地闭，戎兵接而宫庙隳，支属肇其祸端，戎羯乘其间隙，悲夫！《诗》所谓"谁生厉阶，至今为梗"，其八王之谓矣。

赞曰：亮总朝政，玮怀职竞。谗巧乘间，艳妻过听。构怨连祸，递遭非命。伦实下愚，敢窃龙图，乱常奸位，遄及严诛。伟哉武闵！

首创宏谟。德之不建,良可悲夫!长沙奉国,始终靡愿;功亏一篑,
奄罹残贼。章度勤王,效立名扬;合从关右,犯顺争强,事穷势蹙,俱
为乱亡。元超作辅,出征八抚,败国丧师,无君震主。焚如之变,抑
惟自取。

晋书卷六〇
列传第三〇

解系 _{弟结 结弟育}　孙旂　孟观
牵秀　缪播 _{从弟胤}　皇甫重
张辅　李含　张方　阎鼎
索靖 _{子綝}　贾疋

解系,字少连,济南著人也。父修,魏琅邪太守、梁州刺史,考绩为天下第一。武帝受禅,封梁邹侯。

系及二弟结、育,并清身洁己,甚得声誉。时荀勖门宗强盛,朝野畏惮之。勖诸子谓系等曰:"我与卿为友,应向我公拜。"勖又曰:"我与尊先使君亲厚。"系曰:"不奉先君遗教。公若与先君厚,往日哀顿,当垂书问。亲厚之诲,非所敢承。"勖父子大惭,当世壮之。后辟公府掾,历中书黄门侍郎、散骑常侍、豫州刺史,迁尚书,出为雍州刺史、扬烈将军、西戎校尉、假节。

会氐羌叛,与征西将军赵王伦讨之。伦信用佞人孙秀,与系争军事,更相表奏。朝廷知系守正不挠,而召伦还。系表杀秀以谢氐羌,不从。伦、秀潜之,系坐免官,以白衣还第,阖门自守。及张华、裴𬱟之被诛也,伦、秀以宿憾收系兄弟。梁王肜救系等,伦怒曰:"我于水中见蟹且恶之,况此人兄弟轻我邪!此而可忍,孰不可忍!"肜苦争之不得,遂害之,并戮其妻子。

后齐王冏起义时,以裴、解为冤首。伦、秀既诛,冏乃奏曰:"臣闻兴微继绝,圣主之高政;贬恶嘉善,《春秋》之美谈。是以武王封比干之墓,表商容之间,诚幽明之故有以相通也。孙秀逆乱,灭佐命之国,诛骨鲠之臣,以斫王室,肆其虐戾,功臣之后,多见泯灭。至如张华、裴颜,各以见惮取诛于时,系、结同以羔羊被害,欧阳建等无罪而死,百姓怜之。陛下更日月之光照,布惟新之明命,然此等未蒙恩理。昔栾、郤降在皂隶,而《春秋》传其人;幽王绝功臣之后,弃贤者子孙,而诗人以为刺。臣备忝右职,思竭股肱,献纳愚诚。若合圣意,可群官通议。"八坐议以"系等清公正直,为奸邪所疾,无罪横戮,冤痛已甚。如大司马所启,彰明枉直,显宣当否,使冤魂无愧无恨,为恩大矣。"永宁二年,追赠光禄大夫,改葬,加吊祭焉。

结,字叔连。少与系齐名。辟公府掾,累迁黄门侍郎,历散骑常侍、豫州刺史、魏郡太守、御史中丞。

时孙秀乱关中,结在都,坐议秀罪应诛,秀由是致憾。及系被害,结亦同戮。女适裴氏,明日当嫁,而祸起,裴氏欲认活之,女曰:"家既若此,我何活为!"亦坐死。朝廷遂议革旧制,女不从坐,由结女始也。后赠结光禄大夫,改葬,加吊祭。

结弟育,字稚连。名亚二兄。历公府掾、太子洗马、尚书郎、卫军长史、弘农太守。与二兄俱被害,妻子徙边。

孙旂,字伯旗,乐安人也。父历,魏晋际为幽州刺史、右将军。旂洁静,少自修立。察孝廉,累迁黄门侍郎,出为荆州刺史,名位与二解相亚。永熙中,征拜太子詹事,转卫尉,坐武库火,免官。岁余,出为兖州刺史,迁平南将军、假节。

旂子弼及弟子髦、辅、琰四人,并有吏材,称于当世,遂与孙秀合族。及赵王伦起事,夜从秀开神武门下观阅器杖。兄弟旬月相次为公府掾、尚书郎。弼又为中坚将军,领尚书左丞。辅为上将军,领射声校尉。髦为武卫将军,领太子詹事。琰为武威将军,领太子左率。皆赐爵开国郡侯。推崇旂为车骑将军、开府。

初,旃以弼等受署为朝,遣小息回责让弼等,以过差之事,必为家祸。弼等终不从,旃制之不可,但恸哭而已。及齐王冏起义,四子皆伏诛。襄阳太守宗岱承冏檄斩旃,夷三族。

弟尹,字文旗,历陈留、阳平太守,早卒。

孟观,字叔时,渤海东光人也。少好读书,解天文。惠帝即位,稍迁殿中中郎。贾后悖妇姑之礼,阴欲诛杨骏而废太后,因骏专权,数言之于帝,又使人讽观。会楚王玮将讨骏,观受贾后旨宣诏,颇加诬其事。及骏诛,以观为黄门侍郎,特给亲信四十人。迁积弩将军,封上谷郡公。

氐帅齐万年反于关中,众数十万,诸将覆败相继。中书令陈准、监张华,以赵、梁诸王在关中,雍容贵戚,进不贪功,退不惧罪,士卒虽众,不为之用,周处丧败,职此之由,上下离心,难以胜敌。以观沉毅,有文武材用,乃启观讨之。观所领宿卫兵,皆赳捷勇悍,并统关中士卒,身当矢石,大战十数,皆破之,生擒万年,威慑氐、羌。转东羌校尉,征拜右将军。

赵王伦篡位,以观所在着绩,署为安南将军、监河北诸军事、假节,屯宛。观子平为淮南王允前锋将军,讨伦,战死。孙秀以观杖兵在外,假言平为允兵所害,赠积弩将军以安观。义军既起,多劝观应齐王冏,观以紫宫帝坐无他变,谓伦应之,遂不从众议而为伦守。及帝反正,永饶治令空祠机斩观首,传于洛阳,遂夷三族。

牟秀,字成叔,武邑观津人也。祖招,魏雁门太守。秀博辩有文才,性豪侠,弱冠得美名,为太保卫瓘、尚书崔洪所知。太康中,调补新安令,累迁司空从事中郎。与帝舅王恺素相轻侮,恺讽司隶荀恺奏秀夜在道中载高平国守士田兴妻。秀即表诉被诬,论恺秽行,文辞亢厉。以讥抵外戚,于时朝臣虽多证明其行,而秀盛名美誉由是而损,遂坐免官。后司空张华请为长史。

秀任气,好为将帅。张昌作乱,长沙王乂遣秀讨昌,秀出关,因奔成都王颖。颖伐义，以秀为冠军将军，与陆机、王粹等共为河桥之役。机战败，秀证成其罪，又谄事黄门孟玖，故见亲于颖。惠帝西幸长安，以秀为尚书。秀少在京辇，见司隶刘毅奏事而扼腕慷慨，自谓居司直之任，当能激浊扬清，处鼓鞞之间，必建将帅之勋。及在常伯纳言，亦未曾有规献弼违之奇也。

河间王颙甚亲任之。关东诸军奉迎大驾，以秀为平北将军，镇冯翊。秀与颙将马瞻等将辅颙以守关中，颙密遣使就东海王越求迎，越遣将麋晃等迎颙。时秀拥众在冯翊，晃不敢进。颙长史杨腾遂不应越军，惧越讨之，欲取秀以自效，与冯翊大姓诸严诈称颙命，使秀罢兵，秀信之，腾遂杀秀于万年。

缪播，字宣则，兰陵人也。父悦，光禄大夫。播才思清辩，有意义。高密王泰为司空，以播为祭酒，累迁太弟中庶子。

惠帝幸长安，河间王颙欲挟天子令诸侯。东海王越将起兵奉迎天子，以播父时故吏，委以心膂。播从弟右卫率胤，颙前妃之弟也。越遣播、胤诣长安说颙，令奉帝还洛，约与颙分陕为伯。播、胤素为颙所敬信，既相见，虚怀从之。颙将张方自以罪重，惧为诛首，谓颙曰："今据形胜之地，国富兵强，奉天子以号令，谁敢不服！"颙惑方所谋，犹豫不决。方恶播、胤为越游说，阴欲杀之。播等亦虑方为难，不敢复言。时越兵锋甚盛，颙深忧之，播、胤乃复说颙，急斩方以谢，可不劳而安。颙从之，于是斩方以谢山东诸侯。颙后悔之，又以兵距越，屡为越所败。帝反旧都，播亦从太弟还洛，契阔艰难，深相亲狎。

及帝崩，太弟即帝位，是为怀帝。以播为给事黄门侍郎。俄转侍中，徙中书令，任遇日隆，专管诏命。时越威权自己，帝力不能讨，心甚恶之。以播、胤等有公辅之量，又尽忠于国，故委以心膂。越惧为己害，因入朝，以兵入宫，执播等于帝侧。帝叹曰："奸臣贼子无世无之，不自我先，不自我后，哀哉！"起执播等手，涕泗歔欷不能自禁。越遂害之。朝野愤惋，咸曰："善人，国之纪也，而加虐焉，其能终乎!”及越薨,帝赠播卫尉,祠以少牢。

胤,字休祖,安平献王外孙也。与播名誉略齐。初为尚书郎,后迁太弟左卫率,转魏郡太守。及王浚军逼邺,石超等大败,胤奔东海王越于徐州,越使胤与播俱入关,而所说得行,大驾东还。越以胤为冠军将军、南阳太守。胤从蓝田出武关,之南阳,前守卫展距胤不受,胤乃还洛。怀帝即位,拜胤左卫将军,转散骑常侍、太仆卿。既而与播及帝舅王延、尚书何绥、太史令高堂冲并参机密,为东海王越所害。

皇甫重,字伦叔,安定朝那人也。性沈果,有才用,为司空张华所知,稍迁新平太守。元康中,华版为秦州刺史。

齐王冏辅政,以重弟商为参军。冏诛,长沙王乂又以为参军。时河间王乂镇关中,其将李含,先与商、重有隙,每衔之,及此,说颙曰:“商为颙所任,重终不为人用,宜急除之,以去一方之患。可表迁重为内职,因其经长安,乃执之。”重知其谋,乃露檄上尚书,以颙信任李含,将欲为乱,召集陇上士众,以讨含为名。又以兵革累兴,今始宁息,表请遣使诏重罢兵,征含为河南尹。含既就征,重不奉诏,颙遣金城太守游楷、陇西太守韩稚等四郡兵攻之。

顷之,成都王颖与颙起兵共攻乂,以讨后父尚书仆射羊玄之及商为名。乂以商为左将军、河东太守,领万余人于缺门距张方,为方所破,颙军遂进。乂既屡败,乃使商间行赍帝手诏,使游楷尽罢兵,令重进军讨颙。商行过长安,至新平,遇其从甥,从甥素憎商,以告颙,颙捕得商,杀之。

乂既败,重犹坚守,闭塞外门,城内莫知,而四郡兵筑土山攻城,重辄以连弩射之。所在为地窟以防外攻,权变百端,外军不得近城,将士为之死战。颙知不可拔,乃上表求遣御史宣诏喻之令降。重知非朝廷本意,不奉诏。获御史骆人问曰:“我弟将兵来,欲至未?”骆云:“已为河间王所害。”重失色,立杀骆。于是城内知无外救,遂共杀重。

先是,重被围急,遣养子昌请救于东海王越,越以颙新废成都王颖,与山东连和,不肯出兵。昌乃与故殿中人杨篇诈称越命,迎羊后于金墉城入宫,以后令发兵讨张方,奉迎大驾。事起仓卒,百官初皆从之,俄而又共诛昌。

张辅,字世伟,南阳西鄂人,汉河间相衡之后也。少有干局,与从母兄刘乔齐名。

初补蓝田令,不为豪强所屈。时强弩将军庞宗,西州大姓,护军赵浚,宗妇族也,故僮仆放纵,为百姓所患。辅绳之,杀其二奴,又夺宗田二百余顷以给贫户,一县称之。转山阳令,太尉陈准家僮亦暴横,辅复击杀之。累迁尚书郎,封宜昌亭侯。

转御史中丞。时积弩将军孟观与明威将军郝彦不协,而观因军事害彦,又贾谧、潘岳、石崇等共相引重,及义阳王威有诈冒事,辅并纠劾之。梁州刺史杨欣有姊丧,未经旬,车骑长史韩预强聘其女为妻。辅为中正,贬预以清风俗,论者称之。及孙秀执权,威构辅于秀,秀惑之,将绳辅以法。辅与秀笺曰:“辅徒知希慕古人,当官而行,不复自知小为身计。今义阳王诚弘恕,不以介意。然辅母年七十六,常见忧虑,恐辅将以怨疾获罪。愿明公留神省察辅前后行事,是国之愚臣而已。”秀虽凶狡,知辅雅正,为威所诬,乃止。

后迁冯翊太守。是时长沙王乂以河间王颙专制关中,有不臣之迹,言于惠帝,密诏雍州刺史刘沈、秦州刺史皇甫重使讨颙。于是沈等与颙战于长安,辅遂将兵救颙,沈等败绩。颙德之,乃以辅代重为秦州刺史。当赴颙之难,金城太守游楷亦皆有功,转梁州刺史,不之官。楷闻辅之还,不时迎辅,阴图之。又杀天水太守封尚,欲扬威西土。召陇西太守韩稚会议,未决。稚子朴有武干,斩异议者,即收兵伐辅。辅与稚战于遮多谷口,辅军败绩,为天水故帐下督富整所杀。

初,辅尝著论云:“管仲不若鲍叔,鲍叔知所奉,知所投。管仲奉主而不能济,所奔又非济事之国,三归反坫,皆鲍不为。”又论班固,司马迁云:“迁之著述,辞约而事举,叙三千年事唯五十万言;班固叙二百年事乃八十万言，烦省不同，不如迁一也。良史述事，善足以奖劝，恶足以监诫，人道之常。中流小事，亦无取焉，而班皆书之，不如二也。毁贬晁错，伤忠臣之道，不如三也。迁既造创，固又因循，难易益不同矣。又迁为苏秦、张仪、范雎、蔡泽作传，逞辞流离，亦足以明其大才。故述辩士则辞藻华靡，叙实录则隐核名检，此所以迁称良史也。"又论魏武帝不及刘备，乐毅减于诸葛亮，词多不载。

李含，字世容，陇西狄道人也。侨居始平。少有才干，两郡并举孝廉。安定皇甫商州里年少，少恃豪族，以含门寒微，欲与结交，含距而不纳，商恨焉，遂讽州以短檄召含为门亭长。会州刺史郭奕素闻其贤，下车擢含为别驾，遂处群僚之右。寻举秀才，荐之公府，自太保掾转秦国郎中令。司徒选含领始平中正。秦王薨，含依台仪，葬讫除丧。尚书赵浚有内宠，疾含不事己，遂奏含不应除丧。本州大中正傅祗以名义贬含。中丞傅咸上表理含，曰：

> 臣州秦国郎中令始平李含，忠公清正，才经世务，实有史鱼秉直之风。虽以此不能协和流俗，然其名行峻厉，不可得掩，二郡并举孝廉异行。尚书郭奕临州，含寒门少年，而奕超为别驾。太保卫瓘辟含为掾，每语臣曰："李世容当为晋匪躬之臣。"

> 秦王之薨，悲恸感人，百僚会丧，皆所目见。而今以含俯就王制，谓之背戚居荣，夺其中正。天王之朝，既葬不除，藩国之丧，既葬而除。藩国欲同不除，乃当责引尊准卑，非所宜言耳。今天朝告于上，欲令藩国服于下，此为藩国之义隆，而天朝之礼薄也。又云诸王公皆终丧，礼宁尽乃叙，明以丧制宜隆，务在敦重也。夫宁尽乃叙，明以哀其病耳。异于天朝，制使终丧，未见斯文。国制既葬而除，既除而祔。爰自汉魏，迄于圣晋，文皇升遐，武帝崩殂，世祖过哀，陛下毁顿，衔疚谅暗，以终三年，率土臣妾岂无攀慕遂服之心，实以国制不可而逾，故于既葬不敢不除。天王之丧，释除于上，藩国之臣，独遂于下，此不可安。复以秦王无后，含应为丧主，而王丧既除而祔，则应吉祭。因曰王

未有庙，主不应除服。秦王始封，无所连衬，灵主所居，即便为庙。不问国制云何，而以无庙为贬。以含今日之所行，移博士使案礼文，必也放勋之殂，逼密三载，世祖之崩，数旬即吉，引古绳今，阖世有贬，何但李含不应除服。今也无贬，王制故也。圣上谅暗，哀声不辍，股肱近侍，犹宜心丧，不宜便行婚娶欢乐之事，而莫云者，岂不以大制不可而曲邪？且前以含有王丧，上为差代。尚书敕王葬日在近，葬讫，含应摄职，不听差代。葬讫，含犹踌躇，司徒屡罚访问，趣含摄职，而随击之，此为台敕府符陷含于恶。若谓台府为伤教义，则当据正，不正符敕，唯含是贬，含之困踬尚足惜乎！国制不可偏耳。

又含自以陇西人，虽户属始平，非所综悉。自初见使为中正，反覆言辞，说非始平国人，不宜为中正。后为郎中令，又自以选官引台府为比，以让常山太守苏韶，辞意恳切，形于文墨。含之固让，乃在王未薨之前，葬后踌躇，穷于对罚而摄职耳。臣从弟祇为州都，意在欲隆风教，议含已过，不良之人遂相扇动，冀挟名义，法外致案，足有所邀，中正庞腾便割含品。臣虽无祁大夫之德，见含为腾所侮，谨表以闻，乞朝廷以时博议，无令腾得妄弄刀尺。

帝不从，含遂被贬，退割为五品。归长安，岁余，光禄差含为寿城邸阁督。司徒王戎表含曾为大臣，虽见割削，不应降为此职。诏停。后为始平令。

及赵王伦篡位，或谓孙秀曰："李含有文武大才，无以资人。"秀以为东武阳令。河间王颙表请含为征西司马，甚见信任。顷之，转为长史。颙诛夏侯奭，送齐王冏使与赵王伦，遣张方率众赴伦，皆含谋也。后颙闻三王兵盛，乃加含龙骧将军，统席薳等铁骑，回遣张方军以应义师。天子反正，含至潼关而还。

初，梁州刺史皇甫商为赵王伦所任，伦败，去职诣颙，颙慰抚之甚厚。含谏颙曰："商，伦之信臣，惧罪至此，不宜数与相见。"商知而恨之。及商当还都，颙置酒钱行，商因与含忿争，颙和释之。后含被征为翊军校尉。时商参齐王冏军事，而夏侯奭兄在冏府，称奭立义，被西藩枉害。含心不自安。冏右司马赵骧又与含有隙，冏将阅武，含惧骧因兵讨之，乃单马出奔于颙，矫称受密诏。颙即夜见之，乃说颙曰："成都王至亲，有大功，还藩，甚得众心。齐王越亲而专执威权，朝廷侧目。今檄长沙王令讨齐，使先闻于齐，齐必诛长沙，因传檄以加齐罪，则冏可擒也。既去齐，立成都，除逼建亲，以安社稷，大勋也。"颙从之。遂表请讨冏，拜含为都督，统张方等率诸军以向洛阳。含屯阴盘，而长沙王乂诛冏，含等旋师。

初，含之本谋欲并去乂、冏，使权归于颙，含因得肆其宿志。既长沙胜齐，颙、颖犹各守藩，志望未允。颙表含为河南尹。时商复被乂任遇，商兄重时为秦州刺史，含疾商滋甚，复与重构隙。颙自含奔还之后，委以心膂，复虑重袭己，乃使兵围之，更相表罪。侍中冯荪党颙，请召重还。商说乂曰："河间之奏，皆李含所交构也。若不早图，祸将至矣。且河间前举，由含之谋。"乂乃杀含。

张方，河间人也。世贫贱，以材勇得幸于河间王颙，累迁兼振武将军。永宁中，颙表讨齐王冏，遣方领兵二万为前锋。及冏被长沙王乂所杀，颙及成都王颖复表讨乂，遣方率众自函谷入屯河南。惠帝遣左将军皇甫商距之，方以潜军破商之众，遂入城。乂奉帝讨方于城内，方军望见乘舆，于是小退，方止之不得，众遂大败，杀伤满于衢巷。方退壁于十三里桥，人情挫衄，无复固志，多劝方夜遁。方曰："兵之利钝是常，贵因败以为成耳。我更前作垒，出其不意，此用兵之奇也。"乃夜潜进逼洛城七里。乂既新捷，不以为意，忽闻方垒成，乃出战，败绩。东海王越等执乂，送于金墉城。方使郅辅取乂还营，炙杀之。于是大掠洛中官私奴婢万余人，而西还长安。颙加方右将军、冯翊太守。

荡阴之役，颙又遣方镇洛阳，上官巳、苗愿等距之，大败而退。清河王覃夜袭巳、愿，巳、愿出奔，方乃入洛阳。覃于广阳门迎方而拜，方驰下车扶止之。于是复废皇后羊氏。及帝自邺还洛，方遣息

罴以三千骑奉迎。将渡河桥，方又以所乘阳燧车、青盖、素升三百人
为小卤簿，迎帝至芒山下。方自帅万余骑奉云母舆及旌旗之饰，卫
帝而进。初，方见帝将拜，帝下车自止之。

方在洛既久，兵士暴掠，发哀献皇女墓。军人喧喧，无复留意，
议欲西迁，尚匿其迹，欲须天子出，因劫移都。乃请帝谒庙，帝不许。
方遂悉引兵入殿迎帝，帝见兵至，避之于竹林中，军人引帝出，方于
马上稽首曰："胡贼纵逸，宿卫单少，陛下今日幸臣垒，臣当捍御冠
难，致死无二。"于是军人便乱入宫阁，争割流苏武帐而为马帴。方
奉帝至弘农，颙遣司马周弼报方，欲废太弟，方以为不可。

帝至长安，以方为中领军、录尚书事，领京兆太守。时豫州刺史
刘乔檄称颍川太守刘舆迫胁范阳王虓距逆诏命，及东海王越等起
兵于山东，乃遣方率步骑十万往讨之。方屯兵霸上，而刘乔为虓等
所破。颙闻乔败，大惧，将罢兵，恐方不从，迟疑未决。

初，方从山东来，甚微贱，长安富人郅辅厚相供给。及贵，以辅
为帐下督，甚昵之。颙参军毕垣，河间冠族，为方所侮，忿而说颙曰：
"张方久顿霸上，闻山东贼盛，盘桓不进，宜防其未萌。其亲信郅辅
具知其谋矣。"而缪播等先亦构之，颙因使召辅，垣迎说辅曰："张方
欲反，人谓卿知之。王若问卿，何辞以对？"辅惊曰："实不闻方反，为
之若何？"垣曰："王若问卿，但言尔尔。不然，必不免祸。"辅既入，颙
问之曰："张方反，卿知之乎？"辅曰："尔。"颙曰："遣卿取之可乎？"
又曰："尔。"颙于是使辅送书于方，因令杀之。辅既昵于方，持刀而
入，守阁者不疑，因火下发函，便斩方头。颙以辅为安定太守。初，
缪播等议斩方，送首与越，冀东军可罢。及闻方死，更争入关，颙颇
恨之，又使人杀辅。

史臣曰：晋氏之祸难荐臻，实始藩翰。解系等以干时之用，处危
乱之辰，并托迹府朝，参谋王室。或抗忠尽节，或饰诈怀奸。虽邪正
殊途，而咸至诛戮，岂非时艰政紊，利深祸速者乎！古人所以危邦不
入，乱邦不居，戒惧于此也。

　　阎鼎，字台臣，天水人也。初为太傅东海王越参军，转卷令，行豫州刺史事，屯许昌。遭母丧，乃于密县间鸠聚西州流人数千，欲还乡里。值京师失守，秦王出奔密中，司空荀藩、藩弟司隶校尉组，及中领军华恒、河南尹华荟，在密县建立行台，以密近贼，南趣许颍。司徒左长史刘畴在密为坞主，中书令李昕、太傅参军驺捷刘蔚、镇军长史周颛、司马李述皆来赴畴。金以鼎有才用，且手握强兵，劝藩假鼎冠军将军、豫州刺史，蔚等为参佐。

　　鼎少有大志，因西土人思归，欲立功乡里，乃与抚军长史王毗、司马傅逊怀翼戴秦王之计，谓畴、捷等曰：“山东非霸王处，不如关中。”河阳令傅畅遗鼎书，劝奉秦王过洛阳，谒拜山陵，径据长安，绥合夷晋，兴起义众，克复宗庙，雪社稷之耻。鼎得书，便欲诣洛，流人谓比道近河，惧有抄截，欲南自武关向长安。畴等皆山东人，咸不愿西入，荀藩及畴、捷等并逃散。鼎追藩不及，昕等见杀，唯颛、述走得免。遂奉秦王行，止上洛，为山贼所袭，杀百余人，率余众西至蓝田。时刘聪向长安，为雍州刺史贾疋所逐，走还平阳。疋遣人奉迎秦王，遂至长安，而与大司马南阳王保、卫将军梁芬、京兆尹梁综等并同心推戴，立王为皇太子，登坛告天，立社稷宗庙，以鼎为太子詹事，总摄百揆。

　　梁综与鼎争权，鼎杀综，以王毗为京兆尹。鼎首建大谋，立功天下。始平太守麹允、抚夷护军索綝并害其功，且欲专权，冯翊太守梁纬、北地太守梁肃，并综母弟，綝之姻也，谋欲除鼎，乃证其有无君之心，专戮大臣，请讨之，遂攻鼎。鼎出奔雍，为氐窦首所杀，传首长安。

　　索靖，字幼安，敦煌人也。累世官族，父湛，北地太守。靖少有逸群之量，与乡人氾衷、张甝、索纷、索永俱诣太学，驰名海内，号称“敦煌五龙。”四人并早亡，唯靖该博经史，兼通内纬。州辟别驾，郡举贤良方正，对策高第。傅玄、张华与靖一面，皆厚与之相结。

拜驸马都尉,出为西域戊己校尉长史。太子仆同郡张勃特表,以靖才艺绝人,宜在台阁,不宜远出边塞。武帝纳之,擢为尚书郎。与襄阳罗尚、河南潘岳、吴郡顾荣同官,咸器服焉。

靖与尚书令卫瓘俱以善草书知名,帝爱之。瓘笔胜靖,然有楷法,远不能及靖。

靖在台积年,除雁门太守,迁鲁相,又拜酒泉太守。惠帝即位,赐爵关内侯。

靖有先识远量,知天下将乱,指洛阳宫门铜驼,叹曰:"会见汝在荆棘中耳!"

元康中,西戎反叛,拜靖大将军梁王肜左司马,加荡寇将军,屯兵粟邑,击贼,败之。迁始平内史。及赵王伦篡位,靖应三王义举,以左卫将军讨孙秀有功,加散骑常侍,迁后将军。太安末,河间王颙举兵向洛阳,拜靖使持节、监洛城诸军事、游击将军,领雍、秦、凉义兵,与贼战,大破之,靖亦被伤而卒,追赠太常,时年六十五。后又赠司空,进封安乐亭侯,谥曰庄。

靖著《五行三统正验论》,辩理阴阳气运。又撰《索子》、《晋诗》各二十卷。又作《草书》状,其辞曰:

圣皇御世,随时之宜。仓颉既生,书契是为。科斗鸟篆,类物象形。睿哲变通,意巧兹生。损之隶草,以崇简易。百官毕修,事业并丽。盖草书之为状也,婉若银钩,漂若惊鸾。舒翼未发,若举复安;虫蛇虬蟉,或往或还。类阿那以赢形,欻奋𧿛而桓桓。及其逸游盻向,乍正乍邪。骐骥暴怒逼其辔,海水窊隆扬其波。芝草蒲陶还相继,棠棣融融载其华。玄熊对踞于山岳,飞燕相追而差池。举而察之,又似乎和风吹林,偃草扇树。枝条顺气,转相比附,窈娆廉苦,随体散布。纷扰扰以猗靡,中持疑而犹豫。玄螭狡兽嬉其间,腾猿飞𪕤相奔趣。凌鱼奋尾,蛟龙反据。投空自窜,张设牙距。或若登高望其类,或若既往而中顾,或若偶俛而不群,或若自检于常度。

于是多才之英,笃艺之彦,役心精微,耽此文宪。守道兼权,触类生变。离析八体,靡形不判。去繁存微,大象未乱。上理开元,下周谨案。聘辞放手,雨行冰散。高音翰厉,溢越流漫。忽班班而成章,信奇妙之焕烂。体磊落而壮丽,姿光润以粲粲。命杜度运其指,使伯英回其腕。著绝势于纨素,垂百世之殊观。

先时,靖行见姑臧城南石地,曰:“此后当起宫殿。”至张骏,于其地立南城,起宗庙,建宫殿焉。

靖有五子:鲠、䋫、璆、聿、綝,皆举秀才。聿,安昌乡侯,卒。少子綝最知名。

綝,字巨秀。少有逸群之量,靖每曰:“綝廊庙之才,非简札之用,州郡吏不足污吾儿也。”举秀才,除郎中。尝报兄仇,手杀三十七人,时人壮之。俄转太宰参军,除好畤令,入为黄门侍郎,出参征西军事,转长安令,在官有称。

及成都王颖劫迁惠帝幸邺,颖为王浚所破,帝遂播越。河间王颙使张方及綝东迎乘舆,以功拜鹰扬将军,转南阳王模从事中郎。刘聪侵掠关东,以綝为奋威将军以御之,斩聪将吕逸,又破聪党刘丰,迁新平太守。聪将苏铁、刘五斗等劫掠三辅,除綝安西将军、冯翊太守。綝有威恩,华戎向服,贼不敢犯。

及怀帝蒙尘,长安又陷,模被害,綝泣曰:“与其俱死,宁为伍子胥。”乃赴安定,与雍州刺史贾疋、抚风太守梁综、安夷护军麴允等纠合义众,频破贼党,修复旧馆,迁定宗庙。进救新平,小大百战,綝手擒贼帅李羌,与阎鼎立秦王为皇太子,及即尊位,是为愍帝。綝迁侍中、太仆,以首迎大驾、升坛授玺之功,封弋居伯。又迁前将军、尚书右仆射、领吏部、京兆尹,加平东将军,进号征东。寻又诏曰:“朕昔遇厄运,遭家不造,播越宛、楚,爰失旧京。幸宗庙宠灵,百辟宣力,得从藩卫,托乎群公之上。社稷之不陨,实公是赖,宜赞百揆,傅弼朕躬。其授卫将军,领太尉,位特进,军国之事悉以委之。”

及刘曜侵逼王城,以綝为都督征东大将军,持节讨之。破曜呼日逐王呼延莫,以功封上洛郡公,食邑万户,拜夫人荀氏为新丰君,子石元为世子,赐子弟二人乡亭侯。刘曜入关芟麦苗,綝又击破之。

自长安伐刘聪,聪将赵染杖其累捷,有自矜之色,帅精骑数百与綝战,大败之,染单马而走。转骠骑大将军、尚书左仆射、录尚书,承制行事。

刘曜复率众入冯翊,帝累征兵于南阳王保、保左右议曰:"蝮蛇在手,壮士解其腕。且断陇道,以观其变。"从事中郎裴诜曰:"蛇已螫头,头可截不!"保以胡崧行前锋都督,须诸军集,乃当发。麹允欲挟天子趣保,綝以保必逞私欲,乃止。自长安以西,不复奉朝廷。百官饥乏,采稆自存。时三秦人尹桓、解武等数千家,盗发汉霸、杜二陵,多获珍宝。帝问綝曰:"汉陵中物何乃多邪?"綝对曰:"汉天子即位一年而为陵,天下贡赋,三分之一供宗庙,一供宾客,一充山陵。汉武帝飨年久长,比崩而茂陵不复容物,其树皆已可拱。赤眉取陵中物不能减半,于今犹有朽帛委积,珠玉未尽。此二陵是俭者耳,亦百世之诫也。"

后刘曜又率众围京城,綝与麹允固守长安小城。胡崧承檄奔命,破曜于灵台。崧虑国家威举,则麹、索功盛,乃案兵渭北,遂还槐里。城中饥窘,人相食,死亡逃奔不可制,唯凉州义众千人守死不移。帝使侍中宋敞送笺降于曜。綝潜留敞,使其子说曜曰:"今城中食犹足支一岁,未易可克也。若许綝以车骑、仪同、万户郡公者,请以城降。"曜斩而送之曰:"帝王之师,以义行也。孤将军十五年,未尝以谲诡败人,必穷兵极势,然后取之。今索綝所说如是,天下之恶也,辄相为戮之。若审兵食未尽者,便可勉强固守。如其粮竭兵微,亦宜早悟天命。孤恐霜威一震,玉石俱摧。"及帝出降,綝随帝至平阳,刘聪以其不忠于本朝,戮之于东市。

贾疋,字彦度,武威人,魏太尉诩之曾孙也。少有志略,器望甚伟,见之者莫不悦附,特为武夫之所瞻仰,愿为致命。初辟公府,遂历显职,迁安定太守。雍州刺史丁绰,贪横失百姓心,乃谮疋于南阳王模,模以军司谢班伐之。疋奔泸水,与胡彭荡仲及氐窦首结为兄弟,聚众攻班。绰奔武都,疋复入安定,杀班。愍帝以疋为骠骑将军、雍州刺史，封酒泉公。

时诸郡百姓饥馑，白骨蔽野，百无一存。疋帅戎晋二万余人，将伐长安，西平太守竺恢亦固守。刘粲闻之，使刘曜、刘雅及赵染距疋，先攻恢，不克，疋邀击，大败之，曜中流矢，退走。疋追之，至于甘泉。旋自渭桥袭荡仲，杀之。遂迎秦王，奉为皇太子。后荡仲子夫护帅群胡攻之，疋败走，夜堕于涧，为夫护所害。疋勇略有志节，以匡复晋室为己任，不幸颠坠，时人咸痛惜之。

史臣曰：自永嘉荡覆，宇内横流，亿兆靡依，人神乏主。于时武皇之胤，惟有建兴，众望攸归，曾无与二。阎鼎等忠存社稷，志在经纶，乃契阔艰难，扶持幼孺，遂得纂尧承绪，祀夏配天，校绩论功，有足称矣。然而抗滔天之巨寇，接凋弊之余基，威略未申，寻至倾覆。昔宗周遭犬戎而东徙，有晋违犷狄而西迁，彼既灵庆悠长，此则祸难遄及，岂愍皇地非奥主，将綝、允材谢辅臣，何修短之殊途，而成败之异数者也？

赞曰：怀惠不竞，戚藩力争。狙诈参谋，凭凶乱政。为恶不已，并罹非命。解缪忠肃，无闻余庆。愍皇纂戎，实赖群公。鼎图福始，綝遂凶终。

晋书卷六一
列传第三一

周浚 子嵩 谟 从父弟馥　　成公简
苟晞　华轶　刘乔 孙耽 耽子柳

周浚,字开林,汝南安成人也。父裴,少府卿。浚性果烈,以才理见知,有人伦鉴识。乡人史曜素微贱,众所未知,浚独引之为友,遂以妹妻之,曜竟有名于世。

浚初不应州郡之辟,后仕魏为尚书郎。累迁御史中丞,拜折冲将军、扬州刺史,封射阳侯。随王浑伐吴,攻破江西屯戍,与孙皓中军大战,斩伪丞相张悌等首级数千,俘馘万计,进军屯于横江。

时闻龙骧将军王濬既破上方,别驾何恽说浚曰:"张悌率精锐之卒,悉吴国之众,殄灭于此,吴之朝野莫不震慑。今王龙骧既破武昌,兵威甚盛,顺流而下,所向辄克,土崩之势见矣。窃谓宜速渡江,直指建邺,大军卒至,夺其胆气,可不战而擒。"浚善其谋,便使白浑。恽曰:"浑暗于事机,而欲慎己免咎,必不我从。"浚固使白之,浑果曰:"受诏但令江北抗衡吴军,不使轻进。贵州虽武,岂能独平江东!今者违命,胜不足多;若其不胜,为罪已重。且诏令龙骧受我节度,但当具君舟楫,一时俱济耳。"恽曰:"龙骧克万里之寇,以既济之功来受节度,未之闻也。且握兵之要,可则夺之,所谓受命不受辞也。今渡江必全克获,将有何虑?若疑于不济,不可谓智;知而不行,不可谓忠,实鄙州上下所以恨恨也。"浑执不听。居无何而濬至,浑召之不来,乃直指三江山,孙皓遂降于濬。浑深恨之,而欲与濬争

功。恽笺与浚曰:"《书》贵克让,《易》大谦光,斯古文所咏,道家所
崇。前破张悌,吴人失气,龙骧因之,陷其区宇。论其前后,我实缓
师,动则为伤,事则不及。而今方竞其功。彼既不吞声,将亏雍穆之
弘,兴矜争之鄙,斯愚情之所不取也。"浚得笺,即谏止浑,浑不能
纳,遂相表奏。

浚既济江,与浑共行吴城垒,绥抚新附,以功进封成武侯,食邑
六千户,赐绢六千匹。明年,移镇秣陵。时吴初平,屡有逃亡者,频
讨平之。宾礼故老,搜求俊义,甚有威德,吴人悦服。

初,吴之未平也,浚在弋阳,南北为互市,而诸将多相袭夺以为
功。吴将蔡敏守于沔中,其兄珪为将在秣陵,与敏书曰:"古者兵交,
使在其间,军国固当举信义以相高。而闻疆场之上,往往有袭夺互
市,甚不可行,弟慎无为小利而忘大备也。"候者得珪书以呈浚,浚
曰:"君子也。"及渡江,求珪,得之,问其本,曰:"汝南人也。"浚戏之
曰:"吾固疑吴无君子,而卿果吾乡人。"

迁侍中。武帝问浚:"卿宗后生,称谁为可?"答曰:"臣叔父子
恢,称重臣宗;从父子馥,称清臣宗。"帝并召用。浚转少府,以本官
领将作大匠。改营宗庙讫,增邑五百户。后代王浑为使持节、都督
扬州诸军事、安东将军,卒于位。三子:颐、嵩、谟。颐嗣爵,别有传
云。

嵩,字仲智。猖直果侠,每以才气陵物。元帝作相,引为参军。
及帝为晋王,又拜奉朝请。嵩上疏曰:"臣闻取天下者,常以无事。及
其有事,不足以取天下。故古之王者,必应天顺时,义全而后取,让
成而后得,是以享世长久,重光万载也。今议者以殿下化流江汉,泽
被六州,功济苍生,欲推崇尊号。臣谓今梓宫未反,旧京未清,义夫
泣血,士女震动;宜深明周公之道,先雪社稷大耻,尽忠言嘉谋之
助,以时济弘仁之功,崇谦谦之美,推后已之诚;然后揖让以谢天
下,谁敢不应,谁敢不从!"由是忤旨,出为新安太守。

嵩快快不悦,临发,与散骑郎张嶷在侍中戴邈坐,褒贬朝士,又
诋毁邈,邈密表之。帝召嵩入,面责之曰:"卿矜豪傲慢,敢轻忽朝

廷,由吾不德故耳。"嵩跪谢曰:"昔唐虞至圣,四凶在朝。陛下虽圣
明御世,亦安能无碌碌之臣乎!"帝怒,收付廷尉。廷尉华恒以嵩大
不敬弃市论,嶷以扇和减罪除名。时颙方贵重,帝隐忍。久之,补庐
陵太守,不之职,更拜御史中丞。

是时帝以王敦势盛,渐疏忌王导等。嵩上疏曰:

> 臣闻明君思隆其道,故贤智之士乐在其朝;忠臣将明其
> 节,故量时而后仕。乐在其朝,故无过任之讥;将明其节,故无
> 过宠之谤。是以君臣并隆,功格天地。近代以来,德废道衰,君
> 怀术以御臣,臣挟利以事君,君臣交利而祸乱相寻,故得失之
> 迹难可详言。臣请较而明之。

> 夫傅说之相高宗,申召之辅宣王,管仲之佐齐桓,衰范之
> 翼晋文,或宗师其道,垂拱受成,委以权重,终致匡主,未有忧
> 其逼己,还为国蠹者也。始田氏擅齐,王莽篡汉,皆藉封土之
> 强,假累世之宠,因暗弱之主,资母后之权,树比周之党,阶绝
> 灭之势,然后乃能行其私谋,以成篡夺之祸耳。岂遇立功之主,
> 为天人所相,而能运其奸计,以济其不轨者哉!光武以王族奋
> 于闾阎,因时之望,收揽英奇,遂绩汉业,以美中兴之勤。及天
> 下既定,颇废黜功臣者,何哉?武力之士不达国体,以立一时之
> 功,不可久假以权势,其兴废之事,亦可见矣。近者三国鼎峙,
> 并以雄略之才,命世之能,皆委赖俊哲,终成功业,贻之后嗣,
> 未有愆失遗方来之恨者也。

> 今王导、王廙等,方之前贤,犹有所后。至于忠素竭诚,义
> 以辅上,共隆洪基,翼成大业,亦昔之亮也。虽陛下乘奕世之
> 德,有天人之会,割据江东,奄有南极,龙飞海峤,兴复旧物,此
> 亦群才之明,岂独陛下之力也。今王业虽建,羯寇未枭,天下荡
> 荡,不宾者众,公私匮竭,仓庾未充,梓宫沈沦,妃后不反,正委
> 贤任能推毂之日也。功业垂就,晋祚方隆,而一旦听孤臣之言,
> 惑疑似之说,乃更以危为安,以疏易亲,放逐旧德,以佞伍贤,
> 远亏既往之明,顾伤伊管之交,倾巍巍之望,丧如山之功,将令

贤智杜心,义士丧志,近招当时之患,远遗来世之笑。夫安危在号令,存亡在寄任,以古推今,岂可不寒心而哀叹哉!

臣兄弟受遇,无彼此之嫌,而臣干犯时讳,触忤龙鳞者何?诚念社稷之忧,欲报之于陛下也。古之明王,思闻其过,悟逆旅之言,以明成败之由,故采纳愚言,以考虚实,上为宗庙无穷之计,下收亿兆元元之命。臣不胜忧愤,竭愚以闻。

疏奏,帝感悟,故导等获全。

王敦既害顗而使人吊嵩,嵩曰:"亡兄天下人,为天下人所杀,复何所吊!"敦甚衔之,惧失人情,故未加害,用为从事中郎。嵩,王应嫂父也,以顗横遇祸,意恒愤愤,当众中云:"应不宜统兵。"敦密使妖人李脱诬嵩及周莚潜相署置,遂害之。嵩精于事佛,临刑犹于市诵经云。

谟,以顗故,频居显职。王敦死后,诏赠戴若思、谯王承等,而未及顗。时谟为后军将军,上疏曰:

臣亡兄顗,昔蒙先帝顾眄之施,特垂表启,以参戎佐,显居上列,遂管朝政,并与群后共隆中兴,仍典选曹,重蒙宠授,忝位师傅,得与陛下揖让抗礼,恩结特隆。加以鄙族结婚帝室,义深任重,庶竭股肱,以报所受。凶逆所忌,恶直丑正。身陷极祸,忠不忘君,守死善道,有陨无二。顗之云亡,谁不痛心,况臣同生,能不哀结!

王敦无君,由来实久,元恶之甚,古今无二。幸赖陛下圣聪神武,故能摧破凶强,拨乱反正,以宁区宇。前军事之际,圣恩不遗,取顗息闵,得充近侍。臣时面启,欲令闵还袭臣亡父侯爵。时卞壶、庾亮并侍御坐,壶云:"事了当论显赠。"时未淹久,言犹在耳。至于谯王承、甘卓,已蒙清复,王澄久远,犹在论议。况顗忠以卫主,身死王事,虽嵇绍之不违难,何以过之!至今不闻复封加赠褒显之言,不知顗有余责,独负殊恩,为朝廷急于时务,不暇论及?此臣所以痛心疾首,重用哀叹者也。不胜辛酸,冒陈愚款。

疏奏，不报。谟复重表，然后追赠颛官。

谟历少府、丹杨尹、侍中、中护军，封西平侯。卒赠金紫光禄大夫，谥曰贞。

馥，字祖宣，浚从父弟也。父蘸，安平太守。馥少与友人成公简齐名，俱起家为诸王文学，累迁司徒左西属。司徒王浑表“馥理识清正，兼有才干，主定九品，检括精详。臣委任责成，褒贬允当，请补尚书郎。”许之。稍迁司徒左长史、吏部郎，选举精密，论望益美。转御史中丞、侍中，拜徐州刺史，加冠军将军、假节。征为廷尉。

惠帝幸邺，成都王颖以馥守河南尹。陈眕、上官巳等奉清河王覃为太子，加馥卫将军、录尚书，馥辞不受。覃令馥与上官巳合军，馥以巳小人纵暴，终为国贼，乃共司隶蒲奋等谋共除之，谋泄，为巳所袭，奋被害，馥走得免。及巳为张方所败，召馥还摄河南尹。暨东海王越迎大驾，以馥为中领军，未就，迁司隶校尉，加散骑常侍、假节，都督诸军事于渑池。帝还宫，出为平东将军、都督扬州诸军事，代刘准为镇东将军，与周玘等讨陈敏，灭之，以功封永宁伯。

馥自经世故，每欲维正朝廷，忠情恳至。以东海王越不尽臣节，每言论厉然，越深惮之。馥睹群贼孔炽，洛阳孤危，乃建策迎天子迁都寿春。永嘉四年，与长史吴思、司马殷识上书曰：“不图厄运遂至于此！戎狄交侵。畿甸危逼。臣辄与祖纳、裴宪、华谭、孙惠等三十人伏思大计，金以殷人有屡迁之事，周王有岐山之徙，方今王都磬乏，不可久居，河朔萧条，崤函险涩，宛都屡败，江汉多虞，于今平夷，东南为愈。淮扬之地，北阻涂山，南抗灵岳，名川四带，有重险之固。是以楚人东迁，遂宅寿春，徐、邳、东海，亦足戍御。且运漕四通，无患空乏。虽圣上神聪，元辅贤明，居俭守约，用保宗庙，未若相土迁宅，以享永祚。臣谨选精卒三万，奉迎皇驾。辄檄前北中郎将裴宪行使持节、监豫州诸军事、东中郎将，风驰即路。荆、湘、江、扬各先运四年米租十五万斛，布绢各十四万匹，以供大驾。令王浚、苟晞共平河朔，臣等戮力以启南路。迁都弭寇，其计并得。皇舆来巡，臣宜转据江州，以恢王略。知无不为，古人所务，敢竭忠诚，庶报万分。

朝遂夕陨，犹生之愿。"

越与荀晞不协，馥不先白于越，而直上书，越大怒。先是，越召馥及淮南太守裴硕，馥不肯行，而令硕率兵先进。硕贰于馥，乃举兵称馥擅命，已奉越密旨图馥，遂袭之，为馥所败。硕退保东城，求救于元帝。帝遣扬威将军甘卓、建威将军郭逸攻馥于寿春。安丰太守孙惠帅众应之，使谢摛为檄。摛，馥之故将也。馥见檄，流涕曰："必谢摛之辞。"摛闻之，遂毁草，旬日而馥众溃，奔于项，为新蔡王确所拘，忧愤发病卒。

初，华谭之失庐江也，往寿春依馥，及馥军败，归于元帝。帝问曰："周祖宣何至于反？"谭对曰："周馥虽死，天下尚有直言之士。馥见寇贼滋蔓，王威不振，故欲移都以纾国难。方伯不同，遂致其伐。曾不逾时，而京都沦没。若使从馥之谋，或可后亡也。原情求实，何得为反？"帝曰："馥位为征镇，握兵方隅，召而不入，危而不持，亦天下之罪人也。"谭曰："然。馥振缨中朝，素有俊彦之称；出据方岳，实有偏任之重，而高略不举，往往失和，危不能持，当与天下共受其责。然谓之反，不亦诬乎！"帝意始解。

馥有二子：密、矫。密，字泰玄。性虚简，时人称为清士，位至尚书郎。矫，字正玄。亦有才干。

成公简，字宗舒，东郡人也。家世二千石。性朴素，不求荣利，潜心味道，罔有干其志者。默识过人。张茂先每言："简清静比杨子云，默识拟张安世。"

后为中书郎。时馥已为司隶校尉，迁镇东将军。简自以才高而在馥之下，谓馥曰："杨雄为郎，三世不徙，而王莽、董贤位列三司，古今一揆耳。"馥甚惭之。官至太子中庶子、散骑常侍。永嘉末，奔荀晞，与晞同没。

荀晞，字道将，河内山阳人也。少为司隶部从事，校尉石鉴深器之。东海王越为侍中，引为通事令史，累迁阳平太守。齐王冏辅政，

晞参冏军事,拜尚书右丞,转左丞,廉察诸曹,八坐以下皆侧目惮
之。及冏诛,晞亦坐免。长沙王乂为骠骑将军,以为从事晞中郎。惠
帝征成都王颖,以为北军中候。及帝还洛阳,晞奔范阳王虓,虓承制
用晞行兖州刺史。

汲桑之破邺也,东海王越出次官渡以讨之,命晞为前锋。桑素
惮之,于城外为栅以自守。晞将至,顿军休士,先遣单骑示以祸福。
桑众大震,弃栅宵遁,婴城固守。晞陷其九垒,遂定邺而还。西讨吕
郎等,灭之。后高密王泰讨青州贼刘根,破汲桑故将公师藩,败石勒
于河北,威名甚盛,时人拟之韩、白。进位抚军将军、假节、都督青兖
诸军事,封东平郡侯,邑万户。

晞练于官事,文簿盈积,断决如流,人不敢欺。其从母依之,奉
养甚厚。从母子求为将,晞距之曰:"吾不以王法贷人,将无后悔
邪?"固欲之,晞乃以为督护。后犯法,晞杖节斩之,从母叩头请救,
不听。既而素服哭之,流涕曰:"杀卿者兖州刺史,哭弟者苟道将。"
其杖法如此。

晞见朝政日乱,惧祸及己,而多所交结,每得珍物,即贻都下亲
贵。兖州去洛五百里,恐不鲜美,募得千里牛,每遣信,旦发暮还。

初,东海王越以晞复其仇耻,甚德之,引升堂,结为兄弟。越司
马潘滔等说曰:"兖州要冲,魏武以之辅相汉室。苟晞有大志,非纯
臣,久令处之,则患生心腹矣。若迁于青州,厚其名号,晞必悦。公
自牧兖州,经纬诸夏,藩卫本朝,此所谓谋之于未有,为之于未乱
也。"越以为然,乃迁晞征东大将军、开府仪同三司,加侍中、假节、
都督青州诸军事,领青州刺史,进为郡公。晞乃多置参佐,转易守
令,以严刻立功,日加斩戮,流血成川,人不堪命,号曰"屠伯"。

顿丘太守魏植为流人所逼,众五、六万,大掠兖州。晞出屯无
盐,以弟纯领青州,刑杀更甚于晞,百姓号"小苟酷于大苟"。晞寻破
植。

时潘滔及尚书刘望等共诬陷晞,晞怒,表求滔等首,又请越从
事中郎刘洽为军司,越皆不许。晞于是昌言曰:"司马元超为宰相不

平,使天下淆乱,苟道将岂可以不义使之?韩信不忍衣食之惠,死于妇人之手。今将诛国贼,尊王室,桓文岂远哉!"乃移告诸州,称己功伐,陈罪状。

时怀帝恶越专权,乃诏晞曰:"朕以不德,戎车屡兴,上惧宗庙之累,下愍兆庶之困,当赖方岳,为国藩翰。公威震赫然,枭斩藩、桑,走降乔、朗,魏植之徒复以诛除,岂非高识明断,朕用委成。加王弥、石勒为社稷之忧,故有诏委统六州。而公谦分小节,稽违大命,非所谓与国同忧也。今复遣诏,便施檄六州,协同大举,翦除国难,称朕意焉。"晞复移诸征镇州郡曰:"天步艰险,祸难殷流,刘元海造逆于汾阴,石世龙阶乱于三魏,荐食畿甸,覆丧邺都,结垒近郊,仍震兖豫,害三刺史,杀二都督,郡守官长,埋没数十,百姓流离,肝脑涂地。晞以虚薄,负荷国重,是以弭节海隅,援枹曹、卫。猥被中诏,委以关东,督统诸军,钦承诏命。克今月二日,当西经济黎阳,即日得荥阳太守丁嶷白事,李恽、陈午等救怀诸军与羯大战,皆见破散。怀城已陷,河内太守裴整为贼所执。宿卫阙乏,天子蒙难,宗庙之危,甚于累卵。承问之日,忧叹累息。晞以为先王选建明德,庸以服章,所以藩固王室,无俾城坏。是以舟楫不固,齐桓责楚;襄王逼狄,晋文致讨。夫翼奖皇家,宣力本朝,虽陷汤火,大义所甘。加诸方牧,俱受荣宠,义同毕力,以报国恩。晞虽不武,首启戎行,秣马襄粮,以俟方镇。凡我同盟,宜同赴救。显立名节,在此行矣。

会王弥遣曹嶷破琅邪,北攻齐地。苟纯城守,嶷众转盛,连营数十里。晞还,登城望之,有惧色,与贼连战,辄破之。后简精锐,与贼大战,会大风扬尘,晞遂败绩,弃城夜走。嶷追至东山,部众皆降嶷。晞单骑奔高平,收邸阁,募得数千人。

帝又密诏晞讨越,晞复上表曰:"殿中校尉李初至,奉被手诏,肝心若裂。东海王越得以宗臣遂执朝政,委任邪佞,宠树奸党,至使前长史潘滔、从事中郎毕邈、主簿郭象等操弄天权,刑赏由己。尚书何绥、中书令缪播、太仆缪胤、黄门侍郎应绍,皆是圣诏亲所抽拔,而滔等妄构,陷以重戮。带甲临宫,诛讨后弟,翦除宿卫,私树国人。

崇奖魏植，招诱逋亡，覆丧州郡。王涂圮隔，方贡乖绝，宗庙阙蒸尝之飨，圣上有约食之匮。镇东将军周馥、豫州刺史冯嵩、前北中郎将裴宪，并以天朝空旷，权臣专制，事难之兴，虑在旦夕，各率士马，奉迎皇舆，思隆王室，以尽臣礼。而滔、邈等劫越出关，矫立行台，逼徙公卿，擅为诏令，纵兵寇抄，茹食居人，交尸塞路，暴骨盈野。遂令方镇失职，城邑萧条，淮、豫之萌，陷离涂炭。臣虽愤懑，守局东崞，自奉明诏，三军奋厉，卷甲长驱，次于仓垣。即日承司空、博陵公浚书，称殿中中郎刘权赍诏，敕浚与臣共克大举。辄遣前锋征虏将军王径至项城，使越稽首归政，斩送滔等。伏愿陛下宽宥宗臣，听越还国。其余逼迫，宜蒙旷荡。辄写诏宣示征镇，显明义举。遣扬烈将军阎弘步骑五千，镇卫宗庙。"

五年，帝复诏晞曰："太傅信用奸佞，阻兵专权，内不遵奉皇宪，外不协比方州，遂令戎狄充斥，所在犯暴。留му何伦抄掠宫寺，劫剥公主，杀害贤士，悖乱天下，不可忍闻。虽惟亲亲，宜明九伐。诏至之日，其宣告天下，率齐大举，桓文之绩，一以委公。其思尽诸宜，善建弘略。道涩，故练写副，手笔示意。"晞表曰："奉被手诏，委臣征讨，喻以桓文，纸练兼备，伏读跪叹，五情惶怛。自顷宰臣专制，委杖佞邪，内擅朝威，外残兆庶，矫诏专征，遂图不轨，纵兵寇掠，陵践宫寺。前司隶校尉刘暾、御史中丞温畿、右将军杜育，并见攻劫。广平、武安公主，先帝遗体，咸被逼辱。逆节虐乱，莫此之甚。辄祗奉前诏，部分诸军，遣王赞率陈午等将兵诣项，龚行天罚。"

初，越疑晞与帝有谋，使游骑于成皋间，获晞使，果得诏令及朝廷书，遂大构嫌隙。越出牧豫州以讨晞，复下檄说晞罪恶，遣从事中郎杨瑁为兖州，与徐州刺史裴盾共讨晞。晞使骑收河南尹潘滔，滔夜遁，及执尚书刘曾、侍中程延，斩之。会越薨，盾败，诏晞为大将军、大都督、督青徐兖豫荆扬六州诸军事，增邑二万户，加黄钺，先官如故。

晞以京邑荒馑日甚，寇难交至，表请迁都，遣从事中郎刘会领船数十艘，宿卫五百人，献谷千斛以迎帝。朝臣多有异同。俄而京师陷，晞与王赞顿仓垣。豫章王端及和郁等东奔晞，晞率群官尊端为皇太子，置行台。端承制以晞领太子太傅、都督中外诸军、录尚书，自仓垣屯蒙城，赞顿阳夏。

晞出于孤，位至上将，志颇盈满，奴婢将千人，侍妾数十，终日累夜不出庭户，刑政苛虐，纵情肆欲。辽西阎亨以书固谏，晞怒，杀之。晞从事中郎明预有疾居家，闻之，乃舆病谏晞曰："皇晋遭百六之数，当危难之机，明公亲禀庙算，将为国家除暴。阎亨美士，奈何无罪一旦杀之！"晞怒曰："我自杀阎亨，何关人事，而舆病来骂我！"左右为之战栗，预曰："以明公以礼见进，预欲以礼自尽。今明公怒预，其若远近怒明公何！昔尧舜之在上也，以和理而兴；桀纣之在上也，以恶逆而灭。天子且犹如此，况人臣乎！愿明公且置是怒而思预之言。"晞有惭色。由是众心稍离，莫为致用，加以疾疫饥馑，其将温畿、傅宣皆叛之。石勒攻阳夏，灭王赞，驰袭蒙城，执晞，署为司马，月余乃杀之。晞无子，弟纯亦遇害。

华轶，字彦夏，平原人，魏太尉歆之曾孙也。祖表，太中大夫。父澹，河南尹。轶少有才气，闻于当世，泛爱博纳，众论美之。

初为博士，累迁散骑常侍。东海王越牧兖州，引为留府长史。永嘉中，历振威将军、江州刺史。虽逢丧乱，每崇典礼，置儒林祭酒以弘道训，乃下教曰："今大义替，礼典无宗，朝廷滞议，莫能攸正，常以慨然，宜特立此官，以弘其事。军谘祭酒杜夷，栖情玄远，确然绝俗，才学精博，道行优备，其以为儒林祭酒。"俄被越檄使助讨诸贼，轶遣前江夏太守陶侃为扬武将军，率兵三千屯夏口，以为声援。轶在州甚有威惠，州之豪士接以友道，得江表之欢心，流亡之士赴之如归。

时天子孤危，四方瓦解，轶有匡天下之志，每遣贡献入洛，不失臣节。谓使者曰："若洛都道断，可输之琅邪王，以明吾之为司马氏也。"轶自以受洛京所遣，而为寿阳所督，时洛京尚存，不能祗承元帝教命，郡县多谏之，轶不纳，曰："吾欲见诏书耳。"时帝遣扬烈将军周访率众屯彭泽以备轶，访过姑孰，著作郎干宝见而问之，访曰："夫府受分，令屯彭泽，彭泽，江州西门也。华彦夏有忧天下之诚，而不欲碌碌受人控御，顷来纷纭，粗有嫌隙。今又无故以兵守其门，将成其衅。吾当屯寻阳故县，既在江西，可以捍御北方，又无嫌于相逼也。"寻洛都不守，司空荀藩移檄，而以帝为盟主。既而帝承制改易长吏，轶又不从命，于是遣左将军王敦都督甘卓、周访、宋典、赵诱等讨之。轶遣别驾陈雄屯彭泽以距敦，自为舟军以为外援。武昌太守冯逸次于溢口，访击逸，破之。前江州刺史卫展不为轶所礼，心常怏怏。至是，与豫章太守周广为内应，潜军袭轶，轶众溃，奔于安城，追斩之，及其五子，传首建邺。

初，广陵高悝寓居江州，轶辟为西曹掾，寻而轶败，悝藏匿轶二子及妻，崎岖经年。既而遇赦，悝携之出首，帝嘉而宥之。

刘乔，字仲彦，南阳人也。其先汉宗室，封安众侯，传袭历三代。祖廙，魏侍中。父阜，陈留相。乔少为秘书郎，建威将军王戎引为参军。伐吴之役，戎使乔与参军罗尚济江，破武昌，还授荥阳令，迁太子洗马。以诛杨骏功，赐爵关中侯，拜尚书右丞。豫诛贾谧，封安众男，累迁散骑常侍。

齐王冏为大司马，初，嵇绍为冏所重，每下阶迎之。乔言于冏曰："裴、张之诛，朝臣畏惮孙秀，故不敢不受财物。嵇绍今何所逼忌，故畜裴家车牛、张家奴婢邪？乐彦辅来，公未尝下床，何独加敬于绍？"冏乃止。绍谓乔曰："大司马何故不复迎客？"乔曰："似有正人言，以卿不足迎者。"绍曰："正人为谁？"乔曰："其则不远。"绍默然。顷之，迁御史中丞。冏腹心董艾势倾朝廷，百僚莫敢忤旨。乔二旬之中，奏劾艾罪衅者六。艾讽尚书右丞苟晞免乔官，复为屯骑校尉。张昌之乱，乔出为威远将军、豫州刺史，与荆州刺史刘弘共讨昌，进左将军。

惠帝西幸长安，乔与诸州郡举兵迎大驾。东海王越承制转乔安北将军、冀州刺史，以范阳王虓领豫州刺史。乔以虓非天子命，不受代,发兵距之。颍川太守刘舆昵于虓,乔上尚书列舆罪恶。河间王颙得乔所上,乃宣诏使镇南将军刘弘、征东大将军刘准、平南将军彭城王绎与乔并力攻虓于许昌。舆弟琨率众救虓,未至而虓败,乃与琨俱奔河北。未几,琨率突骑五千济河攻乔,乔劫琨父蕃,以槛车载之,据考城以距虓,众不敌而溃。

　　乔复收散卒,屯于平氏。河间王颙进乔镇东将军、假节,以其长子佑为东郡太守,又遣刘弘、刘准、彭城王绎等率兵援乔。弘与乔笺曰:“适承范阳欲代明使君。明使君受命本朝,列居方伯,当官而行,同奖王室,横见迁代,诚为不允。然古人有言,牵牛以蹊人之田,信有罪矣,而夺之牛,罚亦重矣。明使君不忍亮直狷介之忿,甘为戎首,窃以为过。何者?至人之道,用行舍藏。跨下之辱,犹宜俯就,况于换代之嫌,纤介之衅哉!范阳国属,使君庶姓,周之宗盟,疏不间亲,曲直既均,责有所在。廉、蔺区区战国之将,犹能升降以利社稷,况命世之士哉!今天下纷纭,主上播越,正是忠臣义士同心戮力之时。弘实暗劣,过蒙国恩,愿与使君共戴盟主,雁行下风,埽除凶寇,救苍生之倒悬,反北辰于太极。此功未立,不宜乖离。备蒙顾遇,情隆于常,披露丹诚,不敢不尽。春秋之时,诸侯相伐,复为和亲者多矣。愿明使君回既往之恨,追不二之踪,解连环之结,修如初之好。范阳亦将悔前之失,思崇后信矣。”

　　东海王越将讨乔,弘又与越书曰:“适闻以吾州将擅举兵逐范阳,当讨之,诚明同异、惩祸乱之宜。然吾窃谓不可。何者?今北辰迁居,元首移幸,群后抗义以谋王室,吾州将荷国重恩,列位方伯,亦伐鼓即戎,戮力致命之秋也。而范阳代之,吾州将不从,由代之不允,但矫枉过正,更以为罪耳。昔齐桓赦射钩之仇而相管仲,晋文忘斩袪之怨而亲勃鞮,方之于今,当何有哉!且君子躬自厚而薄责于人,今奸臣弄权,朝廷困逼,此四海之所危惧,宜释私嫌,共存公义,含垢匿瑕,忍所难忍,以大逆为先,奉迎为急,不可思小怨忘大德也。苟崇忠恕,共明分局,连旗推锋,各致臣节,吾州将必输写肝胆,以报所蒙,实不足计一朝之谬,发赫然之怒,使韩卢东郭相困而为豺狼之擒也。吾虽庶姓，负乘过分，实愿足下率齐内外，以康王室，窃耻同侪自为蠹害。贪献所怀，惟足下图之。"又上表曰："范阳王虓欲代豫州刺史乔，乔举兵逐虓，司空、东海王越以乔不从命讨之。臣以为乔忝受殊恩，显居州司，自欲立功于时，以徇国难，无他罪阙，而范阳代之，代之为非。然乔亦不得以虓之非，专威辄讨，诚应显戮以惩不恪。然自顷兵戈纷乱，猜祸锋生，恐疑隙构于群王，灾难延于宗子，权柄隆于朝廷，逆顺效于成败，今夕为忠，明旦为逆，翩其反而，互为戎首，载籍以来，骨肉之祸未有如今者也。臣窃悲之，痛心疾首。今边陲无备豫之储，中华有杼轴之困，而股肱之臣不惟国体，职竞寻常，自相楚剥，为害转深，积毁销骨。万一四夷乘虚为变，此亦猛兽交斗，自效于卞庄者矣。臣以为宜速发明诏，诏越等令两释猜嫌，各保分局。自今以后，其有不被诏书擅兴兵马者，天下共伐之。《诗》云：'谁能执热，逝不以濯？'若诚濯之，必无灼烂之患，永有泰山之固矣。"

时河间王颙方距关东，倚乔为助，不纳其言。东海王越移檄天下，帅甲士三万，将入关迎大驾，军次于萧，乔惧，遣子佑距越于萧县之灵壁。刘琨分兵向许昌，许昌人内之。琨自荥阳率兵迎越，遇佑，众溃见杀。乔众遂散，与五百骑奔平氏。

帝还洛阳，大赦，越复表乔为太傅军谘祭酒。越薨，复以乔为都督豫州诸军事、镇东将军、豫州刺史。卒于官。时年六十三。愍帝末，追赠司空。子挺，颍川太守。挺子耽。

耽，字敬道。少有行检，以义尚流称，为宗族所推。博学，明习《诗》、《礼》、三史。历度支尚书，加散骑常侍。在职公平廉慎，所莅著绩。桓玄，耽女婿也。及玄辅政，以耽为尚书令，加侍中，不拜，改授特进、金紫光禄大夫。寻卒，追赠左光禄大夫、开府。耽子柳。

柳，字叔惠。亦有名誉。少登清官，历尚书左右仆射。时右丞傅迪好广读书而不解其义，柳唯读《老子》而已，迪每轻之。柳云："卿读书虽多，而无所解，可谓书簏矣。"时人重其言。出为徐、兖、江三州刺史。卒，赠右光禄大夫、开府仪同三司。乔弟乂，始安太守。

乂子成,丹杨尹。

史臣曰:周浚人伦鉴悟,周馥理识精详,华轶动顾礼经,刘乔志存谅直,用能历官内外,咸著勋庸。而祖宣献策迁都,乖忤于东海,彦夏系心宸极,获罪于琅邪,乃被以恶名,加其显戮,岂不哀哉!向若违左衽于伊川,建右社于淮服,据方城之险,藉全楚之资,简练吴越之兵,漕引淮海之粟,纵未能祈天永命,犹足以纾难缓亡。嗟乎!"不用其良,覆俾我悖",其此之谓也。苟晞擢自庸,位居上将,释位之功未立,贪暴之衅已彰,假手世龙,以至屠戮,斯所谓"杀人多矣,能无及此乎"!

赞曰:开林才理,爰登贵仕,绩著折冲,化行江氿。轶既尊主,馥亦勤王,背时获戾,违天不祥。乔为戎首,未识行藏。道将鞠旅,威名克举,贪虐有闻,忠勤未取。

晋书卷六二
列传第三二

刘琨 琨子群　琨兄舆　舆子演
祖逖 兄纳

刘琨，字越石，中山魏昌人，汉中山靖王胜之后也。祖迈，有经国之才，为相国参军、散骑常侍。父蕃，清高冲俭，位至光禄大夫。琨少得俊朗之目，与范阳祖纳俱以雄豪著名。年二十六，为司隶从事。时征虏将军石崇河南金谷涧中有别庐，冠绝时辈，引致宾客，日以赋诗。琨预其间，文咏颇为当时所许。秘书监贾谧参管朝政，京师人事无不倾心。石崇、欧阳建、陆机、陆云之徒，并以文才降节事谧，琨兄弟亦在其间，号曰"二十四友"。太尉高密王泰辟为掾，频迁著作郎、太学博士、尚书郎。

赵王伦执政，以琨为记室督，转从事中郎。伦子荂，即琨姊婿也，故琨父子兄弟并为伦所委任。及篡，荂为皇太子，琨为荂詹事。三王之讨伦也，以琨为冠军、假节，与孙秀子会率宿卫兵三万距成都王颖，战于黄桥，琨大败而还，焚河桥以自固。及齐王冏辅政，以其父兄皆有当世之望，故特宥之，拜兄舆为中书郎，琨为尚书左丞，转司徒左长史。冏败，范阳王虓镇许昌，引为司马。

及惠帝幸长安，东海王越谋迎大驾，以琨父蕃为淮北护军、豫州刺史。刘乔攻范阳王虓于许昌也，琨与汝南太守杜育等率兵救之，未至而虓败，琨与虓俱奔河北，琨之父母遂为刘乔所执。琨乃说冀州刺史温羡，使让位于虓。及虓领冀州，遣琨诣幽州，乞师于王浚,得突骑八百人,与虓济河,共破东平王楙于廪丘,南走刘乔,始得其父母。又斩石超,降吕朗,因统诸军奉迎大驾于长安。以勋封广武侯,邑二千户。

永嘉元年,为并州刺史,加振威将军,领匈奴中郎将。琨在路上表曰:"臣以顽蔽,志望有限,因缘际会,遂忝过任。九月末得发,道险山峻,胡寇塞路,辄以少击众,冒险而进,顿伏艰危,辛苦备尝,即日达壶口关。臣自涉州疆,目睹困乏,流移四散,十不存二,携老扶弱,不绝于路。及其在者,鬻卖妻子,生相损弃,死亡委厄,白骨横野,哀呼之声,感伤和气。群胡数万,周匝四山,动足遇掠,开目睹寇。唯有壶关,可得告籴。而此二道,九州之险,数人当路,则百夫不敢进,公私往反,没丧者多,婴守穷城,不得薪采,耕牛既尽,又乏田器。以臣愚短,当此至难,忧如循环,不遑寝食。臣伏思此州虽云边朔,实迩皇畿,南通河内,东连司、冀,北捍殊俗,西御强虏,是劲弓良马勇士精锐之所出也。当须委输,乃全其命。今上尚书,请此州谷五百万斛,绢五百万匹,绵五百万斤。愿陛下时出臣表,速见听处。"朝廷许之。

时东嬴公腾自晋阳镇邺,并土饥荒,百姓随腾南下,余户不满二万,寇贼纵横,道路断塞。琨募得千余人,转斗至晋阳。府寺焚毁,僵尸蔽地,其有存者,饥羸无复人色,荆棘成林,豺狼满道。琨翦除荆棘,收葬枯骸,造府朝,建市狱。寇盗互来掩袭,恒以城门为战场,百姓负盾以耕,属鞬而耨。琨抚循劳徕,甚得物情。刘元海时在离石,相去三百许里。琨密遣离间其部杂虏,降者万余落。元海甚惧,遂城蒲子而居之。在官未期,流人稍复,鸡犬之音复相接矣。琨父蕃自洛赴之,人士奔迸者多归于琨。琨善于怀抚,而短于控御,一日之中,虽归者数千,去者亦以相继。然素奢豪,嗜声色,虽暂自矫励,而辄复纵逸。

河南徐润者,以音律自通,游于贵势,琨甚爱之,署为晋阳令。润恃宠骄恣,干预琨政。奋威护军令狐盛性亢直,数以此为谏,并劝琨除润,琨不纳。初,单于猗㐌以救东嬴公腾之功,琨表其弟猗卢为代郡公,与刘希合众于中山。王浚以琨侵己之地,数来击琨,琨不能抗,由是声实稍损。徐润又谮令狐盛于琨曰:"盛将劝公称帝矣。"琨不之察,便杀之。琨母曰:"汝不能弘经略,驾豪杰,专欲除胜己以自安,当何以得济!如是,祸必及我。"不从。盛子泥奔于刘聪,具言虚实。聪大喜,以泥为乡导。属上党太守袭醇降于聪,雁门乌丸复反,琨亲率精兵出御之。聪遣子粲及令狐泥乘虚袭晋阳,太原太守高乔以郡降聪,琨父母并遇害。琨引猗卢并力攻粲,大败之,死者十五、六。琨乘胜追之,更不能克。猗卢以为聪未可灭,遗琨牛羊车马而去,留其将箕澹、段繁等戍晋阳。琨志在复仇,而屈于力弱,泣血尸立,抚慰伤痍,移居阳邑城,以招集亡散。

愍帝即位,拜大将军、都督并州诸军事,加散骑常侍、假节。琨上疏谢曰:

陛下略臣大愆,录臣小善,猥蒙天恩,光授殊宠,显以蝉冕之荣,崇以上将之位。伏省诏书,五情飞越。

臣闻晋文以隙縠为元帅而定霸功,高祖以韩信为大将而成王业,咸有敦诗阅礼之德,戎昭果毅之威,故能振丰功于荆南,拓洪基于河北。况臣凡陋,拟踪前哲,俯惧折鼎。虑在覆𫗧。昔曹沫三北,而收功于柯盟;冯异垂翅,而奋翼于渑池,皆能因败为成,以功补过。陛下宥过之恩已隆,而臣自新之善不立。臣虽不逮,预闻前训,恭让之节,臣犹庶几。所以冒承宠命者,实欲没身报国,辄死自效,要以致命寇场,尽其臣节。至于宠荣之施,非言辞所谢。又谒者史兰,殿中中郎王春等继至,奉诏,臣俯寻圣旨,伏纸饮泪。

臣闻夷险流行,古今代有,灵厌皇德,曾未悔祸。蚁狄纵毒于神州,夷裔肆虐于上国,七庙阙禋祀之飨,百官丧彝伦之序,梓宫沦辱,山陵未兆,率土永慕,思同考妣。陛下龙姿日茂,叡质弥光,升区宇于既颓,崇社稷于已替,四海之内,肇有上下,九服之萌,复睹典制。伏惟陛下蒙尘于外,越在秦郊,蒸尝之敬在心,桑梓之思未克。臣备位历年,才质驽下,丘山之衅已彰,豪厘之效未著。顷以时宜，权假位号，竟于殄戎之绩，而有负乘之累，当肆刑书，以明黜陟。是以臣前表上闻，改缘愚款，乞奉先朝之班，苟存偏师之职，赦其三败之愆，收其一功之用，得聘志房场，快意大逆，虽身膏野草，无恨黄墟。陛下偏恩过隆，曲蒙擢拔，遂授上将，位兼常伯，征讨之务，得从事宜。拜命惊惶，五情战悸，惧于陨越，以为朝羞。昔申胥不徇伯举，而成公媢之勋；伍员不从城父，而济入郢之庸。臣虽顽凶，无觊古人，其于被坚执锐，致身寇仇，所谓天地之施，群生莫谢不胜。受恩至深，谨拜表陈闻。

及曲允败，刘曜斩赵冉，琨又表曰：

　　逆胡刘聪，敢率犬羊，冯陵辇毂，人神发愤，遐迩奋怒。伏省诏书，相国、南阳王保，太尉、凉州刺史轨，纠合二州，同恤王室，冠军将军允、护军将军綝，总齐六军，戮力国难，王旅大捷，俘馘千计，旌旗首于晋路，金鼓振于河曲，崤函无虔刘之警，汧陇有安业之庆，斯诚宗庙社稷陛下神武之所致。含气之类，莫不引领，况臣之心，能无踊跃。

　　臣前表当与鲜卑猗卢克今年三月都会平阳，会匈羯石勒以三月三日径掩蓟城，大司马、博陵公浚受其伪和，为勒所虏，勒势转盛，欲来袭臣。城坞骇惧，志在自守。又猗卢国内欲生奸谋，幸卢警虑，寻皆诛灭。遂使南北顾虑，用愆成举，臣所以泣血宵吟，扼腕长叹者也。勒据襄国，与臣隔山，寇骑朝发，夕及臣城，同恶相求，其徒实繁。自东北八州，勒灭其七，先朝所授，存者唯臣。是以勒朝夕谋虑，以图臣为计，窥伺间隙，寇抄相寻，戎士不得解甲，百姓不得在野。天网虽张，灵泽未及，唯臣孑然与寇为伍。自守则稽聪之诛，进讨则勒袭其后，进退唯谷，首尾狼狈。徒怀愤踊，力不从愿，惭怖征营，痛心疾首，形留所在，神驰寇庭。秋谷即登，胡马已肥，前锋诸军并有至者，臣当首启戎行，身先士卒。臣与二虏，势不并立，聪、勒不枭，臣无归志。庶凭陛下威灵，使微意获展，然后陨首谢国，没而无恨。

三年，帝遣兼大鸿胪赵廉持节拜琨为司空、都督并冀幽三州诸军事。琨上表让司空，受都督，克期与猗卢讨刘聪。寻猗卢父子相图，卢及兄子根皆病死，部落四散。琨子遵先质于卢，众皆附之。及是，遵与箕澹等帅卢众三万人，马牛羊十万，悉来归琨，琨由是复振，率数百骑自平城抚纳之。属石勒攻乐平，太守韩据请救于琨，而琨自以士众新合，欲因其锐以威勒。箕澹谏曰："此虽晋人，久在荒裔，未习恩信，难以法御。今内收鲜卑之余谷，外抄残胡之牛羊，且闭关守险，务农息士，既服化感义，然后用之，则功可立也。"琨不从，悉发其众，命澹领步骑二万为前驱，琨自为后继。勒先据险要，设伏以击澹，大败之，一军皆没，并土震骇。寻又炎旱，琨穷蹙不能复守。幽州刺史鲜卑段匹磾数遣信要琨，欲与同奖王室。琨由是率众赴之，从飞狐入蓟。匹磾见之，甚相崇重，与琨结婚，约为兄弟。

是时西都不守，元帝称制江左，琨乃令长史温峤劝进，于是河朔征镇夷夏一百八十人连名上表，语在《元纪》。令报曰："豺狼肆毒，荐覆社稷，亿兆颙颙，延首罔系。是以居于王位，以答天下，庶以克复圣主，扫荡仇耻，岂可猥当隆极，此孤之至诚著于遐迩者也。公受奕世之宠，极人臣之位，忠允义诚，精感天地。实赖远谋，共济艰难。南北迥邈，同契一致，万里之外，心存咫尺。公其抚宁华戎致罚丑类。动静以闻。"

建武元年，琨与匹磾期讨石勒，匹磾推琨为大都督，喢血载书，檄诸方守，俱集襄国。琨、匹磾进屯固安，以俟众军。匹磾从弟末波纳勒厚赂，独不进，乃沮其计。琨、匹磾以势弱而退。是岁，元帝转琨为侍中、太尉，其余如故，并赠名刀。琨答曰："谨当躬自势佩，馘截二虏。"

匹磾奔其兄丧，琨遣世子群送之，而末波率众要击匹磾而败走之，群为末波所得。末波厚礼之，许以琨为幽州刺史，共结盟而袭匹兄，密遣使赍群书请琨为内应，而为匹磾逻骑所得。时琨别屯故征北府小城，不之知也。因来见匹磾，匹磾以群书示琨曰："意亦不疑公，是以白公耳。"琨曰："与公同盟，志奖王室，仰凭威力，庶雪国家之耻。若儿书密达，亦终不以一子之故负公而忘义也。"匹磾雅重琨，初无害琨志，将听还屯。其中弟叔军好学有智谋，为匹磾所信，谓匹磾曰："吾胡夷耳，所以能服晋人者，畏吾众也。今我骨肉构祸，是其良图之日，若有奉琨以起，吾族尽矣。"匹磾遂留琨。琨之庶长子遵惧诛，与琨左长史杨桥、并州治中如绥闭门自守。匹磾谕之不得，因纵兵攻之。琨将龙季猛迫于乏食，遂斩桥、绥而降。

初，琨之去晋阳也，虑及危亡而大耻不雪，亦知夷狄难以义伏，冀输写至诚，侥幸万一。每见将佐，发言慷慨，悲其道穷，欲率部曲死于贼垒。斯谋未果，竟为匹磾所拘。自知必死，神色怡如也。为五言诗赠其别驾卢谌曰：

> 握中有悬璧，本是荆山球。惟彼太公望，昔是渭滨叟。邓生何感激，千里来相求。白登幸曲逆，鸿门赖留侯。重耳凭五贤，小白相射钩。能隆二伯主，安问党与仇！中夜抚枕叹，想与数子游。吾衰久矣夫，何其不梦周？谁云圣达节，知命故无忧。宣尼悲获麟，西狩涕孔丘。功业未及建，夕阳忽西流。时哉不我与，去矣如云浮。朱实陨劲风，繁英落素秋。狭路倾华盖，骇驷摧双辀。何意百炼刚，化为绕指柔。

琨诗托意非常，摅畅幽愤，远想张、陈，感鸿门、白登之事，用以激谌。谌素无奇略，以常词酬和，殊乖琨心，重以诗赠之，乃谓琨曰："前篇帝王大志，非人臣所言矣。"

然琨既忠于晋室，素有重望，被拘经月，远近愤叹。匹磾所署代郡太守辟闾嵩，与琨所署雁门太守王据、后将军韩据连谋，密作攻具，欲以袭匹磾。而韩据女为匹磾儿妾，闻其谋而告之匹磾，于是执王据、辟闾嵩及其徒党悉诛之。会王敦密使匹磾杀琨，匹磾又惧众反己，遂称有诏收琨。初，琨闻敦使至，谓其子曰："处仲使来而不我告，是杀我也。死生有命，但恨仇耻不雪，无以下见二亲耳。"因嘘唏不能自胜。匹磾遂缢之，时年四十八。子侄四人俱被害。朝廷以匹磾尚强，当为国讨石勒，不举琨哀。

三年，琨故从事中郎卢谌、崔悦等上表理琨曰：

臣闻经国之体，在于崇明典刑；立政之务，在于固慎关塞。况方岳之臣，杀生之柄，而可不正其枉直，以杜其奸邪哉！

窃见故司空、广武侯琨，在惠帝扰攘之际，值群后鼎沸之难，戮力皇家，义诚弥厉，躬统华夷，亲受矢石，石超授首，吕朗面缚，社稷克宁，銮舆反驾，奉迎之勋，琨实为隆，此琨效忠之一验也。其后并州刺史、东嬴公腾以晋川荒匮，移镇临漳，太原、西河尽徙三魏。琨受任并州，属承其弊，到官之日，遗户无几，当易危之势，处难济之土，鸠集伤痍，抚和戎狄，数年之间，公私渐振。会京都失守，群逆纵逸，边萌顿仆，苟怀宴安，咸以为并州之地四塞为固，且可闭关守险，畜资养徒，抗辞厉声，忠亮奋发，以为天子沉辱而不陨身死节，情非所安，遂乃跋履山川，东西征讨。虏各乘虚，晋阳沮溃，琨父母罹屠戮之殃，门族受歼夷之祸。向使琨从州人之心，为自守之计，则圣朝未必加诛，而族党可以不丧。及猗卢败乱，晋人归奔，琨于平城纳其初附。将军箕澹又以为此虽晋人，久在荒裔，难以法整，不可便用。琨又让之，义形于色。假从澹议，偷于苟存，则晏然于并土，必不亡身于燕、蓟也。琨自以备位方岳，纲维不举，无缘虚荷大任，坐居三司，是以陛下登阼，便引愆告逊，前后章表，具陈诚款。寻令从事中郎臣绩澹以章绶节传奉还本朝，与匹磾使荣邵期一时俱发。又匹磾以琨王室大臣，惧夺己威重，忌琨之形，渐彰于外。琨知其如此，虑不可久，欲遣妻息大小尽诣京城，以其门室一委陛下。有征举之会，则身充一卒；若匹磾纵凶匿，则妻息可免。具令臣澹密宣此旨，求诏敕路次，令相迎卫。会王成从平阳逃来，说南阳王保称号陇右，士众甚盛，当移关中。匹磾闻此，私怀顾望，留停荣邵，欲遣前兼鸿胪边邈奉使诣保，惧澹独南，言其此事，遂不许引路。丹诚赤心，卒不上达。匹磾兄眷丧亡，嗣子幼弱，欲因奔丧夺取其国。又自以欺国陵家，怀邪乐祸，恐父母宗党不容其罪，是以卷甲囊弓，阴图作乱，欲害其从叔骓、从弟末波等，以取其国。匹磾亲信密告骓、波，骓、波乃遣人距之，匹磾仅以身免。百姓谓匹磾已没，皆凭向琨。若琨于时有害匹磾之情，则居然可擒，不复劳于人力。自此之后，上下并离，匹磾遂欲尽勒胡晋，徙居上谷。琨深不然之，劝移厌次，南凭朝廷。匹磾不能纳，反祸害父息四人，从兄二息同时并命。琨未遇害，知匹磾必有祸心，语臣等云："受国厚恩，不能克报，虽才略不及，亦由遇此厄运。人谁不死，死生命也。唯恨下不能效节于一方，上不得归诚于陛下。"辞旨慷慨，动于左右。匹磾既害琨，横加诬谤，言琨欲窥神器，谋图不轨。琨免述、嚣顽凶之思，又无信、布惧诛之情，崎岖乱亡之际，夹肩异类之间，而如有此之心哉！虽臧获之愚，厮养之智，犹不为之，况在国士之列，忠节先著者乎！

匹磾之害琨，称陛下密诏。琨信有罪，陛下加诛，自当肆诸市朝，与众弃之，不令殊俗之竖戮台辅之臣，亦已明矣。然则擅诏有罪，虽小必诛；矫制有功，虽大不论，正以兴替之根咸在于此，开塞之由不可不闭故也。而匹磾无所顾忌，怙乱专杀，虚假王命，虐害鼎臣，辱诸夏之望，败王室之法，是可忍也，孰不可忍！若圣朝犹加隐忍，未明大体，则不逞之人袭匹磾之迹，杀生由己，好恶任意，陛下将何以诛之哉！折冲厌难，唯存战胜之将，除暴讨乱，必须知略之臣。故古语云"山有猛兽，藜藿为之不采"，非虚言矣。自河以北，幽并以南，丑类有所顾惮者，唯琨而已。琨受害之后，群凶欣欣，莫不得意，鼓行中州，曾无歼介，此又华夷小大所以长叹者也。

伏惟陛下睿圣之隆，中兴之绪，方将平章典刑，以经序万国。而琨受害非所，冤痛已甚，未闻朝廷有以甄论。昔壶关三老讼卫太子之罪，谷永、刘向辨陈汤之功，下足以明功罪之分，上足以悟圣主之怀。臣等祖考以来，世受殊遇，入侍翠帷，出簪彤管，弗克负荷，播越遐荒，与琨周旋，接事终始，是以仰慕三臣在昔之义，谨陈本末，冒以上闻，仰希圣朝曲赐哀察。

太子中庶子温峤又上疏理之，帝乃下诏曰："故太尉、广武侯刘琨忠亮开济,乃诚王家,不幸遭难,志节不遂,朕甚悼之。往以戎事,未加吊祭。其下幽州,便依旧吊祭。"赠侍中、太尉,谥曰愍。

琨少负志气,有纵横之才,善交胜己,而颇浮夸。与范阳祖逖为友,闻逖被用,与亲故书曰:"吾枕戈待旦,志枭逆虏,常恐祖生先吾著鞭。"其意气相期如此。在晋阳,尝为胡骑所围数重,城中窘迫无计,琨乃乘月登楼清啸,贼闻之,皆凄然长叹。中夜奏胡笳,贼又流涕嘘唏,有怀土之切。向晓复吹之,贼并弃围而走。子群嗣。

群,字公度。少拜广武侯世子。随父在晋阳,遭逢寇乱,数领偏军征讨。性清慎,有裁断,得士类欢心。及琨为匹磾所害,琨从事中郎卢谌等率余众奉群依末波。温峤前后表称:"姨弟刘群,内弟崔悦、卢谌等,皆在末波中,翘首南望。愚谓此等并有文思,于人之中少可愍惜。如蒙录召,继绝兴亡,则陛下更生之恩,望古无二。"咸康二年,成帝诏征群等,为末波兄弟爱其才,托以道险不遣。

石季龙灭辽西,群及谌、悦同没胡中,季龙皆优礼之,以群为中书令。至冉闵败后,群遇害。时勒及季龙得公卿人士多杀之,其见擢用,终至大官者,唯有河东裴宪,渤海石璞,荥阳郑系,颍川荀绰,北地傅畅及群、悦、谌等十余人而已。

舆,字庆孙。俊朗有才局,与琨并尚书郭奕之甥,名著当时。京都为之语曰:"洛中奕奕,庆孙、越石。"辟宰府尚书郎。兄弟素侮孙秀,及赵王伦辅政,秀执权,并免其官。妹适伦世子荂,荂与秀不协,复以舆为散骑侍郎。齐王冏辅政,以舆为中书侍郎。

东海王越、范阳王虓之举兵也,以舆为颍川太守。及河间王颙檄刘乔讨虓于许昌,矫诏曰:"颍川太守刘舆迫胁范阳王虓,距逆诏命,多树私党,擅劫郡县,合聚兵众。舆兄弟昔因赵王婚亲,擅弄权势,凶狡无道,久应诛夷,以遇赦令,得全首领。小人不忌,为恶日滋,辄用苟晞为兖州,断截王命。镇南大将军弘,平南将军、彭城王绎,征东大将军准,各勒所领,径会许昌,与乔并力。今遣右将军张方为大都督,督建威将军吕朗、阳平太守刁默,率步骑十万,同会许昌,以除舆兄弟。敢有举兵距违王命,诛及五族。能杀舆兄弟送首者，封三千户县侯，赐绢五千匹。"

虓之败，舆与之俱奔河北。虓既镇邺，以舆为征虏将军、魏郡太守。

虓薨，东海王越将召之，或曰："舆犹腻也，近则污人。"及至，越疑而御之。舆密视天下兵簿及仓库、牛马、器械、水陆之形，皆默识之。是时军国多事，每会议，自潘滔以下，莫知所对。舆既见越，应机辩画，越倾膝酬接，即以为左长史。越既总录，以舆为上佐，宾客满筵，文案盈机，远近书记日有数千，终日不倦，或以夜继之，皆人人欢畅，莫不悦附。命议如流，酬对款备，时人服其能，比之陈遵。时称越府有三才：潘滔大才，刘舆长才，裴邈清才。舆诔缪播、王延等，皆舆谋也。延爱妾荆氏有音伎，延尚未殡，舆便娉之。未及迎，又为太傅从事中郎王俊所争夺。御史中丞傅宣劾奏，越不问舆，而免俊官。舆乃说越，遣琨镇并州，为越北面之重。洛阳未败，病指疽卒，时年四十七。追赠骠骑将军。先有功封定襄侯，谥曰贞。子演嗣。

演，字始仁。初辟太尉掾，除尚书郎，以父忧去职。服阕，袭爵，太尉、东海王越引为主簿。迁太子中庶子，出为阳平太守。自洛奔琨，琨以为辅国将军、魏郡太守。琨将讨石勒，以演领勇士千人，行北中郎将、兖州刺史，镇廪丘。演斩王桑，走赵固，得众七千人。为石勒所攻，演距战，勒退。元帝拜为都督、后将军，假节。后为石季龙所围，求救于邵续、段茝，茝骑救之，季龙走，随茝屯厌次，被害。

弟胤为琨领兵，路逢乌桓贼，战没。

胤弟挹，初为太傅、东海王越掾，与琨俱被害。

挹弟启，启弟述，与琨子群俱在末波中，后并入石季龙。启为季龙尚书仆射，后归国，穆帝拜为前将军，加给事中。永和九年，随中军将军殷浩北伐，为姚襄所败，启战没。述为季龙侍中，随启归国，拜骁骑将军。

祖逖，字士稚，范阳遒人也。世吏二千石，为北州旧姓。父武，晋王掾、上谷太守。逖少孤，兄弟六人。兄该、纳等并开爽有才干。

逖性豁荡,不修仪检,年十四五犹未知书,诸兄每忧之。然轻财好侠,慷慨有节尚,每至田舍,辄称兄意,散谷帛以周贫乏,乡党亲族以是重之。后乃博览书记,该涉古今,往来京师,见者谓逖有赞世才具。侨居阳平。年二十四,阳平辟察孝廉,司隶再辟举秀才,皆不行。与司空刘琨俱为司州主簿,情好绸缪,共被同寝。中夜闻荒鸡鸣,蹴琨觉曰:“此非恶声也。”因起舞。逖、琨并有英气,每语世事,或中宵起坐,相谓曰:“若四海鼎沸,豪桀并起,吾与足下当相避于中原耳。”

辟齐王冏大司马掾、长沙王乂骠骑祭酒,转主簿,累迁太子中舍人、豫章王从事中郎。从惠帝北伐,王师败绩于荡阴,遂退还洛。大驾西幸长安,关东诸侯范阳王虓、高密王略、平昌公模等竞召之,皆不就。东海王越以逖为典兵参军、济阴太守,母丧不之官。

及京师大乱,逖率亲党数百家避地淮、泗,以所乘车马载同行老疾,躬自徒步,药物衣粮与众共之,又多权略,是以少长咸宗之,推逖为行主。达泗口,元帝逆用为徐州刺史,寻征军谘祭酒,居丹徒之京口。

逖以社稷倾覆,常怀振复之志。宾客义徒皆暴桀勇士,逖遇之如子弟。时扬土大饥,此辈多为盗窃,攻剽富室,逖抚慰问之曰:“比复南塘一出不?”或为吏所绳,逖辄拥护救解之。谈者以此少逖,然自若也。

时帝方拓定江南,未遑北伐,逖进说曰:“晋室之乱,非上无道而下怨叛也。由藩王争权,自相诛灭,遂使戎狄乘隙,毒流中原。今遗黎既被残酷,人有奋击之志。大王诚能发威命将,使若逖等为之统主,则郡国豪桀必因风向赴,沉溺之士欣于来苏,庶几国耻可雪,愿大王图之。”帝乃以逖为奋威将军、豫州刺史,给千人廪,布三千匹,不给铠仗,使自招募。仍将本流徙部曲百余家渡江,中流击楫而誓曰:“祖逖不能清中原而复济者,有如大江!”辞色壮烈,众皆慨叹。屯于江阴,起铸冶兵器,得二千余人而后进。

初,北中郎将刘演距于石勒也,流人坞主张平、樊雅等在谯,演署平为豫州刺史,雅为谯郡太守。又有董瞻、于武、谢浮等十余部,众各数百,皆统属平。逖诱浮使取平,浮谲平与会,遂斩以献逖。帝嘉逖勋,使运粮给之,而道远不至,军中大饥。进据太丘。樊雅遣众夜袭逖,遂入垒,拔戟大呼,直趣逖幕,军士大乱。逖命左右距之,督护董昭与贼战,走之。逖率众追讨,而张平余众助雅攻逖。蓬陂坞主陈川,自号宁朔将军、陈留太守。逖遣使求救于川,川遣将李头率众援之,逖遂克谯城。

初,樊雅之据谯也,逖以力弱,求助于南中郎将王含,含遣桓宣领兵助逖。逖既克谯,宣等乃去。石季龙闻而引众围谯,含又遣宣救逖。季龙闻宣至而退。宣遂留,助逖讨诸屯坞未附者。

李头之讨樊雅也,力战有勋。逖时获雅骏马,头甚欲之而不敢言,逖知其意,遂与之。头感逖恩遇,每叹曰:"若得此人为主,吾死无恨。"川闻而怒,遂杀头。头亲党冯宠率其属四百人归于逖,川益怒,遣将魏硕掠豫州诸郡,大获子女车马。逖遣将军卫策邀击于谷水,尽获所掠者,皆令归本,军无私焉。川大惧,遂以众附石勒。逖率众伐川,石季龙领兵五万救川,逖设奇以击之,季龙大败,收兵掠豫州,徙陈川还襄国,留桃豹等守川故城,住西台。逖遣将韩潜等镇东台。同一大城,贼从南门出入放牧,逖军开东门,相守四旬。逖以布囊盛土如米状,使千余人运上台,又令数人担米,伪为疲极而息于道,贼果逐之,皆弃担而走。贼既获米,谓逖士众丰饱,而胡戍饥久,益惧,无复胆气。石勒将刘夜堂以驴千头运粮以馈桃豹,逖遣韩潜、冯铁等追击于汴水,尽获之。桃豹宵遁,退据东燕城,逖使潜进屯封丘以逼之。冯铁据二台,逖镇雍丘,数遣军要截石勒,勒屯戍渐蹙。候骑尝获濮阳人,逖厚待遣归,咸感逖恩德,率乡里五百家降逖。勒又遣精骑万人距逖,复为逖所破,勒镇戍归者甚多。时赵固、上官巳、李矩、郭默等各以诈力相攻击,逖驰使和解之,示以祸福,遂受逖节度。逖爱人下士,虽疏交贱隶,皆恩礼遇之,由是黄河以南尽为晋土。河上堡固先有任子在胡者,皆听两属,时遣游军伪抄之,明其未附。诸坞主感戴,胡中有异谋,辄密以闻。前后克获,亦由此也。其有微功，赏不逾日。躬自俭约，劝督农桑，克己务施，不畜资产，子弟耕耘，负担樵薪，又收葬枯骨，为之祭酹，百姓感悦。尝置酒大会，耆老中坐流涕曰："吾等老矣！更得父母，死将何恨！"乃歌曰："幸哉遗黎免俘虏，三辰既朗遇慈父。玄酒忘劳甘瓠脯，何以咏恩歌且舞。"其得人心如此。故刘琨与亲故书，盛赞逖威德。诏进逖为镇西将军。

石勒不敢窥兵河南，使成皋县修逖母墓，因与逖书，求通使交市。逖不报书，而听互市，收利十倍，于是公私丰赡，士马日滋。方当推锋越河，扫清冀、朔，会朝廷将遣戴若思为都督，逖以若思是吴人，虽有才望，无弘致远识，且已翦荆棘，收河南地，而若思雍容，一旦来统之，意甚怏怏。且闻王敦与刘隗等构隙，虑有内难，大功不遂。感激发病，乃致妻孥汝南大木山下。时中原士庶咸谓逖当进据武牢，而反置家险厄，或谏之，不纳。逖虽内怀忧愤，而图进取不辍，营缮武牢城，城北临黄河，西接成皋，四望甚远。逖恐南无坚垒，必为贼所袭，乃使从子汝南太守济率汝阳太守张敞、新蔡内史周闳率众筑垒。未成，而逖病甚。

先是，华谭、庾阐问术人戴洋，洋曰："祖豫州九月当死。"初有妖星见于豫州之分，历阳陈训又谓人曰："今年西北大将当死。"逖亦见星，曰："为我矣！方平河北，而天欲杀我，此乃不佑国也。"俄卒于雍丘，时年五十六。豫州士女若丧考妣，谯梁百姓为之立祠。册赠车骑将军。王敦久怀逆乱，畏逖不敢发，至是，始得肆意焉。寻以逖弟约代领其众。约别有传。逖兄纳。

纳，字士言。最有操行，能清言，文义可观。性至孝，少孤贫，常自炊爨以养母。平北将军王敦闻之，遗其二婢，辟为从事中郎。有戏之曰："奴价倍婢。"纳曰："百里奚何必轻于五羖皮邪！"转尚书三公郎，累迁太子中庶子。历官多所驳正，有补于时。

齐冏王建义，赵王伦收冏弟北海王寔及前黄门郎弘农董艾弟艾，与冏俱起，皆将害之，纳上疏救焉，并见宥。

后为中护军、太子詹事，封晋昌公。以洛下将乱，乃避地东南。

元帝作相，引为军谘祭酒。纳好弈棋，王隐谓之曰："禹惜寸阴，不闻数棋。"对曰："我亦忘忧耳。"隐曰："盖闻古人遭逢，则以功达其道，若其不遇，则以言达其道。古必有之，今亦宜然。当晋未有书，而天下大乱，旧事荡灭，君少长五都，游宦四方，华裔成败，皆当闻见，何不记述而有裁成？应仲远作《风俗通》，崔子真作《政论》，蔡伯喈作《劝学篇》，史游作《急就章》，犹皆行于世，便成没而不朽。仆虽无才，非志不立，故疾没世而无闻焉，所以自强不息也。况国史明乎得失之迹，俱取散愁，此可兼济，何必围棋然后忘忧也！"纳喟然叹曰："非不悦子之道，力不足耳。"乃言之于帝曰："自古小国犹有史官，况于大府，安可不置。"因举隐，称"清纯亮直，学思沉敏，《五经》群史多所综悉，且好学不倦，从善如流。若使修著一代之典，褒贬与夺，诚一时之俊也。"帝以问记室参军钟雅，雅曰："纳所举虽有史才，而今未能立也。"事遂停。然史官之立，自纳始也。

初，弟约与逖同母，偏相亲爱，纳与约异母，颇有不平，乃密以启帝，称"约怀陵上之性，抑而使之可也。今显侍左右，假其权势，将为乱阶。"人谓纳与约异母，忌其宠贵，乃露其表以示约，约憎纳如仇，朝廷因此弃纳。纳既闲居，但清谈、披阅文史而已。及约为逆，朝野叹纳有鉴裁焉。温峤以纳州里父党，敬而拜之。峤既为时用，盛言纳有名理，除光禄大夫。

纳尝问梅陶："君乡里立月旦评，何如？"陶曰："善褒恶贬，则佳法也。"纳曰："未益。"时王隐在坐，因曰："《尚书》'三载考绩，三考黜陟幽明'，何得一月便行褒贬！"陶曰："此官法也。月旦，私法也。"隐曰："《易》称'积善之家必有余庆，积不善之家必有余殃'，称家者岂不是官？必须积久，善恶乃著，公私何异！古人有言，贞良而亡，先人之殃；酷烈而存，先人之勋。累世乃著，岂但一月！若必月旦，则颜回食埃，不免贪污；盗蹠引少，则为清廉。朝种暮获，善恶未定矣。"时梅陶及钟雅数说余事，纳辄困之，因曰："君汝颍之士，利如锥；我幽冀之士，钝如槌。持我钝槌，捶君利锥，皆当摧矣。"陶、雅并称"有神锥，不可得槌"。纳曰："假有神锥，必有神槌。"雅无以对。卒于家。

　　史臣曰：刘琨弱龄，本无异操，飞缨贾谧之馆，借箸马伦之幕，当于是日，实佻巧之徒欤！祖逖散谷周贫，闻鸡暗舞，思中原之燎火，幸天步之多艰，原其素怀，抑为贪乱者矣。及金行中毁，乾维失统，三后流亡，递紫居巇之祸；六戎横噬，交肆长蛇之毒，于是素丝改色，跦弛易情，各运奇才，并腾英气，遇时屯而感激，因世乱以驱驰，陈力危邦，犯疾风而表劲，励其贞操，契寒松而立节，咸能自致三铉，成名一时。古人有言曰："世乱识忠良。"盖斯之谓矣。天不祚晋，方启戎心，越石区区，独御鲸鲵之锐，推心异类，竟终幽圄，痛哉！士稚叶迹中兴，克复九州之半，而灾星告衅，笠毂徒招，惜矣！

　　赞曰：越石才雄，临危效忠。枕戈长息，投袂徽功。崎岖汾、晋，契阔獯戎。见欺段氏，于嗟道穷！祖生烈烈，夙怀奇节。扣楫中流，誓清凶孽。邻丑景附，遗萌载悦。天妖是征，国耻奚雪！

晋书卷六三
列传第三三

邵续　李矩　段匹磾
魏浚 浚族子该　郭默

邵续，字嗣祖，魏郡安阳人也。父乘，散骑侍郎。续朴素有志烈，博览经史，善谈理义，妙解天文。初为成都王颖参军，颖将讨长沙王乂，续谏曰："续闻兄弟如左右手，今明公当天下之敌，而欲去一手乎？续窃惑之。"颖不纳。后为苟晞参军，除沁水令。

时天下渐乱，续去县还家，纠合亡命，得数百人。王浚假续绥集将军、乐陵太守，屯厌次，以续子乂为督护。续绥怀流散，多归附之。石勒既破浚，遣乂还招续，续以孤危无援，权附于勒，勒亦以乂为督护。既而段匹磾在蓟，遣书要续俱归元帝，续从之。其下谏曰："今弃勒归匹磾，任子危矣。"续垂泣曰："我出身为国，岂得顾子而为叛臣哉！"遂绝于勒，勒乃害乂。续惧勒攻，先求救于匹磾，匹磾遣弟文鸯救续。文鸯未至，勒已率八千骑围续。勒素畏鲜卑，及闻文鸯至，乃弃攻具东走。续与文鸯追勒至安陵，不及，虏勒所署官，并驱三千余家，又遣骑入散勒北边，略常山，亦二千家而还。

匹磾既杀刘琨，夷晋多怨叛，遂率其徒依续。勒南和令赵领等率广川、渤海千余家背勒归续。而帝以续为平原乐安太守、右将军、冀州刺史，进平北将军、假节，封祝阿子。续遣兄子武邑内史存与文鸯率匹磾众就食平原，为石季龙所破。续先与曹嶷亟相侵掠，嶷因存等败，乃破续屯田，又抄其户口。续首尾相救，疲于奔命。太兴初，续遣存及文鸯屯济南黄巾固，因以逼巇，巇惧，求和。俄而匹磾率众攻段末杯，石勒知续孤危，遣季龙乘虚围续。季龙骑至城下，掠其居人，续率众出救，季龙伏骑断其后，遂为季龙所得，使续降其城。续呼其兄子竺等曰："吾志雪国难，以报所受，不幸至此。汝等努力自勉，便奉匹磾为主，勿有二心。"

时帝既闻续没，下诏曰："邵续忠烈在公，义诚慷慨，绥集荒余，忧国亡身。功勋未遂，不幸陷没，朕用悼恨于怀。所统任重，宜时有代，其部曲文武，已共推其息缉为营主。续之忠诚，著于公私，今立其子，足以安众，一以续本位即授缉，使总率所统，效节国难，雪其家仇。"

季龙遣使送续于勒，勒使使徐光让之曰："国家应符拨乱，八表宅心，遗晋怖威，远窜扬、越。而续蚁封海阿，跂扈王命，以夷狄不足为君邪？何无上之甚也！国有常刑，于分甘乎？"续对曰："晋末饥乱，奔控无所，保合乡宗，庶全老幼。属大王龙飞之始，委命纳质，精诚无感，不蒙慈恕。言归遗晋，仍荷宠授，誓尽忠节，实无二心。且受彼厚荣，而复二三其趣者，恐亦不容于明朝矣。周文生于东夷，大禹出于西羌，帝王之兴，盖惟天命所属，德之所招，当何常邪！伏惟大王圣武自天，道隆虞夏，凡在含生，孰不延首神化，耻隔皇风，而况囚乎！使囚去真即伪，不得早叩天门者，大王负囚，囚不负大王也。衅鼓之刑，囚之恒分，但恨天实为之，谓之何哉！"勒曰："其言慨至，孤愧之多矣。夫忠于其君者，乃吾所求也。"命张宾延之于馆，厚抚之，寻以为从事中郎。令自后诸克敌擒俊，皆送之，不得辄害，冀获如续之流。

初，季龙之攻续也，朝廷有王敦之逼，不遑救恤。续既为勒所执，身灌园鬻菜，以供衣食。勒屡遣察之，叹曰："此真高人矣。不如是，安足贵乎！"嘉其清苦，数赐谷帛。每临朝嗟叹，以励群官。

续被获之后，存及竺、缉等与匹磾婴城距寇，而帝又假存扬武将军、武邑太守。勒屡遣季龙攻之，战守疲苦，不能自立。久之，匹磾及其弟文鸯与竺、缉等悉见获，惟存得溃围南奔，道为贼所杀。续竟亦遇害。

李矩，字世回，平阳人也。童龀时，与群儿聚戏，便为其率，计画指授，有成人之量。及长，为吏，送故县令于长安，征西将军梁王肜以为牙门。伐氐齐万年有殊功，封东明亭侯。还为本郡督护。太守宋胄欲以所亲吴畿代之，矩谢病去。畿恐矩复还，阴使人刺矩，会有人救之，故得免。属刘元海攻平阳，百姓奔走，矩素为乡人所爱，乃推为坞主，东屯荥阳，后移新郑。

矩勇毅多权略，志在立功，东海王越以为汝阴太守。永嘉初，使矩与汝南太守袁孚率众修洛阳千金堨，以利运漕。及洛阳不守，太尉荀藩奔阳城，卫将军华荟奔成皋。时大饥，贼帅侯都等每略人而食之，藩、荟部曲多为所啖。矩讨都等灭之，乃营护藩、荟，各为立屋宇，输谷以给之。及藩承制，建行台，假矩荥阳太守。矩招怀离散，远近多附之。

石勒亲率大众袭矩，矩遣老弱入山，令所在散牛马，因设伏以待之。贼争取牛马，伏发，齐呼，声动山谷，遂大破之，斩获甚众，勒乃退。藩表元帝，加矩冠军将军，轺车幢盖，进封阳武县侯，领河东、平阳太守。时饥馑相仍，又多疫疠，矩垂心抚恤，百姓赖焉。会长安群贼东下，所在多虏掠，矩遣部将击破之，尽得贼所略妇女千余人。诸将以非矩所部，欲遂留之。矩曰："俱是国家臣妾，焉为彼此！"乃一时遣之。

时刘琨所假河内太守郭默为刘元海所逼，乞归于矩，矩将使其甥郭诵迎致之，而不敢进。会刘琨遣参军张肇，率鲜卑范胜等五百余骑往长安，属默被围，道路不通，将还依邵续。行至矩营，矩谓肇曰："默是刘公所授，公家之事，知无不为。"屠各旧畏鲜卑，遂邀肇为声援，肇许之。贼望见鲜卑，不战而走。诵潜遣轻舟济河，使勇士夜袭怀城，掩贼留营，又大破之。默遂率其属归于矩。后刘聪遣从弟畅步骑三万讨矩，屯于韩王故垒，相去七里，遣使招矩。时畅卒至，矩未暇为备，遣使奉牛酒诈降于畅，潜匿精勇，见其老弱。畅不以为虞，大飨渠帅，人皆醉饱。矩谋夜袭之，兵士以贼众，皆有惧色。矩令郭诵祷郑子产祠曰："君昔相郑，恶鸟不鸣。凶胡臭羯，何得过庭！"使巫扬言："东里有教，当遣神兵相助。"将士闻之，皆踊跃争进。乃使诵及督护杨璋等选勇敢千人，夜掩畅营，获铠马甚多，斩首数千级，畅仅以身免。

先是，郭默闻矩被攻，遣弟芝率众援之。既而闻破畅，芝复驰来赴矩。矩乃与芝马五百匹，分军为三道，夜追贼，复大获而旋。

先是，聪使其将赵固镇洛阳，长史周振与固不协，密陈固罪。矩之破畅也，帐中得聪书，敕畅平矩讫，过洛阳，收固斩之，便以振代固。矩送以示固，固即斩振父子，遂率骑一千来降，矩还令守洛。后数月，聪遣其太子粲率刘雅生等步骑十万屯孟津北岸，分遣雅生攻赵固于洛。固奔阳城山，遣弟告急，矩遣郭诵屯洛口以救之。诵使将张皮简精卒千人夜渡河。粲候者告有兵至，粲恃其众，不以为虞。既而诵等奄至，十道俱攻，粲众惊扰，一时奔溃，杀伤太半，因据其营，获其器械军资不可胜数。及旦，粲见皮等人少，更与雅生悉余众攻之，苦战二十余日不能下。矩进救之，使壮士三千泛舟迎皮。贼临河列阵，作长钩以钩船，连战数日不得渡。矩夜遣部将格增潜济入皮垒，与皮选精骑千余，而杀所获牛马，焚烧器械，夜突围而出，奔武牢。聪追之，不及而退。聪因愤恚，发病而死。帝嘉其功，除矩都督河南三郡军事、安西将军、荥阳太守，封修武县侯。

及刘粲嗣位，昏虐日甚，其将靳准乃起兵杀粲，并其宗族，发聪冢，斩其尸，遣使归矩，称"刘元海屠各小丑，因大晋事故之际，作乱幽、并，矫称天命，至令二帝幽没虏庭。辄率众扶侍梓宫，因请上闻。"矩驰表于帝，帝遣太常韩胤等奉迎梓宫，未至而准已为石勒、刘曜所没。矩以众少不足立功，每慷慨愤叹。

及帝践阼，以为都督司州诸军事、司州刺史，改封平阳县侯，将军如故。时弘农太守尹安、振威将军宋始等四军并屯洛阳，各相疑阻，莫有固志。矩、默各遣千骑至洛以镇之。安等乃同谋告石勒，勒遣石生率骑五千至洛阳，矩、默军皆退还。俄而四将复背勒，遣使乞迎，默又遣步卒五百人入洛。石生以四将相谋，不能自安，乃虏宋始一军，渡河而南。百姓相率归矩，于是洛中遂空。矩乃表郭诵为扬武将军、阳翟令，阻水筑垒，且耕且守，为灭贼之计。属赵固死，石生遣骑袭诵，诵多计略，贼至，辄设伏破之，虏掠无所得。生怒，又自率四千余骑暴掠诸县，因攻诵垒，接战须臾，退军墠坂。诵率劲勇五百追及生于磐脂故亭，又大破之。矩以诵功多，表加赤幢曲盖，封吉阳亭侯。

郭默欲侵祖约，矩禁之不事，遂为约所破。石勒遣其养子怸袭默，默惧后患未已，将降于刘曜，遣参军郑雄诣矩谋之，矩距而不许。后勒遣其将石良率精兵五千袭矩，矩逆击不利。郭诵弟元复为贼所执，贼遣元以书说矩曰："去年东平曹嶷，西宾猗卢，矩如牛角，何不归命？"矩以示诵，诵曰："昔王陵母在贼，犹不改意，弟当何论！"勒复遗诵麈尾马鞭，以示殷勤，诵不答。勒将石生屯洛阳，大掠河南，矩、默大饥，默因复说矩降曜。矩既为石良所破，遂从默计，遣使于曜。曜遣从弟岳军于河阴，欲与矩谋攻石生。勒遣将围岳，岳闭门不敢出。默后为石怸所败，自密南奔建康。矩闻之大怒，遣其将郭贲等赍书与默，又敕诵曰："汝识唇亡之谈不？迎接郭默，皆由于卿，临难逃走，其必留之。"诵追及襄城，默自知负矩，弃妻子而遁。诵拥其余众而归，矩待其妻子如初。刘岳以外救不至，降于石季龙。

矩所统将士有阴欲归勒者，矩知之而不能讨，乃率众南走，将归朝廷，众皆遁亡，惟郭诵及参军郭方，功曹张景，主簿荀远，将军骞韬、江霸、梁志、司马尚、季弘、李环、段秃等百余人弃家送矩。至于鲁阳县，矩坠马卒，葬襄阳之岘山。

段匹磾，东郡鲜卑人也。种类劲健，世为大人。父务勿尘，遣军助东海王越征讨有功，王浚表为亲晋王。封辽西公，嫁女与务勿尘，以结邻援。怀帝即位，以务勿尘为大单于，匹磾为左贤王，率众助国征讨，假抚军大将军。务勿尘死，弟涉复辰以务勿尘子疾陆眷袭号。

　　刘曜逼洛阳，王浚遣督护王昌等率疾陆眷弟文鸯、从弟末杯攻石勒于襄国。勒败还垒，末杯追入垒门，为勒所获。勒质末杯，遣使求和于疾陆眷。疾陆眷将许之，文鸯谏曰："受命讨勒，宁以末杯一人，故纵成擒之寇？既失浚意，且有后忧，必不可许。"疾陆眷不听，以铠马二百五十匹、金银各一簏赎末杯。勒归之，又厚以金宝彩绢报疾陆眷。疾陆眷令文鸯与石季龙同盟，约为兄弟，遂引骑还。昌等不能独守，亦还。

　　建武初，匹碑推刘琨为大都督，结盟讨勒，并檄涉复辰、疾陆眷、末杯等三面俱集襄国，琨、匹碑进屯固安，以候众军。勒惧，遣报使厚赂末杯。然末杯既思报其旧恩，且因匹碑在外，欲袭夺其国，乃间匹碑于涉复辰、疾陆眷曰："以父兄而从子弟邪？虽一旦有功，匹碑独收之矣。"涉复辰等以为然，引军而还。匹碑亦止，会疾陆眷病死，匹碑自蓟奔丧，至于右北平。末杯宣言匹碑将篡，出军击败之。末杯遂害涉复辰及其子弟党与二百余人，自立为单于。

　　及王浚败，匹碑领幽州刺史，刘琨自并州依之，复与匹碑结盟，俱讨石勒。匹碑复为末杯所败，士众离散，惧琨图己，遂害之，于是晋人离散矣。匹碑不能自固，北依邵续，末杯又攻败之。匹碑被疮，谓续曰："吾夷狄慕义，以至破家，君若不忘旧要，与吾进讨，君之惠也。"续曰："赖公威德，续得效节。今公有难，岂敢不俱！"遂并力追末杯，斩获略尽。又令文鸯北讨末杯弟于蓟城，及还，去城八十里，闻续已没，众惧而散，复为石季龙所遮，文鸯以新亲兵数百人力战破之，始得入城。季龙复抄城下，文鸯登城临见，欲出击之，匹碑不许。文鸯曰："我以勇闻，故百姓杖我。见人被略而不救，非丈夫也。今众失望，谁复为我致死乎！"遂将壮士数十骑出战，杀胡甚多。遇马乏，伏不能起。季龙呼曰："大兄与我俱是戎狄，久望共同。天不违愿，今日相见，何故复战？请释杖。"文鸯骂曰："汝为寇虐，久应合死。吾兄不用吾计，故令汝得至此。吾宁死，不为汝擒。"遂下马苦战，槊折，执刀力战不已。季龙军四面解马罗披自郼，前捉文鸯。文鸯战自辰至申，力极而后被执。城内大惧。

匹磾欲军骑归朝,续弟乐安内史洎勒兵不许。洎复欲执台使王英送于季龙,匹磾正色责之曰:"卿不能遵兄之志,逼吾不得归朝,亦以甚矣,复欲执天子使者,我虽胡夷,所未闻也。"因谓英曰:"匹磾世受重恩,不忘忠孝。今日事逼,欲归罪朝廷,而见逼迫,忠款不遂,若得假息,未死之日,心不忘本。"遂渡黄河南。匹磾著朝服,持节,宾从出见季龙曰:"我受国恩,志在灭汝。不幸吾国自乱,以至于此。既不能死,又不能为汝敬也。"勒及季龙素与匹磾结为兄弟,季龙起而拜之。匹磾到襄国,又不为勒礼,常著朝服,持晋节。经年,国中谋推匹磾为主,事露,被害。文鸯亦遇鸩而死,惟末波存焉。及死,弟牙立。牙死,其后从祖就陆眷之孙辽立。

自务勿尘已后,值晋增乱,自称位号,据有辽西之地,而臣御晋人。其地西尽幽州,东界辽水。然所统胡晋可三万余家,控弦可四五万骑,而与石季龙递相侵掠,连兵不息,竟为季龙所破,徙其遗黎数万家于司、雍之地。其子兰复聚兵,与季龙为患久之。及石氏之亡,末波之子勤鸠集胡羯得万余人,保枉人山,自称赵王,附于慕容儁。俄为冉闵所败,徙于绛幕,僭即尊号。儁遣慕容恪击之,勤惧而降。

魏浚,东郡东阿人也。寓居关中。初为雍州小史,河间王颙败乱之际,以为武威将军。后为度支校尉,有干用。永嘉末,与流人数百家东保河阴之硖石。时京邑荒俭,浚劫掠得谷麦,献之怀帝,帝以为扬威将军、平阳太守,度支如故。以乱不之官。

及洛阳陷,屯于洛北石梁坞,抚养遗众,渐修军器。其附贼者,皆先解喻,说大晋运数灵长,行已建立,归之者甚众。其有恃远不从命者,遣将讨之,服从而已,不加侵暴。于是远近咸悦,襁负至者渐众。

刘琨承制,假浚河南尹。时太尉荀藩建行台在密县,浚诣藩谘谋军事,藩甚悦,要李矩同会。矩将夜赴之,矩官属以浚不可信,不宜夜往。矩曰:"忠臣同心,将何疑乎!"及会,客主尽欢,浚因与矩相结而去。

刘曜忌浚得众,率众军围之。刘演、郭默遣军来救,曜分兵逆于河北,乃伏兵深隐处,以邀演、默军,大破之,尽虏演等骑。浚夜遁走,为曜所得,遂死之。追赠平西将军。族子该领其众。

该,一名亥。本侨居京兆阴磐。河间王颙之伐赵王伦,以该为将兵都尉。及刘曜攻洛阳,随浚赴难,先领兵守金墉城,故得无他。曜引去,余众依之。

时杜预子尹为弘农太守,屯宜阳界一泉坞,数为诸贼所抄掠。尹要该共距之,该遣其将马瞻将三百人赴尹。瞻知其无备,夜袭尹杀之,迎该据坞。坞人震惧,并服从之。乃与李矩、郭默相结以距贼。荀藩即以该为武威将军,统城西雍凉人,使讨刘曜。元帝承制,加冠军将军、河东太守,督护河东、河南、平阳三郡。

曜尝攻李矩,该破之。及矩将迎郭默,该遣军助之,又与河南尹任愔相连结。后渐饥弊,曜寇日至,欲率众南徙,众不从,该遂单骑走至南阳。帝又以为前锋都督、平北将军、雍州刺史。马瞻率该余众降曜。曜征发既苦,瞻又骄虐,部曲遣使呼该,该密往赴之,其众杀瞻而纳该。该迁于新野,率众助周访讨平杜曾,诏以该为顺阳太守。

王敦之反也,梁州刺史甘卓不从,欲观该去就,试以敦旨动之。该曰:"我本去贼,惟忠于国。今王公举兵向天子,非吾所宜与也。"遂距而不应。及苏峻反,率众救台,军次石头,受陶侃节度。峻未平,该病笃还屯,卒于道,葬于武陵。从子雄统其众。

郭默,河内怀人。少微贱,以壮勇事太守裴整,为督将。永嘉之乱,默率遗众自为坞主,以渔舟抄东归行旅,积年遂致巨富,流人依附者渐众。抚循将士,甚得其欢心。

默妇兄同郡陆嘉取官米数石饷妹,默以为违制,将杀嘉,嘉惧,奔石勒。默乃自射杀妇,以明无私。遣使谒刘琨,琨加默河内太守。刘元海遣从子曜讨默,曜列三屯围之,欲使饿死。默送妻子为质,并请籴焉。籴毕，设守。曜怒，沉默妻子于河而攻之。默遣弟芝求救于刘琨，琨知默狡猾，留之而缓其救。默更遣人告急。会芝出城浴马，使强与俱归。默乃遣芝质于石勒，勒以默多诈，封默书与刘曜。默使人伺得勒书，便突围投李矩。后与矩并力距刘、石，事见《矩传》。

太兴初，除颍川太守。默与石鲐战败，矩转蹙弱，默深忧惧，解印授其参军殷峤，谓之曰："李使君遇吾甚厚，今遂弃去，无颜谢之，三日可白吾去也。"乃奔阳翟。矩闻之，大怒，遣其将郭诵追默，至襄城，及之。默弃家人，单马驰去。默至京都，明帝授征虏将军。刘遐卒，以默为北中郎将、监淮北军事、假节。遐故部曲李龙等谋反，诏默与右卫将军赵胤讨平之。

朝廷将征苏峻，惧其为乱，召默拜后将军，领屯骑校尉。初战有功，及六军败绩，南奔。郗鉴议于曲阿北大业里作垒，以分贼势，使默守之。峻遣韩晃等攻默甚急，垒中颇乏水，默惧，分人马出外，乃潜从南门荡出，留人坚守。会峻死，围解，征为右军将军。

默乐为边将，不愿宿卫，及赴召，谓平南将军刘胤曰："我能御胡而不见用。右军主禁兵，若疆场有虞，被使出征，方始配给，将卒无素，恩信不著，以此临敌，少有不败矣。时当为官择才，若人臣自择官，安得不乱乎！"胤曰："所论事虽然，非小人所及也。"当发，求贤于胤。时胤被诏免官，不即归罪，方自申理，而骄侈更甚，远近怪之。

初，默之被征距苏峻也，下次寻阳，见胤，参佐张满等轻默，褾露视之，默常切齿。至是，胤腊日饷默酒一器，豚一头，默对信投之水中，忿愤益甚。又侨人盖豚先略取祖焕所杀孔炜女为妻，炜家求之，张满等使还其家，豚不与，因与胤、满有隙。至是，豚谓默曰："刘江州不受免，密有异图，与长史司马张满、荀楷等日夜计谋，反逆已形，惟忌郭侯一人，云当先除郭侯而后起事。祸将至矣，宜深备之。"默既怀恨，便率其徒候旦门开袭胤。胤将吏欲距默，默呴之曰："我被诏有所讨，动者诛及三族。"遂入至内寝。胤尚与妾卧，默牵下斩之。出取胤僚佐张满、荀楷等，诬以大逆。传胤首于京师，诈作诏书，宣视内外。掠胤女及诸妾，并金宝还船。初云下都，俄而，遂停胤故府，招桓宣、王愆期。愆期惧逼，劝默为平南、江州，默从之。愆期因逃庐山，桓宣固守不应。

司徒王导惧不可制，乃大赦天下，枭胤首于大航，以默为西中郎将、豫州刺史。武昌太守邓岳驰白太尉陶侃，侃闻之，投袂起曰："此必诈也。"即日率众讨默，上疏陈默罪恶。导闻之，乃收胤首，诏庾亮助侃讨默。默欲南据豫章，而侃已至城下，筑土山以临之。诸军大集，围之数重。侃惜默骁勇，欲活之，遣郭诵见默，默许降，而默将张丑、宋侯等恐为侃所杀，故至进退，不时得出。攻之转急，宋侯遂缚默求降，即斩于军门，同党死者四十人，传首京师。

史臣曰：邵、李、魏、郭等诸将，契阔丧乱之辰，驱驰戎马之际，威怀足以容众，勇略足以制人，乃保据危城，折冲千里，招集义勇，抗御仇雠，虽艰阻备尝，皆心王室。而矩能以少击众，战胜获多，遂使玄明愤恚，世龙挫衄。惜其寡弱，功亏一篑。方之数子，其最优乎！默既拔迹危亡，参陪朝伍，忿因眦睚，祸及诛夷，非夫狂悖，岂宜至此！段匹磾本自遐方，而系心朝廷，始则尽忠国难，终乃抗节虏廷，自苏子卿以来，一人而已。越石之见诛段氏，实以威名；匹磾之取戮世龙，亦由众望：祸富之应，何其速哉！《诗》云："无言不酬，无德不报"，此之谓也。

赞曰：邵、李诸将，实惟忠壮。蒙犯艰危，驱驰亭鄣。力小任重，功亏身丧。匹磾劲烈，陨身全节。默实凶残，自贻罪庚。

晋书卷六四
列传第三四

武十五王　　元四王
简文三王

　　武帝二十六男：杨元后生毗陵悼王轨、惠帝、秦献王柬。审美人生城阳怀王景、楚隐王玮、长沙厉王乂。徐才人生城阳殇王宪。匮才人生东海冲王祗。赵才人生始平哀王裕。赵美人生代哀王演。李夫人生淮南忠壮王允、吴孝王晏。严保林生新都怀王该。陈美人生清河康王遐。诸姬生汝阴哀王谟。程才人生成都王颖。王才人生孝怀帝。杨悼后生渤海殇王恢。余八子不显母氏，并早夭，又无封国及追谥，今并略之。其玮、乂、颖自有传。

　　毗陵悼王轨，字正则。初拜骑都尉，年二岁而夭。太康十年，追加封谥，以楚王玮子义嗣。

　　秦献王柬，字弘度。沉敏有识量。泰始六年，封汝南王。咸宁初，徙封南阳王，拜左将军、领右军将军、散骑常侍。武帝尝幸宣武场，以三十六军兵簿令柬料校之，柬一省便擿脱谬，帝异之，于诸子中尤见宠爱。以左将军居齐献王故府，甚贵宠，为天下所属目。性仁讷，无机辩之誉。太康十年，徙封于秦，邑八万户。于时诸王封中土者皆五万户，以柬与太子同产，故特加之。转镇西将军、西戎校尉、假节，与楚、淮南王俱之国。

　　及惠帝即位，来朝，拜骠骑将军、开府仪同三司，加侍中、录尚书事，进位大将军。时杨骏伏诛，柬既痛舅氏覆灭，甚有忧危之虑，屡述武帝旨,请还藩,而汝南王亮留東辅政。及亮与楚王玮被诛,时人谓東有先识。

元康元年薨,时年三十,朝野痛惜之。葬礼如齐献文王攸故事,庙设轩悬之乐。无子,以淮南王允子郁为嗣,与允俱被害。永宁二年,追谥曰悼。又以吴王晏子邺嗣。怀帝崩,邺入篡帝位,国绝。

城阳怀王景,字景度。出继叔父城阳哀王兆后。泰始五年受封,六年薨。

东海冲王祗,字敬度。泰始九年五月,受封。殇王薨,复以祗继兆,其年薨,时年三岁。

始平哀王裕,字濬度。咸宁三年受封,其年薨,年七岁。无子,以淮南王允子迪为嗣。太康十年,改封汉王,为赵王伦所害。

淮南忠壮王允,字钦度。咸宁三年,封濮阳王,拜越骑校尉。太康十年,徙封淮南,仍之国,都督扬江二州诸军事、镇东大将军、假节。元康九年入朝。

初,愍怀之废,议者将立允为太弟。会赵王伦废贾后,诏遂以允为骠骑将军、开府仪同三司、侍中,都督如故,领中护军。允性沉毅,宿卫将士皆敬服之。

伦既有僭逆志,允阴知之,称疾不朝,密养死士,潜谋诛伦。伦甚惮之,转为太尉,外示优崇,实夺其兵也。允称疾不拜。伦遣御逼允,收官属以下,劾以大逆。允恚,视诏,乃孙秀手书也。大怒,便收御史,将斩之,御史走而获免,斩其令史二人。厉色谓左右曰:"赵王欲破我家!"遂率国兵及帐下七百人直出,大呼曰:"赵王反,我将攻之,佐淮南王者左袒。"于是归之者甚众。允将赴宫,尚书左丞王舆闭東掖门,允不得入,遂围相府。允所将兵,皆淮南奇才剑客也。与战,频败之,伦兵死者千余人。太子左率陈徽勒东宫兵鼓噪于内以应,允结阵于承华门前,弓弩齐发,射伦,飞矢雨下。主书司马眭秘以身蔽伦,箭中其背而死。伦官属皆隐树而立,每树辄中数百箭,自辰至未。徽兄淮时为中书令,遣麾驺虞幡以解斗。伦子虔为侍中,在门下省,密要壮士,约以富贵。于是遣司马督护伏胤领骑四百从宫中出，举空版，诈言有诏助淮南王允。允不之觉，开阵内之，下车受诏，为胤所害，时年二十九。初，伦兵败，皆相传曰："已擒伦矣。"百姓大悦。既而闻允死，莫不叹息。允三子皆被害，坐允夷灭者数千人。

及伦诛，齐王冏上表理允曰："故淮南王允，忠孝笃诚，忧国忘身，讨乱奋发，几于克捷。遭大凶运，奄至陨没，逆党遘恶，并害三子，冤魂酷毒，莫不悲酸。洎兴义兵，淮南国人自相率领，众过万人，人怀慷忾，愍国统灭绝，发言流涕。臣辄以息超继允后，以慰存亡。"有诏改葬，赐以殊礼，追赠司徒。冏败，超被幽金墉城。后更以吴王晏子祥为嗣，拜散骑常侍。洛京倾覆，为刘聪所害。

代哀王演，字宏度。太康十年受封。少有废疾，不之国，演常止于宫中。薨，无子，以成都王颖子廓为嗣，改封中都王，后与颖俱死。

新都王该，字玄度。咸宁三年受封，太康四年薨，时年十二。无子，国除。

清河康王遐，字深度。美容仪，有精彩，武帝爱之。既受封，出继叔父城阳哀王兆。太康十年，增封渤海郡，历右将军、散骑常侍、前将军。元康初，进抚军将军，加侍中。遐长而懦弱，无所是非。性好内，不能接士大夫。及楚王玮之举兵也，使遐收卫瓘，而瓘故吏荣晦遂尽杀瓘子孙，遐不能禁，为世所尤。永康元年薨，时年二十八。四子：覃、籥、铨、端。瓘嗣立。

及冲太孙薨，齐王冏表曰："东宫旷然，冢嗣莫继。天下大业，帝王神器，必建储副，以固洪基。今者后宫未有孕育，不可庶幸将来而虚天绪，非祖宗之遗志，社稷之长计也。礼，兄弟之子犹子，故汉成无嗣，继由定陶；孝和之绝，安以绍兴。此先王之令典，往代之成式也。清河王覃神姿岐嶷，慧智早成，康王正妃周氏所生，先帝众孙之中，于今为嫡。昔薄姬贤明，文则承位。覃外祖恢世载名德，覃宜奉宗庙之重，统无穷之祚，以宁四海颙颙之望。覃兄弟虽并出绍，可简令淑还为国胤，不替其嗣。辄谘大将军颖及群公卿士，咸同大愿。请具礼仪，择日迎拜。"遂立覃为皇太子。既而河间王颙胁迁大驾，表成都王颖为皇太弟,废覃复为清河王。初,覃为清河世子,所佩金铃欻生隐起如麻粟,祖母陈太妃以为不祥,毁而卖之。占者以金是晋行大兴之祥,覃为皇胤,是其瑞也。毁而卖之,象覃见废不终之验也。永嘉初,前北军中候任城吕雍、度支校尉陈颜等谋立覃为太子,事觉,幽于金墉城,未几,被害,时年十四,葬以庶人礼。

籥,初封新蔡王,覃薨,还封清河王。

铨,初封上庸王,怀帝即位,更封豫章王。二年,立为皇太子。洛京倾覆,没于刘聪。

端,初封广川王,铨之为皇太子也,转封豫章,礼秩如皇子,拜散骑常侍、平南将军、都督江州诸军事、假节。当之国,会洛阳陷没,端东奔苟晞于蒙。晞立为皇太子,七十日,为石勒所没。

汝阴哀王谟,字令度。太康七年薨,时年十一。无后,国除。

吴敬王晏,字平度。太康十年受封,食丹杨、吴兴并吴三郡,历射声校尉、后军将军。与兄淮南王允共攻赵王伦,允败,收晏付廷尉,欲杀之。傅祗于朝堂正色而争,于是群官并谏,伦乃贬为宾徒县王。后徙封代王。伦诛,诏复晏本封,拜上军大将军、开府,加侍中。长沙王乂、成都王颖之相攻也,乂以晏为前锋都督,数交战。永嘉中,为太尉、大将军。

晏为人恭愿,才不及中人,于武帝诸子中最劣。又少有风疾,视瞻不端,后转增剧,不堪朝觐。及洛京倾覆,晏亦遇害,时年三十一。愍帝即位,追赠太保。五子,长子不显名,与晏同没。余四子:祥、邺、固、衍。

祥嗣淮南王允。邺即愍帝。固初封汉王,改封济南。衍初封新都王,改封济阴,为散骑常侍。皆没于贼。

渤海殇王恢,字思度。太康五年薨,时年二岁,追加封谥。

元帝六男:宫人荀氏生明帝及琅邪孝王裒。石婕妤生东海哀王冲。王才人生武陵威王晞。郑夫人生琅邪悼王焕及简文帝。

琅邪孝王裒,字道成。母荀氏,以微贱入宫,元帝命虞妃养之。

衰初继叔父长乐亭侯浑，后徙封宣城郡公，拜后将军。及帝为晋王，有司奏立太子，帝以衰有成人之量，过于明帝，从容谓王导曰："立子以德不以年。"导曰："世子、宣城俱有朗俊之目，固当以年。"于是太子位遂定。更封衰琅邪，嗣恭王后，改食会稽、宣城邑五万二千户，拜散骑常侍、使持节、都督青徐兖三州诸军事、车骑将军，征还京师。建武元年薨，年十八，赠车骑大将军，加侍中。及妃山氏薨，袝葬，穆帝更赠衰太保。子哀王安国立，未逾年薨。

东海哀王冲，字道让。元帝以东海王越世子毗没于石勒，不知存亡，乃以冲继毗后，称东海世子，以毗陵郡增本封邑万户，又改食下邳、兰陵，以越妃裴氏为太妃，拜长水校尉。高选僚佐，以沛国刘耽为司马，颍川庾怿为功曹，吴郡顾和为主簿。永昌初，迁中军将军，加散骑常侍。及东海太妃薨，因发毗丧。冲即王位，以荥阳益东海国，转车骑将军，徙骠骑将军。咸康七年薨，年三十一，赠侍中、骠骑大将军、仪同三司，无子。

成帝临崩，诏曰："哀王无嗣，国统将绝，朕所哀悼。其以小晚生弈继哀王为东海王。"以道远，罢荥阳，更以临川郡益东海。及哀帝以琅邪王即尊位，徙弈为琅邪王，东海国阙，无嗣。弈后入纂大业，桓温废之，复为东海王，既而贬为海西公，东海国又阙嗣。隆安三年，安帝诏以会稽忠王次子彦璋为东海王，继哀王为曾孙，改食吴兴郡。为桓玄所害，国除。

武陵威王晞，字道叔。出继武陵王喆后，太兴元年受封。咸和初，拜散骑常侍。后以湘东增武陵国，除左将军，迁镇军将军，加散骑常侍。康帝即位，加侍中、特进。建元初，领秘书监。穆帝即位，转镇军大将军，迁太宰。太和初，加羽葆鼓吹，入朝不趋，赞拜不名，剑履上殿。固让。

晞无学术而有武干，为桓温所忌。及简文帝即位，温乃表晞曰："晞体自皇极，故宠灵光世，不能率由王度，修己慎行，而聚纳轻剽，苞藏亡命。又息综矜忍，虐加于人。袁真叛逆，事相连染。顷日猜惧，将成乱阶。请免晞官，以王归藩，免其世子综官，解子瑾散骑常侍。"瓘以梁王随晞，晞既见黜，送马八十五匹、三百人杖以归温。温又逼新蔡王晃使自诬与晞、综及著作郎殷涓、太宰长史庾藉、掾曹秀、舍人刘强等谋逆，遂收付廷尉，请诛之。简文帝不许，温于是奏徙新安郡，家属悉从之，而族诛殷涓等，废晃徙衡阳郡。

太元六年，晞卒于新安，时年六十六。孝武帝三日临于西堂，诏曰："感惟摧恸，便奏迎灵柩，并改移妃应氏及故世子梁王诸丧，家属悉还，复下诏曰："故前武陵王体自皇极，克己思愆。仰惟先朝仁宥之旨，岂可情礼靡寄！其追封新宁郡王，邑千户。"晞三子：综、瓘、遵。以遵嗣。追赠综给事中，瓘散骑郎。十二年，追复晞武陵国，综、瓘各复先官，瓘还继梁国。

梁王瓘，字贤明。出继梁王翘，官至永安太仆，与父晞俱废。薨，子龢嗣。太元中复国。薨，子珍之嗣。桓玄篡位，国人孔扑奉珍之奔于寿阳。桓玄败，珍之归朝廷。大将军武陵王令曰："梁王珍之理悟贞立，蒙险违难，抚义怀顺，载奔阙庭。值寿阳扰乱，在危克固，且可通直散骑郎。"累迁游击将军、左卫、太常。刘裕伐姚泓，请为谘议参军。裕将弱王室，诬其罪害之。

忠敬王遵，茂远。初袭封新宁，时年十二，受拜流涕，哀感左右。右将军桓伊尝诣遵，遵曰："门何为通桓氏？"左右曰："伊与桓温疏宗，相见无嫌。"遵曰："我闻人姓木边，便欲杀之，况诸桓乎！"由是少称聪慧。

及晞追复封武陵王，以遵嗣，历位散骑常侍、秘书监、太常、中领军。桓玄用事，拜金紫光禄大夫。玄篡，贬为彭泽侯，遣之国。行次石头，夜涛水入淮，船破，未得发。会义旗兴，复还国第。朝廷称受密诏，使遵总摄万机，加侍中、大将军，移入东宫，内外毕敬。迁转百官，称制书。又教称令书，安帝反正，更拜太保，加班剑二十人。义熙四年薨，时年三十五，诏赐东园温明秘器，朝服一具，衣一袭，钱百万，布千匹，策赠太傅，葬加殊礼。子定王季度立，拜散骑侍郎。薨，子球之立。宋兴，国除。

琅邪悼王焕，字耀祖。母有宠，元帝特所钟爱。初继帝弟长乐亭侯浑,后封显义亭侯。尚书令刁协奏:"昔魏临淄侯以邢颙为家丞,刘桢为庶子。今侯幼弱,宜选明德。"帝令曰:"临淄万户封,又植少有美才,能同游田苏者。今晚生矇弱,何论于此!间封此儿,不以宠稚子也。亡弟当应继嗣,不获已耳。家丞、庶子,足以摄祠祭而已,岂宜屈贤人以受无用乎!"及焕疾笃,帝为之彻膳,乃下诏封为琅邪王,嗣恭王后。俄而薨,年二岁。

帝悼念无已,将葬,以焕既封列国,加以成人之礼,诏立凶门柏历,备吉凶仪服,营起陵园,功役甚众。琅邪国右常侍会稽孙霄上疏谏曰:

臣闻法度典制,先王所重,吉凶之礼,事贵不过。是以世丰不使奢放,凶荒必务约杀。朝聘嘉会,足以展痒序之仪;殡葬送终,务以称哀荣之情。上无奢泰之谬,下无匮竭之困。故华元厚葬,君子谓之不臣;嬴博至俭,仲尼称其合礼。明伤财害时,古人之所讥;节省简约,圣贤之所嘉也。语曰,上之化下,如风靡草。京邑翼翼,四方所则,明教化法制,不可不慎也。陛下龙飞践阼,兴微济弊,圣怀劳谦,务从简俭,宪章旧制,犹欲节省,礼典所无,而反尚饰,此臣愚情窃所不安也。棺椁舆服旒翣之属,礼典旧制,不可废阙。凶门柏历,礼典所无,天晴可不用,遇雨则无益,此至宜节省者也。若琅邪一国一时所用,不为大费,臣在机近,义所不言。今天台所居,王公百僚聚在都辇,凡有丧事,皆当供给材木百数、竹薄千计,凶门两表,衣以细竹及材,价值既贵,又非表凶哀之宜,如此过饰,宜从粗简。

又案《礼记》,国君之葬,棺椁之间容柷,大夫容壶,士容甒。以壶甒为差,则柷财大于壶明矣,椁周于棺,椁不甚大也。语曰,葬者藏也,藏欲深而固也。椁大则难为坚固,无益于送终,而有损于财力。凶荒杀礼,经国常典,既减杀而犹过旧,此为国之所厚惜也。又《礼》,将葬,迁柩于庙祖而行,及墓即窆,葬之日即反哭而虞。如此,则柩不宿于墓上也。圣人非不哀亲之在土而无情于丘墓,盖以墓非安神之所,故修虞于殡宫。始则营草宫于山陵,迁神柩于墓侧,又非典也。非礼之事,不可以训万国。

臣至愚至贱,忽求革前之非,可谓狂瞽不知忌讳。然今天下至弊,自古所希,宗庙社稷,远托江表半州之地,凋残以甚。加之荒旱,百姓困瘁,非但不足,死亡是惧。此乃陛下至仁之所矜愍,可忧之至重也。正是匡矫末俗,改张易调之时,而犹当竭已罢之人,营无益之事,殚已困之财,修无用之费,此固臣之所不敢安也。今琅邪之于天下,国之最大,若割损非礼之事,务遵古典,上以彰圣朝简易之至化,下以表万世无穷之规则,此刍荛之言有补万一,尘露之微有增山海。

表寝不报。

永昌元年,立焕母弟昱为琅邪王,即简文帝也。咸和二年,徙封会稽,以康帝为琅邪王。康帝即位,哀帝为琅邪王。哀帝即位,废帝为琅邪王。废帝即位,又以简文帝摄行琅邪王国祀。简文登阼,国遂无嗣。帝临崩,封少子道子为琅邪王。太元十七年,道子为会稽王,更以恭帝为琅邪王。恭帝即位,于是琅邪国除。

简文帝七子:王皇后生会稽思世子道生、皇子俞生。胡淑仪生临川献王郁、皇子朱生。王淑仪生皇子天流。李夫人生孝武帝、会稽文孝王道子。俞生、朱生、天流并早夭,今并略之。

会稽思世子道生,字延长。帝为会稽王,立道生为世子,拜散骑侍郎、给事中。性疏躁,不修行业,多失礼度,竟以幽废而卒。时年二十四,无后。及孝武帝即位,尝昼日见道生及临川献王郁,郁曰:"大郎饥乏辛苦。"言竟不见。帝伤感,因以西阳王羕玄孙珣之为后。珣之历吴兴太守。刘裕之伐关中,以为谘议参军。时帝道方谢,珣之为宗室之美,与梁王珍之俱被害。

临川献王郁,字深仁,幼而敏慧。道生初以无礼失旨,郁数劝以敬慎之道。道生不纳,郁为之涕泣,简文帝深器异之。年十七而薨。久之,追谥献世子。宁康初,赠左将军,加散骑常侍,追封郡王,以武陵威王曾孙宝为嗣，追尊其母胡淑仪为临川太妃。

宝，字弘文。历秘书监、太常、左将军、散骑常侍、护军将军。宋兴，以为金紫光禄大夫，降为西丰侯，食邑千户。

会稽文孝王道子，字道子。出后琅邪孝王，少以清澹，为谢安所称。年十岁，封琅邪王，食邑一万七千六百五十一户，摄会稽国五万九千一百四十户。太元初，拜散骑常侍、中军将军，进骠骑将军。后公卿奏："道子亲贤莫二，宜正位司徒。"固让不拜。使录尚书六条事，寻加开府，领司徒。及谢安薨，诏曰："新丧哲辅，华戎未一，自非明贤懋德，莫能绥御内外。司徒、琅邪王道子体道自然，神识颖远，实当旦奭之重，宜总二南之任，可领扬州刺史、录尚书、假节、都督中外诸军事。卫府文武，一以配骠骑府。"让不受。数年，领徐州刺史、太子太傅。公卿又奏宜进位丞相、扬州牧、假黄钺，羽葆鼓吹。并让不受。

于时孝武帝不亲万机，但与道子酣歌为务，甘姆尼僧，尤为亲暱，并窃弄其权。凡所幸接，皆出自小竖。郡守长吏，多为道子所树立。既为扬州总录，势倾天下，由是朝野奔凑。中书令王国宝，性卑佞，特为道子所宠昵。官以贿迁，政刑谬乱。又崇信浮屠之学，用度奢侈，下不堪命。太元以后，为长夜之宴，蓬首昏目，政事多阙。桓玄尝候道子，正遇其醉，宾客满坐，道子张目谓人曰："桓温晚涂欲作贼，云何？"玄伏地流汗不得起。长史谢重举板答曰："故宣武公黜昏登圣，功超伊、霍，纷纭之议，宜裁之听览。"道子颔曰："侬知侬知。"因举酒属玄，玄乃得起。由是玄益不自安，切齿于道子。

于时朝政既紊，左卫领营将军会稽许荣上疏曰："今台府局吏、直卫武官及仆隶婢儿取母之姓者，本臧获之徒，无乡邑品第，皆得命议，用为郡守县令，并带职在内，委事于小吏手中；僧尼乳母，竞进亲党，又受货赂，辄临官领众。无卫、霍之才，而比方古人，为患一也。臣闻佛者清远玄虚之神，以五诫为教，绝酒不淫。而今之奉者，秽慢阿尼，酒色是耽，其违二矣。夫致人于死，未必手刃害之。若政教不均，暴滥无罪，必夭天命，其违三矣。盗者未必躬窃人财，江乙母失布，罪由令尹。今禁令不明，劫盗公行，其违四矣。在上化下，必信为本。昔年下书，敕使尽规，而众议兼集，无所采用，其违五矣。尼僧成群，依傍法服。五诫粗法，尚不能遵，况精妙乎！而流惑之徒，竞加敬事，又侵渔百姓，取财为惠，亦未合布施之道也。"又陈"太子宜出临东宫，克奖德业。"疏奏，并不省。中书郎范宁亦深陈得失，帝由是渐不平于道子，然外每优崇之。国宝即宁之甥，以谄事道子，宁奏请黜之。国宝惧，使陈郡袁悦之因尼妙音致书与太子母陈淑媛，说国宝忠谨，宜见亲信。帝因发怒，斩悦之。国宝甚惧，复谮宁于帝。帝不获已，流涕出宁为豫章太守。道子由是专恣。

嬖人赵牙出自优倡，茹千秋本钱塘捕贼史，因赂谄进，道子以牙为魏郡太守，千秋骠骑谘议参军。牙为道子开东第，筑山穿池，列树竹木，功用钜万。道子使官人为酒肆，沽卖于水侧，与亲昵乘船就之饮宴，以为笑乐。帝尝幸其宅，谓道子曰："府内有山，因得游瞩，甚善也。然修饰太过，非示天下以俭。"道子无以对，唯唯而已，左右侍臣莫敢有言。帝还宫，道子谓牙曰："上若知山是板筑所作，尔必死矣。"牙曰："公在，牙何敢死！"营造弥甚。千秋卖官贩爵，聚资货累亿。

又道子既为皇太妃所爱，亲遇同家人之礼，遂恃宠乘酒，时失礼敬。帝益不能平，然以太妃之故，加崇礼秩。博平令吴兴闻人奭上疏曰："骠骑谘议参军茹千秋协附宰相，起自微贱，窃弄威权，衔卖天官。其子寿龄为乐安令，赃私狼藉，畏法奔逃，竟无罪罚，傲然还县。又尼甘属类，倾动乱时。谷贱人饥，流殣不绝，由百姓单贫，役调深刻。又振武将军庾恒鸣角京邑，主簿戴良夫苦谏被囚，殆至没命。而恒以醉酒见怒，良夫以执忠废弃。又权宠之臣，各开小府，施置吏佐，无益于官，有损于国。"疏奏，帝益不平，而逼于太妃，无所废黜，乃出王恭为兖州，殷仲堪为荆州，王珣为仆射，王雅为太子少傅，以张王室，而潜制道子也。道子复委任王绪，由是朋党竞扇，友爱道尽。太妃每和解之，而道子不能改。

中书郎徐邈以国之至亲，唯道子而已，宜在敦穆，从容言于帝曰："昔汉文明主,犹悔淮南;世祖聪达,负愧齐王。兄弟之际,实宜深慎。"帝纳之,复委任道子如初。

时有人为《云中诗》以指斥朝廷曰:"相王沉醉,轻出教命。捕贼千秋,干豫朝政。王恺守常,国宝驰竞。荆州大度,散诞难名;盛德之流,法护、王宁;仲堪、仙民,特有言咏;东山安道,执操高抗,何不征之,以为朝匠?"荆州,谓王忱也;法护,即王珣;宁,即王恭;仙民,即徐邈字;安道,戴逵字也。

及恭帝为琅邪王,道子受封会稽国,并宣城为五万九千户。安帝践阼,有司奏:"道子宜进位太傅、扬州牧、中书监、假黄钺,备殊礼。"固辞不拜,又解徐州。诏内外众事,动静谘之。帝既冠,道子稽首归政,王国宝始总国权,势倾朝廷。王恭乃举兵讨之。道子惧,收国宝付廷尉,并其从弟琅邪内史绪悉斩之,以谢于恭,恭即罢兵。道子乞解中外都督、录尚书以谢方岳,诏不许。

道子世子元显,时年十六,为侍中,心恶恭,请道子讨之。乃拜元显为征虏将军,其先卫府及徐州文武悉配之。属道子妃薨,帝下诏曰:"会稽王妃尊贤莫二,朕义同所亲。今葬加殊礼,一依琅邪穆太妃故事。元显夙令光懋,乃心所寄,诚孝性蒸蒸,至痛难夺。然不以家事辞王事,《阳秋》之明义;不以私限违公制,中代之变礼。故闵子腰绖,山王逼屈。良以至戚由中,轨容者外,有礼无时,贤哲斯顺。须妃葬毕,可居职如故。"

于时王恭威振内外,道子甚惧,复引谯王尚之以为腹心。尚之说道子曰:"藩伯强盛,宰相权轻,宜密树置,以自藩卫。"道子深以为然,乃以其司马王愉为江州刺史以备恭,与尚之等日夜谋议,以伺四方之隙。王恭知之,复举兵,以讨尚之为名。荆州刺史殷仲堪、豫州刺史庾楷、广州刺史桓玄并应之。道子使人说楷曰:"本情相与,可谓断金。往年帐中之饮,结带之言,宁可忘邪!卿今弃旧交,结新援,忘王恭畴昔陵侮之耻乎,若乃欲委体而臣之。若恭得志,以卿为反覆之人,必不相信,何富贵可保,祸败亦旋及矣!"楷怒曰:"王恭昔赴山陵,相王忧惧无计,我知事急,即勒兵而至。去年之事,亦俟命而奋。我事相王，无相负者。既不能距恭，反杀国宝。自尔已来，谁复敢攘袂于君之事乎！庾楷实不能以百口助人屠灭，当与天下同举，诛钼奸臣，何忧府不开，爵不至乎！"时楷已应恭檄，正征士马。信反，朝廷忧惧，于是内外戒严。元显攘袂慷慨谓道子曰："去年不讨王恭，致有今役。今若复从其欲，则太宰之祸至矣。"道子日饮醇酒，而委事于元显。元显虽年少，而聪明多涉，志气果锐，以安危为己任。尚之为之羽翼。时相傅会者，皆谓元显有明帝神武之风。于是以为征伐都督、假节，统前将军王珣、左将军谢琰及将军桓之才、毛泰、高素等伐恭，灭之。

既而杨佺期、桓玄、殷仲堪等复至石头，元显于竹里驰还京师，遣丹杨尹王恺、鄱阳太守桓放之、新蔡内史何嗣、颍川太守温详、新安太守孙泰等，发京邑士庶数万人，据石头以距之。道子将出顿中堂，忽有惊马蹂藉军中，因而扰乱，赴江而死者甚众。仲堪既知王恭败死，狼狈西走，与桓玄屯于寻阳。朝廷严兵相距，内外骚然。诏元显甲杖百人入殿，寻加散骑常侍、中书令，又领中领军，持节、都督如故。

会道子有疾，加以昏醉，元显知朝望去之，谋夺其权，讽天子解道子扬州、司徒，而道子不之觉。元显自以少年顿居权重，虑有讥议，于是以琅邪王领司徒，元显自为扬州刺史。既而道子酒醒，方知其职，于是大怒，而无如之何。庐江太守会稽张法顺以刀笔之才，为元显谋主，交结朋援，多树亲党，自桓谦以下，诸贵游皆敛衽请交。元显性苛刻，生杀自己，法顺屡谏，不纳。又发东土诸郡免奴为客者，号曰"乐属"，移置京师，以充兵役，东土嚣然，人不堪命，天下苦之矣。既而孙恩乘衅作乱，加道子黄钺，元显为中军以讨之。又加元显录尚书事。然道子更为长夜之饮，政无大小，一委元显。时谓道子为东录，元显为西录。西府车骑填凑，东第门下可设雀罗矣。元显无良师友，正言弗闻，谄誉日至，或以为一时英杰，或谓为风流名士，由是自谓无敌天下，故骄侈日增。帝又以元显有翼亮之功，加其所生母刘氏为会稽王夫人，金章紫绶。会洛阳覆没，道子以山陵幽辱，上疏送章绶，请归藩，不许。及太皇太后崩，诏道子乘舆入殿。元显因讽礼官下议，称己德隆望重，既录百揆，内外群僚皆应尽敬。于是公卿皆拜。于时军旅荐兴，国用虚竭，自司徒已下，日廪七升，而元显聚敛不已，富过帝室。及谢琰为孙恩所害，元显求领徐州刺史，加侍中、后将军、开府仪同三司、都督十六州诸军事，封其子彦璋为东海王。寻以星变，元显解录，复加尚书令。

会孙恩至京口，元显栅断石头，率兵距战，频不利。道子无他谋略，唯日祷蒋侯庙为厌胜之术。既而孙恩遁于北海，桓玄复据上流，致笺于道子曰："贼造近郊，以风不得进，以雨不致火，食尽故去耳，非力屈也。昔国宝卒后，王恭不乘此威入统朝政，足见其心非侮于明公也，而谓之非忠。今之贵要腹心，有时流清望者谁乎？岂可云无佳胜，直是不能信之耳。用理之人，然后可以信义相期；求利之徒，岂有所惜而更委信邪？尔来一朝一夕，遂成今日之祸矣。阿衡之重，言何容易，求福则立至，干忤或致祸。在朝君子，岂不有怀，但惧害及身耳。玄忝任在远，是以披写事实。"元显览而大惧。张法顺谓之曰："桓玄承籍门资，素有豪气，既并殷、扬，专有荆楚。然桓氏世在西藩，人或为用，而第下之所控引，止三吴耳。孙恩为乱，东土涂地，编户饥馑，公私不赡，玄必乘此纵其奸凶，窃用忧之。"元显曰："为之奈何？"法顺曰："玄始据荆州，人情未辑，方就绥抚，未遑他计。及其如此，发兵诛之，使刘牢之为前锋，而第下以大军继进，桓玄之首必悬于麾下矣。"元显以为然，遣法顺至京口，谋于牢之，而牢之有疑色。法顺还，说元显曰："观牢之颜色，必贰于我，未若召入杀之。不尔，败人大事。"元显不从。

道子寻拜侍中、太傅，置左右长史、司马、从事中郎四人，崇异之仪，备尽盛典。其骠骑将军僚佐文武，即配太傅府。加元显侍中、骠骑大将军、开府、征伐大都督、十八州诸军事、仪同三司，加黄钺，班剑二十人，以伐桓玄，竟以牢之为前锋。法顺又言于元显曰："自举大事，未有威断，桓谦兄弟每为上流耳目，斩之，以孤荆楚之望。且事之济不，继在前军，而牢之反覆，万一有变，则祸败立至。可令牢之杀谦兄弟，以示不贰。若不受命，当逆为其所。"元显曰："非牢之无以当桓玄。且始事而诛大将，人情必动，二三不可。"于时扬土饥虚，运漕不继，玄断江路，商旅遂绝。于是公私匮乏，士卒唯给麸橡。

　　大军将发，玄从兄骠骑长史石生驰使告玄。玄进次寻阳，传檄京师，罪状元显。俄而玄至西阳，帝戎服饯元显于西池，始登舟而玄至新亭。元显弃船退屯国子学堂。明日，列阵于宣扬门外，元显佐史多散走。或言玄已至大桁，刘牢之遂降于玄。元显回入宣扬门，牢之参军张畅之率众逐之，众溃。元显奔入相府，唯张法顺随之。问计于道子，道子对之泣。玄遣太傅从事中郎毛泰收元显送于新亭，缚于舫前而数之。元显答曰："为王诞、张法顺所误。"于是送付廷尉，并其六子皆害之。玄又奏："道子酗纵不孝，当弃市。"诏徙安成郡，使御史杜竹林防卫，竟承玄旨鸩杀之，时年三十九。帝三日哭于西堂。

　　及玄败，大将军、武陵王遵承制下令曰："故太傅公阿衡二世，契阔皇家，亲贤之重，地无与二。骠骑大将军内总朝维，外宣威略，志荡世难，以宁国祚。天未静乱，祸酷备钟，悲动区宇，痛贯人鬼，感惟永往，心情崩陨。今皇祚反正，幽显式叙，宜崇明国体，以述旧典。便可追崇太傅为丞相，加殊礼，一依安平献王故事。追赠骠骑为太尉，加羽葆鼓吹。丞相坟茔翳然，飘薄非所，须南道清通，便奉迎神柩。太尉宜便迁改。可下太史详吉日，定宅兆。"于是遣通直常侍司马珣之迎道子柩于安成。时寇贼未平，丧不时达。义熙元年，合葬于王妃陵。追谥元显曰忠。以临川王宝子修之为道子嗣，尊妃王氏为太妃。义熙中，有称元显子秀熙避难蛮中而至者，太妃请以为嗣，于是修之归于别第。刘裕意其诈而案验之，果散骑郎滕羡奴勺药也，竟坐弃市。太妃不悟，哭之甚恸。修之复为嗣。薨，谥悼王，无子，国除。

　　史臣曰：泰始之受终也，乃宪章往昔，稽古前王，广晢山河，大开藩屏,文昭武穆,方驾于鲁、卫、应、韩;磐石犬牙,连衡于吴、楚、齐、代。然而作法于乱,付托非才,何曾叹经国之无谋,郭钦识危亡之有兆。及宫车晏驾,坟土未干,国难荐臻,朝章驰废。重以八王继乱,九服沸腾,戎羯交驰,乘舆幽逼,瑶枝琼萼,随锋镝而消亡;朱蒂绿车,与波尘而殄瘁。遂使茫茫禹迹,咸窟穴于豺狼;惵惵周余,竟沉沦于涂炭。呜呼!运极数穷,一至于此!详观载籍,未或前闻。道子地则亲贤,任惟元辅,耽荒麴糵,信惑谗谀。遂使尼媪窃朝权,奸邪制国命,始则彝伦攸斁,终乃宗社沦亡。元显以童丱之年,受栋梁之寄,专制朝廷,陵蔑君亲,奋庸琐之常材,抗奸凶之巨寇,丧师殄国,不亦宜乎!斯则元显为安帝之孙强,道子实晋朝之宰嚭者也。列代之崇建维城,用藩王室;有晋之分封子弟,实树乱阶。《诗》云:"怀德惟宁,宗子维城。无俾城坏,无独斯畏。"城既坏矣,畏也宜哉!典午之丧乱弘多,实此之由矣。

赞曰:帝子分封,婴此鞠凶。札瘥继及,祸难仍钟。泰献聪悟,清河内顾。淮南忠勇,宣城识度。道子昏凶,遂倾国祚。

晋书卷六五
列传第三五

王导　子悦　恬　洽　协　劭　荟　洽子珣　珉
劭子谧

　　王导，字茂弘，光禄大夫览之孙也。父裁，镇军司马。导少有风鉴，识量清远。年十四，陈留高士张公见而奇之，谓其从兄敦曰："此儿容貌志气，将相之器也。"初袭祖爵即丘子。司空刘寔寻引为东阁祭酒，迁秘书郎、太子舍人、尚书郎，并不行。后参东海王越军事。

　　时元帝为琅邪王，与导素相亲善。导知天下已乱，遂倾心推奉，潜有兴复之志。帝亦雅相器重，契同友执。帝之在洛阳也，导每劝令之国。会帝出镇下邳，请导为安东司马，军谋密策，知无不为。及徙镇建康，吴人不附，居月余，士庶莫有至者，导患之。会敦来朝，导谓之曰："琅邪王仁德虽厚，而名论犹轻。兄威风已振，宜有以匡济者。"会三月上巳，帝亲观禊，乘肩舆，具威仪，敦、导及诸名胜皆骑从。吴人纪瞻、顾荣，皆江南之望，窃觇之，见其如此，咸惊惧，乃相率拜于道左。导因进计曰："古之王者，莫不宾礼故老，存问风俗，虚己顺心，以招俊义。况天下丧乱，九州分裂，大业草创，急于得人者乎！顾荣、贺循，此土之望，未若引之以结人心。二子既至，则无不来矣。"帝乃使导躬造循、荣，二人皆应命而至，由是吴会风靡，百姓归心焉。自此之后，渐相崇奉，君臣之礼始定。

　　俄而洛京倾覆，中州士女避乱江左者十六七，导劝帝收其贤人君子，与之图事。荆扬晏安，户口殷实，导为政务在清静，每劝帝克己励节，匡主宁邦。于是尤见委杖，情好日隆，朝野倾心，号为"仲父"。帝尝从容谓导曰："卿，吾之萧何也。"对曰："昔秦为无道，百姓厌乱，巨猾陵暴，人怀汉德，革命反正，易以为功。自魏氏以来，迄于太康之际，公卿世族，豪侈相高，政教陵迟，不遵法度，群公卿士，皆餍于安息，遂使奸人乘衅，有亏至道。然否终斯泰，天道之常。大王方立命世之勋，一匡九合，管仲、乐毅，于是乎在，岂区区国臣所可拟议！愿深弘神虑，广择良能。顾荣、贺循、纪瞻、周玘，皆南土之秀，愿尽优礼，则天下安矣。"帝纳焉。

永嘉末，迁丹杨太守，加辅国将军。导上笺曰："昔魏武，达政之主也；荀文若，功臣之最也，封不过亭侯。仓舒，爱子之宠，赠不过别部司马。以此格万物，得不局迹乎！今者临郡，不问贤愚豪贱，皆加重号，辄有鼓盖，动见相准。时有不得者，或为耻辱。天官混杂，朝望颓毁。导忝荷重任，不能崇浚山海，而开创乱源，饕窃名位，取紊彝典，谨送鼓盖加崇之物，请从导始。庶令雅俗区别，群望无惑。"帝下令曰："导德重勋高，孤所深倚，诚宜表彰殊礼。而更约己冲心，进思尽诚，以身率众，宜顺其雅志，式允开塞之机。"拜宁远将军，寻加振威将军。愍帝即位，征吏部郎，不拜。

晋国既建，以导为丞相军谘祭酒。桓彝初过江，见朝廷微弱，谓周颛曰："我以中州多故，来此欲求全活，而寡弱如此，将何以济！"忧惧不乐。往见导，极谈世事，还，谓颛曰："向见管夷吾，无复忧矣。"过江人士，每至暇日，相要出新亭饮宴。周颛中坐而叹曰："风景不殊，举目有江河之异。"皆相视流涕。惟导愀然变色曰："当共戮力王室，克复神州，何至作楚囚相对泣邪！"众收泪而谢之。俄拜右将军、扬州刺史、监江南诸军事，迁骠骑将军，加散骑常侍、都督中外诸军、领中书监录尚书事、假节，刺史如故。导以敦统六州，固辞中外都督。后坐事除节。

于时军旅不息，学校未修，导上书曰：

　　夫风化之本在于正人伦，人伦之正存乎设痒序。痒序设，五教明，德礼洽通，彝伦攸叙，而有耻且格，父子兄弟夫妇长幼之序顺,而君臣之义固矣。《易》所谓"正家而天下定"者也。故圣王蒙以养正,少而教之,使化露肌骨,习以成性,迁善远罪而不自知,行成德立,然后裁之以位。虽王之世子,犹与国子齿,使知道而后贵。其取才用士,咸先本之于学。故《周礼》,卿大夫献贤能之书于王,王拜而受之,所以尊道而贵士也。人知士之贵由道存,则退而修其身以及家,正其家以及乡,学于乡以登朝,反本复始,各求诸己,敦朴之业著,浮伪之竞息,教使然也。故以之事君则忠,用之莅下则仁。孟柯所谓"未有仁而遗其亲,义而后其君者也。"

自顷皇纲失统,颂声不兴,于今将二纪矣。传曰"三年不为礼,礼必坏;三年不为乐,乐必崩",而况如此之久乎!先进忘揖让之容,后生惟金鼓是闻,干戈日寻,俎豆不设,先王之道弥远,华伪之俗遂滋,非所以端本靖末之谓也。殿下以命世之资,属阳九之运,礼乐征伐,翼成中兴。诚宜经纶稽古,建明学业,以训后生,渐之教义,使文武之道坠而复兴,俎豆之仪幽而更彰。方今戎虏扇炽,国耻未雪,忠臣义夫所以扼腕拊心。苟礼仪胶固,淳风渐著,则化之所感者深而德之所被者大。使帝典阙而复补,皇纲弛而更张,兽心革面,饕餮检情,揖让而服四夷,缓带而天下从。得乎其道,岂难也哉!故有虞舞干戚而化三苗,鲁僖作泮宫而服淮夷。桓文之霸,皆先教而后战。今若聿遵前典,兴复道教,择朝之子弟并入于学,选明博修礼之士而为之师,化成俗定,莫尚于斯。

帝甚纳之。

及帝登尊号,百官陪列,命导升御床共坐。导固辞,至于三四,曰:"若太阳下同万物,苍生何由仰照!"帝乃止。进骠骑大将军、仪同三司。以讨华轶功,封武冈侯。进位侍中、司空、假节、录尚书,领中书监。会太山太守徐龛反,帝访可以镇抚河南者,导举太子左卫率羊鉴。既而鉴败,抵罪。导上疏曰:"徐龛叛戾,久稽天诛,臣创议征讨,谬举羊鉴。鉴暗懦覆师,有司极法。圣恩降天地之施,全其首领。然臣受重任,总录机衡,使三军挫衄,臣之责也。乞自贬黜,以穆朝伦。"诏不许。寻代贺循领太子太傅。时中兴草创,未置史官,导始启立,于是典籍颇具。时孝怀太子为胡所害,始奉讳,有司奏天子三朝举哀,群臣一哭而已。导以为皇太子副贰宸极,普天有情,宜同三朝之哀。从之。及刘隗用事,导渐见疏远,任真推分,澹如也。有识咸称导善处兴废焉。

王敦之反也,刘隗劝帝悉诛王氏,论者为之危心。导率群从昆弟子侄二十余人,每旦诣台待罪。帝以导忠节有素,特还朝服,召见之。导稽首谢曰:"逆臣贼子,何世无之,岂意今者近出臣族!"帝跣而执之曰:"茂弘,方托百里之命于卿,是何言邪!"乃诏曰:"导以大义灭亲,可以吾为安东时节假之。"及敦得志,加导守尚书令。

初,西都覆没,海内思主,群臣及四方并劝进于帝。时王氏强盛,有专天下之心,敦惮帝贤明,欲更议所立,导固争乃止。及此役也,敦谓导曰:"不从吾言,几致覆族。"导犹执正议,敦无以能夺。

自汉魏已来,赐谥多由封爵,虽位通德重,先无爵者,例不加谥。导乃上疏,称"武官有爵必谥,卿校常伯无爵不谥,甚失制度之本意也。"从之。自后公卿无爵而谥,导所议也。

初,帝爱琅邪王裒,将有夺嫡之议,以问导。导曰:"夫立子以长,且绍又贤,不宜改革。"帝犹疑之。导日夕陈谏,故太子卒定。

及明帝即位,导受遗诏辅政,解扬州,迁司徒,一依陈群辅魏故事。王敦又举兵内向。时敦始寝疾,导便率子弟发哀,众闻,谓敦死,咸有奋志。及帝伐敦,假导节,都督诸军,领扬州刺史。敦平,进封始兴郡公,邑三千户,赐绢九千匹,进位太保,司徒如故,剑履上殿,入朝不趋,赞拜不名。固让。

帝崩,导复与庾亮等同受遗诏,共辅幼主,是为成帝。加羽葆鼓吹,班剑二十人。及石勒侵阜陵,诏加导大司马、假黄钺,出讨之。军次江宁,帝亲饯于郊。俄而贼退,解大司马。

庾亮将征苏峻,访之于导。导曰:"峻猜险,必不奉诏。且山薮藏疾,宜包容之。"固争不从。亮遂召峻。既而难作,六军败绩,导入宫侍帝。峻以导德望，不敢加害，犹以本官居己之右。峻又逼乘舆幸石头，导争之不得。峻日来帝前肆丑言，导深惧有不测之祸。时路永、匡术、贾宁并说峻，令杀导，尽诛大臣，更树腹心。峻敬导，不纳，故永等贰于峻。导使参军袁耽潜讽诱永等，谋奉帝出奔义军。而峻卫御甚严，事遂不果。导乃携二子随永奔于白石。

及贼平，宗庙宫室并为灰烬，温峤议迁都豫章，三吴之豪请都会稽，二论纷纭，未有所适。导曰："建康，古之金陵，旧为帝里，又孙仲谋、刘玄德俱言王者之宅。古之帝王不必以丰俭移都，苟弘卫文大帛之冠，则无往不可。若不绩其麻，则乐土为虚矣。且北寇游魂，伺我之隙，一旦示弱，窜于蛮越，求之望实，惧非良计。今特宜镇之以静，群情自安。"由是峤等谋并不行。

导善于因事，虽无日用之益，而岁计有余。时帑藏空竭，库中惟有练数千端，鬻之不售，而国用不给。导患之，乃与朝贤俱制练布单衣，于是士人翕然竞服之，练遂踊贵。乃令主者出卖，端至一金。其为时所慕如此。

六年冬，蒸，诏归胙于导，曰："无下拜。"导辞疾不敢当。初，帝幼冲，见导，每拜。又尝与导书手诏，则云"惶恐言"，中书作诏，则曰"敬问"，于是以为定制。自后元正，导入，帝犹为之兴焉。

时大旱，导上疏逊位。诏曰："夫圣王御世，动合至道，运无不周，故能人伦攸叙，万物获宜。朕荷祖宗之重，托于王公之上，不能仰陶玄风，俯洽宇宙，亢阳逾时，兆庶胥怨，邦之不臧，惟予一人。公体道明哲，弘猷深远，勋格四海，翼亮三世，国典之不坠，实仲山甫补之。而猥崇谦光，引咎克让，元首之愆，寄责宰辅，祗增其阙。博综万机，不可一日有旷。公宜遗履谦之近节，遵经国之远略。门下速遣侍中以下敦喻。"导固让。诏累逼之，然后视事。

导简素寡欲，仓无储谷，衣不重帛。帝知之，给布万匹，以供私费。导有羸疾，不堪朝会，帝幸其府，纵酒作乐，后令舆车入殿，其见敬如此。

石季龙掠骑至历阳，导请出讨之。加大司马、假黄钺、中外诸军事，置左右长史、司马，给布万匹。俄而贼退，解大司马，复转中外大都督，进位太傅，又拜丞相，依汉制罢司徒官以并之。册曰："朕夙罹不造，肆陟帝位，未堪多难，祸乱旁兴。公文贯九功，武经七德，外缉四海，内齐八政，天地以平，人神以和，业同伊尹，道隆姬旦。仰思唐虞，登庸隽乂，申命群官，允厘庶绩，朕思凭高谟，弘济远猷，维稽古建尔于上公，永为晋辅。往践厥职，敬敷道训，以亮天工。不亦休哉！公其戒之！"

　　是岁，妻曹氏卒，赠金章紫绶。初，曹氏性妒，导甚惮之，乃密营别馆，以处众妾。曹氏知，将往焉。导恐妾被辱，遽令命驾，犹恐迟之，以所执麈尾柄驱牛而进。司徒蔡谟闻之，戏导曰："朝廷欲加公九锡。"导弗之觉，但谦退而已。谟曰："不闻余物，惟有短辕犊车，长柄麈尾。"导大怒，谓人曰："吾往与群贤共游洛中，何曾闻有蔡克儿也。"

　　于时庾亮以望重地逼，出镇于外。南蛮校尉陶称间说亮当举兵内向，或劝导密为之防。导曰："吾与元规休戚是同，悠悠之谈，宜绝智者之口。则如君言，元规若来，吾便角巾还第，复何惧哉！"又与称书，以为庾公帝之元舅，宜善事之。于是谗间遂息。时亮虽居外镇，而执朝廷之权，既据上流，拥强兵，趣向者多归之。导内不能平，常遇西风尘起，举扇自蔽，徐曰："元规尘污人。"

　　自汉魏以来，群臣不拜山陵。导以元帝眷同布衣，匪惟君臣而已，每一崇进，皆就拜，不胜哀戚。由是诏百官拜陵，自导始也。

　　咸和五年薨，时年六十四。帝举哀于朝堂三日，遣大鸿胪持节监护丧事，赗襚之礼，一依汉博陆侯及安平献王故事。及葬，给九游辒辌车、黄屋左纛、前后羽葆鼓吹、武贲班剑百人，中兴名臣莫与为比。册曰："盖高位以酬明德，厚爵以答懋勋，至乎阖棺标迹，莫尚号谥，风流百代，于是乎在。惟公迈达冲虚，玄鉴劭邈，夷淡以约其心，体仁以流其惠；栖迟务外，则名俊中夏，应期濯缨，则潜算独运。昔我中宗、肃祖之基中兴也，下帷委诚而策定江左，拱己宅心而庶绩咸熙。故能威之所振，寇虐改心，化之所鼓，梼杌易质；调阴阳之和，

通彝伦之纪；辽陇承风，丹穴景附。隆高世之功，复宣武之绩，旧物
不失，公协其猷。若乃荷负顾命，保朕冲人，遭遇艰圮，夷险委顺；拯
其沦坠而济之以道，扶其颠倾而弘之以仁，经纬三朝而蕴道弥旷。
方赖高谟，以穆四海，昊天不吊，奄忽薨殂，朕用震恸于心。虽有殷
之殒保衡，有周之丧二南，曷谕兹怀！今遣使持节、谒者仆射任瞻锡
谥曰文献，祠以太牢。魂而有灵，嘉兹荣宠！"

二弟：颖、敞。少与导俱知名，时人以颖方温太真，以敞比邓伯
道，并早卒。导六子：悦、恬、洽、协、劭、荟。

悦，字长豫。弱冠有高名，事亲色养，导甚爱之。导常共悦弈棋，
争道，导笑曰："相与有瓜葛，郝得为尔邪！"导性俭节，帐下甘果烂
败，令弃之，云："勿使大郎知。"

悦少侍讲东宫，历吴王友、中书侍郎，先导卒，谥贞世子。先是，
导梦人以百万钱买悦，潜为祈祷者备矣。寻掘地，得钱百万，意甚恶
之，一皆藏闭。及悦疾笃，导忧念特至，不食积日。忽见一人形状甚
伟，被甲持刀，导问："君是何人！"曰："仆是蒋侯也。公儿不佳，欲为
请命，故来耳。公勿复忧。"因求食，遂啖数升。食毕，勃然谓导曰：
"中书患，非可救者。"言讫不见，悦亦殒绝。悦与导语，恒以慎密为
端。导还台，及行，悦未尝不送至车后，又恒为母曹氏襞敛箱箧中
物。悦亡后，导还台，自悦常所送处哭至台门，其母长封作箧，不忍
复开。

悦无子，以弟恬子混为嗣，袭道爵丹杨尹，卒，赠太常。子瑕嗣，
尚鄱阳公主，历中领军、尚书。卒，子恢嗣，义熙末，为游击将军。

恬，字敬豫。少好武，不为公门所重。导见悦辄喜，见恬便有怒
色。州辟别驾，不行，袭爵即丘子。

性傲诞，不拘礼法。谢万尝造恬，既坐，少顷，恬便入内。万以
为必厚待己，殊有喜色。恬久之乃沐头散发而出，据胡床于庭中晒
发，神气傲迈，竟无宾主之礼。万怅然而归。晚节更好士，多技艺，
善弈棋，为中兴第一。

迁中书郎。帝欲以为中书令，导固让，从之。除后将军、魏郡太

守,加给事中,领兵镇石头。导薨,去官。俄起为后将军,复镇石头。转吴国、会稽内史,加散骑常侍。卒,赠中军将军,谥曰宪。

洽,字敬和。导诸子中最知名,与荀羡俱有美称。弱冠,历散骑、中书郎、中军长史、司徒左长史、建武将军、吴郡内史。征拜领军,寻加中书令,固让,表疏十上。穆帝诏曰:"敬和清裁贵令,昔为中书郎,吾时尚小,数呼见,意甚亲之。今所以用为令,既机任须才,且欲时时相见,共讲文章,待以友臣之义。而累表固让,甚违本怀。共催洽令拜。"苦让,遂不受。升平二年卒于官,年三十六。二子:珣、珉。

珣,字元琳。弱冠与陈郡谢玄为桓温掾,俱为温所敬重,尝谓之曰:"谢掾年四十,必拥旄杖节。王掾当作黑头公。皆未易才也。"珣转主簿。时温经略中夏,竟无宁岁,军中机务并委珣焉。文武数万人,悉识其面。从讨袁真,封东亭侯,转大司马参军、琅邪王友、中军长史、给事黄门侍郎。

珣兄弟皆谢氏婿,以猜嫌致隙。太傅安既与珣绝婚,又离珉妻,由是二族遂成仇衅。时希安旨,乃出珣为豫章太守,不之官。除散骑常侍,不拜。迁秘书监。安卒后,迁侍中,孝武帝深杖之。转辅国将军、吴国内史,在郡为士庶所悦。征为尚书右仆射,领吏部,转左仆射,加征虏将军,复领太子詹事。

时帝雅好典籍,珣与殷仲堪、徐邈、王恭、郗恢等并以才学文章见昵于帝。及王国宝自媚于会稽王道子,而与珣等不协,帝虑晏驾后怨隙必生,故出恭、恢为方伯,而委珣端右。珣梦人以大笔如椽与之,既觉,语人云:"此当有大手笔事。"俄而帝崩,哀册谥议,皆珣所草。

隆安初,国宝用事,谋黜旧臣,迁珣尚书令。王恭赴山陵,欲杀国宝,珣止之曰:"国宝虽终为祸乱,要罪逆未彰,今便先事而发,必大失朝野之望。况拥强兵,窃发于京辇,谁谓非逆!国宝若遂不改,恶布天下,然后顺时望除之,亦无忧不济也。"恭乃止。既而谓珣曰:"比来视君,一似胡广。"珣曰:"王陵廷争,陈平慎默,但问岁终何如耳。"恭寻起兵,国宝将杀珣等,仅而得免,语在《国宝传》。二年,恭复举兵，假珣节，进卫将军、都督琅邪水陆军事。事平，上所假节，加散骑常侍。

四年，以疾解职。岁余，卒，时年五十二。追赠车骑将军、开府，谥曰献穆。桓玄与会稽王道子书曰："珣神情朗悟，经史明彻，风流之美，公私所寄。虽逼嫌谤，才用不尽；然君子在朝，弘益自多。时事艰难，忽尔丧失，叹惧之深，岂但风流相悼而已！其崎岖九折，风霜备经，虽赖明公神鉴，亦识会居之故也。卒以寿终，殆无所哀。但情发去来，置之未易耳。"玄辅政，改赠司徒。

初，珣既与谢安有隙，在东闻安薨，便出京师，诣族弟献之，曰："吾欲哭谢公。"献之惊曰："所望于法护。"于是直前哭之甚恸。法护，珣小字也。珣五子：弘、虞、柳、孺、昙首，宋世并有高名。

珉，字季琰。少有才艺，善行书，名出珣右。时人为之语曰："法护非不佳，僧弥难为兄。"僧弥，珉小字也。时有外国沙门，名提婆，妙解法理，为珣兄弟讲《毗昙经》。珉时尚幼，讲未半，便云已解，即于别室与沙门法纲等数人自讲。法纲叹曰："大义皆是，但小未精耳。"

辟州主簿，举秀才，不行。后历著作、散骑郎、国子博士、黄门侍郎、侍中，代王献之为长兼中书令。二人素齐名，世谓献之为"大令"，珉为"小令"。太元十三年卒，时年三十八。追赠太常。二子：朗、练。义熙中，并历侍中。

协，字敬祖。元帝抚军参军，袭爵武冈侯。早卒，无子，以弟劭子谧为嗣。

谧，字稚远。少有美誉，与谯国桓胤、太原王绥齐名。拜秘书郎，袭父爵，迁秘书丞，历中军长史、黄门郎、侍中。及桓玄举兵，诏谧衔命诣玄，玄深敬昵焉。拜建威将军、吴国内史，未至郡，玄以为中书令、领军将军、吏部尚书，迁中书监，加散骑常侍，领司待。及玄将篡，以谧兼太保，奉玺册诣玄。玄篡，封武昌县开国公，加班剑二十人。

初，刘裕为布衣，众未之识也，惟谧独奇贵之，尝谓裕曰："卿当为一代英雄。"及裕破桓玄,谧以本官加侍中,领扬州刺史、录尚书事。谧既受宠桓氏,常不自安。护军将军刘毅尝问谧曰:"玺绶何在?"谧益惧。会王绥以桓氏甥自疑,谋反,父子兄弟皆伏诛。谧从弟谌,少骁果轻侠,欲诱谧还吴,起兵为乱,乃说谧曰:"王绥无罪,而义旗诛之,是除时望也。兄少立名誉,加位地如此,欲不危,得乎!"谧惧而出奔。刘裕笺诣大将军、武陵王遵,遣人追躡。谧既还,委任如先,加谧班剑二十人。义熙三年卒,时年四十八。追赠侍中、司徒,谧曰文恭。三子:瑾、球、琇。入宋,皆至大官。

劭,字敬伦。历东阳太守、吏部郎、司徒左长史、丹阳尹。劭美姿容,有风操,虽家人近习,未尝见其堕替之容。桓温甚器之。迁吏部尚书、尚书仆射,领中领军,出为建威将军、吴国内史。卒,赠车骑将军,谧曰简。三子:穆、默、恢。

穆,临海太守。默,吴国内史,加二千石。恢,右卫将军。穆三子:简、智、超。默二子:鉴、惠。义熙中,并历显职。

荟,字敬文。恬虚守靖,不竞荣利,少历清官,除吏部郎、侍中、建威将军、吴国内史。时年饥粟贵,人多饿死,荟以私米作饘粥,以饴饿者,所济活甚众。征补中领军,不拜。徙尚书,领中护军,复为征虏将军、吴国内史。顷之,桓冲表请荟为江州刺史,固辞不拜。转督浙江东五郡、左将军、会稽内史,进号镇军将军,加散骑常侍。卒于官,赠卫将军。

子廞,历太子中庶子、司徒左长史。以母丧,居于吴。王恭举兵,假廞建武将军、吴国内史,令起军,助为声援。廞即墨絰合众,诛杀异己,仍遣前吴国内史虞啸父等入吴兴、义兴聚兵,轻侠赴者万计。廞自谓义兵一动,势必未宁,可乘间而取富贵。而曾不旬日,国宝赐死,恭罢兵符,廞去职。廞大怒,回众讨恭。恭遣司马刘牢之距战于曲阿,廞众溃奔走,遂不知所在。长子泰为恭所杀,少子华以不知廞存亡,忧毁布衣蔬食。后从兄谧言其死所,华始发丧,入仕。

初,导渡淮,使郭璞筮之,卦成,璞曰:"吉,无不利。淮水绝,王氏灭。"其后子孙繁衍,竟如璞言。

史臣曰：飞龙御天，故资云雨之势；帝王兴运，必俟股肱之力。轩辕，圣人也，杖师臣而授图；商汤，哲后也，托负鼎而成业。自斯已降，罔不由之。原夫典午发踪，本于陵寡，金行抚运，无德在时。九土未宅其心，四夷已承其弊。既而中原荡覆，江左嗣兴，兆著玄石之图，乖少康之祀夏；时无思晋之士，异文叔之兴刘；辅佐中宗，艰哉甚矣！茂弘策名枝屏，叶情交好，负其才智，恃彼江湖，思建克复之功，用成翌宣之道。于是王敦内侮，凭天邑而狼顾；苏峻连兵，指宸居而隼击。实赖元宰，固怀匪石之心；潜运忠谟，竟翦吞沙之寇。乃诚贯日，主垂饵以终全；贞志陵霜，国缀旒而不灭。观其开设学校，存乎沸鼎之中，爰立章程，在乎栉风之际；虽则世道多故，而规模弘远矣。比夫萧、曹弼汉，六合为家；奭、望匡周，万方同轨，功未半古，不足为俦。至若夷吾体仁，能相小国；孔明践义，善翊新邦，抚事论情，抑斯之类也。提挈三世，终始一心，称为“仲父”，盖其宜矣。恬、珣踵德，副吕虔之赠刀；谧乃隤声，惭刘毅之征玺。语曰：“深山大泽，有龙有蛇。”实斯之谓也。

赞曰：赞啸焱驰，龙升云映。武岗矫矫，匡时绲政。懿绩克宣，忠规靡竞。契叶三主，荣逾九命。贻刀表祥，筮水流庆。赫矣门族，重光斯盛。

晋书卷六六
列传第三六

刘弘　陶侃 兄子臻　臻弟舆

刘弘，字和季，沛国相人也。祖馥，魏扬州刺史。父靖，镇北将军。弘有干略政事之才，少家洛阳，与武帝同居永安里，又同年，共研席。以旧恩起家太子门大夫，累迁率更令，转太宰长史。张华甚重之。由是为宁朔将军、假节、监幽州诸军事，领乌丸校尉，甚有威惠，寇盗屏迹，为幽、朔所称。以勋德兼茂，封宣城公。

太安中，张昌作乱，转使持节、南蛮校尉、荆州刺史，率前将军赵骧等讨昌，自方城至宛、新野，所向皆平。及新野王歆之败也，以弘代为镇南将军、都督荆州诸军事，余官如故。弘遣南蛮长史陶侃为大都督，参军蒯恒为义军督护，使牙门将皮初为都战帅，进据襄阳。张昌并军围宛，败赵骧军，弘退屯梁。侃、初等累战破昌，前后斩首数万级。及到官，昌惧而逃，其众悉降，荆土平。

初，弘之退也，范阳王虓遣长水校尉张奕领荆州。弘至，奕不受代，举兵距弘。弘遣军讨奕，斩之，表曰：“臣以凡才，谬荷国恩，作司方州，奉辞伐罪，不能奋扬雷霆，折冲万里，军退于宛，分受显戮。猥蒙含宥，被遣之职，即进达所镇。而范阳王虓先遣前长水校尉张奕领荆州，臣至，不受节度，擅举兵距臣。今张昌奸党初平，昌未枭擒，益、梁流人萧条猥集，无赖之徒易相扇动，飙风骇荡，则沧海横波，苟患失之，无所不至。比须表上，虑失事机，辄遣军讨奕，即枭其首。奕虽贪乱，欲为荼毒，由臣劣弱，不胜其任，令奕肆心，以劳资斧，敢引覆竦之刑,甘受专辄之罪。"诏曰:"将军文武兼资,前委方复,宛城不守,咎由赵骧。将军所遣诸军,克灭群寇,张奕贪祸,距违诏命。将军致讨,传首阙庭,虽有不请之嫌,古人有专之之义。其恢宏奥略,镇绥南海,以副推毂之望焉。"张昌窜于下隽山,弘遣军讨昌,斩之,悉降其众。

时荆部守宰多缺,弘请补选,帝从之。弘乃叙功铨德,随才补授,甚为论者所称。乃表曰:"被中诏,敕臣随资品选,补诸缺吏。夫庆赏刑威,非臣所专,且知人则哲,圣帝所难,非臣暗蔽所能斟酌。然万事有机,豪牦宜慎,谨奉诏书,差所应用。盖崇化莫若贵德,则所以济屯,故太上立德,其次立功也。顷者多难,淳朴弥凋,臣辄以征士五朝补零陵太守,庶以惩波荡之弊,养退让之操。臣以不武,前退于宛,长史陶侃、参军蒯恒、牙门皮初,戮力致讨,荡灭奸凶,侃、恒各以始终军事,初为都战帅,忠勇冠军,汉、沔清肃,实初等之勋也。《司马法》"赏不逾时",欲人知为善之速福也。若不超报,无以劝徇功之士,慰熊罴之志。臣以初补襄阳太守,侃为府行司马,使典论功事,恒为山都令。诏惟令臣以散补空缺,然沅乡令虞潭忠诚烈正,首唱义举,举善以教,不能者劝,臣辄特转潭补醴陵令。南郡廉吏仇勃,母老疾困,贼至守卫不移,以致拷掠,几至陨命。尚书令史郭贞,张昌以为尚书郎,欲访以朝议,遁逃不出,昌质其妻子,避之弥远。勃孝笃著于临危,贞忠厉于强暴,虽各四品,皆可以训奖臣子,长益风教。臣辄以勃为归乡令,贞为信陵令。皆功行相参,循名校实,条列行状,公文具上。"朝廷以初虽有功,襄阳又是名郡,名器宜慎,不可授初,乃以前东平太守夏侯陟为襄阳太守,余并从之。陟,弘之婿也。弘下教曰:"夫统天下者,宜与天下一心;化一国者,宜与一国为任。若必姻亲然后可用,则荆州十郡,安得十女婿然后为政哉!"乃表"陟姻亲,旧制不得相监。皮初之勋宜见酬报。"诏听之。

弘于是劝课农桑,宽刑省赋,岁用有年,百姓爱悦。弘尝夜起,闻城上持更者叹声甚苦,遂呼省之。兵年过六十,羸疾无襦。弘愍之,乃谪罚主者,遂给韦袍复帽,转以相付。旧制:岷方二山泽中不听百姓捕鱼,弘下教曰:"礼,名山大泽不封,与共其利。今公私并兼,百姓无复厝手地,当何谓邪!速改此法。"又"酒室中云齐中酒、听事酒、猥酒,同用麹米,而优劣三品。投醪当与三军同其薄厚,自今不得分别。"时益州刺史罗尚为李特所败,遣使告急,请粮。弘移书赡给,而州府纲纪以运道悬远,文武匮乏,欲以零陵一运米五千斛与尚。弘曰:"诸君未之思耳。天下一家,彼此无异,吾今给之,则无西顾之忧矣。"遂以零陵米三万斛给之。尚赖以自固。于时流人在荆州十余万户,羁旅贫乏,多为盗贼。弘乃给其田种粮食,擢其贤才,随资叙用。时总章太乐伶人,避乱多至荆州,或劝可作乐者。弘曰:"昔刘景升以礼坏乐崩,命杜夔为天子合乐,乐成,欲庭作之。夔曰:'为天子合乐而庭作之,恐非将军本意。'吾常为之叹息。今主上蒙尘,吾未能展效臣节,虽有家伎,犹不宜听,况御乐哉!"乃下郡县,使安慰之,须朝廷旋返,送还本署。论平张昌功,应封次子一人县侯,弘上疏固让,许之。进拜侍中、镇南大将军、开府仪同三司。

惠帝幸长安,河间王颙挟天子,诏弘为刘乔继援。弘以张方残暴,知颙必败,遣使受东海王越节度。时天下大乱,弘专督江汉,威行南服。前广汉太守羊冉说弘以从横之事,弘大怒,斩之。河间王颙使张光为顺阳太守,南阳太守卫展说弘曰:"彭城王前东奔,有不善之言。张光,太宰腹心,宜斩光以明向背。"弘曰:"宰辅得失,岂张光之罪!危人自安,君子弗为也。"展深恨之。

陈敏寇扬州,引兵欲西上。弘乃解南蛮,以授前北军中候蒋超,统江夏太守陶侃、武陵太守苗光,以大众屯于夏口。又遣治中何松领建平、宜都、襄阳三郡兵,屯巴东,为罗尚后继。又加南平太守应詹宁远将军,督三郡水军,继蒋超。侃与敏同郡,又同岁举吏,或有间侃者,弘不疑之。乃以侃为前锋督护,委以讨敏之任。侃遣子及兄子为质,弘遣之曰:"贤叔征行,君祖母年高,便可归也。匹夫之交尚不负心,何况大丈夫乎!"陈敏竟不敢窥境。永兴三年,诏进号车骑将军,开府及余官如故。

弘每有兴废,手书守相,丁宁款密,所以人皆感悦,争赴之,咸曰:"得刘公一纸书,贤于十部从事。"及东海王越奉迎大驾,弘遣参军刘盘为督护,率诸军会之。盘既旋,弘自以老疾,将解州及校尉,适分授所部,未及表上,卒于襄阳。士女嗟痛,若丧所亲矣。

初,成都王颖南奔,欲之本国,弘距之。及弘卒,弘司马郭劢欲推颖为主,弘子璠追遵弘志,于是墨绖率府兵讨劢,战于浊水,斩之,襄沔肃清。初,东海王越疑弘与刘乔贰于己,虽下节度,心未能安。及弘距颖,璠又斩劢,朝廷嘉之。越手书与璠赞美之,表赠弘新城郡公,谥曰元。

以高密王略代镇,寇盗不禁,诏起璠为顺阳内史,江、汉之间翕然归心。及略薨,山简代之。简至,知璠得众心,恐百姓逼以为主,表陈之,由是征璠为越骑校尉。璠亦深虑逼迫,被书,便轻至洛阳,然后遣迎家累。侨人侯脱、路难等相率卫送至都,然后辞去。南夏遂乱。父老追思弘,虽《甘棠》之咏召伯,无以过也。

陶侃,字士行,本鄱阳人也。吴平,徙家庐江之寻阳。父丹,吴扬武将军。侃早孤贫,为县吏。鄱阳孝廉范逵尝过侃,时仓卒无以待宾,其母乃截发得双髲,以易酒肴,乐饮极欢,虽仆从亦过所望。及逵去,侃追送百余里。逵曰:"卿欲仕郡乎?"侃曰:"欲之,困于无津耳!"逵过庐江太守张夔,称美之。夔召为督邮,领枞阳令。有能名,迁主簿。会州部从事之郡,欲有所按,侃闭门距勒诸吏,谓从事曰:"若鄙郡有违,自当明宪直绳,不宜相逼。若不以礼,吾能御之。"从事即退。夔妻有疾,将迎医于数百里。时正寒雪,诸纲纪皆难之,侃独曰:"资于事父以事君。小君,犹母也,安有父母之疾而不尽心乎!"乃请行。众咸服其义。长沙太守万嗣过庐江,见侃,虚心敬悦,曰:"君终当有大名。"命其子与之结友而去。

夔察侃为孝廉,至洛阳,数诣张华。华初以远人,不甚接遇。侃每往,神无忤色。华后与语,异之。除郎中。伏波将军孙秀以亡国支庶,府望不显,中华人士耻为掾属,以侃寒宦,召为舍人。时豫章国郎中令杨晫,侃州里也,为乡论所归。侃诣之,晫曰:"《易》称'贞固足以干事',陶士行是也。"与同乘见中书郎顾荣,荣甚奇之。吏部郎温雅谓晫曰:"奈何与小人共载?"晫曰:"此人非凡器也。"尚书乐广欲会荆、杨士人,武库令黄庆进侃于广。人或非之,庆曰:"此子终当远到,复何疑也!"庆后为吏部令史,举侃补武冈令。与太守吕岳有嫌,弃官归,为郡小中正。

会刘弘为荆州刺史,将之官,辟侃为南蛮长史,遣先向襄阳讨贼张昌,破之。弘既至,谓侃曰:"吾昔为羊公参军,谓吾其后当居身处。今相观察,必继老夫矣。"后以军功封东乡侯,邑千户。

陈敏之乱,弘以侃为江夏太守,加鹰扬将军。侃备威仪,迎母官舍,乡里荣之。敏遣其弟恢来寇武昌,侃出兵御之。随郡内史扈瑰间侃于弘曰:"侃与敏有乡里之旧,居大郡,统强兵,脱有异志,则荆州无东门矣。"弘曰:"侃之忠能,吾得之已久,岂有是乎!"侃潜闻之,遽遣子洪及兄子臻诣弘以自固。弘引为参军,资而遣之。又加侃为督护,使与诸军并力距恢。侃乃以运船为战舰,或言不可,侃曰:"用官物讨官贼,但须列上有本末耳。"于是击恢,所向必破。侃戎政齐肃,凡有虏获,皆分士卒,身无私焉。后以母忧去职。尝有二客来吊,不哭而退,化为双鹤,冲天而去,时人异之。

服阕,参东海王越军事。江州刺史华轶表侃为扬武将军,使屯夏口,又以臻为参军。轶与元帝素不平,臻惧难作,托疾而归,白侃曰:"华彦夏有忧天下之志,而才不足,且与琅邪不平,难将作矣。"侃怒,遣臻还轶。臻遂东归于帝。帝见之,大悦,命臻为参军,加侃奋威将军,假赤幢曲盖轺车、鼓吹。侃乃与华轶告绝。

顷之,迁龙骧将军、武昌太守。时天下饥荒,山夷多断江劫掠。侃令诸将诈作商船以诱之。劫果至,生获数人,是西阳王羕之左右。侃即遣兵逼羕,令出向贼,侃整阵于钓台为后继。羕缚送帐下二十人,侃斩之。自是水陆肃清,流亡者归之盈路,侃竭资给赈焉。又立夷市于郡东,大收其利。而帝使侃击杜弢,令振威将军周访、广武将军赵诱受侃节度。侃令二将为前锋,兄子舆为左甄,击贼,破之。时周颢为荆州刺史,先镇浔水城,贼掠其良口。侃使部将朱伺救之,贼退保泠口。侃谓诸将曰:"此贼必更步向武昌,吾宜还城,昼夜三日行可至。卿等谁能忍饥斗邪?"部将吴寄曰:"要欲十日忍饥,昼当击贼,夜分捕鱼,足以相济。"侃曰:"卿健将也。"贼果增兵来攻,侃使朱伺等逆击,大破之,获其辎重,杀伤甚众。遣参军王贡告捷于王敦,敦曰:"若无陶侯,便失荆州矣。伯仁方入境,便为贼所破,不知那得刺史?"贡对曰:"鄙州方有事难,非陶龙骧莫可。敦然之,即表拜侃为使持节、宁远将军、南蛮校尉、荆州刺史,领西阳、江夏、武昌,镇于沌口,又移入沔江。遣朱伺等讨江夏贼,杀之。贼王冲自称荆州刺史,据江陵。王贡还,至竟陵,矫侃命,以杜曾为前锋大督护,进军斩冲,悉降其众。侃召曾不到,贡又恐矫命获罪,遂与曾举兵反,击侃督护郑攀于沌阳,破之,又败朱伺于沔口。侃欲退入湨中,部将张弈将贰于侃,诡说曰:"贼至而动,众必不可。"侃惑之而不进。无何,贼至,果为所败。贼钩侃所乘舰,侃窘急,走入小船。朱伺力战,仅而获免。张弈竟奔于贼。侃坐免官。王敦表以侃白衣领职。

　　侃复率周访等进军入湘,使都尉杨举为先驱,击杜弢,大破之,屯兵于城西。侃之佐史辟诣王敦曰:"州将陶使君孤根特立,从微至著,忠允之功,所在有效。出佐南夏,辅翼刘征南,前遇张昌,后属陈敏,侃以偏旅,独当大寇,无征不克,群丑破灭。近者王如乱北,杜弢跨南,二征奔走,一州星驰,其余郡县,所在土崩。侃招携以礼,怀远以德,子来之众,前后累至。奉承指授,独守危阨,人往不动,人离不散。往年董督,径造湘城,志陵云霄,神机独断。徒以军少粮悬,不果献捷。然杜弢慑惧,来还夏口,未经信宿,建平流人迎贼俱叛。侃即回军溯流,芟夷丑类,至使西门不键,华圻无虞者,侃之功也。明将军愍此荆楚,救命涂炭,使侃统领穷残之余,寒者衣之,饥者食之,比屋相庆,有若挟纩。江滨孤危,地非重险,非可单军独能保固,故移就高莋,以避其冲。贼轻易先至,大众在后,侃距战经日,杀其名帅。贼寻犬羊相结,并力来攻,侃以忠臣之节,义无退顾,被坚执锐，身当戎行，将士奋击，莫不用命。当时死者不可胜数。贼众参伍，更息更战。侃以孤军一队，力不独御，量宜取全，以俟后举。而主者责侃，重加黜削。侃性谦冲，功成身退，今奉还所受，唯恐稽迟。然某等区区，实恐理失于内，事败于外，毫厘之差，将致千里，使荆蛮乖离，西嵋不守，唇亡齿寒，侵逼无限也。"敦于是奏复侃官。

弢将王贡精卒三千，出武陵江，诱五谿夷，以舟师断官运，径向武昌。侃使郑攀及伏波将军陶延夜趣巴陵，潜师掩其不备，大破之，斩千余级，降万余口。贡遁还湘城。贼中离阻，杜弢遂疑张弈而杀之，众情益惧，降者滋多。王贡复挑战，侃遥谓之曰："杜弢为益州吏，盗用库钱，父死不奔丧。卿本佳人，何为随之也？天下宁有白头贼乎！"贡初横脚马上，侃言讫，贡敛容下脚，辞色甚顺。侃知其可动，复令谕之，截发为信，贡遂来降。而弢败走。进克长沙，获其将毛宝、高宝、梁堪而还。

王敦深忌侃功。将还江陵，欲诣敦别，皇甫方回及朱伺等谏，以为不可。侃不从。敦果留侃不遣，左转广州刺史、平越中郎将，以王廙为荆州。侃之佐吏将士诣敦请留侃。敦怒，不许。侃将郑攀、苏温、马儶等不欲南行，遂西迎杜曾以距廙。敦意攀承侃风旨，被甲持矛，将杀侃，出而复回者数四。侃正色曰："使君之雄断，当裁天下，何此不决乎！"因起如厕。谘议参军梅陶、长史陈颁言于敦曰："周访与侃亲姻，如左右手，安有断人左手而右手不应者乎！"敦意遂解，于是设盛馔以饯之。侃便夜发。敦引其子瞻为参军。侃既达豫章，见周访，流涕曰："非卿外援，我殆不免！"侃因进至始兴。

先是，广州人背刺史郭讷，迎长沙人王机为刺史。机复遣使诣王敦，乞为交州。敦从之，而机未发。会杜弘据临贺，因机乞降，劝弘取广州，弘遂与温邵及交州秀才刘沉俱谋反。或劝侃且住始兴，观察形势。侃不听，直至广州。弘遣使伪降。侃知其诈，先于封口起发石车。俄而弘率轻兵而至，知侃有备，乃退。侃追击破之，执刘沉于小桂。又遣部将许高讨机，斩之，传首京都。诸将皆请乘胜击温邵，侃笑曰："吾威名已著，何事遣兵，但一函纸自足耳。"于是下书谕之。邵惧而走，追获于始兴。以功封柴桑侯，食邑四千户。

侃在州无事，辄朝运百甓于斋外，暮运于斋内。人问其故，答曰："吾方致力中原，过尔优逸，恐不堪事。"其励志勤力，皆此类也。

太兴初，进号平南将军，寻加都督交州军事。及王敦举兵反，诏侃以本官领江州刺史，寻转都督、湘州刺史。敦得志，上侃复本职，加散骑常侍。时交州刺史王谅为贼梁硕所陷，侃遣将高宝进击，平之。以侃领交州刺史。录前后功，封次子夏为都亭侯，进号征南大将军、开府仪同三司。及王敦平，迁都督荆、雍、益、梁州诸军事，领护南蛮校尉、征西大将军、荆州刺史，余如故。楚郢士女莫不相庆。

侃性聪敏，勤于吏职，恭而近礼，爱好人伦。终日敛膝危坐，阃外多事，千绪万端，罔有遗漏。远近书疏，莫不手答，笔翰如流，未尝壅滞。引接疏远，门无停客。常语人曰："大禹圣者，乃惜寸阴，至于众人，皆惜分阴，岂可逸游荒醉，生无益于时，死无闻于后，是自弃也。"诸参佐或以谈戏废事者，乃命取其酒器、蒲博之具，悉投之于江，吏将则加鞭扑，曰："樗蒲者，牧猪奴戏耳！《老》、《庄》浮华，非先王之法言，不可行也。君子当正其衣冠，摄其威仪，何有乱头养望自谓宏达邪！"有奉馈者，皆问其所由。若力作所致，虽微必喜，慰赐参倍；若非理得之，则切厉诃辱，还其所馈。尝出游，见人持一把未熟稻，侃问："用此何为？"人云："行道所见，聊取之耳。"侃大怒曰："汝既不田，而戏贼人稻！"执而鞭之。是以百姓勤于农殖，家给人足。时造船，木屑及竹头悉令举掌之，咸不解所以。后正会，积雪始晴，听事前余雪犹湿，于是以屑布地。及桓温伐蜀，又以侃所贮竹头作丁装船。其综理微密，皆此类也。

暨苏峻作逆，京都不守，侃子瞻为贼所害，平南将军温峤要侃同赴朝廷。初，明帝崩，侃不在顾命之列，深以为恨，答峤曰："吾疆场外将，不敢越局。"峤固请之，因推为盟主。侃乃遣督护龚登率众赴峤，而又追回。峤以峻杀其子，重遣书以激怒之。侃妻龚氏亦固劝自行。于是便戎服登舟，星言兼迈，瞻丧至不临。五月，与温峤、庾亮等俱会石头。诸军即欲决战，侃以贼盛，不可争锋，当以岁月智计擒之。累战无功，诸将请于查浦筑垒。监军部将李根建议，请立白石垒。侃不从，曰："若垒不成，卿当坐之。"根曰："查浦地下，又在水南，唯白石峻极险固，可容数千人，贼来攻不便，灭贼之术也。"侃笑曰："卿良将也。"乃从根谋，夜修晓讫。贼见垒大惊。贼攻大业垒，侃将救之，长史殷羡曰："若遣救大业，步战不如峻，则大事去矣。但当急攻石头，峻必救之，而大业自解。"侃又从羡言。峻果弃大业而救石头。诸军与峻战陈陵东，侃督护竟陵太守李阳部将彭世斩峻于阵，贼众大溃。峻弟逸复聚众。侃与诸军斩逸于石头。

初，庾亮少有高名，以明穆皇后之兄受顾命之重，苏峻之祸，职亮是由。及石头平，惧侃致讨，亮用温峤谋，诣侃拜谢。侃遽止之曰："庾元规乃拜陶士行邪！"王导入石头城，令取故节，侃笑曰："苏武节似不如是！"导有惭色，使人屏之。

侃旋江陵，寻以为侍中、太尉，加羽葆鼓吹，封长沙郡公，邑三千户，赐绢八千匹，加都督交、广、宁七州军事。以江陵偏远，移镇巴陵。遣谘议参军张延讨五谿夷，降之。

属后将军郭默矫诏袭杀平南将军刘胤，辄领江州。侃闻之曰："此必诈也。"遣将军宋夏、陈修率兵据湓口，侃以大军继进。默遣使送妓婢百匹，写中诏呈侃。参佐多谏曰："默不被诏，岂敢为此事。若进军，宜待诏报。"侃厉色曰："国家年小，不出胸怀。且刘胤为朝廷所礼，虽方任非才，何缘猥加极刑！郭默虓勇，所在暴掠，以大难新除，威网宽简，欲因隙会骋其从横耳。"发使上表讨默。与王导书曰："郭默杀方州，即用为方州；害宰相，便为宰相乎？"导答曰："默居上流之势，加有船舰成资，故苞含隐忍，使其有地。一月潜严，足下军到，是以得风发相赴，岂非遵养时晦以定大事者邪！"侃省书笑曰："是乃遵养时贼也。"侃既至，默将宗侯缚默父子五人及默将张丑诣侃降，侃斩默等。默在中原，数与石勒等战，贼畏其勇，闻侃讨之，兵不血刃而擒也，益畏侃。苏峻将冯铁杀侃子奔于石勒，勒以为戍将。侃告勒以故，勒召而杀之。诏侃都督江州，领刺史，增置左右长史、司马、从事中郎四人，掾属十二人。侃旋于巴陵，因移镇武昌。

侃命张夔子隐为参军,范逵子珧为湘东太守,辟刘弘曾孙安为掾属,表论梅陶,凡微时所荷,一飨咸报。遣子斌与南中郎将桓宣西伐樊城,走石勒将郭敬。使兄子臻、竟陵太守李阳等共破新野,遂平襄阳。拜大将军,剑履上殿,入朝不趋,赞拜不名。上表固让,曰:"臣非贪荣于畴昔,而虚让于今日。事有合于时宜,臣岂敢与陛下有违;理有益于圣世,臣岂与朝廷作异。臣常欲除诸浮长之事,遣诸虚假之用,非独臣身而已。若臣杖国威灵,枭雄斩勒,则又何以加!"

咸和七年六月疾笃,又上表逊位曰:

臣少长孤寒,始愿有限。过蒙圣朝历世殊恩、陛下睿鉴,宠灵弥泰。有始必终,自古而然。臣年垂八十,位极人臣,启手启足,当复何恨! 但以陛下春秋尚富,余寇不诛,山陵未反,所以愤忾兼怀,不能已已。臣虽不知命,年时已迈,国恩殊特,赐封长沙,陨越之日,当归骨国土。臣父母旧葬,今在寻阳,缘存处亡,无心分违,已勒国臣修迁改之事,刻以来秋,奉迎窀穸,葬事讫,乃告老下藩。不图所患,遂尔绵笃,伏枕感结,情不自胜。臣间者犹为犬马之齿尚可小延,欲为陛下西平李雄,北吞石季龙,是以遣毌丘奥于巴东,授桓宣于襄阳。良图未叙,于此长乖! 此方之任,内外之要,愿陛下速选臣代使,必得良才,奉宣王猷,遵成臣志,则臣死之日犹生之年。

陛下虽圣姿天纵,英奇日新,方事之殷,当赖群俊。司徒导,鉴识经远,光辅三世;司空鉴,简素贞正,内外惟允;平西将军亮,雅量详明,器用周时,即陛下之周、召也。献赞畴谘,敷融政道,地平天成,四海幸赖。谨遣左长史殷羡奉送所假节麾、幢曲盖、侍中貂蝉、太尉章、荆江州刺史印传荣戟。仰恋天恩,悲酸感结。

以后事付右司马王愆期,加督护,统领文武。

侃舆车出临津就船,明日,薨于樊谿,时年七十六。成帝下诏曰:"故使持节、侍中、太尉、都督荆江雍梁交广益宁八州诸军事、荆江二州刺史、长沙郡公,经德蕴哲,谋猷弘远。作藩于外,八州肃清;

勤王于内，皇家以宁。乃者桓文之勋，伯舅是凭。方赖大猷，俾屏予一人。前进位大司马，礼秩策命，未及加崇。昊天不吊，奄忽薨徂，朕用震悼于厥心。今遣兼鸿胪追赠大司马，假鸾章，祠以太牢。魂而有灵，嘉兹宠荣。"又策谥曰桓，祠以太牢。侃遗令葬国南二十里，故吏刊石立碑画像于武昌西。

　　侃在军四十一载，雄毅有权，明悟善决断。自南陵迄于白帝数千里中，路不拾遗。苏峻之役，庾亮轻进失利。亮司马殷融诣侃谢曰："将军为此，非融等所裁。"将军王章至，曰："章自为之，将军不知也。"侃曰："昔殷融为君子，王章为小人；今王章为君子，殷融为小人。"侃性纤密好问，颇类赵广汉。尝课诸营种柳，都尉夏施盗官柳植之于己门。侃后见，驻车问曰："此是武昌西门前柳，何因盗来此种？"施惶怖谢罪。时武昌号为多士，殷浩、庾翼等皆为佐史。侃每饮酒有定限，常欢有余而限已竭，浩等劝更少进，侃凄怀良久曰："年少曾有酒失，亡亲见约，故不敢逾。"议者以武昌北岸有邾城，宜分兵镇之。侃每不答，而言者不已，侃乃渡水猎，引将佐语之曰："我所以设险而御寇，正以长江耳。邾城隔在江北，内无所倚，外接群夷。夷中利深，晋人贪利，夷不堪命，必引寇虏，乃致祸之由，非御寇也。且吴时此城乃三万兵守，今纵有兵守之，亦无益于江南。若羯虏有可乘之会，此又非所资也。"后庾亮戍之，果大败。季年怀止足之分，不与朝权。未亡一年，欲逊位归国，佐史等苦留之。及疾笃，将归长沙，军资器仗牛马舟船皆有定簿，封印仓库，自加管钥，以付王愆期，然后登舟，朝野以为美谈。将出府门，顾谓愆期曰："老子婆娑，正坐诸群辈。"尚书梅陶与亲人曹识书曰："陶公机神明鉴似魏武，忠顺勤劳似孔明，陆抗诸人不能及也。"谢安每言"陶公虽用法，而恒得法外意。"其为世所重如此。然媵妾数十，家僮千余，珍奇宝货富于天府。或云"侃少时渔于雷泽，网得一织梭，以挂于壁。有顷雷雨，自化为龙而去。"又梦生八翼，飞而上天，见天门九重，已登其八，唯一门不得入。阍者以杖击之，因坠地，折其左翼。及寤，左腋犹痛。又尝如厕，见一人朱衣介帻，敛板曰："以君长者，故来相报。

君后当为公,位至八州都督。"有善相者师圭谓侃曰:"君左手中指有竖理,当为公。若彻于上,贵不可言。"侃以针决之见血,洒壁而为"公"字,以纸裹手,"公"字愈明。及都督八州,据上流,握强兵,潜有窥窬之志,每思折翼之祥,自抑而止。

侃有子十七人,唯洪、瞻、夏、琦、旗、斌、称、范、岱见旧史,余者并不显。

洪辟丞相掾,早卒。

瞻字道真。少有才器,历广陵相,庐江、建昌二郡太守,迁散骑常侍、都亭侯。为苏峻所害,追赠大鸿胪,谥愍悼世子。以夏为世子。及送侃丧还长沙,夏与斌及称各拥兵数千以相图。既而解散,斌先往长沙,悉取国中器仗财物。夏至,杀斌。庾亮上疏曰:"斌虽丑恶,罪在难忍,然王宪有制,骨肉至亲,亲运刀锯以刑同体,伤父母之恩,无恻隐之心,应加放黜,以惩暴虐。"亮表未至都,而夏病卒。诏复以瞻息弘袭侃爵,仕至光禄勋。卒,子绰之嗣。绰之卒,子延寿嗣。宋受禅,降为吴昌侯,五百户。

琦,司空掾。

旗,历位散骑常侍、郴县开国伯。咸和末,为散骑侍郎。性甚凶暴。卒,子定嗣。卒,子袭之嗣。卒,子谦之嗣。宋受禅,国除。

斌,尚书郎。

称,东中郎将、南平太守、南蛮校尉、假节。性虓勇不伦,与诸弟不协。后加建威将军。咸康五年,庾亮以称为监江夏随义阳三郡军事、南中郎将、江夏相,以本所领二千人自随。到夏口,轻将二百人下见亮。亮大会吏佐,责称前后罪恶,称拜谢,因罢出。亮使人于阁外收之,弃市。亮上疏曰:"案称,大司马侃之孽子,父亡不居丧位,荒耽于酒,昧利偷荣,擅摄五郡,自谓监军,辄召王官,聚之军府。故车骑将军刘弘曾孙安寓居江夏,及将杨恭、赵韶,并以言色有忤,称放声当杀,安、恭惧,自赴水而死,韶于狱自尽。将军郭开从称往长沙赴丧,称疑开附其兄弟,乃反缚悬头于帆樯,仰而弹之,鼓棹渡江二十余里,观者数千,莫不震骇。又多藏匿府兵,收坐应死。臣犹未忍直上，且免其司马。称肆纵丑言，无所顾忌，要结诸将，欲阻兵构难。诸将惶惧，莫敢酬答，由是奸谋未即发露。臣以侃勋劳王室，是以依违容掩，故表为南中郎将，与臣相近，思欲有以匡救之。而称豺狼愈甚，发言激切，不忠不孝，莫此之甚。苟利社稷，义有专断，辄收称伏法。”

范，最知名，太元初，为光禄勋。

岱，散骑侍郎。

臻，字彦退。有勇略智谋，赐爵当阳亭侯。咸和中，为南郡太守、领南蛮校尉、假节。卒官，追赠平南将军，谥曰肃。

臻弟舆，果烈善战，以功累迁武威将军。初，贼张弈本中州人，元康中被差西征，遇天下乱，遂留蜀。至是，率三百余家欲就杜弢，为侃所获。诸将请杀其丁壮，取其妻息，舆曰：“此本官兵，数经战阵，可赦之以为用。”侃赦之，以配舆。及侃与杜弢战败，贼以桔棹打没官军船舰，军中失色。舆率轻舸出其上流以击之，所向辄克。贼又率众将焚侃辎重，舆又击破之。自是每战辄克，贼望见舆军，相谓曰：“避陶武威。”无敢当者。后与杜弢战，舆被重创，卒。侃哭之恸，曰：“丧吾家宝！”三军皆为之垂泣。诏赠长沙太守。

史臣曰：古者明王之建国也，下料疆宇，列为九州，辅相玄功，咨于四岳。所以仰希齐政，俯寄宣风。备连率之仪，威腾阃外；总颁条之务，礼缛区中。委称其才，《甘棠》以之流咏；据非其德，仇饷以是兴嗟。中朝叔世，要荒多阻，分符建节，并荼天纲。和季以同里之情，申卢绾之契，居方牧之地，振吴起之风。自幽徂荆，亟敛豺狼之迹；举贤登善，穷掇孔翠之毛。由是吏民毕力，华夷顺命，一州清晏，恬波于沸海之中；百城安堵，静祲于稽天之际。犹独称善政，何其寡欤！《易》云“贞固足以干事”，于征南见之矣。士行望非世族，俗异诸华，拔萃陬落之间，比肩髦俊之列，超居外相，宏总上流。布泽怀边，则严城静柝；释位匡主，则沦鼎再宁。元规以戚里之崇，挹其膺而下拜；茂弘以保衡之贵，服其言而动色。望隆分陕，理则宜然。至于时属雷屯，富逾天府，潜有包藏之志，顾思折翼之祥，悖矣！夫子曰"人无求备"，斯言之信，于是有征。

　　赞曰：和季承恩，建旟南服。威静荆塞，化扬江澳。戮力天朝，匪忘忠肃。长沙勤王，拥旆戎场。任隆三事，功宣一匡。繄赖之重，匪伊舟航。

晋书卷六七
列传第三七

温峤　郗鉴　子愔　愔子超　愔弟昙
鉴叔父隆

温峤，字太真，司徒羡弟之子也。父憺，河东太守。峤性聪敏，有识量，博学能属文，少以孝悌称于邦族。风仪秀整，美于谈论，见者皆爱悦之。年十七，州郡辟召，皆不就。司隶命为都官从事。散骑常侍庾敳有重名，而颇聚敛，峤举奏之，京都振肃。后举秀才、灼然。司徒辟东阁祭酒，补上党潞令。

平北大将军刘琨妻，峤之从母也。琨深礼之，请为参军。琨迁大将军，峤为从事中郎、上党太守，加建威将军、督护前锋军事。将兵讨石勒，屡有战功。琨迁司空，以峤为右司马。于时并土荒残，寇盗群起，石勒、刘聪跨带疆场，峤为之谋主，琨所凭恃焉。

属二都倾覆，社稷绝祀，元帝初镇江左，琨诚系王室，谓峤曰："昔班彪识刘氏之复兴，马援知汉光之可辅。今晋祚虽衰，天命未改，吾欲立功河朔，使卿延誉江南，子其行乎？"对曰："峤虽无管张之才，而明公有桓文之志，欲建匡合之功，岂敢辞命。"乃以为左长史，檄告华夷，奉表劝进。峤既至，引见，具陈琨忠诚，志在效节，因说社稷无主，天人系望，辞旨慷慨。举朝属目，帝器而嘉焉。王导、周𫖮、谢琨、庾亮、桓彝等并与亲善。于时江左草创，纲维未举，峤殊以为忧。及见王导共谈，欢然曰："江左自有管夷吾，吾复何虑！"屡求反命，不许。会琨为段匹磾所害，峤表琨忠诚，虽勋业不遂，然家破身亡，宜在褒崇，以慰海内之望。帝然之。

除散骑侍郎。初，峤欲将命，其母崔氏固止之，峤绝裾而去。其后母亡，峤阻乱不获归葬，由是固让不拜，苦请北归。诏三司、八坐议其事，皆曰："昔伍员志复私仇，先假诸侯之力，东奔阖闾，位为上将，然后鞭荆王之尸。若峤以母未葬没在胡虏者，乃应竭其智谋，仰凭皇灵，使逆寇冰消，反哀墓次，岂可稍以乖嫌废其远图哉！"峤不得已，乃受命。

后历骠骑王导长史，迁太子中庶子。及在东宫，深见宠遇，太子与为布衣之交。数陈规讽，又献《侍臣箴》，甚有弘益。时太子起西池楼观，颇为劳费，峤上疏以为朝廷草创，巨寇未灭，宜应俭以率下，务农重兵，太子纳焉。王敦举兵内向，六军败绩，太子将自出战，峤执鞚谏曰："臣闻善战者不怒，善胜者不武，如何万乘储副而以身轻天下！"太子乃止。

明帝即位，拜侍中，机密大谋皆所参综，诏命文翰亦悉豫焉。俄转中书令。峤有栋梁之任，帝亲而倚之，甚为王敦所忌，因请为左司马。敦阻兵不朝，多行陵纵，峤谏敦曰："昔周公之相成王，劳谦吐握，岂好勤而恶逸哉！诚由处大任者不可不尔。而公自还辇毂，入辅朝政，阙拜觐之礼，简人臣之仪，不达圣心者莫不于邑。昔帝舜服事唐尧，伯禹竭身虞庭，交王虽盛，臣节不僭。故有庇人之大德，必有事君之小心，俾芳烈奋乎百世，休风流乎万祀。至圣遗轨，所不宜忽。愿思舜、禹、文王服事之勤，惟公旦吐握之事，则天下幸甚。"敦不纳。峤知其终不悟，于是谬为设敬，综其府事，干说密谋，以附其欲。深结钱凤，为之声誉，每曰："钱世仪精神满腹。"峤素有知人之称，凤闻而悦之，深结好于峤。会丹杨尹缺，峤说敦曰："京尹辇毂喉舌，宜得文武兼能，公宜自选其才。若朝廷用人，或不尽理。"敦然之，问峤谁可作者。峤曰："愚谓钱凤可用。"凤亦推峤，峤伪辞之。敦不从，表补丹杨尹。峤犹惧钱凤为之奸谋，因敦饯别，峤起行酒，至凤前，凤未及饮，峤因伪醉，以手版击凤帻坠，作色曰："钱凤何人，温太真行酒而敢不饮！"敦以为醉，两释之。临去言别，涕泗横流，出阁复入,如是再三,然后即路。及发后,凤入说敦曰:"峤于朝廷甚密,而与庾亮深交,未必可信。"敦曰:"太真昨醉,小加声色,岂得以此便相谗贰。"由是凤谋不行,而峤得还都,乃具奏敦之逆谋,请先为之备。

及敦构逆,加峤中垒将军、持节、都督东安北部诸军事。敦与王导书曰:"太真别来几日,作如此事!"表诛奸臣,以峤为首。募生得峤者,当自拔其舌。及王含、钱凤奄至都下,峤烧朱雀桁以挫其锋,帝怒之,峤曰:"今宿卫寡弱,征兵未至,若贼豕突,危及社稷,陛下何惜一桥。"贼果不得渡。峤自率众与贼夹水战,击王含,败之,复督刘遐追钱凤于江宁。事平,封建宁县开国公,赐绢五千四百匹,进号前将军。

时制王敦纲纪除名,参佐禁锢,峤上疏曰:"王敦刚愎不仁,忍行杀戮,亲任小人,疏远君子,朝廷所不能抑,骨肉所不能间。处其朝者恒惧危亡,故人士结舌,道路以目,诚贤人君子道穷数尽,遵养时晦之辰也。且敦为大逆之日,拘录人士,自免无路,原其私心,岂遑晏处,如陆玩、羊曼、刘胤、蔡谟、郭璞常与臣言,备知之矣。必其凶悖,自可罪人斯得;如其枉入奸党,宜施之以宽。加以玩等之诚,闻于圣听,当受同贼之责,实负其心。陛下仁圣含弘,思求允中;臣阶缘博纳,干非其事,诚在爱才,不忘忠益。"帝从之。

是时天下凋弊,国用不足,诏公卿以下诣都坐论时政之所先,峤因奏军国要务。其一曰:"祖约退舍寿阳,有将来之难。今二方守御,为功尚易。淮泗都督,宜竭力以资之。选名重之士,配征兵五千人,又择一偏将,将二千兵,以益寿阳,可以保固徐、豫,援助司土。"其二曰:"一夫不耕,必有受其饥者。今不耕之夫,动有万计。春废劝课之制,冬峻出租之令,下未见施,惟赋是闻。赋不可以已,当思令百姓有以殷实。司徒置田曹掾,州一人,劝课农桑,察吏能否,今宜依旧置之。必得清恪奉公,足以宣示惠化者,则所益实弘矣。"其三曰:"诸外州郡将兵者及都督府非临敌之军,且田且守。又先朝使五校出田,今四军五校有兵者,及护军所统外军,可分遣二军出,并屯要处。缘江上下，皆有良田，开荒虽一年之后即易。且军人累重者在外，有樵采蔬食之人，于事为便。"其四曰："建官以理世，不以私人也。如此，则官寡而材精。周制六卿莅事，春秋之时，入作卿辅，出将三军。后代建官渐多，诚由事有烦简耳。然今江南六州之土，尚又荒残，方之平日，数十分之一耳。三省军校无兵者，九府寺署可有并相领者，可有省半者，粗计闲剧，随事减之。荒残之县，或同在一城，可并合之。如此，选既可精，禄俸可优，令足代耕，然后可责以清公耳。"其五曰："古者亲耕籍田以供粢盛，旧置籍田、廩牺之官。今临时市求，既上黩至敬，下费生灵，非所以虔奉宗庙蒸尝之旨。宜如旧制，立此二官。"其六曰："使命愈远，益宜得才，宣扬王化，延誉四方。人情不乐，遂取卑品之人，亏辱国命，生长患害。故宜重其选，不可减二千石见居二品者。"其七曰："罪不相及，古之制也。近者大逆，诚由凶戾。凶戾之甚，一时权用。今遂施行，非圣朝之令典，宜如先朝除三族之制。"议奏，多纳之。

帝疾笃，峤与王导、郗鉴、庾亮、陆晔、卞壶等同受顾命。时历阳太守苏峻藏匿亡命，朝廷疑之。征西将军陶侃有威名于荆楚，又以西夏为虞，故使峤为上流形援。咸和初，代应詹为江州刺史、持节、都督、平南将军，镇武昌，甚有惠政，甄异行能，亲祭徐孺子之墓。又陈"豫章十郡之要，宜以刺史居之。寻阳滨江，都督应镇其地。今以州帖府，进退不便。且古镇将多不领州，皆以文武形势不同故也。宜选单车刺史别抚豫章，专理黎庶。"诏不许。在镇见王敦画像，曰："敦大逆，宜加斫棺之戮，受崔杼之刑。古人阖棺而定谥，《春秋》大居正，崇王父之命，未有受戮于天子而图形于群下。"命削去之。

峤闻苏峻之征也，虑必有变，求还朝以备不虞，不听。未几而苏峻果反。峤屯寻阳，遣督护王愆期、西阳太守邓岳、鄱阳内史纪瞻等率舟师赴难。及京师倾覆，峤闻之号恸。人有候之者，悲哭相对。俄而庾亮来奔，宣太后诏，进峤骠骑将军、开府仪同三司。峤曰："今日之急，珍寇为先，未效勋庸而逆受荣宠，非所闻也，何以示天下乎！"固辞不受。时亮虽奔败，峤每推崇之，分兵给亮。遣王愆期等要陶侃同赴国难,侃恨不受顾命,不许。峤初从之,后用其部将毛宝说,复固请侃行,语在《宝传》。初,峤与庾亮相推为盟主,峤从弟充言于峤曰:"征西位重兵强,宜共推之。"峤于是遣王愆期奉侃为盟主。侃许之,遣督护龚登率兵诣峤。峤于是列上尚书,陈峻罪状,有众七千,洒泣登舟,移告四方征镇曰:

　　贼臣祖约、苏峻同恶相济,用生邪心。天夺其魄,死期将至。谮负天地,自绝人伦。寇不可纵,宜增军讨扑,辄屯次溢口。即日护军庾亮至,宣太后诏,寇逼宫城,王旅挠败,出告藩臣,谋宁社稷。后将军郭默、冠军将军赵胤、奋武将军龚保与峤督护王愆期、西阳太守邓岳、鄱阳内史纪瞻,率其所领,相寻而至。逆贼肆凶,陵蹈宗庙,火延宫掖,矢流太极,二御幽逼,宰相困迫,残虐朝士,劫辱子女。承问悲惶,精魂飞散。峤暗弱不武,不能殉难,哀恨自咎,五情摧陨,惭负先帝托寄之重,义在毕力,死而后已。今躬率所统,为士卒先,催进诸军,一时电击。西阳太守邓岳、寻阳太守褚诞等连旗相继,宣城内史桓彝已勒所属屯滨江之要,江夏相周抚乃心求征,军已向路。

　　昔包胥,楚国之微臣,重趼致诚,义感诸侯。蔺相如,赵邦之陪隶,耻君之辱,按剑秦庭。皇汉之季,董卓作乱,劫迁献帝,虐害忠良,关东州郡相率同盟。广陵功曹臧洪,郡之小吏耳,登坛歃血,涕泪横流,慷慨之节,实厉群后。况今居台鼎,据方州,列名邦,受国恩者哉! 不期而会,不谋而同,不亦宜乎!

　　二贼合众,不盈五千,且外畏胡寇,城内饥乏,后将军郭默即于战阵俘杀贼千人。贼今虽残破都邑,其宿卫兵人即时出散,不为贼用。且祖约情性褊厄,忌克不仁,苏峻小子,惟利是视,残酷骄猜,权相假合。江表兴义,以抗其前,强胡外寇,以蹑其后,运漕隔绝,资食空悬,内乏外孤,势何得久!

　　群公征镇,职在御侮。征西陶公,国之耆德,忠肃义正,勋庸弘著。诸方镇州郡咸齐断金,同禀规略,以雪国耻,苟利社稷,死生以之。峤虽怯劣,忝据一方,赖忠贤之规,文武之助,君

子竭诚，小人尽力，高操之士被褐而从戎，负薪之徒匍匐而赴
命，率其私仆，致其私杖，人士之诚，竹帛不能载也。岂峤无德
而致之哉？士禀义风，人感皇泽。且护军庾公，帝之元舅，德望
隆重，率郭后军、赵、龚三将，与峤戮力，得有资凭，且悲且庆，
若朝廷之不泯也。其各明率所统，无后事机。赏募之信，明如
日月。有能斩约、峻者，封五等侯，赏布万匹。夫忠为令德，为
仁由己，万里一契，义在不言也。
时陶侃虽许自下而未发，复追其督护龚登。峤重与侃书曰：

仆谓军有进而无退，宜增而不可减。近已移檄远近，言于
盟府，克后月半大举，南康、建安、晋安三郡军并在路次，同赴
此会，惟须仁公所统至，便齐进耳。仁公今召军还，疑惑远近，
成败之由，将在于此。

仆才轻任重，实凭仁公笃爱，远禀成规。至于首启戎行，不
敢有辞，仆与仁公当如常山之蛇，首尾相卫，又唇齿之喻也。恐
惑者不达高旨，将谓仁公缓于讨贼，此声难追。仆与仁公并受
方岳之任，安危休戚，理既同之。且自顷之顾，绸缪往来，情深
义重，著于人士之口，一旦有急，亦望仁公悉众见救，况社稷之
难！

惟仆偏当一州，州之文武莫不翘企。假令此州不守，约、峻
树置官长于此，荆楚西逼强胡，东接逆贼，因之以饥馑，将来之
危乃当甚于此州之今日也。以大义言之，则社稷颠覆，主辱臣
死。公进当为大晋之忠臣，参桓、文之义，开国承家，铭之天府；
退当以慈父雪爱子之痛。

约、峻凶逆无道，囚制人士，裸其五形。近日来者，不可忍
见。骨肉生离，痛感天地，人心齐一，咸皆切齿。今之进讨，若
以石投卵耳！今出军既缓，复召兵还，人心乖离，是为败于几成
也。愿深察所陈，以副三军之望。
峻时杀侃子瞻，由是侃激励，遂率所统与峤、亮同赴京师，戎卒六
万，旌旗七百余里，钲鼓之声震于百里，直指石头，次于蔡洲。侃屯

查浦，峤屯沙门浦。时祖约据历阳，与峻为首尾，见峤等军盛，谓其党曰："吾本知峤能为四公子之事，今果然矣。"

峻闻峤将至，逼大驾幸石头。时峻军多马，南军杖舟楫，不敢轻与交锋。用将军李根计，据白石筑垒以自固，使庾亮守之。贼步骑万余来攻，不下而退，追斩二百余级。峤又于四望矶筑垒以逼贼，曰："贼必争之，设伏以逸待劳，是制贼之一奇也。"是时义军屡战失利，峤军食尽，陶侃怒曰："使君前云不忧无将士，惟得老仆为主耳。今数战皆北，良将安在？荆州接胡蜀二虏，仓廪当备不虞，若复无食，仆便欲西归，更思良算。但今岁计，殄贼不为晚也。"峤曰："不然。自古成监，师克在和。光武之济昆阳，曹公之拔官渡，以寡敌众，杖义故也。峻、约小竖，为海内所患，今日之举，决在一战。峻勇而无谋，藉骄胜之势，自谓无前，今挑之战，可一鼓而擒也。奈何舍垂立之功，设进退之计！且天子幽逼，社稷危殆，四海臣子，肝脑涂地，峤等与公并受国恩，是致命之日。事若克济，则臣主同祚；如其不捷，身虽灰灭，不足以谢责于先帝。今之事势，义无旋踵，骑猛兽，安可中下哉！公若违众独反，人心必沮。沮众败事，义旗将回指于公矣。"侃无以对，遂留不去。

峤于是创建行庙，广设坛场，告皇天后土祖宗之灵，亲读祝文，声气激扬，流涕覆面，三军莫能仰视。其日侃督水军向石头，亮、峤等率精勇一万从白石以挑战。时峻劳其将士，因醉，突阵马踬，为侃将所斩。峻弟逸及子硕婴城自固。峤乃立行台，布告天下，凡故吏二千石、台郎御史以下，皆令赴台。于是至者云集。司徒王导因奏峤、侃录尚书，遣间使宣旨，并让不受。贼将匡术以台城来降，为逸所击，求救于峤。江州别驾罗洞曰："今水暴长，救之不便，不如攻楄杭。楄杭军若败，术围自解。"峤从之，遂破贼石头军。奋威长史滕含抱天子奔于峤船。时陶侃虽为盟主，而处分规略一出于峤，及贼灭，拜骠骑将军、开府仪同三司，加散骑常侍，封始安郡公，邑三千户。

初，峻党路永、匡术、贾宁中涂悉以众归顺，王导将褒显之，峤曰："术辈首乱，罪莫大焉。晚虽改悟，未足以补前失。全其首领，为幸已过，何可复宠授哉！"导无以夺。

朝议将留辅政，峤以导先帝所任，固辞还藩。复以京邑荒残，资用不给，峤借资蓄，具器用，而后旋于武昌。至牛渚矶，水深不可测，世云其下多怪物，峤遂毁犀角而照之。须臾，见水族覆火，奇形异状，或乘马车著赤衣者。峤其夜梦人谓己曰："与君幽明道别，何意相照也？"意甚恶之。峤先有齿疾，至是拔之，因中风，至镇未旬而卒，时年四十二。江州士庶闻之，莫不相顾而泣。帝下册书曰："朕以眇身，纂承洪绪，不能光阐大道，化洽时雍，至乃狂狡滔天，社稷危逼。惟公明鉴特达，识心经远，惧皇纲之不维，忿凶寇之纵暴，唱率群后，五州响应，首启戎行，元恶授馘。王室危而复安，三光幽而复明，功格宇宙，勋著八表。方赖大猷以拯区夏，天不慭遗，早世薨殂，朕用痛悼于厥心。夫褒德铭勋，先王之明典，今追赠公侍中、大将军、持节、都督、刺史，公如故，赐钱百万，布千匹，谥曰忠武，祠以太牢。"

初葬于豫章，后朝廷追峤勋德，将为造大墓于元、明二帝陵之北，陶侃上表曰："故大将军峤忠诚著于圣世，勋义感于人神，非臣笔墨所能称陈。临卒之际，与臣书别，臣藏之箧笥，时时省视，每一思述，未尝不中夜抚膺，临饭酸噎。'人之云亡'，峤实当之。谨写峤书上呈，伏惟陛下既垂御省，伤其情旨，死不忘忠，身没黄泉，追恨国耻，将臣戮力，救济艰难，使亡而有知，抱恨结草，岂乐今日劳费之事。愿陛下慈恩，停其移葬，使峤棺柩无风波之危，魂灵安于后土。"诏从之。其后峤后妻何氏卒，子放之便载丧还都。诏葬建平陵北，并赠峤前妻王氏及何氏始安夫人印绶。

放之嗣爵，少历清官，累至给事黄门侍郎。以贫，求为交州，朝廷许之。王述与会稽王笺曰："放之，温峤之子，宜见优异，而投之岭外，窃用愕然。愿远存周礼，近参人情，则望实惟允。"时竟不纳。放之既至南海，甚有威惠。将征林邑，交址太守杜宝、别驾阮朗并不从，放之以其沮众，诛之，勒兵而进，遂破林邑而还。卒于官。

弟式之,新建县候,位至散骑常侍。

郗鉴,字道徽,高平金乡人,汉御史大夫虑之玄孙也。少孤贫,博览经籍,躬耕陇亩,吟咏不倦。以儒雅著名,不应州命。赵王伦辟为掾,知伦有不臣之迹,称疾去职。及伦篡,其党皆至大官,而鉴闭门自守,不染逆节。惠帝反正,参司空军事,累迁太子中舍人、中书侍郎。东海王越辟为主簿,举贤良,不行。征东大将军苟晞檄为从事中郎。晞与越方以力争,鉴不应其召。从兄旭,晞之别驾,恐祸及己,劝之赴召,鉴终不回,晞亦不之逼也。

及京师不守,寇难锋起,鉴遂陷于陈午贼中。邑人张实先求交于鉴,鉴不许。至是,实于午营来省鉴疾,既而卿鉴。鉴谓实曰:"相与邦壤,义不及通,何可怙乱至此邪!实大惭而退。午以鉴有名于世,将逼为主,鉴逃而获免。午寻溃散,鉴得归乡里。于时所在饥荒,州中之士素有感其恩义者,相与资赡。鉴复分所得,以恤宗族及乡曲孤老,赖而全济者甚多,咸相谓曰:"今天子播越,中原无伯,当归依仁德,可以后亡。"遂共推鉴为主,举千余家俱避难于鲁之峄山。

元帝初镇江左,承制假鉴龙骧将军、兖州刺史,镇邹山。时荀藩用李述,刘琨用兄子演,并为兖州,各屯一郡,以力相倾,阖州编户,莫知所适。又徐龛、石勒左右交侵,日寻干戈,外无救援,百姓饥馑,或掘野鼠蛰燕而食之,终无叛者。三年间,众至数万。帝就加辅国将军、都督兖州诸军事。

永昌初,征拜领军将军,既至,转尚书,以疾不拜。时明帝初即位,王敦专制,内外危逼,谋杖鉴为外援,由是拜安西将军、兖州刺史、都督扬州江西诸军、假节,镇合肥。敦忌之,表为尚书令,征还。道经姑孰,与敦相见,敦谓曰:"乐彦辅短才耳。后生流宕,言违名检,考之以实,岂胜满武秋邪?"鉴曰:"拟人必于其伦。彦辅道韵平淡,体识冲粹,处倾危之朝,不可得而亲疏。及愍怀太子之废,可谓柔而有正。武秋失节之士,何可同日而言!"敦曰:"愍怀废徙之际,交有危机之急,人何能以死守之乎!以此相方,其不减明矣。"鉴曰:

“丈夫既洁身北面，义同在三，岂可偷生屈节，靦颜天壤邪！苟道数终极，固当存亡以之耳。”敦素怀无君之心，闻鉴言，大忿之，遂不复相见，拘留不遣。敦之党与潜毁日至，鉴举止自若，初无惧心。敦谓钱凤曰：“郗道徽儒雅之士，名位既重，何得害之！”乃放还台。鉴遂与帝谋灭敦。

既而钱凤攻逼京都，假鉴节，加卫将军、都督从驾诸军事。鉴以无益事实，固辞不受军号。时议者以王含、钱凤众力百倍，苑城小而不固，宜及军势未成，大驾自出距战。鉴曰：“群逆纵逸，其势不可当，可以算屈，难以力竞。且含等号令不一，抄盗相寻，百姓惩往年之暴，皆人自为守。乘逆顺之势，何往不克！且贼无经略远图，惟恃豕突一战，旷日持久，必启义士之心，令谋猷得展。今以此弱力敌彼强寇，决胜负于一朝，定成败于呼吸，虽有申胥之徒，义存投袂，何补于既往哉！”帝从之。鉴以尚书令领诸屯营。

及凤等平，温峤上议，请宥敦佐吏，鉴以为先王崇君臣之教，故贵伏死之节；昏亡之主，故开待放之门，王敦佐吏虽多逼迫，然居逆乱之朝，无出关之操，准之前训，宜加义责。又奏钱凤母年八十，宜蒙全宥。乃从之。封高平侯，赐绢四千八百匹。帝以其有器望，万机动静辄问之，乃诏鉴特草上表疏，以从简易。王导议欲赠周札官，鉴以为不合，语在《札传》。导不从。鉴于是驳之曰：“敦之逆谋，履霜日久，缘札开门，令王师不振。若敦前者之举，义同桓文，则先帝可为幽厉邪？”朝臣虽无以难，而不能从。俄迁车骑将军、都督徐兖青三州军事、兖州刺史、假节，镇广陵。寻而帝崩，鉴与王导、卞壶、温峤、庾亮、陆晔等并受遗诏，辅少主，进位车骑大将军、开府仪同三司，加散骑常侍。

咸和初，领徐州刺史。及祖约、苏峻反，鉴闻难，便欲率所领东赴。诏以北寇不许。于是遣司马刘矩领三千人宿卫京都。寻而王师败绩，矩遂退还。中书令庾亮宣太后口诏，进鉴为司空。鉴去贼密迩，城孤粮绝，人情业业，莫有固志，奉诏流涕，设坛场，刑白马，大誓三军曰：“贼臣祖约、苏峻不恭天命，不畏王诛，凶戾肆逆，干国之纪,陵汩五常,侮弄神器,遂制胁幽主,拔本塞原,残害忠良,祸虐黎庶,使天地神祇靡所依归。是以率土怨酷,兆庶泣血,咸愿奉辞罚归,以除元恶。昔戎狄泯周,齐桓纠盟;董卓陵汉,群后致讨。义存君亲,古今一也。今主上幽危,百姓倒悬,忠臣正士志存报国。凡我同盟,既盟之后,戮力一心,以救社稷。若二寇不枭,义无偷安。有渝此盟,明神殛之!"鉴登坛慷慨,三军争为用命。乃遣将军夏侯长等间行,谓平南将军温峤曰:"今贼谋欲挟天子东入会稽,宜先立营垒,屯据要害,既防其越逸,又断贼粮运,然后静镇京口,清壁以待贼。贼攻城不拔,野无所掠,东道既断,粮运自绝,不过百日,必自溃矣。"峤深以为然。

及陶侃为盟主,进鉴都督扬州八郡军事。时抚军将军王舒、辅军将军虞潭皆受鉴节度,率众渡江,与侃会于茄子浦。鉴筑白石垒而据之。会舒、潭战不利,鉴与后将军郭默还丹徒,立大业、曲阿、庱亭三垒以距贼。而贼将张健来攻大业,城中乏水,郭默窘迫,遂突围而出,三军失色。参军曹纳以为大业京口之扞,一旦不守,贼方轨而前,劝鉴退还广陵以俟后举。鉴乃大会僚佐,责纳曰:"吾蒙先帝厚顾,荷托付之重,正复捐躯九泉不足以报。今强寇在郊,众心危迫,君腹心之佐,而生长异端,当何以率先义众,镇一三军邪!"将斩之,久而乃释。会峻死,大业围解。及苏逸等走吴兴,鉴遣参军李闳追斩之,降男女万余口。拜司空,加侍中,解八郡都督,更封南昌县公,以先爵封其子昙。

时贼帅刘征聚众数千,浮海抄东南诸县。鉴遂城京口,加都督扬州之晋陵吴郡诸军事,率众讨平之。进位太尉。

后以寝疾,上疏逊位曰:"臣疾弥留,遂至沉笃,自忖气力,差理难冀。有生有死,自然之分。但忝位过才,曾无以报,上惭先帝,下愧日月。伏枕哀叹,抱恨黄泉。臣今虚乏,救命朝夕,辄以府事付长史刘遐,乞骸骨归丘园。惟愿陛下崇山海之量,弘济大猷,任贤使能,事从简易,使康哉之歌复兴于今,则臣虽死,犹生之日耳。臣所统错杂,率多北人,或逼迁徙,或是新附,百姓怀土,皆有归本之心。

臣宣国恩，示以好恶，处与田宅，渐得少安。闻臣疾笃，众情骇动，若当北渡，必启寇心。太常臣谟，平简贞正，素望所归，谓可以为都督、徐州刺史。臣亡兄息晋陵内史迈，谦爱养士，甚为流亡所宗，又是臣门户子弟，堪任兖州刺史。公家之事，知无不为，是以敢希祁奚之举。"疏奏，以蔡谟为鉴军司。鉴寻薨，时年七十一。帝朝晡哭于朝堂，遣御史持节护丧事，赠一依温峤故事。册曰："惟公道德冲邃，体识弘远，忠亮雅正，行为世表，历位内外，勋庸弥著。乃者约、峻狂狡，毒流朝廷，社稷之危，赖公以宁。功侔古烈，勋迈桓、文。方倚大猷，藩翼时难，昊天不吊，奄忽薨殂，朕用震悼于厥心。夫爵以显德，谥以表行，所以崇明轨迹，丕扬徽劭。今赠太宰，谥曰文成，祠以太牢。魂而有灵，嘉兹宠荣。"

初，鉴值永嘉丧乱，在乡里甚穷馁，乡人以鉴名德，传共饴之。时兄子迈、外甥周翼并小，常携之就食。乡人曰："各自饥困，以君贤，欲共相济耳，恐不能兼有所存。"鉴于是独往，食讫，以饭著两颊边，还吐与二儿，后并得存，同过江。迈位至护军，翼为剡县令。鉴之薨也，翼追抚育之恩，解职而归，席苫心丧三年。二子：愔、昙。

愔字方回。少不交竞，弱冠，除散骑侍郎，不拜。性至孝，居父母忧，殆将灭性。服阕，袭爵南昌公，征拜中书侍郎。骠骑何充辅政，征北将军褚裒镇京口，皆以愔为长史。再迁黄门侍郎。时吴郡守阕，欲以愔为太守。愔自以资望少，不宜超莅大郡，朝议嘉之。转为临海太守。会弟昙卒，益无处世意，在郡优游，颇称简默，与姊夫王羲之、高士许询并有迈世之风，俱栖心绝谷，修黄、老之术。后以疾去职，乃筑宅章安，有终焉之志。十许年间，人事顿绝。

简文帝辅政，与尚书仆射江虨等荐愔，以为执德存正，识怀沉敏，而辞职遗荣，有不拔之操，成务须才，岂得遂其独善，宜见征引，以参政术。于是征为光禄大夫，加散骑常侍。既到，更除太常，固让不拜。深抱冲退，乐补远郡，从之，出为辅国将军、会稽内史。大司马桓温以愔与徐、兖有故义，乃迁愔都督徐兖青幽扬州之晋陵诸军事、领徐兖二州刺史、假节。虽居藩镇，非其好也。

俄属桓温北伐，愔请督所部出河上，用其子超计，以己非将帅才，不堪军旅，又固辞解职，劝温并领己所统。转冠军将军、会稽内史。

及帝践阼，就加镇军、都督浙江东五郡军事。久之，以年老乞骸骨，因居会稽。征拜司空，诏书优美，敦奖殷勤，固辞不起。太元九年卒，时年七十二。追赠侍中、司空，谥曰文穆。三子：超、融、冲。超最知名。

超，字景兴，一字嘉宾。少卓荦不羁，有旷世之度，交游士林，每存胜拔，善谈论，义理精微。愔事天师道，而超奉佛。愔又好聚敛，积钱数千万，尝开库，任超所取。超性好施，一日中散与亲故都尽。其任心独诣，皆此类也。

桓温辟为征西大将军掾。温迁大司马，又转为参军。温英气高迈，罕有所推，与超言，常谓不能测，遂倾意礼侍。超亦深自结纳。时王珣为温主簿，亦为温所重。府中语曰："髯参军，短主簿，能令公喜，能令公怒。"超髯，珣短故也。寻除散骑侍郎。时愔在北府，徐州人多劲悍，温恒云"京口酒可饮，兵可用"，深不欲愔居之。而愔暗于事机，遣笺诣温，欲共奖王室，修复园陵。超取视，寸寸毁裂，乃更作笺，自陈老病，甚不堪人间，乞闲地自养。温得笺大喜，即转愔为会稽太守。温怀不轨，欲立霸王之基，超为之谋。谢安与王坦之尝诣温论事，温令超帐中卧听之，风动帐开，安笑曰："郗生可谓入幕之宾矣。"

太和中，温将伐慕容氏于临漳，超谏以道远，汴水又浅，运道不通。温不从，遂引军自济入河，超又进策于温曰："清水入河，无通运理。若寇不战，运道又难，因资无所，实为深虑也。今盛夏，悉力径造邺城，彼伏公威略，必望阵而走，退还幽、朔矣。若能决战，呼吸可定。设欲城邺，难为功力。百姓布野，尽为官有。易水以南，必交臂请命。但恐此计轻决，公必务其持重耳。若此计不从，使当屯兵河济，控引粮运，令资储充备，足及来夏，虽如赊迟，终亦济克。若舍此二策而连军西进，进不速决，退必愆乏。贼因此势，日月相引，俛偄秋冬，船道涩滞，且北土早寒，三军袭褐者少，恐不可以涉冬。此大限阂，非惟无食而已。"温不从，果有枋头之败，温深惭之。寻而有寿阳之捷，问超曰："此足以雪枋头之耻乎？"超曰："未厌有识之情也。"既而超就温宿，中夜谓温曰："明公都有虑不？"温曰："卿欲有所言邪？"超曰："明公既居重任，天下之责将归于公矣。若不能行废立大事，为伊霍之举者，不足镇压四海，震服宇内，岂可不深思哉！"温既素有此计，深纳其言，遂定废立，超始谋也。

迁中书侍郎。谢安尝与王文度共诣超，日旰未得前，文度便欲去，安曰："不能为性命忍俄顷邪！"其权重当时如此。转司徒左长史，母丧去职。常谓其父名公之子，位遇应在谢安右，而安入掌机权，愔优游而已，恒怀愤愤，发言慷慨，由是与谢氏不穆。安亦深恨之。服阕，除散骑常侍，不起。以为临海太守，加宣威将军，不拜。年四十二，先愔卒。

初，超虽实党桓氏，以愔忠于王室，不令知之。将亡，出一箱书，付门生曰："本欲焚之，恐公年尊，必以伤愍为弊。我亡后，若大损眠食，可呈此箱。不尔，便烧之。"愔后果哀悼成疾，门生依旨呈之，则悉与温往反密计。愔于是大怒曰："小子死恨晚矣！"更不复哭。凡超所交友，皆一时秀美，虽寒门后进，亦拔而友之。及死之日，贵贱操笔而为诔者四十余人，其为众所宗贵如此。王献之兄弟，自超未亡，见愔，常蹑履问讯，甚修舅甥之礼。及超死，见愔慢怠，屦而候之，命席便迁延辞避。愔每慨然曰："使嘉宾不死，鼠子敢尔邪！"性好闻人捷逮，有能辞荣拂衣者，超为之起屋宇，作器服，畜仆竖，费百金而不吝。又沙门支遁以清谈著名于时，风流胜贵，莫不崇敬，以为造微之功，足参诸正始。而遁常重超，以为一时之俊，甚相知赏。超无子，从弟俭之以子僧施嗣。

僧施，字惠脱，袭爵南昌公。弱冠，与王绥、桓胤齐名，累居清显，领宣城内史，入补丹杨尹。刘毅镇江陵，请为南蛮校尉、假节。与毅俱诛，国除。

昙，字重熙。少赐爵东安县开国伯。司徒王导辟秘书郎。朝论以昙名臣之子,每逼以宪制,年三十,始拜通直散骑侍郎,迁中书侍郎。简文帝为抚军,引为司马。寻除尚书吏部郎,拜御史中丞。时北中郎荀羡有疾,朝廷以昙为羡军司,加散骑常侍。顷之,羡征还,仍除北中郎将、都督徐兖青幽扬州之晋陵诸军事、领徐兖二州刺史、假节,镇下邳。后与贼帅傅末波等战失利,降号建威将军。寻卒,年四十二。追赠北中郎,谥曰简。子恢嗣。

恢,字道胤。少袭父爵,散骑侍郎,累迁给事黄门侍郎,领太子右卫率。恢身长八尺,美须髯,孝武帝深器之,以为有藩伯之望。会朱序自表去职,擢恢为梁秦雍司荆扬并等州诸军事、建威将军、雍州刺史、假节,镇襄阳。恢甚得关陇之和,降附者动有千计。

初,姚苌将窦冲来降,拜东羌校尉。冲后举兵反,入汉川,袭梁州。时关中有巴蜀之众,皆背苌,据弘农以结苻登。而登署冲为左丞相,徙屯华阴。河南太守杨佺期遣上党太守荀静戍皇天坞以距之。冲数来攻,恢遣将军赵睦守金墉城,而佺期率众次湖城,讨冲,走之。

寻而慕容垂围慕容永于潞川,永穷蹙,遣其子弘求救于恢,并献玉玺一组。恢献玺于台,又陈"垂若并永,其势难测。今于国计,谓宜救永。永垂并存,自为仇雠,连栖不鸡,无能为患。然后乘机双毙,则河北可平。"孝武帝以为然,诏王恭、庾楷救之,未及发而永没。杨佺期以疾去职。

恢以随郡太守夏侯宗之为河南太守,戍洛阳。姚苌遣其子略攻湖城及上洛,又使其将杨佛嵩围洛阳。恢遣建武将军辛恭静救洛阳,梁州刺史王正胤率众出子午谷,以为声援。略惧而退。恢以功进征虏将军,又领秦州刺史,加督陇上军。

时魏氏强盛,山陵危逼,恢遣江夏相邓启方等以万人距之,与魏主拓跋珪战于荥阳,大败而还。

及王恭讨王国宝,桓玄、殷仲堪皆举兵应恭,恢与朝廷掎角玄等。襄阳太守夏侯宗之、府司马郭毗并以为不可,恢皆杀之。既而玄等退守寻阳。以恢为尚书,将家还都,至杨口,仲堪阴使人于道杀之，及其四子，托以群蛮所杀。丧还京师，赠镇军将军。子循嗣。

隆，字弘始。謇亮有匡躬之节。初为尚书郎，转左丞，在朝为百僚所惮，坐漏泄事免。顷之，为吏部郎，复免。补东郡太守。

隆少为赵王伦所善，及伦专擅，召为散骑常侍。伦之篡也，以为扬州刺史。僚属有犯，辄依台阁峻制绳之，远近咸怨。寻加宁东将军，未拜，而齐王冏檄至，中州人在军者皆欲赴义，隆以兄子鉴为赵王掾，诸子悉在京洛，故犹豫未决。主簿赵诱、前秀才虞潭白隆曰："当今上计，明使君自将精兵径赴齐王；中计，明使君可留督摄，速遣猛将率精兵疾赴；下计，示遣兵将助，而称背伦。"隆素敬别驾顾彦，密与谋之。彦曰："赵诱下计，乃上策也。"西曹留承闻彦言，请见，曰："不审明使君当令何施？"隆曰："我俱受二帝恩，无所偏助，惟欲守州而已。"承曰："天下者，世祖皇帝之天下也。太上承代已积十年，今上取四海不平，齐王应天顺时，成败之事可见。使君若顾二帝，自可不行，宜急下檄文，速遣精兵猛将。若其疑惑，此州岂可得保也！"隆无所言，而停檄六日。时宁远将军陈留王邃领东海都尉，镇石头，隆军人西赴邃甚众。隆遣从事于牛渚禁之，不得止。将士愤怒，夜扶邃为主而攻之，隆父子皆死，顾彦亦被害，诬隆聚合远近，图为不轨。隆之死也，时议莫不痛惜焉。

史臣曰：忠臣本乎孝子，奉上资乎爱亲，自家刑国，于斯极矣。太真性履纯深，誉流邦族，始则承颜候色，老莱弗之加也；既而辞亲蹈义，申胥何以尚焉！封狐万里，投躯而弗顾；獩貐千群，探穴而忘死。竟能宣力王室，扬名本朝，负荷受遗，继之全节。言念主辱，义声动于天地；祗赴国屯，信誓明于日有。枕戈雨泣，若雪分天之仇；皇舆旋轸，卒复夷庚之躅。微夫人之诚恳，大盗几移国乎！道徽儒雅，柔而有正，协德始发，颇均连璧。方回踬武，弈世登台。露冕为饰，援高人以同志，抑惟大隐者欤！爱子云亡，省遗文而辍泣，殊有大义之风矣。

赞曰：太真怀贞，勤宣乃诚。谋敦虮峻，奋节摛名。道徽忠劲，高芬远映。惜克负荷,超惭雅正。

晋书卷六八
列传第三八

顾荣　纪瞻　贺循 杨方　薛兼

　　顾荣，字彦先，吴国吴人也。为南土著姓。祖雍，吴丞相。父穆，宜都太守。荣机神朗悟，弱冠仕吴，为黄门侍郎、太子辅义都尉。吴平，与陆机兄弟同入洛，时人号为“三俊”。例拜为郎中，历尚书郎、太子中舍人、廷尉正。恒纵酒酣畅，谓友人张翰曰：“惟酒可以忘忧，但无如作病何耳。”

　　会赵王伦诛淮南王允，收允僚属付廷尉，皆欲诛之，荣平心处当，多所全宥。及伦篡位，伦子虔为大将军，以荣为长史。初，荣与同僚宴饮，见执炙者貌状不凡，有欲炙之色，荣割炙啖之。坐者问其故，荣曰：“岂有终日执之而不知其味！”及伦败，荣被执，将诛，而执炙者为督率，救之，得免。

　　齐王冏召为大司马主簿。冏擅权骄恣，荣惧及祸，终日昏酣，不综府事，以情告友人长乐冯熊。熊谓冏长史葛旟曰：“以顾荣为主簿，所以甄拔才望，委以事机，不复计南北亲疏，欲平海内之心也。今府大事殷，非酒客之政。”旟曰：“荣江南望士，且居职日浅，不宜轻代易之。”熊曰：“可转为中书侍郎，荣不失清显，而府更收实才。”旟然之，白冏，以为中书侍郎。在职不复饮酒。人或问之曰：“何前醉而后醒邪？”荣惧罪，乃复更饮。与州里杨彦明书曰：“吾为齐王主簿，恒虑祸及，见刀与绳，每欲自杀，但人不知耳。”及冏诛，荣以讨葛旟功，封嘉兴伯，转太子中庶子。

长沙王乂为骠骑,复以荣为长史。乂败,转成都王颖丞相从事中郎。惠帝幸临漳,以荣兼侍中,遣行园陵。会张方据洛,不得进,避之陈留。及帝西迁长安,征为散骑常侍,以世乱不应,遂还吴。东海王越聚兵于徐州,以荣为军谘祭酒。

属广陵相陈敏反,南渡江,逐扬州刺史刘机、丹杨内史王旷,阻兵据州,分置子弟为列郡,收礼豪桀,有孙氏鼎峙之计。假荣右将军、丹杨内史。荣数践危亡之际,恒以恭逊自勉。会敏欲诛诸士人,荣说之曰:"中国丧乱,胡夷内侮,观太傅今日不能复振华夏,百姓无复遗种。江南虽有石冰之寇,人物尚全。荣常忧无窦氏、孙、刘之策,有以存之耳。今将军怀神武之略,有孙吴之能,功勋效于已著,勇略冠于当世,带甲数万,舳舻山积,上方虽有数州,亦可传檄而定也。若能委信君子,各得尽怀,散蒂芥之恨,塞谗谄之口,则大事可图也。"敏纳其言,悉引诸家豪族委任之。敏乃遣甘卓出横江,坚甲利器,尽以委之。荣私于卓曰:"若江东之事可济,当共成之。然卿观事势当有济理不?敏既常才,本无大略,政令反覆,计无所定,然其子弟各已骄矜,其败必矣。而吾等安然受其官禄,事败之日,使江西诸军函首送洛,题曰逆贼顾荣、甘卓之首,岂惟一身颠覆,辱及万世,可不图之!"卓从之。明年,周玘与荣及甘卓、纪瞻潜谋起兵攻敏。荣废桥敛舟于南岸,敏率万余人出,不获济,荣麾以羽扇,其众溃散。事平,还吴。永嘉初,征拜侍中,行至彭城,见祸难方作,遂轻舟而还,语在《纪瞻传》。

元帝镇江东,以荣为军司,加散骑常侍,凡所谋画,皆以谘焉。荣既南州望士,躬处右职,朝野甚推敬之。时帝所幸郑贵嫔有疾,以祈祷颇废万机,荣上笺谏曰:"昔文王父子兄弟乃有三圣,可谓穷理者也。而文王日昃不暇食,周公沐三捉发,何哉?诚以一日万机,不可不理;一言蹉跌,患必及之故也。当今衰季之末,属乱离之运,而天子流播,豺狼塞路,公宜露营野次,星言夙驾,伏轼怒蛙以募勇士,悬胆于庭以表辛苦。贵嫔未安,药石实急;祷祀之事,诚复可修;岂有便塞参佐白事,断宾客问讯?今强贼临境,流言满国,人心万端，去就纷纭。愿冲虚纳下，广延俊彦，思画今日之要，塞鬼道淫祀，弘九合之勤，雪天下之耻，则群生有赖，开泰有期矣。"

时南土之士未尽才用，荣又言："陆士光贞正清贵，金玉其质；甘季思忠款尽诚，胆干殊快；殷庆兄质略有明规，文武可施用；荣族兄公让明亮守节，困不易操；会稽杨彦明、谢行言皆服膺儒教，足为公望；贺生沉潜，青云之士；陶恭兄弟才干虽少，实事极佳。凡此诸人，皆南金也。"书奏，皆纳之。

六年，卒官。帝临丧尽哀，欲表赠荣，依齐王功臣格。吴郡内史殷祐笺曰：

昔贼臣陈敏冯宠藉权，滔天作乱，兄弟姻娅盘固州郡，威逼士庶以为臣仆，于时贤愚计无所出。故散骑常侍、安东军司、嘉兴伯顾荣经德体道，谋猷弘远，忠贞之节，在困弥厉。崎岖艰险之中，逼迫奸逆之下，每惟社稷，发愤慷忾。密结腹心，同谋致讨。信著群士，名冠东夏，德声所振，莫不响应，荷戈骏奔，其会如林。荣躬当矢石，为众率先，忠义奋发，忘家为国，历年逋寇，一朝土崩，兵不血刃，荡平六州，勋茂上代，义彰天下。

伏闻论功依故大司马齐王格，不在帷幕密谋参议之例，下附州征野战之比，不得进爵拓土，赐拜子弟，遐迩同叹，江表失望。齐王亲则近属，位为方岳，杖节握兵，都督近畿，外有五国之援，内有宗室之助，称兵弥时，役连天下，元功虽建，所丧亦多。荣众无一旅，任非藩翰，孤绝江外，王命不通，临危独断，以身殉国，官无一金之费，人无终朝之劳。元恶既殄，高尚成功，封闭仓廪，以俟大军，故国安物阜，以义成俗，今日匡霸事举，未必不由此而隆也。方之于齐，强弱不同，优劣亦异。至于齐府参佐，扶义助强，非创谋之主，皆锡珪受瑞，或公或侯。荣首建密谋，为方面明主，功高元帅，赏卑下佐，上亏经国纪功之班，下孤忠义授命之士。

夫考绩幽明，王教所崇，况若荣者，济难宁国，应天先事，历观古今，未有立功若彼，酬报如此者也。

由是赠荣侍中、骠骑将军、开府仪同三司，谥曰元。及帝为晋王，追封为公，开国，食邑。

荣素好琴，及卒，家人常置于灵座。吴郡张翰哭之恸，既而上床鼓琴数曲，抚琴而叹曰："顾彦先复能赏此不？"因又恸哭，不吊丧主而去。子毗嗣，官至散骑侍郎。

纪瞻，字思远，丹杨秣陵人也。祖亮，吴尚书令。父陟，光禄大夫。瞻少以方直知名。吴平，徙家历阳郡。察孝廉，不行。

后举秀才，尚书郎陆机策之曰："昔三代明王，启建洪业，文质殊制，而令名一致。然夏人尚忠，忠之弊也朴，救朴莫若敬。殷人革而修焉，敬之弊也鬼，救鬼莫若文。周人矫而变焉，文之弊也薄，救薄则又反之于忠。然则王道之反覆其无一定邪？亦所祖之不同而功业各异也？自无圣王，人散久矣。三代之损益，百姓之变迁，其故可得而闻邪？今将反古以救其弊，明风以荡其秽，三代之制将何所从？太古之化有何异道？"瞻对曰："瞻闻，有国有家者，皆欲迈化隆政，以康庶绩，垂歌亿载，永传于后。然而俗变事弊，得不随时，虽经圣哲，无以易也。故忠弊质野，敬失多仪。周鉴二王之弊，崇文以辩等差，而流遁者归薄而无款诚，款诚之薄，则又反之于忠。三代相循，如水济火，所谓随时之义，救弊之术也。羲皇简朴，无为而化；后圣因承，所务或异。非贤圣之不同，世变使之然耳。今大晋阐元，圣功日济，承天顺时，九有一贯，荒服之君，莫不来同。然而大道既往，人变由久，谓当今之政宜去文存朴，以反其本，则兆庶渐化，大和可致也。"

又问："在昔哲王象事备物，明堂所以崇上帝，清庙所以宁祖考，辟雍所以班礼教，太学所以讲艺文，此盖有国之盛典，为邦之大司。亡秦废学，制度荒阙。诸儒之论，损益异物。汉氏遗作，居为异事，而蔡邕《月令》谓之一物。将何所从？"对曰："周制明堂，所以宗其祖以配上帝，敬恭明祀，永光孝道也。其大数有六。古者圣帝明王南面而听政，其六则以明堂为主。又其正中，皆云太庙，以顺天时，施行法令，宗祀养老，训学讲肄，朝诸侯而选造士，备礼辩物，一教化之由也。故取其宗祀之类，则曰清庙；取其正室之貌，则曰太庙；取其室，则曰太室；取其堂，则曰明堂；取其四门之学，则曰太学；取其周水圜如璧，则曰璧雍。异名同事，其实一也。是以蔡邕谓之一物。"

又问："庶明亮采，故时雍穆唐；有命既集，而多士隆周。故《书》称明良之歌，《易》贵金兰之美。此长世所以废兴，有邦所以崇替。夫成功之君勤于求才，立名之士急于招世，理无世不对，而事千载恒背。古之兴王何道而如彼？后之衰世何阙而如此？"对曰："兴隆之政务在得贤，清平之化急于拔才，故二八登庸，则百揆序；有乱十人，而天下泰。武丁擢傅岩之徒，周文携渭滨之士，居之上司，委之国政，故能龙奋天衢，垂勋百代。先王身下白屋，搜扬仄陋，使山无扶苏之才，野无《伐檀》之咏。是以化厚物感，神祇来应，翔凤飘摇，甘露丰坠，醴泉吐液，朱草自生，万物滋茂，日月重光，和气四塞，大道以成；序君臣之义，敦父子之亲，明夫妇之道，别长幼之宜，自九州，被八荒，海外移心，重译入贡，颂声穆穆，南面垂拱也。今贡贤之涂已阒，而教学之务未广，是以进竞之志恒锐，而务学之心不修。若辟四门以延造士，宣五教以明令德，考绩殿最，审其优劣，厝之百僚，置之群司，使调物度宜，节宣国典，必协康济哉，符契往代，明良来应，金兰复存也。"

又问："昔唐虞垂五刑之教，周公明四罪之制，故世叹清问而时歌缉熙。奸宄既殷，法物滋有。叔世崇三辟之文，暴秦加族诛之律，淫刑沦胥，虐滥已甚。汉魏遵承，因而弗革。亦由险泰不同，而救世异术，不得已而用之故也。宽克之中，将何立而可？族诛之法足为永制与不？"对曰："二仪分则兆庶生，兆庶生则利害作。利害之作，有由而然也。太古之时，化道德之教，贱勇力而贵仁义。仁义贵则强不陵弱，众不暴寡。三皇结绳而天下泰，非惟象刑缉熙而已也。且太古知法，所以远狱。及其末，不失有罪，是以狱用弥繁，而人弥暴，法令滋章，盗贼多有。《书》曰：'惟敬五刑，以成三德。'叔世道衰，既兴三辟,而文公之弊,又加族诛,淫刑沦胥,感伤和气,化染后代,不能变改。故汉祖指麾而六合响应,魏承汉末,因而未革,将以俗变由久,权时之宜也。今四海一统,人思反本,渐尚简朴,则贪夫不竞;尊贤黜否,则不仁者远。尔则斟参夷之刑,除族诛之律,品物各顺其生,缉熙异世而偕也。”

又问曰:“夫五行迭代,阴阳相须,二仪所以陶育,四时所以化生。《易》称‘在天成象,在地成形’。形象之作,相须之道也。若阴阳不调,则大数不得不否;一气偏废,则万物不得独成。此应同之至验,不偏之明证也。今有温泉而无寒火,其故何也?思闻辩之,以释不同之理。”对曰:“盖闻阴阳升降,山泽通气,初九纯卦,潜龙勿用,泉源所托,其温宜也。若夫水润下,火炎上,刚柔燥湿,自然之性,故阳动而外,阴静而内。内性柔弱,以含容为资;外动刚直,以外接为用。是以金水之明内鉴,火日之光外辉,刚施柔受,阳胜阴伏。水之受温,含容之性也。”

又问曰:“夫穷神知化,才之尽称;备物致用,功之极目。以之为政,则黄羲之规可蹱;以之革乱,则玄古之风可绍。然而唐虞密皇人之阔网,夏殷繁帝者之约法,机心起而日进,淳德往而莫返。岂太朴一离,理不可振,将圣人之道稍有降杀邪?”对曰:“政因时以兴,机随物而动,故圣王究穷通之源,审始终之理,适时之宜,期于济世。皇代质朴,祸难不作,结绳为信,人知所守。大道既离,智惠扰物,夷险不同,否泰异数,故唐虞密皇人之网,夏殷繁帝者之法,皆废兴有由,轻重以节,此穷神之道,知化之术,随时之宜,非有降杀也。”

永康初,州又举寒素,大司马辟东阁祭酒。其年,除鄢陵公国相,不之官。明年,左降松滋侯相。太安中,弃官归家,与顾荣等共诛陈敏,语在《荣传》。

召拜尚书郎,与荣同赴洛,在途共论《易》太极。荣曰:“太极者,盖谓混沌之时曚昧未分,日月含其辉,八卦隐其神,天地混其体,圣人藏其身。然后廓然既变,清浊乃陈,二仪著象,阴阳交泰,万物始萌,六合闿拓。《老子》云‘有物混成,先天地生’,诚《易》之太极也。

而王氏云'太极天地',愚谓未当。夫两仪之谓,以体为称,则是天地;以气为名,则名阴阳。今若谓太极为天地,则是天地自生,无生天地者也。《老子》又云'天地所以能长且久者,以其不自生,故能长久','一生二,二生三,三生万物',以资始冲气以为和。原元气之本,求天地之根,恐宜以此为准也。"瞻曰:"昔庖牺画八卦,阴阳之理尽矣。文王、仲尼系其遗业,三圣相承,共同一致,称《易》准天,无复其余也。夫天清地平,两仪交泰,四时推移,日月辉其间,自然之数,虽经诸圣,孰知其始。吾子云'曚昧未分',岂其然乎!圣人,人也,安得混沌之初能藏其身于未分之内!老氏先天之言,此盖虚诞之说,非《易》者之意也。亦谓吾子神通体解,所不应疑。意者直谓太极极尽之称,言其理极,无复外形;外形既极,而生两仪。王氏指向可谓近之。古人举至极以为验,谓二仪生于此,非复谓有父母。若必有父母,非天地其孰在?"荣遂止。至徐州,闻乱日甚,将不行。会刺史裴盾得东海王越书,若荣等顾望,以军礼发遣,乃与荣及陆玩等各解船弃车牛,不一夜行三百里,得还扬州。

元帝为安东将军,引为军谘祭酒,转镇东长史。帝亲幸瞻宅,与之同乘而归。以讨周馥、华轶功,封都乡侯。石勒入寇,加扬威将军、都督京口以南至芜湖诸军事,以距勒。勒退,除会稽内史。时有诈作大将军府符收诸暨令,令已受拘,瞻觉其诈,便破槛出之,讯问使者,果伏诈妄。寻迁丞相军谘祭酒。论讨陈敏功,封临湘县侯。西台除侍中,不就。

及长安不守,与王导俱入劝进。帝不许。瞻曰:"陛下性与天道,犹复役机神于史籍,观古人之成败,今世事举目可知,不为难见。二帝失御,宗庙虚废,神器去晋,于今二载,梓宫未殡,人神失御。陛下膺箓受图,特天所授。使六合革面,遐荒来庭,宗庙既建,神主复安,亿兆向风,殊俗毕至,若列宿之绾北极,百川之归巨海,而犹欲守匹夫之谦,非所以阐七庙,隆中兴也。但国贼宜诛,当以此屈己谢天下耳。而欲逆天时,违人事,失地利,三者一去,虽复倾匡于将来,岂得救祖宗之危急哉!适时之宜万端,其可纲维大业者,惟理与当。晋

祚屯否,理尽于今。促之则得,可以隆中兴之祚;纵之则失,所以资
奸寇之权;此所谓理也。陛下身当厄运,篡承帝绪,顾望宗室,谁复
与让! 当承大位,此所谓当也。四祖廓开宇宙,大业如此。今五都
燔荡,宗庙无主,刘载窃弄神器于西北,陛下方欲高让于东南,此所
谓揖让而救火也。臣等区区,尚所不许,况大人与天地合德,日月并
明,而可以失机后时哉!”帝犹不许,使殿中将军韩绩彻去御坐。瞻
叱绩曰:“帝坐上应星宿,敢有动者斩!”帝为之改容。

及帝践位,拜侍中,转尚书,上疏谏诤,多所匡益,帝甚嘉其忠
烈。会久疾,不堪朝请,上疏曰:

臣疾疢不瘳,旷废转久,比陈诚款,未见哀察。重以尸素,
抱罪枕席,忧责之重,不知垂没之余当所投厝。臣闻易失者时,
不再者年,故古以志士义人负鼎趣走,商歌于市,诚欲及时效
其忠规,名传不朽也。然失之者亿万,得之者一两耳。常人之
情,贪求荣利。臣以凡庸,邂逅遭遇,劳无负俎,口不商歌,横逢
大运,频烦饕窃。虽慕古人自效之志,竟无豪厘报塞之效,而犬
马齿衰,众疾废顿,僵卧救命,百有余日,叩棺曳衾,日顿一日。
如复天假之年,蒙陛下行苇之惠,适可薄存性命,枕息陋巷,亦
无由复厕八坐,升降台阁也。臣目冥齿堕,胸腹冰冷,创既不
差,足复偏跛,为病受困,既以荼毒。七十之年,礼典所遗,衰老
之征,皎然露见。臣虽欲勤自藏护,隐伏何地!

臣之职掌,户口租税,国之所重。方今六合波荡,人未安
居,始被大化,百度草创,发卒转运,皆须人力。以臣平强,兼以
晨夜,尚不及事,今俟命漏刻,而当久停机职,使王事有废。若
朝廷以之广恩,则忧责日重;以之序官,则官废事弊;须臣差,
则臣日月衰退。今以天慈,使官旷事滞,臣受偏私之宥,于大望
亦有亏损。今万国革面,贤俊比迹,而当虚停好爵,不以縻贤,
以臣秽病之余,妨官固职,诚非古今黜进之急。惟陛下割不已
之仁,赐以敝帷,阽仆之日,得以藉尸;时铨俊乂,使官修事举,
臣免罪戮,死生厚幸!

因以疾免。寻除尚书右仆射,屡辞不听,遂称病笃,还第,不许。

时郗鉴据邹山,屡为石勒等所侵逼。瞻以鉴有将相之材,恐朝廷弃而不恤,上疏请征之,曰:"臣闻皇代之兴,必有爪牙之佐,扦城之用,帝王之利器也。故虞舜举十六相而南面垂拱。伏见前辅国将军郗鉴,少立高操,体清望峻,文武之略,时之良干。昔与戴若思同辟,推放荒地,所在孤特,众无一旅,救援不至。然能绥集残余,据险历载,遂使凶寇不敢南侵。但士众单寡,无以立功,既统名州,又为常伯。若使鉴从容台阁,出内王命,必能尽抗直之规,补衮职之阙。自先朝以来,诸所授用,已有成比。戴若思以尚书为六州都督、征西将军,复加常侍,刘隗镇北,陈眕镇东。以鉴年时,则与若思同;以资,则俱八坐。况鉴雅望清重,一代名器。圣朝以至公临天下,惟平是与,是以臣寝顿陋巷,思尽闻见,惟开圣怀,垂问臣导,冀有豪厘万分之一。"

明帝尝独引瞻于广室,慨然忧天下,曰:"社稷之臣,欲无复十人,如何?"因屈指曰:"君便其一。"瞻辞让。帝曰:"方欲与君善语,复云何崇谦让邪!"瞻才兼文武,朝廷称其忠亮雅正。俄转领军将军,当时服其严毅。虽恒疾病,六军敬惮之。瞻以久病,请去官,不听,复加散骑常侍。及王敦之逆,帝使谓瞻曰:"卿虽病,但为朕卧护六军,所益多矣。"乃赐布千匹。瞻不以归家,分赏将士。贼平,复自表还家,帝不许,固辞不起。诏曰:"瞻忠亮雅正,识局经济,屡以年耆病久,逡巡告诚。朕深明此操,重为高志,今听所执,其以为骠骑将军,常侍如故。服物制度,一按旧典。"遣使就拜,止家为府。寻卒,时年七十二。册赠本官、开府仪同三司,谥曰穆,遣御史持节监护丧事。论讨王含功,追封华容子,降先爵二等,封次子一人亭侯。

瞻性静默,少交游,好读书,或手自抄写,凡所著述,诗赋笺表数十篇。兼解音乐,殆尽其妙。厚自奉养,立宅于乌衣巷,馆宇崇丽,园池竹木,有足赏玩焉。慎行爱士,老而弥笃。尚书闵鸿、太常薛兼、广川太守河南褚沉、给事中宣城章辽、历阳太守沛国武陔,并与瞻素疏,咸藉其高义,临终托后于瞻。瞻悉营护其家,为起居宅,同于骨肉焉。少与陆机兄弟亲善，及机被诛，赡恤其家周至，及嫁机女，资送同于所生。

长子景早卒。景子友嗣，官至廷尉。景弟鉴，太子庶子、大将军从事中郎，先瞻卒。

贺循，字彦先，会稽山阴人也。其先庆普，汉世传《礼》，世所谓庆氏学。族高祖纯，博学有重名，汉安帝时为侍中，避安帝父讳，改为贺氏。曾祖齐，仕吴为名将。祖景，灭贼校尉。父邵，中书令，为孙皓所杀，徙家属边郡。

循少婴家难，流放海隅，吴平，乃还本郡。操尚高厉，童龀不群，言行进止，必以礼让。国相丁乂请为五官掾。刺史稽喜举秀才，除阳羡令，以宽惠为本，不求课最。后为武康令，俗多厚葬，及有拘忌回避岁月，停丧不葬者，循皆禁焉。政教大行，邻城宗之。然无援于朝，久不进序。著作郎陆机上疏荐循曰："伏见武康令贺循德量邃茂，才鉴清远，服膺道素，风操凝峻，历试二城，刑政肃穆。前蒸阳令郭讷风度简旷，器识朗拔，通济敏悟，才足干事。循守下县，编名凡悴；讷归家巷，栖迟有年。皆出自新邦，朝无知己，居在遐外，志不自营，年时倏忽，而邈无阶绪，实州党愚智所为恨恨。臣等伏思台郎所以使州州有人，非徒以均分显路，惠及外州而已。诚以庶士殊风，四方异俗，壅隔之害，远国益甚。至于荆、扬二州，户各数十万，今扬州无郎，而荆州江南乃无一人为京城职者，诚非圣朝待四方之本心。至于才望资品，循可尚书郎，讷可太子洗马、舍人。此乃众望所积，非但企及清涂，苟充方选也。谨条资品，乞蒙简察。"久之，召补太子舍人。

赵王伦篡位，转侍御史，辞疾去职。后除南中郎长史，不就。会逆贼李辰起兵江夏，征镇不能讨，皆望尘奔走。辰别帅石冰略有扬州，逐会稽相张景，以前宁远护军程超代之，以其长史宰与领山阴令。前南平内史王矩、吴兴内史顾秘、前秀才周玘等唱义，传檄州郡以讨之，循亦合众应之。冰大将抗宠有众数千，屯郡讲堂。循移檄于宠，为陈逆顺，宠遂遁走，超、与皆降，一郡悉平。循迎景还郡，即谢遣兵士，杜门不出，论功报赏，一无豫焉。

及陈敏之乱，诈称诏书，以循为丹杨内史。循辞以脚疾，手不制笔，又服寒食散，露发袒身，示不可用，敏竟不敢逼。是时州内豪杰皆见维縶，或有老疾，就加秩命，惟循与吴郡朱诞不豫其事。及敏破，征东将军周馥上循领会稽相，寻除吴国内史，公车征贤良，皆不就。

元帝为安东将军，复上循为吴国内史，与循言及吴时事，因问曰："孙皓尝烧锯截一贺头，是谁邪？"循未及言，帝悟曰："是贺邵也。"循流涕曰："先父遭遇无道，循创巨痛深，无以上答。"帝甚愧之，三日不出。东海王越命为参军，征拜博士，并不起。

及帝迁镇东大将军，以军司顾荣卒，引循代之。循称疾笃，笺疏十余上。帝遗之书曰：

夫百行不同，故出处道殊，因性而用，各任其真耳。当宇宙清泰，彝伦攸序，随运所遇，动默在己。或有遁栖同蹈，轻举绝俗，逍遥养和，恬神自足，斯盖道隆人逸，势使其然。若乃时运屯弊，主危国急，义士救时，驱驰拯世，烛之武乘缒以入秦，园绮弹冠而匡汉，岂非大雅君子卷舒合道乎！

虚薄寡德，忝备近亲，谬荷宠位，受任方镇，飡服玄风，景羡高矩，常愿乘结驷之轩轨，策柴筚而造门，徒有其怀，而无从贤之实者何？良以寇逆殷扰，诸夏分崩，皇居失御，黎元荼毒，是以日夜忧怀，慷慨发愤，志在竭节耳。

前者顾公临朝，深赖高算。元凯既登，巢、许获逸。至于今日，所谓道之云亡，邦国殄瘁，群望颙颙，实在君侯。苟义之所在，岂得让劳居逸！想达者亦一以贯之也。庶禀徽猷，以弘远规。今上尚书，屈德为军司，谨遣参军沈祯衔命奉授，望必屈临，以副倾迟。

循犹不起。

及帝承制，复以为军谘祭酒。循称疾，敦逼不得已，乃舆疾至。

帝亲幸其舟，因谘以政道。循羸疾不堪拜谒，乃就加朝服，赐第一区，车马床帐衣褥等物。循辞让，一无所受。

时廷尉张闿住在小市，将夺左右近宅以广其居，乃私作都门，早闭晏开，人多患之，讼于州府，皆不见省。会循出，至破冈，连名诣循质之。循曰："见张廷尉，当为言及之。"闿闻而遽毁其门，诣循至谢。其为世所敬服如此。

时江东草创，盗贼多有，帝思所以防之，以问于循。循答曰："江道万里，通涉五州，朝贡商旅之所来往也。今议者欲出宣城以镇江渚，或欲使诸县领兵。愚谓令长威弱，而兼才难备，发惮役之人，而御之不肃，恐未必为用。以循所闻，江中剧地惟有阖庐一处，地势险奥，亡逃所聚。特宜以重兵备戍，随势讨除，绝其根蒂。沿江诸县各有分界，分界之内，官长所任，自可度土分力，多置亭候，恒使徼行，峻其纲目，严其刑赏，使越常科，勤则有殊荣之报，堕则有一身之罪，谓于大理不得不肃。所给人以时番休，役不至困，代易有期。案汉制十里一亭，亦以防禁切密故也。当今纵不能尔，要宜筹量，使力足相周。若寇劫强多，不能独制者，可指其踪迹，言所在都督寻当致讨。今不明部分，使所在百姓与军家杂其徼备，两情俱堕，莫适任负，故所以徒有备名而不能为益者也。"帝从之。

及愍帝即位，征为宗正。元帝在镇，又表为侍中，道险不行。以讨华轶功，将封乡侯，循自以卧疾私门，固让不受。建武初，为中书令，加散骑常侍，又以老疾固辞。帝下令曰："孤以寡德，忝当大位，若涉巨川，罔知所凭。循言行以礼，乃时之望，俗之表也。实赖其谋猷，以康万机。疾患有素，犹望卧相规辅，而固守抗谦，自陈恳至，此贤履信斯顺，苟以让为高者也。今从其所执。"于是改拜太常，常侍如故。循以九卿旧不加官，今又疾患，不宜兼处此职，惟拜太常而已。

时宗庙始建，旧仪多阙，或以惠、怀二帝应各为世，则颍川世数过七，宜在迭毁。事下太常。循议以为：

礼，兄弟不相为后，不得以承代为世。殷之盘庚不序阳甲，汉之光武不继成帝,别立庙寝,使臣下祭之,此前代之明典,而承继之著义也。惠帝无后,怀帝承统,弟不后兄,则怀帝自上继世祖,不继惠帝,当同殷之阳甲,汉之成帝。议者以圣德冲远,未便改旧。诸如此礼,通所未论。是以惠帝尚在太庙,而怀帝复入,数则盈八。盈八之理,由惠帝不出,非上祖宜迁也。下世既升,上世乃迁,迁毁对代,不得相通,未有下升一世而上毁二世者也。惠、怀二帝俱继世祖,兄弟旁亲,同为一世,而上毁二为一世。今已惠帝之崩已毁豫章,怀帝之入复毁颍川,如此则一世再迁,祖位横折,求之古义,未见此例。惠帝宜出,尚未轻论,况可轻毁一祖而无义例乎?颍川既无可毁之理,则见神之数居然自八,此尽有由而然,非谓数之常也。既有八神,则不得不于七室之外权安一位也。至尊于惠怀俱是兄弟,自上后世祖,不继二帝,则二帝之神行应别出,不为庙中恒有八室也。又武帝初成太庙时,正神止七,而杨元后之神亦权立一室。永熙元年,告世祖谥于太庙八室,此是苟有八神,不拘于七之旧例也。

又议者以景帝俱已在庙,则惠、怀一例。景帝盛德元功,王基之本,义著祖宗,百世不毁,故所以特在本庙,且亦世代尚近,数得相容,安神而已,无逼上祖,如王氏昭穆既满,终应别庙也。以今方之,既轻重义异,又七庙七世之亲;昭穆,父子位也。若当兄弟旁满,辄毁上祖,则祖位空悬,世数不足,何取于三昭三穆与太祖之庙然后成七哉!今七庙之义,出于王氏。从祢以上至于高祖,亲庙四世,高祖以上复有五世六世无服之祖,故为三昭三穆并太祖而七也。故世祖郊定庙礼,京兆、颍川曾、高之亲,豫章五世,征西六世,以应此义。今至尊继统,亦宜有五六世之祖,豫章六世,颍川五世,俱不应毁。今既云豫章先毁,又当重毁颍川,此为庙中之亲惟从高祖已下,无复高祖以上二世之祖,于王氏之义,三昭三穆废阙其二,甚非宗庙之本所据承,又违世祖祭征西、豫章之意,于一王定礼所阙不少。

时尚书仆射刁协与循异议,循答义深备,辞多不载,意从循议焉。朝廷疑滞皆谘之于循,循辄依经礼而对,为当世儒宗。

其后帝以循清贫,下令曰:"循冰清玉洁,行为俗表,位处上卿,而居身服物盖周形而已,屋室财庇风雨。孤近造其庐,以为慨然。其赐六尺床荐席褥并钱二十万,以表至德,畅孤意焉。"循又让,不许,不得已留之,初不服用。及帝践位,有司奏琅邪恭王宜称皇考,循又议曰:"案礼,子不敢以己爵加父。"帝纳之。俄以循行太子太傅,太常如故。

循自以枕疾废顿,臣节不修,上隆降尊之义,下替交叙之敬,惧非垂典之教也,累表固让。帝以循体德率物,有不言之益,敦厉备至,期于不许,命皇太子亲往拜焉。循有羸疾,而恭于接对;诏断宾客,其崇遇如此。疾渐笃,表乞骸骨,上还印绶,改授左光禄大夫、开府仪同三司。帝临轩,遣使持节,加印绶。循虽口不能言,指麾左右,推去章服。车驾亲幸,执手流涕。太子亲临三焉,往还皆拜,儒者以为荣。太兴二年卒,时年六十。帝素服举哀,哭之甚恸。赠司空,谥曰穆。将葬,帝又出临其枢,哭之尽哀,遣兼侍御史持节监护。皇太子追送近涂,望船流涕。

循少玩篇籍,善属文,博览众书,尤精礼传。雅有知人之鉴,拔同郡杨方于卑陋,卒成名于世。子隰,康帝时官至临海太守。

杨方者,字公回。少好学,有异才。初为郡铃下威仪,公事之暇,辄读《五经》,乡邑未之知。内史诸葛恢见而奇之,待以门人之礼,由是始得周旋贵人间。时虞喜兄弟以儒学立名,雅爱方,为之延誉。恢尝遣方为文,荐郡功曹主簿。虞预称美之,送以示循。循报书曰:"此子开拔有志,意只言异于凡狠耳,不图伟才如此。其文甚有奇分,若出其胸臆,乃是一国所推,岂但牧竖中逸群邪!闻处旧党之中,好有谦冲之行,此亦立身之一隅。然世衰道丧,人物凋弊,每闻一介之徒有向道之志,冀之愿之。如方者乃荒莱之特苗,卤田之善秀,姿质已良,但沾染未足耳;移植丰壤,必成嘉谷。足下才为世英,位为朝右,道隆化立,然后为贵。昔许子将拔樊仲昭于贾竖,郭林宗成魏德公于畎亩。足下志隆此业,二贤之功不为难及也。”循遂称方于京师。司徒王导辟为掾,转东安太守,迁司徒参军事。

方在都邑,缙绅之士咸厚遇之,自以地寒,不愿久留京华,求补远郡,欲闲居著述。导从之,上补高梁太守。在郡积年,著《五经钩沉》,更撰《吴越春秋》,并杂文笔,皆行于世。以年老,弃郡归。导将进之台阁,固辞还乡里,终于家。

薛兼,字令长,丹杨人也。祖综,仕吴为尚书仆射。父莹,有名吴朝。吴平,为散骑常侍。兼清素有器宇,少与同郡纪瞻、广陵闵鸿、吴郡顾荣、会稽贺循齐名,号为“五俊”。

初入洛,司空张华见而奇之,曰:“皆南金也。”察河南孝廉,辟公府,除比阳相,莅任有能名。历太子洗马、散骑常侍、怀令。司空、东海王越引为参军,转祭酒,赐爵安阳亭侯。元帝为安东将军,以为军谘祭酒,稍迁丞相长史。甚勤王事,以上佐禄优,每自约损,取周而已。进爵安阳乡侯,拜丹阳太守。中兴建,转尹,加秩中二千石,迁尚书,领太子少傅。自综至兼,三世傅东宫,谈者美之。

永昌初,王敦表兼为太常。明帝即位,加散骑常侍。帝以东宫时师傅,犹宜尽敬,乃下诏曰:“朕以不德,夙遭闵凶。猥以眇身,托于王公之上。哀茕在疚,靡所谘仰,忧怀惕惕,如临于谷。孔子有云:‘故虽天子,必有尊也’。朕将祗奉先师之礼,以谘有德。太宰西阳王秩尊望重,在贵思降。丞相武昌公、司空即丘子体道高邈,勋德兼备,先帝执友,朕之师傅。太常安阳乡侯训保朕躬,忠肃笃诚。夫崇亲尊贤,先帝所重,朕见四君及书疏仪体,一如东宫故事。”是岁,卒。诏曰:“太常、安阳乡侯兼,履德冲素,尽忠恪己。方赖德训,弘济政道,不幸殂殒,痛于厥心!今遣持节侍御史赠左光禄大夫、开府仪同三司。魂而有灵,嘉兹荣宠。”及葬,属王敦作逆,朝廷多故,不得议谥,直遣使者祭以太牢。子顗,先兼卒,无后。

史臣曰:元帝树基淮海,百度权舆,梦想群才,共康庶绩。顾、纪、贺、薛等并南金东箭,世胄高门,委质霸朝,豫闻邦政;典宪资其刊辑,帷幄仁其谋猷;望重缙绅,任惟元凯,官成名立,光国荣家。非惟感会所钟,抑亦材能斯至。而循位登保傅,朝望特隆,遂使銮跸降临,承明下拜。虽西汉之恩崇张禹,东都之礼重桓荣,弗是过也。

　　赞曰:彦先通识,思远方直。薛既清贞,贺惟学植。逢时遇主,抟风矫翼。

晋书卷六九
列传第三九

刘隗　孙波　刁协　子彝　彝子逵
戴若思　弟邈　周颛　子闵

刘隗，字大连，彭城人，楚元王交之后也。父砥，东光令。隗少有文翰，起家秘书郎，稍迁冠军将军、彭城内史。避乱渡江，元帝以为从事中郎。

隗雅习文史，善求人主意，帝深器遇之。迁丞相司直，委以刑宪。时建康尉收护军士，而为府将篡取之，隗奏免护军将军戴若思官。世子文学王籍之居叔母丧而婚，隗奏之，帝下令曰："《诗》称'杀礼多婚，以会男女之无夫家'，正今日之谓也，可一解禁止。自今以后，宜为其防。"东阁祭酒颜含在叔父丧嫁女，隗又奏之。庐江太守梁龛明日当除妇服，今日请客奏伎，丞相长史周颛等三十余人同会，隗奏曰："夫嫡妻长子皆杖居庐，故周景王有三年之丧，既除而宴，《春秋》犹讥，况龛匹夫，暮宴朝祥，慢服之愆，宜肃丧纪之礼。请免龛官，削侯爵。颛等知龛有丧，吉会非礼，宜各夺俸一月，以肃其违。"从之。丞相行参军宋挺，本扬州刺史刘陶门人，陶亡后，挺娶陶爱妾以为小妻。建兴中，挺又割盗官布六百余匹，正刑弃市，遇赦免。既而奋武将军阮抗请为长史。隗劾奏曰："挺蔑其死主而专其室，悖在三之义，伤人伦之序，当投之四裔以御魑魅。请除挺名，禁锢终身。而奋武将军、太山太守阮抗请为长史。抗纬文经武，剖符东藩，当庸勋忠良，昵近仁贤，而褒求脏污，举顽用器。请免抗官，下狱理罪。"奏可,而挺病死。隗又奏:"符旨:挺已丧亡,不复追贬。愚蠢意暗,未达斯义。昔郑人斵子家之棺,汉明追讨史迁,经传褒贬,皆追书先世数百年间,非徒区区欲厘当时,亦将作法垂于来世,当朝亡夕没便无善恶也。请曹如前追除挺名为民,录妾还本,显证恶人,班下远近。"从之。南中郎将王含以族强显贵,骄傲自恣,一请参佐及守长二十许人,多取非其才。隗劾奏文致甚苦,事虽被寝,王氏深忌疾之。而隗之弹奏不畏强御,皆此类也。

建兴中,丞相府斩督运令史淳于伯而血逆流,隗又奏曰:"古之为狱必察五听,三槐九棘以求民情。虽明庶政,不敢折狱。死者不可复生,刑者不可复续,是以明王哀矜用刑。曹参去齐,以市狱为寄。自顷蒸荒,杀戮无度,罪同断异,刑罚失宜。谨按行督运令史淳于伯刑血著柱,遂逆上终极柱末二丈三尺,旋复下流四尺五寸。百姓喧哗,士女纵观,咸曰其冤。伯息忠,诉辞称枉,云伯督运讫去二月,事毕代还,无有稽乏。受赇使役,军不及死。军是戍军,非为征军,以乏军兴论,于理为枉。四年之中,供给运漕,凡诸征发租调百役,皆有稽停,而不以军兴论,至于伯也,何独明之?捶楚之下,无求不得,囚人畏痛,饰辞应之。理曹,国之典刑,而使忠等称冤明时。谨按从事中郎周莚、法曹参军刘胤、属李匡幸荷殊宠,并登列曹,当思敬奉政道,详法慎杀,使兆庶无枉,人不称诉。而令伯枉同周青,冤魂哭于幽都,诉灵恨于黄泉,嗟叹甚于杞梁,血妖过于崩城,故有陨霜之人,夜哭之鬼。伯有昼见,彭生为豕,刑杀失中,妖眚并见,以古况今,其揆一也。皆由莚算不胜其任,请皆免官。"于是右将军王导等上疏引咎,请解职。帝曰:"政刑失中,皆吾暗塞所由。寻示愧惧,思闻忠告,以补其阙。而引过求退,岂所望也!"由是导等一无所问。

晋国既建,拜御史中丞。周嵩嫁女,门生断道解庐,斫伤二人,建康左尉赴变,又被斫。隗劾嵩兄颟曰:"颟幸荷殊宠,列位上僚,当崇明宪典,协和上下,刑于左右,以御于家邦。而乃纵肆小人,群为凶害,公于广都之中白日刃尉,远近讻赫,百姓喧哗,亏损风望,渐不可长。既无大臣检御之节,不可对扬休命。宜加贬黜,以肃其违。"

颐坐免官。

太兴初，长兼侍中，赐爵都乡侯，寻代薛兼为丹杨尹，与尚书令刁协并为元帝所宠，欲排抑豪强。诸刻碎之政，皆云𫖮、协所建。𫖮虽在外，万机秘密皆豫闻之。拜镇北将军、都督青徐幽平四州军事、假节，加散骑常侍，率万人镇泗口。

初，𫖮以王敦威权太盛，终不可制，劝帝出腹心以镇方隅，故以谯王承为湘州，续用𫖮及戴若思为都督。敦甚恶之，与𫖮书曰："顷承圣上顾眄足下，今大贼未灭，中原鼎沸，欲与足下周生之徒戮力王室，共静海内。若其泰也，则帝祚于是乎隆；若其否也，则天下永无望矣。"𫖮答曰："鱼相望于江湖，人相望于道术。竭股肱之力，效之以忠贞，吾之志也。"敦得书甚怒。及敦作乱，以讨𫖮为名，诏征𫖮还京师，百官迎之于道，𫖮岸帻大言，意气自若。及入见，与刁协奏请诛王氏，不从，有惧色，率众顿金城。及敦克石头，𫖮攻之不拔，入宫告辞，帝雪涕与之别。𫖮至淮阴，为刘遐所袭，携妻子及亲信二百余人奔于石勒，勒以为从事中郎、太子太傅。卒年六十一。子绥，初举秀才，除驸马都尉、奉朝请。随𫖮奔勒，卒。孙波嗣。

波，字道则。初为石季龙冠军将军王洽参军，及季龙死，洽与波俱降。穆帝以波为襄城太守，累迁桓冲中军谘议参军。大司马桓温西征袁真，朝廷空虚，以波为建威将军、淮南内史，领五千人镇石头。寿阳平，除尚书左丞，不拜，转冠军将军、南郡相。时苻坚弟融围雍州刺史朱序于襄阳，波率众八千救之，以敌强不敢进，序竟陷没。波以畏懦免官。后复以波为冠军将军，累迁散骑常侍。

苻坚败，朝廷欲镇靖北方，出波督淮北诸军、冀州刺史，以疾末行。上疏曰：

臣闻天地以弘济为仁，君道以惠下为德，是以禹汤有身勤之绩，唐虞有在予之诰，用能惠被苍生，勋流后叶。宣帝开拓洪图，始基成命；爰及文武，历数在躬，而犹虚心侧席，卑己崇物。然后知积累之功重，勤王之业艰，先君之德弘，贻厥之赐厚。惠皇不怀，委政内任，遂使神器幽沦，三光翳曜；园陵怀九泉之感,宫庙集胡马之迹;所谓肉食失于朝,黎庶暴骸于外也。赖元皇帝神武应期,祚隆淮海,振乾纲于已坠,纽绝维而更张。陛下承宣帝开始之宏基,受元帝克终之成烈,保大定功,戢兵静乱。故使负鳞横海之鲸,僭位滔天之寇,望云旗而宵溃,睹太阳而雾散,巍巍荡荡,人无名焉。而须年已来,天文违错,妖怪屡生。会稽先帝本封,而地动经年。昔周之文武有鱼鸟之瑞,君臣犹怀震悚,况今灾变众集,曾莫之疑。公旦有勿休之诫,贾谊有积薪之喻。臣鉴先征,窃惟今事,是以敢肆狂瞽,直言无讳。

往者先帝以玄风御世,责成群后,坐运天纲,随化委顺,故忘日计之功,收岁成之用,今礼乐征伐自天子出,相王贤俊,协和百揆,六合承风,天下响振,而钧台之咏弗闻,景亳之命未布。将群臣之不称,陛下用之不尽乎?

凡圣王之化,莫不敦崇忠信,存正弃邪。伤化毁俗者,虽亲虽贵,必疏而远之;清公贞修者,虽微虽贱,必亲而近之。今则不然。此风既替,利竞滋甚,朋党比周,毁誉交兴,赞求苟进,人希分外。见贤而居其上,受禄每过其量,希旨承意者以为奉公,共相赞白者以为忠节。举世见之,谁敢正言?陛下不明必行之法以绝穿凿之源者,恐脱因疲倦以误视听。且苻坚灭亡,于今五年,旧京残毁,山陵无卫,百姓涂炭,未蒙拯接。伏愿远观汉、魏衰灭之由,近览西朝倾覆之际,超然易虑,为于未有,则灵根永固,社稷无虞。臣岂诬一朝之人皆无忠节,但任非其才,求之不至耳。

今政烦役殷,所在凋弊,仓廪空虚,国用倾竭,下民侵削,流亡相属。略计户口,但咸安已来,十分去三。百姓怀浮游之叹,《下泉》兴周京之思。昔汉宣有云:“与我共治天下者,其惟良二千石乎!”是以临下有方者就加玺赠,法苛政乱者恤刑不赦,事简于上,人悦于下。今则不然。告时乞职者以家弊为辞,振穷恤滞者以公爵为施。古者为百姓立君,使之司牧;今者以百姓恤君,使之蚕食,至乃贪污者谓之清勤,慎法者谓之怯劣。

何反古道一至于此！

　　陛下虽躬自节俭，哀矜于上，而群僚肆欲，纵心于下，六司垂翼，三事拱默，故有识者睹人事以叹息，观天眚而大惧。昔宋景退荧惑之灾，殷宗消鼎雉之异。伏愿陛下仰观大禹过门之志，俯察商辛沉湎之失，远思《国风》恭公之刺，深惟定姜小臣之喻。暂回圣恩，大询群后，延纳众贤，访以得失；令百僚率职，人言损益。察其所由，观其所以，审职群才，助鼎和味。克念作圣，以答天休。则四海宅心，天下幸甚。

　　臣亡祖先臣隗，昔荷殊宠，匪躬之操，犹存旧史，有志无时，怀恨黄泉。及臣凡劣，复蒙罔极之眷，恩隆累世，实非糜身倾宗所能上报。前作此表，未及得通。暴婴笃疾，恐命在奄忽，贪及视息，望达愚情。气力惙然，不能自宣。

疏奏而卒。追赠前将军。子淡嗣。元熙初，为庐江太守。

　　隗伯父讷，字令言。有人伦鉴识。初入洛，见诸名士而叹曰："王夷甫太鲜明，乐彦辅我所敬，张茂先我所不解，周弘武巧于用短，杜方叔拙于用长。"终于司隶校尉。

　　子畴，字王乔。少有美誉，善谈名理。曾避乱坞壁，贾胡百数欲害之，畴无惧色，援笳而吹之，为《出塞》、《入塞》之声，以动其游客之思。于是群胡皆垂泣而去之。永嘉中，位至司徒左长史，寻为阎鼎所杀。司空蔡谟每叹曰："若使刘王乔得南渡，司徒公之美选也。"又王导初拜司徒，谓人曰："刘王乔若过江，我不独拜公也。"其为名流之所推服如此。

　　畴兄子劭，有才干，辟琅邪王丞相掾。咸康世，历御史中丞、侍中、尚书、豫章太守，秩中二千石。

　　劭族子黄老，太元中，为尚书郎，有义学，注《慎子》、《老子》，并传于世。

　　刁协，字玄亮，渤海饶安人也。祖恭，魏齐郡太守。父攸，武帝时御史中丞。协少好经籍，博闻强记。释褐濮阳王文学，累转太常博士、本郡大中正。成都王颖请为平北司马，后历赵王伦相国参军，长沙王乂骠骑司马。及东嬴公腾镇临漳，以协为长史，转颍川太守。永嘉初，为河南尹，未拜，避难渡江。元帝以为镇东军谘祭酒，转长史。愍帝即位，征为御史中丞，例不行。元帝为丞相，以协为左长史。中兴建，拜尚书左仆射。于时朝廷草创，宪章未立，朝臣无习旧仪者。协久在中朝，谙练旧事，凡所制度，皆禀于协焉，深为当时所称许。太兴初，迁尚书，在职数年，加金紫光禄大夫，令如故。

协性刚悍，与物多忤，每崇上抑下，故为王氏所疾。又使酒放肆，侵毁公卿，见者莫不侧目。然悉力尽心，志在匡救，帝甚信任之。以奴为兵，取将吏客使转运，皆协所建也，众庶怨望之。

及王敦构逆，上疏罪协，帝使协出督六军。既而王师败绩，协与刘隗俱侍帝于太极东除，帝执协、隗手，流涕呜咽，劝令避祸。协曰：“臣当守死，不敢有贰。”帝曰：“今事逼矣，安可不行！”乃令给协、隗人马，使自为计。协年老，不堪骑乘，素无恩纪，募从者，皆委之行。至江乘，为人所杀，送首于敦，敦听刁氏收葬之。帝痛协不免，密捕送协首者而诛之。

敦平后，周顗、戴若思等皆被显赠，惟协以出奔不在其例。咸康中，协子彝上疏讼之。在位者多以明帝之世褒贬已定，非所得更议，且协不能抗节陨身，乃出奔遇害，不可复其官爵也。丹杨尹殷融议曰：“王敦恶逆，罪不容诛，则协之善亦不容赏。若以忠非良图，谋事失算，以此为责者，盖在于讥议之闻耳。即凶残之诛以为国刑，将何以沮劝乎！当敦专逼之时，庆赏威刑专自己出，是以元帝虑深崇本，以协为比，事由国计，盖不为私。昔孔宁、仪行父从君于昏，楚复其位者，君之党故也。况协之比君，在于义顺。且中兴四佐，位为朝首。于时事穷计屈，奉命违寇，非为逃刑。谓宜显赠，以明忠义。”时庾冰辅政，疑不能决。左光禄大夫蔡谟与冰书曰：

夫爵人者，宜显其功；罚人者，宜彰其罪，此古今之所慎也。凡小之人犹尚如此，刁令中兴上佐，有死难之名，天下不闻其罪，而见其贬，致令刁氏称冤，此乃为王敦复仇也。内沮忠臣之节,论者惑之。若实有大罪,宜显其事,令天下知之,明圣朝不贬死难之臣。《春秋》之义,以功补过。过轻功重者,得以加封;功轻过重者,不免诛绝;功足赎罪者无黜。虽先有邪佞之罪,而临难之日党于其君者,不绝之也。孔宁、仪行父亲与灵公淫乱于朝,君杀国灭,由此二臣,而楚尚纳之。传称有礼不绝其位者,君之党也。若刁令有罪,重于孔仪,绝之可也。若无此罪,宜见追论。

或谓明帝之世已见寝废,今不宜复改,吾又以为不然。夫大道宰世,殊途一致。万机之事,或异或同,同不相善,异不相讥。故尧抑元凯而舜举之,尧不为失,舜不为非,何必前世所废便不宜改乎?汉萧何之后坐法失侯,文帝不封而景帝封之,后复失侯,武昭二帝不封而宣帝封之。近去元年,车驾释奠,拜孔子之坐,此亦元、明二帝所不行也。又刁令但是明帝所不赠耳,非诛之也。王平子、第五猗皆元帝所诛,而今日所赠,岂以改前为嫌乎!凡处事者,当上合古义,下准今例,然后谈者不惑,受罪者无怨耳。案周仆射、戴征西本非王敦唱檄所仇也,事定后乃见害耳;周莚、郭璞等并亦非为主御难也,自平居见杀耳,皆见褒赠。刁令事义岂轻于此乎?自顷员外散骑尚得追赠,况刁令位亚三司。若先自寿终,不失员外散骑之例也。就不蒙赠,不失以本官殡葬也。此为一人之身,寿终则蒙赠,死难则见绝,岂所以明事君之道,厉为臣之节乎!宜显评其事,以解天下疑怪之论。

又闻谈者亦多谓宜赠。凡事不允当,而得众助者,若以善柔得众,而刁令粗刚多怨;若以贵也,刁氏今贱;若以富也,刁氏今贫。人士何故反助寒门而此言之?足下宜察此意。

冰然之。事奏,成帝诏曰:"协情在忠主,而失为臣之道,故令王敦得托名公义,而实肆私忌,遂令社稷受屈,元皇衔耻,致祸之原,岂不有由!若极明国典,则曩刑非重。今正当以协之勤有可书,敦之逆命不可长,故议其事耳。今可复协本位,加之册祭,以明有忠于君者纤介必显,虽于贬裁未尽,然或足有劝矣。"于是追赠本官,祭以太牢。

彝,字大伦。少遭家难。王敦诛后,彝斩仇人党,以首祭父墓。诣廷尉请罪,朝廷特宥之,由是知名。历尚书吏部郎、吴国内史,累迁北中郎将、徐兖二州刺史、假节,镇广陵,卒于官。

邃,字伯道,邃弟畅,字仲远;次子弘,字叔仁,并历显职。隆安中,邃为广州刺史,领平越中郎将、假节;畅为始兴相;弘为冀州刺史。兄弟子侄并不拘名行,以货殖为务,有田万顷,奴婢数千人,余资称是。

桓玄篡位,以邃为西中郎将、豫州刺史,镇历阳;畅右卫将军;弘抚军桓修司马。刘裕起义,斩桓修,时畅、弘谋起兵袭裕,裕遣毅讨之,畅伏诛;弘亡,不知所在。邃在历阳执刘裕参军诸葛长民,槛车送于桓玄,至当利而玄败,送人共破槛出长民,遂趣历阳。邃弃城而走,为下人所执,斩于石头。子侄无少长皆死,惟小弟骋被宥,为给事中,寻谋反伏诛,刁氏遂灭。刁氏素殷富,奴客纵横,固吝山泽,为"京口之蠹"。裕散其资蓄,令百姓称力而取之,弥日不尽。时天下饥弊,编户赖之以济焉。

戴若思,广陵人也。名犯高祖庙讳。祖烈,吴左将军。父昌,会稽太守。若思有风仪,性闲爽,少好游侠,不拘操行。遇陆机赴洛,船装甚盛,遂与其徒掠之。若思登岸,据胡床,指麾同旅,皆得其宜。机察见之,知非常人,在舫屋上遥谓之曰:"卿才器如此,乃复作劫邪!"若思感悟,因流涕,投剑就之。机与言,深加赏异,遂与定交焉。

若思后举孝廉,入洛,机荐之于赵王伦曰:"盖闻繁弱登御,然后高墉之功显;孤竹在肆,然后降神之曲成。是以高世之主必假远迩之器,蕴椟之才思托大音之和。伏见处士广陵戴若思,年三十,清冲履道,德量允塞;思理足以研幽,才鉴足以辩物;安穷乐志,无风尘之慕,砥节立行,有井渫之洁;诚东南之遗宝,宰朝之奇璞也。若得托迹康衢,则能结轨骥騄;曜质廊庙,必能垂光玙璠矣。惟明公垂神采察,不使忠允之言以人而废。"伦乃辟之,除沁水令,不就,遂往武陵省父。时同郡人潘京素有理鉴,名知人,其父遣若思就京与语,既而称若思有公辅之才。累转东海王越军谘祭酒,出补豫章太守,加振威将军,领义军都督。以讨贼有功,赐爵秣陵侯,迁治书侍御史、骠骑司马,拜散骑侍郎。

元帝召为镇东右司马。将征杜弢,加若思前将军,未发而弢灭。帝为晋王,以为尚书。中兴建,为中护军,转护军将军、尚书仆射,皆辞不拜。出为征西将军、都督兖豫幽冀雍并六州诸军事、假节,加散骑常侍。发投刺王官千人为军吏,调扬州百姓家奴万人为兵配之,以散骑常侍王遐为军司,镇寿阳,与刘隗同出。帝亲幸其营,劳勉将士,临发祖饯,置酒赋诗。

若思至合肥,而王敦举兵,诏追若思还镇京都,进骠骑将军,与右卫将军郭逸夹道筑垒于大桁之北。寻而石头失守,若思与诸军攻石头,王师败绩。若思率麾下百余人赴宫受诏,与公卿百官于石头见敦。敦问若思曰:"前日之战有余力乎?"若思不谢而答曰:"岂敢有余,但力不足耳。"又曰:"吾此举动,天下以为如何?"若思曰:"见形者谓之逆,体诚者谓之忠。"敦笑曰:"卿可谓能言。"敦参军吕猗昔为台郎,有刀笔才,性尤奸谄,若思为尚书,恶其为人,猗亦深憾焉。至是,乃说敦曰:"周颛、戴若思皆有高名,足以惑众。近者之言,曾无愧色。公若不除,恐有再举之患,为将来之忧耳。"敦以为然,又素忌之,俄而遣邓岳、缪坦收若思而害之。若思素有重望,四海之士莫不痛惜焉。贼平,册赠右光禄大夫、仪同三司,谥曰简。

邈字望之。少好学,尤精《史》、《汉》,才不逮若思,儒博过之。弱冠举秀才,寻迁太子洗马,出补西阳内史。永嘉中,元帝版行邵陵内史、丞相军谘祭酒,出为征南军司。于时凡百草创,学校未立,邈上疏曰:

　　臣闻天道之所大,莫大于阴阳;帝王之至务,莫重于礼学。是以古之建国,有明堂辟雍之制,乡有庠序黉校之仪,皆所以抽导幽滞,启广才思。盖以六四有困蒙之吝,君子大养正之功也。昔仲尼列国之大夫耳，兴礼修学于洙泗之间，四方髦俊斐然向风，身达者七十余人。自兹以来，千载绝尘。岂天下小于鲁、卫，贤哲乏于曩时？励与不励故也。

自顷国遭无妄之祸，社稷有缀旒之危，寇羯饮马于长江，凶狡鸱张于万里，遂使神州萧条，鞠为茂草，四海之内，人迹不交。霸主有旰食之忧，黎元怀荼毒之苦，戎首交拜于中原，何遑笾豆之事哉！然三年不为礼，礼必坏；三年不为乐，乐必崩，况旷载累纪如此之久邪！今末进后生目不睹揖让升降之仪，耳不闻钟鼓管弦之音，文章散灭，图谶无遗，此盖圣达之所深悼，有识之所嗟叹也。夫平世尚文，遭乱尚武，文武递用，长久之道，譬之天地昏明之选，自古以来未有不由之者也。

今或以天下未一，非兴礼学之时，此言似之而不其然。夫儒道深奥，不可仓卒而成。古之俊义必三年而通一经，比天下平泰然后修之，则功成事定，谁与制礼作乐者哉？又贵游之子未必有斩将搴旗之才，亦未有从军征戍之役，不及盛年讲肆道义，使明珠加磨莹之功，荆璞发采琢之荣，不亦良可惜乎！

臣愚以世丧道久，人情玩于所习；纯风日去，华竞日彰，犹火之消膏而莫之觉也。今天地告始，万物权舆，圣朝以神武之德，值革命之运，荡近世之流弊，继千载之绝轨，笃道崇儒，创立大业。明主唱之于上，宰辅督之于下。夫上之所好，下必有过之者焉，是故双剑之节崇，而飞白之俗成；挟琴之容饰，而赴曲之和作；君子之德风，小人之德草，实在感之而已。臣以暗浅，不能远识格言；奉诵明令，慷慨下风，谓宜以三时之隙渐就修建。

疏奏，纳焉，于是始修礼学。

代刘隗为丹杨尹。王敦作逆，加左将军。及敦得志，而若思遇害，邈坐免官。敦诛后，拜尚书仆射。卒官，赠卫将军，谥曰穆。子谧嗣，历义兴太守、大司农。

周颢，字伯仁，安东将军浚之子也。少有重名，神彩秀彻，虽时辈亲狎，莫能媟也。司徒掾同郡贾嵩有清操，见颢，叹曰："汝颍固多奇士！自顷雅道陵迟，今复见周伯仁，将振起旧风，清我邦族矣。"广陵戴若思东南之美，举秀才，入洛，素闻颢名，往候之，终坐而出，不敢显其才辩。颢从弟穆亦有美誉，欲陵折颢，颢陶然弗与之校，于是人士益宗附之。州郡辟命皆不就。弱冠，袭父爵武城侯，拜秘书郎，累迁尚书吏部郎。东海王越子毗为镇军将军，以颢为长史。

元帝初镇江左，请为军谘祭酒，出为宁远将军、荆州刺史、领护南蛮校尉、假节。始到州，而建平流人傅密等叛迎蜀贼杜弢，颢狼狈失据。陶侃遣将吴寄以兵救之，故颢得免，因奔王敦于豫章。敦留之。军司戴邈曰："颢虽退败，未有莅众之咎，德望素重，宜还复之。"敦不从。帝召为扬威将军、兖州刺史。颢还建康，帝留颢不遣，复以为军谘祭酒，寻转右长史。中兴建，补吏部尚书。顷之，以醉酒为有司所纠，白衣领职。复坐门生斫伤人，免官。

太兴初，更拜太子少傅，尚书如故。颢上疏让曰："臣退自循省，学不通一经，智不效一官，止足良难，未能守分，遂忝显任，名位过量。不悟天鉴忘臣顽弊，乃欲使臣内管铨衡，外忝傅训，质轻蝉翼，事重千钧，此之不可，不待识而明矣。若臣受负乘之责，必贻圣朝惟尘之耻，俯仰愧惧，不知所图。"诏曰："绍幼冲便居储副之贵，当赖轨匠以祛蒙蔽。望之俨然，斯不言之益，何学之习邪，所谓与田苏游忘其鄙心者。便当副往意，不宜冲让。"转尚书左仆射，领吏部如故。

庾亮尝谓颢曰："诸人咸以君方乐广。"颢曰："何乃刻尽无盐，唐突西施也。"帝宴群公于西堂，酒酣，从容曰："今日名臣共集，何如尧舜时邪？"颢因醉厉声曰："今虽同人主，何得复比圣世！"帝大怒而起，手诏付廷尉，将加戮，累日方赦之。及出，诸公就省，颢曰："近日之罪固知不至于死。"寻代戴若思为护军将军。尚书纪瞻置酒请颢及王导等，颢荒醉失仪，复为有司所奏。诏曰："颢参副朝右，职掌铨衡，当敬慎德音，式是百辟。屡以酒过，为有司所绳。吾亮其极权之情，然亦是濡首之诫也。颢必能克己复礼者，今不加黜责。"

初，颢以雅望获海内盛名，后颇以酒失，为仆射，略无醒日，时人号为"三日仆射"。庾亮曰："周侯末年，所谓凤德之衰也。"颢在中朝时，能饮酒一石，及过江，虽日醉，每称无对。偶有旧对从北来，颢遇之欣然，乃出酒二石共饮，各大醉。及颢醒，使视客，已腐胁而死。

颢性宽裕而友爱过人，弟嵩尝因酒瞋目谓颢曰："君才不及弟，何乃横得重名！"以所燃蜡烛投之。颢神色无忤，徐曰："阿奴火攻，固出下策耳。"王导甚重之，尝枕颢膝而指其腹曰："此中何所有也？"答曰："此中空洞无物，然足容卿辈数百人。"导亦不以为忤。又于导坐傲然啸咏，导云："卿欲希嵇、阮邪？"颢曰："何敢近舍明公，远希嵇、阮。"

及王敦构逆，温峤谓颢曰："大将军此举似有所在，当无滥邪？"颢曰："君少年未理事。人主自非尧舜，何能无失，人臣岂可得举兵胁主！共相推戴，未能数年，一旦如此，岂云非乱乎！处仲刚愎强忍，狼抗无上，其意宁有限邪！"既而王师败绩，颢奉诏诣敦，敦曰："伯仁，卿负我！"颢曰："公戎车犯顺，下官亲率六军，不能其事，使王旅奔败，以此负公。"敦惮其辞正，不知所答。帝召颢于广室，谓之曰："近日大事，二宫无恙，诸人平安，大将军故副所望邪？"颢曰："二宫自如明诏，于臣等故未可知。"护军长史郝嘏等劝颢避敦，颢曰："吾备位大臣，朝廷丧败，宁可复草间求活，外投胡越邪！"俄而与戴若思俱被收，路经太庙，颢大言曰："天地先帝之灵：贼臣王敦倾覆社稷，枉杀忠臣，陵虐天下，神祇有灵，当速杀敦，无令纵毒，以倾王室。"语未终，收人以戟伤其口，血流至踵，颜色不变，容止自若，观者皆为流涕。遂于石头南门外石上害之，时年五十四。

颢之死也，敦坐有一参军撝蒱，马于博头被杀，因谓敦曰："周家奕世令望，而位不至公，及伯仁将登而坠，有似下官此马。"敦曰："伯仁总角于东宫相遇，一面披襟，便许之三事，何图不幸自贻王法。"敦素惮颢，每见颢辄面热，虽复冬月，扇面手不得休。敦使缪坦籍颢家，收得素簏数枚，盛故絮而已，酒五瓮，米数石，在位者服其清约。敦卒后，追赠左光禄大夫、仪同三司，谥曰康，祀以少牢。

初,敦之举兵也,刘隗劝帝尽除诸王,司空导率群从诣阙请罪,值颙将入,导呼颙谓曰:"伯仁,以百口累卿!"颙直入不顾。既见帝,言导忠诚,申救甚至,帝纳其言。颙喜饮酒,致醉而出。导犹在门,又呼颙。颙不与言,顾左右曰:"今年杀诸贼奴,取金印如斗大系肘。"既出,又上表明导,言甚切至。导不知救己,而甚衔之。敦既得志,问导曰:"周颙、戴若思南北之望,当登三司,无所疑也。"导不答。又曰:"若不三司,便应令仆邪?"又不答。敦曰:"若不尔,正当诛尔。"导又无言。导后料检中书故事,见颙表救己,殷勤款至。导执表流涕,悲不自胜,告其诸子曰:"吾虽不杀伯仁,伯仁由我而死。幽冥之中,负此良友!"颙三子:闵、恬、颐。

闵,字子骞,方直有父风。历衡阳、建安、临川太守,侍中,中领军,吏部尚书,尚书左仆射,加中军将军,转护军,领秘书监。卒,追赠金紫光禄大夫,谥曰烈。无子,以弟颐长子琳为嗣。琳仕至东阳太守。恬、颐并历卿守。琳少子文,骠骑谘议参军。

史臣曰:夫太刚则折,至察无徒,以之为政,则害于而国;用之行己,则凶于乃家。诚以器乖容众,非先王之道也。大连司宪,阴候主情,当约法之秋,献斫棺之议。玄亮刚愎,与物多违,虽有崇上之心,专行刻下之化,同薄相济,并运天机,是使贤宰见疏,致物情于解体;权臣发怒,借其名以誓师。既而谋人之国,国危而苟免;见昵于主,主辱而图生。自取流亡,非不幸也。若思闲爽,照理研幽。伯仁凝正,处腴能约。咸以高才雅道,参豫畴咨。及京室沦胥,抗言无挠,甘赴鼎而全操,盖事君而尽节者欤!颙招时论,尤其酒德,《礼经》曰"瑕不掩瑜",未足韬其美也。

赞曰:刘刁亮直,志奉兴王。奸回丑正,终致奔亡。周、戴英爽,忠谟允塞。道属屯蒙,祸罹凶慝。

晋书卷七〇
列传第四〇

应詹 甘卓 邓骞 卞壶
从父兄敦 刘超 钟雅

应詹，字思远，汝南南顿人，魏侍中璩之孙也。詹幼孤，为祖母所养。年十余岁，祖母又终，居丧毁顿，杖而后起，遂以孝闻。家富于财，年又稚弱，乃请族人共居，委以资产，情若至亲，世以此异焉。弱冠知名，情质素弘雅，物虽犯而弗之校，以学艺文章称。司徒何劭见之曰："君子哉若人！"

初辟公府，为太子舍人。赵王伦以为征东长史。伦诛，坐免。成都王颖辟为掾。时骠骑从事中郎诸葛玫委长沙王乂奔邺，盛称乂之非。玫浮躁有才辩，临漳人士无不诣之。詹与玫有旧，叹曰："诸葛仁林何与乐毅之相诡乎！"卒不见之。玫闻甚愧。镇南大将军刘弘，詹之祖舅也，请为长史，谓之曰："君器识弘深，后当代老子于荆南矣。"乃委以军政。弘著绩汉南，詹之力也。迁南平太守。

王澄为荆州，假詹督南平、天门、武陵三郡军事。及洛阳倾覆，詹攘袂流涕，劝澄赴援。澄使詹为檄，詹下笔便成，辞义壮烈，见者慷慨，然竟不能从也。天门、武陵溪蛮并反，詹讨降之。时政令不一，诸蛮怨望，并谋背叛。詹召蛮酋，破铜券与盟，由是怀詹，数郡无虞。其后天下大乱，詹境独全。百姓歌之曰："乱离既普，殆为灰朽。侥幸之运，赖兹应后。岁寒不凋，孤境独守。拯我涂炭，惠隆丘阜。润同江海，恩犹父母。"镇南将军山简复假詹督五郡军事。会蜀贼杜畴作乱,来攻詹郡,力战摧之。寻阳陶侃破杜弢于长沙,贼中金宝溢目,詹一无所取,唯收图书,莫不叹之。元帝假詹建武将军,王敦又上詹监巴东五郡军事,赐爵颖阳乡侯。陈人王冲拥众荆州,素服詹名,迎为刺史。詹以冲等无赖,弃还南平,冲亦不怨。其得人情如此。迁益州刺史,领巴东监军。詹之出郡也,士庶攀车号泣,若恋所生。

俄拜后军将军。詹上疏陈便宜,曰:"先王设官,使君有常尊,臣有定卑,上无苟且之志,下无觊觎之心。下至亡秦,罢侯置守,本替末陵,纲纪废绝。汉兴,虽未能兴复旧典,犹杂建侯守,故能享年享世,殆参古迹。今大荒之后,制度改创,宜因斯会,厘正宪则,先举盛德元功以为封首,则圣世之化比隆唐虞矣。"又曰:"性相近,习相远,训导之风,宜慎所好。魏正始之间,蔚为文林。元康以来,贱经尚道,以玄虚宏放为夷达,以儒术清俭为鄙俗。永嘉之弊,未必不由此也。今虽有儒官,教养未备,非所以长育人材,纳之轨物也。宜修辟雍,崇明教义,先令国子受训,然后皇储亲临释奠,则普天尚德,率土知方矣。"元帝雅重其才,深纳之。

顷之,出补吴国内史,以公事免。镇北将军刘隗出镇,以詹为军司。加散骑常侍,累迁光禄勋。詹以王敦专制自树,故优游讽咏,无所标明。及敦作逆,明帝问詹计将安出。詹厉然慷慨曰:"陛下宜奋赫斯之威,臣等当得负戈前驱,庶凭宗庙之灵,有征无战。如其不然,王室必危。"帝以詹为都督前锋军事、护军将军、假节,都督朱雀桥南。贼从竹格渡江,詹与建威将军赵胤等击败之,斩贼率杜发,枭首数千级。贼平,封观阳县侯,食邑一千六百户,赐绢五千匹。上疏让曰:"臣闻开国承家,光启土宇,唯令德元功乃宜封锡。臣虽忝当一队,策无微略,劳不汗马。猥以疏贱,伦亚亲密,暂厕被练,列勤司勋。乞回谬恩,听其所守。"不许。

迁使持节、都督江州诸军事、平南将军、江州刺史。詹将行,上疏曰:

夫欲用天下之智力者,莫若使天下信之也。商鞅移木,岂礼也哉?有由而然。自经荒弊,纲纪颓陵,清直之风既浇,糟秕之俗犹在,诚宜濯以沧浪之流,漉以吞舟之网,则幽显明别,于变时雍矣。

弘济兹务,在乎官人。今南北杂错,属托者无保负之累,而轻举所知,此博采所以未精,职理所以多阙。今凡有所用,宜随其能否而与举主同乎褒贬,则人有慎举之恭,官无废职之吝。昔冀缺有功,胥臣蒙先茅之赏;子玉败军,子文受劳贾之责。古既有之,今亦宜然。汉朝使刺史行部,乘传奏事,犹恐不足以辨彰幽明,弘宣政道,故复有绣衣直指。今之艰弊,过于往昔,宜分遣黄、散若中书郎等循行天下,观采得失,举善弹违,断截苟且,则人不敢为非矣。汉宣帝时,二千石有居职修明者,则入为公卿;其不称职免官者,皆还为平人。惩劝必行,故历世长久。中间以来,迁不足竞,免不足惧。或有进而失意,退而得分。苟官虽美,当以素论降替;在职实劣,直以旧望登叙。校游谈为多少,不以实事为先后。以此责成,臣未见其兆也。今宜峻左降旧制,可二千石免官,三年乃得叙用,长史六年,户口折半,道里倍之。此法必明,使天下知官难得而易失,必人慎其职,朝无惰官矣。都督可课佃二十顷,州十顷,郡五顷,县三顷。皆取文武吏医卜,不得挠乱百姓。三台九府,中外诸军,有可减损,皆令附农。市息末伎,道无游人,不过一熟,丰穰可必。然后重居职之俸,使禄足以代耕。

顷大事之后,遐迩皆想宏略,而寂然未副,宜早振纲领,肃起群望。

时王敦新平,人情未安,詹抚而怀之,莫不得其欢心,百姓赖之。

疾笃,与陶侃书曰:"每忆密计,自沔入湘,颉顽缱绻,齐好断金。子南我东,忽然一纪,其间事故,何所不有?足下建功峤南,旋镇旧楚。吾承乏幸会,来忝此州,图与足下进共竭节本朝,报恩幼主,退以申寻平生,缠绵旧好。岂悟时不我与,长即幽冥?永言莫从,能不慨怅!今神州未夷,四方多难,足下年德并隆,功名俱盛,宜务建洪范,虽休勿休,至公至平,至谦至顺,即自天佑之,吉无不利。人之将死,其言也善,足下察吾此诚。"以咸和六年卒,时年五十三。册赠镇南大将军、仪同三司,谥曰烈,祠以太牢。

子玄嗣,位至散骑侍郎。玄弟诞,有器干,历六郡太守;龙骧将军,追赠冀州刺史。

初,京兆韦泓丧乱之际,亲属遇饥疫并尽,客游洛阳,素闻詹名,遂依托之。詹与分甘共苦,情若弟兄。遂随从积年,为营伉俪,置居宅,并荐之于元帝曰:"自遭丧乱,人士易操,至乃任运固穷,耿介守节者鲜矣。伏见议郎韦泓,年三十八,字元量,执心清冲,才识备济,躬耕陇亩,不烦人役,静默居常,不豫政事。昔年流移,来在詹境,经寇丧资,一身特立,短褐不掩形,菜蔬不充朝,而抗志弥厉,不游非类。颜回称不改其乐,泓有其分。明公辅亮皇室,恢维宇宙,四门开辟,英彦凫藻,收春华于京辇,采秋实于岩薮。而泓抱璞荆山,未剖和璧。若蒙铨召,付以列曹,必能协隆鼎味,缉熙庶绩者也。"帝即辟之。泓后位至少府卿。既受詹生成之惠,詹卒,遂制朋友之服,哭止宿草,追赵氏祀程婴、杵臼之义,祭詹终身。

甘卓,字季思,丹杨人,秦丞相茂之后也。曾祖宁,为吴将。祖述,仕吴为尚书。父昌,太子太傅。吴平,卓退居自守。郡命主簿、功曹,察孝廉,州举秀才,为吴王常侍。讨石冰,以功赐爵都亭侯。东海王越引为参军,出补离狐令。卓见天下大乱,弃官东归,前至历阳,与陈敏相遇。敏甚悦,共图纵横之计,遂为其子景娶卓女,深相结托。会周玘唱义,密使钱广攻敏弟昶,敏遣卓讨广,顿朱雀桥南。会广杀昶,玘告丹杨太守顾荣共邀说卓。卓素敬服荣,且以昶死怀惧,良久乃从之。遂诈疾迎女,断桥,收船南岸,共灭敏,传首于京都。

元帝初渡江,授卓前锋都督、扬威将军、历阳内史。其后讨周馥,征杜弢,屡经苦战,多所擒获。以前后功,进爵南乡侯,拜豫章太守。寻迁湘州刺史,将军如故。复进爵于湖侯。

中兴初,以边寇未静,学校陵迟,特听不试孝廉,而秀才犹依旧策试。卓上疏以为："答问损益，当须博通古今，明达政体，必求诸坟索，乃堪其举。臣所忝州往遭寇乱，学校久替，人士流播，不得比之余州。策试之由，当藉学功，谓宜同孝廉例，申与期限。"疏奏，朝议不许。卓于是精加隐括，备礼举桂阳谷俭为秀才。俭辞不获命，州厚礼遣之。诸州秀才闻当考试，皆惮不行，惟俭一人到台，遂不复策试。俭耻其州少士，乃表求试，以高第除中郎。

俭少有志行，寒苦自立，博涉经史。于时南土凋荒，经籍道息，俭不能远求师友，唯在家研精。虽所得实深，未有名誉，又耻炫耀取达，遂归，终身不仕，卒于家。

卓寻迁安南将军、梁州刺史、假节、督沔北诸军，镇襄阳。卓外柔内刚，为政简惠，善于绥抚，估税悉除，市无二价。州境所有鱼池，先恒责税，卓不收其利，皆给贫民，西土称为惠政。

王敦称兵，遣使告卓。卓乃伪许，而心不同之。及敦升舟，而卓不赴，使参军孙双诣武昌谏止敦。敦闻双言，大惊曰："甘侯前与吾语云何，而更有异！正当虑吾危朝廷邪？吾今下唯除奸凶耳。卿还言之，事济当以甘侯作公。"双还报卓，卓不能决。或说卓且伪许敦，待敦至都而讨之。卓曰："昔陈敏之乱，吾亦先从后图，而论者谓惧逼而谋之。虽吾情本不尔，而事实有似，心恒愧之。今若复尔，谁能明我！"时湘州刺史谯王承遣主簿邓骞说卓曰："刘大连虽乘权宠，非有害于天下也。大将军以其私憾称兵象魏，虽托讨乱之名，实失天下之望，此忠臣义士匡救之时也。昔鲁连匹夫，犹怀蹈海之志，况受任方伯，位同体国者乎！今若因天人之心，唱桓、文之举，杖大顺以扫逆节，拥义兵以勤王室，斯千载之运，不可失也。"卓笑曰："桓文之事，岂吾所能。至于尽力国难，乃其心也。当共详思之。"参军李梁说卓曰："昔隗嚣乱陇右，窦融保河西以归光武，今日之事，有似于此。将军有重名于天下，但当推亡固存，坐而待之。使大将军胜，方当崇将军以方面之重；如其不胜，朝廷必以将军代之。何忧不富贵，而释此庙胜，决存亡于一战邪！"骞谓梁曰："光武创业，中国未平，故隗嚣断陇右，窦融兼河西，各据一方，鼎足之势，故得文服天子，从容顾望。及海内已定，君臣正位，终于陇右倾覆，河西入朝。何则？向之文服，义所不容也。今将军之于本朝，非窦融之喻也。襄阳之于大府，非河西之固也。且人臣之义，安忍国难而不陈力，何以北面于天子邪！使大将军平刘隗，还武昌，增石城之守，绝荆、湘之粟，将军安归乎？势在人手，而曰我处庙胜，未之闻也。"卓尚持疑决，骞又谓卓曰："今既不义举，又不承大将军檄，此必至之祸，愚智所见也。且议者之所难，以彼强我弱，是不量虚实者也。今大将军兵不过万余，其留者不能五千，而将军见众既倍之矣。将军威名天下所闻也，此府精锐，战胜之兵也。拥强众，藉威名，杖节而行，岂王含所能御哉！逆流之众，势不自救，将军之举武昌，若摧枯拉朽，何所顾虑乎！武昌既定，据其军实，镇抚二州，施惠士卒，使还者如归，此吕蒙所以克敌也。如是，大将军可不战而自溃。今释必胜之策，安坐以待危亡，不可言知计矣。愿将军熟虑之。"

时敦以卓不至，虑在后为变，遣参军乐道融苦要卓俱下。道融本欲背敦，因说卓袭之，语在《融传》。卓既素不欲从敦，得道融说，遂决曰："吾本意也。"乃与巴东监军柳纯、南平太安夏侯承、宜都太守谭该等十余人，俱露檄远近，陈敦肆逆，率所统致讨。遣参军司马赞、孙双奉表诣台，参军罗英至广州，与陶侃克期，参军邓骞、虞冲至长沙，令谯王承坚守。征西将军戴若思在江西，先得卓书，表上之，台内皆称万岁。武昌大惊，传卓军至，人皆奔散。诏书迁卓为镇南大将军、侍中、都督荆梁二州诸军事、荆州牧，梁州刺史如故，陶侃得卓信，即遣参军高宝率兵下。

卓虽怀义正，而性不果毅，且年老多疑，计虑犹豫，军次猪口，累旬不前。敦大惧，遣卓兄子行参军印求和，谢卓曰："君此自是臣节，不相责也。吾家计急，不得不尔。想便旋军襄阳，当更结好。"时王师败绩，敦求台骓虞幡驻卓。卓闻周颙、戴若思遇害，流涕谓印曰："吾之所忧，正谓今日。每得朝廷人书，常以胡寇为先，不悟忽有萧墙之祸。且使圣上元吉，太子无恙，吾临敦上流，亦未敢便危社稷。吾适径据武昌，敦势逼，必劫天子以绝四海之望。不如还襄阳，更思后图。"即命旋军。都尉秦康说卓曰："今分兵取敦不难,但断彭泽,上下不得相赴,自然离散,可一战擒也。将军既有忠节,中道而废,更为败军将,恐将军之下亦各便求西还,不可得守也。"卓不能从。乐道融亦日夜劝卓速下。卓性先宽和,忽便强塞,径还襄阳,意气骚扰,举动失常,自照镜不见其头,视庭树而头在树上,心甚恶之。其家金柜鸣,声似槌镜,清而悲。巫云:"金柜将离,是以悲鸣。"主簿何无忌及家人皆劝令自警。卓转更很愎,闻谏辄怒。方散兵使大佃,而不为备。功曹荣建固谏,不纳。襄阳太守周虑等密承敦意,知卓无备,诈言湖中多鱼,劝卓遣左右皆捕鱼,乃袭害卓于寝,传首于敦。四子散骑郎蕃等皆被害。太宁中,追赠骠骑将军,谥曰敬。

邓骞,字长真,长沙人。少有志气,为乡邻所重。常推诚行己,能以正直全于多难之时。刺史谯王承命为主簿,使说甘卓。卓留为参军,欲与同行,以母老辞卓而反。

承为魏义所败,以虞悝兄弟为承党,义尽诛之,而求骞甚急。乡人皆为之惧,骞笑曰:"欲用我耳。彼新得州,多杀忠良,是其求贤之时,岂以行人为罪!"乃往诣义。义喜曰:"君所谓古之解、扬也。"以为别驾。

骞有节操忠信,兼识量弘远,善与人交,久而益敬。太尉庾亮称之,以为长者。历武陵、始兴太守,迁大司农,卒于官。

卞壶,字望之,济阴冤句人也。祖统,琅邪内史。父粹,以清辩鉴察称。兄弟六人并登宰府,世称"卞氏六龙,玄仁无双"。玄仁,粹字也。弟裒,尝忤其郡将。郡将怒讦其门内之私,粹遂以不训见讥议,陵迟积年。惠帝初,为尚书郎。杨骏执政,人多附会,而粹正直不阿。及骏诛,超拜右丞,封成阳子,稍迁至右军将军。张华之诛,粹以华婿免官。齐王冏辅政,为侍中、中书令,进爵为公。及长沙王乂专权,粹立朝正色,乂忌而害之。初,粹如厕,见物若两眼,俄而难作。

壶弱冠有名誉,司兖二州、齐王冏辟皆不就。遇家祸,还乡里。

永嘉中，除著作郎，袭父爵。征东将军周馥请为从事中郎，不就。遭本州倾覆，东依妻兄徐州刺史裴盾。盾以壶行广陵相。

元帝镇建邺，召为从事中郎，委以选举，甚见亲杖。出为明帝东中郎长史。遭继母忧，既葬，起复旧职，累辞不就。元帝遣中使敦逼，壶笺自陈曰：

壶天性狷狭，不能和俗，退以情事，欲毕至家门。亡父往为中书令，时壶蒙大例，望门见辟，信其所执，得不祗就。门户遇祸，进窜易名，得存视息，私志有素。加婴极难，流寄兰陵，为苟晞所召，恐见逼迫，依下邳裴盾，又见假授，思暂之郡，规得托身。寻蒙见召，为从事中郎，岂曰贪荣，直欲自致，规暂恭命，行当乞退。属华轶之难，不敢自陈。轶既枭悬，壶亦婴病，具自归闻，未蒙恕遣。世子北征，选宠显望，复以无施，忝充元佐。荣则荣矣，实非素怀。顾以命重人轻，不敢辞惮。闻西台召壶为尚书郎，实欲因此以避贤路，未及陈诚，奄丁穷罚。

壶年九岁，为先母弟表所见孤背。十二，蒙亡母张所见覆育。壶以陋贱，不能荣亲，家产屡空，养道多阙，存无欢娱，终不备礼，拊心永恨，五内抽割。于公无效如彼，私情艰苦如此，实无情颜昧冒荣进。若废壶一人，江北便有倾危之虑，壶居事之日功绩以隆者，诚不得私其身。今东中郎岐嶷自然，神明日茂，军司马、诸参佐并以明德宣力王事，壶之去留，曾无损益。贺循、谢端、顾景、丁琛、傅晞等皆荷恩命，高枕家门。壶委质二府，渐冉五载，考效则不能已彰，论心则频累恭顺，奈何哀孤之日不见愍恕哉！

帝以其辞苦，不夺其志。

服阕，为世子师。壶前后居师佐之任，尽匡辅之节，一府贵而惮焉。中兴建，补太子中庶子，转散骑常侍，侍讲东宫。迁太子詹事，以公事免。寻复职，转御史中丞。忠于事上，权贵屏迹。

时淮南小中正王式继母，前夫终，更适式父。式父终，丧服讫，议还前夫家。前夫家亦有继子，奉养至终，遂合葬于前夫。式自云：

"父临终,母求去,父许诺。"于是制出母齐衰期。壶奏曰:"就如式父临终许诺,必也正名,依礼为无所据。若夫有命,须显七出之责,当存时弃之,无缘以绝义之妻留家制服。若式父临困谬乱,使去留自由者,此必为相要以非礼,则存亡无所得从,式宜正之以礼。魏颗父命不从其乱,陈乾昔欲以二婢子殉,其子以非礼不从,《春秋》《礼记》善之。并以妾媵,犹正以礼,况其母乎!式母于夫,生事奉终,非为既绝之妻。夫亡制服,不为无义之妇。自云守节,非为更嫁。离绝之断,在夫没之后。夫之既没,是其从子之日,而式以为出母,此母以子出也。致使存无所容居,没无所托也。寄命于他人之门,埋尸于无名之冢。若式父亡后,母寻没于式家,必不以为出母明矣。许诺之命一耳,以为母于同居之时,至没前子之门而不以为母,此为制离绝于二居,裁出否于意断。离绝之断,非式而谁!假使二门之子皆此母之生,母恋前子,求去求绝,非礼于后家,还反又非礼于前门,去不可去,还不可还,则为无寄之人也。式必内尽匡谏,外极防闲,不绝明矣。何至守不移于至亲,略情礼于假继乎!继母如母,圣人之教。式为国士,闺门之内犯礼违义,开辟未有,于父则无追亡之善,于母则无孝敬之道,存则去留自由,亡则合葬路人,可谓生事不以礼,死葬不以礼者也。亏损世教,不可以居人伦诠正之任。案侍中、司徒、临颍公组敷宣五教,实在任人,而含容违礼,曾不贬黜;扬州大中正、侍中、平望亭侯烨,淮南大中正、散骑侍郎弘,显执邦论,朝野取信,曾不能率礼正违,崇孝敬之教,并为不胜其任。请以见事免组、烨、弘官,大鸿胪削爵士,廷尉结罪。"疏奏,诏特原组等,式付乡邑清议,废弃终身。壶迁吏部尚书。王含之难,加中军将军。含灭,以功封建兴县公,寻迁领军将军。

明帝不豫,领尚书令,与王导等俱受顾命辅幼主。复拜右将军,加给事中、尚书令。帝崩,成帝即位,群臣进玺,司徒王导以疾不至。壶正色于朝曰:"王公岂社稷之臣邪!大行在殡,嗣皇未立,宁是人臣辞疾之时!"导闻之,乃舆疾而至。

皇太后临朝,壶与庾亮对直省中,共参机要。时召南阳乐谟为郡中正，颍川庾怡为廷尉评。谟、怡各称父命不就。壸奏曰："人无非父而生，职无非事而立。有父必有命，居职必有悔。有家各私其子，此为王者无人，职不轨物，官不立政。如此则先圣之言废，五教之训塞，君臣之道散，上下之化替矣。乐广以平夷称，庾珉以忠笃显，受宠圣世，身非己有，况及后嗣而可专哉！所居之职若顺夫群心，则战成者之父母皆当以命子，不以处也。若顺谟父之意，则人皆不为郡中正，人伦废矣。顺怡父之意，人皆不为狱官，则刑辟息矣。凡如是者，其可听欤？若不可听，何以许谟、怡之得称父命乎！此为谟以名父子可以亏法，怡是亲戚可以自专。以此二涂服人示世，臣所未悟也。宜一切班下，不得以私废公。绝其表疏，以为永制。"朝议以为然。谟、怡不得已，各居所职。是时，王导称疾不朝，而私送车骑将军郗鉴，壸奏以导亏法从私，无大臣之节。御史中丞钟雅阿挠王典，不加准绳，并请免官。虽事寝不行，举朝震肃。壸断裁切直，不畏强御，皆此类也。

　　壸干实当官，以褒贬为己任，勤于吏事，欲轨正督世，不肯苟同时好。然性不弘裕，才不副意，故为诸名士所少，而无卓尔优誉。明帝深器之，于诸大臣而最任职。阮孚每谓之曰："卿恒无闲泰，常如含瓦石，不亦劳乎？"壸曰："诸君以道德恢弘，风流相尚，执鄙吝者，非壸而谁！"时贵游子弟多慕王澄、谢鲲为达，壸厉色于朝曰："悖礼伤教，罪莫斯甚！中朝倾覆，实由于此。"欲奏推之。王导、庾亮不从，乃止，然而闻者莫不折节。时王导以勋德辅政，成帝每幸其宅，尝拜导妇曹氏。侍中孔恒密表不宜拜。导闻之，曰："王茂弘驽苪耳，若卞望之之岩岩，刁玄亮之察察，戴若思之峰岠，当敢尔邪！"壸廉洁俭素，居甚贫约。息当婚，诏特赐钱五十万，固辞不受。后患面创，累乞解职。

　　拜光禄大夫，加散骑常侍。时庾亮将征苏峻，言于朝曰："峻狼子野心，终必为乱。今日征之，纵不顺命，为祸犹浅。若复经年，为恶滋蔓，不可复制。此是朝错劝汉景帝早削七国事也。"当时议者无以易之。壸固争，谓亮曰："峻拥强兵，多藏无赖，且逼近京邑，路不终朝，一旦有变，易为蹉跌。宜深思远虑，恐未可仓卒。"亮不纳。壶知必败，与平南将军温峤书曰："元规召峻意定，怀此于邑。温生足下，奈此事何！吾今所虑，是国之大事。且峻已出狂意，而召之更速，必纵其群恶以向朝廷。朝廷威力诚桓桓，交须接锋履刃，尚不知便可即擒不？王公亦同此情。吾与之争甚恳切，不能如之何。本出足下为外藩任，而今恨出足下在外。若卿在内俱谏，必当相从。今内外戒严，四方有备，峻凶狂必无所至耳，恐不能使无伤，如何？"壶司马任台劝壶宜畜良马，以备不虞。壶笑曰："以顺逆论之，理无不济。若万一不然，岂须马哉！"峻果称兵。壶复为尚书令、右将军、领右卫将军，余官如故。

峻至东陵口，诏以壶都督大桁东诸军事、假节，复加领军将军、给事中。壶率郭默、赵胤等与峻大战于西陵，为峻所破。壶与钟雅皆退还，死伤者以千数。壶、雅并还节，诣阙谢罪。峻进攻青溪，壶与诸军距击，不能禁。贼放火烧宫寺，六军败绩。壶时发背创，犹未合，力疾而战，率厉散众及左右吏数百人，攻贼麾下，苦战，遂死之，时年四十八。二子眕、盱见父没，相随赴贼，同时见害。

峻平，朝议赠壶光禄大夫，加散骑常侍。尚书郎弘讷议以为"死事之臣古今所重，卞令忠贞之节，当书于竹帛。今之追赠，实未副众望，谓宜加鼎司之号，以旌忠烈之勋。"司徒王导见议，进赠骠骑将军，加侍中。讷重议曰："夫事亲莫大于孝，事君莫尚于忠。唯孝也，故能尽敬竭诚；唯忠也，故能见危授命。此在三之大节，臣子之极行也。案壶委质三朝，尽规翼亮，遭世险难，存亡以之。受顾托之重，居端右之任，拥卫至尊，则有保傅之恩；正色在朝，则有匪躬之节。贼峻造逆，戮力致讨，身当矢旃，再对贼锋，父子并命，可谓破家为国，守死勤事。昔许男疾终，犹蒙二等之赠，况壶伏节国难者乎！夫赏疑从重，况在不疑！谓可上准许穆，下同嵇绍，则允合曲谟，克厌众望。"于是改赠壶侍中、骠骑将军、开府仪同三司，谥曰忠贞，祠以太牢。赠世子眕散骑侍郎，眕弟盱奉车都尉。眕母裴氏抚二子尸哭曰："父为忠臣，汝为孝子，夫何恨乎！"征士翟汤闻之，叹曰："父死于君,子死于父,忠孝之道,萃于一门。"昣子诞嗣。

咸康六年,成帝追思壸,下诏曰:"壸立朝忠恪,丧身凶寇,所封悬远,租秩薄少,妻息不赡,以为慨然!可给实口廪。"其后盗发壸墓,尸僵,鬓发苍白,面如生,两手悉拳,爪甲穿达手背。安帝诏给钱十万,以修茔兆。

壸第三子瞻,位至广州刺史。瞻弟眈,尚书郎。

敦,字仲仁。父俊,清真有检识,以名理著称。其乡人郤诜恃才陵傲俊兄弟,俊等亦以门盛轻诜,相视如仇。诜以杨骏故吏被系,俊时为尚书郎,案其狱,诜惧不免,俊平心断决正之,诜卒以免,而犹不悛。后为左丞,复奏陷卞氏。俊历位汝南相、廷尉卿。

敦弱冠,仕州郡,辟司空府,稍迁太子舍人、尚书郎,朝士多称之。东海王越闻,召以为主簿。王弥逼洛,敦及胡母辅之劝越击王弥,而王衍、潘滔共执不听,敦庭争苦至,众咸壮之。出补汝南内史。元帝之为镇东,请为军谘祭酒,不就。征南将军山简以为司马。寻而王如、杜曾相继为乱,简乃使敦监沔北七郡军事、振威将军、领江夏相,戍夏口。敦攻讨沔中皆平。既而杜弢寇湘中,加敦征讨大都督。伐弢有功,赐爵安陵亭侯。镇东大将军王敦请为军司。

中兴建,拜太子左卫率。时石勒侵逼淮泗,帝备求良将可以式遏边境者,公卿举敦,除征虏将军、徐州刺史,镇泗口。及勒寇彭城,敦自度力不能支,与征北将军王邃退保盱眙,贼势遂张,淮北诸郡多为所陷,竟以畏懦贬秩三等,为鹰扬将军。征拜大司农。王敦表为征虏将军、都督石头军事。明帝之讨王敦也,以为镇南将军、假节。事平,更拜尚书,以功封益阳侯。徙光禄勋,出为都督安南将军、湘州刺史、假节。寻进征南将军,固辞不拜。

苏峻反,温峤、庾亮移檄征镇同赴京师。敦拥兵不下,又不给军粮,唯遣督护荀璲领数百人随大军而已。时朝野莫不怪叹,独陶侃亦切齿忿之。峻平,侃奏敦阻军顾望,不赴国难,无大臣之节,请槛车收付廷尉。丞相王导以丧乱之后宜加宽宥,转安南将军、广州刺史。病不之职,征为光禄大夫,领少府。敦既不讨苏峻,常怀愧耻,名论自此亏矣。寻以忧卒，追赠本官，加散骑常侍，谥曰敬。子滔嗣。

刘超，字世瑜，琅邪临沂人，汉城阳景王章之后也。章七世孙封临沂县慈乡侯，子孙因家焉。父和，为琅邪国上军将军。超少有志尚，为县小吏，稍迁琅邪国记室掾。以忠谨清慎为元帝所拔，恒亲侍左右，遂从渡江，转安东府舍人，专掌文檄。相府建，又为舍人。于时天下扰乱，伐叛讨贰，超自以职在近密，而书迹与帝手笔相类，乃绝不与人交书。时出休沐，闭门不通宾客，由是渐得亲密。以左右勤劳，赐爵原乡亭侯，食邑七百户，转行参军。

中兴建，为中书舍人，拜骑都尉、奉朝请。时台阁初建，庶绩未康，超职典文翰，而畏慎静密，弥见亲待。加以处身清苦，衣不重帛，家无儋石之储。每帝所赐，皆固辞曰："凡陋小臣，横窃赏赐，无德而禄，殃咎是惧。"帝嘉之，不夺其志。寻出补句容令，推诚于物，为百姓所怀。常年赋税，主者常自四出结评百姓家赀。至超，但作大函，村别付之，使各自书家产，投函中讫，送还县。百姓依实投上，课输所入，有逾常年。入为中书通事郎。以父忧去官。既葬，属王敦称兵，诏起复职，又领安东上将军。寻六军败散，唯超案兵直卫，帝感之，遣归终丧礼。及钱凤构祸，超招合义士，从明帝征凤。事平，以功封零陵伯。超家贫，妻子不赡，帝手诏褒之，赐以鱼米，超辞不受。超后须纯色牛，市不可得，启买官外厩牛，诏便以赐之。出为义兴太守。未几，征拜中书侍郎。拜受往还，朝廷莫有知者。会帝崩，穆后临朝，迁射声校尉。时军校无兵，义兴人多义随超，因统其众以宿卫，号为"君子营"。咸和初，遭母忧去官，衰服不离身，朝夕号泣，朔望辄步至墓所，哀感路人。

及苏峻谋逆，超代赵胤为左卫将军。时京邑大乱，朝士多遣家人入东避难。义兴故吏欲迎超家，而超不听，尽以妻孥入处宫内。及王师败绩，王导以超为右卫将军，亲侍成帝。属太后崩，军卫礼章顿阙，超躬率将士奉营山陵。峻迁车驾石头，时天大雨，道路沉陷，超与侍中钟雅步侍左右，贼给马不肯骑，而悲哀慷慨。峻闻之，甚不平，然未敢加害，而以其所亲信许方等补司马督、殿中监，外托宿卫，内实防御超等。时饥馑米贵，峻等问遗，一无所受，缱绻朝夕，臣节愈恭。帝时年八岁，虽幽厄之中，超犹口授《孝经》、《论语》。温峤等至，峻猜忌朝士，而超为帝所亲遇，疑之尤甚。后王导出奔，超与怀德令匡术、建康令管旆等密谋，将欲奉帝而出。未及期，事泄，峻使任让将兵入收超及钟雅。帝抱持悲泣曰："还我侍中、右卫！"任让不奉诏，因害之。及峻平，任让与陶侃有旧，侃欲特不诛之，乃请于帝。帝曰："让是杀我侍中、右卫者，不可宥。"由是遂诛让。及超将改葬，帝痛念之不已，诏遣高显近地葬之，使出入得瞻望其墓。追赠卫尉，谥曰忠。

超天性谦慎，历事三帝，恒在机密，并蒙亲遇，而不敢因宠骄谄，故士人皆安而敬之。子讷嗣，谨伤有石庆之风，历中书侍郎、下邳内史。讷子享，亦清慎，为散骑郎。

钟雅，字彦胄，颍川长社人也。父晔，公府掾，早终。雅少孤，好学有才志，举四行，除汝阳令，入为佐著作郎。母忧去官，服阕复职。东海王越请为参军，迁尚书郎。

避乱东渡，元帝以为丞相记室参军，迁临淮内史、振威将军。顷之，征拜散骑侍郎，转尚书右丞。时有事于太庙，雅奏曰："陛下继承世数，于京兆府君为玄孙，而今祝文称曾孙，恐此因循之失，宜见改正。又礼，祖之昆弟，从祖父也。景皇帝自以功德为世宗，不以伯祖而登庙，亦宜除伯祖之文。"诏曰："礼，事宗庙，自曾孙已下皆称曾孙，此非因循之失也。义取于重孙，可历世共其名，无所改也。称伯祖不安，如所奏。"转北军中候。大将军王敦请为从事中郎，补宣城内史。钱凤作逆，加广武将军，率众屯青弋。时广德县人周玘为凤起兵攻雅，雅退据泾县，收合士庶，讨玘，斩之。凤平，征拜尚书左丞。

明帝崩，迁御史中丞。时国丧未期，而尚书梅陶私奏女妓，雅劾奏曰："臣闻放勋之殂，八音遏密，虽在凡庶，犹能三载。自兹以来，历代所同。肃祖明皇帝崩背万国,当期来月。圣主缟素,泣血临朝,百僚惨怆,动无欢容。陶无大臣忠慕之节,家庭侈靡,声妓纷葩,丝竹之音,流闻衢路,宜加放黜,以整王宪。请下司徒,论正清议。"穆后临朝,特原不问。雅直法绳违,百僚皆惮之。

北中郎将刘遐卒,遐部曲作乱,诏郭默讨之,以雅监征讨军事、假节。事平,拜骁骑将军。

苏峻之难,诏雅为前锋监军、假节,领精勇千人以距峻。雅以兵少,不敢击,退还。拜侍中。寻王师败绩,雅与刘超并侍卫天子。或谓雅曰:"见可而进,知难而退,古之道也。君性亮直,必不容于寇仇,何不随时之宜而坐待其毙。"雅曰:"国乱不能匡,君危不能济,各逊遁以求免,吾惧董狐执简而至矣。"庾亮临去,顾谓雅曰:"后事深以相委。"雅曰:"栋折榱崩,谁之责也?"亮曰:"今日之事,不容复言,卿当期克复之效耳。"雅曰:"想足下不愧荀林父耳。"及峻逼迁车驾幸石头,雅、超流涕步从。明年,并为贼所害。贼平,追赠光禄勋。其后以家贫,诏赐布帛百匹。

子诞,位至中军参军,早卒。

史臣曰:应詹行业聿修,文史足用,入居列位,则嘉谋屡陈;出抚藩条,则惠政斯洽。甘卓伐暴宁乱,庸绩克宣,作镇捍城,威略具举。及凶渠犯顺,志在勤王。既而人挠其谋,天夺其鉴,疑留不断,自取诛夷。卞壸束带立朝,以匡正为己任;褰裳卫主,蹈忠义以成名。遂使臣死于君子,子死于父,惟忠舆孝,萃其一门。古称社稷之臣,忠贞之谓矣。刘超勤肃奉上,钟雅正直当官。属巨猾滔天,幼君危逼,乃崎岖寇难,契阔艰虞,匪石为心,寒松比操,贞轨皆没,亮迹双升。虽高赫在难弥恭,荀息继之以死,方之二子,曾何足云!

赞曰:卓临南服,詹莅西州。政刑克举,威惠兼修。应嗟运促,甘毙疑留。望之徇义,处死为易。惟子惟臣,名节斯寄。钟、刘入仕,忠贞攸履。竭其股肱,继之以死。

晋书卷七一
列传第四一

孙惠　熊远　王鉴　陈颁　高崧

孙惠，字德施，吴国富阳人，吴豫章太守贲曾孙也。父祖并仕吴。惠口讷，好学有才识，州辟不就，寓居萧沛之间。永宁初，赴齐王冏义，讨赵王伦，以功封晋兴县，侯辟大司马户曹掾，转东曹属。冏骄矜僭侈，天下失望。惠献言于冏，讽以五难、四不可，劝令归藩，辞甚切至。冏不纳。惠惧罪，辞疾去。顷之，冏果败。成都王颖引惠为大将军参军、领奋威将军、白沙督。是时，颖将征长沙王乂，以陆机为前锋都督。惠与机同乡里，忧其致祸，劝机让都督于王粹。及机兄弟被戮，惠甚伤恨之。时惠又擅杀颖牙门将梁俊，惧罪，因改姓名以遁。

后东海王越举兵下邳，惠乃诡称南岳逸士秦秘之，以书干越，曰：

天祸晋国，遭兹厄运。历观危亡，其萌有渐，枝叶先零，根株乃毙。伏惟明公资睿哲之才，应神武之略，承衰乱之余，当倾险之运，侧身昏谖之俗，踚踳凶诡之间。执夷正立，则取疾奸佞；抱忠怀直，则见害贼臣。铺糟非圣性所堪，苟免非英雄之节，是以感激于世，发愤忘身。抗辞金门，则謇谔之言显；扶翼皇家，则匡主之功著。事虽未集，大命有在。夫以汉祖之贤，犹有彭城之耻；魏武之能，亦有濮阳之失。孟明三退，终于致果；

句践丧众,期于擒吴。今明公名著天下,声振九域,公族归美,万国宗贤。加以四王齐圣,仁明笃友,急难之感,同奖王室,股肱爪牙,足相维扞。皇穹无亲,惟德是辅;恶盈福谦,鬼神所赞。以明公达存亡之符,察成败之变,审所履之运,思天人之功,武视东夏之藩,龙跃海嵎之野。西诣河间,南结征镇,东命劲吴锐卒之富,北有幽并率义之旅,宣喻青、徐,启示群王,旁收雄俊,广延秀杰,纠合携贰,明其赏信。仰惟天子蒙尘邺宫,外矫诏命,擅诛无辜,豺狼篡噬,其事无远。夫心火倾移,丧乱可必,太白横流,兵家攸杖,岁镇所去,天厌其德。玄象著明,谪谴彰见。违天不祥,奉时必克。明公思安危人神之应,虑祸败前后之征,弘劳谦日昃之德,躬吐捉求贤之义,倾府竭库以振贫乏,将有济世之才,渭滨之士,含奇谟于朱唇,握神策于玉掌,逍遥川岳之上,以俟真人之求。目想不世之佐,耳听非常之辅,举而任之,则元勋建矣。

秘之不天,值此衰运,窃慕墨翟、申包之诚,跋涉荆棘,重茧而至,栉风沐雨,来承祸难。思以管穴,毗佐大猷,道险时吝,未敢自显。伏在川泥,系情宸极,谨先白笺,以启天虑。若犹沉吟际会,徘徊二端,微倖在险,请从恕宥之例。

明公今旋轸臣子之邦,宛转名义之国,指麾则五岳可倾,呼嘘则江湖可竭。况履顺讨逆,执正伐邪,是乌获摧冰,贲、育拉朽,猛兽吞狐,泰山压卵,因风燎原,未足方也。今时至运集,天与神助,复不能鹊起于庆命之会,拔剑于时哉之机,恐流滥之祸不在一人。自先帝公王,海内名士,近者死亡,皆如虫兽,尸元曳于粪壤,形骸捐于沟涧,非其口无忠贞之辞,心无义正之节,皆希目下之小生而惑终焉之大死。凡人知友,犹有刎颈之报,朝廷之内,而无死命之臣。非独秘之所耻,惜乎晋世之无人久矣。今天下喁喁,四海注目。社稷危而复安,宗庙替而复绍,惟明公兄弟能弘济皇猷。国之存亡,在斯举矣。

秘之以不才之姿,而值危乱之运,竭其狗马之节,加之忠贞之心，左属平乱之鞭，右握灭逆之矢，控马鹄立，计日俟命。时难获而易失，机速变而成祸，介如石焉，实无终日，自求多福，惟君裁之！

越省书，榜道以求之，惠乃出见。越即以为记室参军，专职文疏，豫参谋议。除散骑郎、太子中庶子，复请补司空从事中郎。越诛周穆等，夜召参军王廙造表，廙战惧，坏数纸不成。时惠不在，越叹曰："孙中郎在，表久就矣。"越迁太傅，以惠为军谘祭酒，数谘访得失。每造书檄，越或驿马催之，应命立成，皆有文采。除秘书监，不拜。转彭城内史、广陵相，迁广武将军、安丰内史。以迎大驾之功，封临湘县公。

元帝遣甘卓讨周馥于寿阳，惠乃率众应卓，馥败走。庐江何锐为安丰太守，惠权留郡境。锐以他事收惠下人推之，惠既非南朝所授，常臣谗间，因此大惧，遂攻杀锐，奔入蛮中。寻病卒，时年四十七。丧还乡里，朝廷明其本心，追加吊赗。

熊远，字孝文，豫章南昌人也。祖翘，尝为石崇苍头，而性廉直，有士风。黄门郎潘岳见而称异，劝崇免之，乃还乡里。远有志尚，县召为功曹，不起，强与衣帻，扶之使谒。十余日荐于郡，由是辟为文学掾。远曰："辞大不辞小也。"固请留县。太守察远孝廉。属太守讨氐羌，远遂不行，送至陇右而还。后太守会稽夏静辟为功曹。及静去职，远送至会稽以归。州辟主簿、别驾，举秀才，除监军华轶司马、领武昌太守、宁远护军。

元帝作相，引为主簿。时传北陵被发，帝将举哀，远上疏曰："园陵既不亲行，承传言之者未可为定。且园陵非一，而直言侵犯，远近吊问，答之宜当有主。谓应更遣使摄河南尹案行，得审问，然后可发哀。即宜命将至洛，修复园陵，讨除逆类。昔宋杀无畏，庄王奋袂而起，衣冠相追于道，军成宋城之下。况此酷辱之大耻，臣子奔驰之日！夫修园陵，至孝也；讨逆叛，至顺也；救社稷，至义也；恤遗黎，至仁也。若修此四道，则天下响应，无思不服矣。昔项羽杀义帝以为罪,汉祖哭以为义,刘、项存亡,在此一举。群贼豺狼,弱于往日;恶逆之甚,重于丘山。大晋受命,未改于上;兆庶讴吟,思德于下。今顺天下之心,命貔貅之士,鸣檄前驱,大军后至,威风赫然,声振朔野,则上副西土义士之情,下允海内延颈之望矣。”属有杜弢之难,不能从。

时江东草创,农桑驰废,远建议曰:“立春之日,天子祈谷于上帝,乃择元辰,载耒耜,帅三公、九卿、诸侯、大夫,躬耕帝藉,以劝农功。《诗》云‘弗躬弗亲,庶人不信。’自丧乱以来,农桑不修,游食者多,皆由去本逐末故也。”时议美之。

建兴初,正旦将作乐,远谏曰:“谨案《尚书》,尧崩,四海遏密八音。《礼》云,凶年,天子彻乐减膳。孝怀皇帝梓宫未反,豺狼当涂,人神同忿。公明德茂亲,社稷是赖。今杜弢蚁聚湘川,比岁征行,百姓疲弊,故使义众奉迎未举。履端元日,正始之初,贡士鳞萃,南北云集,有识之士于是观礼。公与国同体,忧容未歇。昔齐桓贯泽之会,有忧中国之心,不召而至者数国。及葵丘自矜,叛者九国。人心所归,惟道与义。将绍皇纲于既往,恢霸业于来今,表道德之轨,阐忠孝之仪,明仁义之统,弘礼乐之本,使四方之士退怀嘉则。今荣耳目之观,崇戏弄之好,惧违《云》、《韶》、《雅》、《颂》之美,非纳轨物,有尘大教。谓宜设馔以赐群下而已。”元帝纳之。

转丞相参军。是时琅邪国侍郎王鉴劝帝亲征杜弢,远又上疏曰:“皇纲失统,中夏多故,圣主肇祚,远奉西都。梓宫外次,未反园陵,逆寇游魂,国贼未夷。明公忧劳,乃心王室,伏读圣教,人怀慷慨。杜弢小竖,寇抄湘川,比年征讨,经载不夷。昔高宗伐鬼方,三年乃克,用兵之难,非独在今。伏以古今之霸王遭时艰难,亦有亲征以隆大勋,亦有遣将以平小寇。今公亲征,文武将吏、度支筹量、舟舆器械所出若足用者,然后可征。愚谓宜如前遣五千人,径与水军进征,既可得速,必不后时。昔齐用穰苴,燕晋退军;秦用王翦,克平南荆。必使督护得才,即贼不足虑也。”会弢已平,转从事中郎,累迁太子中庶子、尚书左丞、散骑常侍。帝每叹其忠公,谓曰:“卿在朝正色,不茹柔吐刚,忠亮至到,可谓王臣也。吾所欣赖,卿其勉之!"

及中兴建,帝欲赐诸吏投刺劝进者加位一等,百姓投刺者赐司徒吏,凡二十余万。远以为"秦汉因赦赐爵,非长制也。今案投刺者不独近者情重,远者情轻,可依汉法例,赐天下爵,于恩为普,无偏颇之失。可以息检覆之烦,塞巧伪之端。"帝不从。

转御史中丞。时尚书刁协用事,众皆惮之。尚书郎卢綝将入直,遇协于大司马门外。协醉,使綝避之,綝不回。协令威仪牵捽綝堕马,至协车前而后释。远奏免协官。

时冬雷电,且大雨,帝下书责躬引过,远复上疏曰:

被《庚午诏书》,以雷电震,暴雨非时,深自克责。虽禹、汤罪己,未足以喻。臣暗于天道,窃以人事论之。陛下节俭敦朴,恺悌流惠,而王化未兴者,皆群公卿士不能夙夜在公,以益大化,素餐负乘,秕稗明时之责也。

今逆贼猾夏,暴虐滋甚,二帝幽殡,梓宫未反,四海延颈,莫不东望。而未能遣军北讨,仇贼未报,此一失也。昔齐侯既败,七年不饮酒食肉,况此耻尤大。臣子之责,宜在枕戈为王前驱。若此志未果者,当上下克俭,恤人养士,彻乐减膳,惟修戎事。陛下忧劳于上,而群官未同戚容于下,每有会同,务在调戏酒食而已,此二失也。选官用人,不料实德,惟在白望,不求才干,乡举道废,请托交行。有德而无力者退,修望而有助者进;称职以违俗见讥,虚资以从容见贵。是故公正道亏,私涂日开,强弱相陵,冤杜不理。今当官者以理事为俗吏,奉法为苛刻,尽礼为谄谀,从容为高妙,放荡为达士,骄蹇为简雅,此三失也。

世所谓三失者,公法加其身;私议贬其非;转见排退,陆沉泥滓。时所谓三善者,王法所不加;清论美其贤;渐相登进,仕不辍官,攀龙附凤,翱翔云霄。遂使世人削方为圆,挠直为曲,岂待顾道德之清涂,践仁义之区域乎!是以万机未整,风俗伪薄,皆此之由。不明其黜陟,以审能否,此则俗未可得而变也。

今朝廷群司以从顺为善,相违见贬,不复论才之曲直,言之得失也。时有言者，或不见用，是以朝少辩争之臣，士有禄仕之志焉。郭翼上书，武帝擢为屯留令，又置谏官，所以容受直言，诱进将来，故人得自尽，言无隐讳。任官然后爵之，位定然后禄之。敷奏以言，明试以功，车服以庸。舜犹历试诸难，而今先禄不试，甚违古义，乱之所由也。求财急于疏贱，用刑先于亲贵，然后令行禁止，野无遗滞。尧取舜于仄陋，舜拔贤于岩穴，姬公不曲绳于天伦，叔向不亏法于孔怀。今朝廷法吏多出于寒贱，是以章书日奏而不足以惩物，官人先才而不足以济事。宜招贤良于屠钓，聘耿介于丘园。若此道不改，虽并官省职，无救弊乱也。能哲而惠，何忧乎骥兜，何迁乎有苗，何畏乎巧言令色孔壬！此官得其人之益也。

累迁侍中，出补会稽内史。时王敦作逆，沈充举兵应之，加远将军，距而不受，不输军资于充，保境安众为务。敦至石头，讽朝廷征远，乃拜太常卿，加散骑常侍。敦深惮其正而有谋，引为长史，数月病卒。

远弟缙，名亚于远，为王敦主簿，终于鄱阳太守。缙子鸣鹄，位至武昌太守。

王鉴，字茂高，堂邑人也。父潗，御史中丞。鉴少以文笔著称，初为元帝琅邪国侍郎。时杜弢作逆，江湘流弊，王敦不能制，朝廷深以为忧。鉴上疏劝帝征之，曰：

天祸晋室，四海颠覆，丧乱之极，开辟未有。明公遭历运之厄，当阳九之会，圣躬负伊周之重，朝廷延匡合之望。方将振长辔而御八荒，扫河汉而清天涂。所藉之资，江南之地，盖九州之隅角，垂尽之余人耳。而百越鸥视于五岭，蛮蜀狼顾于湘汉，江州萧条，白骨涂地，豫章一群，十残其八。继以荒年，公私虚匮，仓库无旬月之储，三军有绝乏之色。赋敛搜夺，周而复始，卒散人流，相望于道。残弱之源日深，全胜之势未举。鉴惧云旗反旆，元戎凯入，未在旦夕也。昔齐旅未期而申侯惧其老，况暴甲三年，介胄生虮虱，而可不深虑者哉！江扬本六郡之地，一州封域耳。若兵不时戢，人不堪命，三江受敌，彭蠡振摇，是贼逾我垣墙之内，窥我室家之好。黩武之众易动，惊弓之鸟难安，鉴之所甚惧也。去年已来，累丧偏将，军师屡失，送死之寇，兵厌奔命，贼量我力矣。虽继遣偏裨，俱未足成功也。愚谓尊驾宜亲幸江州，然后方召之臣，其力可得而宣；熊罴之士，其锐可得而奋。进左军于武昌，为陶侃之重；建名将于安成，连甘卓之垒。南望交广，西抚蛮夷。要害之地，勒劲卒以保之；深沟坚壁，按精甲而守之。六军既赡，战士思奋，尔乃乘隙骋奇，扰其窟穴，显示大信，开以生涂，杜弢之颈固已锁于麾下矣。

议者将以大举役重，人不可扰。鉴谓暂扰以制敌，愈于放敌而常扰也。夫四体者，人之所甚爱，苟宜伐病，则削肌刮骨矣。然守不可虚，鉴谓王导可委以萧何之任。或以小贼方毙，不足动千乘之重。鉴见王弥之初，亦小寇也，官军不重其威，狡逆得肆其变，卒令温怀不守，三河倾覆，致有今日之弊，此已然之明验也。蔓草犹不可长，况狼兕之寇乎！当五霸之世，将非不良，士非不勇，征伐之役，君必亲之，故齐桓免胄于邵陵，晋文擐甲于城濮。昔汉高、光武二帝，征无远近，敌无大小，必手振金鼓，身当矢石，栉风沐雨，壶浆不赡，驰骛四方，匪遑宁处，然后皇基克构，元勋以融。今大弊之极，剧于曩代，崇替之命，系我而已。欲使銮旂无野次之役，圣躬远风尘之劳，而大功坐就，鉴未见其易也。魏武既定中国，亲征柳城，扬旌卢龙之岭，顿辔重塞之表，非有当时烽燧之虞，盖一日纵敌，终己之患，虽戎辂蒙险，不以为劳，况急于此者乎！刘玄德躬登汉山，而夏侯之锋摧；吴伪祖亲溯长江，而关羽之首悬；袁绍犹豫后机，挫衄三分之势；刘表卧守其众，卒亡全楚之地。历观古今拨乱之主，虽圣贤，未有高拱闲居不劳而济者也。前鉴不远，可谓蓍龟。

议者或以当今暑夏，非出军之时。鉴谓今宜严戒，须秋而动。高风启涂，龙舟电举，曾不十日，可至豫章。豫章去贼尚有千里之限,但临之以威灵,则百胜之理济矣。既扫清湘野,涤荡楚郢,然后班爵序功,酬将士之劳;卷甲韬旗,广农桑之务,播恺悌之惠,除烦苛之赋。比及数年,国富兵强,龙骧虎步,以威天下,何思而不服,何往而不济,桓文之功不难懋也。今惜一举之劳,而缓垂死之寇,诚国家之大耻,臣子之深忧也。

　　鉴以凡琐,谬蒙奖育,思竭愚忠以补万一。刍荛之言,圣王不弃,戍卒之谋,先后采之。乞留神鉴,思其所陈。

疏奏,帝深纳之,即命中外戒严,将自征弢。会弢已平,故止。

中兴建,拜驸马都尉、奉朝请,出补永兴令。大将军王敦请为记室参军,未就而卒,时年四十一。文集传于世。

鉴弟涛及弟子戬,并有才笔。涛,字茂略,历著作郎、无锡令。戬,字庭坚,亦为著作。并早卒。

陈頵,字延思。陈国苦人也。少好学,有文义。父欣立宅起门,頵曰:"当使容马车。"欣笑而从之。仕为郡督邮,检获隐匿者三千人,为一州尤最。太守刘享拔为主簿,州辟部从事,乘马车还家,宗党荣之。

劾案沛王韬狱,未竟,会解结代杨准为刺史,韬因河间王颙属结。结至大会,问主簿史凤曰:"沛王贵藩,州据何法而擅拘邪?"时頵在坐,对曰:"《甲午诏书》,刺史衔命,国之外台,其非所部而在境者,刺史并纠。事征文墨,前后列上,七被诏书。如州所劾,无有违谬。"结曰:"众人之言不可妄听,宜依法穷竟。"又问僚佐曰:"河北白壤膏粱,何故少人士,每以三品为中正?"答曰:"《诗》称'维岳降神,生甫及申'。夫英伟大贤多出于山泽,河北土平气均,蓬蒿裁高三尺,不足成林故也。"结曰:"张彦真以为汝颖巧辩,恐不及青徐儒雅也。"頵曰:"彦真与元礼不协,故设过言。老子、庄周生陈梁,伏羲、傅锐、师旷、大项出阳夏,汉魏二祖起于沛谯,准之众州,莫之与比。"结甚异之曰:"豫州士人常半天下,此言非虚。"会结迁尚书,结恨不得书其才用。

元康中，举孝廉，而州将留之。颙荐同县焦保曰："保出自寒素，禀质清冲，若得参嘉命，必能光赞大猷，允清朝望，使黄宪之徒不乏于豫土，令颙庶免臧文之责。"州乃辟保。

齐王冏起义，州遣颙将兵赴之，拜驸马都尉。遭贼避难于江西。历阳内史朱彦引为参军。镇东从事中郎袁琇荐颙于元帝，迁镇东行参军事，典法兵二曹。颙与王导书曰："中华所以倾弊，四海所以土崩者，正以取才失所，先白望而后实事，浮竞驱驰，互相贡荐，言重者先显，言轻者后叙，遂相波扇，乃至陵迟。加有庄老之俗倾惑朝廷，养望者为弘雅，政事者为俗人，王职不恤，法物坠丧。夫欲制远，先由近始，故出其言善，千里应之。今宜改张，明赏信罚，拔卓茂于密县，显朱邑于桐乡，然后大业可举，中兴可冀耳。"

建兴初制，版补录事参军。参佐掾属多设解故以避事任。颙议："诸僚属乘昔西台养望余弊，小心恭肃，更以为俗；偃蹇倨慢，以为优雅。至今朝士纵诞，临事游行，渐弊不革，以至倾国。故百寻之屋突直而燎焚，千里之堤蚁垤而穿败，古人防小以全大，慎微以杜萌。自今临使称疾，须催乃行者，皆免官。"

初，赵王伦篡位，三王起义，制《己亥格》，其后论功虽小，亦皆依用。颙意谓不宜以为常式，驳之曰："圣王悬爵赏功，制罚纠违，斯道苟明，人赴水火。且名器之实，不可妄假，非才谓之致寇，宠厚戒在斯亡。昔孙秀口唱篡逆，手弄天机，惠皇失御，九服无戴。三王建议，席卷四海，合起义之众，结天下之心，故设《己亥义格》以权济难。此自一切之法，非常伦之格也。其起义以来，依格杂猥，遭人为侯，或加兵伍，或出皂仆，金紫佩士卒之身，符策委庸隶之门，使天官降辱，王爵黩贱，非所以正皇纲重名器之谓也。请自今以后宜停之。"颙以孤寒，数有奏议，朝士多恶之，出除谯郡太守。

太兴初，以疾征。久之，白衣兼尚书，因陈时务，以为"昔江外初平，中州荒乱，故贡举不试。宜渐循旧，搜扬隐逸，试以轻策。又马隆、孟观虽出贫贱，勋济甚大，以所不习，而统戎事，鲜能以济。宜开举武略任将率者，言问核试，尽其所能，然后随才授任。举十得一，犹胜不举,况或十得二三。日碑隆房,七世内侍;由余戎狄,入为秦相。岂藉华宗之族,见齿于奔竞之流乎!宜引幽滞之俊,抑华校实,则天清地平,人神感应。"

后拜天门太守,殊俗安之。选腹心之吏为荆州参军,若有调发,动静驰白,故恒得宿辨。陶侃征还,颛先至巴陵上礼。侃以为能,表为梁州刺史。绥怀荒弊,甚有威惠。梁州大姓互相嫉妒,说颛年老耳聋。侃召颛还,以西阳太守蒋巽代之。年六十九卒。

高崧,字茂琰,广陵人也。父悝,少孤,事母以孝闻。年十三,值岁饥,悝菜蔬不餍,每致甘肥于母。抚幼弟以友爱称。寓居江州,刺史华轶辟为西曹书佐。及轶败,悝藏匿轶子经年,会赦乃出。元帝嘉而宥之,以为参军,遂历显位,至丹杨尹、光禄大夫,封建昌伯。

崧少好学,善史书。总角时,司空何充称其明惠。充为扬州,引崧为主簿,益相钦重。转骠骑主簿,举州秀才,除太学博士,父艰去职。初,悝以纳妾致讼被黜,及终,崧乃自系廷尉讼冤,遂停丧五年不葬,表疏数十上。帝哀之,乃下诏曰:"悝备位大臣,违宪被黜,事已久判。其子崧求直无已,今特听传侯爵。"由是见称。拜中书郎、黄门侍郎。

简文帝辅政,引为抚军司马。时桓温擅威,率众北伐,军次武昌,简文患之。崧曰:"宜致书喻以祸福,自当反旆。如其不尔,便六军整驾,逆顺于兹判矣。若有异计,请先衅鼓。"便于坐为简文书草曰:"寇难宜平,时会宜接,此实为国远图,经略大算。能弘斯会,非足下而谁!但以此兴师动众,要当以资实为本。运转之艰,古人之所难,不可易之于始而不熟虑,顷所以深用惟疑,在乎此耳。然异常之举,众之所骇,游声噂沓,想足下亦少闻之。苟患失之,无所不至。或能望风振扰,一时崩散。如其不然者,则望实并丧,社稷之事去矣。皆由吾暗弱,德信不著,不能镇静群庶,保固维城,所以内愧于心,外惭良友。吾与足下虽职有内外,安社稷,保家国,其致一也。天下安危,系之明德。先存宁国,而后图其外,使王基克隆,大义弘著,所望于足下。区区诚怀,岂可复顾嫌而不尽哉!"温得书,还镇。

崧累迁侍中。是时谢万为豫州都督,疲于亲宾相送,方卧在室。崧径造之,谓曰:"卿今强理西藩,何以为政!"万粗陈其意。崧便为叙刑政之要数百言。万遂起坐,呼崧小字曰:"阿鄙!故有才具邪!"哀帝雅好服食,崧谏以为"非万乘所宜。陛下此事,实日月之一食也"。后以公事免,卒于家。子耆,官至散骑常侍。

史臣曰:昔张良拙说项氏,巧谋于沛公;孙惠沮计齐王,耀奇于东海,终而誓甘之旅炎运载昌,称狩之师金行不竞。岂遭时之会斯骞,将谋国之道未通?迷于委质之贞,暗于所修之虑,本既颠矣,何以能终!熊远、王鉴有毗济之道,比之大厦,其榱桷之佐乎!崧之诋温,颙之距结,挫其劳役之策,申其汝颍之论,采郭嘉之风旨,挹朱育之余波,故桓温辍许攸之谋,解结钦王朗之迹。缉之时典,用此道欤!

赞曰:临湘游艺,才识英发。诡名违颍,陈书于越。孝文忠謇,嘉言斯践。茂高器鉴,凋章尤善。侯爵崧传,高门颙显。

晋书卷七二
列传第四二

郭璞　葛洪

郭璞，字景纯，河东闻喜人也。父瑗，尚书都令史。时尚书杜预有所增损，瑗多驳正之，以公方著称。终于建平太守。璞好经术，博学有高才，而讷于言论，词赋为中兴之冠。好古文奇字，妙于阴阳算历。有郭公者，客居河东，精于卜筮，璞从之受业。公以《青囊中书》九卷与之，由是遂洞五行、天文、卜筮之术，禳灾转祸，通致无方，虽京房、管辂不能过也。璞门人赵载尝窃《青囊书》，未及读，而为火所焚。

惠怀之际，河东先扰。璞筮之，投策而叹曰："嗟乎！黔黎将湮于异类，桑梓其翦为龙荒乎！"于是潜结姻昵及交游数十家，欲避地东南。抵将军赵固，会固所乘良马死，固惜之，不接宾客。璞至，门吏不为通。璞曰："吾能活马。"吏惊入白固。固趋出，曰："君能活吾马乎？"璞曰："得健夫二三十人，皆持长竿，东行三十里，有丘林社庙者，便以竿打拍，当得一物，宜急持归。得此，马活矣。"固如其言，果得一物似猴，持归。此物见死马，便嘘吸其鼻。顷之马起，奋迅嘶鸣，食如常，不复见向物。固奇之，厚加资给。

行至庐江，太守胡孟康被丞相召为军谘祭酒。时江淮清晏，孟康安之，无心南渡。璞为占曰："败"。康不之信。璞将促装去之，爱主人婢，无由而得，乃取小豆三斗，绕主人宅散之。主人晨见赤衣人数千围其家，就视则灭，甚恶之，请璞为卦。璞曰："君家不宜畜此婢，可于东南二十里卖之，慎勿争价，则此妖可除也。"主人从之。璞阴令人贱买此婢。复为符投于井中，数千赤衣人皆反缚，一一自投于井，主人大悦。璞携婢去。后数旬而庐江陷。

璞既过江，宣城太守殷佑引为参军。时有物大如水牛，灰色卑脚，脚类象，胸前尾上皆白，大力而迟钝，来到城下，众咸异焉。佑使人伏而取之，令璞作卦，遇《遁》之《蛊》，其卦曰："《艮》体连《乾》，其物壮巨。山潜之畜，匪兕匪武。身与鬼并，精见二午。法当为禽，两灵不许。遂被一创，还其本墅。按卦名之，是为驴鼠。"卜适了，伏者以戟刺之，深尺余，遂去不复见。郡纲纪上祠，请杀之。巫云："庙神不悦，曰：'此是邴亭驴山君鼠，使诣荆山，暂来过我，不须触之。'"其精妙如此。佑迁石头督护，璞复随之。时有鼯鼠出延陵，璞占之曰："此郡东当有妖人欲称制者，寻亦自死矣。后当有妖树生，然若瑞而非瑞，辛螫之木也。倘有此者，东南数百里必有作逆者，期明年矣。"无锡县欻有茱萸四株交枝而生，若连理者，其年盗杀吴兴太守袁琇。或以问璞，璞曰："卯爻发而沴金，此木不曲直而成灾也。"

王导深重之，引参己军事。尝令作卦，璞言："公有震厄，可命驾西出数十里，得一柏树，截断如身长，置常寝处，灾当可消矣。"导从其言。数日果震，柏树粉碎。

时元帝初镇建邺，导令璞筮之，遇《咸》之《井》，璞曰："东北郡县有'武'名者，当出铎，以著受命之符。西南郡县有'阳'名者，井当沸。"其后晋陵武进县人于田中得铜铎五枚，历阳县中井沸，经日乃止。及帝为晋王，又使璞筮，遇《豫》之《睽》，璞曰："会稽当出钟，以告成功，上有勒铭，应在人家井泥中得之。繇辞所谓'先王以作乐崇德，殷荐之上帝'者也。"及帝即位，太兴初，会稽剡县人果于井中得一钟，长七寸二分，口径四寸半，上有古文奇书十八字，云"会稽岳命"，余字时人莫识之。璞曰："盖王者之作，必有灵符，塞天人之心，与神物合契，然后可以言受命矣。观五铎启号于晋陵，栈钟告成于会稽，瑞不失类，出皆以方，岂不伟哉！若夫铎发其响，钟征其象，器以数臻，事以实应，天人之际不可不察。"帝甚重之。

璞著《江赋》，其辞甚伟，为世所称。后复作《南郊赋》，帝见而嘉之，以为著作佐郎。于时阴阳错缪，而刑狱繁兴，璞上疏曰：

臣闻春秋之义，贵元慎始，故分至启闭以观云物，所以显天人之统，存休咎之征。臣不揆浅见，辄依岁首粗有所占，卦得《解》之《既济》。案爻论思，方涉春木王龙德之时，而为废水之气来见乘，加升阳未布，隆阴仍积，《坎》为法象，刑狱所丽，变《坎》加《离》，厥象不烛。以义推之，皆为刑狱殷繁，理有壅滥。又去年十二月二十九日，太白蚀月。月者属《坎》，群阴之府，所以照察幽情，以佐太阳者也。太白，金行之星，而来犯之，天意若曰刑理失中，自坏其所以为法者也。臣术学庸近，不练内事，卦理所及，敢不尽言。又去秋以来，沉雨跨年，虽为金家涉火之祥，然亦是刑狱充溢，怨叹之气所致。往建兴四年十二月中，行丞相令史淳于伯刑于市，而血逆流长摽。伯者小人，虽罪在未允，何足感动灵变，致若斯之怪邪！明皇天所以保佑金家，子爱陛下，屡见灾异，殷勤无已。陛下宜侧身思惧，以应灵谴。皇极之谪，事不虚降。不然，恐将来必有愆阳苦雨之灾，崩震薄蚀之变，狂狡蠢戾之妖，以益陛下旰食之劳也。

臣谨寻按旧经，《尚书》有五事供御之术，京房《易传》有消复之救，所以缘咎而致庆，因异而迈政。故木不生庭，太戊无以隆；雉不鸣鼎，武丁不为宗。夫贪畏者所以飨福，怠傲者所以招患，此自然之符应，不可不察也。案《解卦》繇云：“君子以赦过宥罪。”《既济》云：“思患而豫防之。”臣愚以为宜发哀矜之诏，引在予之责，荡除瑕衅，赞阳布惠，使幽毙之人应苍生以悦育，否滞之气随谷风而纾散。此亦寄时事以制用，藉开塞而曲成者也。

臣窃观陛下贞明仁恕，体之自然，天假其祚，奄有区夏，启重光于已昧，廓四祖之遐武，祥灵表瑞，人鬼献谋，应天顺时，殆不尚此。然陛下即位以来，中兴之化未阐，虽躬综万机，劳逾日昃？玄泽未加于群生，声教未被乎宇宙，臣主未宁于上，黔细未辑于下,《鸿雁》之咏不兴,康哉之歌不作者,何也?杖道之情未著,而任刑之风先彰,经国之略未振,而轨物之迹屡迁。夫法令不一则人情惑,职次数改则觊觎生,官方不审则秕政作,惩劝不明则善恶浑,此有国者之所慎也。臣窃为陛下惜之。夫以区区之曹参,犹能遵盖公之一言,倚清靖以镇俗,寄市狱以容非,德音不忘,流咏于今。汉之中宗,聪悟独断,可谓令主,然厉意刑名,用亏纯德。《老子》以礼为忠信之薄,况刑又是礼之糟粕者乎!夫无为而为之,不宰以宰之,固陛下之所体者也。耻其君不为尧舜者,亦岂惟古人!是以敢肆狂瞽,不隐其怀。若臣言可采,或所以为尘露之益;若不足采,所以广听纳之门。愿陛下少留神鉴,赐察臣言。

疏奏,优诏报之。

其后日有黑气,璞复上疏曰:

臣以顽昧,近者冒陈所见,陛下不遗狂言,事蒙御省。伏读圣诏,欢惧交战。臣前云升阳未布,隆阴仍积,《坎》为法象,刑犹所丽,变《坎》加《离》,厥象不烛,疑将来必有薄蚀之变也。此月四日,日出山六七丈,精光潜暗,而色都赤,中有异物大如鸡子,又有青黑之气共相薄击,良久方解。案时在岁首纯阳之月,日在癸亥全阴之位,而有此异,殆元首供御之义不显,消复之理不著之所致也。计去微臣所陈,未及一月,而便有此变,益明皇天留情陛下恳恳之至也。

往年岁末,太白蚀月,今在岁始,日有咎谪。曾未数旬,大眚再见。日月告眚,见惧诗人,无曰天高,其鉴不远。故宋景言善,荧惑退次;光武宁乱,呼沱结冰。此明天人之悬符,有若形影之相应。应之以德,则休祥臻;酬之以怠,则咎征作。陛下宜恭承灵谴,敬天之怒,施沛然之恩,谐玄同之化,上所以允塞天意,下所以弭息群谤。

臣闻人之多幸,国之不幸。赦不宜数,实如圣旨。臣愚以为子产之铸刑书,非政之善,然不得不作者,须以救弊故也。今之宜赦，理亦如之。随时之宜，亦圣人所善者。此国家大信之要，诚非微臣所得干豫。今圣朝明哲，思弘谋猷，方辟四门以亮采，访舆诵于群心，况臣蒙珥笔朝末，而可不竭诚尽规哉！

顷之，迁尚书郎。数言便宜，多所匡益。明帝之在东宫，与温峤、庾亮并有布衣之好，璞亦以才学见重，埒于峤、亮，论者美之。然性轻易，不修威仪，嗜酒好色，时或过度。著作郎干宝常诫之曰："此非适性之道也。"璞曰："吾所受有本限，用之恒恐不得尽，卿乃忧酒色之为害乎！"

璞既好卜筮，缙绅多笑之。又自以才高位卑，乃著《客傲》，其辞曰：

客傲郭生曰："玉以兼城为宝，士以知名为贤。明月不妄映，兰蕟岂虚鲜。今足下既以拔文秀于丛荟，荫弱根于庆云，陵扶摇而竦翮，挥清澜以濯鳞，而响不彻于一皋，贾不登乎千金。傲岸荣悴之际，颉颃龙鱼之间，进不为谐隐，退不为放言，无沉冥之韵，而希风乎严先，徒费思于钻味，摹《洞林》乎《连山》，尚何名乎！夫樊骊之髦，抚翠禽之毛者，而不得绝霞肆、跨天津者，未之前闻也。"

郭生粲而笑曰："鹪鹩不可与论云翼，井蛙难与量海鳌。虽然，将祛子之惑，讯以未悟，其可乎？

乃者地维中绝，乾光坠采，皇运暂回，廓祚淮海。龙德时乘，群才云骇，蔼若邓林之会逸翰，烂若溟海之纳奔涛，不烦咨嗟之访，不假蒲帛之招，羁九有之奇骏，咸总之于一朝，岂惟丰沛之英，南阳之豪！昆吾挺锋，骈骊轩髦，杞梓竞敷，兰荑争翘，嘤声冠于伐木，援类繁乎拔茅。是以水无浪士，岩无幽人，刘兰不暇，爨桂不给，安事错薪乎！

且夫窟泉之潜不思云翠，熙冰之采不羡旭晞，混光耀于埃蔼者，亦曷愿沧浪之深，秋阳之映乎！登降纷于九五，沦涌悬乎龙津。蚍蛾以不才陆稿，蟒蛇以腾骛暴鳞。连城之宝，藏于褐里，三秀虽艳，糜于丽采。香恶乎芬？贾恶乎在？是以不尘不冥,不骊不骍,支离其神,萧悴其形。形废则神王,迹粗而名生。体全者为牺,至独者不孤,傲俗者不得以自得,默觉者不足以涉无。故不恢心而形遗,不外累而智丧,无岩穴而冥寂,无江湖而放浪。玄悟不以应机,洞鉴不以昭旷。不物物我我,不是是非非。忘意非我意,意得非我怀。寄群籁乎无象,域万殊于一归。不寿殇子,不夭彭、涓,不壮秋豪,不小太山。蚊泪与天地齐流,蜉蝣与大椿齿年。然一阖一开,两仪之迹,一冲一益,悬象之节,涣洹期于寒暑,凋蔚要乎春秋。青阳之翠秀,龙豹之委颖,骏狼之长晖,玄陆之短景。故皋壤为悲欣之府,胡蝶为物化之器矣。

夫欣黎黄之音者,不犟螳蛄之吟;豁云台之观者,必闷带索之欢。纵蹈而咏采茅,拥璧而叹抱关。战机心以外物,不能得意于一弦。悟往复于嗟叹,安可与言乐天者乎!若乃庄周偃蹇于漆园,老莱婆娑于林窟,严平澄漠于尘肆,梅真隐沦乎市卒,梁生吟啸而矫迹,焦先混沌而槁杌,阮公昏酣而卖傲,翟叟遁形以倏忽。吾不几韵于数贤,故寂然玩此员策与智骨。"

永昌元年,皇孙生,璞上疏曰:

有道之君未尝不以危自持,乱世之主未尝不以安自居。故存而不忘亡者,三代之所以兴也;亡而自以为存者,三季之所以废也。是以古之令主开纳忠说,以弭其违;标显切直,用攻其失。至乃闻一善则拜,见规诚则惧。何者?盖不私其身,处天下以至公也。臣窃惟陛下符运至著,勋业至大,而中兴之祚不隆、圣敬之风未跻者,殆由法令太明,刑教太峻。故水至清则无鱼,政至察则众乖,此自然之势也。

臣去春启事,以囹圄充斥,阴阳不和,推之卦理,宜因郊祀作赦,以荡涤瑕秽。不然,将来必有愆阳苦雨之灾,崩震薄蚀之变,狂狡蠢戾之妖。其后月余,日果薄斗。去秋以来,诸郡并有暴雨,水皆洪潦,岁用无年。适闻吴兴复欲有构妄者,咎征渐成,臣甚恶之。顷者以来,役赋转重,狱犴日结,百姓困扰,甘乱者多,小人愚崄,共相煽动。虽势无所至,然不可不虞。案《洪范传》,君道亏则日蚀,人愤怨则水涌溢,阴气积则下代上。此微理潜应已著实于事者也。假令臣遂不幸谬中,必贻陛下侧席之忧。

今皇孙载育,天固灵基,黔首颙颙,实望惠润。又岁涉午位,金家所忌。宜于此时崇恩布泽,则火气潜消,灾谴不生矣。陛下上承天意,下顺物情,可因皇孙之庆大赦天下。然后明罚敕法,以肃理官,克厌天心,慰塞人事,兆庶幸甚,祯祥必臻矣。

臣今所陈,暂而省之,或未允圣旨;久而寻之,终亮臣诚。若所启上合,愿陛下勿以臣身废臣之言。臣言无隐,而陛下纳之,适所以显君明臣直之义耳。

疏奏,纳焉,即大赦改年。

时暨阳人任谷因耕息于树下,忽有一人著羽衣就淫之,既而不知所在,谷遂有娠。积月将产,羽衣人复来,以刀穿其阴下,出一蛇子便去。谷遂成宦者。后诣阙上书,自云有道术。帝留谷于宫中。璞复上疏曰:"任谷所为妖异,无有因由。陛下玄鉴广览,欲知其情状,引之禁内,供给安处。臣闻为国以礼正,不闻以奇邪。所听惟人,故神降之吉。陛下简默居任,动遵典刑。案《周礼》,奇服怪人不入宫,况谷妖诡怪人之甚者,而登讲肆之堂,密迩殿省之侧,尘点日月,秽乱天听,臣之私情窃所以不取也。陛下若以谷信为神灵所凭者,则应敬而远之。夫神,聪明正直,接以人事。若以谷为妖蛊诈妄者,则当投畀裔土,不宜令亵近紫闱。若以谷或是神祇告谴、为国作眚者,则当克己修礼以弭其妖,不宜令谷安然自容,肆其邪变也。臣愚以为阴阳陶烝,变化万端,亦是狐狸魍魉凭假作慝。愿陛下采臣愚怀,特遣谷出。臣以人乏,忝荷史任,敢忘直笔,惟义是规。"其后元帝崩,谷因亡走。

璞以母忧去职,卜葬地于暨阳,去水百许步。人以近水为言,璞曰:"当即为陆矣。"其后沙涨,去墓数十里皆桑田。未期,王敦起璞为记室参军。是时颖川陈述为大将军掾,其美名为敦所重,未几而没。璞哭之哀甚，呼曰："嗣祖，嗣祖，焉知非福！"未几而敦作难。时明帝即位逾年，未改号，而荧惑守房。璞时休归，帝乃遣使赍手诏问璞。会暨阳县复上言曰赤乌见。璞乃上疏请改年肆赦，文多不载。璞尝为人葬，帝微服往观之，因问主人何以葬龙角，此法当灭族。主人曰："郭璞云此葬龙耳，不出三年当致天子也。"帝曰："出天子邪？"答曰："能致天子问耳。"帝甚异之。璞素与桓彝友善，彝每造之，或值璞在妇间，便入。璞曰："卿来，他处自可径前，但不可厕上相寻耳。必客主有殃。"彝后因醉诣璞，正逢在厕，掩而观之，见璞裸身被发，衔刀设醊。璞见彝，抚心大惊曰："吾每属卿勿来，反更如是！非但祸吾，卿亦不免矣。天实为之，将以谁咎！"璞终婴王敦之祸，彝亦死苏峻之难。

王敦之谋逆也，温峤、庾亮使璞筮之，璞对不决。峤、亮复令占己之吉凶，璞曰："大吉。"峤等退，相谓曰："璞对不了，是不敢有言，或天夺敦魄。今吾等与国家共举大事，而璞云大吉，是为举事必有成也。"于是劝帝讨敦。初，璞每言"杀我者山宗"，至是果有姓崇者构璞于敦。敦将举兵，又使璞筮。璞曰："无成。"敦固疑璞之劝峤、亮，又闻卦凶，乃问璞曰："卿更筮吾寿几何？"答曰："思向卦，明公起事，必祸不久。若住武昌，寿不可测。"敦大怒曰："卿寿几何？"曰："命尽今日日中"。敦怒，收璞，诣南冈斩之。璞临出，谓行刑者欲何之。曰："南冈头。"璞曰："必在双柏树下。"既至，果然。复云："此树应有大鹊巢。"众索之不得。璞更令寻觅，果于枝间得一大鹊巢，密叶蔽之。初，璞中兴初行经越城，间遇一人，呼其姓名，因以裤褶遗之。其人辞不受，璞曰："但取，后自当知。"其人遂受而去。至是，果此人行刑。时年四十九。及王敦平，追赠弘农太守。

初，庾翼幼时尝令璞筮公家及身，卦成，曰："建元之末丘山倾，长顺之初子凋零。"及康帝即位，将改元为建元，或谓庾冰曰："子忘郭生之言邪？丘山上名，此号不宜用。"冰抚心叹恨。及帝崩，何充改元为永和，庾翼叹曰："天道精微，乃当如是。长顺者，永和也，吾庸得免乎！"其年翼卒。冰又令筮其后嗣，卦成，曰："卿诸子并当贵盛，然有白龙者，凶征至矣。若墓碑生金，庾氏之大忌也。"后冰子蕴为广州刺史，姜房内忽有一新生白狗子，莫知所由来，其妾秘爱之，不令蕴知。狗转长大，蕴入，见狗眉眼分明，又身至长而弱，异于常狗，蕴甚怪之。将出，共视在众人前，忽失所在。蕴慨然曰："殆白龙乎！庾氏祸至矣。"又墓碑生金。俄而为桓温所灭，终如其言。璞之占验，皆如此类也。

璞撰前后筮验六十余事，名为《洞林》。又抄京、费诸家要最，更撰《新林》十篇、《卜韵》一篇。注释《尔雅》，别为《音义》、《图谱》。又注《三苍》、《方言》、《穆天子传》、《山海经》及《楚辞》、《子虚》、《上林赋》数十万言，皆传于世。所作诗赋诔颂亦数万言。

子骜，官至临贺太守。

葛洪，字稚川，丹杨句容人也。祖系，吴大鸿胪。父悌，吴平后入晋，为邵陵太守。洪少好学，家贫，躬自伐薪以贸纸笔，夜辄写书诵习，遂以儒学知名。性寡欲，无所爱玩，不知棋局几道，摴蒲齿名。为人木讷，不好荣利，闭门却扫，未尝交游。于余杭山见何幼道、郭文举，目击而已，各无所言。时或寻书问义，不远数千里崎岖冒涉，期于必得，遂究览典籍，尤好神仙导养之法。从祖玄，吴时学道得仙，号曰"葛仙公"，以其炼丹秘术授弟子郑隐。洪就隐学，悉得其法焉。后师事南海太守上党鲍玄。玄亦内学，逆占将来，见洪深重之，以女妻洪。洪传玄业，兼综练医术，凡所著撰，皆精核是非，而才章富赡。

太安中，石冰作乱，吴兴太守顾秘为义军都督，与周玘等起兵讨之，秘檄洪为将兵都尉，攻冰别率，破之，迁伏波将军。冰平，洪不论功赏，径至洛阳，欲搜求异书以广其学。

洪见天下已乱，欲避地南土，乃参广州刺史嵇含军事。及含遇害，遂停南土多年，征镇檄命一无所就。后还乡里，礼辟皆不赴。元帝为丞相，辟为掾。以平贼功，赐爵关内侯。咸和初，司徒导召补州主簿，转司徒掾，迁谘议参军。干宝深相亲友，荐洪才堪国史，选为散骑常侍,领大著作,洪固辞不就。以年老,欲炼丹以祈遐寿,闻交趾出丹,求为句漏令。帝以洪资高,不许。洪曰:"非欲为荣,以有丹耳。"帝从之。洪遂将子侄俱行。至广州,刺史邓岳留不听去,洪乃止罗浮山炼丹。岳表补东官太守,又辞不就。岳乃以洪兄子望为记室参军。在山积年,优游闲养,著述不辍。其自序曰:

　　洪体乏进趣之才,偶好无为之业。假令奋翅则能陵励玄霄,骋足则能追风蹑景,犹欲戢劲翮于鷦鶚之群,藏逸迹于跛驴之伍,岂况大块禀我以寻常之短羽,造化假我以至驽之蹇足?自卜者审,不能者止,岂敢力苍蝇而慕冲天之举,策跛鳖而追飞兔之轨;饰嫫母之笃陋,求媒阳之美谈;推沙砾之贱质,索千金于和肆哉!夫僬侥之步而企及夸父之踪,近才所以踬碍也;要离之羸而强赴扛鼎之势,秦人所以断筋也。是以望绝于荣华之途,而志安乎穷圮之域;藜藿有八珍之甘,蓬荜有藻棁之乐也。故权贵之家,虽咫尺弗从也;知道之士,虽艰远必造也。考览奇书,既不少矣,率多隐语,难可卒解,自非至精不能寻究,自非笃勤不能悉见也。

　　道士弘博洽闻者寡,而意断妄说者众。至于时有好事者,欲有所修为,仓卒不知所从,而意之所疑又无足谘。今为此书,粗举长生之理。其至妙者不得宣之于翰墨,盖粗言较略以示一隅,冀悱愤之徒省之可以思过半矣。岂谓暗塞必能穷微畅远乎,聊论其所先觉者耳。世儒徒知服膺周孔,莫信神仙之书,不但大而笑之,又将谤毁真正。故予所著子言黄白之事,名曰《内篇》,其余驳难通释,名曰《外篇》,大凡内外一百一十六篇。虽不足藏诸名山,且欲缄之金匮,以示识者。

自号"抱朴子",因以名书。其余所著碑诔诗赋百卷,移檄章表三十卷,神仙、良吏、隐逸、集异等传各十卷,又抄《五经》、《史》、《汉》、百家之言、方技杂事三百一十卷,《金匮药方》一百卷《肘后要急方》四卷。

　　洪博闻深洽,江左绝伦。著述篇章富于班、马,又精辩玄赜,析理入微。后忽与岳疏云："当远行寻师，克期便发。"岳得疏，狼狈往别。而洪坐至日中，兀然若睡而卒，岳至，遂不及见。时年八十一。视其颜色如生，体亦柔软，举尸入棺，甚轻，如空衣，世以为尸解得仙云。

史臣曰：景纯笃志绨缃，洽闻强记，在异书而毕综，瞻往滞而咸释；情源秀逸，思业高奇；袭文雅于西朝，振辞锋于南夏，为中兴才学之宗矣。夫语怪征神，伎成则贱，前修贻训，鄙乎兹道。景纯之探策定数，考往知来，迈京管于前图，轶梓灶于遐篆。而官微于世，礼薄于时，区区然寄《客傲》以申怀，斯亦伎成之累也。若乃大块流形，玄天赋命，吉凶修短，定乎自然。虽稽象或通，而厌胜难恃，禀之有在，必也无差，自可居常待终，颓心委运，何至衔刀被发，遑遑于幽秽之间哉！晚抗忠言，无救王敦之逆；初惭智免，竟毙"山宗"之谋。仲尼所谓攻乎异端，斯害也已，悲夫！稚川束发从师，老而忘倦。䌷奇册府，总百代之遗编；纪化仙都，穷九丹之秘术。谢浮荣而捐杂艺，贱尺宝而贵分阴，游德栖真，超然事外。全生之道，其最优乎！

赞曰：景纯通秀，凤振宏材。沉研鸟册，洞晓龟枚。匪宁国衅，坐致身灾。稚川优洽，贫而乐道。载范斯文，永传洪藻。

晋书卷七三
列传第四三

庾亮 子彬　羲　龢　弟怿　冰　条　翼

庾亮，字元规，明穆皇后之兄也。父琛，在《外戚传》。亮美姿容，善谈论，性好《庄》、《老》，风格峻整，动由礼节，闺门之内不肃而成，时人或以为夏侯太初、陈长文之伦也。年十六，东海王越辟为掾，不就，随父在会稽，嶷然自守。时人皆惮其方俨，莫敢造之。

元帝为镇东时，闻其名，辟西曹掾。及引见，风情都雅，过于所望，甚器重之。由是聘亮妹为皇太子妃，亮固让，不许。转丞相参军。预讨华轶功，封都亭侯，转参丞相军事，掌书记。

中兴初，拜中书郎，领著作，侍讲东宫。其所论释，多见称述。与温峤俱为太子布衣之好。时帝方任刑法，以《韩子》赐皇太子，亮谏以申韩刻薄伤化，不足留圣心，太子甚纳焉。累迁给事中、黄门侍郎、散骑常侍。时王敦在芜湖，帝使亮诣敦筹事。敦与亮谈论，不觉改席而前，退而叹曰："庾元规贤于裴頠远矣！"因表为中领军。

明帝即位，以为中书监，亮上书让曰：

臣凡庸固陋，少无殊操，昔以中州多故，旧邦丧乱，随侍先臣远庇有道，爰容逃难，求食而已。不悟微时之福，遭遇嘉运。先帝龙兴，垂异常之顾，既眷同国士，又申以婚姻，遂阶亲宠，累忝非服。弱冠濯缨，沐浴芳风，频烦省闼，出总六军，十余年间，位超先达。无劳受遇，无与臣比。小人禄薄，福过灾生，止足之分，臣所宜守。而偷荣昧进，日尔一日，谤讟既集，上尘圣朝。始欲自闻，而先帝登遐，区区微诚，竟未上达。

陛下践阼，圣政惟新，宰辅贤明，庶僚咸允，康哉之歌实存于至公。而国恩不已，复以臣领中书。臣领中书，则示天下以私矣。何者？臣于陛下，后之兄也。姻娅之嫌，与骨肉中表不同。虽太上至公，圣德无私，然世之丧道，有自来矣。悠悠六合，皆私其姻，人皆有私，则天下无公矣。是以前后二汉，咸以抑后党安，进婚族危。向使西京七族、东京六姓皆非姻族，各以平进，纵不悉全，决不尽败。今之尽败，更由姻昵。

臣历观庶姓在世，无党于朝，无援于时，植根之本轻也薄也。苟无大瑕，犹或见容。至于外戚，凭托天地，连势四时，根援扶疏，重矣大矣。而或居权宠，四海侧目，事有不允，罪不容诛。身既招殃，国为之弊。其故何邪？由姻媾之私群情之所不能免，是以疏附则信，姻进则疑。疑积于百姓之心，则祸成于重闱之内矣。此皆往代成鉴，可为寒心者也。夫万物之所不通，圣贤因而不夺。冒亲以求一寸之用，未若防嫌以明至公。今以臣之才，兼如此之嫌，而使内处心膂，外总兵权，以此求治，未之闻也；以此招祸，可立待也。虽陛下二相明其愚款，朝士百僚颇识其情，天下之人安可门到户说使皆坦然邪！

夫富贵荣宠，臣所不能忘也；刑罚贫贱，臣所不能甘也。今恭命则愈，违命则苦，臣虽不达，何事背时违上，自贻患责邪？实仰览殷鉴，量己知弊，身不足惜，为国取悔，是以悾悾屡陈丹款。而微诚浅薄，未垂察谅，忧惶屏营不知所措。愿陛下垂天地之鉴，察臣之愚，则臣虽死之日，犹生之年矣。

疏奏，帝纳其言而止。

王敦既有异志，内深忌亮，而外崇重之。亮忧惧，以疾去官。复代王导为中书监。及敦举兵，加亮左卫将军，与诸将距钱凤。及沈充之走吴兴也，又假亮节、都督东征诸军事，追充。事平，以功封永昌县开国公，赐绢五千四百匹，固让不受。转护军将军。

及帝疾笃，不欲见人，群臣无得进者。抚军将军、南顿王宗，右卫将军虞胤等，素被亲爱，与西阳王羕将有异谋。亮直入卧内见帝，流涕不自胜。既而正色陈羕与宗等谋废大臣，规共辅政，社稷安否，将在今日，辞旨切至。帝深感悟，引亮升御座，遂与司徒王导受遗诏辅幼主。加亮给事中，徙中书令。太后临朝，政事一决于亮。

先是，王导辅政，以宽和得众，亮任法裁物，颇以此失人心。又先帝遗诏褒进大臣，而陶侃、祖约不在其例，侃、约疑亮删除遗诏，并流怨言。亮惧乱，于是出温峤为江州以广声援，修石头以备之。会南顿王宗复废执政，亮杀宗而废宗兄羕。宗，帝室近属，羕，国族元老，又先帝保傅，天下咸以亮翦削宗室。

琅邪人卞咸，宗之党也，与宗俱诛。咸兄阐亡奔苏峻，亮符峻送阐，而峻保匿之。峻又多纳亡命，专用威刑，亮知峻必为祸乱，征为大司农。举朝谓之不可，平南将军温峤亦累书止之，皆不纳。峻遂与祖约俱举兵反。温峤闻峻不受诏，便欲下卫京都，三吴又欲起义兵，亮并不听，而报峤书曰："吾忧西陲过于历阳，足下无过雷池一步也。"既而峻将韩晃寇宣城，亮遣距之，不能制，峻乘胜至于京都。诏假亮节、都督征讨诸军事，战于建阳门外。军未及阵，士众弃甲而走。亮乘小船西奔，乱兵相剥掠，亮左右射贼，误中柂工，应弦而倒，船上咸失色欲散。亮不动容，徐曰："此手何可使著贼！"众心乃安。

亮携其三弟怿、条、翼南奔温峤，峤素钦重亮，虽在奔败，犹欲推为都统。亮固辞，乃与峤推陶侃为盟主。侃至寻阳，既有憾于亮，议者咸谓侃欲诛执政以谢天下。亮甚惧，及见侃，引咎自责，风止可观。侃不觉释然，乃谓亮曰："君侯修石头以拟老子，今日反见求耶！"便谈宴终日。亮啖薤，因留白。侃问曰："安用此为？"亮云："故可以种。"侃于是尤相称叹云："非惟风流，兼有为政之实。"

既至石头，亮遣督护王彰讨峻党张曜，反为所败。亮送节传以谢侃，侃答曰："古人三败，君侯始二。当今事急，不宜数耳。"又曰："朝政多门，用生国祸。丧乱之来，岂独由峻也！"亮时以二千人守白石垒，峻步兵万余，四面来攻，众皆震惧。亮激厉将士，并殊死战，峻军乃退，追斩数百级。

峻平，帝幸温峤舟，亮得进见，稽颡鲠噎，诏群臣与亮俱升御坐。亮明日又泥首谢罪，乞骸骨，欲阖门投窜山海。帝遣尚书、侍中手诏慰喻："此社稷之难，非舅之责也。"亮上疏曰：

臣凡鄙小人，才不经世，阶缘戚属，累忝非服，叨窃弥重，谤议弥兴。皇家多难，未敢告退，遂随牒展转，便烦显任。先帝不豫，臣参侍医药，登蹑顾命，又豫闻后事，岂云德授，盖以亲也。臣知其不可，而不敢逃命，实以田夫之交犹有寄托，况君臣之道，义贯自然，哀悲眷恋，不敢违距。且先帝谬顾，情同布衣，既今恩重命轻，遂感遇忘身。加以陛下初在谅暗，先后亲览万机，宣通外内，臣当其地，是以激节驱驰，不敢依违。虽知无补，志以死报。而才下位高，知进忘退，乘宠骄盈，渐不自觉。进不能抚宁外内，退不能推贤宗长，遂使四海侧心，谤议沸腾。

祖约、苏峻不堪其愤，纵肆凶逆，事由臣发。社稷倾覆，宗庙虚废，先后以忧逼登遐，陛下旰食逾年，四海哀惶，肝脑涂地，臣之招也，臣之罪也。朝廷寸斩之，屠戮之，不足以谢祖宗七庙之灵；臣灰身灭族，不足以塞四海之责。臣负国家，其罪莫大，实天所不覆，地所不载。陛下矜而不诛，有司纵而不戮。自古及今，岂有不忠不孝如臣子之甚！不能伏剑北阙，偷存视息，虽生之日，亦犹死之年，朝廷复何理齿臣于人次，臣亦何颜自次于人理！

臣欲自投草泽，思愆之心也，而明诏谓之独善其身。圣旨不垂矜察，所以重其罪也。愿陛下览先朝谬授之失，虽垂宽宥，全其首领，犹宜弃之，任其自存自没，则天下粗知劝戒之纲矣。

疏奏，诏曰：

省告恳恻，执以感叹，诚是仁舅处物宗之责，理亦尽矣。若大义既不开塞，舅所执理胜，何必区区其相易夺！

贼峻奸逆，书契所未有也。是天地所不容，人神所不宥。今年不反，明年当反，愚智所见也。舅与诸公勃然而召，正是不忍见无礼于君者也。论情与义，何得谓之不忠乎！若以己总率征讨,事至败丧;有司宜明直绳,以肃国体,诚则然矣。且舅遂上告方伯,席卷来下,舅躬贯甲胄,贼峻枭悬。大事既平,天下开泰,衍得反正,社稷乂安,宗庙有奉,岂非舅二三方伯忘身陈力之勋邪!方当策勋行赏,岂复议既往之咎乎!

且天下大弊,死者万计,而与桀寇对岸。舅且当上奉先帝顾托之旨,弘济艰难,使衍冲人永有凭赖,则天下幸甚。

亮欲遁逃山海,自暨阳东出。诏有司录夺舟船。亮乃求外镇自效,出为持节、都督豫州扬州之江西宣城诸军事、平西将军、假节、豫州刺史,领宣城内史。亮遂受命,镇芜湖。

顷之,后将军郭默据湓口以叛,亮表求亲征,于是以本官加征讨都督,率将军路永、毛宝、赵胤、匡术、刘仕等步骑二万,会太尉陶侃俱讨破之。亮还芜湖,不受爵赏。侃移书曰:“夫赏罚黜陟,国之大信,窃怪矫然独为君子。”亮曰:“元帅指捴,武臣效命,亮何功之有!”遂苦辞不受。进号镇西将军,又固让。初,以诛王敦功,封永昌县公。亮比陈让,疏数十上,至是许之。陶侃薨,迁亮都督江、荆、豫、益、梁、雍六州诸军事,领江、荆、豫三州刺史,进号征西将军、开府仪同三司、假节。亮固让开府,乃迁镇武昌。

时王导辅政,主幼时艰,务存大纲,不拘细目,委任赵胤、贾宁等诸将,并不奉法,大臣患之。陶侃尝欲起兵废导,而郗鉴不从,乃止。至是,亮又欲率众黜导,又以谘鉴,而鉴又不许。亮与鉴笺曰:

昔于芜湖反覆谓彼罪虽重,而时弊国危,且令方岳道胜,亦足有所镇压,故共隐忍,解释陶公。自兹迄今,曾无悛改。

主上自八九岁以及成人,入则在宫人之手,出则唯武官小人,读书无从受音句,顾问未尝遇君子。侍臣虽非俊士,皆时之良也,知今古顾问,岂与殿中将军、司马督同年而语哉!不云当高选侍臣,而云高选将军、司马督,岂合贾生愿人主之美,习以成德之意乎!秦政欲愚其黔首,天下犹知不可,况乃欲愚其主哉!主之少也,不登进贤哲以辅导圣躬。春秋既盛,宜复子明辟。不稽首归政,甫居师傅之尊;成人之主,方受师臣之悖。主上知君臣之道不可以然，而不得不行殊礼之事。万乘之君，寄坐上九，亢龙之爻，有位无人。挟震主之威以临制百官，百官莫之敢忤。是先帝无顾命之臣，势屈于骄奸而遵养之也。赵、贾之徒有无君之心，是而可忍，孰不可忍！

　　且往日之事，含容隐忍，谓其罪可宥，良以时弊国危，兵甲不可屡动，又冀其当谢往衅，惧而修己。如顷日之纵，是上无所忌，下无所惮，谓多养无赖足以维持天下。公与下官并蒙先朝厚顾，荷托付之重，大奸不埽，何以见先帝于地下！愿公深惟安国家、固社稷之远算，次计公之与下官负荷轻重，量其所宜。"鉴又不许，故其事得息。

　　时石勒新死，亮有开复中原之谋，乃解豫州授辅国将军毛宝，使与西阳太守樊峻精兵一万，俱戍邾城。又以陶称为南中郎将、江夏相，率部曲五千人入沔中。亮弟翼为南蛮校尉、南郡太守，镇江陵。以武昌太守陈嚣为辅国将军、梁州刺史，趣子午。又遣偏军伐蜀，至江阳，执伪荆州刺史李闳、巴郡太守黄植，送于京都。亮当率大众十万，据石城，为诸军声援，乃上疏曰："蜀胡二寇凶虐滋甚，内相诛锄，众叛亲离。蜀甚弱而胡尚强，并佃并守，修进取之备。襄阳北接宛、许，南阻汉水，其险足固，其土足食。臣宜移镇襄阳之石城下，并遣诸军罗布江沔。比及数年，戎士习练，乘衅齐进，以临河洛。大势一举，众知存亡，开反善之路，宥逼胁之罪，因天时，顺人情，诛通逆，雪大耻，实圣朝之所先务也。愿陛下许其所陈，济其此举。淮泗寿阳所宜进据，臣辄简练部分。乞槐棘参议，以定经略。"帝下其议。时王导与亮意同，郗鉴议以资用未备，不可大举。亮又上疏，便欲迁镇。会寇陷邾城，毛宝赴水而死。亮陈谢，自贬三等，行安西将军。有诏复位。寻拜司空，余官如故，固让不拜。

　　亮自邾城陷没，忧愦发疾。会王导薨，征亮为司徒、扬州刺史、录尚书事，又固辞，帝许之。咸康六年薨，时年五十二。追赠太尉，谥曰文康。丧至，车驾亲临。及葬，又赠永昌公印绶。亮弟冰上疏曰："臣谨详先事，亦曾闻臣亮对臣等之言，恳恳于斯事。是以屡自陈请，将迄十年。岂直好让而不肃恭，顾曩时之衅近出宇下，加先帝神武，算略兼该，是以役不逾时，而凶强藏灭。计之以事，则功归圣主；推之于运，则胜非人力。至如亮等，因圣略之弘，得效所职，事将何论！功将何赏！及后伤蹶，责逾先功，是以陛下优诏听许。亮实思自效以报天德，何悟身潜圣世，微志长绝，存亡哀恨，痛贯心膂。愿陛下发明诏，遂先恩，则臣亮死且不朽。"帝从之。亮将葬，何充会之，叹曰："埋玉树于土中，使人情何能已。"

初，亮所乘马有的颡，殷浩以为不利于主，劝亮卖之。亮曰："岂有己之不安而移之于人！"浩惭而退。亮在武昌，诸佐吏殷浩之徒，乘秋夜往共登南楼，俄而不觉亮至，诸人将起避之。亮徐曰："诸君少住，老子于此处兴复不浅。"便据胡床与浩等谈咏竟坐。其坦率行己，多此类也。三子：彬、羲、龢。

彬年数岁，雅量过人。温峤尝隐暗觇之，彬神色恬如也，乃徐跪谓峤曰："君侯何至于此！"论者谓不减于亮。苏峻之乱，遇害。

羲少有时誉，初为吴国内史。时穆帝颇爱文义，羲至郡献诗，颇存讽谏。因上表曰："陛下以圣明之德，方隆唐虞之化，而事役殷旷，百姓凋残。以数州之资，经赡四海之务，其为劳弊，岂可具言！昔汉文居隆盛之世，躬自俭约，断狱四百，殆致刑厝。贾谊叹息，犹有积薪之言。以古况今，所以益其忧惧。陛下明鉴天挺，无幽不烛，弘济之道，岂待瞽言。臣受恩奕世，思尽丝发。受任到东，亲临所见，敢缘弘政，献其丹愚。伏愿听断之暇，少垂察览。"其诗文多不载。羲方见授用而卒。

子准，太元中，自侍中代桓石虔为豫州刺史、西中郎将，镇历阳，卒官。准子悦，义熙中江州刺史。准弟楷，自有传。

龢，字道季。好学，有文章。叔父翼将迁襄阳，龢年十五，以书谏曰："承进据襄阳，耀威荆、楚，且田且戍，渐临河洛，使向化之萌怀德而附，凶愚之徒畏威反善，太平之基，便在于旦夕。昔殷伐鬼方，三年而克；乐生守齐，遂至历载。今皇朝虽隆，无有殷之盛；凶羯虽衰，犹丑类有徒。而沔、汉之水，无万仞之固；方城虽峻，无千寻之险。加以运漕供继有溯流之艰，征夫勤役有劳来之叹。若穷寇虑逼，送死一决，东西互出，首尾俱进，则廪粮有抄截之患，远略乏率然之势。进退惟思，不见其可。此明暗所共见，贤愚所共闻，况于临事者乎！愿回师反旆，详择全胜，修城池，立垒壁，勤耕农，练兵甲。若凶运有极，天亡此虏，则可泛舟北济，方轨齐进，水陆骈迈，亦不逾旬朔矣。愿详思远猷，算其可者。"翼甚奇之。

升平中，代孔严为丹杨尹，表除重役六十余事。太和初，代王恪为中领军，卒于官。子恒，尚书仆射，赠光禄大夫。

怿，字叔预。少以通简为兄亮所称。弱冠，西阳王兼辟，不就。东海王冲为长水校尉，清选纲纪，以怿为功曹，除暨阳令，又为冲中军司马，转散骑侍郎，迁左卫将军。以讨苏峻功，封广饶男，出补临川太守，历监梁、雍二州军事，转辅国将军、梁州刺史、假节，镇魏兴。时兄亮总统六州，以怿宽厚容众，故授以远任，为东西势援。寻进监秦州氐羌诸军事。怿遣牙门霍佐迎将士妻子，佐驱三百余口亡入石季龙。亮表上，贬怿为建威将军。朝议欲召还，亮上疏曰："怿御众简而有惠，州户虽小，赖其宽政。佐等同恶，大数不多。且怿名号大，不可以小故轻议进退。其文武之心转已安定，贼帅艾秀遣使归诚，上洛附贼降者五百余口，冀一安隐，无复怵惕。"从之。后以所镇险远，粮运不继，诏怿以将军率所领兵屯半洲。寻迁辅国将军、豫州刺史，进号西中郎将、监宣城庐江历阳安丰四郡军事、假节，镇芜湖。

怿尝以白羽扇献成帝，帝嫌其非新，反之。侍中刘劭曰："柏梁云构，大匠先居其下；管弦繁奏，夔牙先聆其音。怿之上扇，以好不以新。"后怿闻之，曰："此人宜在帝之左右。"又尝以毒酒饷江州刺史王允之。王允之觉其有毒，饮犬，犬毙，乃密奏之。帝曰："大舅已乱天下，小舅复欲尔邪！"怿闻，遂饮鸩而卒，时年五十。赠侍卫将军，谥曰简。子统嗣。

统，字长仁。少有令名，司空、太尉辟，皆不就。调补抚军、会稽王司马，出为建威将军、宁夷护军、寻阳太守。年二十九，卒，时人称其才器,甚痛惜之。子玄之,官至宣城内史。

冰,字季坚。兄亮以名德流训,冰以雅素垂风,诸弟相率莫不好礼,为世论所重,亮常以为庾氏之宝。司徒辟,不就,征秘书郎。预讨华轶功,封都乡侯。王导请为司徒右长史,出补吴国内史。

会苏峻作逆,遣兵攻冰,冰不能御,便弃郡奔会稽。会稽内史王舒以冰行奋武将军,距峻别率张健于吴中。时健党甚众,诸将莫敢先进。冰率众击健走之,于是乘胜西进,赴于京都。又遣司马滕含攻贼石头城,拔之。冰勋为多,封新吴县侯,固辞不受。迁给事黄门侍郎,又让不拜。司空郗鉴请为长史,不就。出补振威将军、会稽内史。征为领军将军,又辞。寻入为中书监、扬州刺史、都督扬豫充三州军事、征虏将军、假节。

是时王导新丧,人情恇然。冰兄亮既固辞不入,众望归冰。既当重任,经纶时务,不舍夙夜,宾礼朝贤,升擢后进,由是朝野注心,咸曰贤相。初,导辅政,每从宽惠,冰颇任威刑。殷融谏之,冰曰:"前相之贤,犹不堪其弘,况吾者哉!"范汪谓冰曰:"顷天文错度,足下宜尽消御之道。"冰曰:"玄象岂吾所测,正当勤尽人事耳。"又隐实户口,料出无名万余人,以充军实。诏复论前功,冰上疏曰:"臣门户不幸,以短才赞务,衅及天庭,殃流邦族,若晋典休明,夷戮久矣。而于时颠沛,刑宪暂坠,遂令臣等复得为时陈力。徇国之臣,因之而奋,立功于大罪之后,建义于颠覆之余,此是臣等所以复得视息于天壤,王宪不复必明于往衅也。此之厚幸,可谓弘矣,岂复得计劳纳封,受赏司勋哉!愿陛下曲降灵泽,哀恕由中,申命有司,惠臣所乞,则愚臣之愿于此毕矣。"许之。

成帝疾笃,时有妄为尚书符,敕宫门宰相不得前,左右皆失色。冰神气自若,曰:"是必虚妄。"推问,果诈,众心乃定。进号左将军。康帝即位,又进车骑将军。冰惧权盛,乃求外出。会弟翼当伐石季龙,于是以本号除都督江荆宁益梁交广七州豫州之四郡军事、领江州刺史、假节,镇武昌,以为翼援。冰临发,上疏曰:

臣因循家宠,冠冕当世,而志无殊操,量不及远。顷皇家多难,衅故频仍,朝望国器,与时殄落,遂命天眷下坠,降及臣身。俯仰伏事,于今五年。上不能光赞圣猷,下不能缉熙政道,而陛下遇之过分,求之不已,复策败驾之驷,以冀万里之功,非天眷之隆,将何以至此!是以敢竭狂瞽,以献血诚,愿陛下暂屏疏矿,以弘听纳。

今强寇未殄,戎车未戢,兵弱于郊,人疲于内,寇之侵逸,未可量也;黎庶之困,未之安也;群才之用,未之尽也。而陛下崇高,事与下隔,视听察览,必寄之群下。群下宜忠,不引不进;百司宜勤,不督不劝。是以古之帝王勤于降纳,虽日总万机,犹兼听将相;或借讼舆人,或求谤刍荛,良有以也。况今日之弊,开辟之极,而陛下历数属当其运,否剥之难婴之圣躬,普天所以痛心于既往而倾首于将来者也。实冀否终而泰,属运在今。诚愿陛下弘天覆之量,深地载之厚,宅冲虚以为本,勤训督以为务。广引时彦,询于政道,朝之得失必关圣听,人之情伪必达天聪。然后览其大当,以总国纲,躬俭节用,尧舜岂远!大布之衣,卫文何人!是以古人有云:“非知之难,行之难;非行之难,安之难也。”愿陛下既思日侧于劳谦,纳其起予之情,则天下幸甚矣。臣朝夕伏膺,犹不能畅,临疏徘徊,不觉辞尽。

顷之,献皇后临朝,征冰辅政,冰辞以疾笃。寻而卒,时年四十九。册赠侍中、司空,谥曰忠成,祠以太牢。

冰天性清慎,常以俭约自居。中子袭尝贷官绢十匹,冰怒,捶之,市绢还官。临卒,谓长史江虨曰:“吾将逝矣,恨报国之志不展,命也如何!死之日,敛以时服,无以官物也。”及卒,无绢为衾。又室无妾媵,家无私积,世以此称之。冰七子:希、袭、友、蕴、倩、邈、柔。

希,字始彦。初拜秘书郎,累迁司徒右长史、黄门侍郎、建安太守,未拜,复为长史兼右卫将军,迁侍中,出为辅国将军、吴国内史。希既后之戚属,冰女又为海西公妃,故希兄弟并显贵。太和中,希为北中郎将、徐兖二州刺史,蕴为广州刺史,并假节,友东阳太守,倩太宰长史,邈会稽王参军,柔散骑常侍。倩最有才器,桓温深忌之。

初，慕容厉围梁父，断涧水，太山太守诸葛攸奔邹山，鲁、高平等数郡皆没，希坐免官。顷之，征为护军将军。希怒，固辞。希初免时，多盗北府军资，温讽有司劾之，复以罪免，遂客于晋陵之暨阳。初，郭璞筮冰云："子孙必有大祸，唯用三阳可以有后。"故希求镇山阳，友为东阳，家于暨阳。

及海西公废，桓温陷倩及柔以武陵王党，杀之。希闻难，便与弟邈及子攸之逃于海陵陂泽中。蕴于广州饮鸩而死。及友当伏诛，友子妇，桓秘女也，请温，故得免。故青州刺史武沉，希之从母兄也，潜饷给希经年。温后知之，遣兵捕希。武沉之子遵与希聚众于海滨，略渔人船，夜入京口城。平北司马卞耽逾城奔曲阿，吏士皆散走。希放城内囚徒数百人，配以器杖，遵于外聚众，宣命云逆贼桓温废帝杀王，称海西公密旨，诛除凶逆。京都震扰，内外戒严，屯备六门。平北参军刘奭与高平太守郗逸之、游军督护郭龙等集众距之。卞耽又与曲阿人弘戎发诸县兵二千，并力屯新城以击希。希战败，闭城自守。温遣东海太守周少孙讨之，城陷，被擒。希、邈及子侄五人斩于建康市，遵及党与并伏诛，唯友及蕴诸子获全。

友子叔宣，右卫将军。蕴子廓之，东阳太守。

条，字幼序。初辟太宰府，累迁黄门郎、豫章太守。征拜秘书监，赐爵乡亭侯，出为冠军将军、临川太守。豫章黄韬自称孝神皇帝，临川人李高为相，聚党数百人，乘犊车，衣皂袍，攻郡县，条讨平之。条于兄弟最凡劣，故禄位不至。卒官，赠左将军。

翼，字稚恭。风仪秀伟，少有经纶大略。京兆杜乂、陈郡殷浩并才名冠世，而翼弗之重也，每语人曰："此辈宜束之高阁，俟天下太平，然后议其任耳。"见桓温总角之中，便期之以远略，因言于成帝曰："桓温有英雄之才，愿陛下勿以常人遇之，常婿畜之，宜委以方、邵之任，必有弘济艰难之勋。"

苏峻作逆，翼时年二十二，兄亮使白衣领数百人，备石头。亮败，与翼俱奔。事平，始辟太尉陶侃府，转参军，累迁从事中郎。在公府，雍容讽议。顷之，除振威将军、鄱阳太守。转建威将军、西阳太守。抚和百姓，甚得欢心。迁南蛮校尉，领南郡太守，加辅国将军、假节。及邾城失守，石城被围，翼屡设奇兵，潜致粮杖。石城得全，翼之勋也。赐爵都亭侯。

及亮卒，授都督江荆司雍梁益六州诸军事、安西将军、荆州刺史、假节，代亮镇武昌。翼以帝舅，年少超居大任，遐迩属目，虑其不称。翼每竭志能，劳谦匪懈，戎政严明，经略深远，数年之中，公私充实，人情翕然，称其才干。由是自河以南皆怀归附，石季龙汝南太守戴开率数千人诣翼降。又遣使东至辽东，西到凉州，要结二方，欲同大举。慕容皝、张骏并报使请期。翼雅有大志，欲以灭胡平蜀为己任，言论慷慨，形于辞色。将兵都尉钱颁陈事合旨，翼拔为五品将军，赐谷二百斛。时东土多赋役，百姓乃从海道入广州，刺史邓岳大开鼓铸，诸夷因此知造兵器。翼表陈东境国家所资，侵扰不已，逃逸渐多，夷人常伺隙，若知造铸之利，将不可禁。

时殷浩征命无所就，而翼请为司马及军司，并不肯赴。翼遗浩书，因致其意。先是，浩父羡为长沙，在郡贪残，兄冰与翼书属之。翼报曰："殷君始往，虽多骄豪，实有风力之益，亦似由有佳儿、弟，故小令物情难之。自顷以来，奉公更退，私累日滋，亦不稍以此寥萧之也。既雅敬洪远，又与浩亲善，其父兄得失，岂以小小计之。大较江东致，以伛舞豪强，以为民蠹，时有行法，辄施之寒劣。如往年偷石头仓米一百万斛，皆是豪将辈，而直打杀仓督监以塞责。山遐作余姚半年，而为官出二千户，政虽不伦，公强官长也，而群共驱之，不得安席。纪睦、徐宁奉王使纠罪人，船头到渚，桓逸还复，而二使免官。虽皆前宰之昏谬，江东事去，实此之由也。兄弟不幸，横陷此中，自不能拔脚于风尘之外，当共明目而治之。荆州所统一二十郡，唯长沙最恶。恶出不黜，与杀督临者复何异耶！"翼有风力格裁，发言立论皆如此。

康帝即位，翼欲率众北伐，上疏曰："贼季龙年已六十，奢淫理尽，丑类怨叛，又欲决死辽东。皝虽骁果，未必能固。若北无掣手之虏，则江南将不异辽左矣。臣所以辄发良人，不顾谗咎。然东西形援未必齐举，且欲北进，移镇安陆，入沔五百，沔水通流。辄率南郡太守王愆期、江夏相谢尚、寻阳太守袁真、西阳太守曹据等精锐三万，风驰上道，并勒平北将军桓宣扑取黄季，欲并丹水，摇荡秦雍。御以长辔，用逸待劳，比及数年，兴复可冀。臣既临许洛，窃谓桓温可渡戍广陵，何充可移据淮泗褚圻，路永进屯合肥。伏愿表御之日便决圣听，不可广询同异，以乖事会。兵闻拙速，不闻工之久也。"于是并发所统六州奴及车牛驴马，百姓嗟怨。时欲向襄阳，虑朝廷不许，故以安陆为辞。帝及朝士皆遣使譬止，车骑参军孙绰亦致书谏。翼不从，遂违诏辄行。至夏口，复上表曰：

　　臣近以胡寇有弊亡之势，暂率所统，致讨山北，并分见众，略复江夏数城。臣等以九月十九日发武昌，以二十四日达夏口，辄简卒搜乘停当上道。而所调借牛马，来处皆远，百姓所蓄，谷草不充，并多羸瘠，难以涉路。加以向冬，野草渐枯，往反二千，或容颠顿，辄便随事挑量，权停此举。又山南诸城，每至秋冬，水多燥涸，运漕用功，实为艰阻。

　　计襄阳，荆楚之旧，西接益、梁，与关、陇咫尺，北去洛、河，不盈千里，土沃田良，方城险峻，水路流通，转运无滞，进可以扫荡秦、赵，退可以保据上流。臣虽不武，意略浅短，荷国重恩，志存立效。是以受任四年，唯以习戎为务，实欲上凭圣朝威灵高略，下藉士民义慨之诚，因寇衰弊，渐临逼之。而八年春上表请据乐乡，广农蓄谷，以伺二寇之衅，而值天高听邈，未垂察照，朝议纷纭，遂命微诚不畅。

　　自尔以来，上参天人之征，下采降俘之言，胡寇衰灭，其日不远。臣虽未获长驱中原，馘截凶丑，亦不可以不进据要害，思攻取之宜。是以辄量宜入沔，徙镇襄阳。其谢尚、王愆期等，悉命还据本戍，须到所在，驰遣启闻。

翼时有众四万，诏加都督征讨军事。师次襄阳，大会僚佐，陈旌甲，亲授弧矢，曰："我之行也，若此射矣。"遂三起三叠，徒众属目，其气十倍。

初，翼迁襄阳，举朝谓之不可，议者或谓避衰，唯兄冰意同，桓温及谯王无忌赞成其计。至是，冰求镇武昌，为翼继援。朝议谓冰不宜出，冰乃止。又进翼征西将军，领南蛮校尉。胡贼五六百骑出樊城，翼遣冠军将军曹据追击于挠沟北，破之，死者近半，获马百匹。翼绥来荒远，务尽招纳之宜，立客馆，置典宾参军。桓宣卒，翼以长子方之为义成太守，代领宣众，司马应诞为龙骧将军、襄阳太守，参军司马勋为建威将军、梁州刺史，戍西城。

康帝崩，兄冰卒，以家国情事，留方之戍襄阳，还镇夏口，悉取冰所领兵自配，以兄子统为寻阳太守。诏使翼还督江州，又领豫州刺史，辞豫州。复欲移镇乐乡，诏不许。缮修军器，大佃积谷，欲图后举。遣益州刺史周抚、西阳太守曹据伐蜀，破蜀将李桓于江阳。

翼如厕，见一物如方相，俄而疽发背。疾笃，表第二子爰之行辅国将军、荆州刺史，司马朱焘为南蛮校尉，以千人守巴陵。永和元年卒，时年四十一。追赠车骑将军，谥曰肃。翼卒未几，部将干瓒、戴羲等作乱，杀将军曹据。翼长史江虨、司马朱焘、将军袁真等共诛之。

爰之有翼风，寻为桓温所废。温既废爰之，又以征虏将军刘惔监沔中军事，领义成太守，代方之。而方之、爰之并迁徙于豫章。

史臣曰：外戚之家，连辉椒掖，舅氏之族，同气兰闺，靡不凭藉宠私，阶缘险谒。门藏金穴，地使其骄；马控龙媒，势成其逼。古者右贤左戚，用杜溺私之路，爱而知恶，深慎满覆之灾，是以厚赠琼瑰，罕升津要。涂山在夏，靡与禼稷同驱；姒氏居周，不预燕齐等列。圣人虑远，瑰有旨哉！晋昵元规，参闻顾命。然其笔敷华藻，吻纵涛波，方驾缙绅，足为翘楚。而智小谋大，昧经邦之远图；才高识寡，阙安国之长算。潗尊见诛，物议称其拔本；牙尺垂训，帝念深于负芒。是使苏祖寻戈，宗祧殆覆。已而猜嫌上宰，谋黜负图。向使郗鉴协从，必且戎车犯顺，则与大台、产、安、杰，亦何以异哉！幸漏吞舟，免沦昭宪，是庾宗之大福，非晋政之不纲明矣。怿恣凶怀，鸩加连率，再世之后,三阳仅存,余殃所及,盖其宜也。

赞曰:元规矫迹,宠阶椒掖。识暗厘道,乱由乘隙。下拜长沙,有惭忠益。季坚清贞,毓德驰名。处泰逾约,居权戒盈。稚恭慷慨,亦擅雄声。

晋书卷七四
列传第四四

桓彝
子云　云弟豁　豁子石虔　虔子振　虔弟石秀
石民　石生　石绥　石康　豁弟秘　秘弟冲　冲子嗣
嗣子胤　嗣弟谦　谦弟修　徐宁

　　桓彝，字茂伦，谯国龙亢人，汉五更荣之九世孙也。父颢，官至郎中。彝少孤贫，虽箪瓢，处之晏如。性通朗，早获盛名。有人伦识鉴，拔才取士，或出于无闻，或得之孩抱，时人方之许、郭。少与庾亮深交，雅为周颢所重。颢尝叹曰："茂伦嵚崎历落，固可笑人也。"起家州主簿。赴齐王冏义，拜骑都尉。元帝为安东将军，版行逡遒令。寻辟丞相中兵属，累迁中书郎、尚书吏部郎，名显朝廷。

　　于时王敦擅权，嫌忌士望，彝以疾去职。尝过舆县，县宰东海徐宁字安期，通朗博涉，彝遇之，欣然停留累日，结交而别。先是，庾亮每属彝觅一佳吏部，及至都，谓亮曰："为卿得一吏部矣。"亮问所在，彝曰："人所应有而不必有，人所应无而不必无。徐宁真海岱清士。"因为叙之，即迁吏部郎，竟历显职。

　　明帝将伐王敦，拜彝散骑常侍，引参密谋。及敦平，以功封万宁县男。丹杨尹温峤上言："宣城阻带山川，频经变乱，宜得望实居之，窃谓桓彝可充其选。"帝手诏曰："适得太真表如此。今大事新定，朝廷须才，不有君子，其能国乎！方今外务差轻，欲停此事。"彝上疏深自挹损，内外之任并非所堪，但以坟柏在此郡，欲暂结名义，遂补彝宣城内史。在郡有惠政，为百姓所怀。

苏峻之乱也，彝纠合义众，欲赴朝廷。其长史裨惠以郡兵寡弱，山人易优，可案甲以须后举。彝厉色曰："夫见无礼于其君者，若鹰鹯之逐鸟雀。今社稷危逼，义无晏安。"乃遣将军朱绰讨贼别帅于芜湖，破之。彝寻出石硊。会朝廷遣将军司马流先据慈湖，为贼所破，遂长驱迳进。彝以郡无坚城，遂退据广德。寻王师败绩，彝闻而慷慨流涕，进屯泾县。时州郡多遣使降峻，裨惠又劝彝伪与通和，以纾交至之祸。彝曰："吾受国厚恩，义在致死，焉能忍垢蒙辱与丑逆通问！如其不济，此则命也。"遣将军俞纵守兰石。峻遣将韩晃攻之。纵将败，左右劝纵退军。纵曰："吾受桓侯厚恩，本以死报。吾之不可负桓侯，犹桓侯之不负国也。"遂力战而死。晃因进军攻彝。彝固守经年，势孤力屈。贼曰："彝若降者，当待以优礼。"将士多劝彝伪降，更思后举。彝不从，辞气壮烈，志节不挠。城陷，为晃所害，年五十三。时贼尚未平，诸子并流迸，宣城人纪世和率义故葬之。贼平，追赠廷尉，谥曰简。咸安中，改赠太常。俞纵亦以死节，追赠兴古太守。

初，彝与郭璞善，尝命璞筮。卦成，璞以手坏之。彝问其故。曰："卦与吾同。丈夫当此非命，如何！"竟如其言。有五子：温、云、豁、秘、冲。温别有传。

云，字云子。初为骠骑何充参军、尚书郎，不拜。袭爵万宁男，历位建武将军、义成太守。遭母忧去职。葬毕，起为江州刺史，称疾，庐于墓次。诏书敦逼，固辞不行，服阕，然后莅职。加都督司豫二州军事、领镇蛮护军、西阳太守、假节。云招集众力，志在足兵，多所枉滥，众皆嗟怨。时温执权，有司不敢弹劾。

升平四年卒，赠平南将军，谥曰贞。子序嗣，官至宣城内史。

豁，字朗子。初辟司徒府、秘书郎，皆不就。简文帝召为抚军从事中郎，除吏部郎，以疾辞。迁黄门郎，未拜。时谢万败于梁濮，许昌、颍川诸城相次陷没，西藩骚动。温命豁督沔中七郡军事、建威将军、新野义成二郡太守，击慕容屈尘，破之，进号右将军。温既内镇，以豁监荆扬雍州军事、领护南蛮校尉、荆州刺史、假节，将军如故。

时梁州刺史司马勋以梁益叛，豁使其参军桓罴讨之。而南阳督护赵弘、赵忆等逐太守桓淡，据宛城以叛，豁与竟陵太守罗崇讨破之。又攻伪南中郎将赵盘于宛，盘退走，豁追至鲁阳，获之，送于京师，置戍而旋。又监宁益军事。温薨，迁征西将军，进督交广并前五州军事。

苻坚寇蜀，豁遣江夏相竺瑶距之。广汉太守赵长等战死，瑶引军退。顷之，坚又寇凉州，弟冲遣辅国将军朱序与豁子江州刺史石秀溯流就路，禀节度。豁遣督护桓罴与序等游军沔汉，为凉州声援。俄而张天锡陷没，诏遣中书郎王寻之诣豁，谘谋边事。豁表以梁州刺史毛宪祖监沔北军事，兖州刺史朱序为南中郎将、监沔中军事，镇襄阳，以固北鄙。

太元初，迁征西大将军、开府。豁上疏固让曰："臣闻三台丽天，辰极以之增耀；论道作弼，王猷以之时邕。必将仰参神契，对扬成务，弘易简以翼化，畅玄风于宗极。故宜明扬仄陋，登庸贤俊，使版筑有冲天之举，渭滨无垂竿之逸。用乃功济苍生，道光千载。是以德非时望，成典所不虚授；功微赏厚，贤达不以拟心。臣实凡人，量无远致，阶藉门宠，遂叨非据。进不能阐扬皇风，赞明政道；退不能宣力所莅，混一华戎。尸素积载，庸绩莫纪。是以敢冒成命，归陈丹款。伏愿陛下回神玄览，追败谬眷，则具瞻革望，臣知所免。"竟不许。及苻坚陷仇池，豁以新野太守吉挹行魏兴太守、督护梁州五郡军事，戍梁州。坚陷涪城，梁州刺史杨亮、益州刺史周仲孙并委戍奔溃。豁以威略不振，所在覆败，又上疏陈谢，固辞，不拜开府。寻卒，时年五十八。赠司空，本官如故，谥曰敬。赠钱五十万，布五百匹，使者持节监护丧事。豁时誉虽不及冲，而甚有器度。但遇强寇，故功业不建。

初，豁闻苻坚国中有谣云："谁谓尔坚石打碎。"有子二十人，皆以"石"为名以应之。唯石虔、石秀、石民、石生、石绥、石康知名。

石虔，小字镇恶。有才干，矫捷绝伦。从父在荆州，于猎围中见猛兽被数箭而伏，诸督将素知其勇，戏令拔箭。石虔因急往，拔得一箭,猛兽跳,石虔亦跳,高于兽身,猛兽伏,复拔一箭以归。从温入关。冲为苻健所围,垂没,石虔跃马赴之,拔冲于数万众之中而还,莫敢抗者。三军叹息,威震敌人。时有患疟疾者,谓曰“桓石虔来”以怖之,病者多愈,其见畏如此。

初,袁真以寿阳叛,石虔以宁远将军、南顿太守帅诸将攻之,克其南城。又击苻坚将王鉴于石桥,获马五百匹。除竟陵太守,以父忧去职。寻而苻坚又寇淮南,诏曰:“石虔文武器干,御戎有力。古人绝哭,金革弗避,况在余哀,岂得辞事!可授奋威将军、南平太守。”寻进冠军将军。苻坚荆州刺史梁成、襄阳太守阎震率众入寇竟陵,石虔与弟石民距之。贼阻激水,屯管城。石虔设计夜渡水,既济,贼始觉,力战破之,进克管城,擒震,斩首七千级,俘获万人,马数百匹,牛羊千头,具装铠三百领。成以轻骑走保襄阳。石虔复领河东太守,进据樊城,逐坚兖州刺史张崇,纳降二千家而还。冲卒,石虔以冠军将军监豫州扬州五郡军事、豫州刺史。寻以母忧去职。服阕,复本位。久之,命移镇马头,石虔求停历阳,许之。

太元十三年卒,追赠右将军。追论平阎震功,进爵作塘侯。第五子诞嗣。诞长兄洪,襄城太守。洪弟振。

振,字道全。少果锐而无行。玄为荆州,以振为扬武将军、淮南太守。转江夏相,以凶横见黜。

及玄之败也,桓谦匿于沮中,振逃于华容之涌中。玄先令将军王稚徽戍巴陵,稚徽遣人报振云:“桓钦已克京邑,冯稚等复平寻阳,刘毅诸军并败于中路。”振大喜。时安帝在江陵,振乃聚党数十人袭江陵。比至城,有众二百。谦亦聚众而出遂陷江陵,迎帝于行宫。振闻桓升死,大怒,将肆逆于帝,谦苦禁之,乃止。遂命群臣,辞以楚祚不终,百姓之心复归于晋,更奉进玺绶,以琅邪王领徐州刺史,振为都督八州、镇西将军、荆州刺史。帝侍御左右,皆振之腹心。既而叹曰:“公昔早不用我,遂致此败。若使公在,我为前锋,天下不足定。今独作此,安归乎!”遂肆意酒色,暴虐无道,多所残害。

振营于江津。南阳太守鲁宗之自襄阳破振将温楷于柞溪,进屯纪南。振闻楷败，留其将冯该守营，自率众与宗之大战。振勇冠三军，众莫能御，宗之败绩。振追奔，遇宗之单骑于道，弗之识也，乃问宗之所在。绐曰："已前走矣。"宗之于是自后而退。寻而刘毅等破冯该，平江陵。振闻该败，众溃而走。后与该子宏出自涢城，复袭江陵。荆州刺史司马休之奔襄阳，振自号荆州刺史。建威将军刘怀肃率宁远将军索邈，与振战于沙桥。振兵虽少，左右皆力战，每一合，振辄瞋目奋击，众莫敢当。振时醉，且中流矢，广武将军唐兴临阵斩之。

石秀，幼有令名，风韵秀彻，博涉群书，尤善《老》、《庄》。常独处一室，简于应接，时人方之庾纯。甚为简文帝所重。豁为荆州，请为鹰扬将军、竟陵太守，非其好也。寻代叔父冲为宁远将军、江州刺史、领镇蛮护军、西阳太守，居寻阳。性放旷，常弋钓林泽，不以荣爵婴心。善骑射，发则命中。尝从冲猎，登九井山，徒旅甚盛，观者倾坐，石秀未尝属目，止啸咏而已。谢安尝访以世务，默然不答，安甚怪之。他日，安以语其从弟嗣，嗣以问之，石秀曰："世事此公所谙，吾又何言哉！"在州五年，以疾去职。年四十三卒于家，朝野悼惜之。追赠后将军，后改赠太常。子稚玉嗣。玄之篡也，以石秀一门之令，封稚玉为临沅王。

石民，弱冠知名，卫将军谢安引为参军。叔父冲上疏，版督荆江豫三州之十郡军事、振武将军，领襄城太守，戍夏口，与石虔攻苻坚荆州刺史梁成等于竟陵。明年，又与随郡太守夏侯澄之破苻坚将慕容垂、姜成等于漳口。复领谯国内史、梁郡太守。冲薨，诏以石民监荆州军事、西中郎将、荆州刺史。桓氏世莅荆土，石民兼以才望，甚为人情所仰。

初，冲遣竟陵太守赵统伐襄阳。至是，石民复遣兵助之。寻而苻坚败于淮肥，石民遣南阳太守高茂卫山陵。时坚虽欲败，而慕容垂等复盛。石民遣将军晏谦伐弘农，贼东中郎将慕容爽降之。始置湖、陕二戍。获关中担幢伎，以充太乐。时苻坚子丕僭号河北，谋袭洛阳。石民遣将军冯该讨之，临阵斩丕，及其左仆射王孚、吏部尚书苟操等,传首京都。而丁零翟辽复侵逼山陵,石民使河南太守冯遵讨之。时乞活黄淮自称并州刺史,与辽共攻长社,众数千人。石民复遣南平太守郭铨、松滋太守王遐之击淮,斩之,辽走河北。以前后功,进左将军。卒,无子。

石生,隆安中以司徒左长史迁侍中,历骠骑、太傅长史。会稽世子元显将伐桓玄,石生驰书报玄,玄甚德之。及玄用事,以为前将军、江州刺史。寻卒于官。

石绥,元显时为司徒左长史。玄用事,拜黄门郎、左卫将军。玄败,石绥走江西涂中,聚众攻历阳,后为梁州刺史傅歆之所杀。

石康,偏为玄所亲爱,玄为荆州,以为振威将军。累迁荆州刺史。讨庾仄功,封武陵王,事具《玄传》。

秘,字穆子。少有才气,不伦于俗。初拜秘书郎,兄温抑而不用。久之,为辅国将军、宣城内史。时梁州刺史司马勋叛入蜀,秘以本官监梁益二州征讨军事、假节。勋平,还郡。后为散骑常侍,徙中领军。孝武帝初即位,妖贼卢竦入宫,秘与左卫将军殷康俱入击之。温入朝,穷考竦事,收尚书陆始等,罹罪者甚众。秘亦免官,居于宛陵,每愤愤有不平之色。温疾笃,秘与温子熙、济等谋共废冲。冲密知之,不敢入。顷温气绝,先遣力士拘录熙、济,而后临丧。秘于是废弃,遂居于墓所,放志田园,好游山水。后起为散骑常侍,凡三表自陈。诏曰:“秘受遇先朝,是以延之,而频有让表,以尚告诚,兼有疾疢,省用增叹。可顺其所执。”秘素轻冲,冲时贵盛,秘耻常侍位卑,故不应朝命。与谢安书及诗十首,辞理可观,其文多引简文帝之眄遇。先冲卒。长子蔚,官至散骑常侍、游击将军。玄篡,以为醴陵王。

冲,字幼子,温诸弟中最淹识,有武干,温甚器之。弱冠,太宰、武陵王晞辟,不就。除鹰扬将军、镇蛮护军、西阳太守。从温征伐有功,迁督荆州之南阳襄阳新野义阳顺阳雍州之京兆扬州之义成七郡军事、宁朔将军、义成新野二郡太守,镇襄阳。又从温破姚襄。及虏周成,进号征虏将军,赐爵丰城公。寻迁振威将军、江州刺史、领镇蛮护军、西阳谯二郡太守。温之破姚襄也,获襄将张骏、杨凝等,徙于寻阳。冲在江陵,未及之职,而骏率其徒五百人杀江州督护赵毗,掠武昌府库,将妻子北叛。冲遣将讨获之,遂还所镇。

初,彝亡后,冲兄弟并少,家贫,母患,须羊以解,无由得之,温乃以冲为质。羊主甚富,言不欲为质,幸为养买德郎。买德郎,冲小字也。及冲为江州,出射,羊主于堂边看,冲识之,谓曰:“我买德也。”遂厚报之。顷之,进监江荆豫三州之六郡军事、南中郎将、假节,州郡如故。

在江州凡十三年而温薨。孝武帝诏冲为中军将军、都督扬江豫三州军事、扬豫二州刺史、假节。时诏赙温钱布漆蜡等物,而不及大殓。冲上疏陈温素怀每存清俭,且私物足举凶事,求还官库。诏不许,冲犹固执不受。初,温执权,大辟之罪皆自己决。冲既莅事,上疏以为生杀之重,古今所慎,凡诸死罪,先上,须报。冲既代温居任,尽忠王室。或劝冲诛除时望,专执权衡,冲不从。

谢安以时望辅政,为群情所归,冲惧逼,宁康三年,乃解扬州,自求外出。桓氏党与以为非计,莫不扼腕苦谏,郗超亦深止之。冲皆不纳,处之澹然,不以为恨,忠言嘉谋,每尽心力。于是改授都督徐兖豫青扬五州之六郡军事、车骑将军、徐州刺史,以北中郎府并中军,镇京口,假节。又诏冲及谢安并加侍中,以甲杖五十人入殿。时丹杨尹王蕴以后父之重昵于安,安意欲出蕴为方伯,乃复解冲徐州,直以车骑将军都督豫江二州之六郡军事,自京口迁镇姑熟。

既而苻坚寇凉州,冲遣宣城内史朱序、豫州刺史桓伊率众向寿阳,淮南太守刘波泛舟淮泗,乘虚致讨,以救凉州,乃表曰:

　　氐贼自并东胡,丑类实繁,而蜀汉寡弱,西凉无备,斯诚暴与疾颠,只速其亡。然而天未剿绝,屡为国患。臣闻胜于无形,功立事表,伐谋之道,兵之上略。况此贼陆梁,终必越逸。北狄陵纵,常在秋冬。今日月迅迈,高风行起,臣辄较量畿甸,守卫重复,又淮泗通流,长江如海,荆楚偏远,密迩寇仇,方城、汉水无天险之实,而过备之重势在西门。

　　臣虽凡庸,识乏武略,然猥荷重任,思在投袂。请率所统,径进南郡，与征西将军臣豁参同谋猷。贼若果驱犬羊，送死沔汉，庶仰凭正顺，因致人利，一举乘风，扫清氛秽，不复重劳王师，有事三秦，则先帝盛业永隆于圣世，宣武遗志无恨于在昔。如其慑惮皇威，窥阆计屈，则观兵伺衅，更议进取，振旅旋旆，迟速唯宜。伏愿陛下览臣所陈，特垂听许。

诏答曰："丑类违天，比年纵肆，梁、益不守，河西倾丧。每惟宇内未一，愤叹盈怀。将军经略深长，思算重复，忠国之诚，形于义旨。览省未周，以感以慨。寇虽乘间窃利，而以无道临之，黩武穷凶，虐用其众，灭亡之期，势何得久！然备豫不虞，军之善政。辄询于群后，敬从高算。想与征西协参令图，嘉谋远猷，动静以闻。"会张天锡陷没，于是罢兵。俄而豁卒，迁都督江荆梁益宁交广七州扬州之义成雍州之京兆司州之河东军事、领护南蛮校尉、荆州刺史、持节，将军、侍中如故。又以其子嗣为江州刺史。冲将之镇，帝饯于西堂，赐钱五十万。又以酒三百四十石、牛五十头犒赐文武。谢安送至溧洲。

冲既到江陵，时苻坚强盛，冲欲移阻江南，乃上疏曰："自中兴以来，荆州所镇，随宜回转。臣亡兄温以石季龙死，经略中原，因江陵路便，即而镇之。事与时迁，势无常定。且兵者诡道，示之以弱，今宜全重江南，轻戍江北。南平屏陵县界，地名上明，田土膏良，可以资业军人。在吴时乐乡城以上四十余里，北枕大江，西接三峡。若狂狡送死，则旧郢以北坚壁不战，接会济江，路去不远，乘其疲堕，扑剪为易。臣司存阃外，辄随宜处分。"于是移镇上明，使冠军将军刘波守江陵，谘议参军杨亮守江夏。诏以荆州水旱饥荒，又冲新移草创，岁运米三十万斛以供军资，须年丰乃止。

坚遣其将苻融寇樊、邓，石越寇鲁阳，姚苌寇南乡，韦钟寇魏兴，所在陷没。冲遣江夏相刘奭、南中郎将朱序击之，而奭畏懦不进，序又为贼所擒。冲深自咎责，上疏送章节，请解职，不许。遣左卫将军张玄之诣冲谘谋军事。冲率前将军刘波及兄子振威将军石民、冠军将军石虔等伐苻坚，拔坚筑阳。攻武当，走坚兖州刺史张崇。坚遣慕容垂、毛当寇邓城，苻熙、石越寇新野。冲既惮坚众，又以疾疫，还镇上明。表以"夏口江沔冲要，密迩强寇，兄子石民堪居此任，辄版督荆江十郡军事、振武将军、襄城太守。寻阳北接强蛮，西连荆郢，亦一任之要。今府州既分，请以王荟补江州刺史。"诏从之。时荟始遭兄劭丧，将葬，辞不欲出。于是卫将军谢安更以中领军谢輶代之。冲闻之而怒，上疏以为輶文武无堪，求自领江州，帝许之。冲使石虔伐坚襄阳太守阎震，擒之，及大小帅二十九人，送于京都，诏归冲府。以平震功，封次子谦宜阳侯。坚使其将郝贵守襄阳，冲使扬威将军朱绰讨之，遂焚烧沔北田稻，拔六百余户而还。又遣上庸太守郭宝伐坚魏兴太守裯垣、上庸太守段方，并降之。新城太守魏敞遁走，三郡皆平。诏赐钱百万，袍表千端。

初，冲之西镇，以贼寇方强，故移镇上明，谓江东力弱，正可保固封疆，自守而已。又以将相异宜，自以德望不逮谢安，故委之内相，而四方镇扦，以为己任。又与朱序款密。俄而序没于贼，冲深用愧悢。既而苻坚尽国内侵，冲深以根本为虑，乃遣精锐三千来赴京都。谢安谓三千人不足以为损益，而欲外示闲暇，闻军在近，固不听。报云："朝廷处分已定，兵革无阙，西藩宜以为防。"时安已遣兄子玄及桓伊等诸军，冲谓不足以为废兴，召佐史，对之叹曰："谢安乃有庙堂之量，不闲将略。今大敌垂至，方游谈不暇，虽遣诸不经事少年，众又寡弱，天下事可知，吾其左衽矣！"俄而闻坚破，大勋克举，又知朱序因以得还，冲本疾病，加以惭耻，发病而卒，时年五十七。赠太尉，本官如故，谥曰宣穆。赙钱五十万，布五百匹。

冲性俭素，而谦虚爱士。尝浴后，其妻送以新衣，冲大怒，促命持去。其妻复送之，而谓曰："衣不经新，缘何得故！"冲笑而服之。命处士南阳刘驎之为长史，驎之不屈，亲往迎之，礼之甚厚。又辟处士长沙邓粲为别驾，备礼尽恭。粲感其好贤，乃起应命。初，郗鉴、庾亮、庾翼临终皆有表，树置亲戚，唯冲独与谢安书云："妙灵、灵宝尚小，亡兄寄托不终，以此为恨！"言不及私，论者益嘉之。及丧下江陵，士女老幼皆临江瞻送，号哭尽哀。后玄篡位，追赠太傅、宣城王。有七子：嗣、谦、修、崇、弘、羡、怡。

嗣,字恭祖。少有清誉,与豁子石秀并为桓氏子侄之冠。冲既代豁西镇,诏以嗣督荆州之三郡豫州之四郡军事、建威将军、江州刺史。莅事简约,修所住斋,应作板檐,嗣命以茅代之,板付船官。转西阳、襄城二郡太守,镇夏口。后领江夏相,卒官。追赠南中郎将,谥曰靖。子胤嗣。

胤,字茂远。少有清操,虽奕世华贵,甚以恬退见称。初拜秘书丞,累迁中书郎、秘书监。玄甚钦爱之,迁中书令。玄篡位,为吏部尚书,随玄西奔。玄死,归降。诏曰:"夫善著则祚远,勋彰故事殊。以宣孟之忠,蒙后晋国;子文之德,世嗣获存。故太尉冲,昔藩陕西,忠诚王室。诸子染凶,自贻罪戮。念冲遗勤,用凄于怀。其孙胤宜见矜宥,以奖为善。可特全生命,徙于新安。"及东阳太守殷仲文、永嘉太守骆骁等谋反,阴欲立胤为玄嗣,事觉,伏诛。

谦,字敬祖。详正有器望。初以父功封宜阳县开国侯,累迁辅国将军、吴国内史。孙恩之乱,谦出奔无锡。征拜尚书,骠骑大将军元显引为谘议参军,转司马。元兴初,朝廷将伐玄,以桓氏世在陕西,谦父冲有遗惠于荆楚,惧人情向背,乃用谦为持节、都督荆益宁梁四州诸军事、西中郎将、荆州刺史、假节,以安荆楚。

玄既用事,以谦为尚书左仆射,领吏部,加中军将军。谦兄弟显列,玄甚倚杖之,而内不能善也。改封谦为宁都侯,拜尚书令,加散骑常侍。迁侍中、卫将军、开府、录尚书事。玄篡位,复领扬州刺史,本官如故,封新安王。

及桓振作乱,谦保护乘舆,颇有功焉。然而谄懦,尤不可以造事。初,劝振率军下战,已守江陵。振既轻谦用事,故不从。及振败,谦奔于姚兴。先是,谯纵称藩于姚兴,纵与卢循通使,潜相影响,乃表兴请谦共顺流东下。兴问谦,谦曰:"臣门著恩荆楚,从弟玄虽未篡位,皆是逼迫,人神所明。今臣与纵东下,百姓自应骇动。"兴曰:"小水不容大舟,若纵才力足以济事,亦不假君为鳞翼。宜自求多福。"遂遣之。谦至蜀,欲虚怀引士,纵疑之,乃置谦于龙格,使人守。谦向诸弟泣曰:"姚主言神矣!"后与纵引谯道福俱下,谦于道占募,百姓感冲遗惠，投者二万人。刘道规破谦，斩之。

修，字承祖。尚简文帝女武昌公主，历吏部郎，稍迁左卫将军。王恭将伐谯王尚之，先遣何澹之、孙无终向句容。修以左卫领振武将军，与辅国将军陶无忌距之。修次句容。俄而恭败，无终遣书求降。修既旋军，而杨佺期已至石头，时朝廷无备，内外崩骇。修进说曰："殷、桓之下，专恃王恭，恭既破灭，莫不失色。今若优诏用玄，玄必内喜，则能制仲堪、佺期，使并顺命。"朝廷纳之。以修为龙骧将军、荆州刺史、假节，权领左卫文武之镇。又令刘牢之以千人送之。转仲堪为广州。修未及发，而玄等盟于寻阳，求诛牢之。尚之并诉仲堪无罪，独被降黜。于是诏复仲堪荆州。御史中丞江绩奏修承受杨佺期之言，交通信命，宣传不尽，以为身计，疑误朝算，请收付廷尉。特诏免官。寻代王凝之为中护军。顷之，玄破仲堪、佺期，诏以修为征虏将军、江州刺史。寻复为中护军。

玄执政，以修都督六州、右将军、徐兖二州刺史、假节。寻进抚军将军，加散骑常侍。玄篡，以为抚军大将军，封安成王。刘裕义旗起，斩之。

徐宁者，东海郯人也。少知名，为舆县令。时廷尉桓彝称有人伦鉴识，彝尝去职，至广陵寻亲旧，还遇风，停浦中，累日忧悒，因上岸，见一室宇，有似廨署，访之，云是舆县。彝乃造之。宁清惠博涉，相遇欣然，因留数夕。彝大赏之，结交而别。至都，谓庾亮曰："吾为卿得一佳吏部郎。"语在《彝传》。即迁吏部郎、左将军、江州刺史，卒官。

史臣曰：醨风潜煽，醇源浸竭，遗道德于情性，显忠信于名教。首阳绝节，求仁而得仁；泗上微言，朝闻而夕死。原轸免胄，懔然于往策；季路绝缨，邈矣于前志。况交霜雪于杪岁，晦风雨于将晨，喈响或以变其音，贞柯罕能全其性。桓茂伦抱中和之气，怀不挠之节，迈周庾之清尘，遵许、郭之遗轨。惧临危于取免，知处死之为易，扬芬千载之上，沦骨九泉之下。仁者之勇，不其然乎！至夫基构迭污隆，龙蛇俱山泽，冲逵巡于内辅，豁陵厉于上游，虔振北门之威，秀坦西阳之务，外有扞城之用，里无末大之嫌，求之名臣，抑亦可算。而温为亢极之资，玄遂履霜之业，是知敬仲之美不息檀台之乱，宁俞之忠无救弈棋之祸。子文之不血食，悲夫！

　　赞曰：矫矫宣城，贞心莫陵。身随露夭，名与云兴。虔豁重世，冲秀双美。国赖英臣，家推才子。振武谦文，寻邑为群。归之篡乱，曷足以云。

晋书卷七五
列传第四五

王湛　子承　承子述　述子坦之　祎之　坦之子恺

愉　国宝　忱　愉子绥　承族子峤　袁悦之　祖台之

荀崧　子蕤　羡　范汪　子宁　汪叔坚

刘惔　张凭　韩伯

王湛,字处冲,司徒浑之弟也。少有识度。身长七尺八寸,龙颡大鼻,少言语。初有隐德,人莫能知,兄弟宗族皆以为痴,其父昶独异焉。遭父丧,居于墓次。服阕,阖门守静,不交当世,冲素简淡,器量颓然,有公辅之望。

兄子济轻之,所食方丈盈前,不以及湛。湛命取菜蔬,对而食之。济尝诣湛,见床头有《周易》,问曰:“叔父何用此为?”湛曰:“体中不佳时,脱复看耳。”济请言之。湛因剖析玄理,微妙有奇趣,皆济所未闻也。济才气抗迈,于湛略无子侄之敬。既闻其言,不觉栗然,心形俱肃。遂留连弥日累夜,自视缺然,乃叹曰:“家有名士,三十年而不知,济之罪也。”既而辞去,湛送至门。济有从马绝难乘,济问湛曰:“叔颇好骑不?”湛曰:“亦好之。”因骑此马,姿容既妙,回策如萦,善骑者无以过之。又济所乘马,甚爱之,湛曰:“此马虽快,然力薄不堪苦行。近见督邮马当胜,但刍秣不至耳。”济试养之,而与己马等。湛又曰:“此马任重方知之,平路无以别也。”于是当蚁封内试之，济马果踬，而督邮马如常。济益叹异，还白其父，曰："济始得一叔，乃济以上人也。"武帝亦以湛为痴，每见济，辄调之曰："卿家痴叔死未？"济常无以答。及是，帝又问如初，济曰："臣叔殊不痴。"因称其美。帝曰："谁比？"济曰："山涛以下，魏舒以上？"时人谓湛上方山涛不足，下比魏舒有余。湛闻曰："欲处我于季孟之间乎？"

湛少仕历秦王文学、太子洗马、尚书郎、太子中庶子，出为汝南内史。元康五年卒，年四十七。子承嗣。

承，字安期。清虚寡欲，无所修尚。言理辩物，但明其指要而不饰文辞，有识者服其约而能通。弱冠知名。太尉王衍雅贵异之，比南阳乐广焉。

永宁初，为骠骑参军。值天下将乱，乃避难南下。迁司空从事中郎。豫迎大驾，赐爵蓝田县侯。迁尚书郎，不就。东海王越镇许，以为记室参军，雅相知重，敕其子毗曰："夫学之所益者浅，体之所安者深。闲习礼度，不如式瞻仪形；讽味遗言，不若亲承音旨。王参军人伦之表，汝其师之。"在府数年，见朝政渐替，辞以母老，求出。越不许。久之，迁东海太守，政尚清净，不为细察。小吏有盗池中鱼者，纲纪推之，承曰："文王之囿与众共之，池鱼复何足惜耶！"有犯夜者，为吏所拘，承问其故，答曰："从师受书，不觉日暮？"承曰："鞭挞宁越以立威名，非政化之本？"使吏送令归家。其从容宽恕若此。

寻去官，东渡江。是时道路梗涩，人怀危惧，承每遇艰险，处之夷然，虽家人近习，不见其忧喜之色。既至下邳，登山北望，叹曰："人言愁，我始欲愁矣。"及至建邺，为元帝镇东府从事中郎，甚见优礼。承少有重誉，而推诚接物，尽弘恕之理，故众咸亲爱焉。渡江名臣王导、卫玠、周颛、庾亮之徒皆出其下，为中兴第一。年四十六卒，朝野痛惜之。自昶至承，世有高名，论者以为祖不及孙，孙不及父。子述嗣。

述，字怀祖。少孤，事母以孝闻。安贫守约，不求闻达。性沉静，每坐客驰辨，异端竞起，而述处之恬如也。少袭父爵。年三十，尚未知名，人或谓之痴。司徒王导以门地辟为中兵属。既见，无他言，惟问以江东米价。述但张目不答。导曰："王掾不痴，人何言痴也?"尝见导每发言，一坐莫不赞美，述正色曰："人非尧舜，何得每事尽善!"导改容谢之。谓庾亮曰："怀祖清贞简贵，不减祖父，但旷淡微不及耳。"

康帝为骠骑将军，召补功曹，出为宛陵令。太尉、司空频辟，又除尚书吏部郎，并不行。历庾冰征虏长史。时庾翼镇武昌，以累有妖怪，又猛兽入府，欲移镇避之。述与冰笺曰：

> 窃闻安西欲移镇乐乡，不审此为算邪，将为情邪？若谓为算，则彼去武昌千有余里，数万之众造创移徙，方当兴立城壁，公私劳扰。若信要害之地，所宜进据，犹当计移徙之烦，权二者轻重，况此非今日之要邪！方今强胡陆梁，当蓄力养锐，而无故迁动，自取非算。又江州当溯流数千，供继军府，力役增倍，疲曳道路。且武昌，实是江东镇戍之中，非但捍御上流而已。急缓赴告，骏奔不难。若移乐乡，远在西陲，一朝江渚有虞，不相接救。方岳取重将，故当居要害之地，为内外形势，使窥阚之心不知所向。若是情邪，则天道玄远，鬼神难言，妖祥吉凶，谁知其故！是以达人君子直道而行，不以情失。昔秦忌"亡胡"之谶，卒为刘、项之资；周恶"厌弧"之谣，而成褒姒之乱。此既然矣。历观古今，鉴其遗事，妖异速祸败者，盖不少矣。禳避之道，苟非所审，且当择人事之胜理，思社稷之长计，斯则天下幸甚，令名可保矣。

> 若安西盛意已耳，不能安于武昌，但得近移夏口，则其次也。乐乡之举，咸谓不可。愿将军体国为家，固审此举。

时朝议亦不允，翼遂不移镇。

述出补临海太守，迁建威将军、会稽内史。莅政清肃，终日无事。母忧去职。服阕，代殷浩为扬州刺史，加征虏将军。初至，主簿请讳。报曰："亡祖先君，名播海内，远近所知；内讳不出门；余无所讳。"寻加中书监，固让，经年不拜。复加征虏将军，进都督扬州徐州之琅邪诸军事、卫将军、并冀幽平四州大中正，刺史如故。寻迁散骑常侍、尚书令,将军如故。

述每受职,不为虚让,其有所辞,必于不受。至是,子坦之谏,公为故事应让。述曰:"汝谓我不堪邪?"坦之曰:"非也。但克让自美事耳。"述曰:"既云堪,何为复让!人言汝胜我,定不及也。"坦之为桓温长史。温欲为子求婚于坦之。及还家省父,而述爱坦之,虽长大,犹抱置膝上。坦之因言温意。述大怒,遽排下,曰:"汝竟痴邪!讵可畏温面而以女妻兵也。"坦之乃辞以他故。温曰:"此尊君不肯耳。"遂止。简文帝每言述才既不长,直以真率便敌人耳。谢安亦叹美之。

初,述家贫,求试宛陵令,颇受赠遗,而修家具,为州司所检,有一千三百条。王导使谓之曰:"名父之子不患无禄,屈临小县,甚不宜耳。"述答曰:"足自当止,时人未之达也。"比后屡居州郡,清洁绝伦,禄赐皆散之亲故,宅宇旧物不革于昔,始为当时所叹。但性急为累。尝食鸡子,以筋刺之,不得,便大怒掷地。鸡子圆转不止,便下床以屐齿踏之,又不得。瞋甚,掇内口中,啮破而吐之。既跻重位,每以柔克为用。谢奕性粗,尝忿述,极言骂之。述无所应,面壁而已。居半日,奕去,始复坐。人以此称之。

太和二年,以年迫悬车,上疏乞骸骨,曰:"臣曾祖父魏司空昶白笺于文皇帝曰:'昔与南阳宗世林共为东宫官属。世林少得好名,州里瞻敬。及其年老,汲汲自励,恐见废弃,时人咸共笑之。若天假其寿,致仕之年,不为此公婆娑之事。'情旨慷慨,深所鄙薄。虽是笺书,乃实训诫。臣忝端右,而以疾患,礼敬废替,犹谓可有差理。日复一日,而年衰疾痼,永无复瞻华幄之期。乞奉先诫,归老丘园。"不许。述竟不起。三年卒,时年六十六。

初,桓温平洛阳,议欲迁都,朝廷忧惧,将遣侍中止之。述曰:"温欲以虚声威朝廷,非事实也。但从之,自无所至。"事果不行。又议欲移洛阳钟虡,述曰:"永嘉不竞,暂都江左。方当荡平区宇,旋轸旧京。若其不尔,宜改迁园陵,不应先事钟虡。"温竟无以夺之。追赠侍中、骠骑将军、开府,谥曰穆,以避穆帝,改曰简。子坦之嗣。

坦之,字文度。弱冠与郗超俱有重名,时人为之语曰:"盛德绝伦郗嘉宾,江东独步王文度。"嘉宾,超小字也。仆射江虨领选,将拟为尚书郎。坦之闻曰:"自过江来,尚书郎正用第二人,何得以此见拟!"虨遂止。

简文帝为抚军将军,辟为掾。累迁参军、从事中郎,仍为司马,加散骑常侍。出为大司马桓温长史。寻以父忧去职。服阕,征拜侍中,袭父爵。时卒士韩怅逃亡归首,云"失牛故叛"。有司劾怅偷牛,考掠服罪。坦之以为怅束身自归,而法外加罪,懈怠失牛,事或可恕,加之木石,理有自诬,宜附罪疑从轻之例,遂以见原。海西公废,领左卫将军。

坦之有风格,尤非时俗放荡,不敦儒教,颇尚刑名学,著《废庄论》曰:

> 荀卿称庄子"蔽于天而不知人",杨雄亦曰"庄周放荡而不法",何晏云"鬻庄躯,放玄虚,而不周乎时变"。三贤之言,远有当乎!夫独构之唱,唱虚而莫和;无感之作,义偏而用寡。动人由于兼忘,应物在乎无心。孔父非不体远,以体远故用近;颜子岂不具德,以德备故膺教。胡为其然哉? 不获已而然也。

> 夫自足者寡,故理悬于羲农;徇教者众,故义申于三代。道心惟微,人心惟危,吹万不同,孰知正是!虽首阳之情,三黜之智,摩顶之甘,落毛之爱,枯槁之生,负石之死,格诸中庸,未入乎道,而况下斯者乎!先王知人情之难肆,惧违行以致讼,悼司彻之贻悔,审襭带之所缘,故陶铸群生,谋之未兆,每摄其契,而为节焉。使夫敦礼以崇化,日用以成俗,诚存而邪忘,利损而竞息,成功遂事,百姓皆曰我自然。盖善暗者无怪,故所遇而无滞,执道以离俗,孰逾于不达!语道而失其为者,非其道也;辩德而有其位者,非其德也。言默所未究,况扬之以为风乎!且即濠以寻鱼,想彼之我同;推显以求隐,理得而情昧。若夫庄生者,望大庭而抚契,仰弥高于不足,寄积想于三篇,恨我怀之未尽,其言谲诡,其义恢诞。君子内应,从我游方之外,众人因藉

之，以为弊薄之资。然则天下之善人少，不善人多，庄生之利天下也少，害天下也多。故曰鲁酒薄而邯郸围，庄生作而风俗颓。礼与浮云俱征，伪与利荡并肆，人以克己为耻，士以无措为通，时无履德之誉，俗有蹈义之愆。骤语赏罚不可以造次，屡称无为不可与适变。虽可用于天下，不足以用天下。

昔汉阴丈人修浑沌之术，孔子以为识其一不识其二，庄生之道，无乃类乎！与夫如愚之契，何殊间哉！若夫利而不害，天之道也；为而不争，圣之德也。群方所资而莫知谁氏，在儒而非儒，非道而有道，弥贯九流，玄同彼我，万物用之而不既，亹亹日新而不朽，昔吾孔、老固已言之矣。

又领本州大中正。简文帝临崩，诏大司马温依周公居摄故事。坦之自持诏入，于帝前毁之。帝曰："天下，傥来之运，卿何所嫌！"坦之曰："天下，宣元之天下，陛下何得专之！"帝乃使坦之改诏焉。

温薨，坦之与谢安共辅幼主，迁中书令，领丹杨尹。俄授都督徐兖青三州诸军事、北中郎将、徐兖二州刺史，镇广陵。将之镇，上表曰：

臣闻人君之道以孝敬为本，临御四海以委任为贵。恭顺无为，则盛德日新；亲杖贤能，则政道邕睦。昔周成、汉昭，并以幼年纂承大统。当时天下未为无难，终能显扬祖考，保安社稷，盖尊尊亲亲，信纳大臣之所致也。

伏维陛下诞奇秀之姿，禀生知之量，春秋尚富，涉道未旷，方须训导以成天德。皇太后仁淑之体，过于三母，先帝奉事积年，每称圣明。臣愿奉事之心，便当自同孝宗；太后慈爱之隆，亦不必异所生。琅邪王、余姚主及诸皇女，宜朝夕定省，承受教诲，导习仪刑，以成景仰恭敬之美，不可以属非至亲，自为疏疑。昔肃祖崩殂，成康幼冲，事无大小，必咨丞相导，所以克就圣德，实此之由。今仆射臣安、中军臣冲，人望具瞻，社稷之臣。且受遇先帝，绸缪缱绻，并志竭忠贞，尽心尽力，归诚陛下，以报先帝。愚谓周旋举动，皆应咨此二臣。二臣之于陛下，则周之旦、奭，汉之霍光，显宗之于王导。冲虽在外，路不云远，事容信宿，必宜参详，然后情听获尽，庶事可毕。

又天听虽聪，不启不广；群情虽忠，不引不尽。宜数引侍臣，询求谠言。平易之世，有道之主犹尚诚惧，日昃不倦；况今艰难理尽，虑经安危，祖宗之基系之陛下，不可不精心务道，以申先帝尧舜之风。可不敬修至德，以保宣元天地之祚？

表奏，帝纳之。

初，谢安爱好声律，期功之惨，不废妓乐，颇以成俗。坦之非而苦谏之。安遗坦之书曰："知君思相爱惜之至。仆所求者声，谓称情义，无所不可为，复聊以自娱耳。若洁轨迹，崇世教，非所拟议，亦非所屑。常谓君粗得鄙趣者，犹未悟之濠上邪！故知莫逆，未易为人。"坦之答曰："具君雅旨，此是诚心而行，独往之美，然恐非大雅中庸之谓。意者以为人之体韵犹器之方圆，方圆不可错用，体韵岂可易处！各顺其方，以弘其业，则岁寒之功必有成矣。吾子少立德行，体议淹允，加以令地，优游自居，金曰之谈，咸以清远相许。至于此事，实有疑焉。公私二三，莫见其可。以此为濠上，悟之者得无鲜乎！且天下之宝，故为天下所惜，天下之所非，何为不可以天下为心乎？想君幸复三思。"书往返数四，安竟不从。

坦之又尝与殷康子书论公谦之义，曰：

夫天道以无私成名，二仪以至公立德。立德存乎至公，故无亲而非理；成名在乎无私，故在当而忘我。此天地所以成功，圣人所以济化。由斯论之，公道体于自然，故理泰而愈降；谦义生于不足，故时弊而义著。故大禹、咎繇称功言惠而成名于彼，孟反、范燮殿军后入而全身于此。从此观之，则谦公之义固以殊矣。

夫物之所美，己不可收；人之所贵，我不可取。诚患人恶其上，众不可盖，故君子居之，而每加损焉。隆名在于矫伐，而不在于期当；匿迹在于违显，而不在于求是。于是谦光之义与矜竞而俱生，卑挹之义与夸伐而并进。由亲誉生于不足，未若不知之有余;良药效于瘳疾,未若无病之为贵也。

夫乾道确然,示人易矣;坤道隤然,示人简矣。二象显于万物,两德彰于群生,岂矫枉过直而失其所哉!由此观之,则大通之道公坦于天地,谦伐之义险巇于人事。今存公而废谦,则自伐者托至公以生嫌,自美者因存党以致惑。此王生所谓同貌而实异,不可不察者也。然理必有源,教亦有主。苟探其根,则玄指自显;若寻其末,弊无不至。岂可以嫌似而疑至公,弊贪而忘于谅哉!

康子及袁宏并有疑难,坦之标章摘句,一一申而释之,莫不厌服。又孔严著《通葛论》,坦之与书赞美之。其忠公慷慨,标明贤胜,皆此类也。

初,坦之与沙门竺法师甚厚,每共论幽明报应,便要先死者当报其事。后经年,师忽来云"贫道已死,罪福皆不虚。惟当勤修道德,以升济神明耳。"言讫不见。坦之寻亦卒,时年四十六。临终,与谢安、桓冲,书不及私,惟忧国家之事,朝野甚痛惜之。追赠安北将军,谥曰献。

祎之,字文邵。少知名,尚寻阳公主,历中书侍郎。年未三十而卒,赠散骑常侍。

坦之四子:恺、愉、国宝、忱。

恺,字茂仁;愉,字茂和,并少践清阶。恺袭父爵,愉稍迁骠骑司马,加辅国将军。恺太元末为侍中,领右卫将军,多所献替。兄弟贵盛,当时莫比。

及王恭等讨国宝,恺、愉并请解职。以与国宝异生,又素不协,故得免祸。国宝既死,出恺为吴郡内史,愉为江州刺史、都督豫州四郡、辅国将军、假节。未几,征恺为丹杨尹。及桓玄等至江宁,恺领兵守石头。俄而玄等走,复为吴郡。病卒,追赠太常。

愉至镇,未几,殷仲堪、桓玄、杨佺期举兵应王恭,乘流奄至。愉既无备,惶遽奔临川,为玄所得。玄盟于寻阳,以愉置坛所,愉甚耻之。及事解,除会稽内史。玄篡位,以为尚书仆射。刘裕义旗建,加前将军。愉既桓氏婿,父子宠贵,又尝轻侮刘裕,心不自安,潜结司州刺史温详,谋作乱,事泄,被诛,子孙十余人皆伏法。

国宝少无士操,不修廉隅。妇父谢安恶其倾侧,每抑而不用。除尚书郎。国宝以中兴膏腴之族,惟作吏部,不为余曹郎,甚怨望,固辞不拜。从妹为会稽王道子妃,由是与道子游处,遂间毁安焉。

及道子辅政,以为秘书丞。俄迁琅邪内史,领堂邑太守,加辅国将军。入补侍中,迁中书令、中领军,与道子持威权,扇动内外。中书郎范宁,国宝舅也,儒雅方直,疾其阿谀,劝孝武帝黜之。国宝乃使陈郡袁悦之因尼支妙音致书与太子母陈淑媛,说国宝忠谨,宜见亲信。帝知之,托以他罪杀悦之。国宝大惧,遂因道子谮毁宁,宁由是出为豫章太守。及弟忱卒,国宝自求解职迎母,并奔忱丧。诏特赐假,而盘桓不时进发,为御史中丞褚粲所奏。国宝惧罪,衣女子衣,托为王家婢,诣道子告其事。道子言之于帝,故得原。后骠骑参军王徽请国宝同宴,国宝素骄贵使酒,怒尚书左丞祖台之,攘袂大呼,以盘盏乐器掷台之,台之不敢言,复为粲所弹。诏以国宝纵肆情性,甚不可长,台之懦弱,非监司体,并坐免官。顷之,复职,愈骄蹇不遵法度。起斋伻清暑殿,帝恶其僭侈。国宝惧,遂谄媚于帝,而颇疏道子。道子大怒,尝于内省面责国宝,以剑掷之,旧好尽矣。

是时王雅亦有宠,荐王珣于帝。帝夜与国宝及雅宴,帝微有酒,令召珣,将至,国宝自知才出珣下,恐至,倾其宠,因曰:“王珣当今名流,不可以酒色见。”帝遂止,而以国宝为忠。将纳国宝女为琅邪王妃,未婚,而帝崩。

安帝即位,国宝复事道子,进从祖弟绪为琅邪内史,亦以佞邪见知。道子复惑之,倚为心腹,并为时之所疾。国宝遂参管朝权,威震内外。迁尚书左仆射,领选,加后将军、丹杨尹,道子悉以东宫兵配之。

时王恭与殷仲堪并以才器,各居名藩。恭恶道子、国宝乱政,屡有忧国之言。道子等亦深忌惮之,将谋去其兵。未及行,而恭檄至,以讨国宝为名,国宝惶遽不知所为。绪说国宝,令矫道子命,召王珣、车胤杀之，以除群望，因挟主相以讨诸侯。国宝许之。珣、胤既至，而不敢害，反问计于珣。珣劝国宝放兵权以迎恭，国宝信之。语在《珣传》。又问计于胤，胤曰："南北同举，而荆州未至，若朝廷遣军，恭必城守。昔桓公围寿阳，弥时乃克。若京城未拔，而上流奄至，君将何以待之？"国宝尤惧，遂上疏解职，诣阙待罪。既而悔之，诈称诏复其本官，欲收其兵距王恭。

道子既不能距诸侯，欲委罪国宝，乃遣谯王尚之收国宝，付廷尉，赐死，并斩绪于市，以谢王恭。国宝贪纵聚敛，不知纪极，后房伎妾以百数，天下珍玩充满其室。及王恭伏法，诏追复国宝本官。元兴初，桓玄得志，表徙其家属于交州。

忱，字元达。弱冠知名，与王恭、王珣俱流誉一时。历位骠骑长史。尝造其舅范宁，与张玄相遇，宁使与玄语。玄正坐敛衽，待其有发，忱竟不与言，玄失望便去。宁让忱曰："张玄，吴中之秀，何不与语？"忱笑曰："张祖希欲相识，自可见诣。"宁谓曰："卿风流俊望，真后来之秀。"忱曰："不有此舅，焉有此甥！"既而宁使报玄，玄束带造之，始为宾主。

太元中，出为荆州刺史、都督荆益宁三州军事、建武将军、假节。忱自恃才气，放酒诞节，慕王澄之为人，又年少居方伯之任，谈者忧之。及镇荆州，威风肃然，殊得物和。桓玄时在江陵，既其本国，且奕叶故义，常以才雄驾物。忱每裁抑之。玄尝诣忱，通人未出，乘舆直进。忱对玄鞭门干，玄怒，去之，忱亦不留。尝朔日见客，仗卫甚盛，玄言欲猎，借数百人，忱悉给之，玄惮而服焉。

性任达不拘，末年尤嗜酒，一饮连月不醒，或裸体而游，每叹三日不饮，便觉形神不相亲。妇父尝有惨，忱乘醉吊之，妇父恸哭，忱与宾客十许人，连臂被发裸身而入，绕之三匝而出。其所行多此类。数年卒官，追赠右将军，谥曰穆。

绥，字彦猷。少有美称，厚自矜迈，实鄙而无行。愉为殷、桓所捕，绥未测存亡，在都有忧色，居处饮食，每事贬降，时人每以为"试守孝子"。

桓玄之为太尉,绥以桓氏甥甚见宠待,为太尉右长史。及玄篡,迁中书令。刘裕建义,以为冠军将军。其家夜中梁上无故有人头堕于床,而流血滂沱。俄拜荆州刺史、假节。坐父愉之谋,与弟纳并被诛。

初,绥与王谧、桓胤齐名,为后进之秀。谧位官既极,保身而终。胤以从坐诛,声称犹全。绥身死,名论殆尽,亦以薄行矜峭而尚人故也。自昶父汉雁门太守泽已有名称,忱又秀出,绥亦著称,八叶继轨,轩冕莫与为比焉。

峤,字开山。祖默,魏尚书。父佑,以才智称,为杨骏腹心。骏之排汝南王亮,退卫瓘,皆佑之谋也。位至北军中候。峤少有风尚,并、司二州交辟,不就。永嘉末,携其二弟避乱渡江。时元帝镇建邺,教曰:"王佑三息始至,名德之胄,并有操行,宜蒙饰叙。且可给钱三十万,帛三百匹,米五十斛,亲兵二十人。"寻以峤参世子东中郎军事,不就。愍帝征拜著作郎,右丞相南阳王保辟,皆以道险不行。元帝作相,以为水曹属,除长山令,迁太子中舍人,以疾不拜。王敦请为参军,爵九原县公。

敦在石头,欲禁私伐蔡洲荻,以问群下。时王师新败,士庶震惧,莫敢异议。峤独曰:"中原有菽,庶人采之。百姓不足,君孰与足!若禁人樵伐,未知其可。"敦不悦。敦将杀周𫖮、戴若思,峤于坐谏曰:"济济多士,文王以宁。安可戮诸名士,以自全生!"敦大怒,欲斩峤,赖谢鲲以免。敦犹衔之,黜为领军长史。敦平后,除中书侍郎,兼大著作,固辞。转越骑校尉,频迁吏部郎、御史中丞、秘书监,领本州大中正。

咸和初,朝议欲以峤为丹杨尹。峤以京尹望重,不宜以疾居之,求补庐陵郡,乃拜峤庐陵太守。以峤家贫,无以上道,赐布百匹,钱十万。寻卒官,谥曰穆。子淡嗣,历位右卫将军、侍中、中护军、尚书、广州刺史。淡子度世,骁骑将军。

袁悦之,字元礼,陈郡阳夏人也。父朗,给事中。悦之能长短说,甚有精理。始为谢玄参军,为玄所遇,丁忧去职。服阕还都,止赍

《战国策》，言天下要惟此书。后甚为会稽王道子所亲爱，每劝道子
专览朝权，道子颇纳其说。俄而见诛。

祖台之者，字元辰，范阳人也。官至侍中、光禄大夫。撰志怪，
书行于世。

荀崧，字景猷，颍川临颍人，魏太尉彧之玄孙也。父頵，羽林右
监、安陵乡侯，与王济、何劭为拜亲之友。崧志操清纯，雅好文学。龆
龀时，族曾祖颙见而奇之，以为必兴颍门。弱冠，太原王济甚相器
重，以方其外祖陈郡袁侃，谓侃弟奥曰：“近见荀监子，清虚名理，当
不及父，德性纯粹，是贤兄辈人也。”其为名流所赏如此。

泰始中，诏以崧代兄袭父爵，补濮阳王允文学。与王敦、顾荣、
陆机等友善。赵王伦引为相国参军。伦篡，转护军司马、给事中，稍
迁尚书吏部郎、太弟中庶子，累迁侍中、中护军。

王弥入洛，崧与百官奔于密，未至而母亡。贼追将及，同旅散
走，崧被发从车，守丧号泣。贼至，弃其母尸于地，夺车而去。崧被
四创，气绝，至夜方苏。葬母于密山。服阕，族父藩承制，以崧监江
北军事、南中郎将、后将军、假节、襄城太守。时山陵发掘，崧遣主簿
石览将兵入洛，修复山陵。以勋进爵舞阳县公，迁都督荆州江北诸
军事、平南将军，镇宛，改封曲陵公。为贼杜曾所围。石览时为襄城
太守，崧力弱食尽，使其小女灌求救于览及南中郎将周访。访即遣
子抚率兵三千人会石览，俱救崧。贼闻兵至，散走。崧既得免，乃遣
南阳中部尉王国、刘愿等潜军袭穰县，获曾从兄伪新野太守保，斩
之。

元帝践阼，征拜尚书仆射，使崧与刁协共定中兴朝仪。从弟馗
早亡，二息序、廞，年各数岁，崧迎与共居，恩同其子。太尉、临淮公
荀颢国胤废绝，朝廷以崧属近，欲以崧子袭封。崧哀序孤微，乃让封
与序，论者称焉。转太常。时方修学校，简省博士，置《周易》王氏、
《尚书》郑氏、《古文尚书》孔氏、《毛诗》郑氏、《周官礼记》郑氏、《春
秋左传》杜氏服氏、《论语》《孝经》郑氏博士各一人，凡九人，其《仪

礼》、《公羊》、《谷梁》及郑《易》皆省不置。崧以为不可,乃上疏曰:

自丧乱以来,儒学尤寡,今处学则阙朝廷之秀,仕朝则废儒学之俊。昔咸宁、太康、永嘉之中,侍中、常侍、黄门通洽古今、行为世表者,领国子博士。一则应对殿堂,奉酬顾问;二则参训门子,以弘儒训;三则祠、仪二曹及太常之职,以得质疑。今皇朝中兴,美隆往初,宜宪章令轨,祖述前典。世祖武皇帝应运登禅,崇儒兴学。经始明堂,营建辟雍,告朔班政,乡饮大射。西阁东序,《河》、《图》秘书禁籍。台省有宗庙太府金墉故事,太学有石经古文先儒典训。贾、马、郑、杜、服、孔、王、何、颜、尹之徒,章句传注众家之学,置博士十九人。九州之中,师徒相传,学士如林,犹选张华、刘实居太常之官,以重儒教。

传称“孔子没而微言绝,七十二子终而大义乖”。自顷中夏殄瘁,讲诵遏密,斯文之道,将堕于地。陛下圣哲龙飞,恢崇道教,乐正雅颂,于是乎在。江、扬二州,先渐声教,学士遗文,于今为盛。然方畴昔,犹千之一。臣学不章句,才不弘通,方之华实,儒风殊邈。思谒驽骀,庶增万分。愿斯道隆于百世之上,缙绅咏于千载之下。

伏闻节省之制,皆三分置二。博士旧置十九人,今五经合九人,准古计今,犹未能半,宜及节省之制,以时施行。今九人以外,犹宜增四。愿陛下万机余暇,时垂省览。宜为郑《易》置博士一人,郑《仪礼》博士一人,《春秋公羊》博士一人,《谷梁》博士一人。

昔周之衰,下陵上替,上无天子,下无方伯,善者谁赏,恶者谁罚,孔子惧而作《春秋》”。诸侯讳妒,惧犯时禁,是以微辞妙旨,义不显明,故曰“知我者其惟《春秋》,罪我者其惟《春秋》。”时左丘明、子夏造膝亲受,无不精究。孔子既没,微言将绝,于是丘明退撰所闻,而为之传。其书善礼,多膏腴美辞,张本继末,以发明经意,信多奇伟,学者好之。称公羊高亲受子夏,立于汉朝,辞义清隽,断决明审,董仲舒之所善也。谷梁赤师徒相传,暂立于汉世。向、歆,汉之硕儒,犹父子各执一家,莫肯相从。其书文清义约,诸所发明,或是《左氏》、《公羊》所不载,亦足有所订正。是以《三传》并行于先代,通才未能孤废。今去圣久远,其文将堕,与其过废,宁与过立。臣以为《三传》虽同曰《春秋》,而发端异趣,案如三家异同之说,此乃义则战争之场,辞亦剑戟之锋,于理不可得共。博士宜各置一人,以博其学。

元帝诏曰:“崧表如此,皆经国之务,为政所由。息马投戈,犹可讲艺,今虽日不暇给,岂忘本而遗存邪!可共博议者详之。”议者多请从崧所奏。诏曰:“《谷梁》肤浅,不足置博士,余如奏。”会王敦之难,不行。

敦表以崧为尚书左仆射。及帝崩,群臣议庙号,王敦遣使谓曰:“豺狼当路,梓宫未反,祖宗之号,宜别思详。”崧议以为“礼,祖有功,宗有德。元皇帝天纵圣哲,光启中兴,德泽侔于太戊,功惠迈于汉宣,臣敢依前典,上号曰中宗”。既而与敦书曰:“承以长蛇未翦,别详祖宗。先帝应天受命,以隆中兴;中兴之主,宁可随世数而迁毁!敢率丹直,询之朝野,上号中宗。卜日有期,不及重请,专辄之愆,所不敢辞。”初,敦待崧甚厚,欲以为司空,于此衔之而止。

太宁初,加散骑常侍,后领太子太傅。以平王敦功,更封平乐伯。坐使威仪为猛兽所食,免职。后拜金紫光禄大夫、录尚书事,散骑常侍如故。迁右光禄大夫、开府仪同三司,录尚书如故。又领秘书监,给亲兵百二十人。年虽衰老,而孜孜典籍,世以此嘉之。

苏峻之役,崧与王导、陆晔共登御床拥卫帝,及帝被逼幸石头,崧亦侍从不离帝侧。贼平,帝幸温峤舟,崧时年老病笃,犹力步而从。咸和三年薨,时年六十七。赠侍中,谥曰敬。

其后著作郎虞预与丞相王导笺曰:“伏见前秘书、光禄大夫荀公,生于积德之族,少有儒雅之称,历位内外,在贵能降。苏峻肆虐,乘舆失幸,公处嫌忌之地,有累卵之危,朝士为之寒心,论者谓之不免。而公将之以智,险而不慑;扶侍至尊,缱绻不离。虽无扶迎之勋,宜蒙守节之报。且其宣慈之美，早彰远近，朝野之望，许以台司，虽未正位，已加仪同。至守终纯固，名定阖棺，而薨卒之日，直加侍中。生有三槐之望，没无鼎足之名，宠不增于前秩，荣不副于本望，此一时愚智所慷慨也。今承大弊之后，淳风颓散，苟有一介之善，宜在旌表之例，而况国之元老，志节若斯者乎！”不从。升平四年，崧改葬，诏赐钱百万，布五千匹。有二子：蕤、羡。蕤嗣。

蕤，字令远。起家秘书郎，稍迁尚书左丞。蕤有仪操风望，雅为简文帝所重。时桓温平蜀，朝廷欲以豫章郡封温。蕤言于帝曰：“若温复假王威，北平河、洛，修复园陵，将何以加此！”于是乃止。转散骑常侍、少府，不拜，出补东阳太守。除建威将军、吴国内史。卒官。子籍嗣位，至散骑常侍、大长秋。

羡，字令则。清和有准。才年七岁，遇苏峻难，随父在石头，峻甚爱之，恒置膝上。羡阴白其母，曰：“得一利刀子，足以杀贼。”母掩其口，曰：“无妄言！”年十五，将尚寻阳主，羡不欲连婚帝室，仍远遁去。监司追，不获已，乃出尚主，拜驸马都尉。弱冠，与琅邪王洽齐名，沛国刘惔、太原王濛、陈郡殷浩并与交好。

骠骑将军何充出镇京口，请为参军。穆帝又以为抚军参军，征补太常博士，皆不就。后拜秘书丞、义兴太守。征北将军褚裒以为长史。既到，裒谓佐吏曰：“荀生资逸群之气，将有冲天之举，诸君宜善事之。”寻迁建威将军、吴国内史。除北中郎将、徐州刺史、监徐兖二州扬州之晋陵诸军事、假节。殷浩以羡在事有能名，故居以重任。时年三十八，中兴方伯，未有如羡之少者。羡至镇，发二州兵，使参军郑袭戍淮阴。羡寻北镇淮阴，屯田于东阳之石鳖。寻加监青州诸军事，又领兖州刺史，镇下邳。羡自镇来朝，时蔡谟固让司徒，不起，中军将军殷浩欲加大辟，以问于羡。羡曰：“蔡公今日事危，明日必有桓文之举。”浩乃止。

及慕容儁攻段兰于青州，诏使羡救之。儁将王腾、赵盘寇琅邪、鄄城，北境骚动。羡讨之，擒腾，盘迸走。军次琅邪，而兰已没，羡退还下邳，留将军诸葛攸、高平太守刘庄等三千人守琅邪，参军戴遂、萧镳二千人守泰山。是时,慕容兰以数万众屯汴城,甚为边害。羡自光水引汶通渠,至于东阿以征之,临阵,斩兰。帝将封之,羡固辞不受。

先是,石季龙死,胡中大乱,羡抚纳降附,甚得众心。以疾笃解职。后除右军将军,加散骑常侍,让不拜。升平二年卒,时年三十八。帝闻之,叹曰:"荀令则、王敬和相继凋落,股肱腹心将复谁寄乎!"追赠骠骑将军。

范汪,字玄平,雍州刺史晷之孙也。父稚,早卒。汪少孤贫,六岁过江,依外家新野庾氏。荆州刺史王澄见而奇之,曰:"兴范族者,必是子也。"年十三,丧母,居丧尽礼,亲邻哀之。及长,好学。外氏家贫,无以资给,汪乃庐于园中,布衣蔬食,然薪写书,写毕,诵读亦遍,遂博学多通,善谈名理。

弱冠,至京师,属苏峻作难,王师败绩,汪乃遁逃西归。庾亮、温峤屯兵寻阳,时行李断绝,莫知峻之虚实,咸恐贼强,未敢轻进。及汪至,峤等访之,汪曰:"贼政令不一,贪暴纵横,灭亡已兆,虽强易弱。朝廷有倒悬之急,宜时进讨。"峤深纳之。是日,护军、平南二府礼命交至,始解褐,参护军事。贼平,赐爵都乡侯。复为庾亮平西参军,从讨郭默,进爵亭侯。辟司空郗鉴掾,除宛陵令。复参亮征西军事,转州别驾。汪为亮佐吏十有余年,甚相钦待。转鹰扬将军、安远护军、武陵内史,征拜中书侍郎。

时庾翼将悉郢汉之众以事中原,军次安陆,寻转屯襄阳。汪上疏曰:

臣伏思安西将军翼今至襄阳,仓卒攻讨,凡百草创,安陆之调,不复为襄阳之用。而玄冬之月,沔汉干涸,皆当鱼贯而行,排推而进。设一处有急,势不相救。臣所至虑一也。又既至之后,桓宣当出。宣往,实剪豺狼之林,招携贰之众,待之以至宽,御之以无法。田畴垦辟,生产始立,而当移之,必有嗷然,悔吝难测。臣所至虑二也。襄阳顿益数万口,奉师之费,皆当出于江南。运漕之难，船人之力，不可不熟计。臣之所至虑三也。且申伯之尊，而与边将并驱。又东军不进，殊为孤悬。兵书云："知彼知此，百战不殆。知彼不知此，一胜一负。"贼诚衰弊，然得臣犹在；我虽方隆，今实未暇。而连兵不解，患难将起。臣所至虑四也。

翼岂不知兵家所患常在于此，顾以门户事任，忧责莫大，晏然终年，非心情所安，是以抗表辄行，毕命原野。以翼宏规经略，文武用命，忽遇衅会，大事便济。然国家之虑，常以万全，非至安至审，王者不举。臣谓宜严诏谕翼，还镇养锐，以为后图。若少合圣听，乞密出臣表，与车骑臣冰等详共集议。

寻而骠骑将军何充辅政，请为长史。桓温代翼为荆州，复以汪为安西长史。温西征蜀，委以留府。蜀平，进爵武兴县侯。而温频请为长史、江州刺史，皆不就。自请还京，求为东阳太守。温甚恨焉。在郡大兴学校，甚有惠政。顷之，召入，频迁中领军、本州大中正。时简文帝作相，甚相亲昵，除都督徐兖青冀四州扬州之晋陵诸军事、安北将军、徐兖二州刺史、假节。

既而桓温北伐，令汪率文武出梁国，以失期，免为庶人。朝廷惮温不敢执，谈者为之叹恨。汪屏居吴郡，从容讲肄，不言枉直。后至姑孰，见温。温时方起屈滞以倾朝廷，谓汪远来诣己，倾身引望，谓袁宏曰："范公来，可作太常邪？"汪既至，才坐，温谢其远来意。汪实来造温，恐以趋时致损，乃曰："亡儿瘗此，故来视之。"温殊失望而止。时年六十五，卒于家。赠散骑常侍，谥曰穆。长子康嗣，早卒。康弟宁，最知名。

宁，字武子。少笃学，多所通览。简文帝为相，将辟之，为桓温所讽，遂寝不行。故终温之世，兄弟无在列位者。

时以浮虚相扇，儒雅日替，宁以为其源始于王弼、何晏，二人之罪深于桀纣，乃著论曰：

或曰："黄、唐缅邈，至道沦翳，濠、濮辍咏，风流靡托，争夺兆于仁义，是非成于儒墨。平叔神怀超绝，辅嗣妙思通微，振千载之颓纲,落周、孔之尘网。斯盖轩冕之龙门,濠梁之宗匠。尝闻夫子之论,以为罪过桀纣,何哉?"

答曰:"子信有圣人之言乎?夫圣人者,德侔二仪,道冠三才,虽帝皇殊号,质文异制,而统天成务,旷代齐趣。王、何蔑弃典文,不遵礼度,游辞浮说,波荡后生,饰华言以翳实,骋繁文以惑世。缙绅之徒,翻然改辙,洙泗之风,缅焉将坠。遂令仁义幽沦,儒雅蒙尘,礼坏乐崩,中原倾覆。古之所谓言伪而辩,行僻而坚者,其斯人之徒欤!昔夫子斩少正于鲁,太公戮华士于齐,岂非旷世而同诛乎!桀纣暴虐,正足以灭身覆国,为后世鉴戒耳,岂能回百姓之视听哉!王、何叨海内之浮誉,资膏粱之傲诞,画螭魅以为巧,扇无检以为俗。郑声之乱乐,利口之倾邦,信矣哉!吾固以为一世之祸轻,历代之罪重,自丧之衅小,迷众之愆大也。"

宁崇儒仰俗,率皆如此。

温羡之后,始解褐为余杭令,在县兴学校,养生徒,洁己修礼,志行之士莫不宗之。期年之后,风化大行。自中兴已来,崇学敦教,未有如宁者也。在职六年,迁临淮太守,封阳遂乡侯。顷之,征拜中书侍郎。在职多所献替,有益政道。时更营新庙,博求辟雍、明堂之制,宁据经传奏上,皆有典证。孝武帝雅好文学,甚被亲爱,朝廷疑议,辄咨访之。宁指斥朝士,直言无讳。

王国宝,宁之甥也,以谄媚事会稽王道子,惧为宁所不容,乃相驱扇,因被疏隔。求补豫章太守,帝曰:"豫章不宜太守,何急以身试死邪?"宁不信卜占,固请行。临发,上疏曰:"臣闻道尚虚简,政贵平静,坦公亮于幽显,流子爱于百姓,然后可以经夷险而不忧,乘休否而常夷。先王所以致太平,如此而已。今四境晏如,烽燧不举,而仓庾虚耗,帑藏空匮。古者使人,岁不过三日,今之劳扰,殆无三日休停,至有残刑剪发,要求复除,生儿不复举养,鳏寡不敢妻娶。岂不怨结人鬼,感伤和气。臣恐社稷之忧,积薪不足以为喻。臣久欲粗启所怀,日复一日。今当永离左右,不欲令心有余恨。请出臣启事,

付外详择。"帝诏公卿牧守普议得失,宁又陈时政曰:

古者分土割境,以益百姓之心;圣王作制,籍无黄白之别。昔中原丧乱,流寓江左,庶有旋反之期,故许其挟注本郡。自尔渐久,人安其业,丘垄坟柏,皆已成行,虽无本邦之名,而有安土之实。今宜正其封疆,以土断人户,明考课之科,修闾伍之法。难者必曰:"人各有桑梓,俗自有南北。一朝属户,长为人隶,君子则有土风之慨,小人则怀下役之虑。"斯诚并兼者之所执,而非通理者之笃论也。古者失地之君,犹臣所寓之主,列国之臣,亦有违适之礼。随会仕秦,致称《春秋》;乐毅宦燕,见褒良史。且今普天之人,原其氏出,皆随世迁移,何至于今而独不可?

凡荒郡之人,星居东西,远者千余,近者数百,而举召役调,皆相资须,期会差违,辄致严坐,人不堪命,叛为盗贼。是以山湖日积,刑狱愈滋。今荒小郡县,皆宜并合,不满五千户,不得为郡,不满千户,不得为县。守宰之任,宜得清平之人。顷者选举,惟以恤贫为先,虽制有六年,而富足便退。又郡守长吏,牵置无常,或兼台职,或带府官。夫府以统州,州以监郡,郡以莅县,如令互相领帖,则是下官反为上司,赋调役使无复节限。且牵曳百姓,营起廨舍,东西流迁,人人易处,文书簿籍,少有存者。先之室宇,皆为私家,后来新官,复应修立。其为弊也,胡可胜言!

又方镇去官,皆割精兵器仗以为送故,米布之属不可称计。监司相容,初无弹纠。其中或有清白,亦复不见甄异。送兵多者至有千余家,少者数十户。既力入私门,复资官廪布。兵役既竭,枉服良人,牵引无端,以相充补。若是功勋之臣,则已享裂土之祚,岂应封外复置吏兵乎!谓送故之格宜为节制,以三年为断。夫人性无涯,奢俭由势。今并兼之士亦多不赡,非力不足以厚身,非禄不足以富家,是得之有由,而用之无节。蒲酒永日,驰骛卒年,一宴之馔,费过十金,丽服之美,不可赀算,盛狗马之饰,营郑、卫之音,南亩废而不垦,讲诵阙而无闻,凡庸竞驰,傲诞成俗。谓宜验其乡党,考其业尚,试其能否,然后升进。如此,匪惟家给人足,贤人岂不继踵而至哉!

官制谪兵,不相袭代。顷者小事,便以补役,一愆之违,辱及累世,亲戚傍支,罹其祸毒,户口减耗,亦由于此。皆宜料遣,以全国信。礼,十九为长殇,以其未成人也。十五为中殇,以为尚童幼也。今以十六为全丁,则备成人之役矣。以十三为半丁,所任非复童幼之事矣。岂可伤天理,违经典,困苦万姓,乃至此乎!今宜修礼文,以二十为全丁,十六至十九为半丁,则人无夭折,生长滋繁矣。

帝善之。

初,宁之出,非帝本意,故所启多合旨。宁在郡又大设庠序,遣人往交州采磐石,以供学用,改革旧制,不拘常宪。远近至者千余人,资给众费,一出私禄。并取郡四姓子弟,皆充学生,课读《五经》。又起学台,功用弥广。江州刺史王凝之上言曰:“豫章郡居此州之半。太守臣宁入参机省,出宰名郡,而肆其奢浊,所为狼籍。郡城先有六门,宁悉改作重楼,复更开二门,合前为八。私立下舍七所。臣伏寻宗庙之设,各有品秩,而宁自置家庙。又下十五县,皆使左宗庙,右社稷,准之太庙,皆资人力,又夺人居宅,工夫万计。宁若以古制宜崇,自当列上,而敢专辄,惟在任心。州既闻知,即符从事,制不复听。而宁严威属县,惟令速立。愿出臣表下太常,议之礼典。”诏曰:“汉宣云:‘可与共治天下者,良二千石也。’若范宁果如凝之所表者,岂可复宰郡乎!”以此抵罪。子泰时为天门太守,弃官称诉。帝以宁所务惟学,事久不判。会赦,免。

初,宁尝患目痛,就中书侍郎张湛求方,湛因嘲之曰:“古方,宋阳里子少得其术,以授鲁东门伯,鲁东门伯以授左丘明,遂世世相传。及汉杜子夏郑康成、魏高堂隆、晋左太冲,凡此诸贤,并有目疾,得此方云:用损读书一,减思虑二,专内视三,简外观四,旦晚起五,夜早眠六。凡六物熬以神火,下以气筛,蕴于胸中七日,然后纳诸方寸。修之一时,近能数其目睫,远视尺捶之余。长服不已,洞见墙壁之外。非但明目,乃亦延年。"既免官,家于丹杨,犹勤经学,终年不辍。年六十三,卒于家。

初,宁以《春秋·谷梁氏》未有善释,遂沉思积年,为之集解。其义精审,为世所重。既而徐邈复为之注,世亦称之。

子泰,元熙中,为护军将军。

坚,字子常。博学善属文。永嘉中,避乱江东,拜佐著作郎、抚军参军。讨苏峻,赐爵都亭侯。累迁尚书左丞。

时廷尉奏殿中帐吏邵广盗官幔三张,合布三十匹,有司正刑弃市。广二子,宗年十三,云年十一,黄幡挝登闻鼓乞恩,辞求自没为奚官奴,以赎父命。尚书郎朱映议以为天下之人父,无子者少,一事遂行,便成永制,惧死罪之刑,于此而弛。坚亦同映议。时议者以广为钳徒,二儿没入,既足以惩,又使百姓知父子之道,圣朝有垂恩之仁。可特听减广死罪为五岁刑,宗等付奚官为奴,而不为永制。坚驳之曰:"自淳朴浇散,刑辟仍作,刑之所以止刑,杀之所以止杀。虽时有赦过宥罪,议狱缓死,未有行小不忍而轻易典刑者也。且既许宗等,宥广以死,若复有宗比而不求赎父者,岂得不摈绝人伦,同之禽兽邪!案主者今奏云,惟特听宗等而不为永制。臣以为王者之作,动关盛衰,謦笑之间,尚慎所加,况于国典,可以徒亏!今之所以宥广,正以宗等耳。人之爱父,谁不如宗?今既居然许宗之请,将来诉者,何独匪民!特听之意,未见其益;不以为例,交兴怨讟。此为施一恩于今,而开万怨于后也。"成帝从之,正广死刑。后迁护军长史,卒官。

子启,字荣期。虽经学不及坚,而以才义显于当世。于时清谈之士庾和、韩伯、袁宏等,并相知友。为秘书郎,累居显职,终于黄门侍郎。父子并有文笔传于世。

刘惔,字真长,沛国相人也。祖宏,字终嘏,光禄勋。宏兄粹,字纯嘏,侍中。宏弟潢,字冲嘏,吏部尚书。并有名中朝。时人语曰:

"洛中雅雅有三骏。"父耽，晋陵太守，亦知名。

恢少清远，有标奇，与母任氏寓居京口，家贫，织芒屩以为养，虽筚门陋巷，晏如也。人未之识，惟王导深器之。后稍知名，论者比之袁羊。恢喜，还告其母。其母，聪明妇人也，谓之曰："此非汝比，勿受之。"又有方之范汪者。恢复喜，母又不听。及恢年德转升，论者遂比之荀粲。尚明帝女庐陵公主。以恢雅善言理，简文帝初作相，与王濛并为谈客，俱蒙上宾礼。时孙盛作《易象妙于见形论》，帝使殷浩难之，不能屈。帝曰："使真长来，故应有以制之。"乃命迎恢。盛素敬服恢，及至，便与抗答，辞甚简至，盛理遂屈。一坐抚掌大笑，咸称美之。

累迁丹杨尹。为政清整，门无杂宾。时百姓颇有讼官长者，诸郡往往有相举正，恢叹曰："夫居下讪上，此弊道也。古之善政，司契而已，岂不以其敦本正源，镇静流末乎！君虽不君，下安可以失礼。若此风不革，百姓将往而不反。"遂寝而不问。

性简贵，与王羲之雅相友善。郄愔有倔奴善知文章，羲之爱之，每称奴于恢。恢曰："何如方回邪？"羲之曰："小人耳，何比郄公！"恢曰："若不如方回，故常奴耳。"桓温尝问恢："会稽王谈更进邪？"恢曰："极进，然故第三流耳。"温曰："第一复谁？"恢曰："故在我辈。"其高自标置如此。

恢每奇温才，而知其有不臣之迹。及温为荆州，恢言于帝曰："温不可使居形胜地，其位号常宜抑之。"劝帝自镇上流，而己为军司，帝不纳。又请自行，复不听。及温伐蜀，时咸谓未易可制，惟恢以为必克。或问其故。云："以蒱博验之，其不必得，则不为也。恐温终专制朝廷。"及后竟如其言。尝荐吴郡张凭，凭卒为美士，众以此服其知人。

尤好《老》、《庄》，任自然趣。疾笃，百姓欲为之祈祷，家人又请祭神，恢曰："丘之祷久矣。"年三十六，卒官。孙绰为之诔云："居官无官官之事，处事无事事之心。"时人以为名言。后绰尝诣褚裒，言及恢，流涕曰："可谓人之云亡，邦国殄瘁。"裒大怒曰："真长生平何尝相比数,而卿今日作此面向人邪!"其为名流所敬重如此。

张凭,字长宗。祖镇,苍梧太守。凭年数岁,镇谓其父曰:"我不如汝有佳儿。"凭曰:"阿翁讵以子戏父邪!"及长,有志气,为乡闾所称。举孝廉,负其才,自谓必参时彦。初,欲诣悰,乡里及同举者共笑之。既至,悰处之下坐,神意不接,凭欲自发而无端。会王濛就悰清言,有所不通,凭于末坐判之,言旨深远,足畅彼我之怀,一坐皆惊。悰延之上坐,清言弥日,留宿至旦遣之。凭既还船,须臾,悰遣传教觅张孝廉船,便召与同载,遂言之于简文帝。帝召与语,叹曰:"张凭勃窣为理窟。"官至吏部郎、御史中丞。

韩伯,字康伯,颍川长社人也。母殷氏,高明有行。家贫窭,伯年数岁,至大寒,母方为作襦,令伯捉熨斗,而谓之曰:"且著襦,寻当作複裈。"伯曰:"不复须。"母问其故。对曰:"火在斗中,而柄尚热,今既著襦,下亦当暖。"母甚异之。及长,清和有思理,留心文艺。舅殷浩称之曰:"康伯能自标置,居然是出群之器。"颍川庾龢名重一时,少所推服,常称伯及王坦之曰:"思理伦和,我敬韩康伯;志力强正,吾愧王文度。自此以还,吾皆百之矣。"

举秀才,征佐著作郎,并不就。简文帝居藩,引为谈客,自司徒左西属转抚军掾、中书郎、散骑常侍、豫章太守,入为侍中。陈郡周嶷为谢安主簿,居丧废礼,崇尚庄老,脱落名教。伯领中正,不通嶷,议曰:"拜下之敬,犹违众从礼。情理之极,不宜以多比为通。"时人惮焉。识者谓伯可谓澄世所不能澄,而裁世所不能裁者矣,与夫容己顺众者,岂得同时而共称哉!

王坦之又尝著《公谦论》,袁宏作论难之。伯览而美其辞旨,以为是非既辩,谁与正之,逐作《辩谦》以折中曰:

夫寻理辩疑,必先定其名分所存。所存既明,则彼我之趣可得而详也。夫谦之为义,存乎降己者也。以高从卑,以贤同鄙,故谦名生焉。孤寡不谷,人之所恶,而侯王以自称,降其贵者也。执御执射，众之所贱，而君子以自目，降其贤者也。与夫山在地中之象，其致岂殊哉！舍此二者，而更求其义，虽南辕求宜，终莫近也。

　　夫有所贵，故有降焉；夫有所美，故有谦焉。譬影响之与形声，相与而立。道足者，忘贵贱而一贤愚；体公者，乘理当而均彼我。降挹之义，于何而生！则谦之为美，固不可以语至足之道，涉乎大方之家矣。然君子之行己，必尚于至当，而必造乎匿善。至理在乎无私，而动之于降己者何？诚由未能一观于能鄙，则贵贱之情立；非忘怀于彼我，则私己之累存。当其所贵在我则矜，值其所贤能之则伐。处贵非矜，而矜己者当有其贵；言善非伐，而伐善者骤称其能。是以知矜贵之伤德者，故宅心于卑素；悟骤称之亏理者，故情存于不言。情存于不言，则善斯匿矣；宅心于卑素，则贵斯降矣。夫所况君子之流，苟理有未尽，情有未夷，存我之理未冥于内，岂不同心于降挹洗之所滞哉！体有而拟无者，圣人之德；有累而存理者，君子之情。虽所滞不同，其于遣之缘有弊而用，降之道由私我而存，一也。故惩忿窒欲，著于《损》象；卑以自牧，实系《谦》爻。皆所以存其所不足，拂其所有余者也。

　　王生之谈，以至理无谦，近得之矣。云人有争心，善不可收，假后物之迹，以逃动者之患，以语圣贤则可，施之于下斯者，岂惟逃患于外，亦所以洗心于内也。

转丹杨尹、吏部尚书、领军将军。既疾病，占候者云："不宜此官。"朝廷改授太常，未拜，卒，时年四十九。即赠太常。子玲，官至衡阳太守。

　　史臣曰：王湛门资台铉，地处膏腴，识表邻机，才惟王佐。叶宣尼之远契，玩道韦编；遵伯阳之幽旨，含虚牝谷。所谓天质不雕，合于大朴者也。安期英姿挺秀，籍甚一时。朝野挹其风流，人伦推其表烛。虽崇勋懋绩有阙于旂常，素德清规足传于汗简矣。怀祖鉴局夷远，冲衿玉粹。坦之墙宇凝旷，逸操金贞。腾讽庾之良笺，情嗤语怪；演《废庄》之宏论，道焕崇儒。或寄重文昌，允厘于衮职；或任华纶阁，密勿于王言。咸能克著徽音，保其荣秩，美矣！国宝检行无闻，坐升彼相，混暗识于心镜，开险路于情田。于时疆场多虞，宪章罕备，天子居缀旒之运，人臣微覆馀之忧。于是窃势拥权，黩明王之彝典；穷奢纵侈，假凶竖之余威。绣桷雕楹，陵跨于宸极；骊台冶质，充牣于帷房。亦犹犬彘腴肥，不知祸之将及。告尽私室，固其宜哉！荀景猷履孝居忠，无惭往烈。范玄平陈谋献策，有会时机。崧则思业该通，缉遗经于已紊。汪则风飙直亮，抗高节于将颠。扬榷而言，俱为雅士。刘、韩俊爽，标置轶群，胜气笼霄，飞谈卷雾，并兰芬菊耀，无绝于终古矣。

赞曰：处冲纯懿，是称奇器。养素虚庭，同尘下位。雅道虽屈，高风不坠。猗欤后胤，世传清德。帝室驰芬，士林扬则。国宝庸暗，托意骄奢。既丰其屋，终蔀其家。荀、范令望，金声远畅。刘、韩秀士，珠谈间起。异术同华，葳蕤青史。

晋书卷七六
列传第四六

王舒 _{子允}　王廙 _{弟彬 彬子彪之}
王棱　虞潭 _{孙啸父 兄子骎}　顾众
张闿

　　王舒，字处明，丞相导之从弟也。父会，侍御史。舒少为从兄敦
所知，以天下多故，不营当时名，恒处私门，潜心学植。年四十余，州
礼命，太傅辟，皆不就。及敦为青州，舒往依焉。时敦被征为秘书监，
以寇难路险，轻骑归洛阳，委弃公主。时辎重金宝甚多，亲宾无不竞
取，惟舒一无所眄，益为敦所赏。

　　及元帝镇建康，因与诸父兄弟俱渡江委质焉。参镇东军事，出
补溧阳令。明帝之为东中郎将，妙选上佐，以舒为司马。转后将军、
宣城公裒咨议参军，迁军司，固辞不受。裒镇广陵，复以舒为车骑
司马。频领望府，咸称明练。裒薨，遂代裒镇，除北中郎将、监青徐
二州军事。顷之，征国子博士，加散骑常侍，未拜，转少府。太宁初，
徙廷尉。敦表舒为鹰扬将军、荆州刺史、领护南蛮校尉、监荆州沔南
诸军事。及敦败，王含父子俱奔舒，舒遣军逆之，并沉于江。进都督
荆州、平西将军、假节。寻以陶侃代舒，转舒为安南将军、广州刺史。
舒疾病，不乐越岭，朝议亦以其有功，不应远出，乃徙为湘州刺史，
将军、都督、持节如故。征代邓攸为尚书仆射。

　　时将征苏峻，司徒王导欲出舒为外援，乃授抚军将军、会稽内

史，秩中二千石。舒上疏辞以父名，朝议以字同音异，于礼无嫌。舒复陈音虽异而字同，求换他郡。于是改会字为"郐"。舒不得已而行。在郡二年而苏峻作逆，乃假舒节都督，行扬州刺史事。时吴国内史庾冰弃郡奔舒，舒移告属郡，以吴王师虞骙为军司，御史中丞谢藻行龙骧将军、监前锋征讨军事，率众一万，与庾冰俱渡浙江。前义兴太守顾众、护军参军顾飏等，皆起义军以应舒。舒假众扬威将军、督护吴中军事，飏监晋陵军事，于御亭筑垒。峻闻舒等兵起，乃赦庾亮诸弟，以悦东军。舒率众次郡之西江，为冰、藻后继。冰、飏等遣前锋进据无锡，遇贼将张健等数千人，交战，大败，奔还御亭，复自相惊扰，冰、飏等并退于钱唐，藻守嘉兴。贼遂入吴，烧府舍，掠诸县，所在涂地。舒以轻进奔败，斩二军主者，免冰、飏督护，以白衣行事。更以顾众督护吴晋陵军，屯兵章埭。吴兴太守虞潭率所领讨健，屯乌苞亭，并不敢进。时暴雨大水，贼管商乘船旁出，袭潭及众。潭等奔败。潭还保吴兴，众退守钱唐。舒更遣将军陈孺率精锐千人增戍海浦，所在筑垒。或劝舒宜还都，使谢藻守西陵，扶海立栅。舒不听，留藻守钱唐，使众、飏守紫壁。于是贼转攻吴兴，潭诸军复退。贼复掠东迁、余杭、武康诸县。舒遣子允之行扬烈将军，与将军徐逊、陈孺及扬烈司马朱焘，以精锐三千，轻邀贼于武康，出其不意，遂破之，斩首数百级，贼悉委舟步走。允之收其器械，进兵助潭。时贼韩晃既破宣城，转入故郐、长城。允之遣朱焘、何准等击之，战于于湖。潭以强弩射之，晃等退走，斩首千余级，纳降二千人。潭由是得保郡。是时临海、新安诸山县并反应贼，舒分兵悉讨平之。会陶侃等至京都，舒、潭等并以屡战失利，移书盟府，自贬去节。侃遣使敦喻，不听。及侃立行台，上舒临浙江东五郡军事，允之督护吴郡、义兴、晋陵三郡征讨军事。既而晃等南走，允之追蹑于长塘湖，复大破之。贼平，以功封彭泽县侯，寻卒官，赠车骑大将军、仪同三司，谥曰穆。

　　长子晏之，苏峻时为护军参军，被害。晏之子崐之嗣。卒，子陋之嗣。宋受禅，国除。晏之弟允之最知名。

　　允之，字深猷。总角，从伯敦谓为似己，恒以自随，出则同舆，入则共寝。敦尝夜饮,允之辞醉先卧。敦与钱凤谋为逆,允之已醒,悉闻其言,虑敦或疑己,便于卧处大吐,衣面并污。凤既出,敦果照视,见允之卧吐中,以为大醉,不复疑之。时父舒始拜廷尉,允之求还定省,敦许之。至都,以敦、凤谋议事白舒,舒即与导俱启明帝。

舒为荆州,允之随在西府。及敦平,帝欲令允之仕,舒请曰:"臣子尚少,不乐早官。"帝许随舒之会稽。及苏峻反,允之讨贼有功,封番禺县侯,邑千六百户,除建武将军、钱唐令,领司盐都尉。舒卒,去职。既葬,除义兴太守,以忧哀不拜。从伯导与其书曰:"太保、安丰侯以孝闻天下,不得辞司隶;和长舆海内名士,不免作中书令。吾群从死亡略尽,子弟零落,遇汝如亲,如其不尔,吾复何言!"允之固不肯就。咸和末,除宣城内史、监扬州江西四郡事、建武将军,镇于湖。咸康中,进号西中郎将、假节。寻迁南中郎将、江州刺史。莅政甚有威惠。时王恬服阕,除豫章郡。允之闻之惊愕,以为恬丞相子,应被优遇,不可出为远郡,乃求自解州,欲与庾冰言之。冰闻甚愧,即以恬为吴郡,而以允之为卫将军、会稽内史。未到,卒,年四十。谥曰忠。

子晞之嗣。卒,子肇之嗣。

王廙,世将,丞相导从弟,而元帝姨弟也。父正,尚书郎。廙少能属文,多所通涉,工书画,善音乐、射御、博弈、杂伎。辟太傅掾,转参军。豫迎大驾,封武陵县侯,拜尚书郎,出为濮阳太守。元帝作镇江左,廙弃郡过江。帝见之大悦,以为司马。频守庐江、鄱阳二郡。豫讨周馥、杜弢,以功累增封邑,除冠军将军,镇石头,领丞相军咨祭酒。王敦启为宁远将军、荆州刺史。

及帝即位,廙奏《中兴赋》,上疏曰:

臣托备肺腑,幼蒙洪润,爰自龆龀,至于弱冠,陛下之所抚育,恩侔于兄弟,义同于交友,思欲攀龙鳞附凤翼者,有年矣。是以昔忝濮阳,弃官远迹,扶持老母,携将细弱,越长江归陛下者,诚以道之所存,愿托余荫故也。天诱其愿,遇陛下中兴。当大明之盛，而守局退外，不得奉瞻大礼，闻问之日，悲喜交集。昔司马相如不得睹封禅之事，慷慨发愤，况臣情则骨肉，服膺圣化哉！

又臣昔尝侍坐于先后，说陛下诞育之日，光明映室，白毫生于额之左，相者谓当王有四海。又臣以壬申岁见用为鄱阳内史，七月，四星聚于牵牛。又臣郡有枯樟更生。及臣后还京都，陛下见臣白兔，命臣作赋。时琅邪郡又献甘露，陛下命臣尝之。又骠骑将军导向臣说晋陵有金铎之瑞，郭璞云必致中兴。璞之爻筮，虽京房、管辂不过也。明天之历数在陛下矣。

臣少好文学，志在史籍，而飘放退外，尝与桀寇为对。臣犬马之年四十三矣，未能上报天施，而詈负屡彰。恐先朝露，填沟壑，令微情不得上达，谨竭其顽，献《中兴赋》一篇。虽未足以宣扬盛美，亦是诗人嗟叹咏歌之义也。

文多不载。

初，王敦左迁陶侃，使廙代为荆州。将吏马俊、郑攀等上书请留侃，敦不许。廙为俊等所袭，奔于江安。贼杜曾与俊、攀北迎第五猗以距廙。廙督诸军讨曾，又为曾所败。敦命湘州刺史甘卓、豫章太守周广等助廙击曾，曾众溃，廙得到州。廙性俊率，尝从南下，且自寻阳，迅风飞帆，暮至都，倚舫楼长啸，神气甚逸。王导谓庾亮曰："世将为伤时识事。"亮曰："正足舒其逸气耳。"廙在州大诛戮侃时将佐，及征士皇甫方回。于是大失荆土之望，人情乖阻。帝乃征廙为辅国将军，加散骑常侍。以母丧去职。服阕，拜征虏将军，进左卫将军。

及王敦构祸，帝遣廙喻敦，既不能谏其悖逆，乃为敦所留，受任助乱。敦得志，以廙为平南将军、领护南蛮校尉、荆州刺史。寻病卒。帝犹以亲故，深痛愍之。丧还京都，皇太子亲临拜柩，如家人之礼。赠侍中、骠骑将军，谥曰康。明帝与大将军温峤书曰："痛谢鲲未绝于口，世将复至于此。并盛年俊才，不遂其志，痛切于心。廙明古多通，鲲远有识致。其言虽未足令人改听，然味之不倦，近未易有也。

坐相视尽,如何!"

子颐之嗣,仕至东海内史。颐之弟胡之,字修龄。弱冠有声誉,历郡守、侍中、丹杨尹。素有风眩疾,发动甚数,而神明不损。石季龙死,朝廷欲绥辑河洛,以胡之为西中郎将、司州刺史、假节,以疾固辞,未行而卒。子茂之亦有美誉,官至晋陵太守。子敬弘,义熙末为尚书。

彬,字世儒。少称雅正,弱冠,不就州郡之命。光禄大夫傅祗辟为掾。后与兄廙俱渡江,为扬州刺史刘机建武长史。元帝引为镇东贼曹参军,转典兵参军。豫讨华轶功,封都亭侯。愍帝召为尚书郎,以道险不就。迁建安太守,徙义兴内史,未之职,转军咨祭酒。

中兴建,稍迁侍中。从兄敦举兵入石头,帝使彬劳之。会周颐遇害,彬素与颐善,先往哭颐,甚恸。既而见敦,敦怪其有惨容,而问其所以。彬曰:"向哭伯仁,情未能已。"敦怒曰:"伯仁自致刑戮,且凡人遇汝,复何为者哉!"彬曰:"伯仁长者,君之亲友,在朝虽无謇谔,亦非阿党,而赦后加以极刑,所以伤惋也。"因勃然数敦曰:"兄抗旌犯顺,杀戮忠良,谋图不轨,祸及门户。"音辞慷慨,声泪俱下。敦大怒,厉声曰:"尔狂悖乃可至此,为吾不能杀汝邪!"时王导在坐,为之惧,劝彬起谢。彬曰:"有脚疾已来,见天子尚欲不拜,何跪之有!此复何所谢!"敦曰:"脚痛孰若颈痛?"彬意气自若,殊无惧容。后敦议举兵向京师,彬谏甚苦。敦变色目左右,将收彬,彬正色曰:"君昔岁害兄,今又杀弟邪?"先是,彬从兄豫章太守棱为敦所害,敦以彬亲故容忍之。俄而以彬为豫章太守。彬为人朴素方直,乏风味之好,虽居显贵,常布衣蔬食。迁前将军、江州刺史。

及敦死,王含欲投王舒,王应劝含投彬。含曰:"大将军平素与江州云何,汝欲归之?"应曰:"此乃所以宜往也。江州当人强盛时,能立同异,此非常人所及。睹衰厄,必兴愍恻。荆州守文,岂能意外行事。含不从,遂共投舒,舒果沉含父子于江。彬闻应来,密具船以待之。既不至,深以为恨。

敦平,有司奏彬及兄子安成太守籍之,并是敦亲,皆除名。诏曰:"司徒导以大义灭亲,其后昆虽或有违,犹将百世宥之,况彬等公之近亲。"乃原之。征拜光禄勋,转度支尚书。

苏峻平后,改筑新宫,彬为大匠。以营创勋劳,赐爵关内侯,迁尚书右仆射。卒官,年五十九。赠特进、卫将军,加散骑常侍,谥曰肃。长子彭之嗣,位至黄门郎。次子彪之,最知名。

彪之,字叔武。年二十,须鬓皓白,时人谓之王白须。初除佐著作郎、东海王文学。从伯导谓曰:"选官欲以汝为尚书郎,汝幸可作诸王佐邪!"彪之曰:"位之多少既不足计,自当任之于时。至于超迁,是所不愿。"遂为郎。镇军将军、武陵王晞以为司马,累迁尚书左丞、司徒左长史、御史中丞、侍中、廷尉。

时永嘉太守谢毅,赦后杀郡人周矫,矫从兄球诣州诉冤。扬州刺史殷浩遣从事收毅,付廷尉。彪之以球为狱主,身无王爵,非廷尉所料,不肯受,与州相反覆。穆帝发诏令受之。彪之又上疏执据,时人比之张释之。时当南郊,简文帝为抚军,执政,访彪之应有赦不。答曰:"中兴以来,郊祀往往有赦,愚意尝谓非宜。何者?黎庶不达其意,将谓郊祀必赦,至此时,凶愚之辈复生心于侥幸矣。"遂从之。

转吏部尚书。简文有命用秣陵令曲安远补句容令,殿中侍御史奚朗补湘东郡。彪之执不从,曰:"秣陵令三品县耳,殿下昔用安远,谈者纷然。句容近畿,三品佳邑,岂可处卜术之人无才用者邪!湘东虽复远小,所用未有朗比,谈者谓颇兼卜术得进。殿下若超用寒悴,当令人才可拔。朗等凡器,实未足充此选。"

太尉桓温欲北伐,屡诏不许。温辄下武昌,人情震惧。或劝殷浩引身告退,彪之言于简文曰:"此非保社稷为殿下计,皆自为计耳。若殷浩去职,人情崩骇,天子独坐。既尔,当有任其责者,非殿下而谁!"又谓浩曰:"彼抗表问罪,卿为其首。事任如此,猜衅已构,欲作匹夫,岂有全地邪?且当静以待之。令相王与手书,示以款诚,陈以成败,当必旋旆。若不顺命,即遣中诏。如复不奉,乃当以正义相裁。无故匆匆,先自猖蹶。"浩曰:"决大事正自难,顷日来欲使人闷,闻卿此谋,意始得了。"温亦奉帝旨,果不进。

时众官渐多,而迁徙每速,彪之上议曰:

为政之道,以得贤为急,非谓雍容廊庙,标的而已,固将苟任赞时,职思其忧也。得贤之道,在于苟任;苟任之道,在于能久;久于其道,天下化成。是以三载考绩,三考黜陟,不收一切之功,不采速成之誉。故勋格辰极,道融四海,风流遐邈,声冠百代。凡庸之族众,贤能之才寡,才寡于世而官多于朝,焉得不贤鄙共贯,清浊同官!官众则缺多,缺多则迁速,前后去来,更相代补,非为故然,理固然耳。所以职事未修,朝风未澄者也。职事之修,在于省官;朝风之澄,在于并职。官省则选清而得久,职并则吏简而俗静;选清则胜人久于其事,事久则中才犹足有成。

今内外百官,较而计之,固应有并省者矣。六卿之任,太常望雅而职重,然其所司,义高务约。宗正所统盖鲜,可以并太常。宿卫之重,二卫任之,其次骁骑、左军各有所领,无兵军校皆应罢废。四军皆罢,则左军之名不宜独立,宜改游击以对骁骑。内官自侍中以下,旧员皆四,中兴之初,二人而已。二人对直,或有不周,愚谓三人,于事则无阙也。凡余诸官,无综事实者,可令大官随才位所帖而领之。若未能顿废,自可因缺而省之。委之以职分,责之以有成,能否因考绩而著,清浊随黜陟而彰。虽缉熙之隆、康哉之歌未可,使庶官之选差清,苟职之日差久,无奉禄之虚费,简吏寺之烦役矣。

永和末,多疾疫。旧制,朝臣家有时疾,染易三人以上者,身虽无病,百日不得入宫。至是,百官多列家疾,不入。彪之又言:"疾疫之年,家无不染。若以之不复入宫,则直侍顿阙,王者宫省空矣。"朝廷从之。

既而长安人雷弱儿、梁安等诈云杀苻健、苻眉,请兵应接。时殷浩镇寿阳,便进据洛,营复山陵。属彪之疾归,上笺文帝笺,陈弱儿等容有诈伪,浩未应轻进。寻而弱儿果诈,姚襄反叛,浩大败,退守谯城。简文笑谓彪之曰:"果如君言。自顷以来,君谋无遗策,张、陈复何以过之！"

转领军将军，迁尚书仆射，以疾病，不拜。徙太常，领崇德卫尉。时或谓简文曰："武陵第中大修器杖，将谋非常也。"简文以问彪之。彪之曰："武陵王志意尽于驰聘田猎耳。愿深静之，以怀异同者。"或复以此为言，简文甚悦。

复转尚书仆射。时豫州刺史谢弈卒，简文遽使彪之举可以代弈者。对曰："当今时贤，备简高监。"简文曰："人有举桓云者，君谓如何？"彪之曰："云不必非才，然温居上流，割天下之半，其弟复处西藩，兵权尽在一门，亦非深根固蒂之宜也。人才非可豫量，但当令不与殿下作异者耳。"简文颔曰："君言是也。"

后以彪之为镇军将军、会稽内史，加散骑常侍。居郡八年，豪右敛迹，亡户归者三万余口。桓温下镇姑孰，威势震主，四方修敬，皆遣上佐纲纪。彪之独曰："大司马诚为富贵，朝廷既有宰相，动静之宜自当咨禀。修敬若遣纲纪，致贡天子复何以过之！"竟不遣。温以山阴县折布米不时毕，郡不弹纠，上免彪之。彪之去郡，郡见罪谪未上州台者，皆原散之。温复以为罪，乃槛收下吏。会赦，免，左降为尚书。

顷之，复为仆射。是时温将废海西公，百僚震栗，温亦色动，莫知所为。彪之既知温不臣迹已著，理不可夺，乃谓温曰："公阿衡皇家，便当倚傍先代耳。"命取《霍光传》。礼度仪制，定于须臾，曾无惧容。温叹曰："作元凯不当如是邪！"时废立之仪既绝于旷代，朝臣莫有识其故典者。彪之神彩毅然，朝服当阶，文武仪准莫不取定，朝廷以此服之。温又废武陵王遵，以事示彪之。彪之曰："武陵亲尊，未有显罪，不可以猜嫌之间，便相废徙。公建立圣明，退迩归心，当崇奖王室，伊周同美。此大事，宜更深详。"温曰："此已成事，卿勿复言。"

及简文崩，群臣疑惑，未敢立嗣。或云，宜当须大司马处分。彪之正色曰："君崩，太子代立，大司马何容得异！若先面咨，必反为所责矣。"于是朝议乃定。及孝武帝即位，太皇太后令以帝冲幼，加在谅暗,令温依周公居摄故事。事已施行,彪之曰:"此异常大事,大司马必当固让,使万机停滞,稽废山陵,未敢奉令。谨具封还内,请停。"事遂不行。

温遇疾,讽朝廷求九锡。袁宏为文,以示彪之。彪之视讫,叹其文辞之美,谓宏曰:"卿固大才,安可以此示人!"时谢安见其文,又频使宏改之,宏遂逡巡其事。既屡引日,乃谋于彪之。彪之曰:"闻彼病日增,亦当不复支久,自可更小迟回。"宏从之。温亦寻薨。

时桓冲及安夹辅朝政,安以新丧元辅,主上未能亲览万机,太皇太后宜临朝。彪之曰:"先代前朝,主在襁抱,母子一体,故可临朝。太后亦不能决政事,终是顾问仆与君诸人耳。今上年出十岁,垂婚冠,反令从嫂临朝,示人君幼弱,岂是翼戴赞扬立德之谓乎!二君必行此事,岂仆所制,所惜者大体耳。"时安不欲委任桓冲,故使太后临朝决政,献替专在乎己。彪之不达安旨,故以为言。安竟不从。

寻迁尚书令,与安共掌朝政。安每曰:"朝之大事,众不能决者,咨王公无不得判。"以年老,上疏乞骸骨,诏不许。转拜护军将军,加散骑常侍。安欲更营宫室,彪之曰:"中兴初,即位东府,殊为俭陋,元明二帝亦不改制。苏峻之乱,成帝止兰台都坐,殆不蔽寒暑,是以更营修筑。方之汉魏,诚为俭狭,复不至陋,殆合丰约之中,今自可随宜增益修补而已。强寇未殄,正是休兵养士之时,何可大兴功力,劳扰百姓邪!"安曰:"宫室不壮,后世谓人无能。"彪之曰:"任天下事,当保国宁家,朝政惟允,岂以修屋宇为能邪!"安无以夺之。故终彪之之世,不改营焉。

加光禄大夫、仪同三司,未拜。疾笃,帝遣黄门侍郎问所苦,赐钱三十万以营医药。太元二年卒,年七十三。即以光禄为赠,谥曰简。二子:越之,抚军参军;临之,东阳太守。

稜,字文子。彬季父国子祭酒琛之子也。少历清官。渡江,为元帝丞相从事中郎。从兄导以稜有政事,宜守大郡,乃出为豫章太守,加广武将军。稜知从兄敦骄傲自负,有闿上心,日夕谏净,以为宜自抑损,推崇盟主,且群从一门,并相与服事,应务相崇高,以隆勋业。每言苦切。敦不能容,潜使人害之。

弟侃,亦知名,少历显职,位至吴国内史。

虞潭,字思奥,会稽余姚人,吴骑都尉翻之孙也。父忠,仕至宜都太守。吴之亡也,坚壁不降,遂死之。潭清贞有检操,州辟从事、主簿,举秀才,大司马、齐王冏请为祭酒,除祁乡令,徙醴陵令。值张昌作乱,郡县多从之,潭独起兵斩昌别率邓穆等。襄阳太守华恢上潭领建平太守,以疾固辞。遂周旋征讨,以军功赐爵都亭侯。

陈敏反,潭东下讨敏弟赞于江州。广州刺史王矩上潭领庐陵太守。绥抚荒余,咸得其所。又与诸军共平陈恢,乃转南康太守,进爵东乡侯。

寻被元帝檄,使讨江州刺史华轶。潭至庐陵,会轶已平,而湘川贼杜弢犹盛。江州刺史卫展上潭并领安成太守。时甘卓屯宜阳,为弢逼。潭进军救卓,卓上潭领长沙太守,固辞不就。王敦版潭为湘东太守,复以疾辞。弢平后,元帝召补丞相军咨祭酒,转琅邪国中尉。

帝为晋王,除屯骑校尉,徙右卫将军,迁宗正卿,以疾告归。会王含、沈充等攻逼京都,潭遂于本县招合宗人,及郡中大姓,共起义军,众以万数,自假明威将军。乃进赴国难,至上虞。明帝手诏潭为冠军将军,领会稽内史。潭即受命,义众云集。时有野鹰飞集屋梁,众咸惧。潭曰:“起大义,而刚鸷之鸟来集,破贼必矣。”遣长史孔坦领前锋过浙江,追蹑充。潭次于西陵,为坦后继。会充已擒,罢兵。征拜尚书,寻补右卫将军,加散骑常侍。

成帝即位,出为吴兴太守,秩中二千石,加辅国将军。以讨充功,进爵零陵县侯。苏峻反,加潭督三吴、晋陵、宣城、义兴五郡军事。会王师败绩,大驾逼迁,潭势弱,不能独振,乃固守以俟四方之举。会陶侃等下,潭与郗鉴、王舒协同义举。侃等假潭节、监扬州浙江西军事。潭率众与诸军并势，东西掎角。遣督护沈伊距管商于吴县，为商所败，潭自贬还节。

寻而峻平，潭以母老，辄去官还余姚。诏转镇军将军、吴国内史。复徙会稽内史，未发，还复吴郡。以前后功，进爵武昌县侯，邑一千六百户。是时军荒之后，百姓饥馑，死亡涂地，潭乃表出仓米振救之，又修沪渎垒，以防海抄，百姓赖之。

咸康中，进卫将军。潭貌虽和弱，而内坚明，有胆决，虽屡统军旅，而鲜有倾败。以母忧去职。服阕，以侍中、卫将军征。既至，更拜右光禄大夫、开府仪同三司，给亲兵三百人，侍中如故。年七十九，卒于位。追赠左光禄大夫，开府、侍中如故，谥曰孝烈。子仡嗣，官至右将军司马。仡卒，子啸父嗣。

啸父少历显位，后至侍中，为孝武帝所亲爱。尝侍饮宴，帝从容问曰："卿在门下，初不闻有所献替邪？"啸父家近海，谓帝有所求，对曰："天时尚温，鱁鱼虾鲊未可致，寻当有所上献。"帝大笑。因饮大醉，出，拜不能起，帝顾曰："扶虞侍中。"啸父曰："臣位未及扶，醉不及乱，非分之赐，所不敢当。"帝甚悦。

隆安初，为吴国内史。征补尚书，未发，而王廞举兵，版啸父行吴兴太守。啸父即入吴兴应廞。廞败，有司奏啸父与廞同谋，罪应斩。诏以祖潭旧勋，听以疾赎为庶人。四年，复拜尚书。桓玄用事，以为太尉左司马。寻迁护军将军，出为会稽内史。义熙初，去职，卒于家。

骏，字思行，潭之兄子也。虽机干不及于潭，然而素行过之。与谯国桓彝俱为吏部郎，情好甚笃。彝遣温拜骏，骏使子谷拜彝。历吴兴太守、金紫光禄大夫。王导尝谓骏曰："孔愉有公才而无公望，丁潭有公望而无公才，兼之者，其在卿乎！"官未达而丧，时人惜之。子谷，位至吴国内史。

顾众，字长始，吴郡吴人，骠骑将军崇之族弟也。父秘，交州刺史，有文武才干。众出后伯父，早终，事伯母以孝闻。光禄朱诞器之。

州辟主簿，举秀才，除余杭、秣陵令，并不行。元帝为镇东将军，命为参军。以讨华轶功，封东乡侯，辟丞相掾。

秘卒，州人立众兄寿为刺史，寻为州人所害。众往交州迎丧，值杜弢之乱，崎岖六年乃还。秘曾莅吴兴，吴兴义故以众经离寇难，共遗钱二百万，一无所受。

及帝践阼，征拜附马都尉、奉朝请，转尚书郎。大将军王敦请为从事中郎，上补南康太守。会诏除鄱阳太守，加广武将军。众径之鄱阳，不过敦，敦甚怪焉。及敦构逆，令众出军，众迟回不发。敦大怒，以军期召众还，诘之，声色甚厉。众不为动容，敦意渐释。时敦又怒宣城内史陆喈，众又辨明之。敦长史陆玩在坐，代众危惧，出谓众曰："卿真所谓刚亦不吐，柔亦不茹，虽仲山甫何以加之！"敦事捷，欲以众为吴兴内史。众固辞，举吏部郎桓彝，彝亦让众，事并不行。敦镇姑孰，复以众为从事中郎。敦平，除太子中庶子，为义兴太守，加扬威将军。

苏峻反，王师败绩，众还吴，潜图义举。时吴国内史庾冰奔于会稽，峻以蔡谟代之。前陵江将军张哲为峻收兵于吴，众遣人喻哲，哲从之。众乃遣郎中徐机告谟曰："众已潜合家兵，待时而奋，又与张哲克期效节。"谟乃檄众为本国督护，扬威将军仍旧，众从弟护军将军飏为威远将军、前锋督护。吴中人士同时响应。

峻遣将弘徽领甲卒五百，鼓行而前。众与飏、哲要击徽，战于高祚，大破之，收其军实。谟以冰当还任，故便去郡。众遣飏率诸军屯无锡。冰至，镇御亭，恐贼从海虞道入，众自往备之。而贼率张健、马流攻无锡，飏等大败，庾冰亦失守，健等遂据吴城。众自海虞由娄县东仓与贼别率交战，破之，义军又集进屯乌苞。会稽内史王舒、吴兴内史虞潭并檄众为五郡大督护，统诸义军讨健。潭遣将姚休为众前锋，与贼战没。众还守紫壁。

时贼党方锐，义军沮退，人咸劝众过浙江。众曰："不然。今保固紫壁，可得全钱唐以南五县。若越他境，便为寓军，控引无所，非长计也。"临平人范明亦谓众曰："此地险要，可以制寇，不可委也。"

众乃版明为参军。明率宗党五百人，合诸军，凡四千人，复进讨健。健退于曲阿，留钱弘为吴令。军次路丘，即斩弘首。众进住吴城，遣督护朱祈等九军，与兰陵太守李闳共守废亭。健遣马流、陶阳等往攻之。闳与祈等逆击，大破之，斩首二千余级。

峻平，论功，众以承檄奋义，推功于谟，谟以众唱谋，非己之力，俱表相让，论者美之。封鄱阳县伯，除平南军司，不就。更拜丹杨尹、本国大中正，入为侍中，转尚书。咸康末，迁领军将军、扬州大中正，固让未拜。以母忧去职。

穆帝即位，何充执政，复征众为领军，不起。服阕，乃就。是时充与武陵王不平，众会通其间，遂得和释。充崇信佛教，众议其糜费，每以为言。尝与充同载，经佛寺，充要众入门，众不下车。充以众州里宿望，每优遇之。

以年老，上疏乞骸骨，诏书不许。迁尚书仆射。永和二年卒，时年七十三。追赠特进、光禄大夫，谥曰靖。长子昌嗣，为建康令。第三子会，中军咨议参军。时称美士。

张闿，字名绪，丹杨人，吴辅吴将军昭之曾孙也。少孤，有志操。太常薛兼进之于元帝，言闿才干贞固，当今之良器。即引为安东参军，甚加礼遇。转丞相从事中郎，以母忧去职。既葬，帝强起之，闿固辞疾笃。优命敦逼，遂起视事。及帝为晋王，拜给事黄门侍郎，领本郡大中正。以佐翼勋，赐爵丹杨县侯，迁侍中。

帝践阼，出补晋陵内史，在郡甚有威惠。帝下诏曰："夫二千石之任，当勉励其德，绥齐所莅，使宽而不纵，严而不苛，其于勤功督察，便国利人，抑强扶弱，使无杂滥，真太守之任也。若声过其实，古人所不取，攻乎异端，为政之甚害，盖所贵者本也。"闿遵而行之。时所部四县并以旱失田，闿乃立曲阿新丰塘，溉田八百余顷，每岁丰稔。葛洪为其颂。计用二十一万一千四百二十功，以擅兴造免官。后公卿并为之言曰："张闿兴陂溉田，可谓益国，而反被黜，使臣下难复为善。"帝感悟，乃下诏曰："丹杨侯闿昔以劳役部人免官，虽从吏议，犹未掩其忠节之志也。仓廪国之大本，宜得其才。今以闿为大司农。"闿陈黜免始尔，不宜便居九列。疏奏，不许，然后就职。帝晏驾，以闿为大匠卿，营建平陵，事毕，迁尚书。

苏峻之役，闿与王导俱入宫侍卫。峻使闿持节权督东军。王导潜与闿谋，密宣太后诏于三吴，令速起义军。陶侃等至，假闿节，行征虏将军，与振威将军陶回共督丹杨义军。闿到晋陵，使内史刘耽尽以一部谷，并遗吴郡度支运四部谷，以给车骑将军郗鉴。又与吴郡内史蔡谟、前吴兴内史虞潭、会稽内史王舒等招集义兵，以讨峻。峻平，以尚书加散骑常侍，赐爵宜阳伯。迁廷尉，以疾解职，拜金紫光禄大夫。寻卒，时年六十四。子混嗣闿笺表文议传于世。

史臣曰：季孙行父称见有礼于其君者，如孝子之养父母；无礼于其君者，如鹰鹯之逐鸟雀。是以石碏戮厚，叔向诛鲋，前史以为美谭。王敦之恶，不足矜其类。然而朱家容布，为大侠之首；郦寄载吕，兴卖友之讥。亦所以激扬风俗，弘长名教。王彬舣船而厚其所薄，王舒沈江而薄其所厚，较之优劣，断乎可知。思行、彪之厉风规于多僻之日，虞潭、顾众徇贞心于危戚之辰。龙莞为出纳之端，鬻鱼非献替之术，啸父之对，何其鄙欤！

赞曰：处明夙令，声颓暮年。允之骍角，无弃山川。虞称多艺，绸缪哲后。二三其德，亦孔之丑。世儒愤发，怵颛陵敦。彪之不挠，宁浩旋温。顾实南金，虞惟东箭。铣质无改，筠心不变。公望公才，骏为其选。

晋书卷七七
列传第四七

陆晔 <small>晔弟玩 玩子纳</small>　何充　褚翜
蔡谟　诸葛恢　殷浩
顾悦之　蔡裔

　　陆晔，字士光，吴郡吴人也。伯父喜，吴吏部尚书。父英，高平相，员外散骑常侍。晔少有雅望，从兄机每称之曰："我家世不乏公矣。"居丧，以孝闻。同郡顾荣与乡人书曰："士光气息裁属，虑其性命，言之伤心矣。"

　　后察孝廉，除永世、乌江二县令，皆不就。元帝初镇江左，辟为祭酒，寻补振威将军、义兴太守，以疾不拜。预讨华轶功，封平望亭侯，累迁散骑常侍、本郡大中正。太兴元年，迁太子詹事。时帝以侍中皆北士，宜兼用南人，晔以清贞著称，遂拜侍中，徙尚书，领州大中正。

　　明帝即位，转光禄勋，迁太常，代纪瞻为尚书左仆射，领太子少傅，寻加金紫光禄大夫，代卞壶为领军将军。以平钱凤功，进爵江陵伯。帝不豫，晔与王导、卞壶、庾亮、温峤、郗鉴并受顾命，辅皇太子，更入殿将兵直宿。遗诏曰："晔清操忠贞，历职显允，且其兄弟事君如父，忧国如家，岁寒不凋，体自门风。既委以六军，可录尚书事，加散骑常侍。"

　　成帝践阼，拜左光禄大夫、开府仪同三司，给亲兵百人，常侍如故。苏峻之难,晔随帝在石头,举动方正,不以凶威变节。峻以晔吴士之望,不敢加害,使守留台。匡术以苑城归顺,时共推晔督宫城军事。峻平,加卫将军,给千兵百骑,以勋进爵为公,封次子嘏新康子。

咸和中,求归乡里拜坟墓。有司奏,旧制假六十日。侍中颜含、黄门侍郎冯怀驳曰:"晔内蕴至德,清一其心,受托付之重,居台司之位,既蒙诏许归省坟茔,大臣之义本在忘己,岂容有期而反,无期必违。愚谓宜还自还,不须制日。"帝从之,晔因归。以疾卒,时年七十四。追赠侍中、车骑大将军,谥曰穆。子谌,散骑常侍。

玩,字士瑶。器量淹雅,弱冠有美名,贺循每称其清允平当。郡檄纲纪,东海王越辟为掾,皆不就。元帝引为丞相参军。时王导初至江左,思结人情,请婚于玩。玩对曰:"培塿无松柏,熏莸不同器。玩虽不才,义不能为乱伦之始。"导乃止。玩尝诣导食酪,因而得疾。与导笺曰:"仆虽吴人,几为伧鬼。"其轻易权贵如此。

累加奋武将军,征拜侍中,以疾辞。王敦请为长史,逼以军期,不得已,乃从命。敦平,尚书令郗鉴议敦佐吏不能匡正奸恶,宜皆免官禁锢。会温峤上表申理,得不坐。复拜侍中,迁吏部尚书,领会稽王师,让不拜。转尚书左仆射,领本州大中正。

及苏峻反,遣玩与兄晔俱守宫城。玩潜说匡术归顺,以功封兴平伯。转尚书令。又诏曰:"玩体道清纯,雅量弘远,历位内外,风绩显著。宜居台司,以允众望。授左光禄大夫、开府仪同三司,加散骑常侍,余如故。"玩频自表,优诏褒扬。重复自陈曰:"臣实凡短,风操不立,阶缘嘉会,便蕃荣显,遂总括宪台,豫闻政道。竟不能敷融玄风,清一朝序,咎责之来,于臣已重。诚以身许国,义忘曲让。而惓惓所守,终于陈诉者,特以端右机要,事务殷多,臣已盈六十之年,智力有限,疾患深重,体气日弊,朝夕自励,非复所堪。若偃息苟免,职事并废,则莫大之悔,天下将谓臣何!乞陛下披豁圣怀,霈然垂允。"诏不许。玩重表曰:"臣比披诚款,不足上畅天聪,圣恩徘徊,历以体国。臣闻至公之道,上下玄同,用才不负其长,量力不受其短。虽加官重禄无世不有,皆庸勋亲贤,时所须赖,兼统以济世务,非优崇以荣一人。臣受遇三世，恩隆宠厚，岂敢辞职事之劳，求冲让之誉。徒以端右要重，兴替所存，久以无任，妨贤旷职。臣犹自知不可，况天下之人乎！今复外参论道，内统百揆，不堪之名，有如皎日。愿陛下少垂哀矜，使四海知官不可以私于人，人不可以私取官，则天工弘坦，谁不谓允！"犹不许。

寻而王导、郗鉴、庾亮相继而薨，朝野咸以为三良既没，国家殄瘁。以玩有德望，乃迁侍中、司空，给羽林四十人。玩既拜，有人诣之，索杯酒，泻置柱梁之间，咒曰："当今乏材，以尔为柱石，莫倾人梁栋邪！"玩笑曰："戢卿良箴。"既而叹息，谓宾客曰："以我为三公，是天下为无人。"谈者以为知言。

玩虽登公辅，谦让不辟掾属。成帝闻而劝之。玩不得已而从命，所辟皆寒素有行之士。玩翼亮累世，常以弘重为人主所贵，加性通雅，不以名位格物，诱纳后进，谦若布衣，由是缙绅之徒莫不荫其德宇。后疾甚，上表曰："臣婴遭疾疢，沉顿历月，不蒙痊损，而日夕渐笃，自省微绵，无复生望。荷恩不报，孤负已及，仰瞻天覆，伏枕陨涕。臣年向中寿，穷极宠荣，终命归全，将复何恨！惟愿陛下崇明圣德，弘敷洪化，曾构祖宗之基，道济群生之命。臣不胜临命遗恋之情，贪及视息，上表以闻。"薨年六十四。谥曰康，给兵千人，守冢七十家。太元中，功臣普被减削，司空何充等止得六家，以玩有佐命之勋，先陪陵而葬，由是特置兴平伯官属以卫墓。子始嗣，历侍中、尚书。

纳，字祖言。少有清操，贞厉绝俗。初辟镇军大将军、武陵王掾，州举秀才。太原王述雅敬重之，引为建威长史。累迁黄门侍郎、本州别驾、尚书吏部郎，出为吴兴太守。将之郡，先至姑孰辞桓温，因问温曰："公致醉可饮几酒？食肉多少？"温曰："年大来饮三升便醉，白肉不过十胾。卿复云何？"纳曰："素不能饮，止可二升，肉亦不足言。"后伺温闲，谓之曰："外有微礼，方守远郡，欲与公一醉，以展下情。"温欣然纳之。时王坦之、刁彝在坐，及受礼，唯酒一斗，鹿肉一样，坐客愕然。纳徐曰："明公近云饮酒三升，纳止可二升，今有一斗，以备杯酌余沥。”温及宾客并叹其率素，更敕中厨设精馔，酣饮极欢而罢。纳至郡，不受俸禄。顷之，征拜左民尚书，领州大中正。将应召，外白宜装几船？纳曰：“私奴装粮食来，无所复须也。”临发，止有被襆而已，其余并封以还官。迁太常，徙吏部尚书，加奉车都尉、卫将军。谢安尝欲诣纳，而纳殊无供办。其兄子俶不敢问之，乃密为之具。安既至，纳所设唯茶果而已。俶遂陈盛馔，珍羞毕具。客罢，纳大怒曰：“汝不能光益父叔，乃复秽我素业邪！”于是杖之四十。其举措多此类。

后以爱子长生有疾，求解官营视，兄子禽又犯法应刑，乞免官谢罪。诏特许轻降。顷长生小佳，喻还摄职。寻迁尚书仆射，转左仆射，加散骑常侍。俄拜尚书令，常侍如故。恪勤贞固，始终不渝。时会稽王道子以少年专政，委任群小，纳望阙而叹曰：“好家居，纤儿欲撞坏之邪！”朝士咸服其忠亮。寻除左光禄大夫、开府仪同三司，未拜而卒，即以为赠。长生先卒，无子，以弟子道隆嗣，元熙中，为廷尉。

何充，字次道，庐江灊人，魏光禄大夫御名之曾孙也。祖恽，豫州刺史。父叡，安丰太守。充风韵淹雅，文义见称。初辟大将军王敦掾，转主簿。敦兄含时为庐江郡，贪污狼藉，敦尝于座中称曰：“家兄在郡定佳，庐江人士咸称之。”充正色曰：“充即庐江人，所闻异于此。”敦默然。傍人皆为之不安，充晏然自若。由是忤敦，左迁东海王文学。寻属敦败，累迁中书侍郎。

充即王导妻之姊子，充妻，明穆皇后之妹也，故少与导善，早历显官。尝诣导，导以麈尾指床呼充共坐，曰：“此是君坐也。”导缮扬州解舍，顾而言曰：“正为次道耳。”明帝亦友昵之。

成帝即位，迁给事黄门侍郎。苏峻作乱，京都倾覆，导从驾在石头，充东奔义军。其后导奔白石，充亦得还。贼平，封都乡侯，拜散骑常侍，出为东阳太守，仍除建威将军、会稽内史。在郡甚有德政，荐征士虞喜，拔郡人谢奉、魏颙等以为佐吏。后以墓被发去郡。诏征侍中,不拜。改葬毕,除建威将军、丹杨尹。王导、庾亮并言于帝曰:"何充器局方概,有万夫之望,必能总录朝端,为老臣之副。臣死之日,愿引充内侍,则外誉唯缉,社稷无虞矣。"由是加吏部尚书,进号冠军将军,又领会稽王师。及导薨,转护军将军,与中书监庾冰参录尚书事。诏充、冰各以甲杖五十人至止车门。寻迁尚书令,加左将军。充以内外统任,宜相纠正,若使事综一人,于课对为嫌,乃上疏固让。许之。徙中书令,加散骑常侍,领军如故。又领州大中正,以州有先达宿德,固让不拜。

庾冰兄弟以舅氏辅王室,权倖人主,虑易世之后,戚属转疏,将为外物所攻,谋立康帝,即帝母弟也。每说帝以国有强敌,宜须长君,帝从之。充建议曰:"父子相传,先王旧典,忽妄改易,惧非长计。故武王不授圣弟,即其义也。昔汉景亦欲传祚梁王,朝臣咸以为亏乱典制,据而弗听。今琅邪践阼,如孺子何!社稷宗庙,将其危乎!"冰等不从。既而康帝立,帝临轩,冰、充侍坐。帝曰:"朕嗣洪业,二君之力也。"充对曰:"陛下龙飞,臣冰之力也。若如臣议,不睹升平之世。"帝有惭色。

建元初,出为骠骑将军、都督徐州扬州之晋陵诸军事、假节,领徐州刺史,镇京口,以避诸庾。顷之,庾翼将北伐,庾冰出镇江州,充入朝,言于帝曰:"臣冰舅氏之重,宜居宰相,不应远出。"朝议不从。于是征充入为都督扬豫徐州之琅邪诸军事、假节,领扬州刺史,将军如故。先是,翼悉发江、荆二州编户奴以充兵役,士庶嗷然。充复欲发扬州奴以均其谤。后以中兴时已发三吴,今不宜复发而止。

俄而帝疾笃,冰、翼意在简文帝,而充建议立皇太子,奏可。及帝崩,充奉遗旨,便立太子,是为穆帝,冰、翼深恨之。献后临朝,诏曰:"骠骑任重,可以甲杖百人入殿。"又加中书监、录尚书事。充自陈既录尚书,不宜复监中书,许之。复加侍中,羽林骑十人。

冰、翼等寻卒,充专辅幼主。翼临终,表以后任委息爰之。于时论者并以诸庾世在西藩,人情所归,宜依翼所请,以安物情。充曰:"不然。荆楚国之西门,户口百万,北带强胡,西邻劲蜀,经略险阻,周旋万里。得贤则中原可定，势弱则社稷同忧，所谓陆抗存则吴存，抗亡则吴亡者，岂可以白面年少猥当此任哉！桓温英略过人，有文武识度，西夏之任，无出温者。"议者又曰："庾爰之肯避温乎？如令阻兵，耻惧不浅。"充曰："温足能制之，诸君勿忧。"乃使温西。爰之果不敢争。充以卫将军褚裒皇太后父，宜综朝政，上疏荐裒参录尚书。裒以地逼，固求外出。充每曰："桓温、褚裒为方伯，殷浩居门下，我可无劳矣。"

充居宰相，虽无澄正改革之能，而强力有器局，临朝正色，以社稷为己任，凡所选用，皆以功臣为先，不以私恩树亲戚，谈者以此重之。然所昵庸杂，信任不得其人，而性好释典，崇修佛寺，供给沙门以百数，糜费巨亿而不吝也。亲友至于贫乏，无所施遗，以此获讥于世。阮裕尝戏之曰："卿志大宇宙，勇迈终古。"充问其故。裕曰："我图数千户郡尚未能得，卿图作佛，不亦大乎！"于时都憎及弟昙奉天师道，而充与弟准崇信释氏，谢万讥之云："二郗谄于道，二何佞于佛。"充能饮酒，雅为刘惔所贵。惔每云："见次道饮，令人欲倾家酿。"言其能温克也。

永和二年卒，时年五十五。赠司空，谥曰文穆。无子，弟子放嗣。卒，又无子，又以兄孙松嗣，位至骠骑咨议参军。充弟准，见《外戚传》。

褚翜，字谋远，太傅裒之从父兄也。父顾，少知名，早卒。翜以才艺桢干称。袭爵关内侯，补冠军参军。于时长沙王乂擅权，成都、河间阻兵于外，翜知内难方作，乃弃官避地幽州。后河北有寇难，复还乡里。河南尹举翜行本县事。

及天下鼎沸，翜招合同志，将图过江，先移任阳城界。颍川庾敳，即翜之舅也，亦忧世乱，以家付翜。翜道断，不得前。东海王越以为参军，辞疾不就。

寻洛阳覆没，与荥阳太守郭秀共保万氏台。秀不得绥众，与将陈抚、郭重等构怨，遂相攻击。翜惧祸及，谓抚等曰："以诸君所以在此,谋逃难也。今宜共戮力以备贼,境无外难,而内自相击,是避坑落井也。郭秀诚为失理,应且容之。若遂所忿,城内自溃,胡贼闻之,指来掩袭,诸君虽得杀秀,无解胡虏矣。累弱非一,宜深思之。"抚等悔悟,与秀交和。时数万口赖翼获全。

明年,率数千家将谋东下,遇道险,不得进,因留密县。司隶校尉荀组以为参军、广威将军,复领本县,率邑人三千,督新城、梁、阳城三郡诸营事。顷之,迁司隶司马,仍督营事。率众进至汝水柴肥口,复阻贼。翼乃单马至许昌,见司空荀藩,以为振威将军,行梁国内史。

建兴初,复为豫州司马,督司州军事。太傅参军王玄代翼为郡。时梁国曲将耿奴甚得人情,而专势,翼常优遇之。玄为政既急,翼知其不能容奴,因戒之曰:"卿威杀已多,而人情难一,宜深慎之。"玄纳翼言,外羁縻奴,而内怀愤。会迁为陈留,将发,乃收奴斩之。奴余党聚众杀玄。梁郡既有内难,而徐州贼张平等欲掩袭之。郡人遑惑,将以郡归平。荀组遣翼往抚之,众心乃定。顷之,组举翼为吏部郎,不应召,遂东过江。

元帝为晋王,以翼为散骑郎,转太子中庶子,出为奋武将军、淮南内史。永昌初,王敦构逆,征西将军戴若思令翼出军赴难,翼遣将领五百人从之。明帝即位,征拜屯骑校尉,迁太子左卫率。

成帝初,为左卫将军。苏峻之役,朝廷戒严,以翼为侍中,典征讨军事。既而王师败绩,司徒王导谓翼曰:"至尊当御正殿,君可启令速出。"翼即入上阁,躬自抱帝登太极前殿。导升御床抱帝,翼及钟雅、刘超侍立左右。时百官奔散,殿省萧然。峻兵既入,叱翼令下。翼正立不动,呵之曰:"苏冠军来觐至尊,军人岂得侵逼!"由是兵士不敢上殿。及峻执政,犹以为侍中,从乘舆幸石头。明年,与光禄大夫陆晔等出据苑城。苏逸、任让围之,翼等固守。贼平,以功封长平县伯,迁丹杨尹。时京邑焚荡,人物凋残,翼收集散亡,甚有惠政。代庾亮为中护军,镇石头。寻为领军,徙五兵尚书,加奉车都尉,监新宫事。迁尚书右仆射,转左仆射,加散骑常侍。久之,代何充为护军将军，常侍如故。

咸康七年卒，时年六十七。赠卫将军。谥曰穆。子希嗣，官至豫章太守。

蔡谟，字道明，陈留考城人也。世为著姓。曾祖睦，魏尚书。祖德，乐平太守。

父克，少好学，博涉书记，为邦族所敬。性公亮守正，行不合已，虽富贵不交也。高平刘整恃才纵诞，服饰诡异，无所拘忌。尝行造人，遇克在坐，整终席惭不自安。克时为处士，而见惮如此。后为成都王颖大将军记室督。颖为丞相，擢为东曹掾。

克素有格量，及居选官，苟进之徒望风畏惮。初，克未仕时，河内山简尝与琅邪王衍书曰：“蔡子尼今之正人。”衍以书示众曰：“山子以一字拔人，然未易可称。”后衍闻克在选官，曰：“山子正人之言，验于今矣。”陈留时为大郡，号称多士，琅邪王澄行经其界，太守吕豫遣吏迎之。澄入境，问吏曰：“此郡人士为谁？”吏曰：“有蔡子尼、江应元。”是时郡人多居大位者，澄以其姓名问曰：“甲乙等，非君郡人邪？”吏曰：“是也。”曰：“然则何以但称此二人？”吏曰：“向谓君侯问人，不谓问位。”澄笑而止。到郡，以吏言谓豫曰：“旧名此郡有风俗，果然小吏亦知如此。”

克以朝政日弊，遂绝不仕。东嬴公腾为车骑将军，镇河北，以克为从事中郎，知必不就，以军期致之。克不得已，至数十日，腾为汲桑所攻，城陷，克见害。

谟弱冠察孝廉，州辟从事，举秀才，东海王越召为掾，皆不就。避乱渡江。时明帝为东中郎将，引为参军。元帝拜丞相，复辟为掾，转参军，后为中书侍郎，历义兴太守、大将军王敦从事中郎、司徒左长史，迁侍中。

苏峻构逆，吴国内史庾冰出奔会稽，乃以谟为吴国内史。谟既至，与张闿、顾众、顾飏等共起义兵，迎冰还郡。峻平，复为侍中，迁五兵尚书，领琅邪王师。谟上疏让曰：“八坐之任，非贤莫居，前后所用，资名有常。孔愉、诸葛恢并以清节令才，少著名望。昔愉为御史中丞，臣尚为司徒长史；恢为会稽太守，臣为尚书郎；恢尹丹杨，臣守小郡。名辈不同，阶级殊悬。今猥以轻鄙，超伦逾等，上乱圣朝贯鱼之序，下违群士准平之论。岂惟微臣其亡之诚，实招圣政惟尘之累。且左长史一超而侍帷幄，再登而厕纳言，中兴已来，上德之举所未尝有。臣何人斯，而猥当之！是以叩心自忖，三省愚身，与其苟进以秽清涂，宁受违命狷固之罪。"疏奏，不许。转掌吏部。以平苏峻勋，赐爵济阳男，又让，不许。

冬蒸，谟领祠部，主者忘设明帝位，与太常张泉俱免，白衣领职。顷之，迁太常，领秘书监，以疾不堪亲职，上疏自解，不听。成帝临轩，遣使拜太傅、太尉、司空。会将作乐，宿悬于殿庭，门下奏，非祭祀燕飨则无设乐之制。事下太常。谟议临轩遣使宜有金石之乐，遂从之。临轩作乐，自此始也。彭城王纮上言，乐贤堂有先帝手画佛象，经历寇难，而此堂犹存，宜敕作颂。帝下其议。谟曰："佛者，夷狄之俗，非经典之制。先帝量同天地，多才多艺，聊因临时而画此象，至于雅好佛道，所未承闻也。盗贼奔突，王都隳败，而此堂块然独存，斯诚神灵保祚之征，然未是大晋盛德之形容，歌颂之所先也。人臣睹物兴义，私作赋颂可也。今欲发王命，敕史官，上称先帝好佛之志，下为夷狄作一象之颂，于义有疑焉。"于是遂寝。

时征西将军庾亮以石勒新死，欲移镇石城，为灭贼之渐。事下公卿。谟议曰：

时有否泰，道有屈伸。暴逆之寇虽终灭亡，然当其强盛，皆屈而避之。是以高祖受黜于巴汉，忍辱于平城也。若争强于鸿门，则亡不终日。故萧何曰"百战百败，不死何待"也。原始要终，归于大济而已。岂与当亡之寇争迟速之间哉！夫惟鸿门之不争，故垓下莫能与之争。文王身圮于羑里，故道泰于牧野；句践见屈于会稽，故威申于强吴。今日之事，亦由此矣。贼假息之命垂尽，而豺狼之力尚强，宜抗威以待时。

或曰："抗威待时，时已可矣。"愚以为时之可否在贼之强弱，贼之强弱在季龙之能否。季龙之能否，可得而言矣。自勒初起，则季龙为爪牙，百战百胜，遂定中国，境土所据，同于魏世。及勒死之日，将相内外欲诛季龙。季龙独起于众异之中，杀嗣主，诛宠臣。内难既定，千里远出，一攻而拔金墉，再战而斩石生，禽彭彪，杀石聪，灭郭权，还据根本，内外并定，四方镇守，不失尺土。详察此事，岂能乎，将不能也？假令不能者为之，其将济乎，将不济也？贼前攻襄阳而不能拔，诚有之矣。不信百战之效，而执一攻之验，弃多从少，于理安乎？譬若射者，百发而一不中，可谓之拙乎？且不拔襄阳者，非季龙身也。桓平北，守边之将耳。贼前攻之，争疆场耳，得之为善，不得则止，非其所急也。今征西之往，则异于是。何者？重镇也，名贤也，中国之人所闻而归心也。今而西度，实有席卷河南之势，贼所大惧，岂与桓宣同哉！季龙必率其精兵，身来距争。若欲与战，战何如石生？若欲城守，守何如金墉？若欲阻沔，沔何如大江？苏峻何如季龙？凡此数者，宜详校之。

愚谓石生猛将，关中精兵，征西之战不能胜也。金墉险固，刘曜十万所不能拔，今征西之守不能胜也。又是时，兖州、洛阳、关中皆举兵击季龙。今此三处反为其用，方之于前，倍半之党也。若石生不能敌其半，而征西欲当其倍，愚所疑也。苏峻之强，不及季龙，沔水之险，不及大江。大江不能御苏峻，而以沔水御季龙，又所疑也。昔祖士稚在谯，佃于城北，虑贼来攻，因以为资，故豫安军屯，以御其外。谷将熟，贼果至。丁夫战于外，老弱获于内，多持炬火，急则烧谷而走。如此数年，竟不得其利。是时贼唯据沔北，方之于今，四分之一耳。士稚不能捍其一，而征西欲御其四，又所疑也。或云："贼若多来，则必无粮。"然致粮之难，莫过崤、函。而季龙昔涉此险，深入敌国，平关中而后还。今至襄阳，路既无险，又行其国内，自相供给，方之于前，难易百倍。前已经至难，而谓今不能济其易，又所疑也。

　　然此所论,但说征西既至之后耳,尚未论道路之虑也。自
沔以西,水急岸高,鱼贯溯流,首尾百里。若贼无宋襄之义,及
我未阵而击之,将如之何?今王士与贼,水陆异势,便习不同。
寇若送死,虽开江延敌,以一当千,犹吞之有余,宜诱而致之,
以保万全。弃江还进,以我所短击彼所长,惧非庙胜之算。
朝议同之,故亮不果移镇。

　　初,皇后每年拜陵,劳费甚多,谟建议曰:"古者皇后庙见而已,
不拜陵也。"由是遂止。

　　及太尉郗鉴疾笃,出谟为太尉军司,加侍中。鉴卒,即拜谟为征
北将军、都督徐兖青三州扬州之晋陵豫州之沛郡诸军事、领徐州刺
史、假节。时左卫将军陈光上疏请伐胡,诏令攻寿阳,谟上疏曰:

　　今寿阳城小而固。自寿阳至琅邪,城壁相望,其间远者裁
百余里,一城见攻,众城必救。且王师在路五十余日,刘仕一军
早已入淮,又遣数部北取生壁,大军未至,声息久闻。而贼之邮
驿,一日千里,河北之骑足以来赴,非惟邻城相救而已。夫以白
起、韩信、项籍之勇,犹发梁焚舟,背水而阵。今欲停船水渚,引
兵造城,前对坚敌,顾临归路,此兵法之所诫也。若进攻未拔,
胡骑卒至,惧桓子不知所为,而舟中之指可掬。

　　今征军五千,皆王都精锐之众,又光为左卫,远近闻之,名
为殿中之军,宜令所向有征无战。而顿之坚城之下,胜之不武,
不胜为笑。今以国之上驷击寇之下邑,得之则利薄而不足损
敌,失之则害重而足以益寇,惧非策之长者。臣愚以为闻寇而
致讨,贼退而振旅,于事无失。不胜管见,谨冒陈闻。

　　季龙于青州造船数百,掠缘海诸县,所在杀戮,朝廷以为忧。谟
遣龙骧将军徐玄等守中洲,并设募,若得贼大白船者,赏布千匹,小
船百匹。是时谟所统七千余人,所戍东至土山,西至江乘,镇守八
所,城垒凡十一处,烽火楼望三十余处,随宜防备,甚有算略。先是,
郗鉴上部下有勋劳者凡一百八十人,帝并酬其功,未卒而鉴薨,断
不复与。谟上疏以为先已许鉴,今不宜断。且鉴所上者皆积年勋效,

百战之余,亦不可不报。诏听之。

康帝即位,征拜左光禄大夫、开府仪同三司,领司徒。代殷浩为扬州刺史。又录尚书事,领司徒如故。初,谟冲让不辟僚佐,诏屡敦逼之,始取掾属。

石季龙死,中国大乱。时朝野咸谓当太平复旧,谟独谓不然,语所亲曰:"胡灭,诚大庆也,然将贻王室之忧。"或曰:"何哉?"谟曰:"夫能顺天而奉时,济六合于草昧,若非上哲,必由英豪。度德量力,非时贤所及。必将经营分表,疲人以逞志。才不副意,略不称心,财单力竭,智勇俱屈,此韩庐、东郭所以双毙也。"

迁侍中、司徒。上疏让曰:"伏自惟省,昔阶谬恩,蒙忝非据,尸素累积而光宠更崇,谤讟弥兴而荣进复加,上亏圣朝栋隆之举,下增微臣覆𫗧之衅,惶惧战灼,寄颜无所。乞垂天鉴,回恩改谬,以允群望。"皇太后诏报不许。谟犹固让,谓所亲曰:"我若为司徒,将为后代所哂,义不敢拜也。"皇太后遣使喻意,自四年冬至五年末,诏书屡下,谟固守所执。六年,复上疏,以疾病乞骸骨,上左光禄大夫、领司徒印绶。章表十余上。穆帝临轩,遣侍中纪璩、黄门郎丁纂征谟。谟陈疾笃,使主簿谢攸对曰:"臣谟不幸有公族穆子之疾,天威不违颜咫尺,不敢奉诏,寝伏待罪。"自旦至申,使者十余反,而谟不至。时帝年八岁,甚倦,问左右曰:"所召人何以至今不来?临轩何时当竟?"君臣俱疲弊。皇太后诏:"必不来者,宜罢朝。"中军将军殷浩奏免吏部尚书江彪官。简文时为会稽王,命曹曰:"蔡公傲违上命,无人臣之礼。若人主卑屈于上,大义不行于下,亦不知复所以为政矣。"于是公卿奏曰:"司徒谟顷以常疾,久逋王命,皇帝临轩,百僚齐立,俯偻之恭,有望于谟。若志存止退,自宜致辞阙庭,安有人君卑劳终日而人臣曾无一酬之礼!悖慢傲上,罪同不臣。臣等参议,宜明国宪,请送廷尉以正刑书。"谟惧,率子弟素服诣阙稽颡,躬到廷尉待罪。皇太后诏曰:"谟先帝师傅,服事累世。且归罪有司,内讼思愆。若遂致之于理,情所未忍。可依旧制免为庶人。"

谟既被废,杜门不出,终日讲诵,教授子弟。数年,皇太后诏曰:

“前司徒谟以道素著称，轨行成名，故历事先朝，致位台辅。以往年之失，用致黜责。自尔已来，阖门思愆，诚合大臣罪己之义。以谟为左光禄大夫、开府仪同三司。”于是遣谒者仆射孟洪就加册命。谟上疏陈谢曰：“臣以顽薄，昔忝殊宠，尸素累纪，加违慢诏命，当肆市朝。幸蒙宽宥，不悟天施复加光饰，非臣陨越所能上报。臣寝疾未损，不任诣阙。不胜仰感圣恩，谨遣拜章。”遂以疾笃，不复朝见。诏赐几杖，门施行马。十二年，卒，时年七十六。赗赠之礼，一依太尉陆玩故事。诏赠侍中、司空，谥曰文穆。

谟博学，于礼仪宗庙制度多所议定。文笔论议，有集行于世。总应劭以来注班固《汉书》者，为之集解。谟初渡江，见彭蜞，大喜曰：“蟹有八足，加以二螯。”令烹之。既食，吐下委顿，方知非蟹。后诣谢尚而说之。尚曰：“卿读《尔雅》不熟，几为《劝学》死。”谟性方雅。丞相王导作女伎，施设床席。谟先在坐，不悦而去，导亦不止之。性尤笃慎，每事必为过防。故时人云：“蔡公过浮航，脱带腰舟。”

长子邵，永嘉太守。少子系，有才学文义，位至抚军长史。

诸葛恢，字道明，琅邪阳都人也。祖诞，魏司空，为文帝所诛。父靓，奔吴，为大司马。吴平，逃窜不出。武帝与靓有旧，靓姊又为琅邪王妃，帝知靓在姊间，因就见焉。靓逃于厕，帝又逼见之，谓曰：“不谓今日复得相见。”靓流涕曰：“不能漆身皮面，复睹圣颜！”诏以为侍中，固辞不拜，归于乡里，终身不向朝廷而坐。

恢弱冠知名，试守即丘长，转临沂令，为政平和。值天下大乱，避地江左，名亚王导、庾亮。导尝谓曰：“明府当为黑头公。”及导拜司空，恢在坐，导指冠谓曰：“君当著此。”导尝与恢戏争族姓，曰：“人言王、葛，不言葛、王也。”恢曰：“不言马驴，而言驴马，岂驴胜马邪！”其见亲狎如此。于时颍川荀字道明、陈留蔡谟字道明，与恢俱有名誉，号曰“中兴三明”，人为之语曰：“京都三明各有名，蔡氏儒雅荀葛清。”

元帝为安东将军，以恢为主簿，再迁江宁令。讨周馥有功，封博陵亭侯，复为镇东参军。与卞壶并以时誉迁从事中郎，兼统记室。时四方多务，笺疏殷积，恢辄酌酬答，咸称折中。于时王氏为将军，而恢兄弟及颜含并居显要，刘超以忠谨掌书命，时人以帝善任一国之才。愍帝即位，征用四方贤俊，召恢为尚书郎，元帝以经纬须才，上疏留之，承制调为会稽太守。临行，帝为置酒，谓曰："今之会稽，昔之关中，足食足兵，在于良守。以君有苍任之方，是以相屈。四方分崩，当匡振圮运。政之所先，君为言之。"恢陈谢，因对曰："今天下丧乱，风俗陵迟，宜尊五美，屏四恶，进忠实，退浮华。"帝深纳焉。太兴初，以政绩第一，诏曰："自顷多难，官长数易，益有诸弊，虽圣人犹久于其道，然后化成，况其余乎！汉宣帝称'与我共安天下者，其惟良二千石'，斯言信矣。是以黄霸等或十年，或二十年而不徙，所以能济其中兴之勋也。赏罚黜陟，所以明政道也。会稽内史诸葛恢莅官三年，政清人和，为诸郡首，宜进其位班，以劝风教。今增恢秩中二千石。"

顷之，以母忧去官。服阕，拜中书令。王敦上恢为丹杨尹，以久疾免。明帝征敦，以恢为侍中，加奉车都尉。讨王含有功，进封建安伯，以先爵赐次子虪为关内侯。又拜恢后将军、会稽内史。征为侍中，迁左民尚书、武陵王师、吏部尚书。累迁尚书右仆射，加散骑常侍、银青光禄大夫、领选本州大中正、尚书令，常侍、吏部如故。成帝践阼，加侍中、金紫光禄大夫。卒，年六十二。赠左光禄大夫、仪同三司。赗赠之礼，一依太尉兴平伯故事。谥曰敬，祠以太牢。子虪嗣，位至散骑常侍。

恢兄颐，字道回。亦为元帝所器重，终于太常。

殷浩，字深源，陈郡长平人也。父羡，字洪乔，为豫章太守，都下人士因其致书者百余函，行次石头，皆投之水中，曰："沉者自沉，浮者自浮，殷洪乔不为致书邮。"其资性介立如此。终于光禄勋。

浩识度清远，弱冠有美名，尤善玄言，与叔父融俱好《老》、《易》。融与浩口谈则辞屈，著篇则融胜，浩由是为风流谈论者所宗。

或问浩曰："将莅官而梦棺，将得财而梦粪，何也？"浩曰："官本臭腐，故将得官而梦尸。钱本粪土，故将得钱而梦秽。"时人以为名言。

三府辟，皆不就。征西将军庾亮引为记室参军，累迁司徒左长史。安西庾翼复请为司马。除侍中、安西军司，并称疾不起。遂屏居墓所，几将十年，于时拟之管、葛。王濛、谢尚犹伺其出处，以卜江左兴亡，因相与省之，知浩有确然之志。既反，相谓曰："深源不起，当如苍生何！"庾翼贻浩书曰："当今江东社稷安危，内委何、褚诸君，外托庾、桓数族，恐不得百年无忧，亦朝夕而弊。足下少标令名，十余年间，位经内外，而欲潜居利贞，斯理难全。且夫济一时之务，须一时之胜，何必德均古人，韵齐先达邪！王夷甫，先朝风流士也，然吾薄其立名非真，而始终莫取。若以道非虞夏，自当超然独往，而不能谋始，大合声誉，极致名位，正当抑扬名教，以静乱源。而乃高谈《庄》、《老》，说空终日，虽云谈道，实长华竞。及其末年，人望犹存，思安惧乱，寄命推务。而甫自申述，徇小好名，既身囚胡虏，弃言非所。凡明德君子，遇会处际，宁可然乎？而世皆然之。益知名实之未定，弊风之未革也。"浩固辞不起。

建元初，庾冰兄弟及何充等相继卒。简文帝时在藩，始综万机，卫将军褚裒荐浩，征为建武将军、扬州刺史。浩上疏陈让，并致笺于简文，具自申叙。简文答之曰："属当厄运，危弊理尽，诚赖时有其才，不复远求版筑。足下沉识淹长，思综通练，起而明之，足以经济。若复深存挹退，苟遂本怀，吾恐天下之事于此去矣。今纮领不振，晋网不纲，愿蹈东海，复可得邪！由此言之，足下去就即是时之废兴，时之废兴则家国不异。足下弘思之，静算之，亦将有以深鉴可否。望必废本怀，率群情也。"浩频陈让，自三月至七月，乃受拜焉。

时桓温既灭蜀，威势转振，朝廷惮之。简文以浩有盛名，朝野推伏，故引为心膂，以抗于温，于是与温颇相疑贰。会遭父忧，去职，时以蔡谟摄扬州，以俟浩。服阕，征为尚书仆射，不拜。复为建武将军、扬州刺史，遂参综朝权。颍川荀羡少有令闻，浩擢为义兴、吴郡，以为羽翼。王羲之密说浩、羡，令与桓温和同，不宜内构嫌隙，浩不从。

及石季龙死，胡中大乱，朝廷欲遂荡平关、河，于是以浩为中军将军、假节、都督扬豫徐兖青五州军事。浩既受命，以中原为己任，上疏北征许、洛。将发，坠马，时咸恶之。既而以淮南太守陈逵、兖州刺史蔡裔为前锋，安西将军谢尚、北中郎将荀羡为督统，开江西畦田千余顷，以为军储。

师次寿阳，潜诱苻健大臣梁安、雷弱儿等，使杀健，许以关右之任。初，降人魏脱卒，其弟憬代领部曲。姚襄杀憬，以并其众。浩大恶之，使龙骧将军刘启守谯，迁襄于梁。既而魏氏子弟往来寿阳，襄益猜惧。俄而襄部曲有欲归浩者，襄杀之，浩于是谋诛襄。会苻健杀其大臣，健兄子眉自洛阳西奔，浩以为梁安事捷，意苻健已死，请进屯洛阳，修复园陵，使襄为前驱，冠军将军刘洽镇鹿台，建武将军刘遁据仓垣，又求解扬州，专镇洛阳，诏不许。浩既至许昌，会张遇反，谢尚又败绩，浩还寿阳。后复进军，次山桑，而襄反，浩惧，弃辎重，退保谯城，器械军储皆为襄所掠，士卒多亡叛。浩遣刘启、王彬之击襄于山桑，并为襄所杀。

桓温素忌浩，及闻其败，上疏罪浩曰：

案中军将军浩，过蒙朝恩，叨窃非据，宠灵超卓，再司京辇，不能恭慎所任，恪居职次，而侵官离局，高下在心。前司徒臣谟执义履素，位居台辅，师傅先帝，朝之元老，年登七十，以礼请退，虽临轩固辞，不顺恩旨，适足以明逊让之风，弘优贤之礼。而浩虚生狡说，疑误朝听，狱之有司，将致大辟。自羯胡夭亡，群凶殄灭，而百姓涂炭，企迟拯接。浩受专征之重，无雪耻之志，坐自封植，妄生风尘，遂使寇仇稽诛，奸逆并起，华夏鼎沸，黎元殄悴。浩惧罪将及，不容于朝，外声进讨，内求苟免。出次寿阳，顿甲弥年，倾天府之资，竭五州之力，收合无赖，以自强卫，爵命无章，猜害罔顾。故范丰之属反叛于苟陂，奇德、龙会作变于肘腋。羌帅姚襄率众归化，遣其母弟入质京邑，浩不能抚而用之，阴图杀害，再遣刺客，为襄所觉。襄遂惶惧，用致逆命。生长乱阶，自浩始也。复不能以时扫灭，纵放小竖，鼓行毒害，身狼狈于山桑，军破碎于梁国，舟车焚烧，辎重覆没，三军积实，反以资寇，精甲利器，更为贼用。神怒人怨，众之所弃，倾危之忧，将及社稷。臣所以忘寝屏营，启处无地。

夫率正显义，所以致训，明罚敕法，所以齐众，伏愿陛下上追唐尧放命之刑，下鉴《春秋》无君之典。若圣上含弘，未忍诛殛，且宜遐弃，摈之荒裔。虽未足以塞山海之责，粗可以宣诚于将来矣。

竟坐废为庶人，徙于东阳之信安县。

浩少与温齐名，而每心竞。温尝问浩："君何如我？"浩曰："我与君周旋久，宁作我也。"温既以雄豪自许，每轻浩，浩不之惮也。至是，温语人曰："少时吾与浩共骑竹马，我弃去，浩辄取之，故当出我下也。"又谓郗超曰："浩有德有言，向使作令仆，足以仪刑百揆，朝廷用违其才耳。"

浩虽被黜放，口无怨言，夷神委命，谈咏不辍，虽家人不见其有流放之戚。但终日书空，作"咄咄怪事"四字而已。浩甥韩伯，浩素赏爱之，随至徙所。经岁还都，浩送至渚侧，咏曹颜远诗云："富贵他人合，贫贱亲戚离。"因而泣下。后温将以浩为尚书令，遗书告之，浩欣然许焉。将答书，虑有谬误，开闭者数十，竟达空函，大忤温意，由是遂绝。永和十二年卒。

子涓，亦有美名。咸安初，桓温废太宰、武陵王晞，诬涓及庾倩与晞谋反，害之。

浩后将改葬，其故吏顾悦之上疏讼浩曰：

伏见故中军将军、扬州刺史殷浩体德沉粹，识理淹长，风流雅胜，声盖当时。再临神州，万里肃清，勋绩茂著，圣朝钦嘉，遂授分陕推毂之任。戎旗既建，出镇寿阳，驱其豺狼，翦其荆棘，收罗向义，广开屯田，沐雨栉风，等勤台仆。仰凭皇威，群丑革面，进军河、洛，修复园陵。不虞之变，中路猖蹶，遂令为山之功崩于垂成，忠款之志于是而废。既受削黜，自摈山海，杜门终身，与世两绝，可谓克己复礼，穷而无怨者也。

寻浩所犯，盖负败之常科，非即情之永责。论其名德深诚则如彼，察其补过罪己则如此，岂可弃而不恤，使法有余冤！方今宅兆已成，埏隧已开，悬棺而窆，礼同庶人，存亡有非命之分，九泉无自诉之期，仰感三良，昊天罔极。若使明诏爰发，旌我善人，崇复本官，远彰幽昧，斯则国家威恩有兼济之美，死而可作，无负心之恨。

疏奏，诏追复诰本官。

顾悦之，字君叔。少有义行。与简文同年，而发早白。帝问其故。对曰："松柏之姿，经霜犹茂；薄柳常质，望秋先零。"简文悦其对。始将抗表讼浩，浩亲故多谓非宜，悦之决意以闻，又与朝臣争论，故众无以夺焉。时人咸称之。为州别驾，历尚书右丞，卒。子凯之，别有传。

蔡裔者，有勇气，声若雷震。尝有二偷入室，裔拊床一呼，而盗俱陨，故浩委以军锋焉。

史臣曰：陆晔等并以时望国华，效彰历试，迭居端揆，参掌机衡。然皆率由旧章，得免祗悔。而充抗言孺子，虽屈压于权臣，翊奉储君，竟导扬于末命，频参大议，屡画嘉谋，可谓忠贞在斯而已。殷浩清徽雅量，众议攸归，高秩厚礼，不行而至，咸谓教义由其兴替，社稷俟以安危。及其入处国钧，未有嘉谋善政，出总戎律，唯闻戚国丧师，是知风流异贞固之才，谈论非奇正之要。违方易任，以致播迁，悲夫！蔡谟度德而处，弘斯止足，置以刑书，斯为过矣。

赞曰：士光时望，士瑶允当。政既弟兄，任惟台相。祖言简率，遗风可尚。蔡葛知名，或雅或清。次道方概，谋远忠贞。中军鉴局，誉光雅俗。夷旷有余，经纶不足。舍长任短，功亏名辱。

晋书卷七八
列传第四八

孔愉 子汪　安国　弟祗　从子坦　严　从弟群
群子沉　**丁潭**　张茂　**陶回**

孔愉,字敬康,会稽山阴人也。其先世居梁国。曾祖潜,太子少傅,汉末避地会稽,因家焉。祖竺,吴豫章太守。父恬,湘东太守。从兄侃,大司农。俱有名江左。愉年十三而孤,养祖母以孝闻,与同郡张茂字伟康、丁潭字世康齐名,时人号曰"会稽三康"。

吴平,愉迁于洛。惠帝末,归乡里,行至江淮间,遇石冰、封云为乱,云逼愉为参军,不从,将杀之,赖云司马张统营救获免。东还会稽,入新安山中,改姓孙氏,以稼穑读书为务,信著乡里。后忽舍去,皆谓为神人,而为之立祠。永嘉中,元帝始以安东将军镇扬土,命愉为参军。邦族寻求,莫知所在。建兴初,始出应召,为丞相掾,仍除驸马都尉、参丞相军事,时年已五十矣。以讨华轶功,封余不亭侯。愉尝行经余不亭,见笼龟于路者,愉买而放之溪中,龟中流左顾者数四。及是,铸侯印,而印龟左顾,三铸如初。印工以告,愉乃悟,遂佩焉。

帝为晋王,使长兼中书郎。于时刁协、刘隗用事,王导颇见疏远。愉陈导忠贤,有佐命之勋,谓事无大小皆宜咨访。由是不合旨,出为司徒左长史,累迁吴兴太守。沈充反,愉弃官还京师,拜御史中丞,迁侍中、太常。及苏峻反,愉朝服守宗庙。初,愉为司徒长史,以平南将军温峤母亡遭乱不葬,乃不过其品。至是,峻平,而峤有重功,愉往石头诣峤,峤执愉手而流涕曰:"天下丧乱,忠孝道废。能持古人之节,岁寒不凋者,唯君一人耳。"时人咸称峤居公而重愉之守正。寻徙大尚书,迁安南将军、江州刺史,不行。转尚书右仆射,领东海王师。寻迁左仆射。

咸和八年,诏曰:"尚书令玩、左仆射愉并恪居官次,禄不代耕。端右任重,先朝所崇,其给玩亲信三十人,愉二十人,禀赐。"愉上疏固让,优诏不许。重表曰:"臣以朽暗,忝厕朝右,而以惰劣,无益毗佐。方今强寇未殄,疆场日骇,政烦役重,百姓困苦,奸吏擅威,暴人肆虐。大弊之后,仓库空虚,功劳之士,赏报不足,困悴之余,未见拯恤,呼嗟之怨,人鬼感动。宜并官省职,贬食节用,勤抚其人,以济其艰。臣等不能赞扬大化,纠明刑政,而偷安高位,横受宠给,无德而禄,殃必及之,不敢横受殊施,以重罪戾。"从之。王导闻而非之,于都坐谓愉曰:"君言奸吏擅威,暴人肆虐,为患是谁?"愉欲大论朝廷得失,陆玩抑之乃止。后导将以赵胤为护军,愉谓导曰:"中兴以来,处此官者,周伯仁,应思远耳。今诚乏才,岂宜以赵胤居之邪!"导不从。其守正如此。由是为导所衔。

后省左右仆射,以愉为尚书仆射。愉年在悬车,累乞骸骨,不许。转护军将军,加散骑常侍。复徙领军将军,加金紫光禄大夫,领国子祭酒。顷之,出为镇军将军、会稽内史,加散骑常侍。句章县有汉时旧陂,毁废数百年。愉自巡行,修复故堰,溉田二百余顷,皆成良业。在郡三年,乃营山阴湖南侯山下数亩地为宅,草屋数间,便弃官居之。送资数百万,悉无所取。病笃,遗令敛以时服,乡邑义赗,一不得受。年七十五,咸康八年卒。赠车骑将军、开府仪同三司,谥曰贞。

三子:訚、汪、安国。訚嗣爵,位至建安太守。訚子静,字季恭,再为会稽内史,累迁尚书左仆射,加后将军。

汪,字德泽。好学有志行,孝武帝时位至侍中。时茹千秋以佞媚见幸于会稽王道子,汪屡言之于帝,帝不纳。迁尚书太常卿,以不合意,求出,为假节、都督交广二州诸军事、征虏将军、平越中郎将、广州刺史,甚有政绩,为岭表所称。太元十七年卒。

安国,字安国。年小诸兄三十余岁。群从诸兄并乏才名,以富强自立,唯安国与汪少厉孤贫之操。汪既以直亮称,安国亦以儒素显。孝武帝时甚蒙礼遇,仕历侍中、太常。及帝崩,安国形素羸瘦,服衰绖,涕泗竟日,见者以为"真孝"。再为会稽内史、领军将军。安帝隆安中下诏曰:"领军将军孔安国贞慎清正,出内播誉,可以本官领东海王师,必能导达津梁,依仁游艺。"后历尚书左右仆射。义熙四年卒,赠左光禄大夫。

祗,字承祖。太守周札命为功曹史。札为沈充所害,故人宾吏莫敢近者。祗冒刃号哭,亲行殡礼,送丧还义兴,时人义之。

坦,字君平。祖冲,丹杨太守。父侃,大司农。坦少方直,有雅望,通《左氏传》,解属文。元帝为晋王,以坦为世子文学。东宫建,补太子舍人,迁尚书郎。时台郎初到,普加策试,帝手策问曰:"吴兴徐馥为贼,杀郡将,郡今应举孝廉不?"坦对曰:"四罪不相及,殛鲧而兴禹。徐馥为逆,何妨一郡之贤!"又问:"奸臣贼子弑君,污宫潴宅,莫大之恶也。乡旧废四科之选,今何所依?"坦曰:"季平子逐鲁昭公,岂可以废仲尼也!"竟不能屈。

先是,以兵乱之后,务存慰悦,远方秀孝到,不策试,普皆除署。至是,帝申明旧制,皆令试《经》,有不中科,刺史、太守免官。太兴三年,秀孝多不敢行,其有到者,并托疾。帝欲除署孝廉,而秀才如前制。坦奏议曰:

臣闻经邦建国,教学为先,移风崇化,莫尚斯矣。古者且耕且学,三年而通一《经》,以平康之世,犹假渐渍,积以日月。自丧乱以来,十有余年,干戈载扬,俎豆礼戢,家废讲诵,国阙庠序,率尔责试,窃以为疑。然宣下已来,涉历三载,累遇庆会,遂未一试。扬州诸郡,接近京都,惧累及君父,多不敢行。其远州边郡,掩诬朝廷,冀于不试,冒昧来赴,既到审试,遂不敢会。臣谓以不会与不行,其为阙也同。若当偏加除署,是为肃法奉宪者失分,侥幸投射者得官,颓风伤教,惧于是始。

夫王言如丝，其出如纶，临事改制，示短天下，人听有惑，臣窃惜之。愚以王命无贰，宪制宜信。去年察举，一皆策试。如不能试，可不拘到，遣归不署。又秀才虽以事策，亦泛问经义，苟所未学，实难暗通，不足复曲碎乖例，违旧造异。谓宜因其不会，徐更革制。可申明前下，崇修学校，普延五年，以展讲习，钧法齐训，示人轨则。夫信之与法，为政之纲，施之家室，犹弗可贰，况经国之典而可玩黩乎！

帝纳焉。听孝廉申至七年，秀才如故。

时典客令万默领诸胡，胡人相诬，朝廷疑默有所偏助，将加大辟。坦独不署，由是被遣，遂弃官归会稽。久之，除领军司马，未赴召。会王敦反，与右卫将军虞潭俱在会稽起义，而讨沈充。事平，始就职。扬州刺史王导请为别驾。

咸和初，迁尚书左丞，深为台中之所敬惮。寻属苏峻反，坦与司徒司马陶回白王导曰："及峻未来，宜急断阜陵之界，守江西当利诸口，彼少我众，一战决矣。若峻未来，可往逼其城。今不先往，峻必先至。先人有夺人之功，时不可失。"导然之。庾亮以为峻脱迳来，是袭朝廷虚也，故计不行。峻遂破姑熟，取盐米，亮方悔之。坦谓人曰："观峻之势，必破台城。自非战士，不须戎服。"既而台城陷，戎服者多死，白衣者无他，时人称其先见。及峻挟天子幸石头，坦奔陶侃，侃引为长史。时侃等夜筑白石垒，至晓而成。闻峻军严声，咸惧来攻。坦曰："不然。若峻攻垒，必须东北风急，令我水军不得往救。今天清静，贼必不动，决遣军出江乘，掠京口以东矣。"果如所筹。时郗鉴镇京口，侃等各以兵会。既至，坦议以为本不应须召郗公，遂使东门无限。今宜遣还，虽晚，犹胜不也。侃等犹疑，坦固争甚切，始令鉴还据京口，遣郭默屯大业，又令骁将李闳、曹统、周光与默并力，贼遂势分，卒如坦计。

及峻平，以坦为吴郡太守。自陈吴多贤豪，而坦年少，未宜临之。王导、庾亮并欲用坦为丹杨尹。时乱离之后，百姓凋弊，坦固辞之。导等犹未之许。坦慨然曰："昔肃祖临崩，诸君亲据御床，共奉

遗诏。孔坦疏贱,不在顾命之限。既有艰难,则以微臣为先。今由
俎上肉,任人脍截耳!"乃拂衣而去。导等亦止。于是迁吴兴内史,
封晋安男,加建威将军。以岁饥,运家米以振穷乏,百姓赖之。时使
坦募江淮流人为军,有殿中兵,因乱东还,来应坦募,坦不知而纳
之。或讽朝廷,以坦藏台叛兵,遂坐免。寻拜侍中。

咸康元年,石聪寇历阳,王导为大司马,讨之,请坦为司马。会
石勒新死,季龙专恣,石聪及谯郡太守彭彪等各遣使请降。坦与聪
书曰:

华戎道乖,南北迥邈,瞻河企宋,每怀饥渴。数会阳九,天
祸晋国,奸凶猾夏,乘衅肆虐。我德虽衰,天命未改。乾符启再
集之庆,中兴应灵期之会,百六之艰既过,惟新之美日隆。而神
州振荡,遗氓波散,誓命戎狄之手,蹯踞豺狼之穴,朝廷每临眜
永叹,痛心疾首。天罚既集,罪人斯陨,王旅未加,自相鱼肉。岂
非人怨神怒,天降其灾!兰艾同焚,贤愚所叹,哀矜勿喜,我后
之仁,大赦旷廓,唯季龙是讨。彭谯使至,粗具动静,知将军忿
疾丑类,翻然同举。承问欣豫,庆若在己。何知机之先觉,砏石
之予悟哉!引领来仪,怪无声息。

将军出自名族,诞育洪胄。遭世多故,国倾家覆,生离亲
属,假养异类。虽逼伪宠,将亦何赖!闻之者犹或有悼,况身婴
之,能不愤慨哉!非我族类,其心必异。诚反族归正之秋,图义
建功之日也。若将军喻纳往言,宣之同盟,率关右之众,辅河南
之卒,申威赵魏,为国前驱,虽窦融之保西河,黥布之去项羽,
比诸古今,未足为喻。圣上宽明,宰辅弘纳,虽射钩之隙,赏之
故行,雍齿之恨,侯之列国。况二三子无曩人之嫌,而遇天启之
会,当如影响,有何迟疑!

今六军诚严,水陆齐举,熊罴踊跃,虓噬争先,锋镝一交,
玉石同碎,虽复后悔,何嗟及矣!仆以不才,世荷国宠,虽实不
敏,诚为行李之主,区区之情,还信所具。夫机事不先,鲜不后
悔,自求多福,唯将军图之。

朝廷遂不果北伐,人皆怀恨。

坦在职数年,迁侍中。时成帝每幸丞相王导府,拜导妻曹氏,有同家人,坦每切谏。时帝刻日纳后,而尚书左仆射王彬卒,议者以为欲却期。坦曰:"婚礼之重,重于救日蚀。救日蚀,有后之丧,太子堕井,则止。纳后盛礼,岂可以臣丧而废!"从之。及帝既加元服,犹委政王导,坦每发愤,以国事为己忧,尝从容言于帝曰:"陛下春秋以长,圣敬日跻,宜博纳朝臣,咨诹善道。"由是忤导,出为廷尉,怏怏不悦,以疾去职。加散骑常侍,迁尚书,未拜。

疾笃,庾冰省之,乃流涕。坦慨然曰:"大丈夫将终,不问安国宁家之术,乃作儿女子相问邪!"冰深谢焉。临终,与庾亮书曰:"不谓疾苦,遂至顿弊,自省绵绵,奄忽无日。修短命也,将何所悲!但以身往名没,朝恩不报,所怀未叙,即命多恨耳!足下以伯舅之尊,居方伯之重,抗威顾眄,名震天下,橡椽之佐,常愿下风。使九服式序,四海一统,封京观于中原,反紫极于华壤,是宿昔之所味咏,慷慨之本诚矣。今中道而毙,岂不惜哉!若死而有灵,潜听风烈。"俄卒,时年五十一。追赠光禄勋,谥曰简。亮报书曰:"廷尉孔君,神游体离,呜呼哀哉!得八月十五日书,知疾患转笃,遂不起济,悲恨伤楚,不能自胜。足下方在中年,素少疾患,虽天命有在,亦祸出不图。且足下才经于世,世常须才,况于今日,倍相痛惜。吾以寡乏,忝当大任,国耻未雪,夙夜忧愤。常欲足下同在外藩,戮力时事。此情未果,来书奄至。申寻往复,不觉涕陨。深明足下慷慨之怀,深痛足下不遂之志。邈然永隔,夫复何言!谨遣报答,并致薄祭,望足下降神飨之。"子混嗣。

严,字彭祖。祖父奕,全椒令,明察过人。时有遗其酒者,始提入门,奕遥呵之曰:"人饷吾两罂酒,其一何故非也?"检视之,一罂果是水。或问奕何以知之,奕曰:"酒重水轻,提酒者手有轻重之异故耳。"在官有惠化,及卒,市人若丧慈亲焉。父伦,黄门郎。

严少仕州郡,历司徒掾、尚书殿中郎。殷浩临扬州,请为别驾。迁尚书左丞。时朝廷崇树浩,以抗拟桓温,温深以不平。浩又引接荒人，谋立功于阃外。严言于浩曰："当今时事艰难，可谓百六之运，使君屈己应务，属当其会。圣怀所以日昃匪懈，临朝斤斤，每欲深根固本，静边宁国耳，亦岂至私哉！而处任者所至不同，所见各异，人口云云，无所不至。顷来天时人情，良可寒心。古人为政，防人之口，甚于防川。间日侍座，亦已粗申所怀，不审竟当何以镇之？《老子》云'夫唯不争，则万物不能与之争'，此言不可不察也。愚意故谓朝廷宜更明授任之方，韩彭可专征伐，萧、曹守管龠，内外之任，各有攸司。深思廉、蔺屈申之道，平、勃相和之义，令婉然通顺，人无间言，然后乃可保大定功，平济天下也。又观顷日降附之徒，皆人面兽心，贪而无亲，难以义感。而聚著都邑，杂处人间，使君常疲圣体以接之，虚府库以拯之，足以疑惑视听耳。"浩深纳之。

及哀帝践阼，议所承统，时多异议。严与丹杨尹庾龢议曰："顺本居正，亲亲不可夺，宜继成皇帝。"诸儒咸以严议为长，竟从之。

隆和元年，诏曰："天文失度，太史虽有禳祈之事，犹蚌雩屡彰。今欲依鸿祀之制，于太极殿前庭亲执虔肃。"严谏曰："鸿祀虽出《尚书大传》，先儒所不究，历代莫之兴，承天接神，岂可以疑殆行事乎！天道无亲，唯德是辅，陛下祗顺恭敬，留心兆庶，可以消灾复异。皆已蹈而行之，德合神明，丘祷久矣，岂须屈万乘之尊，修杂祀之事！君举必书，可不慎欤！"帝嘉之而止。以为扬州大中正，严不就。有司奏免，诏特以侯领尚书。

时东海王奕求海盐、钱塘以水牛牵埭税取钱直，帝初从之，严谏乃止。初，帝或施私恩，以钱帛赐左右。严又启诸所别赐及给厨食，皆应减省。帝曰："左右多困乏，故有所赐，今通断之。又厨膳宜有减彻，思详具闻。"严多所匡益。

太和中，拜吴兴太守，加秩中二千石。善于宰牧，甚得人和。余杭妇人经年荒，卖其子以活夫之兄子。武康有兄弟二人，妻各有孕，弟远行未反，遇荒岁，不能两全，弃其子而活弟子。严并褒荐之。又甄赏才能之士，论者美焉。五年，以疾去职，卒于家。

三子：道民，宣城内史；静民，散骑侍郎；福民，太子洗马，皆为孙恩所害。

群，字敬林，严叔父也。有智局，志尚不羁。苏峻入石头，时匡术有宠于峻，宾从甚盛。群与从兄愉同行于横塘，遇之，愉止与语，而群初不视术。术怒，欲刃之。愉下车抱术曰："吾弟发狂，卿为我宥之。"乃获免。后峻平，王导保存术，尝因众坐，令术劝群酒，以释横塘之憾。群答曰："群非孔子，厄同匡人。虽阳和布气，鹰化为鸠，至于识者，犹憎其目。"导有愧色。

仕历中丞。性嗜酒，导尝戒之曰："卿恒饮，不见酒家覆瓿布，日月久糜烂邪？"答曰："公不见肉糟淹更堪久邪？"尝与亲友书云："今年田得七百石秫米，不足了麹糵事。"其耽湎如此。卒于官。嗣子沉。

沉，字德度，有美名。何充荐沉于王导曰："文思通敏，宜登宰门。"辟丞相司徒掾、琅邪王文学，并不就。从兄坦以裘遗之，辞不受。坦曰："晏平仲俭，祀其先人，豚肩不掩豆，犹狐裘数十年，卿复何辞！"于是受而服之。是时沉与魏颢、虞球、虞存、谢奉并为四族之俊。

沉子廞，位至吴兴太守、廷尉。廞子琳之，以草书擅名，又为吴兴太守，侍中。

丁潭，字世康，会稽山阴人也。祖固，吴司徒。父弥，梁州刺史。潭初为郡功曹，察孝廉，除郎中，稍迁丞相西阁祭酒。时元帝称制，使各陈时事损益，潭上书曰：

为国者恃人须才，盖二千石长吏是也。安可不明简其才，使必允当。既得其人，使久于其职，在官者无苟且，居下者有恒心，此为政之较也。今之长吏，迁转既数，有送迎之费。古人三载考绩，三考黜陟，中才处局，故难以速成。

夫兵所以防御未然，镇压奸凶，周虽三圣，功成由武。今戎战之世，益宜留心，简选精锐，以备不虞。无事则优其身，有难则责其力。窃闻今之兵士，或私有役使，而营阵不充。夫为国者，由为家也。计财力之所任，审趋舍之举动，不营难成之功，损弃分外之役。今兵人未强,当审其宜,经涂远举,未献大捷,更使力单财尽而威望挫弱也。

及帝践阼,拜驸马都尉、奉朝请、尚书祠部郎。时琅邪王袭始受封,帝欲引朝贤为其国上卿,将用潭,以问中书令贺循。循曰:"郎中令职望清重,实宜审授。潭清淳贞粹,雅有隐正,圣明所简,才实宜之。"遂为琅邪王郎中令。会袭薨,潭上疏求行终丧礼,曰:"在三之义,礼有达制,近代已来,或随时降杀,宜一匡革,以敦于后。辄案令文,王侯之丧,官僚服斩,既葬而除。今国无继统,丧庭无主,臣实陋贱,不足当重,谬荷首任,礼宜终丧。"诏下博议。国子祭酒杜夷议:"古者谅暗,三年不言。下及周世,税衰效命。春秋之时,天子诸侯既葬而除。此所谓三代损益,礼有不同。故三年之丧,由此而废。然则汉文之诏,合于随时,凡有国者,皆宜同也,非唯施于帝皇而已。按礼,殇与无后,降于成人。有后,既葬而除。今不得以无后之故而独不除也。愚以丁郎中应除衰麻,自宜主祭,以终三年。"太常贺循议:"礼,天子诸侯俱以至尊临人,上下之义,君臣之礼,自古以来,其例一也。故礼盛则并全其重,礼杀则从其降。春秋之事,天子诸侯不行三年。至于臣为君服,亦宜以君为节,夫有君除而臣服,君服而臣除者。今法令,诸侯卿相官属为君斩衰,既葬而除。以令文言之,明诸侯不以三年之丧与天子同可知也。君若遂服,则臣子轻重无应除者也。若当皆除,无一人独重之文。礼有摄主而无摄重,故大功之亲主人丧者,必为之再祭练祥,以大功之服,主人三年丧者也。苟谓诸侯与天子同制,国有嗣王,自不全服,而人主居丧,素服主祭,三年不摄吉事,以尊令制。若当远迹三代,令复旧典,不依法令者,则侯之服贵贱一例,亦不得唯一人论。"于是诏使除服,心丧三年。

太兴三年,迁王导骠骑司马,转中书郎,出为广武将军、东阳太守,以清洁见称。征为太子左卫率,不拜。成帝践阼,以为散骑常侍、侍中。苏峻作乱,帝蒙尘于石头,唯潭及侍中钟雅、刘超等随从不离帝侧。峻诛,以功赐爵永安伯,迁大尚书,徙廷尉,累迁左光禄大夫、领国子祭酒、本国大中正,加散骑常侍。

康帝即位,屡表乞骸骨。诏以光禄大夫还第,门施行马,禄秩一如旧制,给传诏二人,赐钱二十万,床帐褥席。年八十,卒。赠侍中,大夫如故,谥曰简。王导尝谓孔敬康有公才而无公望,丁世康有公望而无公才。子话,位至散骑侍郎。

张茂,字伟康。少单贫,有志行,为乡里所敬信。初起义兵,讨贼陈斌,一郡用全。元帝辟为掾属。官有老牛数十,将卖之,茂曰:"杀牛有禁,买者不得辄屠,齿力疲老,又不任耕驾,是以无用之物收百姓利也。"帝乃止。迁太子右卫率,出补吴国内史。沈充之反也,茂与三子并遇害。茂弟盍,为周札将军,充讨札,盍又死之。赠茂太仆。茂少时梦得大象,以问占梦万推。推曰:"君当为大郡,而不善也。"问其故,推曰:"象者大兽,兽者守也,故知当得大郡。然象以齿焚,为人所害。"果如其言。

陶回,丹杨人也。祖基,吴交州刺史。父抗,太子中庶子。回辟司空府中军、主簿,并不就。大将军王敦命为参军,转州别驾。敦死,司徒王导引为从事中郎,迁司马。

苏峻之役,回与孔坦言于导,请早出兵守江口,语在《坦传》。峻将至,回复谓亮曰:"峻知石头有重戍,不敢直下,必向小丹杨南道步来,宜伏兵要之,可一战而擒。"亮不从。峻果由小丹杨经秣陵,迷失道,逢郡人,执以为乡导。时峻夜行,甚无部分。亮闻之,深悔不从回等之言。寻王师败绩,回还本县,收合义军,得千余人,并为步军,与陶侃、温峤等并力攻峻,又别破韩晃,以功封康乐伯。

时大贼新平,纲维弛废,司徒王导以回有器干,擢补北军中候,俄转中护军。久之,迁征虏将军、吴兴太守。时人饥谷贵,三吴尤甚。诏欲听相鬻卖,以拯一时之急。回上疏曰:"当今天下不普荒俭,唯独东土谷价偏贵,便相鬻卖,声必远流,北贼闻此,将窥疆场。如愚臣意,不如开仓廪以振之。"乃不待报,辄便开仓,及割府郡军资数万斛米以救乏绝,由是一境获全。既而下诏,并敕会稽、吴郡依回振恤，二郡赖之。在郡四年，征拜领军将军，加散骑常侍，征虏将军如故。

回性雅正，不惮强御。丹杨尹桓景佞事王导，甚为导所昵。回常慷慨谓景非正人，不宜亲狎。会荧惑守南斗经旬，导语回曰："南斗，杨州分，而荧惑守之，吾当逊位以厌此谪。"回答曰："公以明德作相，辅弼圣主，当亲忠贞，远邪佞，而与桓景造膝，荧惑何由退舍！"导深愧之。

咸和二年，以疾辞职，帝不许。徙护军将军，常侍、领军如故，未拜，卒，年五十一。谥曰威。

四子：汪、陋、隐、无忌。汪嗣爵，位至辅国将军、宣城内史；陋，冠军将军；隐，少府；无忌，光禄勋，兄弟咸有干用。

史臣曰：孔愉父子暨丁潭等，咸以篠荡之材，邀缔构之运，策名霸府，骋足商衢，历试清阶，遂登显要，外宣政绩，内尽谋猷，罄心力以佐时，竭股肱以卫主，并能保全名节，善始令终。而愉高谢百万之赀，辞荣数亩之宅，弘止足之分，有廉让之风者矣。陶回陈邪佞之宜远，明鬻卖之非宜，并补阙弼违，良可称也。

赞曰：愉既公才，潭唯公望。领军儒雅，平越忠亮。君平料敌，彭祖弘益。茂以象焚，群由匡厄。陶回规过，言同金石。

晋书卷七九
列传第四九

谢尚　谢安 安子琰　琰子混　安兄弈
弈子玄　安兄万　万弟石　石兄子朗　弟子邈

　　谢尚，字仁祖，豫章太守鲲之子也。幼有至性。七岁丧兄，哀恸过礼，亲戚异之。八岁，神悟夙成。鲲尝携之送客，或曰："此儿一坐之颜回也。"尚应声答曰："坐无尼父，焉别颜回！"席宾莫不叹异。十余岁，遭父忧，丹杨尹温峤吊之，尚号咷极哀。既而收涕告诉，举止有异常童，峤甚奇之。及长，开率颖秀，辨悟绝伦，脱略细行，不为流俗之事。好衣刺文袴，诸父责之，因而自改，遂知名。善音乐，博综众艺。司徒王导深器之，比之王戎，常呼为"小安丰"，辟为掾。袭父爵咸亭侯。始到府通谒，导以其有胜会，谓曰："闻君能作《鸲鹆舞》，一坐倾想，宁有此理不？"尚曰："佳。"便著衣帻而舞。导令坐者抚掌击节，尚俯仰在中，傍若无人，其率诣如此。

　　转西曹属。时有遭乱与父母乖离，议者或以进仕理王事，婚姻继百世，于礼非嫌。尚议曰："典礼之兴，皆因循情理，开通弘胜。如运有屯夷，要当断之以大义。夫无后之罪，三千所不过，今婚姻将以继百世，崇宗绪，此固不可塞也。然至于天属生离之哀，父子乖绝之痛，痛之深者，莫深于兹。夫以一体之小患，犹或忘思虑，损听察，况于抱伤心之巨痛，怀忉怛之至戚，方寸既乱，岂能综理时务哉！有心之人，决不冒荣苟进。冒荣苟进之畴，必非所求之旨，徒开偷薄之门而长流弊之路。或有执志丘园、守心不革者，犹当崇其操业以弘风尚,而况含艰履戚之人,勉之以荣贵邪?"

迁会稽王友,入补给事黄门侍郎,出为建武将军、历阳太守,转督江夏义阳随三郡军事、江夏相,将军如故。时安西将军庾翼镇武昌,尚数诣翼咨谋军事。尝与翼共射,翼曰:"卿若破的,当以鼓吹相赏。"尚应声中之,翼即以其副鼓吹给之。

尚为政清简,始到官,郡府以布四十匹为尚造乌布帐。尚坏之,以为军士襦裤。建元二年,诏曰:"尚往以戎戍事要,故辍黄散,以授军旅。所处险要,宜崇其威望。今以为南中郎将,余官如故。"会庾冰薨,复以本号督豫州四郡,领江州刺史。俄而复转西中郎将、督扬州之六郡诸军事、豫州刺史、假节,镇历阳。

大司马桓温欲有事中原,使尚率众向寿春,进号安西将军。初,苻健将张遇降尚,尚不能绥怀之。遇怒,据许昌叛。尚讨之,为遇所败,收付廷尉。时康献皇后临朝,即尚之甥也,特令降号为建威将军。初,尚之行也,使建武将军、濮阳太守戴施据枋头。会冉闵之子智与其大将蒋干来附,复遣行人刘猗诣尚请救。施止猗,求传国玺,猗归,以告干。干谓尚已败,虑不能救己,犹豫不许。施遣参军何融率壮士百人入邺,登三台助戍,谲之曰:"今且可出玺付我。凶寇在外,道路梗涩,亦未敢送玺,当遣单使驰白。天子闻玺已在吾许,知卿等至诚,必遣重军相救,并厚相饷。"干乃出玺付融,融赍玺驰还枋头。尚遣振武将军胡彬率骑三百迎玺,致诸京师。时苻健将杨平戍许昌,尚遣兵袭破之,征授给事中,赐轺车、鼓吹,戍石头。

永和中,拜尚书仆射,出为都督江西淮南诸军事、前将军、豫州刺史,给事中、仆射如故,镇历阳,加都督豫州扬州之五郡军事,在任有政绩。上表求入朝,因留京师,署仆射事。寻进号镇西将军,镇寿阳。尚于是采拾乐人,并制石磬,以备太乐。江表有钟石之乐,自尚始也。

桓温北平洛阳,上疏请尚为都督司州诸军事。将镇洛阳,以疾病不行。升平初,又进都督豫、冀、幽、并四州。病笃。征拜卫将军,加散骑常侍,未至,卒于历阳,时年五十。诏赠散骑常侍、卫将军、开府仪同三司,谥曰简。

无子,从弟弈以子康袭爵,早卒。康弟静复以子肃嗣,又无子。静子虔以子灵祐继鲲后。

谢安,字安石,尚从弟也。父裒,太常卿。安年四岁时,谯郡桓彝见而叹曰:"此儿风神秀彻,后当不减王东海。"及总角,神识沉敏,风宇条畅,善行书。弱冠,诣王濛,清言良久,既去,濛子修曰:"向客何如大人?"濛曰:"此客亹亹,为来逼人。"王导亦深器之。由是少有重名。

初辟司徒府,除佐著作郎,并以疾辞。寓居会稽,与王羲之及高阳许询、桑门支遁游处,出则渔弋山水,入则言咏属文,无处世意。扬州刺史庾冰以安有重名,必欲致之,累下郡县敦逼,不得已赴召,月余告归。复除尚书郎、琅邪王友,并不起。吏部尚书范汪举安为吏部郎,安以书距绝之。有司奏安被召,历年不至,禁锢终射,遂栖迟东土。尝往临安山中,坐石室,临浚谷,悠然叹曰:"此亦伯夷何远!"尝与孙绰等泛海,风起浪涌,诸人并惧,安吟啸自若。舟人以安为悦,犹去不止。风转急,安徐曰:"如此将何归邪?"舟人承言即回。众咸服其雅量。安虽放情丘壑,然每游赏,必以妓女从。既累辟不就,简文帝时为相,曰:"安石既与人同乐,必不得不与人同忧,召之必至。"时安弟万为西中郎将,总藩任之重。安虽处衡门,其名犹出万之右,自然有公辅之望,处家常以仪范训子弟。安妻,刘惔妹也,既见家门富贵,而安独静退,乃谓曰:"丈夫不如此也?"安掩鼻曰:"恐不免耳。"及万黜废,安始有仕进志,时年已四十余矣。

征西大将军桓温请为司马,将发新亭,朝士咸送,中丞高崧戏之曰:"卿累违朝旨,高卧东山,诸人每相与言,安石不肯出,将如苍生何! 苍生今亦将如卿何!"安甚有愧色。既到,温甚喜,言生平,欢笑竟日。既出,温问左右:"颇尝见我有如此客不?"温后诣安,值其理发。安性迟缓,久而方罢,使取帻。温见,留之曰:"令司马著帻进。"其见重如此。

温当北征,会万病卒,安投笺求归。寻除吴兴太守。在官无当时誉,去后为人所思。顷之,征拜侍中,迁吏部尚书、中护军。

简文帝疾笃,温上疏荐安宜受顾命。及帝崩,温入赴山陵,止新亭,大陈兵卫,将移晋室,呼安及王坦之,欲于坐害之。坦之甚惧,问计于安。安神色不变,曰:"晋祚存亡,在此一行。"既见温,坦之流汗沾衣,倒执手版。安从容就席,坐定,谓温曰:"安闻诸侯有道,守在四邻,明公何须壁后置人邪?"温笑曰:"正自不能不尔耳。"遂笑语移日。坦之与安初齐名,至是方知坦之之劣。温尝以安所作简文帝谥议以示坐宾,曰:"此谢安石碎金也。"

时孝武帝富于春秋,政不自己,温威振内外,人情噂沓,互生同异。安与坦之尽忠匡翼,终能辑穆。及温病笃,讽朝廷加九锡,使袁宏具草。安见,辄改之,由是历旬不就。会温薨,锡命遂寝。

寻为尚书仆射,领吏部,加后将军。及中书令王坦之出为徐州刺史,诏安总关中书事。安义存辅导,虽会稽王道子亦赖弼谐之益。时强敌寇境,边书续至,梁、益不守,樊、邓陷没,安每镇以和靖,御以长算。德政既行,文武用命,不存小察,弘以大纲,威怀外著,人皆比之王导,谓文雅过之。尝与王羲之登冶城,悠然遐想,有高世之志。羲之谓曰:"夏禹勤王,手足胼胝;文王旰食,日不暇给。今四郊多垒,宜思自效,而虚谈废务,浮文妨要,恐非当今所宜。"安曰:"秦任商鞅,二世而亡,岂清言致患邪?"

是时宫室毁坏,安欲缮之。尚书令王彪之等以外寇为谏,安不从,竟独决之。宫室用成,皆仰模玄象,合体辰极,而役无劳怨。又领扬州刺史,诏以甲仗百人入殿。时帝始亲万机,进安中书监、骠骑将军、录尚书事,固让军号。于时悬象失度,亢旱弥年,安奏兴灭继绝,求晋初佐命功臣后而封之。顷之,加司徒,后军文武尽配大府,又让不拜。复加侍中、都督扬豫徐兖青五州幽州之燕国诸军事、假节。

时符坚强盛,疆场多虞,诸将败退相继。安遣弟石及兄子玄等应机征讨,所在克捷。拜卫将军、开府仪同三司,封建昌县公。坚后率众,号百万,次于淮肥,京师震恐。加安征讨大都督。玄入问计,安夷然无惧色,答曰:"已别有旨。"既而寂然。玄不敢复言,乃令张玄重请。安遂命驾出山墅,亲朋毕集,方与玄围棋赌别墅。安常棋劣于玄,是日玄惧,便为敌手而又不胜。安顾谓其甥羊昙曰:"以墅乞汝。"安遂游陟,至夜乃还,指授将帅,各当其任。玄等既破坚,有驿书至,安方对客围棋,看书既竟,便摄放床上,了无喜色,棋如故。客问之,徐答云:"小儿辈遂已破贼。"既罢,还内,过户限,心喜,甚不觉屐齿之折,其矫情镇物如此。以总统功,进拜太保。

安方欲混一文轨,上疏求自北征,乃进都督扬、江、荆、司、豫、徐、兖、青、冀、幽、并、宁、益、雍、梁十五州军事,加黄钺,其本官悉如故,置从事中郎二人。安上疏让太保及爵,不许。是时桓冲既卒,荆、江二州并缺,物论以玄勋望,宜宜授之。安以父子皆著大勋,恐为朝廷所疑,又惧桓氏失职,桓石虔复有沔阳之功,虑其骁猛,在形胜之地,终或难制,乃以桓石民为荆州,改桓伊于中流,石虔为豫州。既以三桓据三州,彼此无怨,各得所任。其经远无竞,类皆如此。

性好音乐,自弟万丧,十年不听音乐。及登台辅,期丧不废乐。王坦之书喻之,不从,衣冠效之,遂以成俗。又于土山营墅,楼馆林竹甚盛,每携中外子侄往来游集,肴馔亦屡费百金,世颇以此讥焉,而安殊不以屑意。常疑刘牢之既不可独任,又知王味之不宜专城。牢之既以乱终,而味之亦以贪败,由是识者服其知人。

时会稽王道子专权,而奸谄颇相扇构,安出镇广陵之步丘,筑垒曰新城以避之。帝出祖于西池,献觞赋诗焉,安虽受朝寄,然东山之志始末不渝,每形于言色。及镇新城,尽室而行,造泛海之装,欲须经略粗定,自江道还东。雅志未就,遂遇疾笃。上疏请量宜旋旆,并召子征虏将军琰解甲息徒,命龙骧将军朱序进据洛阳,前锋都督玄抗威彭沛,委以董督。若二贼假延,来年水生,东西齐举。诏遣侍中慰劳,遂还都。闻当与入西州门,自以本志不遂,深自慨失,因怅然谓所亲曰:"昔桓温在时,吾常惧不全。忽梦乘温舆行十六里,见一白鸡而止。乘温舆者,代其位也。十六里,止今十六年矣。白鸡主酉,今太岁在酉,吾病殆不起乎!"乃上疏逊位,诏遣侍中、尚书喻旨。先是,安发石头,金鼓忽破,又语未常谬,而忽一误,众亦怪异之。寻薨,时年六十六。帝三日临于朝堂,赐东园秘器、朝服一具、衣一袭、钱百万、布千匹、蜡五百斤,赠太傅,谥曰文靖。以无下舍,诏府中备凶仪。及葬,加殊礼,依大司马桓温故事。又以平苻坚勋,更封庐陵郡公。

安少有盛名,时多爱慕。乡人有罢中宿县者,还诣安。安问其归资,答曰:"有蒲葵扇五万。"安乃取其中者捉之,京师士庶竞市,价增数倍。安本能为洛下书生咏,有鼻疾,故其音浊,名流爱其咏而弗能及,或手掩鼻以效之。及至新城,筑埭于城北,后人追思之,名为"召伯埭"。

羊昙者,太山人,知名士也。为安所爱重。安薨后,辍乐弥年,行不由西州路。尝因石头大醉,扶路唱乐,不觉至州门。左右白曰:"此西州门。"昙悲感不已,以马策扣扉,诵曹子建诗曰:"生存华屋处,零落归山丘。"因恸哭而去。

安有二子:瑶、琰。瑶袭爵,官至琅邪王友,早卒。子该嗣,终东阳太守。无子,弟光禄勋模以子承伯嗣,有罪,国除。刘裕以安勋德济世,特更封该弟澹为柴桑侯,邑千户,奉安祀。澹少历显位。桓玄篡位,以澹兼太尉,与王谧俱赍册到姑孰。元熙中,为光禄大夫,复兼太保,持节奉册禅宋。

琰,字瑗度。弱冠,以贞干称,美风姿。与从兄护军淡虽比居,不往来,宗中子弟惟与才令者数人相接。拜著作郎,转秘书丞,累迁散骑常侍、侍中。苻坚之役,安以琰有军国才用,出为辅国将军,以精卒八千,与从兄玄俱陷阵破坚,以勋封望蔡公。寻遭父忧去官,服阕,除征虏将军、会稽内史。顷之,征为尚书右仆射,领太子詹事,加散骑常侍,将军如故。又遭母忧,朝廷疑其葬礼。时议者云:"潘岳为贾充妇《宜城宣君诔》云:'昔在武侯,丧礼殊伦。伉俪一体,朝仪则均。'谓宜资给葬礼,悉依太傅故事。"先是,王珣娶万女,珣弟珉娶安女,并不终,由是与谢氏有隙。珣时为仆射,犹以前憾缓其事。

琰闻耻之,遂自造辒辌车以葬,议者讥之。

太元末,为护军将军,加右将军。会稽王道子以为司马,右将军如故。王恭举兵,假琰节,都督前锋军事。恭平,迁卫将军、徐州刺史、假节。

孙恩作乱,加督吴兴、义兴二郡军事,讨恩。至义兴,斩贼许充之,迎太守魏鄢还郡。进讨吴兴贼捕丘尫,破之。又诏琰与辅国将军刘牢之俱讨孙恩。恩逃于海岛,朝廷忧之,以琰为会稽内史、都督五郡军事,本官并如故。琰既以资望镇越土,议者谓无复东顾之虞。及至,无绥抚之能,而不为武备。将帅皆谏曰:"强贼在海,伺人形便,宜振扬仁风,开其自新之路。"琰曰:"苻坚百万,尚送死淮南,况孙恩奔衄归海,何能复出!若其复至,正是天不养国贼,令速就戮耳。"遂不从其言。恩后果复寇浃口,入余姚,破上虞,进及邢浦,去山阴北三十五里。琰遣参军刘宣之距破恩。既而上党太守张虔硕战败,群贼锐进,人情震骇,咸以宜持重严备,且列水军于南湖,分兵设伏以待之。琰不听。贼既至,尚未食,琰曰:"要当先灭此寇而后食也。"跨马而出。广武将军桓宝为前锋,摧锋陷阵,杀贼甚多,而塘路逶狭,琰军鱼贯而前,贼于舰中傍射之,前后断绝。琰至千秋亭,败绩。琰帐下都督张猛于后斫琰马,琰堕地,与二子肇、峻俱被害,宝亦死之。后刘裕左里之捷,生擒猛,送琰小子混,混剖肝生食之。诏以琰父子陨于君亲,忠孝萃于一门,赠琰侍中、司空,谥曰忠肃。

三子:肇、峻、混。肇历骠骑参军,峻以琰勋封建昌侯。及没于贼,诏赠肇散骑常侍,峻散骑侍郎。

混,字叔源。少有美誉,善属文。初,孝武帝为晋陵公主求婚,谓王珣曰:"主婿但如刘真长、王子敬便足。如王处仲、桓元子诚可,才小富贵,便豫人家事。"珣对曰:"谢混虽不及真长,不减子敬。"帝曰:"如此便足。"未几,帝崩,袁崧欲以女妻之,珣曰:"卿莫近禁脔。"初,元帝始镇建业,公私窘罄,每得一豚,以为珍膳,项上一脔尤美,辄以荐帝,群下未尝敢食,于时呼为"禁脔",故珣因以为戏。

温竟尚主，袭父爵。桓玄尝欲以安宅为营，混曰："召伯之仁，犹惠及甘棠；文靖之德，更不保五亩之宅邪？"玄闻，惭而止。历中书令、中领军、尚书左仆射、领选。以党刘毅诛，国除。及宋受禅，谢晦谓刘裕曰："陛下应天受命，登坛日恨不得谢益寿奉玺绂。"裕亦叹曰："吾甚恨之，使后生不得见其风流！"益寿，混小字也。

弈，字无弈，少有名誉。初为剡令，有老人犯法，弈以醇酒饮之，醉犹未已。安时年七八岁，在弈膝边，谏止之。弈为改容，遣之。与桓温善。温辟为安西司马，犹推布衣好。在温坐，岸帻笑咏，无异常日。桓温曰："我方外司马。"弈每因酒，无复朝廷礼，常逼温饮，温走入南康主门避之。主曰："君若无狂司马，我何由得相见！"弈遂携酒就听事，引温一兵帅共饮，曰："失一老兵，得一老兵，亦何所在。"温不之责。

从兄尚有德政，既卒，为西藩所思，朝议以弈立行有素，必能嗣尚事，乃迁都督豫司冀并四州军事、安西将军、豫州刺史、假节。未几，卒官，赠镇西将军。

三子：泉、靖、玄。泉早有名誉，历义兴太守。靖官至太常。

玄，字幼度。少颖悟，与从兄朗俱为叔父安所器重。安尝戒约子侄，因曰："子弟亦何豫人事，而正欲使其佳？"诸人莫有言者。玄答曰："譬如芝兰玉树，欲使其生于庭阶耳。"安悦。玄少好佩紫罗香囊，安患之，而不欲伤其意，因戏赌取，即焚之，于此遂止。

及长，有经国才略，屡辟不起。后与王珣俱被桓温辟为掾，并礼重之。转征西将军桓豁司马、领南郡相、监北征诸军事。于时苻坚强盛，边境数被侵寇，朝廷求文武良将可以镇御北方者，安乃以玄应举。中书郎郗超虽素与玄不善，闻而叹之，曰："安违众举亲，明也。玄必不负举，才也。"时咸以为不然。超曰："吾尝与玄共在桓公府，见其使才，虽履屐间亦得其任，所以知之。"于是征还，拜建武将军、兖州刺史、领广陵相、监江北诸军事。

时苻坚遣军围襄阳，车骑将军桓冲御之。诏玄发三州人丁，遣彭城内史何谦游军淮泗，以为形援。襄阳既没，坚将彭超攻龙骧将军戴逯于彭城。玄率东莞太守高衡、后军将军何谦次于泗口，欲遣间使报逯，令知救至，其道无由。小将田泓请行，乃没水潜行，将趣城，为贼所获。贼厚赂泓，使云"南军已败"。泓伪许之。既而告城中曰："南军垂至，我单行来报，为贼所得，勉之！"遂遇害。时彭超置辎重于留城，玄乃扬声遣谦等向留城。超闻之，还保辎重。谦驰进，解彭城围。超复进军南侵，坚将句难、毛当自襄阳来会。超围幽州刺史田洛于三阿，有众六万。诏征虏将军谢石率水军次涂中，右卫将军毛安之、游击将军河间王昙之、淮南太守杨广、宣城内史丘准次堂邑。既而盱眙城陷，高密内史毛藻没，安之等军人相惊，遂各散退，朝廷震动。玄于是自广陵西讨难等。何谦解田洛围，进据白马，与贼大战，破之，斩其伪将都督颜。因复进击，又破之，斩其伪将邵保。超、难引退。玄率何谦、戴逯、田洛追之，战于君川，复大破之。玄参军刘牢之攻破浮航及白矼，督护诸葛侃、单父令李都义破其运舰。难等相率北走，仅以身免。于是罢彭城、下邳二戍。诏遣殿中将军慰劳，进号冠军，加领徐州刺史，还于广陵，以功封东兴县侯。

　　及苻坚自率兵次于项城，众号百万，而凉州之师始达咸阳，蜀汉顺流，幽并系至。先遣苻融、慕容暐、张蚝、苻方等至颍口，梁成、王先等屯洛涧。诏以玄为前锋、都督徐兖青三州扬州之晋陵幽州之燕国诸军事，与叔父征虏将军石、从弟辅国将军琰、西中郎将桓伊、龙骧将军檀玄、建威将军戴熙、扬武将军陶隐等距之，众凡八万。玄先遣广陵相刘牢之五千人直指洛涧，即斩梁成及成弟云，步骑崩溃，争赴淮水。牢之纵兵追之，生擒坚伪将梁他、王显、梁悌、慕容屈氏等，收其军实。坚进屯寿阳，列阵临肥水，玄军不得渡。玄使谓苻融曰："君远涉吾境，而临水为阵，是不欲速战。诸君稍却，令将士得周旋，仆与诸君缓辔而观之，不亦乐乎！"坚众皆曰："宜阻肥水，莫令得上。我众彼寡，势必万全。"坚曰："但却军，令得过，而我以铁骑数十万向水，逼而杀之。"融亦以为然，遂麾使却阵，众因乱不能止。于是玄与琰、伊等以精锐八千涉渡肥水。石军距张蚝，小退。玄、琰仍进，决战肥水南。坚中流矢，临阵斩融。坚众奔溃，自相蹈藉投水

死者不可胜计,肥水为之不流。余众弃甲宵遁,闻风声鹤唳,皆以为
王师已至,草行露宿,重以饥冻,死者十七、八。获坚乘舆云母车,仪
服、器械、军资、珍宝山积,牛马驴骡骆驼十万余。诏遣殿中将军慰
劳,进号前将军、假节,固让不受。赐钱百万,彩千匹。

　　既而安奏苻坚丧败,宜乘其衅会,以玄为前锋都督,率冠军将
军桓石虔径造涡、颍,经略旧都。玄复率众次于彭城,遣参军刘袭攻
坚兖州刺史张崇于鄄城,走之,使刘牢之守鄄城。兖州既平,玄患水
道险涩,粮运艰难,用督护闻人奭谋,堰吕梁水,树栅,立七埭为派,
拥二岸之流,以利运漕,自此公私利便。又进伐青州,故谓之青州
派。遣淮陵太守高素以三千人向广固,降坚青州刺史苻朗。又进伐
冀州,遣龙骧将军刘牢之、济北太守丁匡据碻磝,济阳太守郭满据
滑台,奋武将军颜雄渡河立营。坚子丕遣将桑据屯黎阳。玄命刘袭
夜袭据,走之。丕惶遽欲降,玄许之。丕告饥,玄馈丕米二千斛。又
遣晋陵太守滕恬之渡河守黎阳,三魏皆降。以兖、青、司、豫平,加玄
都督徐、兖、青、司、冀、幽、并七州军事。玄上疏以方平河北,幽、冀
宜须总督,司州悬远,应统豫州。以勋封康乐县公。玄请以先封东
兴侯赐兄子玩,诏听之,更封玩豫宁伯。复遣宁远将军吞演伐申凯
于魏郡,破之。玄欲令豫州刺史朱序镇梁国,玄住彭城,北固河上,
西援洛阳,内藩朝廷。朝议以征役既久,宜置戍而还,使玄还镇淮
阴,序镇寿阳。会翟辽据黎阳反,执滕恬之,又泰山太守张愿举郡
叛,河北骚动,玄自以处分失所,上疏送节,尽求解所职。诏慰劳,令
且还镇淮阴,以朱序代镇彭城。

　　玄既还,遇疾,上疏解职,诏书不许。玄又自陈,既不堪摄职,虑
有旷废。诏又使移镇东阳城。玄即路,于道疾笃。上疏曰:

　　　臣以常人,才不佐世,忽蒙殊遇,不复自量,遂从戎政。驱
驰十载,不辞鸣镝之险,每有征事,辄请为军锋,由恩厚忘躯,
甘死若生也。冀有毫厘,上报荣宠。天祚大晋,王威屡举,实由
陛下神武英断,无思不服。亡叔臣安协赞雍熙,以成天工。而
雰雾尚翳,六合未朗,遗黎涂炭,巢窟宜除,复命臣荷戈前驱,

董司戎首。冀仰凭皇威,宇宙宁一,陛下致太平之化,庸臣以尘露报恩,然后从亡叔臣安退身东山,以道养寿。此诚以形于文旨,达于圣听矣。臣所以区区家国,实在于此。不谓臣愆咎夙积,罪钟中年,上延亡叔臣安、亡兄臣靖,数月之间,相系殂背,下逮稚子,寻复夭昏。哀毒兼缠,痛百常情。臣不胜祸酷暴集,每一恸殆弊。所以含哀忍悲,期之必存者,虽哲辅倾落,圣明方融,伊周嗣作,人怀自厉,犹欲申臣本志,隆国保家,故能豁其情滞,同之无心耳。

去冬奉司徒道子告括囊远图,逮问臣进止之宜。臣进不达事机,以蹙境为耻,退不自揆,故欲顺其宿心。岂谓经略不振,自贻斯戾。是以奉送章节,待罪有司,执徇常仪,实有愧心。而圣恩赦过,黜法垂宥,使抱罪之臣复得更鸣于所司。木石犹感,而况臣乎!顾将身不良,动与衅会,谦德不著,害盈是荷,先疾既动,便至委笃。陛下体臣庆重,使还藩淮侧。甫欲休兵静众,绥怀善抚,兼苦自疗,冀日月渐瘳,缮甲俟会,思更奋迅。而所患沉顿,有增无损。今者惙惙,救命朝夕。臣之平日,率其常矩,加以匪懈,犹不能令政理弘宣,况今内外天隔,永不复接,宁可卧居重任,以招患虑!

追寻前事,可为寒心。臣之微身,复何足惜,区区血诚,忧国实深。谨遣兼长史刘济重奉送节盖章传。伏愿陛下垂天地之仁,拯将绝之气,时遣军司镇慰荒杂,听臣所乞,尽医药消息,归诚道门,冀神祇之祐。若此而不差,修短命也。使臣得及视息,瞻睹坟柏,以此之尽,公私真无恨矣。伏枕悲慨,不觉流涕。

诏遣高手医一人,令自消息,又使还京口疗疾。

玄奉诏便还,病久不差,又上疏曰:"臣同生七人,凋落相继,惟臣一己,孑然独存。在生茶酷,无如臣比。所以含哀忍痛,希延视息者,欲报之德,实怀罔极,庶蒙一瘳,申其此志。且臣孤遗满目,顾之恻然,为欲极其求生之心,未能自分于灰土。偻偻之情,可哀可愍。

伏愿陛下矜其所诉，需然垂恕，不令微臣衔恨泉壤。"。表寝不报。前后表疏十余上，久之，乃转授散骑常侍、左将军、会稽内史。时吴兴太守晋宁侯张玄之亦以才学显，自吏部尚书与玄同年之郡，而玄之名亚于玄，时人称为"南北二玄"，论者美之。

玄既舆疾之郡，十三年，卒于官，时年四十六。追赠车骑将军、开府仪同三司，谥曰献武。

子涣嗣，秘书郎，早卒。子灵运嗣。涣少不惠，而灵运文藻艳逸，玄常称曰："我尚生涣，涣那得生灵运！"永熙中，为刘裕世子左卫率。

始从玄征伐者，何谦字恭子，东海人，戴逯字安丘，处士逵之弟，并骁果多权略。逯厉操东山，而遂以武勇显。谢安尝谓逯曰："卿兄弟志业何殊？"逯曰："下官不堪其忧，家兄不改其乐。"逯以军功封广信侯，位至大司农。

万，字万石，才器俊秀，虽器量不及安，而善自炫曜，故早有时誉。工言论，善属文，叙渔父、屈原、季主、贾谊、楚老、龚胜、孙登、嵇康四隐四显为《八贤论》，其旨以处者为优，出者为劣，以示孙绰。绰与往反，以体公识远者则出处同归。尝与蔡系送客于征虏亭，与系争言。系推万落床，冠帽倾脱。万徐拂衣就席，神意自若，坐定，谓系曰："卿几坏我面。"系曰："本不为卿面计。"然俱不以介意，时亦以此称之。

弱冠，辟司徒掾，迁右西属，不就。简文帝作相，闻其名，召为抚军从事中郎。万著白纶巾，鹤氅裘，履版而前。既见，与帝共谈移日。太原王述，万之妻父也，为扬州刺史。万尝衣白纶巾，乘平肩舆，径至听事前，谓述曰："人言君侯痴，君侯信自痴。"述曰："非无此论，但晚合耳。"

万再迁豫州刺史、领淮南太守、监司豫冀并四州军事、假节。王羲之与桓温笺曰："谢万才流经通，处廊庙，参讽议，故是后来一器。而今屈其迈往之气，以俯顺荒余，近是违才，易务矣。"温不从。

万既受任北征，矜豪傲物，尝以啸咏自高，未尝抚众。兄安深忧之，自队主将帅已下，安无不慰勉。谓万曰："汝为元帅，诸将宜数接对，以悦其心，岂有傲诞若斯而能济事也！"万乃召集诸将，都无所说，直以如意指四坐云："诸将皆劲卒。"诸将益恨之。既而先遣征虏将军刘建修治马头城池，自率众入涡、颍，以援洛阳。北中郎将郗昙以疾病退还彭城，万以为贼盛致退，便引军还，众遂溃散，狼狈单归，废为庶人。后复以为散骑常侍，会卒，时年四十二，因以为赠。

子韶，字穆度，少有名。时谢氏尤彦秀者，称封、胡、竭、末。封谓韶，胡谓朗，竭谓玄，末谓川，皆其小字也。韶、朗、川并早卒，惟玄以功名终。韶至车骑司马。韶子恩，字景伯，宏达有远略，韶为黄门郎、武昌太守。恩三子：曜、弘微，皆历显位。

朗，字长度。父据，早卒。朗善言玄理，文义艳发，名亚于玄。总角时，病新起，体甚羸，未堪劳，于叔父安前与沙门支遁讲论，遂至相苦。其母王氏再遣信令还，安欲留，使竟论，王氏因出云："新妇少遭艰难，一生所寄惟在此儿。"遂流涕携朗去。安谓坐客曰："家嫂辞情慷慨，恨不使朝士见之。"朗终于东阳太守。

子重，字景重。明秀有才名，为会稽王道子骠骑长史。尝因侍坐，于时月夜明净，道子叹以为佳。重率尔曰："意谓乃不如微云点缀。"道子因戏重曰："卿居心不净，乃复强欲滓秽太清邪！"

子绚，字宣映。曾于公坐戏调，无礼于其舅袁湛。湛甚不堪之，谓曰："汝父昔已轻舅，汝今复来加我，可谓世无渭阳情也。"绚父重，即王胡之外孙，与舅亦有不协之论，湛故有此及云。

石，字石奴。初拜秘书郎，累迁尚书仆射。征句难，以勋封兴平县伯。淮肥之役，诏石解仆射，以将军假节征讨大都督，与兄子玄、琰破苻坚。先是，童谣云："谁谓尔坚石打碎。"故桓豁皆以"石"名子，以邀功焉。坚之败也，虽功始牢之，而成于玄、琰，然石时实为都督焉。迁中军将军、尚书令，更封南康郡公。于时学校陵迟，石上疏请兴复国学，以训胄子，班下州郡，普修乡校。疏奏，孝武帝纳焉。

兄安薨，石迁卫将军，加散骑常侍。以公事与吏部郎王恭互相短长，恭甚忿恨，自陈褊阨不允，且疾源深固，乞还私门。石亦上疏逊位。有司奏,石辄去职,免官。诏曰:"石以疾求退,岂准之常制!其喻令还。"岁余不起。表十余上,帝不许。石乞依故尚书令王彪之例,于府综摄,诏听之。疾笃,进位开府仪同三司,加鼓吹,未拜,卒。时年六十二。

石少患面创,疗之莫愈,乃自匿。夜有物来舐其疮,随舐随差,舐处甚白,故世呼为谢白面。石在职务存文刻,既无他才望,直以宰相弟兼有大勋,遂居清显,而聚敛无餍,取讥当世。追赠司空,礼官议谥,博士范弘之议谥曰襄墨公,语在《弘之传》。朝议不从,单谥曰襄。

子汪嗣,早卒。汪从兄冲以子明慧嗣,为孙恩所害。明慧从兄喻复以子暠嗣。宋受禅,国除。

邈,字茂度。父铁,永嘉太守。邈性刚鲠,无所屈挠,颇有理识。累迁侍中。时孝武帝醧乐之后多赐侍臣文诏,辞义有不雅者,邈辄焚毁之,其他侍臣被诏者或宣扬之,故论者以此多邈。后为吴兴太守。孙恩之乱,为贼胡桀、郜骠等所执,害之,贼逼令北面,邈厉声曰:"我不得罪天子,何北面之有!"遂害之。邈妻郗氏,甚妒。邈先娶妾,郗氏怨怼,与邈书告绝。邈以其书非妇人词,疑其门下生仇玄达为之作,遂斥玄达。玄达怒,遂投孙恩,并害邈兄弟,竟至灭门。

史臣曰:建元之后,时政多虞,巨猾陆梁,权臣横恣。其有兼将相于中外,系存亡于社稷,负扆资之以端拱,凿井赖之以晏安者,其惟谢氏乎!简侯任总中台,效彰分阃;正议云唱,丧礼堕而复弘;遗音既补,雅乐缺而还备。君子哉,斯人也!文靖始居尘外,高谢人间,啸咏山林,游泛江海,当此之时,萧然有陵霞之致。暨于褫薜萝而袭朱组,去衡泌而践丹墀,庶绩于是用康,彝伦以之载穆。苻坚百万之众已瞰吴江,桓温九五之心将移晋鼎,衣冠易虑,远迩崩心。从容而杜奸谋,宴衍而清群寇,宸居获太山之固,惟扬去累卵之危,斯为盛矣。然激繁会于期服之辰,敦一欢于百金之费,废礼于媮薄之俗,崇侈于耕战之秋,虽欲混哀乐而同归,齐奢俭于一致,而不知颓风已扇,雅道日沦,国之仪刑,岂期若是!琰称贞干,卒以忠勇垂名;混曰风流,竟以文词获誉;并阶时宰,无堕家风。弈、万以放肆为高,石奴以褊浊兴累,虽粤微类,犹称名实。康乐才兼文武,志存匡济,淮肥之役,勃寇望之而土崩;涡颍之师,中州应之而席卷。方欲西平巩、洛,北定幽、燕,庙算有遗,良图不果,降龄何促,功败垂成,拊其遗文,经纶远矣。

赞曰:安西英爽,才兼辩博。宣力方镇,流声台阁。太保沉浮,旷若虚舟。任高百辟,情惟一丘。琰、邈忠壮,弈、万虚放。为龙为光,或卿或将。伟哉献武,功宣授斧。克翦凶渠,几清中寓。

晋书卷八〇
列传第五〇

王羲之　子玄之　凝之　徽之　徽之子桢之
徽之弟操之　献之　许迈

　　王羲之,字逸少。司徒导之从子也。祖正,尚书郎。父旷,淮南太守。元帝之过江也,旷首创其议。羲之幼讷于言,人未之奇。年十三,尝谒周𫖮,𫖮察而异之。时重牛心炙,坐客未啖,𫖮先割啖羲之,于是始知名。及长,辩赡,以骨鲠称,尤善隶书,为古今之冠,论者称其笔势,以为飘若浮云,矫若惊龙。深为从伯敦、导所器重。时陈留阮裕有重名,为敦主簿。敦尝谓羲之曰:“汝是吾家佳子弟,当不减阮主簿。”裕亦目羲之与王承、王悦为王氏三少。时太尉郗鉴使门生求女婿于导,导令就东厢遍观子弟。门生归,谓鉴曰:“王氏诸少并佳,然闻信至,咸自矜持。惟一人在东床坦腹食,独若不闻。”鉴曰:“正此佳婿邪!”访之,乃羲之也,遂以女妻之。

　　起家秘书郎,征西将军庾亮请为参军,累迁长史。亮临薨,上疏称羲之清贵有鉴裁。迁宁远将军、江州刺史。羲之既少有美誉,朝廷公卿皆爱其才器,频召为侍中、吏部尚书,皆不就。复授护军将军,又推迁不拜。扬州刺史殷浩素雅重之,劝使应命,乃遗羲之书曰:“悠悠者以足下出处足观政之隆替,如吾等亦谓为然。至如足下出处,正与隆替对,岂可以一世之存亡,必从足下从容之适?幸徐求众心。卿不时起,复可以求美政不?若豁然开怀,当知万物之情也。”羲之遂报书曰:“吾素自无廊庙,直王丞相时果欲内吾,誓不许之,手迹犹存，由来尚矣，不于足下参政而方进退。自儿娶女嫁，便怀尚子平之志，数与知亲言之，非百也。若蒙驱使，关陇、巴蜀皆所不辞。吾虽无专对之能，直谨守时命，宣国家威德，故当不同于凡使，必令远近咸知朝廷留心于无外，此所益殊不同居护军也。汉末使太傅马日䃅慰抚关东，若不以吾轻微，无所为疑，宜及初冬以行，吾惟恭以待命。”

羲之既拜护军，又苦求宣城郡，不许，乃以为右军将军、会稽内史。时殷浩与桓温不协，羲之以国家之安在于内外和，因以与浩书以诚之，浩不从。及浩将北伐，羲之以为必败，以书止之，言甚切至。浩遂行，果为姚襄所败。复图再举，又遗浩书曰：

> 知安西败丧，公私愧怛，不能须臾去怀。以区区江左，所营综如此，天下寒心，固以久矣，而加之败丧，此可熟念。往事岂复可追，愿思弘将来，令天下寄命有所，自隆中兴之业。政以道胜宽和为本，力争武功，作非所当，因循所长，以固大业，想识其由来也。

> 自寇乱以来，处内外之任者，未有深谋远虑，括囊至计，而疲竭根本，各从所志，竟无一功可论，一事可记，忠言嘉谋弃而莫用，遂令天下将有土崩之势，何能不痛心悲慨也。任其事者，岂得辞四海之责！追咎往事，亦何所复及，宜更虚己求贤，当与有识共之，不可复令忠允之言常屈于当权。今军破于外，资竭于内，保淮之志非复所及，莫过还保长江，都督将各复旧镇，自长江以外，羁縻而已。任国钧者，引咎责躬，深自贬降以谢百姓，更与朝贤思布平政，除其烦苛，省其赋役，与百姓更始，庶可以允塞群望，救倒悬之急。

> 使君起于布衣，任天下之重，尚德之举，未能事事允称，当董统之任而败丧至此，恐阖朝群贤未有与人分其谤者。今亟修德补缺，广延群贤，与之分任，尚未知获济所期。若犹以前事为未工，故复求之于分外，宇宙虽广，自容何所！知言不必用，或取怨执政，然当情慨所在，正自不能不尽怀极言。若必亲征，未

达此旨,果行者,愚智所不解也。愿复与众共之。

复被州符,增运千石,征役兼至,皆以军期,对之丧气,罔知所厝。自顷年割剥遗黎,刑徒竟路,殆同秦政,惟未加参夷之刑耳,恐胜广之忧,无复日矣。

又与会稽王笺陈浩不宜北伐,并论时事曰:

古人耻其君不为尧舜,北面之道,岂不愿尊其所事,比隆往代,况遇千载一时之运?顾智力屈于当年,何得不权轻重而处之也。今虽有可欣之会,内求诸己,而所忧乃重于所欣。《传》云:"自非圣人,外宁必有内忧。"今外不宁,内忧以深。古之弘大业者,或不谋于众,倾国以济一时功者,亦往往而有之。诚独运之明足以迈众,暂劳之弊终获永逸者可也。求之于今,可得拟议乎!

夫庙算决胜,必宜审量彼我,万全而后动。功就之日,便当因其众而即其实。今功未可期,而遗黎歼尽,万不余一。且千里馈粮,自古为难,况今转运供继,西输许、洛,北入黄河。虽秦政之弊,未至于此,而十室之忧,便以交至。今运无还期,征求日重,以区区吴、越经纬天下十分之九,不亡何待!而不度德量力,不弊不已,此封内所痛心叹悼而莫敢吐诚。

往者不可谏,来者犹可追,愿殿下更垂三思,解而更张,令殷浩、荀羡还据合肥、广陵,许昌、谯郡、梁、彭城诸军皆还保淮,为不可胜之基,须根立势举,谋之未晚,此实当今策之上者。若不行此,社稷之忧可计日而待。安危之机,易于反掌,考之虚实,著于目前,愿运独断之明,定之于一朝也。

地浅而言深,岂不知其未易。然古人处闾阎行阵之间,尚或干时谋国,评裁者不以为讥,况厕大臣末行,岂可默而不言哉!存亡所系,决在行之,不可复持疑后机,不定之于此,后欲悔之,亦无及也。

殿下德冠宇内,以公室辅朝,最可直道行之,致隆当年,而未允物望,受殊遇者所以寤寐长叹,实为殿下惜。国家之虑深矣，常恐伍员之忧不独在昔，麋鹿之游将不止林薮而已。愿殿下暂废虚远之怀，以救倒悬之急，可谓以亡为存，转祸为福，则宗庙之庆，四海有赖矣。

时东土饥荒，羲之辄开仓振贷。然朝廷赋役繁重，吴会尤甚，羲之每上疏争之，事多见从。又遗尚书仆射谢安书曰：

顷所陈论，每蒙允纳，所以令下小得苏息，各安其业。若不耳，此一郡久以蹈东海矣。

今事之大者未布，运漕是也。吾意望朝廷可申下定期，委之所司，勿复催下，但当岁终考其殿最。长吏尤殿，命槛车送诣天台。三县不举，二千石必免，或可左降，令在疆塞极难之地。

又自吾到此，从事常有四五，兼以台司及都水御史行台文符如雨，倒错违背，不复可知。吾又瞑目曰循常推前，取重者及纲纪，轻者在五曹。主者苟事，未尝得十日，吏民趋走，功费万计。卿方任其重，可徐寻所言。江左平日，扬州一良刺史便足统之，况以群才而更不理，正由为法不一，牵制者众，思简而易从，便足以保守成业。

仓督监耗盗官米，动以万计，吾谓诛剪一人，其后便断，而时意不同。近检校诸县，无不皆尔。余姚近十万斛，重敛以资奸吏，令国用空乏，良可叹也。

自军兴以来，征役及充运死亡叛散不反者众，虚耗至此，而补代循常，所在凋困，莫知所出。上命所差，上道多叛，则吏及叛者席卷同去。又有常制，辄令其家及同伍课捕。课捕不擒，家及同伍寻复亡叛。百姓流亡，户口日减，其源在此。又有百工医寺，死亡绝没，家户空尽，差代无所，上命不绝，事起或十年、十五年，弹举获罪无懈息，而无益实事，何以堪之！谓自今诸死罪原轻者及五岁刑，可以充此，其减死者，可长充兵役，五岁者，可充杂工医寺，皆令移其家以实都邑。都邑既实，是政之本，又可绝其亡叛。不移其家，逃亡之患复如初耳。今除罪而充杂役，尽移其家，小人愚迷，或以为重于杀戮，可以绝奸。刑名虽轻,惩肃实重,岂非适时之宜邪!

羲之雅好服食养性,不乐在京师,初渡浙江,便有终焉之志。会稽有佳山水,名士多居之,谢安未仕时亦居焉。孙绰、李充、许询、支遁等皆以文义冠世,并筑室东土,与羲之同好。尝与同志宴集于会稽山阴之兰亭,羲之自为之序以申其志,曰:

永和九年,岁在癸丑,暮春之初,会于会稽山阴之兰亭,修禊事也。群贤毕至,少长咸集。此地有崇山峻岭,茂林修竹,又有清流激湍,映带左右,引以为流觞曲水,列坐其次。虽无丝竹管弦之盛,一觞一咏,亦足以畅叙幽情。

是日也,天朗气清,惠风和畅,仰观宇宙之大,俯察品类之盛,所以游目骋怀,足以极视听之娱,信可乐也。

夫人之相与,俯仰一世,或取诸怀抱,悟言一室之内,或因寄所托,放浪形骸之外。虽趣舍万殊,静躁不同,当其欣于所遇,暂得于己,快然自足,不知老之将至。及其所之既倦,情随事迁,感慨系之矣。向之所欣,俛仰之间,以为陈迹,犹不能不以之兴怀。况修短随化,终期于尽。古人云,"死生亦大矣",岂不痛哉!

每览昔人兴感之由,若合一契,未尝不临文嗟悼,不能喻之于怀。固知一死生为虚诞,齐彭殇为妄作,后之视今,亦由今之视昔,悲夫!故列叙时人,录其所述,虽世殊事异,所以兴怀,其致一也。后之览者,亦将有感于斯文。

或以潘岳《金谷诗序》方其文,羲之比于石崇,闻而甚喜。

性爱鹅,会稽有孤居姥养一鹅,善鸣,求市未能得,遂携亲友命驾就观。姥闻羲之将至,烹以待之,羲之叹惜弥日。又山阴有一道士,养好鹅,羲之往观焉,意甚悦,固求市之。道士云:"为写《道德经》,当举群相赠耳。"羲之欣然写毕,笼鹅而归,甚以为乐。其任率如此。尝诣门生家,见棐几滑净,因书之,真草相半。后为父误刮去之,门生惊懊者累日。又尝在蕺山见一老姥,持六角竹扇卖之。羲之书其扇,各为五字。姥初有愠色。因谓姥曰:"但言是王右军书,以求百钱邪。"姥如其言，人竞买之。他日，姥又持扇来，羲之笑而不答。其书为世所重，皆此类也。每自称"我书比钟繇，当抗行；比张芝草，犹当雁行也。"曾与人书云："张芝临池学书，池水尽黑，使人耽之若是，未必后之也。"羲之书初不胜庾翼、郗愔，及其暮年方妙。尝以章草答庾亮，而翼深叹伏，因与羲之书云："吾昔有伯英章草十纸，过江颠狈，遂乃亡失，常叹妙迹永绝。忽见足下答家兄书，焕若神明，顿还旧观。"

时骠骑将军王述少有美誉，与羲之齐名，而羲之甚轻之，由是情好不协。述先为会稽，以母丧居郡境，羲之代述，止一吊，遂不重诣。述每闻角声，谓羲之当候己，辄洒扫而待之。如此者累年，而羲之竟不顾，述深以为恨。及述为扬州刺史，将就征，周行郡界，而不过羲之，临发，一别而去。先是，羲之常谓宾友曰："怀祖正当作尚书耳，投老可得仆射。更求会稽，便自邈然。"及述蒙显授，羲之耻为之下，遣使诣朝廷，求分会稽为越州。行人失辞，大为时贤所笑。既而内怀愧叹，谓其诸子曰："吾不减怀祖，而位遇悬邈，当由汝等不及坦之故邪！"述后检察会稽郡，辩其刑政，主者疲于简对。羲之深耻之，遂称病去郡，于父母墓前自誓曰："维永和十一年三月癸卯朔，九日辛亥，小子羲之敢告二尊之灵。羲之不天，夙遭闵凶，不蒙过庭训。母兄鞠育，得渐庶几，遂因人乏，蒙国宠荣。进无忠孝之节，退违推贤之义，每仰咏老氏、周任之诫，常恐死亡无日，忧及宗祀，岂在微身而已！是用痛慨永叹，若坠深谷。止足之分，定之于今。谨以今月吉辰肆筵设席，稽颡归诚，告誓先灵：自今之后，敢渝此心，贪冒苟进，是有无尊之心而不子也。子而不子，天地所不覆载，名教所不得容。信誓之诚，有如皦日！"

羲之既去官，与东土人士尽山水之游，弋钓为娱。又与道士许迈共修服食，采药石不远千里，遍游东中诸郡，穷诸名山，泛沧海，叹曰："我卒当以乐死。"谢安尝谓羲之曰："中年以来，伤于哀乐，与亲友别，辄作数日恶。"羲之曰："年在桑榆，自然至此。须正赖丝竹陶写，恒恐儿辈觉其乐欢之趣。"朝廷以其誓苦，亦不复征之。

时刘惔为丹阳尹，许询尝就惔宿，床帷新丽，饮食丰甘，询曰："若此保全，殊胜东山。"惔曰："卿若知吉凶由人，吾安得保此。"羲之在坐，曰："令巢、许遇稷、契，当无此言。"二人并有愧色。

初，羲之既优游无事，与吏部郎谢万书曰：

古之辞世者或被发佯狂，或污身秽迹，可谓艰矣。今仆坐而获免，遂其宿心，其为庆幸，岂非天赐！违天不祥。

顷东游还，修植桑果，今盛敷荣，率诸子，抱弱孙，游观其间，有一味之甘，割而分之，以娱目前。虽植德无殊邈，犹欲教养子孙以敦厚退让。或以轻薄，庶令举策数马，仿佛万石之风。君谓此何如？

比当与安石东游山海，并行田视地利，颐养闲暇。衣食之余，欲与亲知时共欢燕，虽不能兴言高咏，衔杯引满，语田里所行，故以为抚掌之资，其为得意，可胜言邪！常依陆贾、班嗣、杨王孙之处世，甚欲希风数子，老夫志愿尽于此也。

万后为豫州都督，又遗万书诫之曰："以君迈往不屑之韵，而俯同群辟，诚难为意也。然所谓通识，正自当随事行藏，乃为远耳。愿君每与士之下者同，则尽善矣。食不二味，居不重席，此复何有，而古人以为美谈。济否所由，实在积小以致高大，君其存之。"万不能用，果败。

年五十九卒，赠金紫光禄大夫。诸子遵父先旨，固让不受。

有七子，知名者五人。玄之早卒。次凝之，亦工草隶，仕历江州刺史、左将军、会稽内史。王氏世事张氏五斗米道，凝之弥笃。孙恩之攻会稽，僚佐请为之备。凝之不从，方入靖室请祷，出语诸将佐曰："吾已请大道，许鬼兵相助，贼自破矣。"既不设备，遂为孙恩所害。

徽之，字子猷。性卓荦不羁，为大司马桓温参军。蓬首散带，不综府事。又为车骑桓冲骑兵参军，冲问："卿署何曹？"对曰："似是马曹。"又问："管几马？"曰："不知马，何由知数！"又问："马比死多少？"曰："未知生，焉知死！"尝从冲行，值暴雨，徽之因下马排入车中，谓曰:"公岂得独擅一车!"冲尝谓徽之曰:"卿在府日久,比当相料理。"徽之初不酬答,直高视,以手版柱颊云:"西山朝来致有爽气耳。"

时吴中一士大夫家有好竹,欲观之,便出坐舆造竹下,讽啸良久。主人洒扫请坐,徽之不顾。将出,主人乃闭门,徽之便以此赏之,尽欢而去。尝寄居空宅中,便令种竹。或问其故,徽之但啸咏,指竹曰:"何可一日无此君邪!"尝居山阴,夜雪初霁,月色清朗,四望皓然,独酌酒咏左思《招隐诗》,忽忆戴逵。逵时在剡,便夜乘小船诣之,经宿方至,造门不前而反。人问其故,徽之曰:"本乘兴而行,兴尽而反,何必见安道邪!"雅性放诞,好声色,尝夜与弟献之共读《高士传赞》,献之赏井丹高洁,徽之曰:"未若长卿慢世也。"其傲达若此。时人皆钦其才而秽其行。

后为黄门侍郎,弃官东归,与献之俱病笃。时有术人云:"人命应终,而有生人乐代者,则死者可生。"徽之谓曰:"吾才位不如弟,请以余年代之。"术者曰:"代死者,以己年有余,得以足亡者耳。今君与弟算俱尽,何代也!"未几,献之卒,徽之奔丧不哭,直上灵床坐,取献之琴弹之,久而不调,叹曰:"呜呼子敬,人琴俱亡!"因顿绝。先有背疾,遂溃裂,月余亦卒。子桢之。

桢子,字公干,历位侍中、大司马长史。桓玄为太尉,朝臣毕集,问桢之:"我何如君亡叔?"在坐咸为气咽。桢之曰:"亡叔一时之标,公是千载之英。"一坐皆悦。

操之,字子重,历侍中、尚书、豫章太守。

献之,字子敬。少有盛名,而高迈不羁,虽闲居终日,容止不怠,风流为一时之冠。年数岁,尝观门生樗蒲,曰:"南风不竞。"门生曰:"此郎亦管中窥豹,时见一班。"献之怒曰:"远惭荀奉倩,近愧刘真长。"遂拂衣而去。尝与兄徽之、操之俱诣谢安,二兄多言俗事,献之寒温而已。既出,客问安王氏兄弟优劣,安曰:"小者佳。"客问其故,安曰:"吉人之辞寡,以其少言,故知之。"尝与徽之共在一室,忽然火发,徽之遽走,不遑取履。献之神色恬然,徐呼左右扶出。夜卧斋中,而有偷人入其室,盗物都尽。献之徐曰:"偷儿,青毡我家旧物,可特置之。"群偷惊走。

工草隶,善丹青。七八岁时学书,羲之密从后掣其笔不得,叹曰:"此儿后当复有大名。"尝书壁为方丈大字,羲之甚以为能,观者数百人。桓温尝使书扇,笔误落,因画作乌骏牸牛,甚妙。

起家州主簿、秘书郎,转丞,以选尚新安公主。尝经吴郡,闻顾辟强有名园,先不相识,乘平肩舆径入。时辟强方集宾友,而献之游历既毕,傍若无人。辟强勃然数之曰:"傲主人,非礼也。以贵骄士,非道也。失是二者,不足齿之伧耳。"便驱出门。献之傲如也,不以屑意。

谢安甚钦爱之,请为长史。安进号卫将军,复为长史。太元中,新起太极殿,安欲使献之题榜,以为万代宝,而难言之,试谓曰:"魏时陵云殿榜未题,而匠者误钉之,不可下,乃使韦仲将悬橙书之。比讫,须鬓尽白,裁余气息。还语子弟,宜绝此法。"献之揣知其旨,正色曰:"仲将,魏之大臣,宁有此事!使其若此,有以知魏德之不长。"安遂不之逼。安又问曰:"君书何如君家尊?"答曰:"故当不同。"安曰:"外论不尔。"答曰:"人那得知!"寻除建威将军、吴兴太守,征拜中书令。

及安薨,赠礼有同异之议,惟献之与徐邈共明安之忠勋。献之乃上疏曰:"故太傅臣安少振玄风,道誉洋溢。弱冠遐栖,则契齐箕皓;应运释褐,而王猷允塞。及至载宣威灵,强猾消殄。功勋既融,投韨高让。且服事先帝,眷隆布衣。陛下践阼,阳秋尚富,尽心竭智以辅圣明。考其潜跃始终,事情缱绻,实大晋之俊辅,义笃于曩臣矣。伏惟陛下留心宗臣,澄神于省察。"孝武帝遂加安殊礼。

未几,献之遇疾,家人为上章,道家法应首过,问其有何得失。对曰:"不觉余事,惟忆与郗家离婚。"献之前妻,郗昙女也。俄而卒于官。安僖皇后立,以后父追赠侍中、特进、光禄大夫、太宰,谥曰宪。无子,以兄子静之嗣,位至义兴太守。时议者以为羲之草隶,江左中朝莫有及者,献之骨力远不及父,而颇有媚趣。桓玄雅爱其父子书,各为一裹,置左右以玩之。始羲之所与共游者许迈。

　　许迈,字叔玄,一名映,丹杨句容人也。家世士族,而迈少恬静,不慕仕进。未弱冠,尝造郭璞,璞为之筮,遇《泰》,其上六爻发。璞谓曰:"君元吉自天,宜学升退之道。"时南海太守鲍靓隐迹潜遁,人莫之知。迈乃往候之,探其至要。父母尚存,未忍违亲。谓余杭悬雷山近延陵之茅山,是洞庭西门,潜通五岳,陈安世、茅季伟常所游处,于是立精舍于悬雷,而往来茅岭之洞室,放绝世务,以寻仙馆,朔望时节还家定省而已。父母既终,乃遣妇孙氏还家,遂携其同志遍游名山焉。

　　初采药于桐庐县之桓山,饵术涉三年,时欲断谷。以此山近人,不得专一,四面藩之,好道之徒欲相见者,登楼与语,以此为乐。常服气,一气千余息。永和二年,移入临安西山,登岩茹芝,眇尔自得,有终焉之志。乃改名玄,字远游。与妇书告别,又著诗十二首,论神仙之事焉。羲之造之,未尝不弥日忘归,相与为世外之交。玄遗羲之书云:"自山阴南至临安,多有金堂玉室,仙人芝草,左元放之徒,汉末诸得道者皆在焉。"羲之自为之传,述灵异之迹甚多,不可详记。玄自后莫测所终,好道者皆谓之羽化矣。

　　制曰:书契之兴,肇乎中古,绳文鸟迹,不足可观。末代去朴归华,舒笺点翰,争相夸尚,竞其工拙。伯英临池之妙,无复余踪;师宜悬帐之奇,罕有其迹。逮乎钟、王以降,略可言焉。钟虽擅美一时,亦为迥绝,论其尽善,或有所疑。至于布纤浓,分疏密,霞舒云卷,无所间然。但其体则古而不今,字则长而逾制,语其大量,以此为瑕。献之虽有父风,殊非新巧。观其字势疏瘦,如隆冬之枯树;览其笔踪拘束,若严家之饿隶。其枯树也,虽槎枒而无屈伸;其饿隶也,则羁羸而不放纵。兼斯二者,故翰墨之病欤!子云近出,擅名江表,然仅得成书,无丈夫之气,行行若萦春蚓,字字如绾秋蛇,卧王蒙于纸中,坐徐偃于笔下;虽秃千兔之翰,聚无一毫之筋,穷万谷之皮,敛无半分之骨；以兹播美，非其滥名邪！此数子者，皆誉过其实。所以详察古今，研精篆素，尽善尽美，其惟王逸少乎！观其点曳之工，裁成之妙，烟霏露结，状若断而还连；凤翥龙蟠，势如斜而反直。玩之不觉为倦，览之莫识其端。心慕手追，此人而已。其余区区之类，何足论哉！

晋书卷八一
列传第五一

王逊　蔡豹　羊鉴　刘胤
桓宣 族子伊　朱伺　毛宝 子穆之
　　　　　　　　刘遐　邓嶽
安之 孙璩 宗人德祖

子遐　朱序

　　王逊,字邵伯,魏兴人也。仕郡察孝廉,为吏部令史,转殿中将军,累迁上洛太守。私牛马在郡生驹犊者,秩满悉以付官,云是郡中所产也。转魏兴太守。

　　惠帝末,西南夷叛,宁州刺史李毅卒,城中百余人奉毅女固守经年。永嘉四年,治中毛孟诣京师求刺史,不见省。孟固陈曰:"君亡亲丧,幽闭穷城,万里诉哀,不垂愍救。既惭包胥无哭秦之感,又愧梁妻无崩城之验,存不若亡,乞赐臣死。"朝廷怜之,乃以逊为南夷校尉、宁州刺史,使于郡便之镇。

　　逊与孟俱行,道遇寇贼,逾年乃至。外逼李雄,内有夷寇,吏士散没,城邑丘墟。逊披荒纠厉,收聚离散,专杖威刑,鞭挞殊俗。逊未到州,遥举董联为秀才,建宁功曹周悦谓联非才,不下版檄。逊既到,收悦杀之。悦弟潜谋杀逊,以前建宁太守赵混子涛代为刺史。事觉,并诛之。又诛豪右不奉法度者数十家。征伐诸夷,俘馘千计,获马及牛羊数万余,于是莫不振服,威行宁土。又遣子澄奉表劝进于元帝,帝嘉之,累加散骑常侍、安南将军、假节,校尉、刺史如故,赐爵褒中县公。逊以地势形便,上分牂牁为平夷郡,分朱提为南广郡,分建宁为夜郎郡,分永昌为梁水郡,又改益州郡为晋宁郡,事皆施行。

先是,越嶲太守李钊为李雄所执,自蜀逃归,逊复以钊为越嶲太守。李雄遣李骧、任回攻钊,钊自南秦与汉嘉太守王载共距之,战于温水,钊败绩,载遂以二郡附雄。后骧等又渡泸水寇宁州,逊使将军姚崇、爨琛距之,战于堂狼,大破骧等,崇追至泸水,透水死者千余人。崇以道远不敢渡水,逊以崇不穷追也,怒因群帅,执崇,鞭之,怒甚,发上冲冠,冠为之裂,夜中卒。

逊在州十四年,州人复立逊中子坚行州府事。诏除坚为南夷校尉、宁州刺史、假节,谥逊曰壮。陶侃惧坚不能抗对蜀人,太宁末,表以零陵太守尹奉为宁州,征坚还京,病卒。兄澄袭爵,历魏兴太守、散骑常侍。

蔡豹,字士宣,陈留圉城人。高祖质,汉卫尉,左中郎将邕之叔父也。祖睦,魏尚书。父宏,阴平太守。豹有气干,历河南丞,长乐、清河太守。避乱南渡,元帝以为振武将军、临淮太守,迁建威将军、徐州刺史。初,祖逖为徐州,豹为司马,素易豹。至是,逖为豫州,而豹为徐州,俱受征讨之寄,逖甚愧之。

是时太山太守徐龛与彭城内史刘遐同讨反贼周抚于寒山,龛将于药斩抚。及论功,而遐先之。龛怒,以太山叛,自号安北将军、兖州刺史,攻破东莞太守侯史旄而据其坞。石季龙伐之,龛惧,求降,元帝许焉。既而复叛归石勒,勒遣其将王伏都、张景等数百骑助龛。诏征虏将军羊鉴、武威将军侯礼、临淮太守刘遐、鲜卑段文鸯等与豹共讨之。诸将畏懦,顿兵下邳,不敢前。豹欲进军,鉴固不许。龛遣使请救于勒,勒辞以外难,而多求于龛。又王伏都等淫其室。龛知勒不救,且患伏都等纵暴,乃杀之,复求降。元帝恶其反覆,不纳,敕豹、鉴以时进讨。鉴及刘遐等并疑惮不相听从,互有表闻,故豹久不得进。尚书令刁协奏曰："臣等伏思淮北征军已失不速，今方盛暑，冒步山险，山人便弓弩，习土俗，一人守陀，百夫不当。且运漕至难，一朝粮乏，非复智力所能防御也。《书》云宁致人，不致于人。宜顿兵所在，深壁固垒，至秋不了，乃进大军。"诏曰："知难而退，诚合兵家之言。然小贼虽狡猾，故成擒耳。未战而退，先自摧衄，亦古之所忌。且邵存已据贼垒，威势既振，不可退一步也。"于是遣治书御史郝嘏为行台，催摄令进讨。豹欲迳进，鉴执不听。协又奏免鉴官，委豹为前锋，以鉴兵配之，降号折冲将军，以责后效。豹进据卞城，欲以逼龛。时石季龙屯巨平，将攻豹，豹夜遁，退守下邳。徐龛袭取豹辎重于檀丘，将军留宠、陆党力战，死之。

豹既败，将归谢罪，北中郎王舒止之，曰："胡寇方至，使君且当摄职，为百姓障捍。贼退谢罪，不晚也。"豹从之。元帝闻豹退，使收之。使者至，王舒夜以兵围豹，豹以为他难，率麾下击之，闻有诏乃止。舒执豹，送至建康，斩之，尸于市三日，时年五十二。

豹在徐土，内抚将士，外怀诸众，甚得远近情，闻其死，多悼惜之。无子，兄子裔字元子，散骑常侍、兖州刺史、高阳乡侯。殷浩北伐，使裔率众出彭城，卒于军。

羊鉴，字景期，太山人也。父济，匈奴中郎将。兄炜，历太仆、兖徐二州刺史。鉴为东阳太守，累迁太子左卫率。时徐龛反叛，司徒王导以鉴是龛州里冠族，必能制之，请遣北讨。鉴深辞才非将帅。太尉郗鉴亦表谓鉴非才，不宜妄使。导不纳，强启授以征讨都督，果败绩。导以举鉴非才，请自贬，帝不从。有司正鉴斩刑，元帝诏以鉴太妃外属，特免死，除名。久之，为少府。及王敦反，明帝以鉴敦舅，又素相亲党，微被嫌责。及成帝即位，豫讨苏峻，以功封丰城县侯，徙光禄勋，卒。

刘胤，字承胤，东莱掖人，汉齐悼惠王肥之后也。美姿容，善自任遇，交结时豪，名著海岱间，士咸慕之。举贤良，辟司空掾，并不就。

会天下大乱，携母欲避地辽东，路经幽州，刺史王浚留胤，表为渤海太守。浚败，转依冀州刺史邵续。续徒众寡弱，谋降于石勒，胤言于续曰："夫田单、包胥，齐、楚之小吏耳，犹能存已灭之邦，全丧败之国。今将军杖精锐之众，居全胜之城，如何坠将登之功于一篑，委忠信之人于豺狼乎！且项羽、袁绍，非不强也，高祖缟冠，人应如响；曹公奉帝，而诸侯绥穆。何者？盖逆顺之理殊，自然之数定也。况夷戎丑类，屯结无赖，虽有犬羊之盛，终有庖宰之患，而欲托根结援，无乃殆哉！"续曰："若如君言，计将安出？"胤曰："琅邪王以圣德钦明，创基江左，中兴之隆可企踵而待。今为将军计者，莫若抗大顺以激义士之心，奉忠正以厉军人之志。夫机事在密，时至难违，存亡废兴，在此举矣。"续从之，乃杀异议者数人，遣使江南，朝廷嘉之。胤仍求自行，续厚遣之。

既至，元帝命为丞相参军，累迁尚书吏部郎。胤闻石季龙攻厌次，言于元帝曰："北方万镇皆没，惟余邵续而已。如使复为季龙所制，孤义士之心，阻归本之路。愚谓宜存救援。"元帝将遣救之，会续已没而止。王敦素与胤交，甚钦贵之，请为右司马。胤知敦有不臣心，枕疾不视事，以是忤敦意，出为豫章太守，辞以脚疾，诏就家授印绶。郡人莫鸿，南土豪族，因乱，杀本县令，横恣无道，百姓患之。胤至，诛鸿及诸豪右，界内肃然。

咸和初，为平南军司，加散骑常侍。苏峻作乱，温峤率众而下，留胤等守溢口。事平，以勋赐爵丰城子。俄而代峤为平南将军、都督江州诸军事、领江州刺史、假节。

胤位任转高，矜豪日甚，纵酒耽乐，不恤政事，大殖财货，商贩百万。初，胤之代峤也，远近皆谓非选。陶侃、郗鉴咸云胤非方伯才，朝廷不从。或问王悦曰："今大难之后，纲纪弛顿，自江陵至于建康三千余里，流人万计，布在江州。江州，国之南藩，要害之地，而胤以侈忲之性，卧而对之，不有外变，必有内患。"悦曰："闻温平南语家公云，连得恶梦，思见代者。寻云可用刘胤。此乃温意，非家公也。"

是时朝廷空罄,百官无禄,惟资江州运漕。而胤商旅继路,以私废公。有司奏免胤官。书始下,而胤为郭默所害,年四十九。

子赤松嗣,尚南平长公主,位至黄门郎、义兴太守。

桓宣,谯国铚人也。祖诩,义阳太守。父弼,冠军长史。宣开济笃素,为元帝丞相舍人。

时坞主张平自称豫州刺史,樊雅自号谯郡太守,各据一城,众数千人。帝以宣信厚,又与平、雅同州里,转宣为参军,使就平、雅。平、雅遣军主簿随宣诣丞相府受节度,帝皆加四品将军,即其所部,使捍御北方。南中郎将王含请宣为参军。

顷之,豫州刺史祖逖出屯芦州,遣参军殷乂诣平、雅。乂意轻平,视其屋,云当持作马厩,见大镬,欲铸作铁器。平曰:"此是帝王大镬,天下定后方当用之,奈何打破!"乂曰:"卿能保头不?而惜大镬邪!"平大怒,于坐斩乂,阻兵固守。岁余,逖攻平杀之,而雅据谯城。逖以力弱,求助于含,含遣宣领兵五百助逖。逖谓宣曰:"卿先已说平、雅,信义大著于彼。今复为我说雅。雅若降者,方相擢用,不但免死而已。"宣复单马从两人诣雅,曰:"祖逖方欲平荡二寇,每倚卿为援。前殷乂轻薄,非豫州意。今若和解,则忠勋可立,富贵可保。若犹固执,东府赫然更遣猛将,以卿乌合之众,凭阻穷城,强贼伺其北,国家攻其南,万无一全也。愿善量之。"雅与宣置酒结友,遣子随宣诣逖。少日,雅便自诣逖,逖遣雅还抚其众。雅金谓前数骂辱,惧罪不敢降。雅复闭城自守。逖往攻之,复遣宣入说雅。雅即斩异己者,遂出降。未几,石勒别将围谯城,含又遣宣率众救逖,未至而贼退。逖留宣讨诸未服,皆破之。迁谯国内史。

祖约之弃谯城也,宣以笺谏,不从,由是石勒遂有陈留。及约与苏峻同反,宣谓祖智曰:"今强胡未灭,将戮力以讨之,而与峻俱反,此安得久乎!使君若欲为雄霸,何不助国讨峻,威名自举。"智等不能用。宣欲谏约,遣其子戎白约求入。约知宣必谏,不听。宣遂距约,不与之同。邵陵人陈光率部落数百家降宣,宣皆慰抚之。约还历阳,宣将数千家欲南投寻阳,营于马头山。值祖焕欲袭溢口,陶侃使毛宝救之。焕遣众攻宣,宣使戎求救于宝。宝击焕,破之,宣因投温峤。峤以戎为参军。贼平,宣居于武昌,戎复为刘胤参军。郭默害胤,复以戎为参军。

陶侃讨默,默遣戎求救于宣,宣伪许之。西阳太守邓岳、武昌太守刘诩皆疑宣与默同。豫州西曹王随曰:"宣尚背祖约,何缘同郭默邪!"岳、诩乃遣随诣宣以观之。随谓宣曰:"明府心虽不尔,无以自明,惟有以戎付随耳。"宣乃遣戎与随俱迎陶侃。辟戎为掾,上宣为武昌太守。寻迁监沔中军事、南中郎将、江夏相。

石勒荆州刺史郭敬戍襄阳,陶侃使其子平西参军斌与宣俱攻樊城,拔之。竟陵太守李阳又破新野。敬惧,遁走。宣与阳遂平襄阳。侃使宣镇之,以其淮南部曲立义成郡。宣招怀初附,劝课农桑,简刑罚,略威仪,或载钼耒于轺轩,或亲芸获于陇亩。十余年间,石季龙再遣骑攻之,宣能得众心,每以寡弱距守,论者以为次于祖逖、周访。

侃方欲使宣北事中原,会侃薨。后庾亮为荆州,将谋北伐,以宣为都督沔北前锋征讨军事、平北将军、司州刺史、假节,镇襄阳。季龙使骑七千渡沔攻之,亮遣司马王愆期、辅国将军毛宝救宣。贼三面为地窟攻城,宣募精勇,出其不意,杀伤数百,多获铠马,贼解围退走。久之,宣遣步骑收南阳诸郡百姓没贼者八千余人以归。庾翼代亮,欲倾国北讨,更以宣为都督司雍梁三州荆州之南阳襄阳新野南乡四郡军事、梁州刺史、持节,将军如故。以前后功,封竟陵县男。

宣久在襄阳,绥抚侨旧,甚有称绩。庾翼迁镇襄阳,令宣进伐石季龙将李熊,军次丹水,为贼所败。翼怒,贬宣为建威将军,使移戍岘山。宣望实俱丧,兼以老疾,时南蛮校尉王愆期守江陵,以疾求代,翼以宣为镇南将军、南郡太守,代愆期。宣不得志,未之官,发愤卒。追赠镇南将军。戎官至新野太守。

伊,字叔夏。父景,有当世才干,仕至侍中、丹杨尹、中领军、护军将军、长社侯。

伊有武干，标悟简率，为王濛、刘惔所知，频参诸府军事，累迁大司马参军。时苻坚强盛，边鄙多虞，朝议选能距捍疆场者，乃授伊淮南太守。以绥御有方，进督豫州之十二郡扬州之江西五郡军事、建威将军、历阳太守，淮南如故。与谢玄共破贼别将王鉴、张蚝等，以功封宣城县子，又进都督豫州诸军事、西中郎将、豫州刺史。及苻坚南寇，伊与冠军将军谢玄、辅国将军谢琰俱破坚于肥水，以功封永修县侯，进号右军将军，赐钱百万，袍表千端。

伊性谦素，虽有大功，而始终不替。善音乐，尽一时之妙，为江左第一。有蔡邕柯亭笛，常自吹之。王徽之赴召京师，泊舟青溪侧。素不与徽之相识。伊于岸上过，船中客称伊小字曰："此桓野王也。"徽之便令人谓伊曰："闻君善吹笛，试为我一奏。"伊是时已贵显，素闻徽之名，便下车，踞胡床，为作三调，弄毕，便上车去，客主不交一言。

时谢安女婿王国宝专利无检行，安恶其为人，每抑制之。及孝武末年，嗜酒好内，而会稽王道子昏醟尤甚，惟狎昵谄邪，于是国宝谗谀之计稍行于主相之间。而好利险诐之徒，以安功名盛极，而构会之，嫌隙遂成。帝召伊饮燕，安侍坐。帝命伊吹笛。伊神色无迕，即吹为一弄，乃放笛云："臣于筝分乃不及笛，然自足以韵合歌管，请以筝歌，并请一吹笛人。"帝善其调达，乃敕御妓奏笛。伊又云："御府人于臣必自不合，臣有一奴，善相便串。"帝弥赏其放率，乃许召之。奴既吹笛，伊便抚筝而歌《怨诗》曰："为君既不易，为臣良独难。忠信事不显，乃有见疑患。周旦佐文武，《金縢》功不刊。推心辅王政，二叔反流言。"声节慷慨。俯仰可观。安泣下沾衿，乃越席而就之，捋其须曰："使君于此不凡！"帝甚有愧色。

伊在州十年，绥抚荒杂，甚得物情。桓冲卒，迁都督江州荆州十郡豫州四郡军事、江州刺史，将军如故，假节。伊到镇，以边境无虞，宜以宰恤为务，乃上疏以江州虚耗，加连岁不登，今余户有五万六千，宜并合小县，除诸郡逋米，移州还镇豫章。诏令移州寻阳，其余皆听之。伊随宜拯抚，百姓赖焉。在任累年，征拜护军将军，以右军府千人自随，配护军府。卒官。赠右将军，加散骑常侍，谥曰烈。

初，伊有马步铠六百领，豫为表，令死乃上之。表曰："臣过蒙殊宠，受任西藩。淮南之捷，逆兵奔北，人马器铠，随处放散。于时收拾败破，不足贯连。比年营缮，并已修整。今六合虽一，余烬未灭，臣不以朽迈，犹欲输效力命，仰报皇恩。此志永绝，衔恨泉壤。谨奉输马具装百具、步铠五百领，并在寻阳，请勒所属领受。"诏曰："伊忠诚不遂，益以伤怀，仍受其所上之铠。"

子肃之嗣。卒，子陵嗣。宋受禅，国除。

伊弟不才，亦有将略，讨孙恩，至冠军将军。

朱伺，字仲文，安陆人。少为吴牙门将陶丹给使。吴平，内徙江夏。伺有武勇，而讷口，不知书，为郡将督，见乡里士大夫，揖称名而已。及为将，遂以谦恭称。

张昌之逆，太守弓钦走滠口，伺与同辈郝宝、布兴合众讨之，不克，乃与钦奔武昌。后更率部党攻灭之。转骑部曲督，加绥夷都尉。伺部曲等以诸县附昌，惟本部唱义讨逆，逆顺有嫌，求别立县，因此遂割安陆东界为滠阳县而贯焉。

其后陈敏作乱，陶侃时镇江夏，以伺能水战，晓作舟舰，乃遣作大舰，署为左甄，据江口，摧破敏前锋。敏弟恢称荆州刺史，在武昌，侃率伺及诸军进讨，破之。敏、恢既平，伺以功封亭侯，领骑督。时西阳夷贼抄掠江夏，太守杨珉每请督将议距贼之计，伺独不言。珉曰："朱将军何以不言？"伺答曰："诸人以舌击贼，伺惟以力耳。"珉又问："将军前后击贼，何以每得胜邪？"伺曰："两敌共对，惟当忍之。彼不能忍，我能忍，是以胜耳。"珉大笑。

永嘉中，石勒破江夏，伺与杨珉走夏口。及陶侃来戍夏口，伺依之，加明威将军。随侃讨杜弢，有殊功，语在《侃传》。夏口之战，伺用铁面自卫，以弩的射贼大帅数人，皆杀之。贼挽船上岸，于水边作阵。伺逐水上下以邀之，箭中其胫，气色不变。诸军寻至，贼溃，追击之，皆弃船投水，死者太半。贼夜还长沙，伺追至蒲圻，不及而反。

加威远将军,赤幢曲盖。

建兴中,陈声率诸无赖二千余家断江抄掠,侃遣伺为督护讨声。声众虽少,伺容之不击,求遣弟诣侃降,伺外许之。及声去,伺乃遣劲勇要声弟斩之,潜军袭声。声正旦并出祭祀饮食,伺军入其门,方觉。声将阎晋、郑进皆死战,伺军人多伤,乃还营。声东走,保董城。伺又率诸军围守之,遂重柴绕城,作高橹,以劲弩下射之,及断其水道。城中无水,杀牛饮血。阎晋,声妇弟也,乃斩声首出降。又以平蜀贼袭高之功,加伺广威将军,领竟陵内史。

时王敦欲用从弟廙代侃为荆州,侃故将郑攀、马儁等乞侃于敦,敦不许。攀等以侃始灭大贼,人皆乐附,又以廙忌戾难事,谋共拒之。遂屯结浔口,遣使告伺。伺外许之,而称疾不赴。攀等遂进距廙。既而士众疑阻,复散还横桑口,欲入杜曾。时朱轨、赵诱、李桓率众将击之,攀等惧诛,以司马孙晨造谋距廙,因斩之,降轨等。

廙将西出,遣长史刘浚留镇扬口垒。时杜曾请讨弟五猗于襄阳,伺谓廙曰:“曾是猾贼,外示西还,以疑众心,欲诱引官军使西,然后兼道袭扬口耳。宜大部分,未可便西。”廙性矜厉自用,兼以伺老怯难信,遂西行。曾等果驰还。廙乃遣伺归,裁至垒,即为曾等所围。刘浚以垒北门危,欲令伺守之。或说浚云:“伺与郑攀同者。”乃转守南门。贼知之,攻其北门。时郑攀党马儁等亦来攻垒,携妻子先在垒内,或请皮其面以示之。伺曰:“杀其妻子,未能解围,但益其怒耳。”乃止。伺常所调弩忽噤不发,伺甚恶之。及贼攻陷北门,伺被伤退入船。初,浚开诸船底,以木掩之,名为船械。伺既入,贼举铤摘伺,伺逆接得铤,反以摘贼。贼走上船屋,大唤云:“贼帅在此!”伺从船底沉行五十步,乃免。遇医疗,创小差。杜曾遣说伺云:“马儁等感卿恩,妻孥得活。尽以卿家外内百口付儁,儁已尽心收视,卿可来也。”伺答曰:“贼无白首者,今吾年六十余,不能复与卿作贼。吾死,当归南,妻子付汝。”乃还甑山。时王廙与李桓、杜曾相持,累战甑山下。军士数惊唤云:“贼欲至!”伺惊创而卒。因葬甑山。

毛宝,字硕真,荥阳阳武人也。王敦以为临湘令,敦卒,为温峤平南参军。苏峻作逆,峤将赴难,而征西将军陶侃怀疑不从。峤屡说不能回,更遣使顺侃意曰:"仁公且守,仆宜先下。"遣信已二日,会宝别使还,闻之,说峤曰:"凡举大事,当与天下共同,众克在和,不闻有异。假令可疑,犹当外示不觉,况自作疑耶!便宜急追信,改旧书,说必应俱征。若不及前信,宜更遣使。"峤意悟,即追信改书,侃果共征峻。宝领千人为峤前锋,俱次茄子浦。

初,峤以南军习水,峻军便步,欲以所长制之,宣令三军,有上岸者死。时苏峻送米万斛馈祖约,约遣司马桓抚等迎之。宝告其众曰:"兵法,军令有所不从,岂可不上岸邪!"乃设变力战,悉获其米,虏杀万计,约用大饥。峤嘉其勋,上为庐江太守。

约遣祖焕、桓抚等欲袭湓口,陶侃将自击之,宝曰:"义军恃公,公不可动,宝请讨之。"侃顾谓坐客曰:"此年少言可用也。"乃使宝行。先是,桓宣背约,南屯马头山,为焕、抚所攻,求救于宝。宝众以宣本是约党,疑之。宣遣子戎重请,宝即随戎赴之。未至,而贼已与宣战。宝军悬兵少,器杖滥恶,大为焕、抚所破。宝中箭贯髀,彻鞍,使人蹋鞍拔箭,血流满靴,夜奔船所百余里,望星而行。到,先哭战亡将士,洗疮讫,夜还救宣。宝至宣营,而焕、抚亦退。宝进攻祖约,军次东关,破合肥,寻召归石头。

陶侃、温峤未能破贼,侃欲率众南还。宝谓峤曰:"下官能留之。"乃往说侃曰:"公本应领芜湖,为南北势援,前既已下,势不可还。且军政有进无退,非直整齐三军,示众必死而已,亦谓退无所据,终至灭亡。往者杜弢非不强盛,公竟灭之,何至于峻独不可破邪!贼亦畏死,非皆勇健,公可试与宝兵,使上岸断贼资粮,出其不意,使贼困蹙。若宝不立效,然后公去,人心不恨。"侃然之,加宝督护。宝烧峻句容、湖孰积聚,峻颇乏食,侃遂留不去。

峻既死,匡术以苑城降。侃使宝守南城,邓岳守西城。贼遣韩晃攻之,宝登城射杀数十人。晃问宝曰:"君是毛庐江邪?"宝曰:"是。"晃曰:"君名壮勇,何不出斗!"宝曰:"君若健将,何不入斗!"

晃笑而退。贼平，封州陵县开国侯，千六百户。

庾亮西镇，请为辅国将军、江夏相、督随义阳二郡，镇上明。又进南中郎。随亮讨郭默。默平，与亮司马王愆期等救桓宣于章山，击贼将石遇，破之，进征虏将军。亮谋北伐，上疏解豫州，请以授宝。于是诏以宝监扬州之江西诸军事、豫州刺史，将军如故，与西阳太守樊峻以万人守邾城。石季龙恶之，乃遣其子鉴与其将夔安、李菟等五万人来寇，张貉渡二万骑攻邾城。宝求救于亮，亮以城固，不时遣军，城遂陷。宝、峻等率左右突围出，赴江死者六千人，宝亦溺死。亮哭之恸，因发疾，遂薨。

诏曰："宝之倾败，宜在贬裁。然苏峻之难，致力王室。今咎其过，故不加赠，祭之可也。"其后公卿言宝有重勋，加死王事，不宜夺爵。升平三年，乃下诏复本封。

初，宝在武昌，军人有于市买得一白龟，长四五寸，养之渐大，放诸江中。邾城之败，养龟人被铠持刀，自投于水中，如觉堕一石上，视之，乃先所养白龟，长五六尺，送至东岸，遂得免焉。

宝二子：穆之、安之。

穆之，字宪祖，小字武生，名犯王靖后讳，故行字，后又以桓温母名宪，乃更称小字。穆之果毅有父风，安西将军庾翼以为参军，袭爵州陵侯。翼等专威陕西，以子方之为建武将军，守襄阳。方之年少，翼选武将可信杖者为辅弼，乃以穆之为建武司马。俄而翼薨，大将于瓒、戴羲等作乱，穆之与安西长史江虨、司马朱焘等共平之。

桓温代翼，复取为参军。从温平蜀，以功赐次子都乡侯。寻除扬威将军、颍川太守，随温平洛，入关。温将旋师，以谢尚未至，留穆之以二千人卫山陵。升平初，迁督宁州诸军事、扬威将军、宁州刺史。以桓温封南郡，徙穆之为建安侯，复为温太尉参军，加冠军将军，以所募兵配之。温伐慕容暐，使穆之监凿巨野百余里，引汶会于济川。及温焚舟步归，使穆之督东燕四郡军事，领东燕太守，本官如故。袁真以寿阳叛，温将征之。穆之以冠军领淮南太守，守历阳。真平，余党分散，乃以穆之督扬州之江西军事，复领陈郡太守。俄而徙

督扬州之义成荆州五郡雍州之京兆军事、襄阳义成河南三郡太守，
将军如故。寻进领梁州刺史。顷之，以疾解职，诏以冠军征还。

符坚别将寇彭城，复以将军假节、监江北军事，镇广陵。迁右将
军、宣城内史、假节，镇姑孰。穆之以为戍在近畿，无复军警，不宜加
节，上疏辞让，许之。符坚别将围襄阳，诏穆之就上明受桓冲节度。
冲使穆之游军沔中。穆之始至，而朱序陷没，引军还郡。坚众又寇
蜀汉，梁州刺史杨亮、益州刺史周仲孙奔退，冲使穆之督梁州之三
郡军事、右将军、西蛮校尉、益州刺史、领建平太守、假节，戍巴郡。
以子球为梓潼太守。穆之与球伐坚，至于巴西郡，以粮运乏少，退屯
巴东，病卒。追赠中军将军，谥曰烈。子珍嗣，位至天门太守。珍弟
璩、球、璠、瑾、瑗，璩最知名。

璩，字叔连。弱冠，右将军桓豁以为参军。寻遭父忧。服阕，为
谢安卫将军参军，除尚书郎。安复请为参军，转安子琰征虏司马。淮
肥之役，符坚进走，璩与田次之共蹑坚，至中阳，不及而归。迁宁朔
将军、淮南太守。寻补镇北将军、谯王恬司马。海陵县界地名青蒲，
四面湖泽，皆是孤葑，逃亡所聚，威令不能及。璩建议率千人讨之。
时大旱，璩因放火，孤葑尽然，亡户窘迫，悉出诣璩自首，近有万户，
皆以补兵，朝廷嘉之。转西中郎司马、龙骧将军、谯梁二郡内史。寻
代郭铨为建威将军、益州刺史。

安帝初，进征虏将军。及桓玄篡位，遣使加璩散骑常侍、左将
军。璩执留玄使，不受命。玄以桓希为梁州刺史，王异据涪，郭法戍
宕渠，师寂戍巴郡，周道子戍白帝以防之。璩传檄远近，列玄罪状，
遣巴东太守柳约之、建平太守罗述、征虏司马甄季之击破希等，仍
率众次于白帝。武陵王令曰："益州刺史毛璩忠诚愍亮，自桓玄萌
祸，常思蹑其后。今若平殄凶逆，肃清荆郢者，便当即授上流之任。"

初，璩弟宁州刺史璠丧官，璩兄球孙祐之及参军费恬以数百人
送丧，葬江陵。会玄败，谋奔梁州。璩弟瑾子修之时为玄屯骑校尉，
诱玄使入蜀。既而修之与祐之、费恬及汉嘉人冯迁共杀玄。约之等
闻玄死，进军到枝江，而桓振复攻没江陵。刘毅等还寻阳，约之亦

退。俄而季之、述皆病，约之诣振伪降，因欲袭振。事泄，被害。约之司马时延祖、涪陵太守文处茂等抚其余众，保涪陵。振遣桓放之为益州，屯西陵。处茂距击，破之。振死，安帝反正，诏曰："夫贞松标于岁寒，忠臣亮于国危。益州刺史璩，体识弘正，诚契义旗，受命偏师，以次于近畿，匡翼之勋，实感朕心。可进征西将军，加散骑常侍，都督益梁秦凉宁五州军事，行宜都、宁蜀太守。文处茂宣赞蕃牧，蒙险夷难，可进辅国将军、西夷校尉、巴西梓潼二郡太守。"又诏西夷校尉瑾为持节、监梁秦二州军事、征虏将军、梁秦二州刺史、略阳武都太守。瑾弟蜀郡太守瑗为辅国将军、宁州刺史。

初，璩闻振陷江陵，率众赴难，使瑾、瑗顺外江而下，使参军谯纵领巴西、梓潼二郡军下涪水，当与璩军会于巴郡。蜀人不乐东征，纵因人情思归，于五城水口反，还袭涪，害瑾，瑾留府长史郑纯之自成都驰使告璩。璩时在略城，去成都四百里，遣参军王琼讨反者，相距于广汉。僰道令何林聚党助纵，而璩下人受纵诱说，遂共害璩及瑗，并子侄之在蜀者，一时殄没。璩子弘之嗣。

义熙中，时延祖为始康太守，上疏讼璩兄弟，于是诏曰："故益州刺史璩、西夷校尉瑾、蜀郡太守瑗勤王忠烈，事乖虑外。葬送日近，益怀恻怆。可皆赠先所授官，给钱三十万、布三百匹。"论璩讨桓玄功，追封疆乡公，千五百户。又以祐之斩玄功，封夷道县侯。

自宝至璩三叶，拥旄开国者四人，将帅之家，与寻阳周氏为辈，而人物不及也。

瑾子修之，频历清显，至右卫将军，从刘裕平姚泓。后为安西司马，没于魏。

安之，字仲祖。亦有武干，累迁抚军参军、魏郡太守。简文辅政，委以爪牙。及登阼，安之领兵从驾，使止宿宫中。寻拜游击将军。时庾希入京口，朝廷震动，命安之督城门诸军事。孝武即位，妖贼卢悚突入殿廷。安之闻难，率众直入云龙门，手自奋击。既而左卫将军殷康、领军将军桓秘等至，与安之并力，悚因剿灭。迁右卫将军。定后崩，领将作大匠。卒官。追赠光禄勋。

四子：潭、泰、邃、遁。潭嗣爵，官至江夏相。泰历太傅从事中郎、后军咨议参军，与邃俱为会稽王父子所昵，乃追论安之讨卢悚勋，赐爵平都子，命潭袭爵。元显尝宴泰家，既而欲去，泰苦留之曰："公若遂去，当取公脚。"元显大怒，奋衣而出，遂与元显有隙。及元显败，泰时为冠军将军、堂邑太山二郡太守。邃为游击将军，遁为太傅主簿。桓玄得志，使泰收元显，送于新亭，泰因宿根，手加欧辱。俄并为玄所杀，惟遁被徙广州。义熙初，得还，至宜都太守。

德祖，璩宗人也。父祖并没于贼中。德祖兄弟五人，相携南渡，皆有武干。荆州刺史刘道规以德祖为建武将军、始平太守，又徙涪陵太守。卢循之役，道规又以为参军，伐徐道覆于始兴。寻遭母忧。

刘裕伐司马休之，版补太尉参军、义阳太守，赐爵迁陵县侯，转南阳太守。从刘裕伐姚泓，频攻荥阳、扶风、南安、冯翊数郡，所在克捷。裕嘉之，以为龙骧将军、秦州刺史。裕留第二子义真为安西将军、雍州刺史。以德祖为中兵参军，领天水太守，从义真还。裕以德祖督河东平阳二郡军事、辅国将军、河东太守，代刘遵考守蒲坂。及河北覆败，德祖全军而归。裕方欲荡平关、洛，先以德祖督九郡军事、冠军将军、荥阳京兆太守，以前后功，赐爵灈阳县男，寻迁督司雍并三州诸军事、冠军将军、司州刺史，戍武牢，为魏所没。

德祖次弟嶷，嶷弟辩，并有志节。嶷死于卢循之难，辩没于鲁宗之役，并奋不顾命，为世所叹。

刘遐，字正长，广平易阳人也。性果毅，便弓马，开豁勇壮。值天下大乱，遐为坞主，每击贼，率壮士陷坚摧锋，冀方比之张飞、关羽。乡人冀州刺史邵续深器之，以女妻焉，遂壁于河、济之间，贼不敢逼。遐间道遣使受元帝节度，朝廷嘉之，玺书慰勉，以为龙骧将军、平原内史。建武初，元帝令曰："遐忠勇果毅，义诚可嘉。以遐为下邳内史，将军如故。"

初，沛人周坚，一名抚。与同郡周默因天下乱，各为坞主，以寇抄为事。默降祖逖，抚怒，遂袭杀默，以彭城叛，石勒遣骑援之。诏遐领彭城内史,与徐州刺史蔡豹、太山太守徐龛共讨抚,战于寒山,抚败走。诏徙遐为临淮太守。徐龛复反,事平,以遐为北中郎将、兖州刺史。

太宁初,自彭城移屯泗口。王含反,遐与苏峻俱赴京都。含败,随丹阳尹温峤追含至于淮南,遐颇放兵房掠。峤曰:"天道助顺,故王含剿绝,不可因乱为乱也。"遐深自陈而拜谢。事平,以功封泉陵公,迁散骑常侍、监淮北军事、北军中郎将、徐州刺史、假节,代王邃镇淮阴。咸和元年卒,追赠安北将军。

子肇年幼,成帝以徐州授郗鉴,以郭默为北中郎将,领遐部曲。遐妹夫田防及遐故将史迭、卞咸、李龙等不乐他属,共立肇,袭遐故位以叛。成帝遣郭默等率诸郡讨之。默等始上道,而临淮太守刘矫率将士数百掩袭遐营,迭等迸走,斩田防及督护卞咸等,追斩迭、龙于下邳,传首诣阙。遐母妻子参佐将士悉还建康。

遐妻骁果有父风。遐尝为石季龙所围,妻单为数骑,拔遐出于万众之中。及田防等欲为乱,遐妻止之,不从,乃密起火烧甲杖都尽。

肇袭爵,官至散骑侍郎。肇卒,子奉嗣。卒,子遵之嗣。卒,子伯龄嗣。宋受禅,国除。

邓嶽,字伯山,陈郡人也。本名岳,以犯康帝讳,改为嶽,后竟改名为岱焉。少有将帅才略,为王敦参军,转从事中郎、西阳太守。王含构逆,嶽领兵随含向京都。及含败,嶽与周抚俱奔蛮王向蚕。后遇赦,与抚俱出。久之,司徒王导命为从事中郎,后复为西阳太守。

及苏峻反,平南将军温峤遣嶽与督护王愆期、鄱阳太守纪睦等率舟军赴难。峻平,还郡。郭默之杀刘胤也,大司马陶侃使嶽率西阳之众讨之。默平,迁督交广二州军事、建武将军、领平越中郎将、广州刺史、假节。录前后勋,封宜城县伯。咸康三年,嶽遣军伐夜郎,破之,加督宁州,进征房将军,迁平南将军。卒,子遐嗣。

遐,字应远。勇力绝人,气盖当时,时人方之樊哙。桓温以为参军,数从温征伐。历冠军将军,数郡太守,号为名将。襄阳城北沔水中有蛟,常为人害,遐遂拔剑入水,蛟绕其足,遐挥剑截蛟数段而出。枋头之役,温既怀耻忿,且忌惮遐之勇果,因免遐官,寻卒。宁康中,追赠庐陵太守。

嶽弟逸,字茂山,亦有武干。嶽卒后,以逸监交广州、建威将军、平越中郎将、广州刺史、假节。

朱序,字次伦,义阳人也。父焘,以才干历西蛮校尉、益州刺史。序世为名将,累迁鹰扬将军、江夏相。兴宁末,梁州刺史司马勋反,桓温表序为征讨都护往讨之,以功拜征虏将军,封襄平子。

太和中,迁兖州刺史。时长城人钱弘聚党百余人,藏匿原乡山。以序为中军司马、吴兴太守。序至郡,讨擒之。事讫,还兖州。

宁康初,拜使持节、监沔中诸军事、南中郎将、梁州刺史,镇襄阳。是岁,苻坚遣其将苻丕等率众围序,序固守,贼粮将尽,率众苦攻之。初,苻丕之来攻也,序母韩自登城履行,谓西北角当先受弊,遂领百余婢并城中女子于其角斜邪筑城二十余丈。贼攻西北角,果溃,众便固新筑城。丕遂引退。襄阳人谓此城为夫人城。序累战破贼,人情劳懈,又以贼退稍远,疑未能来,守备不谨。督护李伯护密与贼相应,襄阳遂没,序陷于苻坚。坚杀伯护徇之,以其不忠也。序欲逃归,潜至宜阳,藏夏揆家。坚疑揆,收之,序乃诣苻晖自首,坚嘉而不问,以为尚书。

太元中,苻坚南侵,谢石率众距之。时坚大兵尚在项,苻融以三十万众先至。坚遣序说谢石,称己兵威。序反谓石曰:"若坚百万众悉到,莫可与敌。及其未会,击之,可以得志。"于是石遣谢琰选勇士八千人涉肥水挑战。坚众小却,序时在其军后,唱云:"坚败!"众遂大奔,序乃得归。拜龙骧将军、琅邪内史,转扬州豫州五郡军事、豫州刺史,屯洛阳。

后丁零翟辽反,序遣将军秦膺、童斌与淮泗诸郡共讨之。又监兖青二州军事、二州刺史,将军如故,进镇彭城。序求镇淮阴,帝许焉。翟辽又使其子钊寇陈颍，序还遣秦膺讨钊，走之，拜征虏将军。表求运江州米十万斛、布五千匹以资军费，诏听之。加都督司、雍、梁、秦四州军事。帝遣广威将军、河南太守杨佺期，南阳太守赵睦，各领兵千人隶序。序又表求故荆州刺史桓石生府田百顷，并谷八万斛，给之。仍戍洛阳，卫山陵也。

其后慕容永率众向洛阳，序自河阴北济，与永伪将王次等相遇，乃战于沁水，次败走，斩其支将勿支首。参首赵睦、江夏相桓不才追永，破之于太行。永归上党。时杨楷聚众数千，在湖陕，闻永败，遣任子诣序乞降。序追永至上党之白水，与永相持二旬。闻翟辽欲向金墉，乃还，遂攻翟钊于石门，遣参军赵蕃破翟辽于怀县，辽宵遁。序退次洛阳，留鹰扬将军朱党戍石门。序仍使子略督护洛城，赵蕃为助。序还襄阳。会稽王道子以序胜负相补，不加褒贬。

其后东羌校尉窦冲欲入汉川，安定人皇甫钊、京兆人周勋等谋纳之。梁州刺史周琼失巴西三郡，众寡力弱，告急于序，序遣将军皇甫贞率众赴之。冲据长安东，钊、勋散走。

序以老病，累表解职，不许。诏断表，遂辄去任。数旬，归罪廷尉，诏原不问。太元十八年卒，赠左将军、散骑常侍。

史臣曰：晋氏沦丧，播迁江表，内难荐臻，外虞不息，经略之道，是所未弘，将帅之功，无闻尔为。逊、豹、宣、胤服勤于太兴之间，毛、邓、刘、朱驰骛乎咸和之后。虽人不逮古，亦足列于当世焉。

赞曰：气分淮海，灾流澶涧。覆类玄蚘，兴微《鸿雁》。鼓鞞在听，《兔罝》有作。赳赳群英，勤兹王略。